KARL ALBRECHT SCHACHTSCHNEIDER (Hrsg.)

Rechtsfragen der Weltwirtschaft

Rechtsfragen der Globalisierung

Herausgegeben von
Prof. Dr. Karl Albrecht Schachtschneider, Erlangen-Nürnberg

Band 1

Rechtsfragen der Weltwirtschaft

Herausgegeben von

Karl Albrecht Schachtschneider

Mit Beiträgen von

A. Emmerich-Fritsche, W. Hankel, K. A. Schachtschneider,
A. G. Scherer, D. I. Siebold und U. Wartha

Duncker & Humblot · Berlin

Die Deutsche Bibliothek – CIP-Einheitsaufnahme

Rechtsfragen der Weltwirtschaft /
Hrsg.: Karl Albrecht Schachtschneider. –
Berlin : Duncker und Humblot, 2002
(Rechtsfragen der Globalisierung ; Bd. 1)
ISBN 3-428-10799-3

Fotoprint: Berliner Buchdruckerei Union GmbH, Berlin
Printed in Germany

ISSN 1619-0890
ISBN 3-428-10799-3

Gedruckt auf alterungsbeständigem (säurefreiem) Papier
entsprechend ISO 9706 ∞

Vorwort

Unternehmer haben immer alle Möglichkeiten genutzt, welche ihnen die Politik gegeben hat. Je nach den Gegebenheiten haben sie sich mehr oder weniger international entfaltet. Seit Jahren fördert die Politik vieler Staaten und die der Vereinten Nationen die wirtschaftliche Globalisierung außerordentlich stark und stößt kaum noch auf Hindernisse, wie sie insbesondere der kalte Krieg zwischen Ost und West geschaffen hatte. Die weltweite Wirtschaft ist vornehmlich durch die Welthandelsorganisation geordnet. Diese Ordnung hat der Weltwirtschaft Institutionen gegeben, ohne schon einen Weltstaat geschaffen zu haben. Die WTO wird Schritt für Schritt zu einem staatsähnlichen Institutionengefüge entwickelt, welchem zunehmend eine allgemeine Verantwortung für die Lebensverhältnisse dieser Welt zugesprochen wird. Vor allem wegen der sozialen und ökologischen Rückstände der globalen Integration wächst die Kritik an der Weltwirtschaftsordnung. Vorerst ziehen die multinationalen Unternehmen die Vorteile aus den Möglichkeiten, welche ihnen die unvollständige Ordnung der Weltwirtschaft einräumt. Vor allem nutzen sie das Gefälle zwischen den geringen Kosten in den armen Ländern und den hohen Preisen in den reichen Ländern. Das hat eine große Debatte über die Ethik der Weltwirtschaft ausgelöst, welche vornehmlich sozialwissenschaftlich, wirtschaftswissenschaftlich und politikwissenschaftlich geführt wird. Dieses Buch will mit sieben Abhandlungen zum rechtswissenschaftlichen Diskurs der Weltwirtschaft beitragen.

Wilhelm Hankel leitet das Buch mit der Studie „Der lange Weg zum monetären Völkerrecht" ein. Dieser Weg könnte und sollte in einem Weltwährungssystem enden, das ähnlich dem in Paris aufbewahrten Metermaß eine monetäre Recheneinheit sichert, nach deren unverrückbarem Wert die Volkswirtschaften den Wert ihres Geldes durch wettbewerbsgerechte Auf- und Abwertung ausrichten. Dieses geldpolitische Grundmaß wäre ein durch Verträge der Völker begründetes Stück Weltstaat.

Dagmar I. Siebold hat zwei Abhandlungen zu dem Buch beigesteuert. In ihrem ersten Beitrag stellt sie „Die Ordnung des Internationalen Handels – GATT-WTO-GATS" vor und unterbreitet die Grundlagen der Welthandelsorganisation. Die Verträge der WTO geben der Weltwirtschaft den rechtlichen Rahmen und bestimmen Stand und Entwicklung der globalen Integration, die auf tatkräftige Weiterentwicklung angelegt ist. Die Verträge der Welthandelsorganisation sind gewissermaßen die Verfassung der Weltwirtschaft. Der zweite Beitrag von Dagmar Siebold erörtert den „Fall Bananenmarktordnung – Die Europäische Gemeinschaft im Streit mit der Welthandelsorganisation", um das

Maß der Verbindlichkeit des GATT 1947 und vor allem des GATT 1994 zu bestimmen. Der Europäische Gerichtshof wehrt subjektive Rechte der Unternehmer aus den Weltwirtschaftsverträgen ab und hat dafür das starke Argument der Gegenseitigkeit der Vertragserfüllung. Erst ein Weltstaat, der durch die Befugnis gekennzeichnet wäre, die Rechtsordnung der Verträge mit Zwang durchzusetzen, vermöchte den Verträgen eine stärkere Verbindlichkeit zu verschaffen, als diese es im Gegenseitigkeitsverhältnis durch die Rechte zur Retorsion und auch zu Repressalien haben.

Die Abhandlung von Angelika Emmerich-Fritsche „Recht und Zwang im Völkerrecht, insbesondere im Welthandelsrecht" befaßt sich mit den Grundsätzen der Verbindlichkeit im Welthandelsrecht, insbesondere mit der Frage nach den Zwangsbefugnissen im Völkerrecht. Der Rechtscharakter völkerrechtlicher Verträge ist die die Völkerrechtswissenschaft geradezu definierende Fragestellung. Die unterschiedlichen Antworten auf diese Fragen hängen durchgehend von der jeweiligen Lehre vom Geltungsgrund oder eben vom Prinzip des Rechts ab. Angelika Emmerich-Fritsche folgt vorsichtig dem umgekehrten Monismus, der alles Recht der Menschen auf die Freiheit des Menschen, die Autonomie des Willens, stellt. Diese Lehre findet zur Einheit allen Rechts, so daß auch das Weltwirtschaftsrecht die Verbindlichkeit des Freiheitsprinzips erreicht. Anhand des GATT/WTO-Rechts erörtert Angelika Emmerich-Fritsche die Rechtsdurchsetzung des Welthandelsrechts mit den Streitschlichtungsverfahren des GATT 1947 und dem Streitbeilegungsverfahren der WTO, welches sich den Standards staatlicher Gerichtsverfahren nähert und vorerst vor der Schwelle von Völkerrecht und Weltrecht haltgemacht hat. Die Weltwirtschaftsordnung bleibt völkerrechtlich, gewinnt aber zunehmend weltrechtlichen Charakter; denn Weltrecht kann es auch ohne Weltstaat geben.

Andreas Georg Scherer hat seine Lehre vom „Verantwortungsvollen unternehmerischen Handeln im Prozeß der Globalisierung" unter dem Haupttitel „Multinationale Unternehmung als Mittler zwischen privater Freiheit und öffentlichem Interesse" unterbreitet. Der Beitrag thematisiert die ethische Einheit ökonomischer, sozialer und rechtlicher Aspekte der Lebenswelt, die wissenschaftliche Einheit der Politik, die auch die Ökonomie zu verantworten hat. Auch die multinationalen Unternehmen stehen in republikanischer Verantwortung, welche, solange und soweit diese nicht staatlich eingefordert werden kann, ein unternehmerisches Ethos erfordert, das die Würde jedes Menschen zur Maxime des Handelns macht und dieses Ethos bestmöglich unternehmensextern und unternehmensintern, zumal durch Transparenz des Handelns, sichert. Die Ethik, zu der die Wissenschaften von der Wirtschaft, vom Staat, von der Gesellschaft und damit auch integrativ die vom Recht gehören, erweist sich auch in diesem Beitrag Andreas Georg Scherers als praktische Philosophie, die, wohlbegründet, die Globalisierungsdebatte bestimmt.

Udo Wartha berichtet über „Das Multilaterale Abkommen über Investitionen (MAI)", das die OECD auf den Weg gebracht hatte. Dieses Abkommen sollte die Investitionen größtmöglich vor dem Zugriff der Staaten sichern. Wäre es vereinbart worden, hätte es die Weltwirtschaftsordnung nicht nur um die Ordnung des investierten Kapitals ergänzt, sondern die Hoheit der Völker über ihre Volkswirtschaften um ein weiteres zugunsten des globalen Kapitalismus gemindert. Insbesondere sollte das Abkommen den Investoren einen eigenständigen Status als Völkerrechtssubjekte und subjektive Rechte des Völkerrechts auf primären und sekundären Schutz ihrer Investitionen verschaffen. Der Kapitalverkehr und der Schutz der Investitionen sollen nach dem, was den Äußerungen internationaler Organisationen und den Medien zu entnehmen ist, über kurz oder lang Gegenstand der Weltwirtschaftsordnung sein. Udo Warthas Studie ermöglicht schon jetzt die Auseinandersetzung mit einer solchen Entwicklung. Sein genauer Bericht über das Abkommen ist mit ausgewogener Kritik verbunden.

Ich selbst habe die „Grenzen der Kapitalverkehrsfreiheit" aufzuzeigen versucht, welche sich daraus ergeben, daß das Ideal der Freiheit, Gleichheit und Brüderlichkeit das Sozialprinzip zum Leitprinzip einer menschheitlichen Wirtschaftsordnung erhebt und das demokratische Prinzip gebietet, den Völkern die Hoheit über ihre Volkswirtschaft zu belassen. Die Kapitalverkehrsfreiheit ist eine conditio des gegenwärtigen vor allem sozialpolitisch bedenklichen Globalismus. Ein Grundrecht oder gar Menschenrecht, Kapital weltweit einzusetzen, gibt es nicht. Das gemeinschaftsrechtliche Verbot, den weltweiten Kapitalverkehr zu beschränken nimmt dem Sozialprinzip weitgehend die Wirksamkeit und entdemokratisiert die Politik. Die Kapitalverkehrsfreiheit ist das wichtigste Recht des Kapitalismus, aber es achtet das Recht der Völker an ihren Unternehmen, aber auch an ihrem Kapital nicht.

Der erste Band der Schriftenreihe „Rechtsfragen der Globalisierung" behandelt, berichtend und bewertend, elementare Gegebenheiten und Entwicklungen der globalen wirtschaftlichen Integration, das Weltgeld (Wilhelm Hankel), die Ordnung des Welthandels (Dagmar I. Siebold) und die Verbindlichkeit dieser Ordnung (Angelika Emmerich-Fritsche), das rechtliche Verhältnis der Weltwirtschaftsorganisation zum europäischen Gemeinschaftsrecht (Dagmar I. Siebold), die Grenzen der Kapitalverkehrsfreiheit (Karl Albrecht Schachtschneider), die Förderung und den Schutz der Investition (Udo Wartha) und die politische Verantwortung der multinationalen Unternehmen (Andreas Georg Scherer). Die sieben Abhandlungen behandeln grundlegende Aspekte des Rechts der Weltwirtschaft und wollen zum Diskurs um das Recht der globalen wirtschaftlichen Integration beitragen, welcher in der neuen Schriftenreihe des Verlages Duncker & Humblot geführt werden soll. Wir leben in einer Welt mit allen anderen Menschen und müssen dieser Welt um des Friedens willen ein Recht geben, das allen Menschen ein Leben in Freiheit, Gleichheit und Brüderlichkeit ermöglicht, wie es Artikel 1 der Allgemeinen Erklärung der Menschenrechte verheißt. Der Beruf unserer Zeit ist die Befriedung der Menschheit. Dies kann nur gelingen, wenn alles Wissen der Menschen genutzt wird. Recht jedenfalls, dessen Gegenstand das gute Leben aller in allgemeiner Freiheit ist, läßt sich nur erkennen, wenn die Wirklichkeit dieser Welt, vor allem die ökonomische, erkannt ist. Die neue Schriftenreihe stellt sich dieser globalen Verantwortung der Rechtslehre.

Am Anfang dieses Buches stand ein Seminar meines Lehrstuhls vom 12. bis 14. Februar 1999 im Kloster Banz, das sich mit den rechtlichen Problemen der Globalisierung befaßt hat. Die Themata gehören durchgehend in die Forschungsfelder der Autoren dieses Bandes. Wilhelm Hankel hat, als er von dem Buchprojekt hörte, spontan seinen Beitrag zum monetären Völkerrecht versprochen, dessen Botschaft eine glänzende Vision der zukünftigen Ordnung des globalen Lebens mit weltrechtlichen, völkerrechtlichen und staatsrechtlichen Elementen der Bewältigung der ökonomischen und sozialen, aber auch der ökologischen Aufgaben der Menschheit ist. Udo Wartha hat die mühsame technische Bewältigung dieses Buches übernommen. Dabei hat ihm der Lehrstuhl für Öffentliches Recht, allen voran, wie immer tatkräftig, Else Hirschmann, geholfen. Allen sei herzlich gedankt. Insbesondere danke ich meinen Mitautoren, die nicht nur ihren Text, sondern auch ihr Literaturverzeichnis und ihre (integriert vorgelegten) Stichwortverzeichnisse bearbeitet haben.

Besonderer Dank gilt Prof. Dr. Norbert Simon für die Bereitschaft, in wirtschaftlich schwieriger Zeit eine neue Schriftenreihe in sein Verlagsprogramm aufzunehmen. In seinem weltweit renommierten Verlag hat die Schriftenreihe „Rechtsfragen der Globalisierung“ die größtmögliche Chance des Erfolges.

Nürnberg, im Februar 2002 *Karl Albrecht Schachtschneider*

Inhaltsübersicht

Inhaltsverzeichnis

Wilhelm Hankel

Der lange Weg zum monetären Völkerrecht
Geschichte der Geldlehren, Lehren der Geldgeschichte

Dagmar I. Siebold

Die Ordnung des internationalen Handels
GATT – WTO – GATS

Angelika Emmerich-Fritsche

Recht und Zwang im Völkerrecht, insbesondere im Welthandelsrecht

Dagmar I. Siebold

Der Fall Bananenmarktordnung – Die Europäische Gemeinschaft im Streit mit der Welthandelsorganisation

Andreas Georg Scherer

Multinationale Unternehmung als Mittler zwischen privater Freiheit und öffentlichem Interesse – Verantwortungsvolles unternehmerisches Handeln im Prozeß der Globalisierung

Udo Wartha

Das Multilaterale Abkommen über Investitionen (MAI)

Abkürzungsverzeichnis

a.A.	anderer Ansicht
a.a.O.	am angegebenen Ort
Ablege/Abl.	Amtsblatt der Europäischen Gemeinschaften
Abs.	Absatz
AcP	Archiv für die civilistische Praxis
AJIL	American Journal of International Law
AK-GG	Kommentar zum Grundgesetz für die Bundesrepublik Deutschland, Reihe Alternativkommentare
AKP	Afrikanische, karibische und pazifische Entwicklungsländer
AÖR	Archiv des öffentlichen Rechts
APuZG	Aus Politik und Zeitgeschichte
ARSP	Archiv für Rechts- und Sozialphilosophie
Art.	Artikel
Aufl.	Auflage
AW	Aussenwirtschaft. Schweizerische Zeitschrift für internationale Wirtschaftsbeziehungen
AWG	Außenwirtschaftsgesetz
AWV	Außenwirtschaftsverordnung
BayVBl.	Bayerische Verwaltungsblätter
Bd.	Bd.
BGB	Bürgerliches Gesetzbuch
BGBl.	Bundesgesetzblatt
BGHZ	Entscheidungen des Bundesgerichtshofs in Zivilsachen
BIAC	Ausschuß des Handels und der Industrie bei der OECD
BIP	Bruttoinlandsprodukt
BtDrs.	Bundestagsdrucksache
BVerfGE	Bundesverfassungsgerichtsentscheidung
BVerwGE	Bundesverwaltungsgerichtsentscheidung
CMLR	Common Market Law Review
ders.	derselbe
dies.	dieselben
d. h.	das heißt

DÖV	Die Öffentliche Verwaltung
DSB	Dispute Settlement Body
DSU	Dispute Settlement Understanding
DSWR	Datenverarbeitung · Steuer · Wirtschaft · Recht (Zeitschrift für Praxisorganisation, Betriebswirtschaft und elektronische Datenverarbeitung)
DVBl.	Deutsches Verwaltungsblatt
EA	Europa-Archiv
ECOSC	Economic and Social Council
Ed.	Editor
EFTA	European Free Trade Association
EG	Europäische Gemeinschaft
EGV	Vertrag zur Gründung der Europäischen Gemeinschaft
EMRK	Europäische Menschenrechtskonvention
EPIL	Encyclopedia of Public International Law
EU	Europäische Union
EuG	Gerichtshof der Europäischen Gemeinschaften
EuGRZ	Europäische Grundrechtezeitschrift
EuR	Europarecht
EUV	Vertrag über die Europäische Union
EuZW	Europäische Zeitschrift für Wirtschaftsrecht
EWG	Europäische Wirtschaftsgemeinschaft
EWU	Europäische Währungsunion
EZB	Europäische Zentralbank
FAZ	Frankfurter Allgemeine Zeitung
FN	Fußnote
Fn	Fußnote
FS	Festschrift
FTD	Financial Times Deutschland
GATS	Allgemeines Handels- und Dienstleistungsabkommen
GATT	Allgemeines Zoll- und Handelsabkommen
GewArch	Gewerbearchiv
GG	Grundgesetz für die Bundesrepublik Deutschland
GS	Gedächtnisschrift
Hrsg.	Herausgeber
HStR	Handbuch des Staatsrechts
HVerfR	Handbuch des Verfassungsrechts
IBRD	International Bank for Reconstruction and Development
ICITO	Interim Commission for the International Trade Organisation
ICJ	International court of Justice

ICSID	Internationales Zentrum für die Beilegung von Investitionsstreitigkeiten
i.d.S.	in diesem Sinne
i.E.	im Erscheinen
i.e.S.	im engeren Sinne
IGH	Internationaler Gerichtshof
ILO	Internationale Arbeitsorganisation
IMF	International Monetary Fond
IPBR	Internationaler Pakt über bürgerliche und politische Rechte
ITO	Internationale Handelsordnung
i.V.	in Veröffentlichung
i.V.m.	in Verbindung mit
IWF	Internationaler Währungsfonds
JA	Juristische Arbeitsblätter
JIR	Jahrbuch für Internationales Recht
JöR	Jahrbuch des Öffentlichen Rechts
JZ	Juristenzeitung
Kap.	Kapitel
lit.	littera
Ls.	Leitsatz
MAI	Multilaterales Abkommen über Investitionen
MERCOSUR	Mercado Comun del Sur
MFN	Most favoured Nation Principle
MIGA	Multilaterale Investitions-Garantie-Agentur
Mio.	Million
MNU	Multinationale Unternehmung
MTO	Multilateral Trade Organization
MV	Mustervertrag
NAFTA	Nordamerikanische Freihandelszone
NGO	Nichtregierungsorganisation
NJW	Neue Juristische Wochenschrift
NYT	New York Times
NZZ	Neue Züricher Zeitung
OECD	Organisation für wirtschaftliche Zusammenarbeit und Entwicklung
o.J.	ohne Jahr
OTC	Organisation for Trade Cooperation
P-MV	Protokoll zum Mustervertrag
PPA	Protocoll of Provisional Application
Rdn.	Randnummer

REIO-Klausel	Klausel für regional integrierte Ländergruppen
RIW	Recht der Internationalen Wirtschaft
Rs.	Rechtssache
S.	Seite
Slg.	Sammlung der Rechtsprechung des Gerichtshofes der Europäischen Gemeinschaften
st. Rspr.	ständige Rechtsprechung
SZ	Süddeutsche Zeitung
SZR	Sonderziehungsrechte
t	Tonne
TNC	Trade Negotiating Committee
TPRB	Trade Policy Review Body
TPRM	Trade Policy Review Mechanism
TRIMs	Übereinkommen über handelsbezogene Investitionsmaßnahmen
TRIPS	Übereinkommen über handelsbezogene Aspekte der Rechte des geistigen Eigentums
TUAC	Ausschuß der Gewerkschaften bei der OECD
UN	United Nations (Vereinte Nationen)
UNCTAD	Konferenz der Vereinten Nationen für Handel und Entwicklung
UNO	United Nations Organization
u.ö.	und öfter
USA	Vereinigte Staaten von Amerika
UWG	Gesetz gegen den unlauteren Wettbewerb
vgl.	vergleiche
VN	Vereinte Nationen
VO	Verordnung
Vol.	Volume
VVDStRL	Veröffentlichungen der Vereinigung der Deutschen Staatsrechtslehrer
WB	Weltbank
WIPO	Weltorganisation für Geistiges Eigentum
WTO	Welthandelsorganisation
WTOÜ	Abkommen über die Welthandelsorganisation
WVK	Wiener Vertragsrechtskonvention
WZB	Weltzentralbank
ZaöRV	Zeitschrift für ausländisches öffentliches Recht und Völkerrecht
z. B.	zum Beispiel
ZG	Zeitschrift für Gesetzgebung
ZRP	Zeitschrift für Rechtspolitik

„Nichts darf weniger dem Wandel unterliegen
als der gemeinsame Maßstab für alles".
Montesquieu, Vom Geist der Gesetze, XXII,3 Über ideelles Geld

Der lange Weg zum monetären Völkerrecht[1] Geschichte der Geldlehren, Lehren der Geldgeschichte

Wilhelm Hankel

I. Vom staatlichen zum privaten Geld: „zweistufige" Geldverfassungen

1. Mit dem neuen Jahrhundert verlangen zwei Uralt-Fragen der politischen Ökonomie eine neue Antwort: Was ist Geld: Ein Geschöpf des Staates und seiner nationalen Rechts- und Sozialordnung oder ein internationales, staatenloses Marktprodukt? Und: Kommt eine staatenlose Weltwirtschaft ohne ein interna-

---

[1] Mit diesem Artikel schreibt der Verfasser eine 1970/71 begonnene Lebensarbeit fort: *Wilhelm Hankel,* 1970/72: Währungspolitik, Geldwertstabilisierung, Währungsintegration und Sparerschutz, S. 90 ff.; Weltwirtschaft, vom Wohlstand der Nationen heute, 1977, S. 251 ff.; Währungsordnung bei weltweit ungeregelten Finanzmärkten?, in: H.-B. Schäfer (Hrsg.), Gefährdete Weltfinanzen, Neue Gesellschaft, 1980, S. 21ff.; Prosperity amidst Crisis, 1981, part 2, S. 115 ff.; Gegenkurs: Von der Schuldenkrise zur Vollbeschäftigung, 1984, Teil I, S. 47 ff.; *J. M. Keynes*, Die Entschlüsselung des Kapitalismus, 1986, S. 37 ff.; *J. M. Keynes*, Lehren aus der ersten und zweiten Weltwirtschaftskrise des Jahrhunderts, in: W. Franz/W. Gaab/J. Wolters (Hrsg.), Theoretische und angewandte Wirtschaftsforschung (FS für H. König), 1988, S. 21 ff.; Ökonomische Aspekte nationaler Souveränität im Zeichen wachsender weltwirtschaftlicher Interdependenzen: Geld, Wohlfahrtsstaat und monetäres Völkerrecht, Werkstattpapier der Stiftung Entwicklung und Frieden (SEF), 1992 und Loccumer Protokolle, Ev. Akademie Loccum 21/93 1994, S. 385 ff.; Ist der globale Kapitalverkehr regelbar?, Die Neue Gesellschaft/Frankfurter Hefte 8/1995, S. 92 ff.; Für ein „Maastricht" der Weltwährungen, Blätter für deutsche und internationale Politik, 5/1996, S. 544 ff.; Entwicklung braucht Regeln- ein monetäres Völkerrecht, E+Z (Entwicklung und Zusammenarbeit), 9/1996, S. 238 ff.; Geldordnung: Global, Europäisch oder Sozial?, Gewerkschaftliche Monatshefte, 11-12/1996, S. 700 ff.; Grenzenloser Wettbewerb bedarf einer währungspolitischen Bändigung, Handelsblatt Nr. 200/1996; Feste oder flexible Wechselkurse – Alternativen internationaler Währungsordnung, in: H. Büttner/P. Hampe (Hrsg.), Die Globalisierung der Finanzmärkte, Auswirkungen auf den Standort Deutschland, 1997, S. 57 ff.; Europa: Ausweg aus der Globalismusfalle? Wirtschaftspolitik im Globalismus, Jahrbuch und Technik, 1997, S. 326 ff.; Monetäres Völkerrecht oder die Zähmung des

tionales Währungsrecht aus: eine aus „monetärem Völkerrecht" geborene zwischen- oder überstaatliche Weltwährungsordnung – oder endet sie ohne sie wieder in einem „Schwarzen Freitag": einem Zusammenbruch der globalen Finanzmärkte – nur daß dessen Datum offensteht?

Die Antworten der Ökonomen auf beide Schicksalsfragen einer „globalisierten" Geld- und Kreditwirtschaft könnten unterschiedlicher nicht ausfallen. Doch das war nicht immer so. Ihre früheren und weniger kontroversen Antworten stammten aus einer Zeit, die zwar schon die Staaten und ihr Geld kannte, aber noch keine, die nationalen Geldverfassungen aushebelnde und in einer Leitwährung zusammengefaßte Welt-Finanzmärkte.

2. Noch bis Mitte des 19. Jahrhunderts beschränkte sich die Weltwirtschaft (der Fern- und Außenhandel) auf einige wenige meist teure, die Inlandswertschöpfung der Volkswirtschaften ergänzende, aber nicht mit ihr konkurrierende Güter (Kolonialwaren, Edelmetalle, Pretiosen), weswegen von ruinösem „Standortwettbewerb" und beschäftigungsvernichtendem „Outsourcing" nicht die Rede sein konnte. Im Gegenteil: Die komplementäre wie marginale Weltwirtschaft bildete, wie es der führende Ökonom jener Zeit ausdrückte, eine „Wohlfahrtsmaschine" (J. St. Mill) für alle an ihr teilnehmenden Nationen.

Die Staaten hatten ihr Geldwesen fest im Griff und benutzten – oder mißbrauchten – es offen oder versteckt zur Finanzierung dynastischer oder politischer Ziele – quasi als Steuerersatz, eine Geschichte mit Tradition und Patina. Schon die Monarchien der Vorantike (Ägyptens, des Zweistromlandes) quittierten mit billigem Papyrus- oder Tontafelgeld die Arbeitsleistung ihrer Pyramidenarbeiter, Beamten und Krieger. Lydiens Könige, beginnend mit Midas und endend mit Croesus, erklärten das Münzregal (oder Geldangebotsmonopol) definitiv zur Staatssache und sicherten damit ihrem Fiskus eine ergiebige Einnahmequelle. Herodots nur vordergründig moralisch gemeinte Fabel vom geldgierigen Midas, der alles in Gold verwandelt, was er berührt – zuletzt auch das Glas Wasser, an dem er erstickt – enthält die bis heute richtige (und noch immer im Staatsinteresse mißbrauchte) Erkenntnis, daß ein Staat, der sowohl die (Selbst-)Kosten der Geldproduktion wie den Nennwert des Geldes, seines Gel-

---

Globalismus: Ursprünge, Stationen, Perspektiven. Schach der globalen Finanzkrise, Stiftung für Entwicklung und Frieden (SEF), Arbeitspapier. Workshop Zschortau 1997; Der Globalismus zerstört den Sozialstaat. Der Euro beschleunigt diesen Prozess – Vier Essentails für ein „Monetäres Völkerrecht", in: H. Eichel/H. Hoffmann (Hrsg.), Ende des Staates – Anfang der Bürgergesellschaft, über die Zukunft der sozialen Demokratie in Zeiten der Globalisierung, Hessen im Dialog, Römerberggespräche 1998, 1999, S. 131 ff.; Währungspolitik im Zeitalter des Globalismus: „Monetäres Völkerrecht" – oder der institutionelle Rahmen einer Weltwährungsordnung für das 21. Jahrhundert, in: R. Jochimsen (Hrsg.) mit einem Vorwort von Bundespräsident Johannes Rau, Globaler Wettbewerb und weltwirtschaftliche Ordnungspolitik, Bd. 10 der Stiftung für Entwicklung und Frieden (SEF), 2000, S. 124 ff.

des, „souverän" bestimmt, die Differenz bequem und von Bürgern und Parlamenten unbehelligt abschöpfen kann. Seine Münz- oder „Seigniorage"-Gewinne machen ihn finanziell autark.

Rom ist der erste Weltstaat der Geschichte, der dieses „Midas-Prinzip" zum System erhebt. Bei minimaler, aber gleichwohl unpopulärer Steuerbelastung finanziert das Imperium seinen eskalierenden Verteidigungs- und Infrastrukturaufwand (für Legionen und Limes) jahrhundertelang aus den Münzgewinnen seines *aerariums* – freilich nur mit und dank der doppelten Nachhilfe einer sich explosiv ausweitenden Geldnachfrage: real durch die steigenden Güterumsätze, nominal durch ihre im Zuge der Inflation steigenden Preise. Man braucht eine immer größere Geldmenge, um beides finanzieren zu können. Der Staat erweitert sein Geldangebotspotential, indem er den Goldgehalt seiner führenden Münze, des *aureus denarius,* von Kaiser zu Kaiser herabsetzt.[2]

Nach Rom übernehmen ganze Hundertschaften territorial immer kleinerer mittelalterlicher Duodezfürsten und -staaten das staatliche *Exklusiv*monopol für Geldherstellung und -angebot.

2. Erst mit der zweiten großen Innovation der frühen Geldgeschichte, der Erfindung des „giralen" *Bank-* oder *Kredit*geldes in der zweiten Hälfte des Mittelalters, gerät es ins Wanken. Der Staat als Geldherr bekommt Konkurrenz. Staat und *private* Banken prägen bzw. drucken um die Wette, wobei das Bankgeld das Rennen macht. Es ist nicht nur, weil „substanzlos", billiger, sondern auch sicherer. Denn es kann (auf Wechselbasis) auf den Inhaber beschränkt wie von diesem gezielt (indossiert) weiter gegeben werden: an zahlungsstatt. Und: Die Banken lernen schnell, daß ihr eigener Kredit leidet, wenn sie selber kreditunwürdig werden, d. h. zuviel Kreditgeld (Bankschulden) kreieren. Deswegen gehen sie mit ihrer Geld- und Kreditschöpfung vorsichtiger um als die Staaten, die immer wieder der Versuchung erliegen, ihr Geld, zumal in Kriegszeiten abzuwerten. Noch am Vorabend des Industriezeitalters schwärmt ein so fortschrittlicher Ökonom wie Adam Smith: „Im Vergleich zum heutigen Wertschwund der Münzen war Banco-Geld wertbeständig, weil es kein König und Herrscher entwerten konnte".[3]

3. Doch die Reaktion der Staaten auf ihre monetäre Entmündigung durch die Erweiterung des Geldangebots vom Münz- zum Papiergeld der Banken läßt nicht auf sich warten. Die monetären Staatsmonopolisten einigen sich mit der privaten Marktkonkurrenz auf ein neues Modell der Arbeits- oder Emissionsteilung: Die *Geld*hoheit verbleibt dem Staat bzw. geht über auf eine von ihm lizenzierte (und in seinem Dienst tätige) *Zentralbank.* Das *Kredit*monopol erhalten die von der Zentralbank akzeptierten Banken.

---

[2] *W. Hankel,* Caesar, Weltwirtschaft des alten Rom, 1992 (1. Aufl. 1978).

[3] *W. Hankel,* Heldensagen der Wirtschaft, Schöne heile Wirtschaftswelt, 1975, S. 24.

Die Zentralbank – zunächst eine Bank und noch keine Behörde – erhält das alleinige Recht zur Ausgabe staatlicher Münzen und Banknoten, letztere lösen die bislang privaten Banknoten ab. Die Banken werden die Alleinanbieter des privaten Kreditgeldes und erhalten, um es bankrottsicher anbieten zu können, einen festen Refinanzierungsrückhalt bei der Zentralbank. Diese steigt dadurch auf zum Anbieter „letzter Liquidität" (*lender of last resorts*).

Die Banken wiederum befreien sich von der engen Fessel ihrer Kundenein- und -anlagen. Sie sind nicht mehr auf die von ihnen verwalteten Ersparnisse von Haushalten und Unternehmen angewiesen. Als einzige – und letzte – Bremse ihrer Kreditproduktion fungiert „ihre" Kreditlinie bei „ihrer" Zentralbank.

Der Zentralbankkredit an das Kreditbankensystem wird zur Schlüsselgröße der modernen Geld- und Marktwirtschaft. Er limitiert das Kreditgeschäft der Banken, denn das staatliche Zentralbankgeld wird zur Basis, auf dem die private Bankwirtschaft ihre Kredit„pyramide" aufbaut. Diese finanziert die reale Expansion der Volkswirtschaft – losgelöst von deren Mittelaufkommen und laufender Kapitalbildung (Ersparnis). Denn diese wird im Kreditwege *vor*finanziert: aus Investitionen, die Einkommen und Vermögen schaffen, die dann ihrerseits die Ersparnisse „nachziehen".[4]

4. Mit dieser „zweistufigen" Geld- und Kreditverfassung – basierend auf der Entkopplung von Geld, Kredit und realer Ersparnis – entsteht in den Staaten des alten Europa der moderne Industriekapitalismus. Er verdankt seine Dynamik der kreditären Vorfinanzierung.

Wer als Investor einen wagemutigen Bankier an seiner Seite hat (J. A. Schumpeter wird ihn später als den „Ephor" der modernen Volkswirtschaften glorifizieren), braucht mit seinen neuen, kühnen, produktiven und aufwendigen Projekten nicht mehr zu warten. Er kann sie in Angriff nehmen, *bevor* die Gesellschaft die Ersparnisse gebildet und bei ihren Banken eingelagert hat, die diese „real" finanzieren.[5]

Das neue, zentralbank- und indirekt staatlich gestützte Kreditsystem macht es möglich. Seine einzige, freilich unabdingbare Voraussetzung ist, daß sich diese „kreditinflatorisch" finanzierten *Innovationen* rechnen. Die Kreditgeber (Ban-

[4] Dennoch brauchte die Ökonomie gut und gerne 150 Jahre, um mit Schumpeter zu begreifen, daß Zinsen keine Belohnung für Sparen und Konsumverzicht sind, sondern die Folge kreditfinanzierter Unternehmergewinne, keine „selbstständige Frucht der Entwicklung", sondern eine an den Bankensektor zu entrichtende „Steuer". *J. Schumpeter,* Theorie der wirtschaftlichen Entwicklung, eine Untersuchung über Unternehmergewinn, Kapital, Kredit, Zins und den Konjunkturzyklus, 1993 (1. Aufl. 1911!), S. 260 ff.

[5] *J. Schumpeter* a.a.O. S. 317.

ken) müssen sich der Bedienung (Verzinsung und Tilgung) ihrer Kredite sicher sein. Ihr Kreditrisiko muß begrenzt und kalkulierbar bleiben.[6]

5. Die „zweistufige“ Geldverfassung – sie wird Ende des 17. Jahrhunderts fast zeitgleich in Schweden und England von (z.T. sogar dubiosen) Geschäftsleuten und Kronjuristen entwickelt – prägt das geldtheoretische Denken und -politische Handeln bis heute – und zwar weltweit. Staatliche Zentralbank und der von ihr beherrschte wie gestützte private Kreditapparat bilden seitdem die *monetäre* und *finanzielle Infrastruktur* jedes modernen Staates und jeder modernen Volkswirtschaft. Drei Jahrhunderte eines z.T. umwerfenden geld- und finanzierungstechnischen Fortschritts haben ihre Grundstruktur kaum verändert – trotz aller Anpassungen und Verfeinerungen im Detail.

Damit stellt sich die Frage, ob sich mit dieser altehrwürdigen Geldverfassung die Probleme der neuen und globalen Geld- und Kreditwirtschaft noch lösen lassen? Denn zum alten Problem, daß der Bankenapparat system*immanent* kontrolliert werden muß, kommt das neue einer system*transzendenten* Begrenzung der privaten Geld- und Kreditschöpfung. Denn die inzwischen von jeglicher nationaler Zentralbankaufsicht befreiten (deregulierten) globalen Finanzmärkte stellen im Prinzip nichts anderes dar als den Bankenapparat ebenfalls finanzierende Zentralbank*surrogate*.

II. Vom nationalen zum internationalen Geld: Ricardo's Goldstandard

1. Doch bis dahin ist es noch ein weiter Weg. Die Geldwissenschaft mußte erst noch die Löcher der „zweistufigen“ Geldverfassung zu schließen lernen. Auslöser waren die Ereignisse von 1789 und Napoléon. Die von Frankreich ausgehenden Inflationswirren machten deutlich, daß die Kreditpyramide der Banken die fatale Neigung hatte, sich auf den Kopf zu stellen. Die Banken lernten (es war „ihre“ Art des geldtechnischen Fortschritts) immer mehr Kreditgeld mit immer weniger Zentralbankgeld zu schaffen. Folglich mußte die Verbindung zwischen Zentralbank- und Kreditgeld verkürzt werden, wollte man ein Ausufern der Bankkreditexpansion verhindern.

David Ricardo lieferte dafür die Blaupause. In Gelddingen könne man sich auf freie und unregulierte Banken genau so wenig verlassen wie auf den Staat. Denn beide verfolgten dieselben Inflationsziele mit unterschiedlichen Mitteln

---

[6] *W. Hankel*, Geld – der Entwicklungsmotor, in: H.-J. Stadermann/O. Steiger (Hrsg.), Der Stand und die nächste Zukunft der Geldforschung, 1993, S. 439 ff.; Der Kreditmotor, in: Akzente, Sonderheft der Gesellschaft für technische Zusammenarbeit (GtZ), 1996, S. 46 ff.

und aus unterschiedlichen Motiven. Die Staaten brauchten die Geldinflation, um ihre Kriege, die Banken die Kreditinflation, um ihre Geschäfte finanzieren zu können. Deswegen müsse man beide an eine Kette legen, die beide nicht mehr abschütteln könnten, den gesetzlich verankerten *Goldstandard.*[7]

2. Um Ricardo's geldtheoretischen Durchbruch (er wurde von vielen seiner Zeitgenossen und Kritikern eher als Rückschritt angesehen) würdigen zu können, muß man sich den Stand ökonomischer Aufklärung vergegenwärtigen. Ricardo's Lehrer, David Hume und Adam Smith, hatten die Geldsicht in Staats- und Hofdiensten ergrauter Kameralisten und Merkantilisten, die im Geldwesen nichts anderes sahen als eine staatliche Domäne, ad absurdum geführt. Geld mochte durchaus Staatssache sein und bleiben, den Tausch- oder Realwert des Geldes bestimme und korrigiere jedoch der Markt. Wenn Staaten oder Zentralbanken schlechtes Geld anbieten, müßten sie – wie alle Anbieter schlechter Ware – Abschläge (discounts) beim Preis oder Wechselkurs ihrer Währung hinnehmen.

Hume mag das Beispiel des Hollandguldens vor Augen gehabt haben, der wegen der Reduzierung seines Silbergehaltes kräftige Kursverluste erleiden und als Weltwährung abdanken mußte. Er folgerte: In Gelddingen habe das letzte Wort *immer* der Markt und niemals die Politik. Der Markt lege im Wettbewerb der Währungen die beiden relevanten Geldpreise fest – den Geldtauschpreis (Wechselkurs) wie den Geldleih- oder Kreditpreis (Zins).

Ricardo war anderer Meinung. Gerade die Parallelität der beiden Papiergeldinflationen – der staatlichen wie der kreditären – zeige klar, daß auf keines der diskretionären Elemente der „zweistufigen" Geldverfassung Verlaß sei: weder darauf, daß die Zentralbanken ihre Refinanzierungsvorgaben an das Bankensystem richtig (und objektiv) einschätzten noch darauf, daß sich die vom Profitstreben getriebenen Banken die notwendigen Grenzen bei der Ausschöpfung ihres Kreditschöpfungspotentials auferlegten.

Was – so fragte Ricardo – nützen noch so „richtige" Marktpreise des Geldes, wenn sie die Volkswirtschaft desorientierten: in Inflation oder Krise stürzten?

---

[7] Es war eine Entdeckung auf Raten. Den ersten Goldstandard hatte zwanzig Jahre nach Gründung der Bank of England Sir Isaac Newton eingeführt, der im Brotberuf nicht Erfinder der Physik, sondern Münzmeister der englischen Krone war (1717). Im „Weltkrieg" gegen Napoléon hatte die Bank die Goldeinlösung ihrer Noten suspendiert; ab 1797 gab sie nur noch ungedecktes Papiergeld aus. Ricardo wies in einem zunächst anonym verfaßten Zeitungsartikel: The Price of Gold (1809) und dann in seiner Schrift: The High Price of the Depreciation of Banknotes (1810) nach, daß die Papiergeldschwemme nicht das Gold entwerte, sondern das Pfund Sterling als Währung. Eine daraufhin eingesetzte Regierungskommission (Bullion Committee) gab Ricardo recht, woraufhin er in einer offenen Streitschrift (Reply to Mr. Bosanquet's Observations on the Report of the Bullion Committee) die Rückkehr zur Golddeckung forderte. Doch dazu kommt es erst nach einem Parlamentsbeschluß des Jahres 1819.

In Sachen Geld und Kredit gehe es letztlich eben nicht um Marktgrößen, wie Angebot und Nachfrage, falsche oder richtige Wechselkurse oder Zinsen, sondern um verläßliche Signale und Orientierungsdaten. Was man brauche, seien *metrische* Werte und Relationen und keine mit dem Markt schwankenden!

Ricardo verursachte nicht nur ein theoretisches, sondern politisches Erdbeben. Indem er für eine *mechanisch* berechenbare Geldverfassung plädierte, löste er die Geld und Kreditwirtschaft heraus aus Markt und Politik.

Er entzog damit der politischen Philosophie seiner Zeit, dem Liberalismus, die Geschäftsgrundlage und gab ihm eine neue Deutung und Richtung. Die Marktwirtschaft könne sich nur dann voll entfalten und die ihr zugeschriebenen optimalen Effekte bringen, wenn die Geld- und Kreditwirtschaft ihre Abläufe nicht störe. Deswegen müsse man sie als eine Angelegenheit von *Recht* und *Verfassung* betrachten.[8]

Ricardo's Meisterschüler J. St. Mill brachte die ricardianische Geld-Revolution (in seinem legendären Streit mit der sog. „Banking"-Schule) auf den Punkt: Je wirksamer das Geld- und Kreditwesen „von außen" (exogen) kontrolliert werde, desto freier könne der reale Güter- und Warensektor agieren.[9]

3. Ricardo legte in seinen „Proposals for an Secure Currency System" von 1816[10] das Modell seiner vollmechanischen Geldverfassung vor. Geldemission der Zentralbank und Kreditgewährung der Banken werden mit den Goldreserven des Landes „kurzgeschlossen". Ob Noten der Bank von England oder Kredite der englischen Geschäftsbanken – sie stellen im Prinzip nur eine leichter

---

[8] Es war ein führender Londoner Banker, Henry Thornton, der in seiner Schrift Enquiry into the Nature and Effects of the Paper Credit of Great Britain (1802) die Freiheit des Unternehmers für den Bankier reklamierte. Sein Marktrisiko sei eher größer als das anderer Berufe. Ricardo's geldhistorisches Verdienst liegt darin, gezeigt zu haben, daß dieses Risiko nicht nur ein privates ist. Bankfehler wie Inflation oder Verlust von verwalteten Vermögen treffen die ganze Gesellschaft, nicht nur vertrauensselige Kunden. Das hinderte einen „Radikal"-Liberalen wie F. A. v. Hayek nicht, Thorntons Buch als frühes Lehrbuch der Moderne neu herauszugeben, Cass, London 1962. Zu dem im Goldstandard angelegten Konstitutionalismus äußerten sich in neuerer Zeit Otto Veit und Wolfgang Stützel, beides führende liberale Geldökonomen. *O. Veit*, Grundriß der Währungspolitik, 1961, S. 366 ff.; *W. Stützel*, Währung in weltoffener Wirtschaft, Lehrstücke der Währungspolitik – unter der Herausforderung des Tages, 1973, S. 84 ff., 176 ff.

[9] *J. S. Mill*, Principles of Political Economy, with some of their Applications to Social Philosophy, 1886, Vol.II. ch. XXIV p. 207 ff. (Aufl. letzter Hand von 1871, 1. Aufl. 1848).

[10] Weitgehend eingearbeitet in sein späteres Hauptwerk: On the Principles of Political Economy and Taxation von 1817; neue deutsche Ausgabe hrsg. von H. D. Kurz, Über die Grundsätze der politischen Ökonomie und der Besteuerung, 1994, Kap. XXVII, S. 298 ff.

bewegliche und praktikablere Zahlungsmittel-Version der in den Kellern der Zentralbank lagernden Goldbarren und -bestände dar.

Auch wenn Ricardo keineswegs ein striktes 1:1-Verhältnis zwischen Goldreserven und Geldumlauf verlangte: Die im Statut der Zentralbank verankerte Deckungsrelation sollte zweierlei sicherstellen: erstens den kontrollierten Gleichschritt von Geldumlauf und Kreditexpansion und damit die Begrenzung der Kreditpyramide durch die Geldbasis und zweitens die Eliminierung des Marktes bei der Geldschaffung und -bewertung. Wieviel Geld in der Volkswirtschaft umlief, sollten nicht mehr die (Kredit)-Anforderungen des Marktes an die Banken und die der Banken an die Zentralbank bestimmen, sondern die bei der Zentralbank vorhandenen (Gold)Reservepotentiale.

Wechselkurs und Zins wurden damit *politische* Preise, aber vom Gesetzgeber festgelegte. Den Goldgehalt der Währung bestimmt ein nationales Münzgesetz. Daraus errechnet sich wiederum der Wechselkurs. Der Zins wird auch nicht vom Markt bestimmt, sondern von der Zentralbank – aber nicht mit dem Ziel der Geldmengen – oder Konjunktursteuerung. Er ist ihre Waffe zur Verteidigung der Goldreserven und damit ihrer Eigenliquidität. Diese gerät immer dann in Gefahr, wenn sie Gold verliert, also muß sie bei Goldverlusten die Zinsen heraufsetzen, auch wenn Politik, Markt und Konjunktur dagegen sprechen. Sie muß die Zinsen senken, wenn ihr über zu starke Goldzuflüsse Überliquidität und eine inflatorische Geld- und Kreditschwemme drohen.

4. Aus Ricardo's „Currency Principle“ (wie sein Geldverfassungs-Modell genannt wird) entsteht ein zunächst auf England beschränkter Goldstandard, zum anderen ein der Volkswirtschaft vorgegebener und kontrollierter Geld- und Kreditsektor, in dem Geld und Markt getrennte Sphären bilden.

Das englische Geldverfassungsmodell wird zum Exportschlager. Die Staatenwelt des 19. Jahrhunderts übernimmt es, und so prägt es die neue mit der Verbilligung der Transportmittel sich ausweitende Weltwirtschaft.

Aus Ricardos nationalem Geld wird ein internationaler Welt-Währungsverbund auf Goldbasis. International funktioniert er noch mechanischer als national, nämlich nach der (Euklid'schen) Regel: Wenn mehrere Größen (Währungen) einer dritten (dem Golde) gleich sind, sind sie es auch untereinander. Wenn ein Pfund Sterling durch 9 Gramm Gold definiert ist, ein preußischer Thaler aber nur durch (knapp) drei Gramm Gold, dann liegt der Wechselkurs für beide Währungen fest: etwas über 3 Thaler sind gleich einem Pfund Sterling.

Im Grunde waren alle in Gold gedeckten Währungen nur ein nationaler Name für ein virtuelles Weltgeld namens Gold, das in den Staaten als Schein oder Münze mit Anspruch auf Einlösung in Gold umlief.

5. Die Welt hat niemals ein internationaleres Währungssystem gesehen als diesen Goldstandard, obwohl er konstitutionell national bis auf die Knochen

war, denn jedes Land bestimmte seine Golddeckung selbst: Wir sahen schon: per nationalem Münzgesetz.

Die Welt hat auch niemals eine unpolitischere Geldverfassung erlebt. Der Goldstandard kam ohne jedes Lenkungsorgan aus. Er brauchte weder einen Internationalen Währungsfonds (IWF) noch eine Weltbank (WB) noch fanden periodische Weltwährungs- oder Krisenkonferenzen statt. Die einzige Intervention war die der Bank von England zur Herstellung eines weltweit einheitlichen Goldpreises. Fast ein Jahrhundert lang – zwischen 1819 und 1913 – hielt sie ihn bei 3 Pfund, 17 Shilling und 9 Pence je Unze (=31 Gramm) am Londoner Goldmarkt fest. Drohte er darunter zu fallen, kaufte sie Gold an, drohte er zu steigen verkaufte sie Gold aus ihren Beständen.

Das „goldgleiche" Pfund Sterling verschaffte England beträchtliche Midas-Gewinne; denn nicht nur im Commonwealth, auch außerhalb desselben fungierte es als Reservewährung und geschätztes Transaktionsgeld – zumal der US$ noch eine Wildwestwährung war: ungedeckt und sogar ohne nationale Zentralbank. Das heute so allmächtige Federal-Reserve-System der USA (die FED) erblickte erst 1913 das Licht der Welt: gut 130 nach der Geburt der USA.[11]

Dennoch war das Pfund Sterling keine Leitwährung, wie später der US$ im Bretton Woods-System. Kam sie ins Kriseln, was selten genug geschah, ging das nur London etwas an. Das Pfund Sterling mußte nicht von fremden Zentralbanken gestützt werden, wie später der US$ oder heute der €. Eine marginale Zinsanhebung am Londoner Geldmarkt, – oft nur in der zweiten Stelle hinter dem Komma – reichte aus, um frisches Geld nach London zu locken und den Pfundkurs zu stabilisieren.

Es gehört zu den noch immer nicht voll verstandenen Lehren der Geldgeschichte, daß Vertrauen in eine Währung nur dann zu gewinnen (und zu bewahren) ist, wenn diese nicht wie eine Aktie spekulativ gehandelt wird und auch kein Grund dafür vorliegt. Denn wenn ihr Wert in anderen Währungen (ihr Wechselkurs) stabil ist und es bleibt, lassen sich weder Währungsgewinne erzielen noch drohen Währungsverluste. Der Währungs„schuldner", immerhin die Zentralbank, ist jederzeit bereit, bei Mißtrauen in seine Zahlungsfähigkeit seine Schulden höher zu verzinsen, aber niemals, sie einseitig und ohne Einwilligung der Gläubiger herabzusetzen: abzuwerten. Solange darauf buchstäblich goldener Verlaß war, ließ sich das System mit minimalen Zinsausschlägen im Gleichgewicht halten.

6. Die Verankerung des Goldstandards in Legalität, Zeitgeist und den allseits akzeptierten Normen erklärt sein langes Leben. Die Regeln waren allen Betei-

---

[11] *W. Hankel*, Vom Kriegskind zum Währungskönig, in: NZZ Folio (Die Zeitschrift der Neuen Züricher Zeitung), Der Dollar Nr. 8/1997.

ligten klar und überforderten niemanden. Die Zentralbank fungierte als Bank und nicht als Behörde. Die Regierung (obwohl zumeist Eigentümer der Bank) konnte ihr weder Aufgaben zuweisen noch Auflagen erteilen, es galten nur Gesetz und Statut. Daraus folgte die Freistellung der Bank von allen Problemen der Binnenwirtschaftspolitik – sei es Sicherung der Preisniveau- oder der Beschäftigungsstabilität. Die Zentralbank war lediglich die „Zahlstelle" der Volkswirtschaft nach außen, zuständig für Liquidität und Konvertibilität der Währung und als deren Gradmesser – den Wechselkurs. Nur wenn diesen Größen Gefahr drohte, hatte sie zu handeln. Wir sahen schon wie: zinspolitisch.

Binnenwirtschaftlich aktive Währungspolitik war daher im Goldstandard nur für den Fall außenwirtschaftlicher Überschüsse – sei es in Leistungs- oder Kapitalbilanz – denkbar. Aber auch hier war der Spielraum eng. Ein anhaltend sinkendes Zinsniveau hätte, ehe es nachhaltige Effekte auf Konjunktur, Investitionen und Beschäftigung ausgelöst hätte, die Kapitalbilanz passiviert und Geld- und Goldabflüsse ausgelöst. Deswegen war auch der Gegenfall anhaltender außenwirtschaftlicher Defizite oder Kapitalabflüsse nicht allzu bedrohlich. Ein leichtes Anheben der Zinsen und Zuflüsse kurzfristigen Kapitals glichen die Defizite wieder aus und beseitigten den Druck auf die Währung.

Die ab der Jahrhundertmitte immer rascher expandierende Weltwirtschaft verwandelte diese für nahezu alle im Goldstandard zusammenarbeitenden Exportnationen in ein Positiv-Summen-Spiel: Obwohl jeder an jeden verkaufte, kamen alle dank wachsender Märkte voll auf ihre Kosten.

Das Deutsche Reich hatte im Jahre 1913 mit seinen Import- und Exportanteilen am Bruttoinlandsprodukt (BIP) einen gleichgroßen Verflechtungsgrad mit der Weltwirtschaft erreicht wie die „kleine" Bundesrepublik der Vorvereinigungsjahre.[12]

Der Goldstandard fand daher eine bemerkenswert einheitliche und positive Beurteilung in Theorie, Praxis und Öffentlichkeit. Kein Ökonom stellte das System infrage, auch nicht Karl Marx. Es war ohne Alternative.

Nur auf eines war es nicht vorbereitet: den Krieg von 1914. Er veranlaßte die kriegsführenden Regierungen über Nacht dazu, den Goldschatz ihrer Zentralbanken für Kriegszwecke zu beschlagnahmen. Ob Napoléon oder 1914: Krieg und monetäre Staatsanarchie sind zu allen Zeiten identisch.

7. Der Absturz aus dem kosmopolitischen Goldstandardhimmel kam für die meisten Analytiker überraschend. Zwar hatte man nach Ende des Ersten Welt-

---

[12] *W. Hankel*, Der Aufstieg der DM zur Weltwährung. Des deutschen Wirtschaftswunders unbeleuchtete Seite: Das exportgeführte Wirtschaftswachstum, in: P. Hampe/J. Weber (Hrsg.), 50 Jahre Soziale Mark(t)wirtschaft. Eine Erfolgsstory vor dem Ende?, 1999, S. 163 ff.

kriegs versucht, den Goldstandard neu zu etablieren: auf der Weltwährungskonferenz von Genua 1922, der ersten ihres Zeichens. Aber der Krieg hatte zu schwere Hypotheken hinterlassen: Das alte Europa war kriegszerstört und litt unter heftiger Inflation, besonders Deutschland. Die USA waren der eigentliche Kriegssieger und -profiteur. Der US$, seit 1913 nur nominell goldgedeckt, war es ab 1916 auch defacto. Die USA stiegen zwar zum größten Goldbesitzer der Welt auf, waren aber nicht bereit, den Goldstandard-Regeln gemäß ihre Volkswirtschaft ihren defizitären Partnern zu öffnen. Im Gegenteil: Sie sterilisierten ihre Goldzuflüsse, erhoben protektionistische Schutzzölle und erhöhten später noch drastisch die Zinsen

England kehrte verspätet (1926) zum Goldstandard auf der Basis der Vorkriegsparität zurück und stürzte sich in eine schwere Depression. Es mußte, um den Pfundkurs zu halten, die Zinsen drastisch erhöhen, was die innere Krise verstärkte. Zudem fehlten die im Kriege liquidierten Auslandsanlagen und -vermögen. Englands Zahlungsbilanz konnte nur noch durch Kapitalimporte (Schulden) statt Kapitalerträge ausgeglichen werden.

Deutschland litt unter den Folgen von Inflation, Reparationszahlungen und den geheimen Nach-Kriegskosten als Folge der Widerstandsfinanzierung in den von den Alliierten besetzten Landesteilen. Trotz Währungsreform (1924) blieben Staatshaushalt und Leistungsbilanz defizitär. Die neue Demokratie hatte nicht den Mut zu drastischen Steuererhöhungen und Sparprogrammen und glich das doppelte Defizit über kräftige Auslandsverschuldung aus – wie England.

Man „kommerzialisierte" die Reparationen, indem man sie aus Auslandskrediten bezahlte statt aus innerem Sparen[13].

[13] Die beste Übersicht über die unter den Ökonomen umstrittene „Zwischenkriegszeit" gibt S. Pollard, The Goldstandard and Employment Policies between the Wars, 1970 mit Beiträgen u. a von J. M Keynes, R. S. Sayers. Gekrönt, aber nicht beendet wird die Debatte durch den „Transferstreit" zwischen J. M. Keynes und B. Ohlin, der nach Ricardo's Auseinandersetzung mit Thornton und Mills mit der späteren Banking-Schule wichtigsten über den Zusammenhang von Geld- und Marktverfassung. Er wird ausgetragen in dem damals von Keynes edierten Economic Journal (EJ) des Jahres 1929. *J. M. Keynes*, The German Transfer Problem. B. Ohlin, The Transfer Problem – A Discussion und A Rejoinder, EJ, Vol. XXXIX S. 1 ff., S. 172 ff., S. 388 ff.; Keynes plädiert für die Streichung der deutschen Kriegsschulden, wenn nicht werde die junge deutsche Demokratie und Englands ohnehin lädierter Export Schaden nehmen, denn Deutschland müsse seine Schulden über englische Arbeitsplätze kostende Exportüberschüsse finanzieren. Ohlin argumentiert, Deutschland brauche „nur" seine Steuern und inneren (Zwangs)Ersparnisse zu erhöhen. Weder bemerken beide Kontrahenten, daß sie über zwei Seiten derselben Medaille diskutierten: über innere Aufbringung (Ohlin) und äußeren Transfer (Keynes) ein und desselben Schuldendienstes, noch daß Ohlin Keynes' spätere „Allgemeine Theorie" vorwegnahm – nur mit dem umgekehrten Vorzeichen. Ohlin plädiert für makroökonomische Nachfrageabschöpfung statt -schöpfung – für deflatorische Schulden- statt inflatorische Beschäftigungsfinanzierung. Keynes siegte ex post:

Als Ende 1929 als Folge des „Schwarzen Freitags“ an der New Yorker Börse die US-Zentralbank die Zinsen drastisch erhöhte und die Liquiditätskrise die US-Banken zum Rückruf ihrer Auslandskredite veranlaßte, mußten England wie Deutschland ihren außenwirtschaftlichen Bankrott anmelden. England hob im Herbst 1931 die Golddeckung seines Pfundes auf und wertete es drastisch ab. Deutschland führte im Frühjahr1932 die Devisenbewirtschaftung ein: Zahlungen an das Ausland mußten genehmigt, Zahlungen aus dem Ausland (Devisenerlöse) abgeliefert werden.[14]

Beides waren schwere Verstöße gegen die Regeln des Goldstandards. Die Auslandsgläubiger erhielten nur Bruchteile ihrer Guthaben, Forderungen und Kredite zurück. Es gab keine festen Wechselkurse auf verläßlicher Goldbasis und keine den Welthandel finanzierenden Kredite mehr. Der Weltmarkt schrumpfte, die Völker verarmten und zuhause bekämpften nationale Diktatoren die importierten Krisen mit ihren fragwürdigen Mitteln, – nicht nur in Deutschland.

8. Mit dem Zusammenbruch des Goldstandards hatte die Geldevolution gezeigt, daß sie nicht nur gradlinig und in einer Richtung verläuft: vom privaten zum staatlichen Geld, vom nationalen zum internationalen.

Damals brach nicht nur das von Ricardo und J. St. Mill begründete „Currency-Principle“ zusammen, sondern auch ihr konstitutioneller Liberalismus. Zwar brauchte es noch einige Jahrzehnte, bis nach dem Zweiten Weltkrieg und dem Zusammenbruch eines weiteren Weltwährungssystems, sich ihre „neo“liberalen Nachfolger offen von diesen Prinzipien abkehrten und just auf jene Lehren zurückgriffen, die ihre Lehrmeister widerlegt hatten: die der „Banking“-Schule, die eines Henry Thornton, Adam Smith und David Hume. Sie alle hatten zu ihrer Zeit dem Banco-Geld den Vorzug gegeben, weil sie glaubten, daß privates Geld *eo ipso* das stabilere sei.

Genau vor diesem Trugschluß hatten die Vordenker des ORDO-Liberalismus und der Sozialen Marktwirtschaft in Nachkriegsdeutschland gewarnt; das gilt insbesondere für Walter Eucken, Ludwig Erhards wichtigsten Inspirator.[15]

Aber nach dem Ende des Bretton Woods-Systems verwischten sich die Unterschiede zwischen deutschem ORDO- und angelsächsischem Neo-Liberalismus zunehmend. Dem modernen Liberalismus gelten selbst die letzten Reste der alten Ordnungsinstanzen an den globalen Finanzmärkten, wie IWF, WB und die anderen internationalen Organisationen, als systemfremd, überholt

---

moralisch, ökonomisch, politisch. Mit seinem approach hätte sich die Grosse Depression – vielleicht – noch vermeiden lassen.

[14] *W. Hankel*, Schwarzer Freitag, in: 100 Wörter des Jahrhunderts, 1999, S. 249 ff.

[15] *W. Eucken*, Grundsätze der Wirtschaftspolitik, hrsg. v. E. Eucken-Erdsiek und K. P. Hensel, Rowohlts deutsche Enzyklopädie, 1959 (1. Aufl. 1952), S. 161 ff.

und antiquiert. Der Markt schaffe sich seine eigene und stets überlegene Ordnung.[16]

Doch zunächst gehörte die neue Ära nach dem Zusammenbruch des Goldstandards dem sozialen Geld und nicht mehr dem internationalen und legal verfaßten.

III. Vom sozialen zum globalen Geld: Keynes' Bretton Woods-System

1. Das politische Motiv für die Re-Nationalisierung des Geldes in den Krisenjahren nach 1930 war die umsichgreifende Massenarbeitslosigkeit in Europa und in den USA. Der wachsende Druck aus Wissenschaft wie Öffentlichkeit verlangte von den Regierungen Maßnahmen, die im Goldstandard bei Strafe des Gold- und Reserveverlusts verboten gewesen waren: Haushaltsdefizite und die Finanzierung von Beschäftigungsprogrammen aus Geld- und Kreditschöpfung bei niedrigem Zins.

Ein derartiges nationales Inflationsprogramm konnte gefahrlos aufgelegt werden, weil der internationale Geldverbund über „für immer feste" Wechselkurse nicht mehr existierte. Aus Wechselkursen (soweit freie Währungsmärkte überhaupt noch zugelassen waren) waren wieder Währungspreise geworden, die je nach Tagesangebot und -nachfrage schwankten, im Trend jedoch abwerteten.

Die Abwertungsgeschwindigkeit wurde zum Ausweis erfolgreicher Regierungsaktivität, denn sie vertrieb die Auslandskonkurrenz von den Inlandsmärkten und entlastete den Export. Daß mit Inflation und Importvertreibung die Realeinkommen im Inland sanken und die Exportverbilligung über den Wechsel-

[16] Der Siegeszug des „Monetarismus", der sich selber als „antikeynesianische Revolution" verstand, erklärt sich einmal aus der „endemischen Inflationstendenz" (Nicholas Kaldor) der Zeit nach dem Zweiten Weltkrieg. Weil die Keynesianer (nicht Keynes selber) sowohl Lohnsenkung wie deflatorischen Zahlungsbilanzausgleich à la Goldstandard für tabu erklärten, verstopften sich die Preisventile. Es wurde für die Zentralbanken zunehmend schwerer (und politisch konfliktträchtiger), gegen diesen Preisaufwärtstrend eine erfolgreiche Stabilitätspolitik zu betreiben. Hinzukamen kamen methodische wie ideologische Auffassungsdifferenzen. Man lehnte mit der Keynes'schen Makroökonomik auch die dahinterstehende Interventionsfreudigkeit ab. Der Zusammenbruch des Bretton Woods-Systems wurde geradezu als Experimentalbeweis für die Richtigkeit der monetaristischen Geld- und Weltsicht gefeiert. F. A. v. Hayek verlangte die Privatisierung der Währungen und ihrer Märkte (Denationalisitation of Money, The Institute of Economic Affairs, 1976, zuerst 1972), Milton Friedman unermüdlich die Flexibilisierung der Wechselkurse (Essays in Positive Economics, 1953). Inzwischen hat sich freilich die Begeisterung für die totale Privatisierung und Deregulierung der Geld- und Finanzmärkte merklich abgekühlt, nachlesbar auch beim Kolumnen in US-Wochenzeitschriften schreibenden Milton Friedman.

kurs (sog. beggar-thy-neighbour-policy) zur Errichtung immer neuer Welthandelsschranken führte und die Weltwirtschaft drastisch schrumpfen ließ (ihr Volumen drittelte sich zwischen 1930 und 1933), stand auf einem anderen Blatt.

Man bezahlte die neuen Arbeitsplätze mit deutlich fallenden Realeinkommen, was viele Vertreter der alten, klassischen, kosmopolitischen Ökonomie die Frage aufwerfen ließ, ob man dies nicht auch durch rechtzeitige Lohnsenkung statt Zerstörung des Weltwährungssystems hätte erreichen können.[17]

2. Die neue aktive Konjunktur- und Beschäftigungspolitik fußte auf ebenfalls neuen Erkenntnissen der Geld- und Kredittheorie. Schon vor dem Ersten Weltkrieg hatte der schwedische Ökonom Knut Wicksell auf die Wechselwirkung zwischen billigem Geld- und Kreditangebot und Konjunkturverlauf hingewiesen. Hielte man die Finanzierungskosten (Zinsen) *unter* der Rate der Gewinnerwartungen, könne man einen quasi ewigen Aufschwung erzeugen.[18]

Nach dem Ersten Weltkrieg, als sich, beginnend in England, die Massenarbeitslosigkeit ausbreitete, war es vor allem John Maynard Keynes, der die Wicksell'sche Konjunkturtheorie zu einer „Allgemeinen Theorie der Beschäftigung" verdichtete: Im Aufschwung stiegen parallel mit den Investitionen nicht nur die Preise, sondern auch die Neueinstellungschancen für Arbeitslose. Theoretisch hatte Keynes aus der Wicksell'schen Lehre vom investitionsbedingten Preisanstieg die „Mengenlehre" einer zu steigernden Beschäftigung gemacht. Politisch hatte er ein Rezept entwickelt, dem auf Dauer keine Regierung widerstehen konnte – zumal es von der unpopulären Alternative drastischer Lohnsenkung (wie sie im damaligen Deutschland Hitler-Vorgänger Brüning betrieb) ablenkte.[19]

---

[17] *L. (*später *Lord) Robbins*, The Great Depression, 1934, warf als erster diese Frage auf. Bei strikter Einhaltung der „rules" hätte der Goldstandard überleben können. Robbins wurde später Keynes' rechte Hand bei der Ausarbeitung der Pläne für Bretton Woods.

[18] *K. Wicksell*, Geldzins und Güterpreise. Eine Studie über die den Tauschwert des Geldes bestimmenden Ursachen, 1898. Dieses bahnbrechende, in Deutsch verfaßte Werk wurde zur Grundlage der modernen Geld- und Konjunkturtheorie. Seine späte Übersetzung ins Englische erklärt manche unfreiwillige Originalität angelsächsischer Ökonomen, Keynes eingeschlossen.

[19] *J. M. Keynes*, General Theory of Employment, Interest and Money, 1964, erschien 1935/36 fast zeitgleich in den USA und England und elektrisierte Fachwelt wie Politik. Die Fachwelt lernte, daß nicht nur Geldmärkte, sondern auch Arbeitsmärkte geordnet werden müßten. Insbesondere in der Krise sei auf fallende Geldlöhne kein Verlaß. Mit den Kosten reduzierte sich auch die Nachfrage nach Gütern, weswegen es bei steigender Arbeitslosigkeit keine Alternative für Nachfragestützung und -ausweitung gebe.

Die Marktwirtschaft hatte – neben dem Gelde – einen weiteren Defekt in ihrer Selbststabilisierung: Arbeitsmarkt und Beschäftigung. Die Politik bekam eine zentrale Aufgabe: mit Mitteln der Geld- und Fiskalpolitik „antizyklisch" für stabile Konjunkturen und Vollbeschäftigung zu sorgen.

Keynes verstand die damalige Massenarbeitslosigkeit in den führenden Industrieländern als Menetekel für Demokratie und Freiheit des Einzelnen. Sie lasse nur die Wahl zwischen Hitler und seiner Politik des sozialen Geldes. Weil er Hitler für ungleich gefährlicher hielt, ermunterte er ihn sogar zur Lektüre seiner „Allgemeinen Theorie" – und dies gewiß nicht aus Sympathie.[20]

3. Keynes sah klarer als die meisten seiner Schüler die realen und politischen Kosten seiner Politik des sozialen – letztlich aber nationalen – Geldes. Nationale Vollbeschäftigung um den Preis einer zerrütteten Weltwirtschaft konnte ihn nicht befriedigen, weder als Ökonomen noch als pazifistischen Kosmopoliten, als den er sich bereits im Ersten Weltkrieg und heftiger Kritiker des Versailler „Karthagofrieden" für Deutschland exponiert hatte.[21]

Keynes erarbeitet mitten im Zweiten Weltkrieg das Doppelkonzept einer globalen Friedensökonomie unter Einbau seiner bislang nur national erprobten Vollbeschäftigungspolitik. Wie Ricardo's Goldstandard müsse auch das Vollbeschäftigungs-Modell internationalisiert werden, nur dann sei es überzeugend.

Mit seinen „Proposals for an International Clearing Union" der Jahre 1941-1943 knüpft Keynes bewußt an Ricardo's „Proposals" von 1817 an und entwirft darin die Blaupause für das spätere Bretton Woods-System der Jahre nach 1945.[22]

Ging es Ricardo um die strenge Begrenzung der Inflationspotentiale von Staat und Kreditwirtschaft, so Keynes um die Brücke vom sozialen Geld für *eine* Nation zum sozialen Geld für *alle* weltwirtschaftlich vereinten Nationen.

Dafür bedürfe es weder eines Weltstaates noch einer nationale Gefühle verletzenden Weltwährung. Gebraucht werde ein völkerrechtlicher Vertrag zwischen souveränen Nationen über *erstens* eine gemeinsame Verrechnungsstelle der Zentralbanken für den Zahlungsbilanzausgleiche (eine „Clearing Union"), *zweitens* eine dafür erforderliche Recheneinheit (er taufte sie auf den Namen „bancor") und *drittens* eine „symmetrische" Wohlverhaltensklausel zwischen den Abrechnungsparteien: Wer Überschüsse habe, dürfe nicht, wie Shylock, auf barer und sofortiger Zahlung bestehen; vielmehr sollten die reichen Überschußländer ihren armen Schuldnern entgegenkommen und a) einen Teil ihrer Forderungen stehen lassen (kreditieren) und b) wie im Goldstandard ihre inneren Märkte öffnen: durch eine expansive Geld-, Kredit- und Fiskalpolitik. Und er

---

[20] Im Vorwort zur deutschen Ausgabe, übersetzt von F. Waeger, 1936.

[21] *J. M. Keynes*, The Economic Consequences of the Peace, 1920 (1. Aufl. 1919). Dieses Buch begründete Keynes' Weltruhm, nicht als Ökonom, sondern als humaner – und wie sich später herausstellte – hellsichtiger Pazifist.

[22] Vorgeschichte und Geburt dieses ersten planvoll geschaffenen Weltwährungssystems sind gut belegt. *J. Keith Horsefield,* The International Monetary Fund 1945-1965, Twenty Years of International Monetary Cooperation.

fügte hinzu: Je verpflichtender diese „Symmetrie" im Gläubiger-Schuldnerverhalten sei und gehandhabt werde, desto stabiler und von Kredithilfen freier werde das System.

Jeder der Teilnehmer an diesem Giro-System der Zentralbanken behält seine angestammte Währung und bestimmt autonom seinen Wechselkurs in „bancor". Doch dieser ist nur abstrakte Einheit und kein umlaufendes Geld in Staaten und an Märkten: Ecu und kein €!

4. Die „Proposals" wurden als „Keynes-Plan" 1944 der in Bretton Woods (im US-Staat New Hampshire) tagenden Weltwährungskonferenz vorgelegt und nach langer Debatte mit starken Abstrichen angenommen.

Aus der Clearing-Union wurde ein Kreditfonds: der IWF mit angegliederter „Weltbank" (WB) für Strukturhilfen an die Dritte Welt; sie sollte sich nicht an den freien und schon damals globalen Finanzmärkten zu stark verschulden. (Keynes „erfand" bei seinem Plädoyer für die WB den damals noch unbekannten Terminus „unterentwickelt").

An die Stelle des bancor trat der US$; denn die USA waren als Kriegssieger nicht bereit, ihre Währung einem „Kunstgeld" zu unterwerfen, und sei es auch nur als Wechselkursbezugsbasis. In Wahrheit ging es ihnen um den Erhalt ihres schon damals beträchtlichen Midas-Gewinns: Je mehr US$ die Welt brauchte und schluckte, desto größer wurden die Emissions- und „Seigniorage"gewinne der US-Zentralbank, die diese der US-Treasury zwecks Haushaltsfinanzierung überweisen konnte. Es war geschenktes Geld und gesparte Steuern. Über den in der ganzen Welt verbreiteten US$ konnte man andere (Nationen wie Anleger) für die USA und ihre Volkswirtschaft sparen lassen. Diese Bonanza, Mr. Keynes, sollen wir uns entgehen lassen, beschied ihn im Namen von US-Finanzminister Henry Morgenthau dessen Stellvertreter auf der Konferenz.

Vollends ablehnend war die Haltung der USA hinsichtlich der Keynes'schen „Symmetrie"-Klausel. Die USA als der einzig intakte Wirtschaftsraum bei Ende des Zweiten Weltkriegs – der Rest der Welt war entweder kriegszerstört oder „unterentwickelt – sahen für sich anhaltende Überschüsse voraus. Die USA waren zwar bereit, einer notleidenden Welt Wirtschaftshilfe zu leisten, aber nicht, sich die Freiheit ihrer inneren Wirtschafts- und Währungspolitik nehmen zu lassen. Als sie ein Vierteljahrhundert später selber auf das Wohlwollen ihrer Gläubiger angewiesen waren, mag sie diese Ablehnung gereut haben. Aber das war Anfang der 1970er Jahre und nicht 1945.

5. Ricardo's Goldstandard und Keynes' Bretton Woods-System sind bis heute die einzigen getesteten Modelle eines „monetären Völkerrechts".

Der Goldstandard hielt mit Unterbrechung durch den Ersten Weltkrieg und seine Folgejahre von 1820 (Rückkehr Englands zur Goldwährung) bis 1931, das Bretton Woods-System von 1945 bis zum Frühjahr 1973, als die Bindung der Wechselkurse an den US$ aufgehoben wurde.

Beide Systeme stehen für die goldenen Zeiten der kapitalistischen Markt- und Weltwirtschaft. Im Zeichen des Goldstandards industrialisierte sich der Westen Europas und baute vor seiner Haustür die moderne Weltwirtschaft auf. Das System von Bretton Woods ermöglichte den raschen Wiederaufbau Europas nach dem Zweiten Weltkrieg und stellte die alte, schon vor dem Krieg zusammengebrochene Weltwirtschaft wieder her.

Beide Systeme waren *Wechselkurs*-, aber keine *Währungs*unionen, wie die im Zeichen des € im Jahre 1999 eingeführte Europäische Währungsunion (EWU).

Beide waren sie die Antwort der Völker auf eine vorangegangene Katastrophe. Mit dem Goldstandard reagierte Europa auf die Wirren, die Napoléon hinterlassen hatte, mit Bretton Woods die Welt auf Hitler und seinen Zweiten Weltkrieg. Aber damit endet der Vergleich.

6. Der Goldstandard war ein *verrechtlichtes* System. Seine Verläßlichkeit beruhte nicht auf dem Wert des Goldes – denn diesen Wert hatte es nicht von „Natur", sondern von der (fast unstillbaren) Nachfrage des Systems nach Gold für monetäre Zwecke. Den Goldstandard trug das Vertrauen in seine Rechtsgrundlagen, daß Staaten und Zentralbanken die Spielregeln einhielten und die Rechte universelle und undiskriminatorische waren: dieselben für In- und Ausländer, Mehrheiten oder Minderheiten, daß es weder Hintertüren für Zahlungsbeschränkungen, Konfiszierung oder Devisenbewirtschaftung gab.

Der Goldstandard gewährte vollen und weltweit gültigen Eigentumsschutz.

Diesen konnte man erst dann national infragestellen, nachdem man das System international abgeschafft hatte. Das ist die bittere Erfahrung, die viele Menschen nach 1931 machen mußten.[23]

Nur: Der Goldstandard garantierte Eigentum, Vermögensstatus und Geldwert total anders als heute: zwar rechtlich verbindlich und nicht vage politisch, aber nicht in *realer* Kaufkraft, sondern „nur" in Gold – allerdings auf der Grundlage eines buchstäblich säkular gesetzlich geschützten Preises.

---

[23] Einschränkung der Kapitalverkehrsfreiheit ist die Voraussetzung für das „Funktionieren" jedweder Diktatur, eine Beweiskette, die von den Vorschlägen Platons an den Tyrannen von Syrakus im 4. Jahrhundert vor unserer Zeitrechnung bis in die jüngste Gegenwart reicht. In puncto Inkonvertibilität der Währungen glichen sich der Totalitarismus kommunistischer und faschistischer Herrschaft wie ein Ei dem anderen. Hitler benutzte die Transferblockade, die Brüning ihm hinterlassen hatte, um die jüdische Minderheit im KZ, Stalin, um Vermögende und Andersdenkende im GULAG umkommen zu lassen. Die DDR der Nachkriegszeit setzte diese Tradition fort. Deswegen stimmen die in EUV-Verträgen von Maastricht und Amsterdam enthaltenen Ermächtigungen für Kapitalexportverbote (Art. 59 früher 73) so bedenklich. Sie machen den € für Ausländer zu einer „Mausefallenwährung", was einen Großteil seiner Kapitalmarktschwäche erklärt.

Demgegenüber war das 1945 aus der Taufe gehobene Weltwährungssystem von Bretton Woods aus gänzlich anderem Material. Es präsentierte sich als ein durch und durch *politisches* Projekt: Erstens sollte die Weltwirtschaft neu aufgerichtet werden und ein krisenfestes Fundament erhalten. Zweitens sollte Keynes' nationale „New Economics" internationalisiert werden. Bretton Woods sollte den Beweis erbringen, daß der Keynesianismus der krisenhaften Vorkriegsjahre mehr war als ein „monetärer Nationalismus", wie sein Hauptkritiker F. A. v. Hayek befand.[24]

Die ewig kriselnde, weil monetär unverfaßte Weltwirtschaft sollte, mit einer verläßlichen Geldverfassung ausgestattet, wieder zu Mill's „Wohlstandsmaschine" für alle an ihr teilnehmenden Nationen gemacht werden.

Bretton Woods war daher ein *internationaler* Standard, beruhend auf *völkerrechtlichen* Verträgen der Regierungen (nicht der Zentralbanken) mit einer neu ins Leben tretenden supranationalen (und formell der UNO angehörenden) Institution: dem IWF. Im Zentrum stand die Verpflichtung, die Wirtschafts- und Währungspolitik zu koordinieren und auf ein gemeinsames Ziel, die Vollbeschäftigung, auszurichten und zu dem Zweck auf Wechselkurskriege, wie sie die 1930er Jahre gekennzeichnet hatten, zu verzichten. Die im Mittelpunkt des Abkommens stehende Verpflichtung zur Wechselkursstabilität (Art IV IWF) war somit eine primär politische und keine monetäre – wie ja auch die Zentralbanken zwar Geschäftspartner des IWF, aber keine Vertragspartner des Bretton Woods-Systems waren.

7. Dem IWF-Club gehörten zunächst nur die alliierten Kriegssieger und ihre Verbündeten, einschließlich der Sowjet-Union, an. Erst mit Ausbruch des Kalten Krieges wurden IWF und WB durch Austritt der Ostblockstaaten westlich dominierte Institutionen, was ihrer Schlagkraft und Handlungsfähigkeit zugutekam. Die Kriegsverlierer Deutschland und Japan traten den beiden Bretton Woods-Institutionen erst 1952 bei.

Obwohl das Bretton Woods-System *instrumental* weit hinter den Forderungen des „Keynesplans" von 1943/44 zurückblieb: statt der Trias von Clearing-Union bancor und der dem Goldstandard nachgebildete „Symmetrie" der Anpassungsprozesse gab es nur deren Surrogate oder politische Wohltaten ohne Rechts- oder Wiederholungsanspruch, war es zumindest zwei Dekaden lang ein voller Erfolg. IWF und WB trugen mit ihren Zahlungsbilanz- und Strukturkrediten wesentlich zum störungsfreien Wiederaufbau der kriegszerstörten Volkswirtschaften und später zur Integration der Entwicklungsländer in die neue Weltwirtschaft bei. Bis Mitte der 1950er Jahre schafften alle führenden Währungen der Welt – einschließlich der damals jungen DM – den Sprung zurück zu der seit fast einem Vierteljahrhundert ausgesetzten oder stark eingeschränk-

---

[24] *F. A. v. Hayek*, Monetary Nationalism and International Stability, 1937.

ten, weltweiten Konvertibilität. Trotz des stark forcierten Wirtschaftswachstums in vielen Teilen der Welt traten dank Koordinierung und Hilfen durch IWF und WB weder langanhaltende Zahlungsbilanz- und Währungskrisen auf. Lediglich England hatte Probleme mit der Auflösung der in Pfund Sterling gehaltenen Währungsreserven seiner früheren Commonwealth-Mitglieder.

Die Weltwirtschaft verdankt dem Bretton Woods-System die glücklichste Ära der Zeit nach dem Zweiten Weltkrieg.

8. Die Wende kam – wie von Keynes vorausgesagt – mit dem Abrutschen der US-Leistungsbilanz in chronische Defizite, ab Mitte der 1960er Jahre. Der daraus resultierende US$-Zufluß zu den Zentralbanken außerhalb der USA mußte von diesen zum festen „Bretton Woodskurs" angekauft werden. Dadurch kam es zu Tendenzen „importierter Inflation".

In Europa – mit Schwerpunkt Frankreich und Deutschland – wuchs die Neigung, sich vom US$ abzukoppeln und es mit einer eigenen Europäischen Währungsunion zu versuchen. Nachdem die US-Regierung zwischen 1968 und 1971 einseitig die bis dahin geltende und im IWF-Statut verankerte Golddeckung des US$ Schritt für Schritt verwässert und zuguterletzt (am 15. August 1971) aufgehoben hatte und zudem erklärte, die US-Defizite auch künftig „barmherzig zu vernachlässigen" (u.a. um die westlichen Verbündeten an den Kriegskosten in Vietnam zu beteiligen), wiesen die Staaten der Europäischen Wirtschaftsgemeinschaft (EWG) im Frühjahr 1973 ihre Zentralbanken an, den US$-Ankauf zum festen Kurs der Bretton Woods-Parität einzustellen und erklärten den Artikel IV IWF-Statut für nicht mehr anwendbar. Der US$ mußte auf nunmehr freien und deregulierten Währungs- und Finanzmärkten ge- und verkauft werden. Damit gab es weltweit nur noch nach Marktlage schwankende Wechselkurse.

Obwohl die beiden Bretton Woods-Institute IWF und WB noch immer ihren Dienst versehen, verlor das System mit der Freigabe der Wechselkurse seine Geschäftsgrundlage. Die nationalen Makropolitiken können seitdem nicht mehr über stabil zu haltende Wechselkurse koordiniert werden. Die Knautschzone flexibler Wechselkurse erlaubt jeden nationalen Alleingang in jeder Richtung – sei es Inflation oder Währungsstabilität. Das betreffende Land muß sich nur mit der Ab- und/oder Aufwertung seiner Währung abfinden.

Der Versuch, den nationalen Keynesianismus zu internationalisieren, ist damit fürs erste gescheitert. Es stellt sich jedoch die Frage: ob auch für immer?

IV. Die vier Essentials eines betriebssicheren Weltwährungssystems[25]

1. Was war „falsch" an beiden Groß-Versuchen, ein national verfaßtes Geld in einer gemeinsamen Weltgeldordnung zusammenzufassen? Mußten diese Versuche am Unvereinbaren scheitern? Oder handelte es um ausräumbare Defekte im Modell, nicht in der Sache?

2. Der Goldstandard scheiterte letztlich an seiner („asymmetrischen") Bevorzugung der Gläubigerinteressen. Ein Schuldnerland mit Gold- und Reserveabflüssen *mußte* sich anpassen und zuhause kürzer treten, selbst um den Preis von Krise, Massenarbeitslosigkeit und politischer Instabilität. Dagegen *konnte* ein Gläubigerland mit Gold- und Reservezuflüssen diese Anpassung verweigern, wie die USA in den Jahren nach dem Ersten Weltkrieg. Es war weder gezwungen, die Geldmenge auszuweiten, die Zinsen zu senken noch seinen Schuldnern mit Krediten und Binnenmarkt-Öffnung entgegenzukommen. Vermutlich hätte der Goldstandard die Krise von 1931/32 überlebt, wenn die USA nach dem Ersten Weltkrieg, verarmten Partnern, wie England und Deutschland, wirksam geholfen hätten: eben mit Öffnung der Märkte statt ihrer Schließung, mit monetärer Binnenexpansion statt der Sterilisierung der Gold- und Reservezuflüsse und mit zinsbilligen Krediten statt dem Kreditrückruf zur falschen Zeit.

England hätte nicht sein Pfund Sterling entgolden, Deutschland nicht seine Devisenbewirtschaftung ausrufen *müssen*. Der Goldstandard zerbrach, weil es an Symmetrie im Zahlungsbilanzausgleich und an politischer Koordination fehlte.

Und Bretton Woods? Waren in diesem am Reißbrett rational entworfenen Globalsystem nicht genau diese Lehren aus dem Zusammenbruch des Goldstandards gezogen worden? Es gab die politische Koordination. Und man hatte als Ersatz für die ungeliebte (und auch von den späteren Überschußnationen abgelehnte) Symmetrie der Anpassungsprozesse ein Milliardenpotential von Währungshilfen und standby-Krediten eingesetzt.

Entweder waren es die die *falschen* Lehren gewesen, die man gezogen hatte. Oder man hatte die richtigen Lehren *über*zogen, was im Ergebnis auf dasselbe hinauslief. Denn an beiden *gewollten* Abweichungen vom Goldstandard ist Bretton Woods gescheitert. Der US$ als Goldersatz war nicht knapp wie das

---

[25] Siehe zum folgenden Abschnitt *R. A. Mundell/K. A. Swoboda*, Monetary Problems of the International Economy, 1969, S. 21 ff.; *F. C. Bergsten/R. C. Henning*, Global Economic Leadership and the Group of Seven, Institute for International Economics, 1996; sowie *W. Hankel*, Die außenwirtschaftliche Absicherung der Globalsteuerung in: H. Körner/Chr. Uhlig (Hrsg.), Die Zukunft der Globalsteuerung, Karl Schiller zum 75. Geburtstag gewidmet, S. 299 ff., fortgesetzt in den Arbeiten 1997, 1999 und 2000 der Fußnote 1.

gelbe Metall, sondern wurde im Überfluß angeboten. Die exzessiven Währungshilfen und standby-Kredite beseitigten jeden real vernünftigen Anpassungsdruck in den Schuldnerländern. Das System bot nur noch eine Perspektive: die permanente Inflationierung über immer neue und wertlosere Währungs$ und ungebremst inflationierende Schuldnerländer in Erster, Dritter und Vierter Welt.

Deswegen war die defacto-Kündigung vom Frühjahr 1973 ein Akt der monetären Notwehr. Er könnte sich bei einem anderen monetären Fehlversuch, nämlich dem des € wiederholen.

3. Ist der Weg ins „monetäre Völkerrecht" damit als Fehlentwicklung der monetären Evolution endgültig entlarvt? Wenn Häuser einstürzen, kehrt man *nicht* zurück in unwirtliche Höhlen. Man baut bessere Häuser.

Es gilt – das ist das Fazit dieser langen Analyse – zwei offenbare Defekte der alten, zusammengebrochenen Systeme zu erkennen und in Zukunft zu vermeiden: die restriktive und schuldnerfeindliche Schlagseite des Goldstandards und die inflatorische sowie Midas-Versuchungen des Leitwährungslandes nährende des Bretton Woods-Systems. Was heißt das?

In den Mittelpunkt des dritten Anlaufs in Richtung einer Weltwährungsordnung, deren ebenso aktuelles wie zeitloses Motiv es ist, die aus der Globalisierung der Geld-, Kredit- und Kapitalmärkte drohenden Kollabierungsgefahren zu bannen, gehören *vier* Essentials:

- Eine Weltzentralbank (WZB) als lender of last resort.
- Eine systemeigene Recheneinheit, die es im übrigen längst gibt, denn aus dem Keynes'schen bancor sind seit 1969 die „Sonderziehungsrechte"(SZR) des IWF in gleicher Funktion geworden.
- Ein völkerrechtlicher Vertrag der Regierungen mit dem zur WZB mutierten IWF über real und nicht lediglich nominal fixierte Wechselkurse, wie in den alten Systemen. Jedes Land gewinnt so die Option, bei nominal festen Wechselkursen sich zuhause auf eine Politik der Währungsstabilität und Inflationsbekämpfung festzulegen oder bei einer aus strukturellen Gründen unvermeidbaren moderaten (nicht exzessiven) Inflationspolitik diese innere Inflationsrate auf den Wechselkurs durchschlagen zu lassen, d. h. ohne Druck von außen abzuwerten. Nur solche auch realwirtschaftlich stabilen Wechselkurse sind auf Dauer glaubhaft und daher krisensicher. Es war der eingebaute Fehler beider Altsysteme, daß es ihnen nie gelang, innere und äußere Geldwertentwicklung auf einen Nenner zu bringen, und daß sie daher immer wieder Spekulationslawinen auslösten.
- Ein Kodex guten, d. h. symmetrischen, Gläubiger- wie Schuldnerverhaltens. Weder übermäßige Überschüsse noch Defizite werden toleriert; denn am Defizit ist nicht nur der Schuldner schuld, auch die Überschußpartner können

sie durch (zu) harte Exportpolitik verursacht haben – der Beispiele dafür gibt es genug. Deswegen müssen strukturelle Überschußländer, wie Japan oder Deutschland, durch Öffnung und Ausweitung ihrer Binnenmärkte den Schuldenabbau der Defizitländer erleichtern. Darüberhinaus stellen WZB/IWF und WB eine kontrollierte (und selektiv zu vergebende) Strukturhilfefazilität für die armen Auf- und Nachholländer des Globus zur Verfügung. Denn deren erneute und unkonsolidierte Verschuldung an den globalen Finanzmärkten muß verhindert werden.

Mit einem solchen Bretton Woods II könnten die von ihrer Selbstzerstörung durch Spekulationskrisen bedrohten globalen Finanzmärkte wieder kontrollierbar gemacht und damit betriebssicher, kalkulierbar und krisenfest werden – wie die Finanzmärkte des 19. Jahrhunderts. Denn das war ihr Geheimnis: Weil nicht die Währungen schwankten, sondern „nur" die Renditen, hielten sich mit den Währungsrisiken auch die (Selbst-)Versicherungsprämien der Märkte in Grenzen. Man bräuchte weder den heutigen Riesenaufwand und -umsatz in Termingeschäften, Derivaten, Optionen usw., um die sonst unkalkulierbaren Währungsrisiken abzusichern. Denn damals waren sie marginal.

Das würde es auf monetär verfaßten, aber ansonsten freien Welt-Kapitalmärkten wieder werden. So könnte über das sich so etablierende „monetäre Völkerrecht" das 21. Jahrhundert doch noch ein goldenes werden: frei von Systemkrisen und der verhängnisvollen Tendenz, den „Reichtum der Nationen" zu mindern statt zu mehren und die Früchte der Weltwirtschaft immer ungleicher zu verteilen statt gerechter. Denn zum Recht gibt es in der Marktwirtschaft keine Alternative – weder national noch global.

Die Ordnung des internationalen Handels
GATT – WTO – GATS

Dagmar I. Siebold

I. Einleitung

Es ist nicht erst das Zeitalter der Globalisierung, das eine Weltwirtschaftsordnung unverzichtbar macht. Wirtschaftsverkehr über die Grenzen des eigenen Landes hinweg verbindet Staaten schon lange und erfordert eine weltweite Ordnung der Wirtschaft und eine Koordinierung der Außenhandelsbeziehungen der einzelnen Handelspartner. Eine rechtliche Grundlage schafft Sicherheit und Vorhersehbarkeit; denn diese Ordnung ist für alle gleichermaßen verbindlich und bildet das Fundament eines friedlichen Miteinander der Menschen und Staaten in nationaler wie internationaler Gemeinschaft.

Die internationale Wirtschaft wird durch das System eines überwiegend freien Wirtschaftsverkehrs bestimmt. Freier Handel wird in seiner großen Bedeutung für den Wohlstand[1] und als wichtige Grundlage für Sicherheit und Frieden in der Welt anerkannt.[2] Dennoch ist seit Jahrhunderten Protektionismus eine bekannte Erscheinung der internationalen Wirtschaft. Seine Rechtfertigungen sind zwar ökonomisch zweifelhaft geblieben, politisch war er jedoch immer wieder ein beliebtes Instrument zum Schutz der heimischen Wirtschaft. Dies ist verständlich, weil Protektionismus immer auch seine, jedenfalls kurzfristigen, Gewinner hat: Es sind die mit Importen konkurrierenden innerstaatlichen Un-

---

[1] *Th. Oppermann/M. Beise*, Chancen für eine neue Welthandelsordnung, EA 15/16 (1991), S. 452; *U. v. Suntum/R. Verkamp*, Mehr Freihandel oder Reglementierung durch die Schaffung der Welthandelsorganisation WTO?, in: M. Frenkel/D. Bender (Hrsg.), GATT und neue Welthandelsordnung: globale und regionale Auswirkungen, 1996, S. 47 f.; *P. Krugmann*, Der Mythos vom globalen Wirtschaftskrieg. Eine Abrechnung mit den Pop-Ökonomen, 1999, passim; *R. B. Reich*, Die neue Weltwirtschaft. Das Ende der nationalen Ökonomie, 1993, S. 11, 41; *K. Ohmae*, Die neue Logik der Weltwirtschaft, 1992, passim, insb. S. 15, 213.

[2] *Kant*, Zum ewigen Frieden, ed. Weischedel, Bd. VI, S. 226 „Es ist der Handelsgeist, der mit dem Kriege nicht zusammen bestehen kann, und der früher oder später sich jedes Volks bemächtigt"; anders allerdings *Goethe*, Faust II, Rdn. 11184: „Man hat Gewalt, so hat man recht. Man fragt ums Was? und nicht ums Wie? Ich müßte keine Schiffahrt kennen. Krieg, Handel und Piraterie, Dreyeinig sind sie, nicht zu trennen. Die drey gewaltigen Gesellen."

ternehmen. Sie stehen im Wettstreit mit den Exportlobbyisten. Verlierer der Protektion ist aufgrund der Verteuerung inländischer Waren letztlich aber der Verbraucher.[3]

Die handelspolitisch und wirtschaftlich weltweite Entwicklung bedarf rechtlich verbindlicher Regelungen um diese verschiedenen Strömungen zu koordinieren und zu kontrollieren. Wirtschaftliche Erwartungen an Staaten, aber auch an internationale Organisationen, fordern das Völkerrecht zu einer Ordnung der internationalen Wirtschaftsbeziehungen heraus, die „auf der Grundlage der Gegenseitigkeit und zum gemeinsamen Nutzen auf die Beseitigung der Diskriminierung in den internationalen Handelsbeziehungen abzielen".[4]

Die Gestaltung internationaler Rahmenbedingungen für die Wirtschaft verlangt in erster Linie nach einer Handelsordnung, aber auch nach einer Ordnung für den mit dem Handel untrennbar verbundenen internationalen Kapitalverkehr[5] sowie den internationalen Investitionen[6]. Unabdingbar für ein Vertrauen in eine solche Rechtsordnung ist deren Verbindlichkeit und die Möglichkeit, das international gültige Recht auch durchzusetzen.[7] Inwieweit die Weltwirtschaftsordnung durch Schutzordnungen für Umwelt und soziale Standards ergänzt werden sollte, ist eine viel und kontrovers diskutierte Frage, die in diesem Rahmen unberücksichtigt bleibt.[8] Dargestellt werden im folgenden die zentralen Elemente der institutionellen Ordnung des internationalen Handels: GATT, WTO und GATS.

---

[3] Vgl. dazu meinen Beitrag Der Fall Bananenmarktordnung in diesem Buch, S. 211 ff.

[4] Präambel zum Übereinkommen zur Errichtung der Welthandelsorganisation.

[5] Vgl. dazu in diesem Buch *K. A. Schachtschneider*, Die Grenzen der Kapitalverkehrsfreiheit, S. 253 ff.

[6] Vgl. dazu in diesem Buch *U. Wartha*, Das Multilaterale Abkommen über Investitionen (MAI), S. 359 ff.

[7] Vgl. dazu in diesem Buch *A. Emmerich-Fritsche*, Recht und Zwang im Völkerrecht, insbesondere im Welthandelsrecht, S. 123 ff.

[8] *A. Diem*, Freiheit und Umweltschutz im GATT und WTO, 1995; *A. Knorr*, Welthandelsordnung und Umweltschutz, in: Ordo 46 (1995), S. 203 ff.; *ders.*, Umweltschutz, nachhaltige Entwicklung und Freihandel. WTO und NAFTA im Vergleich, 1997; *W. Adamy*, Verteidigung und Durchsetzung sozialer Standards durch die Handelspolitik, in: E. Kantzenbach/O. Mayer, Von der internationalen Handels- zur Wettbewerbsordnung, 1996, S. 133 ff., *A. S. Yüksel*, GATT-WTO-Welthandelssystem, unter besonderer Berücksichtigung der Außenwirtschaftsbeziehungen der Europäischen Union, 1996, S. 162 ff.

II. Historische Entwicklung der Welthandelsordnung

1. Die Grundlagen[9]

Bis zur Gründung der Welthandelsorganisation WTO im Jahre 1995 bildete das Allgemeine Zoll- und Handelsabkommen zusammen mit umfangreichen ergänzenden Abkommen[10] knapp fünfzig Jahre die einzige, rechtlich bindende universelle Ordnung[11] des Welthandels. Fundierend auf der Idee einer marktwirtschaftlichen Ordnungspolitik erlebte die internationale Wirtschaft am Ende des Zweiten Weltkriegs eine entscheidende Weichenstellung. Mit dem GATT leistete die internationale Wirtschaftsordnung der Nachkriegszeit einen wertvollen Beitrag zur Liberalisierung des Handels sowie zur Stabilisierung der internationalen Wirtschaftsbeziehungen.[12] Geleitet von der Idee des Neoliberalismus wurde die Weltwirtschaft nach dem Prinzip des Wettbewerbs organisiert.[13] Die

[9] Ausführlich auf die Entstehung und Geschichte des Allgemeinen Zoll- und Handelsabkommens gehen ein: *F. Jaeger*, GATT, EWG und EFTA. Die Vereinbarkeit von EWG und EFTA-Recht mit dem GATT-Statut, 1970; *J. H. Jackson*, World Trade and the Law of GATT, 1969; *R. E. Hudec*, The GATT legal system and world trade diplomacy, 1975, S. 3 ff.; *K. W. Dam*, The GATT, Law and International Organization, 1970, S. 10 ff.; *F. K. Liebich*, Grundriß des Allgemeinen Zoll- und Handelsabkommens (GATT), 1967; *ders.*, Das GATT als Zentrum der internationalen Handelspolitik unter Anschluß insbesondere der Texte des Allgemeinen Zoll- und Handelsabkommens (GATT) des Baumwolltextilabkommens und des Anti-Dumping Kodex, 1971; *C. Wilcox*, A Charter for World Trade, 1949; und aktueller: *R. Senti*, GATT, System der Welthandelsordnung, 1986; *W. Benedek*, Rechtsordnung des GATT aus völkerrechtlicher Sicht, 1990.

[10] Zu nennen sind die Sonderabkommen der Tokio-Runde, auch als MTN-Kodizes bezeichnet. Dazu zählen das Übereinkommen über technische Handelshemmnisse, der Regierungskäufe-Kodex, der Subventionskodex, der Antidumping-Kodex sowie fünf weitere Abkommen.

[11] *A. v. Bogdandy*, Eine Ordnung für das GATT, RIW 1 (1991), S. 55.

[12] *J. Molsberger/A. Kotios*, Ordnungspolitische Defizite des GATT, Ordo 41 (1990), S. 93.

[13] Diese Art der Wirtschaftsbetätigung soll im Gegensatz zu anderen Organisationsformen den größtmöglichen gesamtgesellschaftlichen Nutzen verbunden mit den geringsten Kosten bringen, dazu *P. T. Stoll*, Freihandel und Verfassung. Einzelstaatliche Gewährleistung und die konstitutionelle Funktion der Welthandelsordnung (GATT/WTO), ZaöRV 1 (1997), S. 87; *A. S. Yüksel*, GATT-WTO-Welthandelssystem, S. 30 ff., der allerdings freie Handelsbeziehungen nur für sinnvoll ansieht, wenn sämtlichen Wirtschaftspartnern daraus Vorteile erwachsen. Die klassische Außenhandelstheorie baut auf diesem Prinzip auf, wonach Weltwohlfahrt nur bei Befreiung von staatlichen Eingriffen in den freien internationalen Warenaustausch allokativ und distributiv effizient ist. Grundlegend dafür sind die Klassiker der Ökonomie mit ihrer Theorie des komparativen Vorteils (*Adam Smith, David Ricardo*). Diese besagt, daß gesellschaftliche Wohlfahrt eines einzelnen Landes durch freien Handel ansteigt, weil durch internationale Arbeitsteilung bei effizient genutztem Faktoreinsatz Gewinne erzielt werden können, mit der Folge, daß das Sozialprodukt steigt, bezogen auf das GATT: *A. v. Bogdandy*, RIW 1 (1991), S. 56; *M. Beise*, Vom alten zum neuen GATT – Zu den neuen Dimensionen der

krisenreiche Zeit der Vor- und Nachkriegsjahre, gezeichnet durch Protektionismus und Bilateralismus, war überwunden. Eine dem Freihandel[14] verpflichtete multilaterale und weltweit akzeptierte Ordnung im Bereich der Wirtschaft wurde mit dem GATT geschaffen und beschleunigte die fortschreitende Liberalisierung des internationalen Handels.

Mitte der siebziger und Anfang der achtziger Jahre haben sich protektionistische Tendenzen und nichttarifäre Handelshemmnisse[15] als Folge der durch die beiden Ölpreisschocks 1973/81 verursachten Konjunktureinbrüche ausgebreitet. Die Nichtbeachtung der liberalen Prinzipien des GATT waren vor allem durch ordnungspolitische Widersprüche im GATT-Regelwerk möglich geworden[16]. Es wurden „Grauzonenmaßnahmen"[17] vorbei am GATT entwickelt, um durch einseitige Handelsvorteile scheinbar kurzfristig wirtschaftliche Überlegenheit zu erlangen. Erreicht wurde dies durch die im GATT-Vertrag enthaltenen Ausnahmeregelungen, die eine Umgehung ermöglichten.

Daß diese Umgehungen durchaus völkerrechtlich möglich (und legal) sind, zeigen die Selbstbeschränkungsabkommen, die bilaterale Übereinkünfte zur Modifikation eines multilateralen Vertrags gemäß Art. 41 Abs. 1 lit. b WVK 1969 darstellen. Gleichzeitig stehen sie aber im direkten Konflikt zu den libera-

---

Welthandelsordnung, in: W. Graf Vitzthum (Hrsg.), Europäische und internationale Wirtschaftsordnung aus der Sicht der Bundesrepublik Deutschland, 1993, S. 184.

[14] Von vielen Seiten ist bereits der Nachweis erbracht worden, daß Freihandel Vorteile bringt. Protektion verzerrt tendenziell die Strukturen von Produktion, Verbrauch und Außenhandel. Handelsbeschränkende Wirtschaftspolitik steht dem Nutzen der Wachtstumsvorteile aus der internationalen Arbeitsteilung entgegen, dazu: *H. H. Glisman/E. J. Horn/S. Nehrung/R. Vaubel*, Weltwirtschaftslehre, Bd. 1 (Außen- und Währungspolitik), 3. Aufl. 1986, S. 20 ff.; *W. Zohlnhöfer*, Der neue Protektionismus aus der politischen Ökonomie, in: A. Glutowski (Hrsg.), Der Protektionsimus, S. 95 ff.; *L. Gerken*, Freiheit und Freihandel, 1999, passim; *A. v. Bogdandy*, RIW 1 (1991), S. 55. Seit den 80er Jahren ist die Freihandelstheorie durch die „neue Außenhandelstheorie" (new international economics) in die Kritik geraten, Grundlage dafür bildet die Theorie der strategischen Handelspolitik von J. Brandner und B. Spencer dazu: *P. Krugman* (Hrsg.), Strategic Trade Policy and the New International Economics, 1986, kritisch: *H. Siebert*, Strategische Handelspolitik. Theoretische Ansätze und wirtschaftspolitische Empfehlungen, Außenwirtschaft 43 (1988), S. 549 ff.

[15] *Th. Oppermann/M. Beise*, EA 15/16 (1991), S. 451.

[16] *J. Molsberger/A. Kotios*, Ordo 41 (1990), S. 93 ff.

[17] Dazu zählen auch freiwillige Exportbeschränkungen, die eigentlich nach Art. XI Abs. 1 GATT ebenso wie Importkontingente verboten sind. Es sind nur Staaten, nicht jedoch Unternehmen an die GATT-Regeln gebunden, d. h. häufig sind Industrieverbände für Exportbeschränkungen verantwortlich, wodurch Unternehmen „legal" die GATT-Vorschriften umgehen können, jedoch faktisch gegen den GATT-Geist verstoßen. Dazu *J. Molsberger*, Die Zukunft des GATT, in: W. Zohlnhöfer, Zukunftsprobleme der Weltwirtschaft, 1996, S. 71, und Beispiele bei *H. Hauser/K. U. Schanz,* Das neue GATT, Die Welthandelsordnung nach Abschluß der Uruguay-Runde, 1995, S. 56. Diese Problematik führt auch zu der Frage des Zugangs Privater zum GATT, dazu *C. Th. Ebenroth*, Herausforderungen für das internationale Wirtschaftsrecht, RIW 1 (1994), S. 5 ff.

len Ordnungsprinzipien und führen dadurch zu einem Widerspruch in der Zielsetzung des GATT[18]. Gefördert wurde diese Krise auch durch neuere Entwicklungen. Die weltweit wachsende Bedeutung des Handels im Dienstleistungssektor sowie im Bereich des geistigen Eigentums fand in dem GATT von 1947 noch keinen Niederschlag. Diese beiden Handelsbereiche verlangen, neben den bestehenden Regelungen für den Warenverkehr, eine zeitgemäße internationale rechtliche Berücksichtigung und Anpassung der weltweiten Handelsordnung.

Mit der Uruguay-Runde haben die GATT-Vertragsparteien eine entscheidende achte Handelsrunde ins Leben gerufen, deren Ergebnis im institutionellen wie auch materiellen Bereich, verglichen mit den anderen GATT-Runden, als überragend[19] bezeichnet werden kann. Das Provisorium GATT ist von einer „vollwertigen internationalen Organisation mit (...) starken Apparaten an Unter- und Nebenorganen“[20] abgelöst worden. Es wurde damit ein international akzeptierter Ordnungsrahmen geschaffen, der, angelehnt an das Bretton Woods Ideal, eine Kooperation mit dem Weltwährungsfonds und der Weltbankgruppe gewährleistet und sich als völkerrechtlicher Rahmen den Herausforderungen einer globalen Weltwirtschaft stellen kann.[21]

a) Bretton Woods System

Es waren hauptsächlich die Bemühungen der USA und Großbritanniens, die internationalen Wirtschaftsbeziehungen bereits während des Zweiten Weltkriegs zu überdenken und neu zu ordnen.[22] Hintergrund für diese Überlegungen war der Zerfall der Wirtschaftsbeziehungen zwischen den beiden Weltkriegen.[23]

---

[18] *Th. Oppermann/M. Beise*, EA 15/16 (1991), S. 451; grundsätzlich ist die Zielkonformität von Grauzonenmaßnahmen mit dem GATT durch ein Streitschlichtungsverfahren kontrollierbar. In der Vergangenheit blieben die Überprüfungen jedoch die Ausnahme (erfolgreiche Klage der EG gegen Japan wegen des Halbleiterabkommens USA-Japan 1988), dazu ausführlich, *W. Benedek*, Die Rechtsordnung des GATT aus völkerrechtlicher Sicht, S. 181 ff.

[19] *P. T. Stoll*, Die WTO: Neue Welthandelsorganisation. Ergebnisse der Uruguay-Runde des GATT, ZaöRV 54 (1994), S. 244.

[20] *P. T. Stoll*, ZaöRV 54 (1994), S. 336.

[21] *R. H. Hasse*, Entwicklung und Aufgaben der WTO als Institution der Welthandelsordnung, in: Forschungsinstitut für Wirtschaftsverfassung und Wettbewerb (Hrsg.), Die Bedeutung der WTO für die europäische Wirtschaft, 1997, S. 16.

[22] Aus der Atlantik Charta vom 14.8.1941 geht hervor, daß sich der amerikanische Präsident und britische Premierminister mit ihren Friedenszielen für eine möglichst enge Zusammenarbeit zwischen allen Nationen im Bereich der Wirtschaft aussprachen, nach *C. Wilcox*, A Charter for World Trade, S. 37.

[23] *H. Steinberger*, GATT und regionale Wirtschaftszusammenschlüsse, 1963, S. 8 und *A. S. Yüksel*, GATT-WTO-Welthandelssystem, sehen in der Weltwirtschaftskrise der dreißiger Jahre einen Hauptgrund für den Ausbruch des Zweiten Weltkriegs, den es

Aufgrund dieser Erfahrung herrschte die Überzeugung, daß Frieden und politische Sicherheit nur durch finanzielle und wirtschaftliche Sicherheit erreicht werden könnten.[24] Nach dem Zweiten Weltkrieg stellte sich jedoch der weltwirtschaftlichen Integration die Teilung der Welt in zwei Machtblöcke entgegen, wobei die USA aufgrund des Weltkrieges die führende Rolle der westlichen Welt übernommen hatte.

Clair Wilcox[25], einer der Schlüsselfiguren der Nachkriegsverhandlungen um den Welthandel, machte deutlich: „Die Anfänge des wirtschaftlichen Liberalismus waren erschüttert durch den Ersten Weltkrieg. Die Wirtschaft Europas war zerrüttet und durch die Veränderung der Grenzen und die Schaffung neuer Staaten lebten Nationalismus und Protektionismus auf".[26] Im Mai 1930 erließ Amerika den Hawley-Smoot-Tariff Act, worauf Importzölle auf das höchste Level in ihrer Geschichte stiegen.[27] Die Handelspartner, vor allem die europäischen Staaten, reagierten mit entsprechenden Gegenmaßnahmen. Großbritannien schaffte den freien Handel ab und führte im Februar 1932 einen Einheitszoll ein.[28] In den Jahren 1929 bis 1932 fiel der Welthandel wertmäßig auf ein Drittel des Vorjahresniveaus zurück.[29] Der Rest der Dekade ist durch verstärkten wirt-

---

für die Zukunft zu vermeiden gilt. *Th. Oppermann/M. Beise,* Die neue Welthandelsorganisation – ein stabiles Regelwerk für weltweiten Freihandel?, EA 7 (1994), S. 195, erkennt heute in einer stabilen internationalen Wirtschaftsordnung den zentralen Punkt um den Weltfrieden zu wahren, weil ökonomische Gesichtspunkte seit dem Ende des Kalten Krieges und dem Zusammenbruch des kommunistischen Systems gegenüber den militärischen an Bedeutung gewinnen und weiter zunehmen werden. So auch *B. May*, Der erfolgreiche GATT-Abschluß – ein Pyrrhussieg?, EA 2 (1994), S. 40, der von veränderten weltpolitischen Rahmenbedingungen seit Beginn der Uruguay-Runde spricht, wodurch ökonomische Interessen in den Vordergrund traten. Ähnlich, aber eine noch weitergehende Sichtweise demonstriert *W. Benedek,* Rechtsordnung des GATT aus völkerrechtlicher Sicht, S. 1: „Es steht zu erwarten, daß die Bedeutung des GATT als Rechtsordnung in einer von wirtschaftlichen Interessen dominierten Welt, in der überdies auch politische Interessen zunehmend mit wirtschaftlichen Mitteln, insbesondere der Handelspolitik, verfolgt werden, noch weiter zunehmen wird."

[24] Der internationale Handel nahm in den Jahren vor dem Ersten Weltkrieg einen unerhörten Aufschwung und bereits im ausgehenden 19. Jahrhundert wurde darin ein wichtiger friedensfördernder Faktor erkannt, so *O. Kimminich*, Einführung in das Völkerrecht, 6. Aufl. 1997, S. 267 f.

[25] *Clair Wilcox* war einer der führenden Delegierten bei den Konferenzen in London, Genf und Havanna; dazu *ders.*, A Charter for World Trade, S. 3 ff.; *K. Kock*, International Trade Policy and the GATT 1947-1967, 1969, S. 29.

[26] *C. Wilcox*, A Charter for World Trade, S. 5 (Übers. durch Verfasser).

[27] *K. Kock*, International Trade Policy, S. 2, 11; ebenso *H. Steinberger,* GATT und regionale Wirtschaftszusammenschlüsse, S. 9; *W. Diebold*, The End of the ITO, in: Princeton University International Finance Section (Hrsg.), Essays in International Finance, No. 1-20, 1943-1954, 1952, S. 6 f.

[28] *C. Wilcox*, A Charter for World Trade, S. 5 ff.

[29] *R. Senti,* GATT, S. 4.

schaftlichen Nationalismus gekennzeichnet – jede Nation versuchte viel zu exportieren, jedoch so wenig wie möglich zu importieren[30].

Um die Fehler der Vergangenheit nicht zu wiederholen, wurde 1944 die Bretton Woods Konferenz zum Aufbau der Nachkriegsweltwirtschaft einberufen[31]. Das Ziel war, die protektionistischen nationalen Interessen zurückzudrängen und eine freiheitliche, stabil organisierte Neuordnung der Weltwirtschaft durch Regeln mit völkerrechtlich verbindlichem Charakter und mit möglichst viel teilnehmenden Staaten zu schaffen. In Bretton Woods wurden Richtlinien für ein internationales Finanzsystem aufgestellt, gekennzeichnet durch die Errichtung von festen Wechselkursen, Konvertibilität der Währungen und die Festlegung des Dollars als Reservewährung.[32] Es entstanden daraus der Internationale Währungsfond[33] und die Weltbank[34].[35] Neben diesen beiden finanziellen Institutionen war die ITO, die Internationale Handelsordnung, als dritte Säule der Welthandelsordnung vorgesehen.[36] Als Sonderorganisation im Rahmen der Vereinten Nationen geplant,[37] war dies die wirtschaftliche Ergänzung in der Neuordnung des internationalen Wirtschaftssystems auf multilateraler Ebene.

b) Internationale Handelsordnung

Erste Entwürfe als Grundlage für eine Welthandelscharta wurden 1945 sowohl von der amerikanischen als auch von der britischen Regierung vorgelegt.[38] Ein Jahr später ging ein detaillierter Vorschlag über die Errichtung einer Inter-

---

[30] *C. Wilcox*, A Charter for World Trade, S. 6.

[31] Die Konferenz fand von 1. bis 22. Juli 1944 in Bretton Woods, New Hampshire, USA statt; dazu ausführlich *J. H. Jackson,* World Trade and the Law of GATT, S. 27; *K. Kock*, International Trade Policy, S. 26 ff.

[32] Das System der festen Wechselkursbeziehungen ist 1971 zusammengebrochen.

[33] Abgekürzt auch IMF – International Monetary Fund.

[34] Abgekürzt auch IBRD – International Bank for Reconstruction and Development.

[35] *J. H. Jackson*, Restructuring the GATT System, 1990, S. 10; *K. Kock*, International Trade Policy, S. 26 ff; *J. H. Jackson*, The World Trading System. Law and Policy of International Economic Relations, 1989, S. 4, 27 ff.

[36] *O. Long*, Law and its limitations in the GATT multilateral trade system, 1985, S. 1.

[37] *C. Wilcox*, A Charter for World Trade, S. 22; *F. K. Liebich*, Das GATT als Zentrum der internationalen Handelspolitik, S. 9.

[38] US-Regierung: Proposal for Consideration by an International Conference on Trade and Employment, in: US Department of State: Proposals for Expansion of World Trade and Employment, Washington D.C. 1945 Publ. 2411; und Britische Regierung: Proposal for Consideration by an International Conference on Trade and Employment, London 1945; *R. E. Hudec*, The GATT legal system and world trade dipolmacy, S. 8, folgend, gingen die Diskussionen, die bereits im September 1943 begannen, über den Aufbau und die Gestaltung der Nachkriegs(welt)wirtschaft von USA und England aus; ebenso *W. Diebold,* The End of the ITO, S. 3.

nationalen Handelsorganisation als Sonderorganisation der Vereinten Nationen von der amerikanischen Regierung ein.[39] Im Februar 1946 beschloß der Wirtschafts- und Sozialausschuß (ECOSOC[40]) der im Dezember des Vorjahres gegründeten Vereinten Nationen, eine internationale Konferenz über Handel und Beschäftigung mit dem Zweck einzuberufen, eine Welthandelsorganisation zu entwerfen und gleichzeitig über die Möglichkeit von Zollsenkungen zu verhandeln. Ein Ausschuß von 18 Staaten überarbeitete in drei Vorbereitungskonferenzen die genannten Entwürfe für die geplante Konferenz.[41]

Das grundlegende Dokument war der „Genfer Report", das Ergebnis der letzten Vorbereitungskonferenz. Dieses Treffen in Genf, von April bis August 1947, war vielgestaltig und verfolgte drei Hauptziele: Es galt zum einen, eine Charta für die geplante internationale Handelsorganisation weiter zu entwikkeln. Zum anderen wurden gleichzeitig Verhandlungen über ein multilaterales Abkommen mit dem Ziel von Zollsenkungen geführt. Gleichzeitig galt es, allgemeine Bestimmungen über Zollverbindlichkeiten zu entwerfen.[42]

In Havanna, Kuba, fand zwischen dem 21. November 1947 und 24. März 1948 die Internationale Konferenz über Handel und Beschäftigung statt, die nach dem Veranstaltungsort auch „Havanna-Konferenz"[43] genannt wird. Hauptzweck der Internationalen Handelsordnung war der Abbau von Zöllen unter dem Grundsatz der Gegenseitigkeit (Reziprozität).[44] Die USA waren bereit, die Zölle bis zu 50 Prozent zu reduzieren, jedoch sahen sie Schwierigkeiten, ähnliches im landwirtschaftlichen Bereich durchzusetzen. Sie unterstützten daher weiterhin, ebenso wie die Engländer,[45] ihre Farmer mit Preisen, die weit über dem Weltmarktniveau lagen, um das Überleben dieser Branche zu schützen.

---

[39] Suggested Charter for an International Trade Organization (ITO) of the United Nations, Washington D.C. 1946, *I. Seidl-Hohenveldern*, Das Recht der internationalen Organisation, 6. Aufl. 1996, Rdn. 3001, Text der geplanten ITO, ILQ 2 (1948), S. 283 ff.

[40] Economic and Social Council.

[41] Diese Entwürfe wurden als London-Report (Okt. bis Nov. 1946 in London) (UN Dokument EP CT/33) als Arbeitsunterlage lag die Suggested Charter for International Trade Organisation vor, Drafting Committee Report von Lake Success, wo wiederum ein Unterausschuß im Jan./Feb. 1947 einen Statutenentwurf der ITO konzipierte und eine erste Fassung des GATT erarbeiteten (UN Dokument EP CT/34), und Genfer-Report (April bis Aug. 1947 in Genf) (UN Dokument EP CT/186) veröffentlicht wurden. Ausführlich dazu *R. Hudec*, The GATT legal system, S. 9, und *J. H. Jackson*, World Trade and the Law of GATT, S. 27 ff.

[42] Die letzten beide Ziele haben sich schließlich im GATT manifestiert.

[43] Die gesamten Ergebnisse dieser Konferenz wurden mit unterschiedlichen Titeln veröffentlicht. Von den Vereinten Nationen: „Final Act and Related Document" (UN Document E/Conf. 2/78), den Vereinigten Staaten „Havanna Charter for an International Trade Organization" (US Department of State Public. No. 3117) und Großbritannien „United Nations Conference on Trade and Employment".

[44] Zu den GATT-Prinzipien IV. 3. Prinzipien der WTO.

[45] *R. E. Hudec*, The GATT legal system and world trade diplomacy, S. 13.

Darüber hinaus forderten die USA bei den Verhandlungen für alle Handelsverträge eine Schutzklausel, um die heimische Industrie (zu einem späteren Zeitpunkt) durch Aussetzung von Zollzugeständnissen im Falle einer Bedrohung oder Schädigung zu schützen.[46]

2. Allgemeines Zoll- und Handelsabkommen

a) GATT als „Zwischenschritt"

Nachdem sich die Mitgliedsländer des Vorbereitungsausschusses in der Genfer Konferenz zu Verhandlungen über Zollsenkungen und den Abbau von sonstigen Handelsbeschränkungen entschlossen hatten, noch bevor die Internationale Handelsorganisation in Kraft trat,[47] wurde ein separates Dokument, das spätere Allgemeine Zoll- und Handelsabkommen,[48] zur Sicherung der Zugeständnisse entwickelt.

Im Anhang des „Londoner Reports" vom Oktober 1946 ist ein erster Entwurf verfaßt. Dieser enthält Bestimmungen über die Beseitigung der mengenmäßigen Handelsbeschränkungen, Senkung der Zölle und nichtdiskriminierende Anwendung handelspolitischer Maßnahmen. In einer zweiten Sitzung (Genf, April bis Oktober 1947) wurde der Entwurf überarbeitet und gleichzeitig beschlossen, Kapitel 4 (Art. 16-45) der Havanna Charta vorwegnehmend zu verselbständigen und als „GATT" in Kraft treten zu lassen.[49] Es sollte damit ein Teilstück des groß angelegten Vertragswerks der Internationalen Handelsorganisation bereits als Übergangsregelung für die Zeit bis zu ihrem Inkrafttreten wirksam werden, um die vorgesehene Handelsliberalisierung möglichst schnell zu realisieren.[50]

Das GATT war nicht als eigenständiges Vertragswerk gedacht, sondern sollte, bald nach der Ratifizierung, in die ITO eingegliedert werden. Es wurde daher nur mit minimalen institutionellen Vereinbarungen versehen. Notwendige Organisationsfragen wurden nicht berücksichtigt.

---

[46] *R. E. Hudec*, The GATT legal system and world trade diplomacy, S. 13; *R. Senti*, GATT, S. 6.

[47] *R. Senti*, GATT, S. 16.

[48] Auch als „Allgemeines Abkommen" bezeichnet, weil erstmals ein multilaterales Handelsabkommen an die Stelle der bilateralen Abkommen der Vergangenheit trat, so u.a. bei *F. Jaeger*, GATT, EWG und EFTA, S. 50, ebenso *P. T. Stoll*, ZaöRV 54 (1994), S. 261.

[49] *F. Jaeger*, GATT, EWG und EFTA, S. 54.

[50] Eine detaillierte Beschreibung der Hintergründe des vorzeitigen Inkrafttreten des GATT bei *J. H. Jackson*, World Trade and the Law of GATT, S. 34 ff.

Es ist das Bestreben des GATT, durch den Abbau von Zöllen und anderen Handelsschranken eine offene, nicht diskriminierende Basis für die Weltwirtschaft auf der Grundlage der Gegenseitigkeit und zum gemeinsamen Nutzen mit dem Ziel zu schaffen, den Lebensstandard zu erhöhen, Vollbeschäftigung und ein hohes, ständig wachsendes Realeinkommen zu verwirklichen.[51] Der Präambel des GATT ist jedoch bereits zu entnehmen, daß diese Ordnung auch ein Instrument zur Verwirklichung übergeordneter Ziele darstellt. So zählen neben den handels- auch entwicklungs- und sozialpolitische sowie ökologische Aspekte zu den Grundanliegen des GATT.

Am 30. Oktober 1947 wurde das Allgemeine Zoll- und Handelsabkommen, abgekürzt nach den Anfangsbuchstaben seiner englischen Bezeichnung „General Agreement on Tariffs and Trade", GATT, in Genf von 23 Regierungen[52] unterzeichnet und trat aufgrund des Protokolls über die vorläufige Anwendung[53] provisorisch am 1. Januar 1948 in Kraft.[54]

b) Havanna Charta

Die Havanna Charta[55] als Satzung der Internationalen Handelsorganisation erreichte ihr Ziel nicht. Zwar wurde dem Vertragswerk allgemein von den beteiligten Staaten auf der Internationalen Konferenz über Handel und Beschäftigung zugestimmt, jedoch haben bis 1952 nur die Regierungen von zwei Ländern, Liberia und Haiti,[56] dieser Charta gemäß Artikel XXVI Abs. 4 GATT an-

---

[51] So fordert es die Präambel des GATT.

[52] Die 23 Signaturstaaten sind in der Präambel namentlich aufgeführt: Australien, Belgien, Brasilien, Birma, Kanada, Ceylon, Chile, China, Frankreich, Großbritannien, Indien, Kuba, Libanon, Luxemburg, Neuseeland, Niederlande, Norwegen, Pakistan, Süd-Rhodesien, Südafrikanische Union, Syrien, Tschechoslowakai und die Vereinigten Staaten von Amerika.

[53] Auch als PPA bezeichnet, Protocoll of Provisional Application, abgedruckt bei *J. H. Jackson,* International Economic Relations, 1977, S. 401 ff.

[54] Die deutsche und im folgenden verwendete Fassung ist vom 1.3.1969, BGBl. 1951 II, S. 173 ff.; rechtlich verbindlich ist der GATT-Text nur in englischer und französischer Sprache, vgl. BISD IV (1969), S. 1 ff.

[55] Havanna-Charta über die Errichtung einer Internationalen Handelsordnung, in: DHA, 1949, S. 31.

[56] Liberia hat am 17.5.1950 und Haiti am 7.3.1952 das GATT angenommen, wobei Liberia schon 1953 wieder von dem Vertrag zurückgetreten ist. Die anderen Länder warten vergeblich mit der Ratifizierung auf die USA. Diese war, gemäß der Bestimmung notwendig, daß die ITO nur in Kraft tritt, wenn sie von soviel Ländern ratifiziert würde, die insgesamt 85 Prozent des Welthandels ausmachten. Die USA hatte dabei den größten Anteil mit 20 Prozent und damit Sperrminorität. Daher war auch ihre Annahme des Vertrags allein entscheidend, dazu *J. H. Jackson,* World Trade and the Law of GATT, S. 60; *E. McGovern*, International Trade Regulation, 1986, S. 10 f.

genommen. In den Vereinigten Staaten wurde soviel Kritik laut, daß im Dezember 1950 Präsident Truman das Abkommen, welches schon dem Kongreß vorlag, zurücknahm.[57] Obwohl auch die Vereinigten Staaten die Initiative für die Entwicklung der Charta übernommen hatten, stimmten sie einer Ratifizierung nicht zu. Damit galten die Pläne, eine Internationale Handelsorganisation, die nach langjährigen Verhandlungen als ausgewogene Basis der Welthandelsordnung gesehen wurde, zu schaffen, als gescheitert.[58]

Warum die Vereinigten Staaten dieses Abkommen nicht ratifiziert haben, wird mit wenigen, zum Teil auch widersprüchlichen Aussagen in der Literatur begründet. Ferdinand Liebich stellt allgemein eine Veränderung der amerikanischen Einstellung heraus. In der Havanna Charta seien viele planwirtschaftliche Gedanken Roosevelts enthalten, die dem politischen Denken der fünfziger Jahre nicht mehr entsprächen.[59] Mißbilligung kam auch aus den eigentlich die Handelsliberalisierung befürwortenden Wirtschaftskreisen, die der Charta mangelnde Zielorientierung in der Abschaffung von Handelsrestriktionen vorwerfen, weil zu viele Schutz- und Befreiungsklauseln enthalten sind. Im Gegensatz dazu steht die Begründung der Protektionisten, daß die Havanna-Charta nicht genügend Schutz für die heimische (amerikanische) Wirtschaft bietet.[60]

Nachdem die Amerikaner die Havanna Charta nicht ratifiziert hatten, übernahm die zur Vorbereitung der ITO gegründete Kommission die Verwaltung.[61] Weil auch ein Versuch der VERTRAGSPARTEIEN[62] des GATT, als institutionellen Rahmen eine Organisation für Zusammenarbeit im Handel, OTC,[63] statt der ab-

---

[57] *J. H. Jackson*, Restructuring the GATT System, S. 12.

[58] *C. Wilcox*, A Charter for World Trade, S. 171 ff.; *J. H. Jackson*, The World Trading System, S. 33 f.

[59] Grundriß des Allgemeinen Zoll- und Handelsabkommens, S. 11.

[60] *W. Diebold*, The End of ITO, S. 14 f.

[61] *R. Senti*, GATT, S. 17. Die Kommission ICITO (Interim Commission for the International Trade Organisation) entstand 1947/48 in Havanna.

[62] In der Terminologie des GATT wird die normale Schreibweise, „Vertragsparteien" verwendet, wenn auf eine oder mehrere der nicht gemeinsam handelnden Vertragsstaaten bezug genommen, oder von einzelnen Mitgliedern gesprochen wird. „VERTRAGSPARTEIEN" (in Großbuchstaben) kennzeichnet das gemeinsam handelnde Gremium, die (de facto) Organisation. *R. E. Hudec*, The GATT legal system and world trade diplomacy, S. 51, spricht in diesem Zusammenhang sogar von der „Schattenorganisation". *W. Benedek*, Die Rechtsordnung des GATT aus völkerrechtlicher Sicht, S. 48 geht noch einen Schritt weiter, er sieht in den Vertragsparteien eine Interessengemeinschaft, die sich in der Rechtsgemeinschaft des GATT manifestiert. „Es handelt sich um eine Gemeinschaft Gleichgesinnter, die im Dienst der Förderung des Gemeinwohl stehe".

[63] *F. K. Liebich*, Grundriß des Allgemeinen Zoll- und Handelsabkommens, S. 12. OTC steht für Organisation for Trade Cooperation; die OTC war eine weniger ausführliche geplante Organisation als die ursprünglich vorgesehene ITO. Die Idee, trotz der gescheiterten ITO einen institutionellen Rahmen für das GATT zu schaffen und somit einer Spezialorgansation mit eigener Rechtspersönlichkeit die Ziele und Aufgaben zu

gelehnten ITO als Rechtsgrundlage für das GATT zu schaffen, nach Jahren erneut scheiterte,[64] lag die Verwaltung seither bei der ICITO und wandelte sich de facto in das GATT-Sekretariat, Genf.

Daß sich das GATT, nachdem die den Welthandel umfassende ITO gescheitert war, in den Jahren seiner Anwendung zu einem selbständigen, multilateralen, internationalen Handelsabkommen mit Regeln für eine weltweite Liberalisierung des Handels in Waren entwickelt hat und folglich vielfach mit einer Welthandelsordnung in Verbindung gebracht wird, hat seinen Grund im wirtschaftlichen Aufschwung der Nachkriegszeit und vor allem in dem zahlreichen Abbau der Zollschranken.[65]

Formal hat das Allgemeine Zoll- und Handelsabkommen jedoch nie den Status einer Sonderorganisation der Vereinten Nationen erhalten[66] und wird de iure aufgrund des fehlenden organisatorischen Rahmens auch nicht als internationale Organisation angesehen, obwohl es im Laufe der Jahre diesen Rang faktisch erreicht hat.[67]

c) Besonderheiten des GATT

Trotz seiner provisorischen Natur, angewandt als Abkommen aufgrund des „Protokoll über die vorläufige Anwendung des Allgemeinen Zoll- und Handelsabkommen" blieb das GATT das einzige multilaterale Instrument, das den internationalen Handelsbeziehungen über 48 Jahre zugrunde lag. Statutarisch fehlte dem GATT der organisatorische Rahmen. Es ist somit keine internationa-

---

übertragen, liegt in der wachsenden Bedeutung des GATT als Zentrum des internationalen Handels begründet. Dazu *J. H. Jackson,* World Trade and the Law of GATT, S. 38, zur Unterzeichnung der Satzung vom 10.3.1955 vgl. BGBl. 1957 II S. 605, 682.

[64] Die amerikanische Regierung stand erneut hinter dem Vorschlag, doch der Kongreß lehnte die Errichtung einer internationalen Handelsorganisation wiederum ab.

[65] *E.-U. Petersmann*, Die Europäische Gemeinschaft und GATT, in: M. Hilf/ders., GATT und Europäische Gemeinschaft, 1986, S. 24.

[66] *I. Seidl-Hohenveldern*, Das Recht der Internationalen Organisationen, Rdn. 0814a, so auch *Th. Oppermann,* Die Europäische Gemeinschaft und Union in der Welthandelsorganisation (WTO), RIW 11 (1995), S. 922, bezeichnet es als „UN-Ferne" des GATT, die sich zum einen aus der Entstehungsgeschichte und zum anderen auch aus dem Engagement der UNO seit 1974 für eine „Neue Weltwirtschaftsordnung" ergab, welcher völlig andere Prinzipien als dem GATT zugrunde gelegt werden sollten. Zudem war und ist (und das gilt für die WTO gleichermaßen) die UNCTAD (United Nations Conference on Trade and Development) die Handelsorganisation der Vereinten Nationen.

[67] Daß das GATT im internationalen Rechtsverkehr als völkerrechtliche Organisation behandelt wird, beruht auf einem gewohnheitsrechtlichen „Grundkonsens", dazu *W. Benedek*, Die Rechtsordnung des GATT aus völkerrechtlicher Sicht, S. 47 f.; *I. Seidl-Hohenveldern*, Völkerrecht, 9. Aufl. 1997, Rdn. 801, 809; so auch *M. Beise*, Vom alten zum neuen GATT – zu den neuen Dimensionen der Welthandelsordnung, S. 179.

le Organisation im eigentlichen Sinne, auch wenn es von den Staaten als solche anerkannt wurde.[68] Das GATT besitzt weder eine eigene völkerrechtlich juristische Persönlichkeit[69] noch de iure ein eigenes Sekretariat. Ferdinand Liebich stellt jedoch heraus, daß das GATT „im Laufe der Zeit die Arbeitsformen einer internationalen Organisation angenommen“[70] hat, aber auch eine stabile Rechtsordnung[71] für den internationalen Handel geworden ist, weil es sowohl die wichtigsten Handelsnationen als auch beinahe alle Staaten der Welt vertritt und die rechtlichen Rahmenbedingungen für den Welthandel der Mitgliedsstaaten bietet. Während der Tokio-Runde wurde durch die Hinzufügung einer Reihe einzelner Abkommen und Rechtsakte, den sogenannten Kodizes, das GATT zersplittert.[72] Peter-Tobias Stoll spricht als Folge von einer „Balkanisierung“ der Rechtsgrundlagen des GATT; denn die Kodizes unterscheiden sich nach dem Mitgliederbestand,[73] sie besitzen eigene Organe und eigene Streitschlichtungsbestimmungen.[74]

Das GATT-Abkommen besteht aus 38 Artikeln. Art. I nimmt dabei eine Schlüsselfunktion ein. Er legt die Meistbegünstigungsverpflichtung zwischen allen Vertragsparteien fest.[75] Art. II bildet die Grundlage für die Zollzugeständnisse, die in separaten Listen als integraler Teil des Abkommens aufgeführt sind. Das grundlegende Prinzip der Inländerbehandlung ist in Art. III formuliert und verbietet innerstaatliche Regelungen, die importierte Produkte diskriminieren.[76] Es folgen einige „technische“ Artikel zur Kontrolle und Verhinderung

---

[68] *R. Senti,* GATT, S. 21, 39; so auch *F. Jaeger,* GATT, EWG und EFTA, S. 51.

[69] Es fehlt eine ausdrückliche Zuerkennung der Rechtspersönlihckeit des GATT im Abkommen. In der Literatur wird diese Frage nicht einheitlich beantwortet. *W. Benedek*, Die Rechtsordnung des GATT aus völkerrechtlicher Sicht, S. 251 f. weist darauf hin, daß das GATT auf gewohnheitsrechtlichem Weg zu einer zwischenstaatlichen Organisation geworden ist; so auch *O. Long*, Law and its limitations in the GATT multilateral trade system, S. 45; nach *H. Steinberger,* GATT und regionale Wirtschaftszusammenschlüsse, S. 15 hat sich das GATT „vom provisorischen Zoll- und Handelsabkommen zu einer Institution entwickelt, deren Ordnungsfunktion nahezu der einer Welthandelsorganisation gleichkommt; auch bei *J. H. Jackson*, Restructuring the GATT system, S. 18 kommt der gewohnheitsrechtliche Aspekt zum Ausdruck, indem er bereits in der Überschrift vom „GATT as an organization“ spricht, mit der knappen Begründung, „despite the original intention of the draughtsmen that GATT was not to be an international organization, history force it to assume that role.“

[70] Das GATT als Zentrum der Internationalen Handelspolitik, S. 17.

[71] *W. Benedek*, Die Rechtsordnung des GATT aus völkerrechtlicher Sicht, S. 1.

[72] Auflistung der Kodizes bei *W. Benedek*, Die Rechtsordnung des GATT aus völkerrechtlicher Sicht, S. 104; BISD 26S (1980), 8-188, ABlEG. Nr. L 71 (1980).

[73] Der Beitritt war freigestellt. Den Abkommen über Milchproduktion und Rindfleisch konnten alle Mitglieder der Vereinten Nationen beitreten, also Teilnahmemöglichkeit über den GATT-Mitgliederkreis hinaus.

[74] *W. Benedek*, Die Rechtsordnung des GATT aus völkerrechtlicher Sicht, S. 104 ff.

[75] Dazu ausführlich Prinzipien der WTO, S. 96 f.

[76] Dazu ausführlich Prinzipien der WTO, S. 100.

von zollähnlichen Hemmnissen. Art. XI verbietet mengenmäßige Beschränkungen[77] und Art. XV sieht eine Zusammenarbeit mit dem Internationalen Währungsfonds vor.[78] Die Notstandsmaßnahmen, die sog. „Escape Clause" des Art. XIX, beschreiben das mögliche Vorgehen, wenn Importe unter Bedingungen in ein Land eingeführt worden sind, die inländischen Erzeugern Schaden zufügen (könnten). Art. XXIII regelt die Streitbeilegung des GATT 1947. Teil III des Abkommens beginnt mit dem langen Art. XXIV, der Zollunionen und Freihandelszonen unter bestimmten Umständen eine Ausnahme von der Meistbegünstigungsverpflichtung gewährt. Die letzten Artikel dieses Teil beinhalten institutionelle Regelungen wie Rücktritt oder die Beziehung zwischen dem GATT und der Havanna-Charta. Der letzte Teil IV ist den Entwicklungsländern vorbehalten.

Das GATT bot bis zur Ablösung durch die WTO ein Forum für Handelsrunden und hatte durch seine Streitschlichtungsordnung eine Hauptfunktion in der friedlichen Beilegung von Handelsstreitigkeiten, obgleich es nicht über die Sanktionsmöglichkeiten der jetzigen Welthandelsorganisation verfügte.[79]

1948 zählte das GATT nur 23 Vertragsparteien. Bis zu seiner Ablösung durch die Welthandelsordnung im Jahre 1995 ist es auf 132 Mitglieder mit unterschiedlichstem Entwicklungsstand und Wirtschaftsverständnis angewachsen. Damit lehnt es sich an die in Artikel 1 Nr. 2 und 3 der Charta der Vereinten Nationen beschriebenen Ziele an. In Achtung vor dem Grundsatz der Gleichberechtigung und Selbstbestimmung der Völker sind Beziehungen zwischen den Nationen zu entwickeln und eine internationale Zusammenarbeit zur Lösung von wirtschaftlichen und sozialen Problemen herbeizuführen. Diese von der Generalversammlung der Vereinten Nationen erkannte Notwendigkeit und Verpflichtung der Staaten zur weltweiten Kooperation, hat in Unabhängigkeit von den jeweiligen politischen, wirtschaftlichen und sozialen Systemen zu erfolgen.[80] Diese Forderung legte den Grundstein für die fortschreitende (wirtschaftliche) Globalisierung.

Möglich wurde die große Repräsentativität des GATT durch eine besondere Berücksichtigung der Entwicklungsländer. Dafür wurde das GATT-Abkommen 1965 um den Teil IV, überschrieben mit „Handel und Entwicklung", erweitert.[81]

---

[77] Zur Anwendung von mengenmäßigen Beschränkungen vgl. meinen Beitrag in diesem Buch.

[78] Vgl. dazu III. 6. Internationale Stellung der WTO.

[79] *W. Benedek*, Die Rechtsordnung des GATT aus völkerrechtlicher Sicht, S. 75 spricht von einer „Dichotomie von Vertrag und Organisation", bei der die „Vertragsparteien des Abkommens" zugleich als „Mitglieder der Organisation" erscheinen.

[80] *B. Simma*, Charta der Vereinten Nationen, Kommentar, 1991, S. 13, Rd. 21.

[81] Am 27.6.1966 trat Teil IV für alle Vertragsparteien in Kraft. *R. Senti*, GATT, S. 314, sieht darin eine „eloquente und unverbindliche Weise", die der Bedeutung der

Wolfgang Benedek sieht in diesem Zusatz ein nur „halbherziges Bekennen" zu den Anliegen der Entwicklungsländer. Gleichzeitig aber deutet er diese Entwicklung als Schritt in Richtung eines „sozial-liberalen Kompromisses" und damit weg von dem „liberalen Bruchstück des GATT", in dem vor allem die westlichen Interessen vertreten waren.[82]

Das GATT erfüllte seine Aufgabe über 47 Jahre mit Erfolg und hat bis zur Gründung der WTO die Rolle als wichtiger Stützpfeiler in der Welthandelsordnung trotz seines provisorischen Charakters und der eingeschränkten Regelungsdichte ausgefüllt. Im Laufe der Zeit trat nach überwiegender Auffassung[83] neben das GATT als multilateraler Vertrag das GATT als internationale Institution. Die Fortentwicklung wurde getragen durch die Rechtsordnung des GATT, die sich in den Prinzipien Nichtdiskriminierung und Reziprozität[84] manifestiert.

Dieses positive Ergebnis schlägt sich in erster Linie im vehementen Abbau von Zöllen[85] und einer globalen Förderung der Liberalisierung des Welthandels nieder. [86] Mit Inkraftsetzung der WTO erhält das GATT de iure die Kompetenz einer Welthandelsordnung[87] und wird als zentraler Bestandteil in die neue Handelsorganisation integriert.

Ende der siebziger und achtziger Jahre wurden die institutionellen und materiellen Defizite des GATT sichtbar. Diese äußern sich unter anderem in zu schwachen GATT Regelungen für den internationalen Warenverkehr und unzureichenden Streitschlichtungsmaßnahmen. Darüber hinaus sind die zunehmend an Bedeutung gewinnenden Handelsbereiche wie Dienstleistungen oder Investitionsmaßnahmen nicht im Ordnungsrahmen des GATT erfaßt. In der Folge

---

Entwicklungsländer Rechnung trägt. Teil IV enthält nur eine normative Bestimmung, Art. XXXVI Abs. 8 GATT, wonach bei Verhandlungen zwischen Industrie und Entwicklungsländern das Prinzip der Reziprozität nicht angewandt werden darf.

[82] *W. Benedek*, Die Rechtsordnung des GATT aus völkerrechtlicher Sicht, S. 32.

[83] *W. Benedek*, Die Rechtsordnung des GATT aus völkerrechtlicher Sicht, S. 42 u. S. 185 ff; ebenso u.a. *K. Ipsen/U. Haltern*, Rule of Law in den Internationalen Wirtschaftsbeziehungen: Die Welthandelsorganisation, RIW 9 (1994), S. 718.

[84] Zu den GATT-Prinzipien, IV. 3. Prinzipien der WTO.

[85] Zollabbau spielte bei allen Verhandlungsrunden eine zentrale Rolle. Seit 1947 wurde eine Senkung des durchschnittlichen Zollsatzes in Industrieländern von 40 auf 4,7 Prozent. Die Uruguay-Runde ergab eine weitere Reduzierung um 40 Prozent, USA und EU einigten sich auf 50 Prozent. Diese Zollsätze sind innerhalb von 5 Jahren schrittweise zu verwirklichen; näher o.V., Die Ergebnisse der GATT-Verhandlungen in der Uruguay-Runde, EuZW 3 (1994), S. 87 f.

[86] Als Begründung hierfür kann gesehen werden, daß sich die Mitgliederzahl innerhalb der ersten 47 Wirkungsjahre beinahe versechstfacht hat. Doch ist zu betonen, daß sich im Verlauf der Jahre eine Vielzahl von Ländern für eine GATT-Mitgliedschaft entschieden haben, unabhängig von ihrem Wirtschaftssystem und ihrer Wirtschaftsverfassung.

[87] *A. S. Yüksel*, GATT-WTO-Welthandelssystem, S. 39.

wurden Wege außerhalb der vorgegebenen Rechtsordnung gesucht, was zu einem Sinken der Autorität des Allgemeinen Abkommens führte. Zu beobachten ist eine Zunahme von regionalen Zusammenschlüssen[88] und eine Ausbildung von Protektionismus in Form von nichttarifären Handelshemmnissen.[89] Die Uruguay Runde wurde daher mit dem Ziel einberufen, diese tiefe Krise, die Peter-Tobias Stoll als „Erosion des Ordnungsanspruchs"[90] bezeichnet, zu überwinden.

d) Die Verhandlungsrunden

Das GATT ist als Regelwerk für die internationalen Handelsbeziehungen kein statischer Vertrag, sondern bietet einen Rahmen für die bi- und multilateralen Verhandlungen zum Abbau von Handelshemmnissen. Die Verhandlungsrunden sind nach Art. XXVIIIbis Abs. 1 GATT von den Vertragsparteien veranstaltete Konferenzen, bei denen Vertragsänderungen, Zölle und Abkommensunterzeichnungen diskutiert und beschlossen werden, um „dabei den Zielen dieses Abkommens sowie den verschiedenen Bedürfnissen der einzelnen Vertragsparteien gebührend Rechnung zu tragen". Seit der Gründung des GATT wurden acht Verhandlungsrunden veranstaltet.

Die erste zu nennende Verhandlungsrunde fand in Genf 1947 mit den 23 Signaturstaaten statt. Die Verhandlungen verliefen mit einer durchschnittlichen Zollsenkung von über 20 Prozent erfolgreich.[91] Bereits zwei Jahre später, 1949, trafen die Staaten in Annecy, Frankreich, zusammen, ohne besondere Ergebnisse im Zollbereich (nur 1 bis 2 Prozent Reduzierung) zu erzielen. Dafür sind zehn weitere Staaten dem GATT beigetreten, darunter Dänemark, Finnland, Griechenland, Italien und Schweden.[92] Während der dritten Verhandlungsrunde in Torquay, England, 1950/51, wurden u.a. Deutschland, Österreich und die Türkei Mitglieder des GATT.[93] Weitere Zollsenkungen scheiterten am Wider-

---

[88] Beispielhaft dafür stehen NAFTA, MERCOSUR, ASEAN.

[89] Die dem GATT bekannt gewordenen nichttarifären Handelshemmnisse erfuhren innerhalb eines Jahres, zwischen 9/86 und 9/87, eine Steigerung von 93 auf 135 (GATT-Sekretariat); zum großen Teil mitverantwortlich werden insbesondere die USA und EG gemacht.

[90] *P. T. Stoll*, ZaöRV 54 (1994), S. 245; dazu auch *J. Molsberger/A. Kotios,* Ordo 41 (1990), S. 93 – 111.

[91] *R. Senti,* GATT, S. 71; *J. H. Jackson*, The World Trading System, S. 53.

[92] GATT, BISD, Vol. II (1952), S. 33.

[93] GATT, BISD, Vol. II (1952), S. 33 f.; bis Januar 1952 wuchs die Zahl der Vertragsparteien auf 34 und sie bewältigten mehr als 80 Prozent des Welthandels. Nur die Schweiz und Japan als damals wichtige Handelsnationen waren noch nicht GATT-Vertragsparteien, dazu *K. Kock*, International Trade Policy and the GATT 1947-1967, S. 72.

stand der Commonwealth-Länder. Es gab keine weitere Handelsliberalisierung.[94] Auch die beiden folgenden, in Genf tagenden Zollrunden, 1955/56, und die Dillon-Runde von 1961/62 waren nicht besonders erfolgreich, weil keine Einigung in wesentlichen Zollabbaufragen zu erzielen war. Den Liberalisierungstendenzen der Handelsrunden standen allerdings auch protektionistische Entwicklungen entgegen. So erhielt die USA 1955 für die Landwirtschaft eine Ausnahmeregelung, die insbesondere für die europäische Agrarpolitik von Bedeutung wurde. 1956 nahm erstmals die Europäische Gemeinschaft für Kohle und Stahl stellvertretend für ihre Mitgliedstaaten Belgien, Deutschland, Frankreich, Italien, Luxemburg und Niederlande teil. Die Dillon-Runde war bestimmt von den Auswirkungen des durch die Römischen Verträge in der Europäischen Wirtschaftsgemeinschaft errichteten gemeinsamen Außenhandelstarifs. Es wurde die Gefahr der Diskriminierung anderen Vertragsparteien gegenüber gesehen. Unter anderen sind auch Israel und Portugal als neue Vertragsparteien dem GATT beigetreten.

Vehement wurde in der Kennedy-Runde (1964-67) der Wunsch nach Zollreduzierung vorgetragen. Diese Verhandlungsrunde markiert einen Meilenstein in Zollfragen.[95] Es wurde ein fünfstufiger Abbau der Industriezölle um 35 Prozent in fünf Jahren erreicht. Verhandlungen über die Reduzierung von nichttarifären Handelshemmnissen, die schon in manchen Bereichen große Bedeutung erlangt hatten, sind allerdings gescheitert. Auch wurde der entwicklungspolitische Teil IV des GATT 1947 sowie ein erster Anti-Dumping-Kodex verabschiedet. Die europäische Integrationsbewegung wurde allgemein unterstützt, sie stand aber gleichzeitig unter dem Vorbehalt, das Freihandelsprinzip nicht zu schwächen.[96]

Die siebte Verhandlungsrunde, die Tokio-Runde (1973-79), war von weltwirtschaftlichen Schwierigkeiten gekennzeichnet. Die Erweiterung der Europäischen Wirtschaftsgemeinschaft sowie bilaterale Abkommen bildeten nach Ansicht der USA eine Bedrohung für Drittstaaten. Hinzu kam zunehmender Protektionismus der Japaner und Europas im Agrarbereich. Mit der durchschnittlichen Zollsenkung der großen Industrieländer von 7 auf 4,7 Prozent war das Problem der Zölle im wesentlichen gelöst. Die Reduzierung des nichttarifären Protektionismus wurde in dieser Runde systematisch aufgegriffen. Teilabkommen, sogenannte Kodizes, waren die Verhandlungsergebnisse in den Bereichen Subventionen, Antidumpingmaßnahmen, öffentliches Beschaffungswesen und technische Handelshemmnisse.[97] Allerdings wurden sie nicht von allen Teil-

---

[94] *R. Senti*, GATT, S. 72; *K. Kock*, International Trade Policy and the GATT 1947-1967, S. 71.

[95] *J. H. Jackson*, The World Trading System, S. 52 f.; ausführlich auch bei *F. K. Liebich*, Grundriß des Allgemeinen Zoll- und Handelsabkommens (GATT), S. 38 ff.

[96] *R. Senti*, GATT, S. 77; *J. H. Jackson*, The World Trading System, S. 54.

[97] *J. H. Jackson*, The World Trading System, S. 55 f.

nehmerstaaten unterzeichnet. Dasselbe gilt für die Bestimmungen zur Begünstigung von Entwicklungsländern.

Die letzte Verhandlungsrunde, die Uruguay-Runde, ist durch die Errichtung der Welthandelsorganisation gekennzeichnet und verdient detailliertere Betrachtung.

3. Uruguay-Runde

Erneut erwiesen sich die USA als treibende Kraft, eine weitere Verhandlungsrunde, die später nach dem Verhandlungsort in Punta del Este, Uruguay, benannt wurde, zu initiieren.[98] Dabei waren erstmals, nicht wie bei den ersten sechs GATT-Runden der Zollabbau[99] Hauptgegenstand der Verhandlungsrunden, sondern es ging vor allem um die ordnungspolitische Frage nach den Grundprinzipien der Außenhandelspolitik und des Außenhandelsrechts. Die USA bestanden darauf, den bisherigen Regelungsumfang des GATT zu erweitern. Bereiche wie Dienstleistungshandel und handelsbezogene Rechte am geistigen Eigentum sollten einbezogen werden. Diese thematische Erweiterung wurde nicht kritiklos aufgenommen. Besonders die Entwicklungsländer sahen ihre Interessen in diesem Vorschlag nicht vertreten und forderten die Verhandlungen inhaltlich zu begrenzen mit dem Ziel der Wiederherstellung der klassischen Ordnungsfunktion des bestehenden GATT.[100] An den Uruguay-Verhandlungen nahmen am Ende 123 Regierungen, von Entwicklungsländer wie Industriestaaten, teil.[101] Das nach intensiven Auseinandersetzungen schließlich beschlossene Verhandlungsmandat umfaßt einen breiten Themenkatalog von Zöllen und nichttarifären Maßnahmen; besondere Sektoren wie Rohstoff- und tropische Produkte, Landwirtschaft, Textilien; die Reform der bisherigen GATT-Regeln; bisher von GATT nicht erfaßte Regeln; sowie das Funktionieren des GATT-Systems, was die regelmäßige Überwachung nationaler Handelspoli-

[98] Wesentliche Teile der Agenda für eine neue Handelsrunde wurden bereits 1982 von dem amerikanischen Handelsbeauftragten Bill Brock ausgearbeitet und auf der 38. Sitzung der Ministerkonferenz des GATT vorgelegt; näher *B. May*, EA 2 (1994), S. 33 ff.; *P. T. Stoll*, ZaöRV 54 (1994), S. 245 ff.

[99] Die Verhandlungen erreichten einen Zollabbau von durchschnittlich 40 Prozent auf 4 Prozent für Industrieprodukte. Es wurde Übereinstimmung erzielt, daß alle quantitativen Restriktionen und andere nichttarifäre Handelshemmnisse durch Zölle zu ersetzen sind. Die Zollsenkungen bis zum Jahre 2005 erfolgen in Schritten.

[100] *P. T. Stoll*, ZaöRV 54 (1994), S. 247; *B. May*, EA 2 (1994), S. 33.

[101] WTO-Sekretariat, 1997, About the WTO; allgemein zur Uruguay-Runde: *B. Engels*, Weiterentwicklung des GATT durch die Uruguay-Runde?, 1992; *K. Ipsen/U. Haltern*, Reform des Welthandelssystems? Perspektiven zum GATT und zur Uruguay-Runde, 1991; *Th. Oppermann/M. Beise*, EA 15/16 (1991), S. 449 ff.; zu den verhandelten Themen im einzelnen: *P. T. Stoll*, ZaöRV 54 (1994), S. 248 ff.

tiken oder die Zusammenarbeit mit Weltbank und Internationalem Währungsfonds einschließt.[102]

Ursprünglich waren, beginnend am 20. September 1986, vier Jahre als Verhandlungszeitraum vorgesehen, nachdem langwierige Vorarbeiten vorausgingen. Am 28. Januar 1987 wurde die Verhandlungsstruktur festgelegt. Führend was das „Trade Negotiating Committee, TNC" mit 14 Arbeitsgruppen.[103] Die Verhandlungen gestalteten sich jedoch schwieriger als gedacht.[104] Im Dezember 1988, zur Halbzeit der geplanten Verhandlungsdauer, beschloß das TNC eine „Midterm-Review Conference" in Montreal, Kanada, zur Überprüfung des Verhandlungsstandes einzuberufen. Es konnten zwar Einzelergebnisse erzielt werden, aber in Fragen des geistigen Eigentums, Textilhandels, sowie im Agrarbereich ergaben sich unüberwindliche Meinungsverschiedenheiten, wodurch auch das für Dezember 1990 geplante Ende an einem unauflöslichen Streit im Agrarbereich scheiterte.[105] Peter-Tobias Stoll führt aus, daß insbesondere die Agrarpolitik der Europäischen Gemeinschaft für das Scheitern mitverantwortlich ist. Der damalige GATT-Generaldirektor, Arthur Dunkel faßte im Dezember 1991 die Ergebnisse, den Konsens der Verhandlungsparteien, im sogenannten „Dunkel-Draft" zusammen und bot Kompromiß- und Schlichtungsvorschläge für die kontrovers diskutierten Themen. Darin war bereits der Vorschlag zur Errichtung einer multilateralen Handelsorganisation enthalten. Der Dunkel-Draft brachte jedoch nicht die Zustimmung aller und auch nicht die der maßgeblichen Verhandlungspartner (USA, Europäische Gemeinschaften und Japan).[106] Der erhofften Durchbruch blieb aus und wurde erst durch die bilateralen Verhandlungen zwischen USA und den Europäischen Gemeinschaften über die offenen Fragen, insbesondere im Agrarbereich sowie im Marktzugangsbereich für Waren und Dienstleistungen, erreicht. Am 20. November 1992 einigte man sich im „Blair House Abkommen" bezüglich der Agrarsubventionen und regelte die Ölsaaten-Streitigkeit zwischen den beiden Streitparteien. Die Verhandlungen soll-

---

[102] *K. Ipsen/U. Haltern,* RIW 9 (1994), S. 717; *P. T. Stoll*, ZaöRV 54 (1994), S. 248.

[103] *K. Ipsen/U. Haltern,* RIW 9 (1994), S. 717; *P. T. Stoll*, ZaöRV 54 (1994), S. 245 ff.

[104] *W. Benedek*, Einführung in die Ergebnisse der Uruguay-Runde, in: D. Thürer/S. Kux (Hrsg.), GATT 94 und die Welthandelsorganisation. Herausforderung für die Schweiz und Europa, 1996, S. 136; *P. T. Stoll*, ZaöRV 54 (1994), S. 250 f.

[105] Dazu im einzelnen *P. T. Stoll*, ZaöRV 54 (1994), S. 251; ebenso auch BrDrs. 357/94, S. 21; ausführlich dazu *B. May*, EA 2 (1994), S. 33 ff; insgesamt wurden die Verhandlungen als so schleppend angesehen, daß der Name „GATT" unter den Teilnehmern nur noch mit „General Agreement to Talk and Talk" übersetzt wurde.

[106] *B. May*, EA 2 (1994), S. 3; auch *Th. Oppermann* sieht die Verantwortung für die langen Verhandlungen bei der Europäischen Union und den Vereinigten Staaten; er sieht dadurch darüber hinaus schwerwiegende Fehlentwicklungen in der Weltwirtschaft begünstigt, die nur schwer zu überwinden sind; vgl. *Th. Oppermann/M. Beise,* EA 7 (1994), S. 195.

ten zügig abgeschlossen werden, weil am 28. Februar 1993 die Verhandlungsbefugnis der amerikanischen Regierung nach dem „Fast-Track-Verfahren“ auslief. Der amerikanische Präsident Clinton erreichte eine Ausdehnung der Verhandlungsbefugnis bis 15. Dezember 1993. Nachdem von seiten Frankreichs Mitte 1993 ein neues Verhandeln des Blair House Abkommens gefordert wurde, einigten sich schließlich die USA und die Europäische Gemeinschaft auf ein Agrar-Subventions-Abkommen, so daß von dieser Seite dem Abschluß der Verhandlungen nichts mehr im Wege stand.

Die Errichtung einer internationalen Handelsorganisation, die in der Vergangenheit schon so oft gescheitert war, galt noch zu Beginn der Uruguay-Runde als unrealistisch und wurde daher auch bei den Verhandlungszielen nicht formuliert.[107] Kanada gab, der europäischen Initiative folgend, den Anstoß dafür, der im wesentlichen auf den wissenschaftlichen Arbeiten von John H. Jackson beruht.[108] und führte im April 1990 den Vorschlag zur Errichtung einer „World Trade Organization (WTO)“ ein.[109] Die Europäischen Gemeinschaften teilten diese Idee jedoch unter dem Namen „Multilateral Trade Organization (MTO)“. Es existierten verschiedene Denkmodelle für eine MTO. Zuerst war es nur als eigenes, zusätzliches Abkommen geplant, welches dem GATT die fehlende Rechtsgrundlage geben sollte. Später wurde es zu dem, was es letztendlich auch blieb: Eine organisatorische Rahmenordnung für alle Vereinbarungen der Uruguay-Runde.[110] Am letzten Verhandlungstag, dem 15. Dezember 1993, stimmten schließlich auch die USA zu, allerdings unter der Bedingung der Namensänderung.[111] So wurde aus der „Multilateral Trade Organization (MTO)“ die „World Trade Organization (WTO)“.[112] Nach sieben Verhandlungsjahren wurde schließlich vom Ausschuß für Handelsverhandlungen der Uruguay-Runde,

---

[107] BtDrs.12/5255, S. 1; *J. H. Jackson*, The World Trade Organization, Constitution and Jurisprudence, 1999, S. 5 f.

[108] *J. H. Jackson*, Restructuring the GATT system, passim; dazu auch: *Th. Oppermann*, RIW 11 (1995), S. 925; *Ch. Bail*, GATT und WTO im Vergleich: Institutioneller Fortschritt oder Etikettenschwindel?, in: E. Kantzenbach/O. Mayer (Hrsg.), Von der internationalen Handels- und Wettbewerbsordnung, 1996, S. 85 f.

[109] So auch schon *J. H. Jackson*, Restructuring the GATT system, S. 94; *ders.*, The World Trade Organization, S. 6.

[110] *W. Benedek*, Die neue Welthandelsorganisation (WTO) und ihre internationale Stellung, VN 1 (1995), S. 14; *J. H. Jackson*, Restructuring the GATT system, S. 94.

[111] 1993 war noch teilweise befürchtet worden, daß eine isolationistische Haltung der USA zum Untergang des GATT führen könnte, doch wird das hohe US-Handelsdefizit als Grund für einen doch raschen WTO-Beitritt der USA gesehen, weil von der WTO und den Liberalisierungsmaßnahmen starke Impulse erwartet werden; Newsweek, 2.6.93, S. 40; The Economist, 4.12.93, S. 19 ff.

[112] Problematisch an der von USA gewünschten Umbenennung von MTO in WTO ist, daß diese Abkürzung bereits für die „World Tourism Organization“ vergeben ist.

dem Trade Negotiations Committee, am 15. Dezember 1993 einstimmig der „Final Act Emboding the Results of the Round“ verabschiedet.[113]

Genau vier Monate später, am 15. April 1994 wurden diese Ergebnisse mit der Schlußakte[114], Final Act, von 111 Regierungen während eines feierlichen Aktes in der Salle Royale des Palais des Longrès von Marrakesch, Marokko, unterzeichnet. Darüber hinaus beurkundeten 104 Teilnehmer der Uruguay-Runde das „Übereinkommen zur Errichtung der Welthandelsorganisation“.[115] Eine Signalwirkung für einen erfolgreichen Start der WTO wird in der Ratifizierung der Uruguay Ergebnisse durch die USA gesehen. Am 28. November 1994 wurde die Schlußakte vom amerikanischen Repräsentantenhaus gebilligt und vom Kongreß am 1. Dezember 1994 mit einer deutlichen Mehrheit von 76 zu 24 Stimmen verabschiedet.[116] Nr. 3 der Schlußakte sieht vor, daß das WTO-Übereinkommen am 1. Januar 1995, oder so früh wie möglich, in Kraft tritt. Am 31. Januar 1995 nahm die WTO mit einer Eröffnungssitzung des Allgemeinen Rates in Genf ihre Geschäfte auf.[117]

In den Fachkreisen wird der positive Abschluß der Verhandlungen als Erfolg gewertet; denn es wurde die Gefahr gesehen, daß, wenn das GATT scheitert, alle verlieren werden.[118] Als mögliche Folge von abgebrochenen Verhandlungen wurde eine entscheidende Schwächung des Welthandelssystems bis hin zu einem Handelskriegsszenario zwischen den großen Handelspartnern, USA, Japan

---

[113] Das Bundesministerium für Wirtschaft sieht darin eine hohe gesamtwirtschaftliche Bedeutung, weil politische Rahmenbedingungen zur Förderung von Investitionen und Schaffung von Arbeitsplätzen gesetzt wurden, von denen Verbraucher und Produzenten profitieren werden. Die OECD beziffert, obgleich es schwer sein dürfte, den wirtschaftlichen „Gewinn“ abzuschätzen, den Wohlfahrtsgewinn für die Weltwirtschaft im Jahre 2002 auf ca. US $ 270 Mrd. (vgl. o.V., EuZW 3 (1994), S. 87 f.). Schätzungen gehen davon aus, daß ein erfolgreicher Abschluß der Uruguay-Runde zu jährlichen Steigerungen des Welteinkommens auf ungefähr US $ 235 Mrd. und des Handelsbereichs auf US $ 755 Mrd. bis zum Jahr 2000 führt.

[114] Die exakte Bezeichnung der Schlußakte lautet: „Schlußakte über die Ergebnisse der multilateralen Handelsverhandlungen der Uruguay-Runde“. So BGBl. Teil II, Nr. 40, 1994, S. 144 und S. 1624.

[115] GATT Focus Nr. 107, S. 1, 7. USA, Japan und einige andere Staaten konnten das Übereinkommen aufgrund besonderer nationaler Ratifizierungsvoraussetzungen noch nicht unterzeichnen. Erstaunlicherweise unterscheidet sich in der Literatur die Anzahl der Signaturstaaten. *K. Ipsen/U. Haltern*, RIW 9 (1994), S. 717 spricht von 107 Staaten für die Schlußakte. *P. T. Stoll*, ZaöRV 54 (1994), unterscheidet zwischen der Schlußakte (111) und dem Übereinkommen zur Errichtung der Welthandelsorganisation (104). *B. May*, EA 2 (1994), S. 33, spricht von 117 Staaten, die das Ergebnis der Uruguay-Runde verabschiedet haben, ebenso 117 Vertragsparteien, o.V. EuZW 3 (1994), S. 87.

[116] NYT 2.12.1994, S. A1.

[117] WTO Focus, Nr. 1, S. 1.

[118] Peter Sutherland: „If GATT fails, we all lose“, Zitat aus *B. May*, EA 2 (1994), S. 35.

und der Europäischen Gemeinschaft ebenso diskutiert wie weltweit verstärkt protektionistische Tendenzen.[119]

Die Uruguay-Runde wird allgemein als Meilenstein in der Entwicklung des Welthandels betrachtet, weil das Ergebnis alle bisherigen Verhandlungsrunden überragt. Thomas Oppermann spricht von einer neuen qualitativen Stufe, welche die internationalen Beziehungen mit dem Abschluß der Uruguay-Runde Anfang April 1994 erreicht hätten.[120]

Am herausragendsten ist, daß der internationale Handel nun eine institutionelle rechtliche Grundlage hat. Ähnlich urteilt auch die WTO in ihrem Jahresbericht 1996: „... the establishment of the WTO deserves to be seen as one of the outstanding international achievements of the decade, as important in its time as the original foundation of the multilateral system was in its."[121] Die Welthandelsordnung regelt künftig nicht nur den Waren- und Dienstleistungshandel innerhalb der Mitgliedstaaten und beinhaltet den Schutz des geistigen Eigentums, sondern stellt gleichzeitig ein Forum für weitere Handelsliberalisierung sowie zur Streitschlichtung dar. So gelang mit der Uruguay-Runde ein „Quantensprung auf dem Weg zu einer Welthandelsordnung für das 21. Jahrhundert."[122]

III. Struktur der Welthandelsorganisation

Das ursprünglich aus der Gesamtkonzeption der Havanna-Charta als Provisorium gerettete GATT ist abgelöst durch das WTO-Übereinkommen, eine feste vertragsrechtliche Gesamtordnung, die als Ganzes durch einen höheren Geltungsanspruch gekennzeichnet ist, was bereits durch die Formulierungen im Übereinkommen zur Errichtung der Welthandelsorganisation zum Ausdruck kommt.

So erleichtert die WTO die „Durchführung ... und Wirkungsweise dieses Übereinkommens" (Art. III Abs. 1 WTOÜ) und bindet jedes Mitglied an die Regeln der Welthandelsorganisation, indem „seine Gesetze, sonstigen Vorschriften und Verwaltungsverfahren mit seinen Verpflichtungen aufgrund der ... Übereinkommen in Einklang stehen" müssen (Art. XVI Abs. 4 WTOÜ). Dies wird die völkerrechtliche Zulässigkeit einseitiger Handelsmaßnahmen erheblich einschränken. Auch entfällt mit dieser Regelung die im Protokoll über die vorläufige Anwendung des GATT 1947 enthaltene „grandfather clause", die den

[119] *B. May*, EA 2 (1994), S. 35; *Th. Oppermann/M. Beise*, EA 15/16 (1991), S. 449.

[120] *Th. Oppermann/M. Beise*, EA 7 (1994), S. 195.

[121] WTO Annual Report 1996, Bd. 1, S. 5.

[122] *H. Hauser/K. U. Schanz*, Das neue GATT, S. 60.

Mitgliedstaaten erlaubt, älteres, dem GATT widersprechendes Recht beizubehalten. Mit der Unterzeichnung des Welthandelsübereinkommens werden automatisch die multilateralen Abkommen für alle Vertragsparteien verbindlich, das „GATT à la carte" entfällt. Dies gilt auch für die Streitbeilegung. Alle WTO-Signaturstaaten unterliegen im Falle von Handelsstreitigkeiten demselben Verfahren, das nun integrierter Bestandteil der multilateralen Abkommen ist.

1. Aufbau der Schlußakte, „Final Act"

Der Begriff der Schlußakte[123] findet zweifache Verwendung und ist daher mißverständlich. Es wird sowohl das gesamte, ca. 500 Seiten umfassende Abschlußdokument[124] als Schlußakte oder, auch in der deutschen Literatur[125], als „Final Act" bezeichnet, als auch der erste Teil dieser Schlußakte so benannt, der ausführlich als „Schlußakte über die Ergebnisse der multilateralen Handelsverhandlungen der Uruguay-Runde" überschrieben ist. Danach folgt das „Übereinkommen zur Errichtung der Welthandelsorganisation (WTO)" mit seinen Anlagen.[126] Abschließend sind die Entscheidungen und Erklärungen der Ministerkonferenz inklusive dem „Protokoll von Marrakesch zum Allgemeinen Zoll- und Handelsübereinkommen von 1994"[127] dargestellt.

Die „Schlußakte über die Ergebnisse der multilateralen Handelsverhandlungen der Uruguay-Runde" umfaßt nur eine Seite und verpflichtet die unterzeichnenden Regierungen, die nötigen Schritte für eine nationale Zustimmung zur Genehmigung diese Übereinkommens zu erbringen. Die Minister anerkennen mit ihrer Unterschrift, daß für sie die Rechte und Pflichten aus den multilateralen Abkommen Verbindlichkeit erhalten. Daneben sind noch Beitrittdetails für Staaten geregelt, die kein GATT-Mitglied sind, aber den Status der ursprünglichen Mitgliedschaft in der WTO erhalten wollen.[128]

---

[123] Die folgende Darstellung des Aufbaus der Schlußakte soll zu einer Verständigung der Nomenklatur des GATT beitragen und die Besonderheiten in der GATT-Sprache klären. Der gesamte Abkommenstext ist in englischer, französischer und spanischer Sprache im jeweiligen Wortlaut verbindlich. Die folgende deutsche Übersetzung entstammt dem BGBl. Teil II, Nr. 40, 1994, S. 1624 ff, und ist identisch mit BtDr. 12/7655 (neu). Es handelt sich jeweils um rechtsförmlich überprüfte deutsche Übersetzungen.

[124] Unter Ausschluß der Zugeständnislisten von etwa 26.000 Seiten.

[125] So etwa *P. T. Stoll*, ZaöRV 54 (1994), S. 241 ff.

[126] Die Bezeichnung „Anlagen" findet sich in der BtDr 12/7655(neu), S. 193. Im Amtsblatt der EG vom 23.12.1994, Nr. L 336, S. 10 werden sie „Anhang" genannt. Dieses Beispiel soll darauf hinweisen, daß es offensichtlich ist, daß die deutsche Übersetzung nicht koordiniert wurde, weil einheitliche Termini in den verschiedenen Teilen des Vertragswerks mit unterschiedlichen deutschen Begriffen übersetzt wurden.

[127] BGBl. Teil II, Nr. 40, 1994, S. 1631.

[128] Vgl. dazu genauer Nr. 4 und 5 der Schlußakte.

Das WTO-Übereinkommen[129] umfaßt 300 Seiten inklusive vier Anlagen und stellt das Kernstück der Uruguay-Runde dar. Es übernimmt die Funktion einer Dachorganisation für alle 27 in der Uruguay-Runde ausgehandelten Einzelabkommen.[130] Darin sind in insgesamt 16 Artikeln die institutionellen Grundlagen der neuen Welthandelsordnung beschrieben, die vor allem durch die Errichtung der Welthandelsorganisation in Art. I WTOÜ gekennzeichnet sind.

In weiteren 15 Artikeln werden Wirkungsbereich, Aufgaben, Aufbau, Beziehung zu anderen Organisationen, Sekretariat, Haushalt und Beiträge, Rechtsstellung, Beschlußfassung, Änderungen, Mitgliedschaft (ursprüngliche, Beitritt, Rücktritt) sowie verschiedene Bestimmungen der WTO beschrieben und festgelegt.

Die folgenden vier Anlagen, die teilweise weiter unterteilt sind, bilden nach Art. II Abs. 2 und 3 WTOÜ einen rechtlich integralen Bestandteil des Übereinkommens und beinhalten die auf der Uruguay-Runde vereinbarten Regelungen. Sie bilden die inhaltlichen Grundpfeiler der neuen Weltwirtschaftsordnung.

Anhang 1A bezieht sich ausschließlich auf den Warenhandel. Das „Multilaterale Übereinkommen über den Handel mit Waren"[131] bildet den umfangreichsten Teil und beinhaltet das „Allgemeine Zoll- und Handelsabkommen von 1994", das GATT 1994.[132]

Anlage 1B und 1C umfassen mit dem „Allgemeinen Übereinkommen über den Handel mit Dienstleistungen samt Anlagen"[133] und dem „Übereinkommen über handelsbezogene Rechte des geistigen Eigentums"[134] die in der Uruguay-Runde neu verhandelten Bereiche.

---

[129] Diese Kurzbezeichnung erhält es gemäß der Schlußakte Nr. 1 und demgemäß wird im folgenden die Abkürzung „WTOÜ" gewählt. Die Bezeichnung „WTOÜ" für „Übereinkommen zur Errichtung der Welthandelsorganisation" wird in Anlehnung an die Beck'sche Textausgabe: Internationales Wirtschaftsrecht Außenwirtschaftsrecht verwendet. Anders bei *Th. Oppermann*, RIW 11 (1995), S. 919 ff., die verwendete Abkürzung lautet dort „ÜWTO".

[130] So *P. T. Stoll*, ZaöRV 54 (1994), S. 252.

[131] Im Amtsblatt der EG, Nr. L 336 als „Multilaterale Handelsübereinkünfte" übersetzt.

[132] Zum GATT 1994 und seiner Unterscheidung zum „alten" GATT vgl. IV. 2. GATT 1994.

[133] „General Agreement on Trade in Services", auch „GATS".

[134] „Agreement on Trade-Related Aspects of Intellectual Property Rights", auch „TRIPS".

Anlage 2 trägt den Titel „Vereinbarungen über Regeln und Verfahren zur Beilegung von Streitigkeiten“ und Anlage 3 „Verfahren zur Überprüfung der Handelspolitiken“[135].

Diese, gemäß Art. II Abs. 2 WTOÜ multilateralen Übereinkommen, sind im Gegensatz zu den in Anhang 4 aufgeführten plurilateralen Handelsabkommen für alle Staaten verbindlich, die das WTO-Übereinkommen unterzeichnet haben. Damit wurde erreicht, daß alle Verhandlungsparteien grundsätzlich das gleiche Verpflichtungsniveau eingehen. Die plurilateralen Abkommen, die ehemaligen GATT-Kodizes über Handel mit Zivilluftfahrzeugen und öffentliches Beschaffungswesen, gelten lediglich für diejenigen Staaten, die diesen Verpflichtungen zustimmten. Diese Abkommen stammen weitestgehend aus dem Jahr 1979 und wurden unter dem GATT 1947 in der Tokio-Runde geschaffen. Die plurilateralen Abkommen werden ebenfalls von der WTO verwaltet.

2. Mitgliedschaft in der WTO

Eine Mitgliedschaft in der Welthandelsorganisation ist gleichzeitig eine Entscheidung der Verbindlichkeit aller Abkommen, Übereinkommen und Vereinbarungen der Schlußakte der Uruguay-Runde, mit Ausnahme der plurilateralen Abkommen. Es ist dabei zwischen der ursprünglichen Mitgliedschaft und einer Neumitgliedschaft zu unterscheiden. Die Mitgliedschaft ist in den vergangenen 50 Jahren ständig gestiegen. Während das GATT 1948 mit 23 Vertragsparteien seinen Anfang nahm, endete es 1995 mit 128 Vertragsparteien. Bereits sechs Jahre später, mit Stand vom September 2001, verpflichteten sich 142 Staaten der Welt den Regelungen der Welthandelsorganisation.[136]

a) Ursprüngliche Mitgliedschaft

Der Beitritt zur WTO ist wesentlich an die ursprüngliche oder originäre Mitgliedschaft geknüpft. Die Vertragsparteien des GATT 1947 werden, sofern sie die Schlußakte der Uruguay-Runde in Marrakesch im April 1994 unterzeichnet hatten und die Zugeständnis- und Verpflichtungslisten nach dem GATT 1994

---

[135] Gemäß Amtsblatt der EG: „Mechanismus zur Überprüfung der Handelspolitiken“, auch mit der Abkürzung „TPRM“ („Trade Policy Review Mechanism“) gebräuchlich.

[136] Mitgliederlisten des GATT und der WTO mit Zeitpunkt des Beitritts befindet sich im Anhang. Ein rapider Anstieg der Mitgliederzahl ist vor allem in den letzten 15 Jahren zu verzeichnen. Zu Beginn der Uruguay-Runde 1986 zählte das GATT erst 85 Vertragsparteien, zehn Jahre später 43 mehr. Weil das GATT keine Organisation war, konnte es auch keine „Mitglieder“, sondern nur „Vertragsparteien“ geben. So auch *J. H. Jackson*, The World Trade Organization, S. 47.

und dem GATS aufweisen, nach Art. XI Abs. 1 WTOÜ automatisch Mitglieder der WTO, sobald diese am 1. Januar 1995 in Kraft trat. Sie sind die Gründungsmitglieder der WTO[137] und akzeptieren damit alle Verpflichtungen aus den multilateralen Übereinkommen. Dies gilt gleichermaßen auch für alle Entwicklungsländer.[138] Ausgenommen sind lediglich nach Art. XI Abs. 2 WTOÜ die am wenigsten entwickelten Länder.[139] Von ihnen werden Verpflichtungen nur im Einklang mit ihren individuellen Entwicklungs-, Finanz- und Handelserfordernissen sowie ihren institutionellen und Verwaltungsfähigkeiten erwartet.

Sofern Staaten zwar an der Uruguay-Runde teilgenommen, aber ihre Mitgliedsverhandlungen erst innerhalb von zwei Jahren abgeschlossen haben, zählen sie dennoch zu den ursprünglichen Mitgliedern.[140] Dies gilt auch für diejenigen Staaten, die dem GATT erst nach April 1994, aber noch vor Inkrafttreten der WTO beigetreten sind.[141]

Art. XIII WTOÜ bestimmt, daß eine Nichtanwendung von einzelnen WTO-Regelungen nur gegenüber Neubeitritten zur WTO zulässig ist; es sei denn, es besteht eine unter dem GATT 1947 festgelegte und fortgeführte Anwendungsbeschränkung. Damit wurde ein Anreiz für einen raschen und, im Vergleich zur Neumitgliedschaft, unkomplizierten WTO-Beitritt geschaffen,[142] weil ursprüngliche Mitglieder von der Anwendung dieser Bestimmung geschützt sind. Demgegenüber müssen neu beitretende Staaten damit rechnen, nur teilweise in den Vorzug der vollen Rechte aus dem WTO-Abkommen zu gelangen.

---

[137] WTO-Sekretariat, 1997, About the WTO.

[138] *W. Benedek*, VN 1 (1995), S. 15.

[139] Es wird hierbei unterschieden zwischen Entwicklungsländern und den „am wenigsten entwickelten unter ihnen" („developing countries" und „least developed countries"). Dazu auch *R. Senti*, Die neue Welthandelsordnung. Ergebnisse der Uruguay-Runde, Chancen und Risiken, Ordo 45 (1994), S. 306, der kritisiert, daß der Vertrag kein Unterscheidungskriterium zwischen „developing countries and the least developed among them" nennt. Jedoch ist darauf hinzuweisen, daß Art. XI Abs. 2 WTOÜ die „am wenigsten entwickelten Länder" als diejenigen klassifiziert, „die von den Vereinten Nationen als solche anerkannt sind". Nach eigenen Angaben anerkennt die WTO (www.wto.org Stand März 1999) derzeit 48 „least-developed countries", entsprechend der UN-Einteilung. Bereits 29 davon sind WTO-Mitglied: Angola, Bangladesch, Benin, Burkina Faso, Burundi, Dschibuti, Gambia, Guinea, Guinea Bissau, Haiti, Lesotho, Madagaskar, Malawi, Maldediven, Mali, Mauretanien, Mosambik, Myanmar, Niger, Ruanda, Sierra Leone, Solomon Islands, Tansania, Tschad, Togo, Uganda, Volksrepublik Kongo, Zambia, Zentralafrikanische Republik. Die weiteren sechs folgenden der am wenigsten entwickelten Länder befinden sich im Aufnahmeprozess zur WTO: Kambodscha, Laos, Nepal, Samoa, Sudan and Vanuatu. Darüber hinaus halten Äthiopien, Bhutan, Cape Verde einen Beobachtungsstatus inne.

[140] Dazu Art. XIV Abs. 1 WTOÜ, wonach das Abkommen innerhalb der Frist von zwei Jahren ratifiziert sein muß.

[141] WTO-Sekretariat, 1997, About the WTO.

[142] *W. Benedek*, VN 1 (1995), S. 16.

b) Neumitgliedschaft – Beitritt zur WTO

Kennzeichnend für die WTO ist die in Art. XII Abs. 1 WTOÜ festgeschriebene mitgliedschaftliche Offenheit für alle Staaten und Zollgebiete[143] der Welt. Wolfgang Benedek ordnet der geplanten, aber nicht zustande gekommen Internationalen Handelsordnung (ITO) eine ähnliche Ausrichtung auf Universalität zu, die er beim GATT nicht in dem Maße erkannt hat.[144]

Entscheidet sich ein Staat zum Beitritt in die Welthandelsorganisation, so umfaßt dieser die Zustimmung zu allen multilateralen Handelsübereinkommen. Dies regelt Art. XII Satz 2 WTOÜ. Die Aussage des Art. II Abs. 2 WTOÜ über den Wirkungsbereich der WTO wird auf den Neueintritt von Mitgliedern zur Handelsordnung bezogen und wiederholt somit die Erklärung über die Verbindlichkeit der multilateralen Abkommen für alle Mitglieder.[145] Damit wird einer Fragmentierung der Mitgliedschaft in den verschiedenen Abkommen, mit Ausnahme der plurilateralen Abkommen, vorgebeugt. Eine WTO-Mitgliedschaft folgt dem Prinzip des „Einheitsabkommens"[146], in dem die multilateralen Abkommen gleichermaßen für alle Mitglieder gelten, während die Rechte und Pflichten der plurilateralen Abkommen, entsprechend dem alten GATT-Schema, nur die ratifizierungswilligen Staaten bindet. Dieser Schwäche ist die WTO nun mit der Form des Einheitsabkommens entgegengetreten. Die in der Präambel formulierten Ziele der Welthandelsorganisation und die Anzahl der

---

[143] Ein Zollgebiet wird von einer Zollgrenze umschlossen, wodurch eine Zollhoheit abgegrenzt wird. Während ein Zollgebiet mit den Grenzen eines Staates identisch sein kann, meist ist, aber nicht sein muß (z. B. Seezollgrenzen oder Zollausschlüsse), umfaßt eine Zollunion zwei oder mehrere Staaten zu einem einheitlichen Zollgebiet unter Wegfall der Kontingente mit gemeinsamen Außentarif und gemeinsamer Zollverwaltung. *H. Ballreich*, Zollunion in: H.J. Schlochauer, Wörterbuch des Völkerrechts, 1962, S. 889 ff.

[144] *W. Benedek*, Die Rechtsordnung des GATT aus völkerrechtlicher Sicht, S. 190. Einen Beleg für dafür sieht Benedek in dem geringen Interesse des GATT, die Sowjetunion als Mitglied einzubeziehen.

[145] Nicht ganz wertneutral betont *W. Benedek,* VN 1 (1995), S. 15, in diesem Zusammenhang, daß dies „für einen Großteil der Entwicklungsländer ... ein Ende ihrer bequemen Nutznießer-Stellung als Nichtmitglieder der Kodizes der Tokyo-Runde" bedeute.

[146] Im Englischen wird das WTO-Abkommen auch als „single package" umschrieben, weil die Mitglieder verpflichtet sind, mit der Unterzeichnung der Bedingungen dieses Übereinkommens gleichzeitig alle multilateralen Abkommen anzuerkennen, dazu *J. H. Jackson*, The Uruguay-Round and the Launch of the WTO: Significance & Challenges, in: T.P. Stewart (Hrsg.), The World Trade Organization, Multilateral Trade for the 21st Century an U.S. Implementing Legislation, S. 11; so auch *H. Hauser/K. U. Schanz*, Das neue GATT, S. 56, der darin eine Überwindung der seit Abschluß der Tokio-Runde bestehenden Zersplitterung des Welthandelssystems erkennt. *Th. Oppermann*, RIW 11 (1995), S. 922, spricht dagegen vom „Single Approach Agreement"; auch in der deutschen Literatur ist der Ausdruck „single undertaking approach" gebräuchlich, so etwa *K. Ipsen/U. Haltern*, RIW 9 (1994), S. 720.

Mitgliedstaaten legen es nahe, von einem universellen Handelssystem zu sprechen. Betrachtet man jedoch die Beitrittskriterien näher, so wird die Mitgliedschaft zur WTO in mehrfach Hinsicht eingeschränkt.

Eine Reglementierung enthält Art. XII Abs. 1 Satz 1 WTOÜ, wonach nur ein Staat oder gesondertes Zollgebiet beitreten können, wenn sie in der Wahrnehmung ihrer Außenhandelsbeziehungen und in den darüber hinaus geregelten multilateralen Bereichen „volle Handlungsfreiheit" besitzen. Der Text erläutert jedoch nicht näher, unter welchen Voraussetzungen ein Staat die volle Handlungsfreiheit besitzt. Auch eine Negativdefinition wird in diesem Abkommenstext vermieden.

Die folgende skizzierte Überlegung soll die Tragweite der Beitrittskriterien am Beispiel verdeutlichen: Wären Deutschland oder die Europäischen Gemeinschaften nicht bereits gemäß Art. XI WTOÜ ursprüngliche Mitglieder, so würde sich die Frage stellen, ob sie diesen genannten Beitrittskriterien genügen. Das Kriterium der „vollen Handlungsfähigkeit" muß für Deutschland ebenso wie für die Europäischen Gemeinschaften jedoch verneint werden, sofern man beide als eigenständige Völkerrechtssubjekte betrachtet. Deutschland übt nach Art. 133 EGV die Handelspolitik gemeinschaftlich mit den anderen Mitgliedstaaten der Europäischen Gemeinschaft aus. Der Europäische Gerichtshof hat dies in seinem Gutachten 1/94 bestätigt, aber nur für das GATT 1994, nicht jedoch für GATS und TRIPS, die alleinige Zuständigkeit der Gemeinschaften festgestellt.[147] Weil die genannten drei Abkommen zu den multilateralen Übereinkommen zählen, besteht eine ausschließliche Befugnis weder Deutschlands noch der Europäischen Gemeinschaft. Ein alleiniger Beitritt Deutschlands oder ein alleiniger Beitritt der Europäischen Gemeinschaft wäre nicht möglich, weil die Handelspolitik nur von der Gemeinschaft, also gemeinschaftlich ausgeübt werden darf.

Der Beitrittsprozeß ist langwierig.[148] Nachdem ein beitrittswilliger Staat einen offiziellen Aufnahmeantrag zur Mitgliedschaft in der Welthandelsorganisation gestellt hat, wird vom Allgemeinen Rat eine Arbeitsgruppe eingerichtet, die eingehend dessen Handelspolitik untersucht und die Konformität zur WTO prüft.[149] Grundlage dafür bildet vor allem ein von diesem Staat ausgearbeitetes Memorandum, das detailliert über die Handelsbeziehungen und Wirtschaftspolitik informiert. Es folgen bilaterale Gespräche und Verhandlungen zwischen dem beizutretenden Staat und den WTO-Mitgliedern über Konzessionen und Zugeständnisse im Waren- und Dienstleistungsbereich, weil nur „unter Bedingungen,

---

[147] EuGH 15.11.1994, WTO, Gutachten 1/94, Slg. 1994, I-5267 (5402 ff, 5417, 5419).

[148] Ausführlich unter der Homepage www.wto.org.

[149] Dazu auch unter f. Teilnahme ohne Mitgliedschaft.

die zwischen ihm und der WTO vereinbart werden", beigetreten werden kann (Art XII Abs. 1 Satz 1 WTOÜ). Knut Ipsen sieht darin den Charakter einer „nur bedingt offenen Organisation"[150] und Thomas Oppermann nennt die Form der ursprünglichen Mitgliedschaft bis zu einem gewissen Grade bevorrechtigt[151]. Nach Abschluß ihrer Untersuchungen präsentiert die Arbeitsgruppe das Ergebnis zusammen einem Beitrittsprotokoll, das die Beitrittsbedingung, die Konzessionen und Zugeständnislisten, festschreibt, dem Allgemeinen Rat zur Annahme. Die Zustimmung des Allgemeinen Rates ist eine Voraussetzung für die Unterzeichnung des Beitrittsprotokolls. Die Ministerkonferenz faßt gemäß Art. XII Abs. 2 WTOÜ den Beitrittsbeschluß mit einer der Zweidrittelmehrheit der WTO-Mitglieder. Die Entscheidung über den Beitritt eines Staates oder Zollgebietes liegt damit ausschließlich in der Kompetenz der WTO. 30 Tage nach Eingang der Ratifikationsurkunde bei der WTO wird der beitretende Staat offizielles Mitglied der Welthandelsorganisation.

c) Besonderheiten der Mitgliedschaft

Die WTO unterscheidet, wie dargelegt, hinsichtlich des Zeitpunkts der Mitgliedschaft nach ursprünglichen und neubeigetretenen Mitgliedern. Ursprüngliche Mitglieder können diejenigen Staaten werden, die Vertragsparteien des GATT 1947 waren. Eine Ausnahme ist für die Europäische Gemeinschaft vorgesehen. Art. XI Abs. 1 Satz 1 WTOÜ fingiert, daß die Europäischen Gemeinschaften zu den ursprünglichen Mitgliedern der WTO zählen. „Die Vertragsparteien des GATT 1947, die zum Zeitpunkt diese Übereinkommens solche sind, und die Europäischen Gemeinschaften, die dieses Übereinkommen annehmen (...), werden ursprüngliche Mitglieder der WTO." Auch Artikel XIV Abs. 1 WTOÜ sieht ausdrücklich vor, daß die Europäischen Gemeinschaften Mitglied der WTO werden können: „Dieses Übereinkommen steht den Vertragsparteien des GATT 1947 sowie den Europäischen Gemeinschaften (...) zur Annahme offen, die durch Unterzeichnung oder auf andere Weise erfolgen kann."

Den Gemeinschaften steht damit als einziger Regionalorganisation die ursprüngliche Mitgliedschaft offen. Grund dafür kann bereits in der besonderen Beziehung der Europäischen Gemeinschaft zum alten GATT gesehen werden, die Oppermann als eine „spannungsreiche" kennzeichnet.[152] Formal gehörten dem GATT 1947 nur die EG-Mitgliedstaaten an, während die Gemeinschaften

---

[150] *K. Ipsen/U. Haltern*, RIW 9 (1994), S. 721.
[151] *Th. Oppermann*, RIW 11 (1995), S. 922.
[152] *Th. Oppermann*, RIW 11 (1995), S. 921.

einen de facto-Status als Vertragspartei hatte.[153] Mit der Verabschiedung der WTO und Ratifizierung durch die Europäischen Gemeinschaften ist die ehemals im GATT unsichere Stellung[154] der Europäische Gemeinschaften eindeutig als förmliches Mitglied bestimmt worden. Die in der Welthandelsorganisation festgelegte Regelung zählt die Europäischen Gemeinschaften als einzigste zwischenstaatliche Organisation in Art. XI WTOÜ namentlich auf. Oppermann sieht es als „eindrucksvollen Beleg für den besonderen Status, den sich die Gemeinschaft über den Aufbau ihrer gemeinsamen Handelspolitik im Kreise der Welthandelspartner errungen hat".[155]

Neben den Europäischen Gemeinschaften ist auch noch jeder der 15 EG-Mitgliedstaaten selbst Vertragspartei der WTO geworden. Grund dafür ist in der gemeinschaftlich auszuübenden Handelspolitik, wie sie in Art. 133 EGV festgelegt ist, zu suchen. Die sich daraus ergebenden strittigen Fragen der Zuständigkeits- und Kompetenzverteilung zwischen den Gemeinschaften und ihren Mitgliedstaaten sind in dem jahrelangen Streit um die Bananenmarktordnung beispielhaft geworden.[156]

d) Mitgliedschaft Chinas

Die Volksrepublik China war Gründungsmitglied des GATT 1947, trat aber aus politischen Gründen 1950 von der Mitgliedschaft zurück. Seit 22. März 1996 bemühte sich die Volksrepublik in offiziellen Verhandlungen um Aufnahme in die WTO.[157] Doch die Frage dieser Mitgliedschaft ist stark mit politischen Gesichtspunkten verflochten. Bisher wurde China wegen der Nichtbeachtung der Menschenrechte die Aufnahme in die WTO verweigert. Eine Kehrtwende in der amerikanischen Wirtschaftspolitik sorgt für „energische Bemühungen (Washingtons), Chinas Aufnahme in die Welthandelsorganisation zu beschleunigen"[158]. Während die USA einerseits, anläßlich der Jahresversammlung der UN-Menschenrechtskommission, die massive Verschlechterung der Menschenrechte in China kritisieren, wollen sie andererseits die umstrittene

[153] Allgemein war der Status der de facto Mitgliedschaft als Provisorium gedacht, er wurde aber bald zu einer Dauerlösung für viele Länder. Die de facto Mitglieder befinden sich in einer Art Wartestellung und unterliegen keinerlei prozeduralen Verpflichtungen, haben aber auch keine prozeduralen Rechte. Näheres über die de facto Mitgliedschaft bei *W. Benedek*, Die Rechtsordnung des GATT aus völkerrechtlicher Sicht, S. 196 ff.

[154] Die Europäischen Gemeinschaften sind, keine Vertragspartei des alten GATT und hatte auch nicht nachgesucht, selbige zu werden.

[155] *Th. Oppermann*, RIW 11 (1995), S. 922.

[156] Dazu mein Beitrag in diesem Buch.

[157] WTO-Focus Nr. 4, Juli 1995, S. 2; NZZ 8.5.96, Nr. 106, S. 23.

[158] SZ 29.3.1999, S. 26.

Mitgliedschaft Chinas in der WTO durchsetzen. Es ist damit offenkundig, daß entweder Menschenrechte und Handelspolitik nichts miteinander zu tun haben, oder der Einfluß der amerikanischen Industrielobbyisten bestechend ist.[159] Die für April 1999 vorgesehene Entscheidung, den Weg Chinas in die WTO zu ebnen, ist erneut am Widerstand des US-Kongresses, auch aufgrund des Vorwurfs der Atomspionage und des Wahlbetrugs, gescheitert, obwohl die Konzessionen der Chinesen unerwartet weitreichend waren.[160] Die USA gewährt China, als dessen wichtigster Auslandsmarkt, Meistbegünstigung. Daß diese Begünstigung jährlich zu erneuern ist, versetzt die USA in die Lage, wenn auch nur beschränkt, auf die Menschenrechtssituation in diesem Land Einfluß zu nehmen.[161] Der Kosovo-Krieg und die Bombardierung der chinesischen Botschaft durch die NATO waren der Anlaß, die amerikanisch-chinesischen Beitrittsverhandlungen auszusetzen.[162] China hält am Ziel eines WTO-Beitritts fest, erklärte der chinesische Ministerpräsident, der mit seinem japanischen Amtskollegen bereits eine bilaterale Einigung über den Beitritt zur WTO erreichte.[163] Die Verhandlungen mit der Europäischen Gemeinschaft fanden im Mai 2000 erfolgreich zum Abschluß. Im September 2001 gelangten schließlich die seit insgesamt 15 Jahren andauernden inoffiziellen und offizielle Verhandlungen Chinas mit 142 Mitgliedsstaaten zum Abschluß, nachdem die nationalen Zustimmungsverfahren abgeschlossen waren. Man einigte sich in einem über 900-seitigen Abkommen auf den Beitritt Chinas als 143. Mitglied zur WTO. Mike Moore, der Generaldirektor, sprach dazu in einer Presseerklärung: „With China´s membership, the WTO will take a major step towards becoming a truly world organization“.[164] China wurde auf der Ministerkonferenz in Doha/Katar am 11. November 2001 aufgenommen. Diesem Aufnahmebeschluß schließt sich dann das interne Ratifizierungsverfahren in China an. Am 30. Tag nach Hinterlegung der Beitrittsdokumente in Genf, am 11. Dezember 2001, wurde China Mitglied der WTO.

---

[159] In diese Richtung auch SZ 29.3.1999, S. 26.

[160] FAZ 15.4.1999, S. 18; China aktuell 4 (1999), S. 337; die amerikanische Handelsbevollmächtigte Charlene Barshefsky hat mit China folgende Bedingungen ausgehandelt: Reduktion der durchschnittlichen Zollsätze auf Landwirtschaftsprodukte von 17 auf 14,5 Prozent und wesentlich für Industrieprodukte von 24,6 auf 9,44 Prozent, die Zulassung ausländischer Investitionen im Telekommunikationssektor, die Aufhebung der Begrenzung für ausländische Versicherungsfirmen und die Zulassung von Bankgeschäften in lokaler Währung für ausländische Banken, so China aktuell 4 (1999), S. 331.

[161] *P. Hilpold,* Die Fortentwicklung der WTO-Ordnung, Materielle und institutionelle Aspekte unter besonderer Berücksichtigung der Ministerkonferenz von Singapur und der nachfolgenden Umsetzungsmaßnahmen, RIW 2 (1998), S. 100.

[162] FAZ 10.7.1999, S. 6.

[163] FAZ 10.7.1999, S. 6; SZ 10./11.7.1999, S. 7; Wirtschaftswoche 9/15.7.1999, S. 30.

[164] WTO-Press Nr. 243, 17. September 2001.

e) *Austritt*

Der Austritt, das freiwillige Verlassen der Welthandelsorganisation durch ein Mitglied ist in Art. XV Abs. 1 WTOÜ geregelt. Danach steht jedem beigetretenem Mitgliedstaat auch die Möglichkeit des Austritts zu. Die Kündigungsfrist beträgt sechs Monate. Ein ausgetretener Mitgliedstaat muß aber jedenfalls alle bis zum Tag des Austritts angefallenen Verpflichtungen erfüllen. Ein Staat kann sich durch Austritt nicht von den Verbindlichkeiten befreien, die für ihn bereits eingetreten sind.[165]

Es stellt sich auch hier die Frage, ob Art. XV Abs. 1 WTOÜ auch auf Deutschland oder die Europäischen Gemeinschaften Anwendung finden könnte. Deutschland ist ein dem GATT beigetretener Staat und aufgrund dessen ursprüngliches Mitglied der WTO. Ähnlich verhält es sich mit den Europäischen Gemeinschaften.[166] Deutschland besitzt jedoch, wie oben angesprochen, nur eine in Gemeinschaft mit den anderen Mitgliedstaaten der EG geteilte Außenhandelskompetenz. Die Europäische Gemeinschaft kann nicht alleine austreten; denn (noch) wird die Staatsgewalt gemeinschaftlich von den Völkern Europas ausgeübt, sie verfügt über keine Kompetenzkompetenz. Deutschland hat im Bereich des GATT 1994 keine Befugnissen mehr, weil diese an die Europäische Gemeinschaft übertragen sind.[167] Die WTO als multilaterales Übereinkommen umfaßt die Bereiche GATT, GATS und TRIPS. Ein einseitiger Austritt eines Mitgliedstaates der EG oder der Europäische Gemeinschaft selbst aus dem WTO-Abkommen ist daher gemeinschaftsrechtlich nicht darstellbar; denn dem verbleibenden Mitglied wäre die Handlungsmöglichkeit innerhalb der WTO genommen.

Die plurilateralen Abkommen können von der Vertragspartei einzeln gekündigt werden, ohne daß die Mitgliedschaft bei der WTO berührt wird. Die diesbezüglichen Kündigungsfristen sind in den plurilateralen Einzelabkommen festgehalten und dort zu entnehmen (Art. XV Abs. 2 WTOÜ). Anders als unter dem GATT 1947, ist bisher noch kein Austritt eines Mitgliedstaates aus der Welthandelsorganisation zu verzeichnen.

f) *Teilnahme ohne Mitgliedschaft*

Die Welthandelsorganisation ermöglicht, wie andere Internationale Organisationen auch, eine Teilnahme an den Sitzungen der Ministerkonferenz, des All-

---

[165] *H. F. Köck/P. Fischer*, Das Recht der Internationalen Organisationen, 1997, S. 543.

[166] Dazu näher unter c) Besonderheiten der Mitgliedschaft, S. 67 f.

[167] EuGH 15.11.1994, WTO, Gutachten 1/94, Slg. 1994, I-5267 (5399).

gemeinen Rats oder den Arbeitsgruppen, auch wenn keine Mitgliedschaft gegeben ist. Über die Unterhaltung eines (Ständigen) Beobachters wird Nicht-Mitgliedstaaten oder Internationalen Organisationen, aber auch NGOs, die Gelegenheit gegeben, an WTO-Konferenzen anwesend zu sein. Ein Stimmrecht besitzen sie allerdings nicht. Die genauen Teilnahmevoraussetzungen und -regeln legen die „Rules of Procedure for Sessions of the Ministerial Conference and Meetings of the General Council"[168] fest.

Der Beobachterstatus geht zumeist einem Beitritt zur WTO voraus. Er ermöglicht einer Regierung, sich besser über die WTO und deren Aktivitäten zu informieren. Der Staat kann über einen Zeitraum von fünf Jahren die Einblicke nutzen und sich auf mögliche Beitrittsverhandlungen vorbereiten.[169] Gleichzeitig erhalten die WTO-Mitgliedstaaten einen Eindruck über die politischen und wirtschaftlichen Verhältnisse des Beitrittskandidaten. Nach Ablauf des fünf Jahres-Zeitraums wird zumeist das Beitrittsgesuch gestellt.[170]

Internationalen Organisationen, die mit der WTO in enger Zusammenarbeit stehen (Art. V WTOÜ), wird ein Beobachterstatus für die Arbeitsgruppen und Organe zugestanden, die für sie von besonderem Interesse sind.[171] Der Beobachterstatus von Internationalen Organisationen muß, ebenso wie der der Regierungen, schriftlich beantragt werden. Darüber wird jeweils einzeln entschieden.[172]

3. Organe der WTO

Die Welthandelsorganisation setzt sich aus drei Hauptorganen zusammen: der Ministerkonferenz als Repräsentativorgan, dem Allgemeinen Rat als Exekutivorgan sowie dem Sekretariat.[173] Damit erhält die WTO eine primärrechtliche Grundlage, die dem GATT in diesem Umfang fehlte. Die Organe sind zuständig

---

[168] WTO-Dokument WT/L/161, 25. Juli 1996, „Rules of Procedure for Sessions of the Ministerial Conference and Meetings of the General Council".

[169] WT/L/161 Annex 2 „Guidelines for Observer Status for Governments in the WTO", Rule 8 f.

[170] Vgl. dazu auch in diesem Teil unter b) Neumitgliedschaft – Beitritt zur WTO, S. 73; die folgenden Staaten haben einen Beobachterstatus (Stand: Januar 2002): Algerien, Andorra, Armenien, Aserbaidschan, Äthiopien, Bahamas, Belarus, Bhutan, Bosnien Herzegowina, Jemen, Jugoslavien, Kambodscha, Kap Verde, Kasachstan, Laos, Libanon, Mazedonien, Nepal, Russische Föderation, Samoa, Sao Tomé und Principé, Saudi-Arabien, Seychellen, Sudan, Taschinkistan, Tonga, Ukraine, Usbekistan, Vanuatu, Vatikan und Vietnam.

[171] WT/L/161 Annex 3 „Observer Status for International Intergovernmental Organizations in the WTO", Rule 1.

[172] WT/L/161 Annex 2, Rule 4 und 5; Annex 3, Rule 3 und 4.

[173] *P. T. Stoll*, ZaöRV 54 (1994), S. 258.

für die Verwaltung der Übereinkommen, die integrierte Streitschlichtung, das handelspolitische Überwachungssystem sowie die Kooperation mit den Bretton-Woods-Instiutionen.

Diese Struktur findet Ergänzung durch zahlreiche Unter- und Nebenorgane, die im folgenden skizziert werden. Der organisatorische Aufbau der Welthandelsorganisation wird durch Art. IV WTOÜ, überschrieben als „Aufbau der WTO", sowie Art. VI WTOÜ, „Sekretariat", bestimmt.

a) Ministerkonferenz

Das oberste Organ, die Ministerkonferenz, gebildet aus Repräsentanten der Mitglieder, tritt mindestens alle zwei Jahre zusammen.[174] Art. IV Abs. 1 Satz 1 WTOÜ, wonach „die Ministerkonferenz die Aufgaben der WTO wahrnimmt und die dafür erforderlichen Maßnahmen trifft", verdeutlicht die erstrangige Position dieses Organs, dem innerhalb der WTO primäre Befugnis zur Umsetzung der Ziele zukommt. Sie besitzt die Befugnis, in allen Angelegenheiten zu entscheiden, die sich auf eines der multilateralen Übereinkommen beziehen, sofern ein Antrag eines Mitglieds dazu vorliegt. Die Ministerkonferenz ist nach Art. IX Abs. 3 WTOÜ zuständig für die Gewährung von Ausnahmegenehmigungen (waiver), die, wenn nicht innerhalb der gesetzten 90 Tage Frist mit Konsens, doch wenigstens mit drei Viertel Mehrheit zu fassen sind (Art. X WTOÜ).

Gemäß Art. IV Abs. 7 WTOÜ setzt die Ministerkonferenz drei Ausschüsse ein, welche die Aufgaben, die sich aus dem Übereinkommen ergeben oder vom Allgemeinen Rat übertragen werden, erfüllen. Dies sind ein Ausschuß für Handel und Entwicklung, der für die laufende Überprüfung der Lage der wirtschaftlich schwachen Länder verantwortlich ist, ein Ausschuß für Zahlungsbilanzbeschränkungen sowie ein Ausschuß für Haushalt, Finanzen und Verwaltung. Daneben wird der Ministerkonferenz das Recht zugestanden, zusätzliche Ausschüsse einzuberufen, sofern dies zweckdienlich erscheint. Die Ministerkonferenz entspricht den VERTRAGSPARTEIEN, dem einzig organisatorisch verfestigten Hauptorgan des GATT 1947,[175] welches zwar in jährlichem Zyklus Tagungen abhielt, die aber nur in Ausnahmefällen auf Ministerebene stattfanden.

Die erste Tagung der WTO-Ministerkonferenz wurde im Dezember 1996 in Singapur veranstaltet.[176] Es ging dabei um einen verbesserten Marktzugang im

---

[174] WTO Dokument WT/L/161, 25. Juli 1996, Rules of Procedure for Sessions of the Ministerial Conference and Meetings of the General Council, Rule 1.

[175] *W. Benedek*, Die Rechtsordnung des GATT aus völkerrechtlicher Sicht, S. 212.

[176] Ausführlicher zu den Ministerkonferenzen *D. I. Siebold*, Die Welthandelsorganisation und die Europäische Gemeinschaft. Ein Beitrag zur globalen wirtschaftlichen Integration, Diss Erlangen-Nürnberg, 2001, i.E.

Zeitalter der Globalisierung, um die potentiellen Gefahren des multilateralen Systems durch Bilateralismus und Regionalismus, aber auch um Trade-Ands.[177] Diese Thematisierung macht deutlich, was von der Welthandelsorganisation (in der Zukunft) erhofft wird.[178] Diese zukünftigen Arbeitsthemen stellten auch das Hauptthema der zweiten Ministerkonferenz, die in Genf vom 18. bis 20. Mai 1998 gleichzeitig mit dem 50-jährigen Bestehen des Multilateralen Handelssystems stattfand. Dieser Konferenz wird keine zu hohe Bedeutung beigemessen, weil sie zwischen der historischen ersten Ministerrunde in Singapur und dem wichtigen dritten Ministertreffen in Seattle liegt.[179] Das Treffen in Seattle vom 30. November bis 3. Dezember 1999 sollte eine neuen Welthandelsrunde initiieren. Aber es war ein „Fiasko“[180] und die Ziele wurden nicht erreicht.[181] Die WTO spricht in ihrem Jahresbericht von „the shock of Seattle, a wake-up call“.[182] Der Verhandlungskatalog war breit gestreut angelegt. Er reicht von einer weitergehenden Liberalisierung des Welthandels, vor allem im Agrar- und Dienstleistungsbereich, einer weiteren Stärkung des multilateralen Systems der WTO, dem Ausbau der entwicklungspolitischen Rolle der WTO mit dem Ziel eines Kapazitätsaufbaus der ärmsten Staaten bis hin zu der Stärkung von Themen von allgemeinem öffentlichen Interesse, wie Umweltschutz, Gesundheitsschutz und der sozialen Frage.[183] Aber das alles wurde vertagt, die Nicht-Regierungsorganisationen und die Zivilgesellschaft opponierten erfolgreich gegen die immer mächtiger werdende Welthandelsorganisation.[184]

b) Allgemeiner Rat

Zwischen den zweijährigen Tagungen der Ministerkonferenz wird deren Aufgabe vom „Allgemeinen Rat“ übernommen. Er setzt sich ebenfalls, so be-

---

177 *H. G. Krenzler*, Die WTO nach Singapur aus Sicht der EU, in: Forschungsinstitut für Wirtschaftsverfassung und Wettbewerb (Hrsg.), Die Bedeutung der WTO für die europäische Wirtschaft, 1997, S. 42.

178 Beispielhaft können Themenkomplexe wie Handel und Umwelt, Handel und Investition, Handel und Wettbewerb oder Handel und Sozialstandards genannt werden.

179 Ähnlich auch der zusammenfassende Pressebericht der WTO zur „Second Ministerial Conference of the World Trade Organization“ www.wto.org/english/thewto_e/ minist_e/ min98_e/english/mc98_e/mindec.htm (Stand Feb. 2001).

180 Die ZEIT, 9.12.1999, S. 23.

181 WTO-Annual Report 2000, S. 21.

182 WTO-Annual Report 2000, S. 2.

183 Ausfürlich dazu: www.europa.eu.int/comm/dg01/0807nrde.pdf; *G. M. Berrisch/H. G. Kamann*, Die neuesten Entwicklungen im europäischen Außenhandelsrecht, EuZW 23/1999, S. 714.

184 Die ZEIT Nr. 50, 9. Dez. 1999, S. 9, 23; FAZ 1. Dez. 1999, S. 1, 5; FAZ 2. Dez. 1999, S. 1; FAZ 3. Dez. 1999, S. 6.

stimmt es Art. IV Abs. 2 Satz 1 WTOÜ, „aus Repräsentanten der Mitglieder zusammen“ und tagt „wann immer dies zweckdienlich ist“. In der Literatur findet sich zudem auch die Bezeichnung „Welthandelsrat“[185] oder „Generalrat“[186]. Im Vergleich zu anderen internationalen Organisationen existiert in der WTO keine zahlenmäßige Beschränkung dieses Organs. [187] Der Allgemeine Rat gibt sich selbst eine Geschäftsordnung (Art. IV Abs. 2 WTOÜ) und nimmt eine zentrale Stellung im institutionellen Gefüge der WTO ein. Neben den in Art. IV Abs. 2 WTOÜ nicht näher bestimmten Aufgaben, die das Übereinkommen an den Allgemeinen Rat überträgt, soll er sich vor allem mit der Streitschlichtung und der Überprüfung der Handelspolitiken befassen (Art. IV Abs. 3 und 4 WTOÜ). Ihm obliegt im wesentlichen die Funktionsfähigkeit der Welthandelsorganisation und die politische Durchsetzung der WTO-Regeln. Der Allgemeine Rat verfügt über eine große Entscheidungsbefugnis. Er ist sowohl die zentrale Aufsichtsinstitution, die Streitschlichtungsstelle als auch das Organ der Handelspolitiküberwachung.

Dem Allgemeinen Rat sind drei besondere Ratsorgane zugeordnet und unterstellt. Der „Rat für den Handel mit Waren“, der „Rat für den Handel mit Dienstleistungen“ sowie der „Rat für handelsbezogene Aspekte der Rechte des geistigen Eigentums“ (Rat für TRIPS)[188], deren Aufgabe es ist, die jeweils in den Anhängen 1A („Multilaterale Übereinkommen über den Handel mit Waren“), 1B („Allgemeinen Übereinkommen über den Handel mit Dienstleistungen samt Anlagen“) und 1C („Übereinkommen über handelsbezogene Rechte des geistigen Eigentums“) dieses Übereinkommens festgeschriebenen Regeln zu überwachen. Im Bedarfsfalle können diese Räte nachgeordnete Gremien oder Arbeitsgruppen zur Tätigkeitserfüllung einsetzen (Art. IV Abs. 6 WTOÜ). Auch diese nachgeordneten Räte und Gremien geben sich selbst Geschäftsordnungen, die aber der Genehmigung der jeweils höheren Instanz bedürfen (Art. IV Abs. 5 WTOÜ).

Art. IV Abs. 8 WTOÜ sieht vor, daß der Allgemeine Rat über die Aufgaben der Organe, die durch die plurilateralen Handelsübereinkommen übertragen

---

[185] Nach *P. T. Stoll*, ZaöRV 54 (1994), S. 259 scheint sich diese Nomenklatur einzubürgern. Den Grund dafür sieht Stoll in der begrifflichen Abgrenzung und Qualifizierung gegenüber den anderen Organen, die im WTO-Übereinkommen ebenfalls als „Rat“ bezeichnet werden.

[186] *W. Benedek*, VN 1 (1995), S. 16. In dem folgenden ist jedoch die Bezeichnung „Allgemeiner Rat“ präferiert, weil diese Bezeichnung im Bundesgesetzblatt Eingang gefunden hat.

[187] Beispielhaft ist die Zusammensetzung des Europäischen Rates genannt, die mit je einem Vertreter jedes Mitgliedstaats auf Ministerebene (Art. 203 EGV), sowie der Kommission der Europäischen Gemeinschaften gemäß Art. 213 Abs. 1 EGV gesetzlich genau festgelegt ist.

[188] Abkürzung gemäß den Bestimmungen des Art. IV Abs. 5 WTOÜ.

sind, informiert wird. Diese plurilateralen Übereinkommen wirken somit innerhalb des institutionellen Rahmens der WTO.

Knut Ipsen ordnet dem Organ des Allgemeinen Rats eine politische Zentralstellung innerhalb des institutionellen Gefüges der Welthandelsorganisation zu,[189] weil er auch für die Zusammenarbeit mit den anderen zwischenstaatlichen und nichtstaatlichen Organisationen (Art. V Abs. 1 und 2 WTOÜ) zuständig ist.[190]

c) Sekretariat und Generaldirektor

Art. VI WTOÜ regelt die Errichtung eines Sekretariats, welches weitestgehend aus dem bisherigen GATT-Sekretariat hervorgeht (Art. XVI Abs. 2 WTOÜ). Die Hauptaufgaben des Sekretariats als Verwaltungseinrichtung sind unverändert geblieben und liegen in der Vorbereitung und Durchführung von Verhandlungen, der Beratung der Handelspartner, der Analyse, Darstellung und Veröffentlichung der Welthandelsentwicklung sowie in der Organisation der Schiedsgerichtsverfahren.[191] Das WTO-Sekretariat arbeitet mit über ca. 500 Angestellten und verfügt für das Jahr 2000 über ein Budget in Höhe von sFr 126,6 Millionen.[192] Das Budget wird aus Mitgliedsbeiträgen finanziert, die sich aus dem jeweiligen Anteil am internationalen Handel berechnen.[193] Die Besonderheiten in der Stellung der Angehörigen des Sekretariats sowie deren Aufgaben werden in Art. VI Abs. 3 und 4 WTOÜ klar geregelt.

Die Leitung des Sekretariats übernimmt der von der Ministerkonferenz ernannte Generaldirektor. Aufgabenbereich, Befugnisse, Dienstbedingungen und Amtszeit werden ebenfalls von der Ministerkonferenz bestimmt. Der Generaldirektor ernennt das Personal des Sekretariats und bestimmt dessen Pflichten in Übereinstimmung mit den Vorschriften, die durch die Ministerkonferenz erlassen werden.[194] Hauptsitz der WTO ist Genf, Schweiz. Die WTO hat das Angebot Deutschlands, Bonn als WTO-Sitz zu wählen, 1994 abgelehnt und sich für die Beibehaltung des GATT-Hauptsitzes entschieden.[195] Der Brite Eric Wynd-

---

[189] *K. Ipsen/U. Haltern*, RIW 9 (1994), S. 719.

[190] Dennoch bleibt das Verhältnis der WTO zu den Vereinten Nationen offen, so *P. T. Stoll*, ZaöRV 54 (1994), S. 263.

[191] *R. Senti*, Ordo 45 (1994), S. 302.

[192] WTO-online: www.wto.org. Im Vergleich dazu verfügt die OECD über ca. 2400 und die Weltbank über 6700 Mitglieder, dazu: *R. Blackhurst*, The Capacity of the WTO to Fulfill Its Mandate, in: A. O. Krueger (Hrsg.), The WTO as an international organization, 1998, S. 40.

[193] Vgl. dazu Anhang 1.

[194] *K. Ipsen/U. Haltern*, RIW 9 (1994), S. 720.

[195] Näher dazu WTO-FOCUS Nr. 3/1995, S. 5.

ham-White hielt das Amt des ersten Generaldirektors über 21 Jahre inne (1947-1968), es folgten mit unterschiedlicher Amtsdauer die beiden Schweizer Oliver Long (1963-1980) und Arthur Dunkel (1980-1993) sowie der Ire Peter Sutherland (1993-1995). Vom 1. Mai 1995 bis 1. Mai 1999 leitete Renato Ruggiero das Sekretariat. Die Frage nach seiner Nachfolge löste eine fast dreimonatige Führungskrise in der Welthandelsorganisation aus.[196] Um eine Zuspitzung der Situation zu vermeiden und die für die WTO übliche konsensuale Entscheidung der Mitgliedstaaten zu gewährleisten, wurde die Amtszeit von vier auf sechs Jahre verlängert, die sich nun der Neuseeländer Michael Moore (9/1999-8/2002) und Supachai Panitchpakdi (9/2002-8/2005) aus Thailand im Drei-Jahres-Rhythmus teilen.[197] Dieser ungewöhnlichen Arbeitsteilung liegt weder ein Dissens der Mitgliedstaat bezüglich der fachlichen Kompetenz oder der handelspolitischen Einstellung der Nachfolger zugrunde, sondern sie ist allein auf regionale Interessen und Eitelkeiten zurückzuführen.[198]

4. Beschlußfassung

Grundsätzlich besteht das nach dem GATT 1947 übliche Verfahren der Beschlußfassung fort (Art. IX Abs. 1 S. 1 WTOÜ). Als Entscheidungsmodus gilt das Konsens-Prinzip.[199] Falls eine Einigung jedoch nicht erzielt werden kann, wird auf Tagungen der Ministerkonferenz und des Allgemeinen Rates mit einfacher Mehrheit nach dem Prinzip „one state, one vote" abgestimmt, sofern in einem spezifischem Abkommen nichts anderes vorgesehen ist. Die Europäischen Gemeinschaften verfügen, wenn sie nach Art. IX Abs. 1 WTOÜ ihr Stimmrecht ausüben, über die Anzahl der Stimmen die den Mitgliedstaaten entspricht, sofern diese gleichzeitig WTO-Mitglied sind.

Die Beschlußfassung nach dem Prinzip jedes Land eine Stimme kann darin problematisiert werden, daß, anders als bei Weltbank oder Währungsfonds, keine Gewichtung der Stimmen, beispielsweise nach Welthandelsanteilen, Beitragsquote o.ä., vorgenommen wird.[200] Dies ist jedoch positiv zu werten, weil es

---

[196] FAZ 16.7.1999, S. 13, wobei das Ringen um die Nachfolge schon sechs Monate vorher begann, Wirtschaftswoche 28/8.7.1999, S. 33.

[197] FAZ 16.7.1999, S. 13, SZ 21.7.1999, S. 21.

[198] FAZ 21.7.1999, S. 15; Wirtschaftswoche 28/8.7.1999, S. 33.

[199] Dabei wird, so erläutert es der Fußnotenverweis zu Art. IX Abs. 1 WTOÜ, eine Entscheidung als Konsens verstanden, „wenn kein auf der beschlußfassenden Tagung anwesendes Mitglied gegen den vorgeschlagenen Beschluß förmlich Einspruch erhebt."; auch im alten GATT wurden die Entscheidungen von den VERTRAGSPARTEIEN konsensual getroffen, dazu *H. F. Köck/P. Fischer*, Das Recht der Internationalen Organisationen, S. 463.

[200] *R. Blackhurst*, The Capacity of the WTO to Fulfill Its Mandate, S. 35; *R. H. Hasse,* Entwicklung und Aufgaben der WTO als Institution der Welthandelsordnung, S. 20.

auch kleinen, handelspolitisch unbedeutenden Ländern zu einer gewichtigen Stimme in der Welthandelsordnung verhilft. Die Entwicklungs- und Schwellenländer sind zahlenmäßig den handelsstarken Staaten USA und Japan und den Europäischen Gemeinschaften überlegen.[201] Daher wirkt das Konsens-Prinzip ausgleichend, wenn über Fragen der Substanz der WTO[202] entschieden wird; denn Vertragsänderungen bezüglich der grundsätzlichen Prinzipien der Welthandelsorganisation wie Meistbegünstigung oder Inländerbehandlung können nur mit Einstimmigkeit in der Ministerkonferenz durchgesetzt werden. Gegen Änderungen in diesen Kernbereichen hat jeder Staat ein Vetorecht.[203] Ausnahmen von dem Konsens-Prinzip sind in den folgenden Fällen vorgesehen, die durch besondere Abstimmungsvorschriften geregelt sind.

Die Ministerkonferenz und der Allgemeine Rat können mit Dreiviertelmehrheit Interpretationen zu dem WTO-Vertrag und den angeschlossenen multilateralen Verträgen als Legalinterpretation annehmen (Art. IX Abs. 2 WTOÜ). In Ausnahmesituationen werden WTO-Mitglieder mit einer Dreiviertelmehrheit in der Ministerkonferenz (Art. IX Abs. 3 WTOÜ) von ihren Pflichten befreit (Waivers). Schließlich ist unter bestimmten engen Voraussetzungen auch eine Abänderung des WTO-Vertragswerks möglich (Art. X WTOÜ). Die Ministerkonferenz entscheidet, ob die Vorschläge zur Vertragsänderung die Rechte und Pflichten der Mitglieder berühren oder nicht. Ändert ein Vorschlag die Rechte und Pflichten der Vertragspartner, so bedarf es einer Zweidrittelmehrheit auf Ministerebene und von den WTO-Mitgliedstaaten (Art. X Abs. 1 und Abs. 3 WTOÜ). Die Vertragsänderung verpflichtet, ebenso wie im GATT 1947, nur die zustimmenden Länder, jedoch kann „die Ministerkonferenz mit Dreiviertelmehrheit der Mitglieder beschließen, (...) daß es jedem Mitglied, das die Änderung (...) nicht angenommen hat, in jedem Einzelfall freisteht, aus der WTO auszutreten oder mit Zustimmung der Ministerkonferenz Mitglied zu bleiben“ (Art. X Abs. 3 WTOÜ).

---

[201] *R. H. Hasse*, Entwicklung und Aufgaben der WTO als Institution der Welthandelsordnung, S. 19 führt unter der Annahme, daß sich bis zum Jahr 2000 die Mitgliederzahl auf 155 erhöht, die folgende Verteilung an: Europa (incl. Mittel-, Ost-, Südeuropa) sind 36 Staaten, Nordamerika 2, Lateinamerika 26, Afrika 45, Asien (incl. GUS-Nachfolgestaaten) 41, Ozeanien 5. folgt man nun der Unterteilung von Hasse und unterscheidet innerhalb dieser Aufteilung nach Industriestaaten und wirtschaftlich schwachen Staaten, so stellt man fest, daß mit dem Ansteigen der Mitgleiderzahl in der WTO sich der Abstimmungsanteil zugunsten der wirtschaftsschwachen Länder verschiebt. 1947 zählten von 23 Mitgliedstaaten 10 zu den wirtschaftsschwachen Ländern (= 43,5 %), im Jahr 2000 bei geschätzten 155 Mitgliedstaaten erhöht sich die Zahl drastisch auf 116 (= 74,8 %).

[202] Beispielsweise Vertragsänderung, Meistbegünstigung, Gleichstellung von In- und Ausland.

[203] *R. Senti*, GATT, S. 303.

5. Rechtsfähigkeit der WTO

Die schon erwähnte Unsicherheit über die Einordnung und den Status des GATT 1947, ein rechtliches Provisorium ohne institutionelle Grundlage mit weltweit anerkannter Geltung als Welthandelsordnung, welches Benedek[204] mit „Dichotomie des GATT als völkerrechtlicher Vertrag und als internationale Organisation“ umschreibt, ist durch das WTO-Abkommen beendet worden. Das Ergebnis der Uruguay-Runde, zusammengefaßt in der Schlußakte, sieht in Art. I WTO-Übereinkommen die Errichtung der Welthandelsorganisation vor und bestimmt eine neue Rechtsordnung, deren wesentlicher Teil die institutionellen Vorschriften sind. Art. VIII Abs. 1 WTOÜ legt unmißverständlich klar, daß die Welthandelsorganisation im Gegensatz zum bisherigen GATT über einen eindeutigen Rechtsstatus verfügt. Die WTO ist eine Internationale Organisation im Sinne des Völkerrechts.[205] Art. VIII Abs. 1 WTOÜ lautet: „Die WTO besitzt Rechtspersönlichkeit; von jedem ihrer Mitglieder wird ihr die Rechtsfähigkeit eingeräumt, die zur Wahrnehmung ihrer Aufgaben erforderlich ist.“

Die mit der Rechtsfähigkeit verbunden Konsequenzen regeln die Absätze 2 bis 5 des Artikel VIII WTOÜ. Es sind Vorrechte und Immunitäten und in Absatz 5 ist der Abschluß eines Sitzabkommens geregelt. Das Übereinkommen zur Errichtung der Welthandelsorganisation legt Organe, Mitgliedschaft, Verfahren, Ziele und Aufgaben fest, die im folgenden näher beschrieben werden.

6. Internationale Stellung der WTO

a) Beziehung zu den Vereinten Nationen

Mit der Errichtung der Welthandelsorganisation entsteht nun der schon in Bretton Woods geplante dritte institutionelle Pfeiler der Weltwirtschaftsordnung,[206] aber die WTO wird diesen impliziten Ansprüchen nicht völlig gerecht. Wurde noch das GATT 1947 als „autonome Organisation“ innerhalb der UNO geführt, bewegt sich die WTO als globale Wirtschaftsorganisation außerhalb des rechtlichen Rahmens der Vereinten Nationen und stellt nicht wie Weltbank

---

[204] *W. Benedek*, Die Rechtsordnung des GATT aus völkerrechtlicher Sicht, S. 185.

[205] *I. Seidl-Hohenveldern*, Internationale Organisationen, Rdn. 0105, weist darauf hin, daß es sich ebenso wie beim GATT, auch bei der WTO um keine Sonderorgansation der UNO handelt, obwohl die WTO zur UNO-Familie gehört, Rdn. 0814b, wobei die Bindung an die Vereinten Nationen bisher offen ist, so *ders.*, Völkerrecht, Rdn. 801. Auch *K. Ipsen/U. Haltern*, RIW 9 (1994), S. 719.

[206] *O. Long*, Law and its limitations in the GATT multilateral trade system, S. 1; die Bretton Woods Institutionen IWF und Weltbank haben den Status von Sonderorganisationen der UNO, dazu *A. Verdross/B. Simma*, Universelles Völkerrecht. Theorie und Praxis, 3. Aufl. 1984, S. 323 ff, 328 ff.

oder Internationaler Währungsfonds eine Sonderorganisation der UNO dar.[207] Die UNO plante bereits seit den 70er Jahren eine „Neue Weltwirtschaftsordnung“ zu etablieren, deren Prinzipien nicht mit denen des GATT vergleichbar wären.[208] Die UNCTAD als Handelsorganisation der UNO hat ihre Tätigkeitsschwerpunkt weniger bei der Liberalisierung des Handels, sondern in der Entwicklungshilfe.[209] Begründet hat dies der Vorbereitungsausschuß für die WTO mit der Sorge des Verlusts an Effizienz, einer leichten Beeinflußbarkeit durch politische Resolutionen der Generalversammlung, sowie des größeren Drucks zur Berücksichtigung der Ziele und Tätigkeiten anderer Organisationen im UN-Bereich.[210] Wolfgang Benedek sieht in dem „Abseitsstehen“ aber auch den Verzicht der WTO auf die Möglichkeit, eigene Anliegen stärker in das System der UNO einzubringen. Nach seiner Meinung vergebe sich die Welthandelsorganisation damit die „Chance der Mitgestaltung, was sich in Zukunft noch als kurzsichtig herausstellen könnte.“[211]

Der Text des Übereinkommens zur Errichtung der Welthandelsorganisation trifft keine eindeutige Aussage über seine Stellung zu den Vereinten Nationen. Es sieht in Art. III Abs. 5 WTOÜ vor, daß die WTO organisatorische Verbindungen zur Weltbankgruppe und zum Währungsfonds knüpfen kann. Aber nur „gegebenenfalls“ wird sich die WTO „im Interesse einer kohärenten Gestaltung der weltweiten wirtschaftspolitischen Entscheidungen“ zur Zusammenarbeit entscheiden.[212] Art. V WTOÜ regelt allgemein die „Beziehungen zu anderen Organisationen“ und spricht in Absatz 1 nur davon, daß „der Allgemeine Rat geeigneten Vorkehrungen zur wirksamen Zusammenarbeit mit anderen zwischenstaatlichen Organisationen (trifft), deren Aufgaben mit denen der WTO im Zusammenhang stehen“. Damit bleibt offen, ob die WTO beispielsweise mit dem Wirtschafts- und Sozialrat der Vereinten Nationen ein Abkommen nach Art. 57 i.V.m. Art. 63 UN-Charta schließen muß oder sollte.

Während das Übereinkommen der WTO eine allgemeine rechtliche Grundlage für die Möglichkeit einer Zusammenarbeit mit internationalen Organisatio-

---

[207] *J. H. Jackson*, The World Trade Organization, S. 52.

[208] *Th. Oppermann*, RIW 11 (1995), S. 921.

[209] *R. Wolfrum*, Kommentierung zu Art. 55 (a,b), in: B. Simma (Hrsg.), Charta der Vereinten Nationen, Kommentar, Rdn. 28 f.

[210] *W. Benedek*, VN 1 (1995), S. 17.

[211] *W. Benedek*, VN 1 (1995), S. 19.

[212] *D. Thürer*, WTO-Teilordnung im System des Völker- und Europarechts, in: ders./St. Kux (Hrsg.), GATT 1994 und die Welthandelsorganisation, 1996, S. 47 f., ist der Ansicht, daß mit dieser Bestimmung „der Gedanke der Einheit der internationalen Wirtschaftsverfassung als Teil der Verfassungsordnung der internationalen Gemeinschaft als ganzer wieder deutlich hervorgehoben wird“. Dem kann nicht gefolgt werden; denn die zitierte Stelle, wie auch die im folgenden noch genannten Artikel drücken eine Zusammenarbeit nur vage aus. Eine Verpflichtung ist nicht ersichtlich.

nen darstellt, betonen die Minister in ihren Erklärungen im Teil III der Schlußakte die Wichtigkeit einer solchen Zusammenarbeit. Sie sehen es aufgrund der Verflechtungen zwischen den verschiedenen wirtschaftspolitischen Bereichen als erforderlich an, daß die Politik der internationalen Institutionen „konsequent" ist und „sich gegenseitig unterstützt" und fordern den Generaldirektor der WTO auf, zusammen mit der Weltbank und dem Internationalen Währungsfonds „eine Überprüfung der Auswirkungen der Zuständigkeiten der WTO auf ihre Zusammenarbeit mit den Bretton-Woods-Institutionen sowie die Form dieser Zusammenarbeit vorzunehmen, mit dem Ziel, eine größere Kohärenz in der globalen wirtschaftspolitischen Entwicklung zu erreichen."[213] Darüber hinaus bestätigen die Minister in einer gesonderten Erklärung, daß das enge Verhältnis zwischen dem Internationalen Währungsfonds und dem GATT 1947, vor allem durch Art. XV GATT 1947, auch unter der Welthandelsorganisation fortgesetzt werden sollte.[214] Bereits 1996 ist ein Abkommen zwischen der WTO und dem Internationalen Währungsfonds unterzeichnet worden, das die Bedeutung einer größeren Zusammenarbeit unterstreicht und die Möglichkeit für das WTO-Sekretariat eröffnet, an Sitzungen der beiden anderen Institutionen teilzunehmen, sofern handelsbezogene Fragen diskutiert werden.[215]

b) Beziehung zu den Nicht-Regierungsorganisationen

Das WTO-Übereinkommen enthält eine knappe Vorschrift, die die Beziehung zu den Nicht-Regierungsorganisationen regelt. Art. V Abs. 2 WTOÜ erklärt, daß der „Allgemeine Rat geeignete Vorkehrungen für Konsultationen und Zusammenarbeit" mit diesen Organisationen treffen „kann". Die Regelung bleibt in ihrer Formulierung unverbindlich.

Es existiert keine Definition des Begriffs der internationalen Nicht-Regierungsorganisationen, weder von den Vereinten Nationen, die in Art. 71 UN-Charta ihre Beziehung zu den NGOs regelt,[216] noch sonst im Völkerrecht. Mangels einer verbindlichen Begriffsbestimmung hat der Wirtschafts- und So-

---

[213] So Nr. 5 der „Erklärung zum Beitrag der Welthandelsorganistion zur Verwirklichung einer größeren Kohärenz der globalen wirtschaftspolitischen Entwicklung".

[214] „Die Vertragsparteien werden bestrebt sein, mit dem Internationalen Währungsfonds zusammenzuarbeiten, ...".

[215] WTO-Press 1996 Nr. 62; ausführlich zu der Beziehung zwischen WTO und den beiden anderen Bretton-Woods-Instiutionen bei *D. Vines*, The WTO in Relation to the Fund and the Bank: Competencies, Agendas, and Linkages, in: A. O. Krueger (Hrsg.), The WTO as an International Organization, 1998, S. 59 ff. und *G. P. Sampson*, Greater Coherence in Global Economic Policymaking: A WTO Perspective, in: A. O. Krueger (Hrsg.), The WTO as an International Organization, 1998, S. 257 ff.

[216] *R. Lagoni*, Kommentierung zu Art. 71, in: B. Simma (Hrsg.), Charta der Vereinten Nationen. Kommentar Rdn. 1 ff.

zialrat der Vereinten Nationen festgelegt, daß jede nicht durch zwischenstaatliche Übereinkommen errichtete internationale Organisation als nichtstaatlich gilt.[217] Ein weiterer Versuch, NGOs anhand inhaltlicher Kriterien festzulegen, wurde im Yearbook of International Organization 1999/2000 gemacht.[218]

Daß das WTO-Übereinkommen im Gegensatz zum Allgemeinen Zoll- und Handelsübereinkommen eine eigene Regelung über die Nicht-Regierungsorganisation enthält, „die sich mit Angelegenheiten befassen, die mit denen der WTO im Zusammenhang stehen", spricht für eine wachsende Bedeutung dieser internationalen privaten Organisationsform. Der Welthandel kann nicht mehr nur zwischen den Staatenvertretern betrachtet und beschlossen werden, zeigen beispielsweise die zahlreichen Proteste unterschiedlicher Interessengruppen vor allem zum Zeitpunkt der Ministerkonferenz in Seattle,[219] aber auch die Beachtung dieser internationalen gesellschaftlichen Organisationen durch die Welthandelsorganisation.

Der Allgemeine Rat der WTO gab am 23. Juli 1996 offizielle Leitlinien für die Zusammenarbeit mit den Nicht-Regierungsorganisationen die „Guidelines for Arrangements on Relations with Non-governmental Organizations", mit der folgenden Begründung heraus: „Members recognize the role NGOs can play to increase the awareness of the public in respect of WTO activities."[220] Punkt VI der Richtlinien betont jedoch deutlich die Grenzen der Zusammenarbeit zwischen WTO und NGOs; denn es ist für Nicht-Regierungsorganisationen gegenwärtig nicht möglich, aktiv an der Arbeit der WTO oder deren Zusammenkünfte mitzuwirken.

Trotzdem besteht seit 1996 die Möglichkeit, daß die NGOs an den Ministerkonferenzen teilnehmen, wie es zahlreich in Singapur 1996 und Genf 1998 angenommen wurde.[221] Daneben werden vom Sekretariat der WTO Symposien organisiert, die den NGOs eine Gelegenheit bieten, ihre Interessen den WTO-Mitgliedern zu präsentieren. Der ehemalige Generaldirektor Renato Ruggiero betont die Wichtigkeit der Zusammenarbeit: „We are making progress toward improving our information exchange and consultation with civil society. These measures are the first step in our enhanced co-operation and represent the start of an on-going collaboration with partner NGOs, which we fully expect will of-

---

[217] Die Kriterien sind private Körperschaft, nicht vorherrschender politischer oder finanzieller Einfluß des Staates, Internationalität, also Mitglieder in mindestens drei Ländern.

[218] Mitglieder, Finanzen, Ziele, Transnationalität.

[219] FAZ 16. Nov. 1999, S. 3; FAZ 2. Dez. 1999, S. 1, 2, 16; FAZ 3. Dez. 1999, S. 6; Die Zeit 9. Dez. 1999, S. 9, 23.

[220] WT/L/162.

[221] Auf der Ministerkonferenz in Singapur beteiligten sich 108, in Genf waren es schon 128 NGOs, dazu WTO Press Nr. 107, 17. Juli 1998.

fer important benefits for all parties concerned". Typischerweise handelt es sich dabei um Themenschwerpunkte wie Handel und Entwicklung, Handel und Umwelt oder Handel und Sozialstandards. Das Übereinkommen zum Streitschlichtungsverfahren sieht die Möglichkeit vor, ein Sachverständigengutachten von jeder Person oder Institution einzuholen. Hier ist es vorstellbar, daß beispielsweise in Umweltstreitigkeiten die NGOs eine unterstützende, beratende Funktion einnehmen.

IV. Inhalte des Welthandelsabkommens[222]

1. Funktion der WTO

Die Stärkung der institutionellen Strukturen, die der internationale Handelsbereich durch die Schaffung der Welthandelsorganisation erfahren hat, ist eine wichtige Grundvoraussetzung für die Ausweitung des Aufgabenbereichs, die der Welthandelsordnung durch die Uruguay-Runde zuteil wurde. Ein entscheidender Fortschritt für die Weltwirtschaft ist die Berücksichtigung des weltweit stark wachsenden Handels mit Dienstleistungen durch ein eigenes Rahmenabkommen, dem „Allgemeinen Übereinkommen über den Handel mit Dienstleistungen samt Anlagen" (GATS)[223]. Es werden Handel und Investitionen im Dienstleistungssektor berücksichtigt und die Voraussetzungen für zukünftige Verhandlungsrunden zur Öffnung von Dienstleistungsmärkten gelegt. Von großer Bedeutung für den Welthandel und die deutsche Wirtschaft ist der verbesserte Schutz von geistigem Eigentum.[224] Hier regelt das „Übereinkommen über handelsbezogene Rechte des geistigen Eigentums" (TRIPS[225]) den internationalen Handel mit immateriellen Gütern wie beispielsweise Patente, Urheberrechte und Warenzeichen.

---

[222] Nach *B. Jansen*, Die neue Welthandelsorganisation (Word Trade Organization – WTO), EuZW 11 (1994), S. 334 enthält das Abkommen zur Errichtung der Welthandelsorganisation keine materiellen Bestimmungen, sondern nur organisatorische Rahmenvorschriften. Dieser Betrachtungsweise kann hier nicht gefolgt werden, weil Aufgaben- und Zielfestlegung über eine rein organisatorische Aufbaubeschreibung hinausgehen.

[223] Näher dargestellt in V. Allgemeines Übereinkommen über den Handel mit Dienstleistungen, „GATS".

[224] O.V. EuZW 3 (1994), S. 88.

[225] Das „Agreement on Trade-Related Aspects of Intellectual Property Rights" wird hier nicht dargestellt. Näheres bei: *A. Staehelin*, Das TRIPs-Abkommen. Immaterialgüterrechte im Licht der globalisierten Handelspolitik, 1997; *F. Kretschmer*, Sicherung eines weltweiten Mindeststandard für geistiges Eigentum durch die WTO (TRIPS), in: Forschungsinstitut für Wirtschaftsverfassung und Wettbewerb (Hrsg.), Die Bedeutung der WTO für die europäische Wirtschaft, 1997, S. 49 ff.; kurzer Überblick bei: *Th. Oppermann/M. Beise*, EA 15/16 (1991), S. 456 f.; *R. Senti*, Ordo 45 (1994), S. 309 ff.

a) Präambel der WTO

Im allgemeinen legt eine Präambel Ziele für ein Gesetz oder Übereinkommen fest. Sie enthält zusammengefaßt die Intention des Gesetzgebers, legt den gemeinsamen Willen offen und drückt die Hoffnung aus,[226] die mit und durch dieses Gesetz bzw. durch das Übereinkommen erfüllt werden soll.[227] Die Präambel gibt damit eine Orientierung für die Interpretation und Auslegung der nachfolgenden Vorschriften, sie hat rechtlichen Gehalt.[228]

Inhaltlich knüpft die Präambel der WTO eng an die Zielsetzung des GATT an. Es wird erklärt, „... in der Erkenntnis, daß ihre Handels- und Wirtschaftsbeziehungen auf die Erhöhung des Lebensstandards, auf die Sicherung der Vollbeschäftigung und eines hohen und ständig steigenden Umfangs des Realeinkommens ... gerichtet sind...“.

Das Welthandelsabkommen fordert darüber hinaus gleichzeitig die „optimale Nutzung der Hilfsquellen der Welt“, die unter dem Ziel einer „nachhaltigen Entwicklung“[229] und dem „Schutz der Umwelt“ stehen, die dazu notwendigen Mittel zu mehren und auf den „jeweiligen wirtschaftlichen Entwicklungsstand“ der einzelnen Volkswirtschaften[230] Rücksicht zu nehmen. Die Präambel der WTO läßt die im GATT 1947 formulierte Zielsetzung der „vollen Erschließung der Hilfsquellen der Welt“ fallen. Mit dieser Ausrichtung der Welthandelsordnung werden erstmals Ziele beachtet und verfolgt, die nur mittelbar mit dem Handel in Verbindung stehen. Umweltschutz und maßvolle Entwicklung werden zu handelspolitischen Themen erhoben. Besondere Berücksichtigung finden die

---

[226] In der Präambel der WTO fand im 3. Absatz der Begriff „in dem Wunsch“ („being desirous“) Verwendung.

[227] In diesem Sinne für die Präambel des Grundgesetzes: *Ch. Starck*, Präambel, in: H. v. Mangoldt/F. Klein/Ch. Starck (Hrsg.), Das Bonner Grundgesetz, Bd. 1, 3. Aufl. 1985, S. 10; *I. v. Münch*, Präambel, in: ders./P. Kunig (Hrsg.), Grundgesetz-Kommentar, 4. Aufl. 1992, Rdn. 2.

[228] Nach Art. 31 Abs. 2 WVK ist die Päambel Teil des Vertrags und als solcher auszulegen; in diesem Sinn allgemein auch *I. v. Münch*, Präambel, in: ders./P. Kunig (Hrsg.), Grundgesetz-Kommentar, Rdn. 2; ebenso *W. Matz*, JöR n. F. Bd. 1 (1951), S. 41 mit Hinweis auf Carlo Schmid: „Die Präambel ist mehr als ein pathetischer Vorspruch, sie enthält rechtlich erhebliche Feststellungen, Bewertungen, Rechtsverwahrungen und Ansprüche zugleich.“ zitiert aus Stenographischer Bericht, Plenum 9. Sitzung v. 6.9.1945.

[229] Im englischen „sustainable development“ findet in der im BGBl. II Nr. 40, S. 1625 verwendeten Übersetzung als „nachhaltige Entwicklung“ nur eine unzureichende Entsprechung. „Sustainable“ wörtlich bedeutet „erträglich“. Eine „nachhaltige Entwicklung“ bringt jedoch eine (bedingungslose) Priorität des Wirtschaftswachstums deutlicher zum Ausdruck, als es das Wort „erträglich“ aussagen kann.

[230] *R. Senti*, Ordo 45 (1994), S. 305.

„Entwicklungsländer, insbesondere die am wenigsten entwickelten unter ihnen (...)“[231], die sich einen Anteil am Welthandelswachstum sichern sollen.

Im folgenden dritten Absatz wird die Intention des Übereinkommens formuliert und die GATT-Prinzipien auch für die WTO festgelegt. Es soll „(...) auf der Grundlage der Gegenseitigkeit zum gemeinsamen Nutzen auf einen wesentlichen Abbau der Zölle und anderer Handelsschranken sowie auf die Beseitigung der Diskriminierung in den internationalen Handelsbeziehungen abzielen“.

Das multilaterale Einheitsabkommen wird im vierten Absatz der Präambel erstmals erwähnt. Die zu schaffende Welthandelsordnung soll ein „integriertes, funktionsfähigeres und dauerhafteres multilaterales Handelssystem“[232] sein, daß das Allgemeine Zoll- und Handelsabkommen, die Ergebnisse früherer Handelsliberalisierungen und die multilateralen Handelsverhandlungen der Uruguay-Runde umfaßt.

Analysiert man die WTO-Präambel, so verbindet sich das eigentliches Ziel dieses Abkommens, nämlich die Handels- und Wirtschaftsbeziehungen zur Steigerung des (jeweils eigenen) wirtschaftlichen Wachstums zu nutzen mit dem Anspruch, die sozialen und umweltpolitischen Gegebenheiten zu berücksichtigen. Diese Erkenntnis legt klar, daß das wirtschaftliche Wachstum allein, wie es sich durch weltweiten Freihandel ohne Reglementierung, nur mittels des freien Wettbewerbs am Markt, nicht ausreicht, um das Gemeinwohl der Welt, der Vertragsparteien der WTO, letztlich also das gute Leben eines jeden einzelnen Menschen, hervorzubringen. Die Welthandelsorganisation erhält mit dieser Aufgabe eine zwischenstaatliche Verantwortung, die durch die Zustimmung aller Mitgliedstaaten getragen ist.[233] Die Präambel kann als zaghafter Versuch gewertet werden, die Einflußgrößen schlagwortartig zu benennen, deren Zusammenspiel die Grundlage für eine freiheitliche, aber gerechte Weltwirtschaft bildet. Um diesem hohen Anspruch von den in der Präambel gesetzten Zielen gerecht zu werden, wird die tatsächliche Neuordnung noch mehrere Verhandlungsrunden, Jahre, vielleicht Jahrzehnte in Anspruch nehmen und über die ursprüngliche Intention einer Ordnung für den Welthandel hinauswachsen.

---

[231] Präambel der WTO, 2. Absatz.

[232] Die Steigerungsformen (im engl.: „more viable and durable multilateral trading system“) kann als die in weiten Bereichen und oft geäußerte Unzufriedenheit des „alten“ GATT gesehen werden; zur Kritik am GATT 1947 bei *W. Benedek*, Die Rechtsordnung des GATT aus völkerrechtlicher Sicht, passim.

[233] Auch ähnlich: *St. Langer*, Grundlagen einer internationalen Wirtschaftsverfassung: Strukturprinzipien, Typik und Perspektiven anhand von Europäischer Union und Welthandelsordnung, 1995, S. 43.

b) Aufgaben der WTO

Nicht weniger anspruchsvoll als die Zielsetzungen in der Präambel ist der Aufgabenbereich der Organisation formuliert. Art. II WTOÜ, überschrieben als „Aufgaben der WTO", wird auch in der Literatur häufig als „Funktion" dargestellt[234], was durch den englischen Originaltext begründet sein kann.[235]

Die vordergründigste und auch wichtigste Aufgabe liegt darin, die verschiedenen multilateralen und plurilateralen Abkommen der Uruguay-Runde mit einer gemeinsamen organisatorischen Struktur zu umfassen. Es soll, so bestimmt es Art. III Abs. 1 WTOÜ die Durchsetzung und Funktionsweise aller verhandelten Übereinkommen erleichtert werden. Untrennbar damit verbunden ist Artikel II Abs. 1 WTOÜ, überschrieben als „Wirkungsbereich der WTO". Hier wird die einheitliche Zuständigkeit der WTO begründet, indem die Welthandelsordnung den gemeinsamen institutionellen Rahmen für die Handelsbeziehungen der Mitgliedstaaten darstellen soll. Dies stellt eine wichtige Voraussetzung für die in Art. III WTOÜ formulierten Aufgaben dar.

Art. III Abs. 2 WTOÜ regelt, daß die WTO als Verhandlungsforum zwischen ihren Mitgliedern in den in der Uruguay-Runde vereinbarten Handelsbereichen dient. Auf der Grundlage eines Beschlusses der Ministerkonferenz der WTO können im Rahmen der Organisation auch weitergehende, über den Sachbereich der bisherigen Regelungen hinausreichende Themen verhandelt und die entsprechenden Ergebnisse umgesetzt werden.[236]

Ferner ist die Notwendigkeit einer einheitlichen Verwaltung der Streitbeilegung und der Überprüfung der Handelspolitiken in Art. III Abs. 3 und 4 WTOÜ festgehalten worden. Schließlich obliegt der WTO „im Interesse einer kohärenten Gestaltung"[237] die Zusammenarbeit mit dem Internationalen Währungsfonds und der Internationalen Bank für Wiederaufbau und Entwicklung.

Zusammenfassend lassen sich die Aufgaben der neu entstandenen Organisation in der Verantwortung formulieren, daß entsprechend den Verhandlungsergebnissen der Welthandel frei, ohne Störung und damit auch transparent und vorhersehbar für die Wirtschaftsteilnehmer zu lenken ist. Erleichtert wird dies auch dadurch, daß die Grundprinzipien des GATT 1947 nun für das gesamte multilaterale Regelwerk der WTO gelten.

---

[234] So *P. T. Stoll*, ZaöRV 54 (1994), S. 258, auch *K. Ipsen/U. Haltern*, RIW 9 (1994), S. 719.

[235] Article III „Functions of the WTO" aus: BGBl. II 1994, S. 1442 ff.

[236] *P. T. Stoll*, ZaöRV 54 (1994), S. 258 bezeichnet diese Regelung als „Öffnungsklausel".

[237] Wörtlich so Art. III Abs. 5 WTOÜ.

2. GATT 1994

Art. II Abs. 4 WTOÜ führt eine verbale Unterscheidung zwischen dem „Allgemeinen Zoll- und Handelsübereinkommen von 1994 (im folgenden als „GATT 1994" bezeichnet)" und dem „Allgemeinen Zoll- und Handelsabkommen vom 30. Oktober 1947 (im folgenden als „GATT 1947" bezeichnet)" ein und legt fest, daß sich GATT 1994 rechtlich von GATT 1947 unterscheidet. Staaten, die das Übereinkommen zur Errichtung der WTO einschließlich der Anhänge angenommen haben, ohne sich gleichzeitig vom GATT 1947 zurückzuziehen, wenden demzufolge parallel zwei verschiedene Rechtskörper an.[238] Jedoch bestimmt Art. XVI Abs. 3, daß bei einer Normenkollision zwischen den verschiedenen Bestimmungen die des WTO-Übereinkommens vorgehen. Von Mitgliedern beider GATT-Abkommen können Erklärungen abgegeben werden, daß das GATT 1947 nicht mehr zur Anwendung kommen soll.[239] Dies ist durch die USA und die Europäische Gemeinschaft, die eigentlich das GATT 1947 nicht unterzeichnet hatte, geschehen.[240]

Die Bestandteile des GATT 1994 sind im Welthandelsübereinkommen Anhang 1a „Multilaterale Handelsübereinkünfte" aufgeführt. Zum neuen GATT gehören zunächst die Bestimmungen des Allgemeinen Zoll- und Handelsabkommens vom 30. Oktober 1947 mit allen seinen vor dem WTO-Übereinkommen in Kraft getretenen Änderungen, weiterhin alle sonstigen rechtlichen Regelungen, die im gleichen Zeitraum in Kraft getreten sind und zwar Protokolle und Zertifikate im Hinblick auf Zollzugeständnisse, die Beitrittsprotokolle sowie die unter Art. XXV des GATT 1947 gewährten „Waivers", die zum Zeitpunkt des Inkrafttretens noch Gültigkeit besaßen, und die sechs Interpretationserklärungen zu einzelnen GATT-Artikeln[241] sowie das Marrakesch-Protokoll zum GATT 1994.

Das Marrakesch-Protokoll führt die Zollzugeständnisse der Uruguay-Runde zusammen, die diesem Protokoll als Anlage beigefügt sind. Die Haupthandelspartner haben beschlossen, Zollschranken für neun Industriebereiche komplett zu streichen. Darunter sind die Sektoren Papier, Stahl, pharmazeutische Artikel, Spielzeug und diverse alkoholische Getränke. Darüber hinaus wurde eine Harmonisierung der Zölle für Chemikalien und Plastik erreicht. Zollsenkungen

---

[238] *K. Ipsen/U. Haltern*, RIW, 9 (1994), S. 719.

[239] *K. Ipsen/U. Haltern*, RIW, 9 (1994), S. 719.

[240] GATT-Focus, Nr. 107, S. 12.

[241] Die Interpretationserklärungen („Understandings on the Interpretation") betreffen die Einbeziehung von nichttarifären Handelshemmnissen in den Zugeständnislisten (Art. II Abs. 1 lit. b), Staatsunternehmen (Art. XVII), Importbeschränkungen aus Zahlungsbilanzgründen (Art. XII, XVIII Abschnitt B), Freihandelszonen und Zollunionen (Art. XXIV), Waiver (Art. XXV) und die Abänderung von Zugeständnissen (Art. XXVIII).

werden nach Nr. 2 des Marrakesch-Protokolls in fünf gleichen Raten vorgenommen, sofern keine speziellen Bestimmungen vorgesehen sind.

Materiell unterscheidet sich das GATT 1994 von GATT 1947 vor allem in folgenden Bereichen: Die Kodizes, die zur Tokio-Runde ausgehandelt und in der Uruguay-Runde ergänzt und erweitert wurden, sind größtenteils ein integraler Bestandteil des GATT 1994 und damit verpflichtend für alle Mitgliedstaaten.[242] Es sind insgesamt zwölf detaillierte Übereinkommen über den Warenhandel, die Teil des Anhang 1 A „Multilaterale Handelsübereinkünfte“ sind.[243] So ist beispielsweise der internationale Agrarhandel neu definiert und damit in das GATT reintegriert,[244] oder der weltweite Textilhandel durch die Uruguay-Runde in eine GATT-konforme Marktordnung zurückgeführt worden, indem bilaterale Selbstbeschränkungsabkommen und Quotenregelungen auslaufen sollen.

Die aus dem GATT 1947 bekannten Ordnungsprinzipien wurden vom GATT 1994 übernommen und sind im folgenden kurz dargestellt.

3. Prinzipien der WTO

Eine Rechtsordnung, die weitestgehend auf der freiwilligen Einhaltung festgelegter Regeln und Normen beruht, ist in besonderem Maße auf einen Konsens in der Ausgestaltung der Ziele und Vorschriften angewiesen.[245] Dies gilt für die Welthandelsordnung ebenso wie für das GATT 1947, das noch weniger verrechtlicht war. Die Übereinstimmung der Vertragsparteien über die grundsätzlichen Elemente der internationalen Handelspolitik, welche wiederum Rückwirkung auf die Wirtschaftspolitik der Mitgliedstaaten hat,[246] kommt in der Präambel, die die unterschiedlichen Ziele, Wünsche und Interessen der Vertragspar-

---

[242] Ausführlich: *P. T. Stoll*, ZaöRV 54 (1994), S. 264 ff.

[243] Im einzelnen sind diese wie folgt überschrieben: Übereinkommen über Landwirtschaft, Gesundheits- und Pflanzengesundheitsmaßnahmen (gemäß Amtsblatt der EG: Anwendung gesundheitspolizeilicher und pflanzenschutzrechtlicher Maßnahmen), Textilien und Bekleidung, technische Handelshemmnisse, handelsbezogene Investitionsmaßnahmen, Durchführung des Artikels VI des Allgemeinen Zoll- und Handelsabkommens von 1994, Durchführung des Artikels VII des Allgemeinen Zoll- und Handelsabkommens von 1994, Kontrolle vor dem Versand (gemäß Amtsblatt der EG: Vorversandkontrolle), Ursprungsregeln, Einfuhrlizenzverfahren, Subventionen und Ausgleichsverfahren, Schutzmaßnahmen.

[244] Ausführlich: *P. T. Stoll*, ZaöRV 54 (1994), S. 283 ff.

[245] *W. Benedek*, Die Rechtsordnung des GATT aus völkerrechtlicher Sicht, S. 91 ff., 271 f., 306 f., geht von einer verfassungsähnlichen Funktion des GATT für den Welthandel aus.

[246] Nach Art. XVI Abs. 4 WTOÜ hat jedes Mitglied sicherzustellen, daß die eigenen (nationalen) Gesetze mit dem Übereinkommen in Einklang stehen.

teien aufführt, ebenso zum Ausdruck wie durch die im GATT festgelegten Prinzipien. Ziel der Welthandelsprinzipien ist es, zur Öffnung des Welthandels und zur Gewährleistung der Chancengleichheit der Handelspartner beizutragen.[247]

In der Literatur hat sich eine einheitliche Darstellung der Rechtsgrundsätze des GATT, die die WTO im wesentlichen übernommen hat, nicht durchgesetzt. Wolfgang Benedek sieht dies als eine Folge der mangelnden Abgrenzung der Begrifflichkeit von Grundsätzen und Prinzipien.[248] Ernst-Ulrich Petersmann unterscheidet fünf rechtliche und ökonomische Grundprinzipien. Er nennt den nichtdiskriminierenden Marktzugang, die Verhältnismäßigkeit, den möglichst unverfälschten Wettbewerb, die Nicht-Reziprozität und Präferenzbehandlung weniger entwickelter GATT-Mitgliedstaaten sowie die nationale Wirtschaftssouveränität.[249] Ali S. Yüksel beispielsweise ordnet die Meistbegünstigung und die Inländergleichbehandlung unter die Nichtdiskriminierung und sieht diese als zwei Ausprägungen derselben.[250] Richard Senti sieht überhaupt nur zwei Hauptelemente des GATT, das Prinzip der Meistbegünstigung und das Prinzip der möglichst offenen Märkte.[251] Wolfgang Benedek differenziert nach sieben in der Rechtsordnung des GATT enthaltenen Grundsätzen: Die Nichtdiskriminierung, die Gegenseitigkeit, die Solidarität (Berücksichtigung der besonderen Bedürfnisse der Entwicklungsländer), das Gleichgewicht der Rechte und Verpflichtungen, die staatliche Verantwortung für Schäden aus rechtmäßigem wirtschaftlichen Handeln, den fairen Handel und die friedliche Streitbeilegung.[252]

Unabhängig davon, welche Darstellungssystematik verfolgt wird oder welche „die Richtige“ ist, ist festzuhalten, daß sich mit der Unterzeichnung des Welthandelsübereinkommens die Signaturstaaten verpflichten, sich am Leitbild eines marktwirtschaftlich geordneten, freien Welthandels zu orientieren und Freihandelspostulate (Gegenseitigkeit, Liberalisierung, Nichtdiskriminierung) zu beachten. Allerdings bleibt den Mitgliedern das Recht unbestritten, eine autonom konzipierte, primär nationalen Interessen und binnenwirtschaftlichen Zielen dienende Wirtschaftspolitik aus innenpolitischen Gründen (z.B. Beschäftigungspolitik) zu betreiben.[253]

---

[247] *W. Graf Vitzthum*, Raum, Umwelt und Wirtschaft im Völkerrecht, in: ders. (Hrsg.), Völkerrecht, 1997, S. 506.

[248] Die Rechtsordnung des GATT aus völkerrechtlicher Sicht, S. 51, zur Abgrenzung von Grundsätzen und Prinzipien: *ders.* Die Rechtsordnung des GATT aus völkerrechtlicher Sicht, S. 49 ff. und die dort angegebene Literatur.

[249] *E.-U. Petersmann*, Handelspolitik als Verfassungsproblem, Ordo 39 (1988), S. 243 ff.

[250] *A. S. Yüksel*, GATT-WTO-Welthandelssystem, S. 34 ff.

[251] *R. Senti*, GATT, S. 99.

[252] Die Rechtsordnung des GATT aus völkerrechtlicher Sicht, S. 51 ff.

[253] *Th. Straubhaar*, Welthandelsordnung und internationales Wettbewerbsfähigkeit, in: D. Fritz-Assmus/E. Tuchfeldt (Hrsg), Die Ordnung des Welthandels, 1997, S. 181.

a) Grundsatz der Nichtdiskriminierung

Ziel des WTO-Übereinkommens ist ein „wesentlicher Abbau der Zölle und anderer Handelsschranken sowie die Beseitigung der Diskriminierung in den internationalen Handelsbeziehungen".[254] Nichtdiskriminierung stellt für die Welthandelsorganisation ebenso wie für das Allgemeinen Zoll- und Handelsabkommens einen Grundpfeiler des Handelssystems dar.[255] Der Grundsatz der Nichtdiskriminierung materialisiert sich in den beiden Prinzipien der Meistbegünstigung des Art. I Abs. 1 GATT und der Inländerbehandlung des Art. III Abs. 1 GATT.[256]

aa) Das Prinzip der Meistbegünstigung

Art. I GATT, Art. II GATS und Art. 4 TRIPS formulieren die Meistbegünstigung mit fast identischem Wortlaut. Der Grundsatz verpflichtet die Mitgliedstaaten, die dem meistbegünstigten Land[257] (unabhängig von dessen WTO-Mitgliedschaft) eingeräumten Handelsvorteile sofort und uneingeschränkt auch allen anderen Vertragsstaaten zu gewährleisten. „Favour one, favour all" lautet die knappe Beschreibung.[258] Das GATT formuliert die Meistbegünstigung unbedingt.[259] Das bedeutet, daß der begünstigte Staat nicht zu gleichbegünstigendem Verhalten verpflichtet ist. Die Weitergabe von Vorteilen ist also nicht an Gegenleistungen geknüpft.[260]

„(...) alle Vorteile, Vergünstigungen, Vorrechte oder Befreiungen, die eine Vertragspartei für eine Ware gewährt, welche aus einem anderen Land stammt oder für dieses bestimmt ist, (werden) unverzüglich und bedingungslos für alle gleichartigen Waren

---

[254] Absatz 3 der Päambel.

[255] *J. Tumlir*, GATT Rules and Community Law – A Comparison of Economic and Legal Functions, in: M. Hilf/F. Jacobs/E.U. Petersmann (Hrsg): The European Community and GATT, 1986, S. 3, 7: „unconditional MFN treatment of the trade of all members is the keystone of the whole multilateral arrangement"; *W. Benedek*, Rechtsordnung des GATT aus völkerrechtlicher Sicht, S. 53.

[256] *J. H. Jackson*, The World Trading System, S. 132 ff, 189 ff.; *H. Hauser/K. U. Schanz*, Das neue GATT, S. 10 ff.; *A. v. Bogdandy*, RIW 1 (1991), S. 56 f.; *W. Benedek*, Die Rechtsordnung des GATT aus völkerrechtlicher Sicht, S. 53, der die Nichtdiskriminierung als das zentrale Strukturprinzip des GATT darstellt.

[257] Der sogenannten „most favoured nation", daher auch die Bezeichnung most-favoured-nation clause, abgekürzt: MFN.

[258] So das Zitat der WTO-Homepage www.wto.org/wto/about.

[259] *J. H. Jackson*, The World Trading System, S. 137; *R. Senti*, GATT, S. 106; *F. K. Liebich*, Das GATT als Zentrum der internationalen Handelspolitik, S. 20.

[260] *M. Brößkamp*, Meistbegünstigung und Gegenseitigkeit im GATT, 1989, S. 25, 59; *W. Benedek*, Rechtsordnung des GATT aus völkerrechtlicher Sicht, S. 447 f.; *J. H. Jackson*, The World Trading System, S. 133 ff.

gewährt, die aus den Gebieten der anderen Vertragspartei stammen oder für diese bestimmt sind." (Art. I GATT 1947/GATT 1994).

Diskriminierung verschiedener ausländischer Staaten bezüglich der Anwendung von Zöllen und sonstigen Maßnahmen zwischen vergleichbaren Produkten ist also verboten. Demnach gelten Präferenzen zugunsten ausländischer Waren aus einem bestimmten Land auch für Importe gleichartiger Produkte aus anderen Ländern. Das Prinzip der Meistbegünstigung richtet sich auf „gleichartige Produkte"[261], „gleichartige Handelsgüter"[262] und „gleichartige oder unmittelbar konkurrierende Produkte"[263]. Von besonderer Bedeutung ist dabei die Interpretation des Merkmals „gleichartig". Dieses Kriterium wird vom GATT nicht näher bestimmt und ist von Fall zu Fall zu lösen. Jedoch ist zu betonen, daß durch eine genügende Spezifizierung von Merkmalen die Vergünstigung auf Grund einer bilateralen Vereinbarung de facto auf den jeweiligen Vertragsstaat beschränkt werden kann.[264]

Bilateral ausgehandelte Handelserleichterungen kommen aufgrund der Meistbegünstigung auch allen anderen Mitgliedstaaten zugute, sie werden durch dieses Prinzip weiterverbreitet und multilateralisiert, wodurch gleichzeitig der Zollabbau beschleunigt wird.[265] Materialisiert wird die Verpflichtung zur Meistbegünstigung in Art. II Abs. 1 GATT, der die Zollzugeständnisse regelt. In gesonderten Listen wird in Abhängigkeit von Produkten aufgeführt, welche Zugeständnisse ein Mitgliedstaat einem anderen macht. Eine einseitige Änderung der Listen ist grundsätzlich verboten, dies ist nur durch Aufhebung der zugrundeliegenden gesetzlichen Bestimmungen oder des Vertrages möglich.

Die Vorteile des Meistbegünstigungsgrundsatzes liegen, betrachtet man das System als Ganzen, auf der Hand: für alle Staaten auf dem internationalen Weltmarkt werden gleiche Wettbewerbsbedingungen gewährleistet und somit eine Gleichstellung im Hinblick auf die zollpolitischen Bedingungen des Wettbewerbs zwischen den Lieferländern erreicht.[266] Die Unternehmen der Mitgliedstaaten können auf der Grundlage der Sicherheit und Chancengleichheit (zumindest in diesem Bereich) internationalen Handel betreiben, der marktwirtschaftliche Wettbewerb wird gefördert und der Export wird besser kalkulierbar,

---

[261] „Like products" beispeilsweile in: Art. I Abs. 1, Art. II Abs. 2a, Art. III Abs. 2 und Abs. IV, Art. VI Abs. 1 lit. a und b GATT.

[262] „Like commodities", „like merchandises" Art. VI Abs. 7, Art. VII Abs. 2 GATT.

[263] „Like or competitive products" Art. XIX Abs. 1 GATT.

[264] *J. H. Jackson*, World Trade and the Law of GATT, S. 138, 259 ff.; *R. Senti*, GATT, S. 109.

[265] *O. Long*, Law and its limitations in the GATT multilateral trade system, S. 23; *W. Benedek*, Rechtsordnung des GATT aus völkerrechtlicher Sicht, S. 241; *R. Senti*, GATT, S. 57 f.

[266] *W. Graf Vitzthum*, Raum, Umwelt und Wirtschaft im Völkerrecht, S. 506.

weil unvorhersehbare Änderungen nicht mehr eintreten.[267] Der Handel zwischen den Vertragsparteien erfolgt zumindest an der Staatsgrenze des im-/exportierenden WTO-Mitgliedstaats unter gleichen Verhältnissen. Die Mitgliedstaaten werden einheitlich begünstigt, unabhängig von ihrer Größe, dem politischen und wirtschaftlichen Gewicht.[268]

Aus staatlicher Sichtweise ist jedoch zu bedenken, daß der Meistbegünstigungsgrundsatz den Staaten die Möglichkeit nimmt, über die Zollpolitik Einfluß auf die Herkunft von Produkten zu nehmen oder Importkonkurrenz einzelner Länder zugunsten heimischer Unternehmen abzuschirmen. Die Meistbegünstigung wird damit zu einer entscheidenden Voraussetzung der Globalisierung. Problematisch ist die Gewährung der unbedingten Meistbegünstigung bei protektionistisch eingestellten Ländern. Sie können als Trittbrettfahrer in den Genuß der Vorteile kommen, ohne gleichzeitig ihrerseits bestimmte Konzessionen gewähren zu müssen.[269]

Der Vertragstext des GATT enthält auch zahlreiche Ausnahmen, wodurch die unbedingte Meistbegünstigung eingeschränkt wird.[270] Schutzklauseln und Ausnahmeregelungen berechtigen zur selektiven Weitergabe von Handelspräferenzen.[271] Art. XXIV GATT enthält für regionale Integrationen eine Ausnahme vom Prinzip der Meistbegünstigung. Darin wird die Gefahr eines Zerfalls der multilateralen Ordnung in regionale Blöcke gesehen mit der Folge einer Zergliederung der Weltwirtschaft in die Triade Europa, USA und Japan.[272]

bb) Das Prinzip der Inländerbehandlung

Art. III GATT, das Inländerprinzip, ergänzt und erweitert das Prinzip der Meistbegünstigung, welches nur auf Zölle und andere Ein-/Ausfuhrbeschränkungen, also den Grenzübertritt, bezogen ist.[273] Um nicht nach der Ein-

---

[267] *A. S. Yüksel*, GATT-WTO-Welthandelssystem, S. 46.

[268] *J. Tumlir*, GATT Rules and Community Law, S. 9.

[269] Zu denken ist an die VR China, die von USA Meistbegünstigung erhält, ohne den eigenen Markt international zu öffnen. Zur Problematik der WTO-Mitgliedschaft Chinas: B II 4. Nicht-Mitglieder; allgemein dazu: *Ch. Weber*, Marktzugang von Auslandsbanken. Unter Berücksichtigung der neuen Regeln des GATS, 1996, S. 175 f.

[270] Ausführlich zu den Ausnahmen: *J. H. Jackson*, The World Trading System, S. 139 f.

[271] Zur Systematik der Ausnahmen ausführlich *M. Bröẞkamp*, Meistbegünstigung und Gegenseitigkeit im GATT, S. 59 ff.; *J. H. Jackson*, The World Trading System, S. 42 f.; *O. Long*, Law and its limitations in the GATT multilateral trade system, S. 13 ff.; *R. Senti*, GATT, S. 111 ff.

[272] *H. Siebert*, Weltwirtschaft, 1997, S. 205 f.

[273] *W. Graf Vitzthum*, Raum, Umwelt und Wirtschaft im Völkerrecht, S. 507; *A. S. Yüksel*, GATT-WTO-Welthandelssystem, S. 57.

führung in ein Land die Wirkungen der Meistbegünstigung zu umgehen und Protektionismus der heimischen Produkte auf dem Binnenmarkt mittels nichttarifärer Maßnahmen wie Steuern durchzusetzen, unterliegen die Mitgliedstaaten der Verpflichtung, ausländische Produkte mit einheimischen Produkten gleich zu behandeln.[274] Ausländische Waren dürfen weder im Hinblick auf Steuern und Abgaben (Absatz 2) noch durch die Kommerzialisierung (Absatz 3) oder in bezug auf Mengenvorschriften über Mischung, Veredelung und Verwendung von Waren (Absatz 5 u. 7) schlechter gestellt werden als vergleichbare inländische Produkte. Das Inländerprinzip gilt nicht für den Bereich des öffentlichen Beschaffungswesens (Art. III Nr. 8 lit. a GATT). Ebenfalls ausgeschlossen sind Subventionen, die aus den Erträgen innerer Abgaben oder sonstiger Belastungen stammen und im Einklang mit den Bestimmungen des GATT 1994 erhoben werden, sowie Investitionen in Form staatlicher Käufe inländischer Produkte (Art. III Nr. 8 lit. b GATT).

b) Grundsatz der Gegenseitigkeit

Reziprozität ist wie für völkerrechtliche Verträge im allgemeinen, auch für die Welthandelsorganisation ein zentrales Prinzip.[275] Das System der WTO basiert auf dem von den Vertragsparteien formulierten und in Absatz 3 der Präambel festgehaltenem Wunsch, „zur Verwirklichung dieser Ziele durch den Abschluß von Übereinkünften beizutragen, die auf der Grundlage der Gegenseitigkeit und zum gemeinsamen Nutzen auf einen wesentlichen Abbau der Zölle und anderer Handelsschranken ... abzielen". Demnach besagt der Reziprozitätsgrundsatz nur, daß die Übereinkünfte in Gegenseitigkeit und zum gemeinsamen Nutzen zu schließen sind. Dieses Prinzip bleibt also auf die Verhandlungsführung beschränkt.[276]

Es erscheint problematisch, das Gegenseitigkeitsprinzip auf die selbe Stufe mit der Meistbegünstigung zu stellen. Die Meistbegünstigung ist, wie oben ausgeführt und in Art. I GATT festgelegt, für alle Mitgliedstaaten rechtlich verbindlich. Der Reziprozitätsgrundsatz findet im GATT-Text keine solche Entsprechung, er ist nicht als eigenständiges Prinzip normiert. Er wird beispielsweise in Art. XXVIII Abs. 2 und Art. XXVIII*bis* GATT erwähnt, aber bezieht sich auch hier nur auf die Art und Weise der zu führenden Zollverhandlun-

---

[274] *J. H. Jackson*, The World Trading System, S. 189.

[275] *A. Verdross/B. Simma*, Universelles Völkerrecht, S. 48; *W. Graf Vitzthum*, Raum, Umwelt und Wirtschaft im Völkerrecht, S. 507; *R. Senti*, Ordo 45 (1994), S. 306; *W. Benedek*, Rechtsordnung des GATT aus völkerrechtlicher Sicht, S. 378 f.

[276] Ähnlich *O. Long*, Law and its limitations in the GATT multilateral trade system, S. 10.

gen.[277] Ernst-Ulrich Petersmann kritisiert die Überbewertung des Gegenseitigkeitsprinzips und betont, daß dieser Grundsatz für völkerrechtliche Verträge selbstverständlich ist, aber nicht „zur ökonomisch und GATT-rechtlich unzutreffenden merkantilistischen Annahme verleiten darf, daß die wirtschaftlichen Vorteile und die Rechtsverbindlichkeit der GATT-Regeln von ihrer Einhaltung durch andere GATT Vertragsparteien abhängen."[278] Auch Wolfgang Graf Vitzthum sieht in dem Reziprozitätsgrundsatz lediglich ein Gebot für ein „fair play" auf internationaler Ebene[279].

V. Allgemeines Übereinkommen über den Handel mit Dienstleistungen, GATS[280]

Erneut ging die Initiative, dieses neuere Handelsgebiet erstmals in offiziellen Verhandlungen zu thematisieren, von den Industriestaaten, allen voran von den USA, unterstützt von den Europäischen Gemeinschaften, aus, mit dem Ziel der Marktöffnung und Sicherung der Wettbewerbsposition.[281] Die Entwicklungsländer übten Widerstand dagegen, daß dieser neue Verhandlungsgegenstand innerhalb der multilateralen Abkommen beschlossen werden sollten; denn sie sa-

---

[277] „Bei diesen Verhandlungen und der Einigung, ..., werden sich die beteiligten Vertragsparteien bemühen, auf der Grundlage der Gegenseitigkeit und zum gemeinsamen Nutzen die Zugeständnisse auf einem Stand zu halten, der für den Handel nicht weniger günstig ist, als in diesem Abkommen vor den Verhandlungen vorgesehen war." (Art. XXVIII Abs. 2 GATT) und deutlich: Art. XXVIIIbis: „...von großer Bedeutung für die Ausweitung des internationalen Handels sind daher auf der Grundlage der Gegenseitigkeit und zum gemeinsamen Nutzen geführte Verhandlungen".

[278] *E.-U. Petersmann*, Die Europäische Gemeinschaft und GATT, S. 133 mit Hinweise auf: *E.-U. Petersmann*, Application of GATT by the Court of Justice of the European Communities, CMLRev. 20 (1983), S. 424 ff.

[279] *W. Graf Vitzthum*, Raum, Umwelt und Wirtschaft im Völkerrecht, S. 508.

[280] „General Agreement on Trade in Services", BGBl. II, Nr. 40, 1994, S. 1473 ff. (engl.); S. 1643 ff. (deutsch).

[281] *P. T. Stoll*, ZaöRV 54 (1994), S. 303; *Th. Oppermann/M. Beise*, EA 15/16 (1991), S. 456; *H. Hauser/K. U. Schanz*, Das neue GATT, S. 193, sieht vor allem die großen amerikanischen Finanzdienstleistungen, namentlich American Express, als treibende Kraft der Verhandlungen; *R. Senti*, Ordo, 45 (1994), S. 308; die Havanna Charta sah, im Unterschied zu dem später nur realisiertem GATT-Abkommen, Rahmenbedingung für den Dienstleistungshandel und den Abbau von Beschränkungen des Dienstleistungshandels vor. Art. 53 Abs. 1 Havanna Charta: „The members recognize that certain sevices, such as transportation, telecommunication, insurance and the commercial services of banks are substantial elements of international trade and that any restricive business practices by enterprises engaged in these activities in international trade may have harmful effects ...".

hen die Regelungsspielräume für ihre nationale entwicklungs- und wirtschaftspolitische Zielsetzung damit schwinden.[282]

Die Bedeutung des Dienstleistungssektors ist seit der Mitte des 20. Jahrhunderts stark angestiegen. Die stärkere Integration der Weltwirtschaft verändert die Bedingungen für den Dienstleistungshandel. Dies betrifft Industrie- und Entwicklungsländer gleichermaßen.[283] Rund 63 Prozent des Weltinlandsprodukts werden im Dienstleistungssektor erwirtschaftet. Damit wird der Dienstleistungsbereich zum bedeutendsten Sektor. Das produzierende Gewerbe liegt mit 33 Prozent und die Landwirtschaft mit nur fünf Prozent weit dahinter.[284] Der Handel mit grenzüberschreitenden kommerziellen Dienstleistungen ist nach Angaben der WTO 1994 um acht Prozent auf US $ 1.100 Mrd. gestiegen, bei einem Anteil am gesamten Welthandel von 27 Prozent.[285] Der technische Fortschritt, die Kommunikationstechnologie und elektronische Speichermedien haben immer neue Dienstleistungsbranchen entstehen lassen und damit gleichzeitig zu einer steigenden Handelbarkeit beigetragen. Territoriale Grenzen, Zeitunterschiede und Entfernung verlieren gerade im Dienstleistungssektor nahezu völlig an Bedeutung. Die neuen Kommunikationstechniken sorgen dafür, daß ungebundenen Dienstleistungen verstärkt international ausgetauscht werden.[286] Schon jetzt können die klassischen Dienstleistungen, wie sie beispielsweise von Banken, Reisebüros oder Versicherungen angeboten werden, über das weltweite Kommunikationsmedium Internet jederzeit, überall und von jedem in Anspruch genommen werden. Daher hatten die Dienstleistungsverhandlungen der Uruguay-Runde im wesentlichen drei Ziele:[287] Es sollte ein multilaterales Regelungsgerüst für den internationalen Dienstleistungshandel geschaffen werden, damit unter den Bedingungen der Transparenz und progressiven Liberalisierung der

---

[282] *Th. Oppermann/M. Beise,* EA 15/16 (1991), S. 456; *P. T. Stoll*, ZaöRV54 (1994), S. 303; ausführlich zu der Entstehungsgeschichte des GATS: *M. G. Eckert*, Die Liberalisierung internationaler Finanzdienstleistungen durch das General Agreement on Trade in Services (GATS). Unter besonderer Berücksichtigung internationaler Bankdienstleistungen, 1997, S. 51 ff.

[283] *M. G. Eckert*, Die Liberalisierung internationaler Finanzdienstleistungen durch das General Agreement on Trade in Services (GATS), S. 7; *H. Siebert*, Weltwirtschaft, S. 14; *J. D. Aronson/P. F. Cowhey*, Trade in Services. A Case for Open Markets, 1984, S. 5.

[284] *R. Felke*, Die neue WTO-Runde, Aus Politik und Zeitgeschichte, B 46-47/99, S. 4; *H. Siebert*, Weltwirtschaft, S. 15.

[285] WTO-Focus, Nr. 2 S. 5.

[286] Dienstleistungen können in ungebundene und personengebundene, die voraussetzen, daß Personen zusammenkommen müssen um die Dienstleistung zu erbringen, unterschieden werden. Dazu *H. Siebert*, Weltwirtschaft, S. 14.

[287] *D. Barth*, Das Allgemeine Übereinkommen über den internationalen Dienstleistungshandel (GATS), EuZW 15 (1994), S. 455.

Dienstleistungshandel ausgeweitet werden kann, was schließlich zu einer Förderung des Wirtschaftswachstums aller Handelspartner führen sollte.

Der Abschluß des GATS erwies sich als schwierig, weil selbst die USA als Initiator der Verhandlungen, sich für wichtige Sektoren wie Luft- und Seeschifffahrt oder das Kommunikationswesen bilaterale Vertragsgestaltung zu erhalten wünschte und daher keine Einbeziehung in den multilateralen Abkommensrahmen vorsah, also das Meistbegünstigungsprinzip u.a. nicht anerkennen wollte.[288] Ähnliches gilt für die Europäischen Gemeinschaften, wo sich Frankreich gegen eine Liberalisierung im audiovisuellen Dienstleistungsbereich aussprach. Mit diesen Einschränkungen und Vorbehalten kann das GATS nun als „kleinster gemeinsamer Nenner des zur Zeit Möglichen" gesehen werden, was fraglos nach einer Erweiterung des Dienstleistungsmarktes drängt.[289] Die Welthandelsorganisation selbst sieht die Uruguay-Runde nur als einen Verhandlungsbeginn an. Der Dienstleistungssektor fordert noch mehr Verhandlungen und diese sollen mit dem Ziel geführt werden, den Liberalisierungsprozeß voranzubringen und die gegenseitigen Verpflichtungen zu erhöhen.[290] Teil IV des Übereinkommens stellt die Grundlage für den weiteren Liberalisierungsprozeß dar. Art. XIX Abs. 1 GATS schreibt sukzessive Liberalisierungsverhandlungen vor, die spätestens alle fünf Jahre stattfinden müssen.

1. Struktur und Zielsetzung

Die Struktur des Allgemeinen Dienstleistungsübereinkommens ist durch drei Teile gekennzeichnet. Ein Rahmenabkommen bestehend aus 29 Artikel beinhaltet die grundsätzlichen Bestimmungen und Prinzipien des Dienstleistungshandels, die für alle Mitgliedstaaten verbindlich sind. Es folgen acht sektorspezifische Anlagen[291] in denen die Grundlagen für diese entsprechenden Bereiche ge-

[288] Aufgrund des Unterschied im Niveau der Offenheit einzelner Märkte wollen die USA den Zugang ausländischer Dienstleistungsanbieter von entsprechenden Gegenleistungen der Partnerländer abhängig machen und damit von der eigentlichen Idee der Meistbegünstigung abrücken, dazu: *C. Weber*, Marktzugang von Auslandsbanken, S. 176; *Th. Oppermann/M. Beise*, EA 15/16 (1991), S. 456; *R. Senti*, Ordo 45 (1994), S. 308.

[289] *R. Senti*, Ordo 45 (1994), S. 308;

[290] www.wto.org./wto/services/service.htm (Stand Juli 1999).

[291] Anlagen zu: Ausnahmen von Artikel II (Meistbegünstigung), grenzüberschreitendem Verkehr natürlicher Personen, Luftverkehrsdienstleistungen, Finanzdienstleistungen (zweifach), Seeverkehrsdienstleistungen, Telekommunikation und Basistelekommunikation.

regelt sind, sowie Beschlüsse der Minister über weitere Arbeitsprogramme[292] und eine „Vereinbarung über Verpflichtungen bei Finanzdienstleistung". Den dritten Teil bilden „Listen der spezifischen Verpflichtungen", die dem Abkommen beigefügt sind und einen wesentlichen Teil des Abkommens darstellen (Art. XX Abs. 3 GATS). Diese sind einheitlich aufgebaut, unterteilt in Länder, Arten der Dienstleistungserbringer und führen die Meistbegünstigungsausnahmen sowie konkrete Marktzugangsbeschränkungen und die Beschränkung der Inländerbehandlung an. Dies sind die Ergebnisse bilateraler Verhandlungen und in Teil III des GATS geregelt sind. Dazu kommen, als integrierter Bestandteil des GATS, die Listen, die die länderspezifischen Meistbegünstigungsausnahmen aufzeigen.[293] Vorbild für das GATS-Übereinkommen ist das GATT, was sich bereits an dem äußeren Merkmal der Überschriftgestaltung beider Abkommen ablesen läßt.[294] Auch das GATS will als multilaterales Abkommen ein Verhandlungsforum darstellen. Gleichzeitig orientieren sich viele Regeln auch an der Einheitlichen Europäischen Akte, dem EG-Vertrag oder dem Nordamerikanischen Handelsabkommen (NAFTA).[295]

Eng an die Präambel des WTO-Übereinkommens anknüpfend, welche anerkennt, daß die „Handels- und Wirtschaftsbeziehungen auf die ... Ausweitung der Produktion und des Handels mit Waren und Dienstleitungen gerichtet sein", zielt die Präambel des GATS auf die Schaffung multilateraler Regeln für den internationalen Dienstleistungshandel ab, um die Voraussetzungen der Transparenz und der fortschreitenden Liberalisierung für den Handel zu schaffen, das Wirtschaftswachstum auf der Grundlage der Gegenseitigkeit und des gemeinsamen Nutzens zu fördern und die Entwicklung der wirtschaftlich schwachen Staaten zu stärken.[296] Absatz 4 der Präambel gibt den Mitgliedstaaten das Recht, das Erbringen von Dienstleistungen in ihren Hoheitsgebieten nach eigenem Ermessen zu regeln und dafür neue Vorschriften einzuführen. Dies ist ein

---

[292] Beispielsweise die Fortführung der Verhandlungen über die Streitbeilegungsverfahren für das GATS, den grenzüberschreitenden Verkehr natürlicher Personen oder den Bezug des GATS zu Umweltfragen, usw.

[293] www.wto.org (Stand Juli 1999).

[294] Bereits in den 80er Jahren, als die Bedeutung des Dienstleistungshandels stark zunahm, ist über eine mögliche Übertragung des GATT auf den Dienstleistungsbereich diskutiert worden, dazu ausführlich: *R. Senti*, GATT, S. 110, 351; *M. Brößkamp*, Meistbegünstigung und Gegenseitigkeit im GATT, S. 129; *J. D. Aronson/P. F. Cowhey*, Trade in Services, passim; *J. H. Jackson*, International Competition in Services. A constitutional framework, 1988, S. 15 ff.; *Ch. Weber*, Marktzugang von Auslandsbanken, S. 152; *W. Benedek*, Rechtsordnung des GATT aus völkerrechtlicher Sicht, S. 38.

[295] *D. Barth*, EuZW 15 (1994), S. 455.

[296] *Ch. Weber*, Marktzugang von Auslandsbanken, S. 168; *C. Stadler*, Die Liberalisierung des Dienstleistungshandels am Beispiel der Versicherungen. Kernelemente bilateraler und multilateraler Ordnungsrahmen einschließlich des GATS, 1992, S. 269 f., 293.

Zugeständnis zugunsten der Industriestaaten und der wirtschaftlich schwachen Länder, sich in Teilbereichen gegen die Auslandskonkurrenz schützen zu dürfen.[297]

2. Anwendungsbereich

Im Gegensatz zum Warenbegriff, der im GATT nicht näher bestimmt ist und in der Literatur praktisch nicht eingegrenzt wird[298], wird für den Dienstleistungsbegriff das Fehlen einer Definition bemerkt.[299] Dies liegt sowohl daran, daß Waren als „faßbarer" Handelsgegenstand eindeutiger zu bestimmen sind. Das GATT 1947/1994 regelt daher im wesentlichen auch nur den Handel von Waren, die von einem in ein anderes Land transportiert werden. Internationaler Handel mit Dienstleistungen ist sehr viel diverser, daher hat auch das GATS einen größeren Anwendungsbereich. Es regelt sowohl alle Formen des Dienstleistungshandels als auch den Zugang zu ausländischen Märkten.[300] Es betrifft grenzüberschreitende wirtschaftliche Austauschvorgänge immaterieller Leistungen, deren quantitative und wertmäßige Erfassung oftmals schwer ist. So bieten beispielsweise Flug- und Telefongesellschaften, Banken oder Unternehmensberatungen ihre Dienstleistungen in sehr unterschiedlicher Art und Weise an. Die Heterogenität des internationalen Dienstleistungshandels erschwert eine einheitliche Begriffsdefinition und Regulierung.

Es gibt bisher keine anerkannte Definition des Dienstleistungsbegriffs in der Literatur[301], und auch in den Verhandlungen während der Uruguay-Runde konn-

---

[297] *R. Senti*, Das Allgemeine Dienstleistungsabkommen, in: Forschungsinstitut für Wirschaftsverfassung und Wettbewerb (Hrsg.), Die Bedeutung der WTO für die europäische Wirtschaft, S. 71.

[298] *R. Senti*, GATT, S. 110 schließt aus der Tatsache, daß in der ITO und Havanna Charta der Begriff „goods" im GATT durch „products" ersetzt wurden, daß die Delegation „offensichtlich" ihrem Willen Ausdruck gaben, den Anwendungsbereich so umfassend wie möglich zu stecken. Senti legt eine extensive Interpretation dem Warenbegriff zugrunde, mit der Brgündung, daß wenn Waren lediglich im physischen Sinnen verstanden werden sollte, dies in Anmerkungen oder ergänzenden Bestimmungen ausdrücklich im GATT festgehalten wird, wie Art. XVII Abs. 2 zeigt.

[299] *M. G. Eckert*, Die Liberalisierung internationaler Finanzdienstleistungen durch das General Agreement on Trade in Services (GATS), S. 12 f.; *K. Ipsen/U. Haltern*, Reform des Welthandelssystems?, S. 84 f.; *J. D. Aronson/P. F. Cowhey*, Trade in Services, S. 3; *J. H. Jackson*, International Competition in Services, 1988, S. 3 weist auf die Vielfältigkeit der Dienstleistungen hin; *Ch. Weber*, Marktzugang von Auslandsbanken, S. 164.

[300] *R. H. Snape*, Reaching Effective Agreements Covering Services, in: A. O. Krueger (Hrsg.), The WTO as an International Organization, 1998, S. 279, 285.

[301] *J. H. Jackson*, International Competition in Services, S. 5 m. w. N.; bereits *Adam Smith*, unterteilte die Güter nach dem subjektiven Nutzenempfinden der Nachfrager in „produktive" und „unproduktive" wirtschaftliche Aktivitäten. Produktive Güter sind alle

te keine Einigung für eine Legaldefinition gefunden werden.[302] Eine Abgrenzung gegenüber dem Warenbegriff zu ermitteln erscheint notwendig, um bestimmen zu können, welche Art von Handel unter das GATT bzw. das GATS zu subsumieren ist.[303]

Das Dienstleistungsabkommen bringt im Teil I, der identisch mit Art. I GATS und als Geltungsbereich und Begriffsbestimmung überschrieben ist, keine Definition der Dienstleistung, sondern bietet nur in Absatz 2 lit. a-d eine Gliederung nach dem Standortkriterium der Erbringung und der Nutzung von Dienstleistung. Unter lit. a fällt der zwischenstaatliche Handel einer Dienstleistung, der weder vom Dienstleistungsanbieter noch vom Dienstleistungsverbraucher einen Ortswechsel verlangt, dies entspricht, auf Waren übertragen, dem Regelungsbereich des GATT.[304] Der Anwendungsbereich des GATS aber ist um wesentliches breiter. Es zählen die im Inland erbrachten Dienstleistungen an Ausländern dazu.[305] Als weitere Arten werden in Art. I noch das Angebot von Dienstleistungen durch geschäftliche Niederlassungen in das Land eines anderen Mitglieds zu verlegen,[306] und die im „Hoheitsgebiet eines anderen Mitglieds" geleisteten Dienste von natürlichen Personen genannt.[307]

In dieses Rahmenabkommen ist, nahezu selbstverständlich aus dem Geltungsbereich des GATS abgeleitet, die Niederlassungsfreiheit einbezogen. Dies erweitert das GATS in seiner ursprünglichen Idee, grenzüberschreitende Dienst-

---

physischen Erzeugnisse wie Kleidung, Nahrung und Maschinen. Unproduktive Tätigkeiten nach Smith haben keinen Wert, schlagen sind in keinem dauerhaften verkäuflichen Gut nieder. Dazu zählen: Geistliche, Anwälte, Spieler, Musiker, Opernsänger.

302 *M. G. Eckert*, Die Liberalisierung internationaler Finanzdienstleistungen durch das General Agreement on Trade in Services (GATS), S. 12 f.; *K. Ipsen/U. Haltern*, Reform des Welthandelssystems?, S. 84 f.; *D. Barth*, EuZW 15 (1994), S. 455.

303 Nach *R. Senti*, Das Allgemeine Dienstleistungsabkommen, S. 69, fallen Dienstleistungen, die in Form einer Werthinzufügung warengebunden sind, nicht unter das GATS, sondern unterliegen dem GATT. Dies sind beispielsweise warengebundene Versicherungs-, Bank-, Transport- und Lagerleistungen.

304 Beispiele: Bereitstellung von Finanzierungs- und Investmentinstrumenten durch Geschäftsbanken, Bereitstellung internationaler Telefonverbindungen, Asset- und Portfoliomanagement, Beratungsdienste, Planungsarbeiten eines Architekten im Land A für einen Kunden im Land B (cross border supply). Diese Art der Dienstleistungsfreiheit beinhaltet gemäß Art. XVI Abs. 1 Fn. 8 GATS automatisch auch die dazu notwendigen grenzüberschreitenden Kapital- und Zahlungstransfers.

305 Beispiel: Leistungen des Tourismus, wie Devisenwechsel mit ausländischen Touristen (consumption abroad).

306 Beispiel: Eröffnung einer deutschen Bankfiliale in einem anderen Mitgliedsland der WTO, mit anderen Worten: eine direkte Auslandsinvestition (commercial presence). Auch diese Art der Dienstleistungsfreiheit beinhaltet gemäß Art. XVI Abs. 1 FN 8 GATS automatisch auch die dazu notwendigen grenzüberschreitenden Kapital- und Zahlungstransfers.

307 Zu denken ist hier vor allem an Beratungsdienste oder Konstruktionsleistungen (presence of natural persons).

leistungen weltweit zu regeln, wesentlich.[308] Das GATS entwickelt sich durch die Anwendung der multilateral gültigen Prinzipien wie der Meistbegünstigung, der Streitschlichtung und, sofern nicht durch Ausnahmen bestimmt, der Inländerbehandlung, auf das Niederlassungsrecht zu einem multilateralen Investitionsabkommen für Dienstleistungen.[309] Dazu kommt, daß der Zahlungsverkehr eng mit dem Dienstleistungshandel verbunden ist, wie die angeführten Beispiele zeigen. Art. XI GATS verbietet grundsätzliche Beschränkungen internationaler Transfers und Zahlungen für laufende Transaktionen, soweit sie mit spezifischen Liberalisierungsverpflichtungen zusammenhängen. Zahlungsverkehr und letztlich Investitionen haben nur instrumentale Bedeutung für den Marktzugang im GATS, aber es bleibt festzuhalten, daß über diesen Weg Investitionsschutz gewährleistet wird.[310] Dabei fallen allerdings ausländische Arbeitskräfte, die Zugang zum Arbeitsmarkt eines Landes suchen, nicht unter das GATS.[311]

Der Dienstleistungsbegriff ist also umfassend.[312] Er beinhaltet jegliche Form der Dienstleistungserbringung, das ist gemäß Art. XXVIII lit. b GATS, „die Produktion, den Vertrieb, die Vermarktung, den Verkauf und die Bereitstellung der Dienstleistung" in allen Dienstleistungssektoren, wobei Dienstleistungserbringer sowohl natürliche als auch juristische Personen sein können. Ausgenommen sind nur solche Dienstleistungen, die in Ausübung hoheitlicher Gewalt erbracht werden (Art. I Abs. 3 lit. b GATS).[313] Öffentliche Dienste, die nach

---

308 Vor allem im Bankensektor korrespondiert die Marktöffnung mit dem Niederlassungsrecht, dazu *Ch. Weber*, Marktzugang von Auslandsbanken, S. 168 f.; *C. Stadler*, Die Liberalisierung des Dienstleistungshandels am Beispiel der Versicherungen, S. 295.

309 *D. Barth*, EuZW 15 (1994), S. 456.

310 *P. Hilpold*, Die Fortentwicklung der WTO-Ordnung, Materielle und institutionelle Aspekte unter besonderer Berücksichtigung der Ministerkonferenz von Singapur und der nachfolgenden Umsetzungsmaßnahmen, RIW 2 (1998), S. 93; auch *Ch. Weber*, Marktzugang von Auslandsbanken, S. 172 f. sieht in der Einbeziehung des Niederlassungsrechts eine Ausdehnung auf Direktinvestitionen und grenzüberscheitende Kapitalbewegungen und damit letztlich eine Entwicklung des GATS zum multilateralen Investitionsabkommen.

311 So bestimmt es Absatz 2 der „Anlage zum grenzüberschreitenden Verkehr natürlicher Personen, die im Rahmen des Übereinkommens Dienstleistungen erbringen"; auch *R. Senti*, Das Allgemeine Dienstleistungsabkommen, S. 69; auch *R. H. Snape*, Reaching Effective Agreements Covering Services, S. 290 sieht es als angemessen, den grenzüberschreitenden Verkehr von Personen getrennt von Dienstleistungen, also außerhalb des GATS zu regeln.

312 *D. Barth*, EuZW 15 (1994), S. 455 spricht von einem „universellen Deckungsbereich, wonach a priori kein Dienstleistungssektor von Liberalisierungsprozeß ausgenommen ist"; ebenso *Ch. Weber*, Marktzugang von Auslandsbanken, S. 171.

313 *Ch. Weber*, Marktzugang von Auslandsbanken, S. 158. *P. T. Stoll*, ZaöRV 54 (1994), S. 323 f. stellt fest, daß dieser zitierte Artikel regelt, was unter Dienstleistung zu verstehen ist. Dieser Behauptung kann nicht gefolgt werden, weil dieser Artikel zwar die durch Regierungsstellen erbrachten Dienstleistungen ausschließt, aber den Begriff der Dienstleistung als solchen nicht näher beschreibt. Damit bleibt weiterhin unklar, was eine Dienstleistung ausmacht; auch *R. Senti*, Das Allgemeine Dienstleistungsabkommen,

Art. I Abs. 3 lit. c GATS weder auf kommerzieller Basis noch in Konkurrenz zu anderen Dienstleistungsanbietern erbracht werden, sind vom Liberalisierungsprozeß nicht umfaßt. Weitere Einschränkungen werden in den weitreichenden Sonderregelungen für einzelne Sektoren in den Anhängen des GATS gewährleistet.

Der sachliche Anwendungsbereich des Allgemeinen Dienstleistungsabkommen ist offen geregelt. Nach Art. I Abs. 1 GATS findet das Übereinkommen Anwendung auf alle Maßnahmen seiner Mitglieder, die den Handel mit Dienstleistungen beeinträchtigen. Dies umfaßt Gesetze, Verwaltungsrichtlinien und wird ausgedehnt bis zur Verwaltungspraxis (Art. XXVIII lit. a GATS).[314] Dies gilt nicht nur für die jeweilige Staatsregierung des Mitgliedstaats, sondern das GATS, und das ist besonders für die föderalistisch organisierten Staaten wichtig, bezieht sich auf alle Staatsebenen, die Staats- und Landesregierungen und die öffentlichen Behörden, sowie ausdrücklich auch auf die nichtstaatlichen Stellen, die öffentliche Aufgaben erfüllen (Art. I Abs. 3 lit. a GATS).

3. Liberalisierungsverpflichtungen

a) Meistbegünstigung

Teil II und III des GATS enthalten die allgemeinen und spezifischen Verpflichtungen der Mitgliedstaaten. Anknüpfend an das GATT bildet auch hier die Meistbegünstigung eine zentrale Verpflichtung des Abkommens, die jedes Mitglied „sofort und bedingungslos“ (Art. II Abs. 1 GATS) gewähren muß. Danach ist jeder Mitgliedstaat verpflichtet, Dienstleistungen und Dienstleistungserbringer eines anderen Mitgliedstaates ebenso günstig zu behandeln, wie gleiche Dienstleistungen und Dienstleistungserbringer aus einem anderen Staat unabhängig von dessen WTO-Mitgliedschaft.[315] Im Gegensatz zur Meistbegünstigungsvorschrift des GATT, gilt es hier für Produkte und Produzenten gleichermaßen.

S. 67, sieht mit den ersten beiden Abschnitten eine begriffliche Abgrenzung der Dienstleistung geklärt.

[314] Die WTO spricht im bezug auf den Umfang des GATS von einer „total coverage“, wonach das Übereinkommen alle internationalen Dienstleistungen umfaßt, so www.wto.org./wto/services/service.htm (Stand Juli 1999).

[315] Allgemein zum Prinzip der Meistbegünstigung unter Prinzipien der WTO, S. 90 ff.; *R. Senti*, Das Allgemeine Dienstleistungsabkommen, S. 72, *R. Senti/R. H. Weber*, Das allgemeine Dienstleistungsabkommen, in: D. Thürer/S. Kux (Hrsg.), GATT 94 und die Welthandelsorganisation. Herausforderung für die Schweiz und Europa, S. 136; *D. Barth*, EuZW 15 (1994), S. 456.

Entgegen dem Wortlaut dieser Vorschrift wird, wie oben schon erwähnt, die Meistbegünstigungspflicht im GATS jedoch nicht als „unbedingte“ Pflicht gewährt.[316] Vielmehr sieht dieses Übereinkommen eine Reihe von Ausnahmen vor. Das Konzept der bedingten Meistbegünstigung erlaubt eine differenzierte Behandlung ungleicher Staaten.[317] Der Geltungsbereich der Meistbegünstigung im GATS wird durch sogenannte Negativlisten bestimmt.[318] Die Pflicht zur Meistbegünstigung bezieht sich somit grundsätzlich auf alle Dienstleistungssektoren mit Ausnahme der Bereiche, die ein Mitglied explizit in seiner Liste gemäß der Anlage zu Ausnahmen von Artikel II angeführt hat.

Das Prinzip der Meistbegünstigung erfährt in weiteren GATS-Bestimmungen eine Wiederholung. Beispielhaft sind die folgenden Artikel erwähnt: Art. VIII GATS wendet sich gegen den Machtmißbrauch von Dienstleistungsmonopolen. Die Mitgliedstaaten müssen sicherstellen, daß ihre Monopolanbieter nicht gegen die Meistbegünstigungspflicht oder andere Liberalisierungsverpflichtungen verstoßen. Bei schwerwiegenden Zahlungsbilanzschwierigkeiten ist es erlaubt, den Handel mit Dienstleistungen einzuschränken oder Beschränkungen beizubehalten, aber nur unter der Voraussetzung, daß „die ... Beschränkungen ... nicht zwischen den Mitgliedern diskriminieren dürfen“ (Art. XII Abs. 2 lit. a GATS).

Die Verhandlungen der Uruguay-Runde konnten keinen Vertragstext mit einheitlichen Rechten und Pflichten für alle Mitgliedstaaten hervorbringen, so daß allgemeine, aber auch länderspezifische Ausnahmen zugestanden werden mußten.[319] Die Ausnahmen von der Meistbegünstigungsverpflichtung sind entweder im Dienstleistungsübereinkommen speziell aufgeführt oder in Länderlisten festgelegt. Die folgenden im Vertrag aufgeführten und für alle Vertragspartner geltenden allgemeinen Ausnahmemöglichkeiten von der Meistbegünstigung sind zu erwähnen:

---

[316] *M. G. Eckert*, Die Liberalisierung internationaler Finanzdienstleistungen durch das General Agreement on Trade in Services (GATS), S. 137; *Ch. Weber*, Marktzugang von Auslandsbanken, S. 176; *Th. Oppermann/M. Beise*, EA 15/16 (1991), S. 456; *R. Senti*, Ordo 45 (1994), S. 308; *R. H. Snape*, Reaching Effective Agreements Covering Services, S. 285.

[317] Ausführlich dazu *M. Brößkamp*, Meistbegünstigung und Gegenseitigkeit im GATT, S. 26, 55. Mit diesem Mittel wird gleichzeitig der Druck auf Gegenseitigkeit erhöht und letztlich eine Marktöffnung erzwungen, so *J. H. Jackson*, International Competition in Services, S. 27; *J. H. Jackson*, The World Trading System, S. 137.

[318] *M. G. Eckert*, Die Liberalisierung internationaler Finanzdienstleistungen durch das General Agreement on Trade in Services (GATS), S. 137; *R. H. Snape*, Reaching Effective Agreements Covering Services, S. 285.

[319] WTO-Focus Nr. 39/1986, S. 3; Nr. 41/1986, S. 5; *R. Senti*, Das Allgemeine Dienstleistungsabkommen, S. 73; für *D. Barth*, EuZW 15 (1994), S. 455 erscheinen diese Ausnahmen selbstverständlich: „Es versteht sich, daß eine so weitreichende Verpflichtung (sc. die Meistbegünstigungspflicht) nicht ohne Ausnahme akzeptiert wurde“.

Im unmittelbaren Grenzverkehr steht jedem Land nach Art. II Abs. 3 GATS die Möglichkeit zu, den angrenzenden Regionen „Vorteile zu gewähren, um ... den Austausch von örtlich erbrachten und genutzten Dienstleistungen zu erleichtern". Die Schaffung von wirtschaftlichen Integrationsräumen in Art. V GATS erlaubt analog zu Art. XXIV Abs. 4 und 5 GATT die Schaffung von Freihandelsräumen für den Dienstleistungshandel und stellt sicher, daß die intern gewährten Handelsvorteile ausnahmsweise nicht im Wege der Meistbegünstigung an außenstehende Drittstaaten weitergegeben werden müssen.[320] Diese Ausnahmeregelung ist wichtig für den Europäischen Binnenmarkt und andere regionale Wirtschaftszusammenschlüsse (beispielsweise NAFTA). Die Bildung gemeinsamer Markträume ist an die Bedingung geknüpft, daß die Integrationsräume sich nicht auf einzelne Dienstleistungen oder Dienstleistungserbringer beschränken dürfen, sondern nach Art. V Abs. 1 lit. a GATS „einen beträchtlichen sektoralen Geltungsbereich haben", und einen nichtdiskriminierenden Charakter besitzen müssen.

Die Anerkennung ausländischer Qualifikationsanforderungen zur Erfüllung nationaler Zulassungsvoraussetzungen von Dienstleistungsanbietern, die ein Land einem anderen gewährt, muß nicht automatisch auf andere Mitgliedsländer ausgedehnt werden (Art. VII GATS).

Ebenfalls ausgenommen sind die öffentliche Beschaffung von Dienstleistungen (Art. XIII GATS) sowie die allgemeinen Ausnahmen in Art. XIV GATS und die sicherheitspolitischen Ausnahmen des Art. XIVbis GATS.

Gemäß Art. II Abs. 2 GATS haben die WTO-Mitgliedstaaten das Recht, neben den erwähnten Sonderfällen noch bei weiteren Maßnahmen von der Meistbegünstigungsverpflichtung abzusehen. Voraussetzung dafür ist, daß die Ausnahmelisten[321] vor dem Inkrafttreten des WTO-Vertragswerks beim GATT hinterlegt wurden.[322] Ziel dieser Listen ist es, diskriminierende Maßnahmen wie Handelssanktionen oder bilaterale Präferenzabkommen beibehalten zu kön-

---

[320] *D. Barth*, EuZW 15 (1994), S. 455 f.; *Ch. Weber*, Marktzugang von Auslandsbanken, S. 179.

[321] Diese Listen der Ausnahme von der Meistbegünstigungsverpflichtung begründen sich aus der Tatsache, daß bereits vor dem Inkrafttreten des GATS-Übereinkommens bilaterale Abkommen im Dienstleistungsbereich zwischen einzelnen Staaten bestanden. Diese Mitgliedstaaten erkannten es als notwendig an, die bilateral festgelegten Vergünstigungen vorübergehend erstmal beizubehalten. Um jedoch gleichzeitig den Grundsatz der Meistbegünstigung aufrechtzuerhalten, legten die Mitgliedstaaten fest, daß diese Ausnahme nur einmal aufgestellt werden können. Diese Ausnahmelisten sind also nicht erweiterbar, so www.wto.org (Stand Juli 1999).

[322] Art. XI WTOÜ, dazu III. 2a „Ursprüngliche Mitgliedschaft", S. 64 f.; nach *R. Senti*, Das Allgemeine Dienstleistungsabkommen, S. 74, machten 61 Länder von dieser Listenerstellung Gebrauch; bestätigend auch: www.wto.org./wto/services/service.htm, die dort angeführten Dienstleistungssektorren sind vor allem Finanzdienstleistung, Telekommunikation, Seeverkehr.

nen.[323] Für Christoph Weber vermag diese Regelung Art. II Abs. 1 GATS zu neutralisieren und damit können die Mitgliedstaaten legal den Grundsatz der Meistbegünstigung unterlaufen, was per definitionem zur Diskriminierung führt.[324] Unklar ist, ob neubeitretende Länder, also nicht ursprüngliche GATT-Mitglieder, auch von dieser Erstellung der Ausnahmelisten profitieren können. Richard Senti argumentiert in Anlehnung an Yi Wang, daß davon auszugehen sei, daß neubeitretenden Staaten das Recht der Erstellung einer individuellen Ausnahmeliste zustehe, weil das WTO-Übereinkommen keine Unterschiede in bezug auf die Rechte und Pflichten zwischen Gründerstaaten und Neumitgliedern mache.[325]

Dagegen kann eingewandt werden, daß in Absatz 2 der „Anlage zu Ausnahmen von Artikel II" die nach dem Inkrafttreten des WTO-Übereinkommens beantragten Ausnahmen gemäß Art. IX Abs. 3 WTOÜ behandelt werden. Danach kann ein Mitgliedstaat nur durch Beschluß der Ministerkonferenz in Zusammenarbeit mit dem GATS-Rat entbunden werden. Diese Ausnahmen sind jedoch nur unter außergewöhnlichen Umständen möglich und müssen und von drei Vierteln der Mitglieder gefaßt werden. Welchen Voraussetzungen dafür gegeben sein müssen, ist weder im WTO-Übereinkommen noch im GATS oder den Anlagen geregelt.

Absatz 6 der Anlage zu den Ausnahmen von Artikel II sieht vor, daß grundsätzlich die Ausnahmen der Liste einen Zeitraum von zehn Jahren nicht überschreiten dürfen und Bestandteil weiterer Liberalisierungsverhandlungen sind. Die ersten Folgeverhandlungen im Dienstleistungsbereich sollen nach Ablauf von fünf Jahren nach dem Inkrafttreten der WTO, also im Jahr 2000, stattfinden. Jedoch wurden die Ausnahmen oft in ihrer Dauer als „unlimited" bezeichnet.[326] Die Listenausnahmen der Europäischen Gemeinschaft beziehen sich auf audiovisuelle Dienstleistungen (Produktion und Vertrieb), den Straßenverkehr (Personen und Fracht), den Verkauf von Luftverkehrsdienstleistungen (computergesteuerte Buchungssysteme), den Transport auf Binnenwasserstraßen, das Verlagswesen, die Nachrichten- und Presseagenturdienste, die Direktversiche-

---

[323] *D. Barth*, EuZW 15 (1994), S. 456, der als Beispiel die von der Europäischen Union angemeldeten Ausnahmen für bilaterale Straßenverkehrs- oder Film-Koproduktionsabkommen anführt.

[324] *Ch. Weber*, Marktzugang von Auslandsbanken, S. 177 f.

[325] *Yi Wang*, Most-Favoured-Nation Treatment under the General Agreement on Trade in Services – And it´s Application in Financial Services, in: Journal of World Trade, Vol. 30 Nr. 1/1996; so auch *R. Senti*, Das Allgemeine Dienstleistungsabkommen, S. 74.

[326] *R. Senti*, Das Allgemeine Dienstleistungsabkommen, S. 74.

rung mit Ausnahme der Lebensversicherung, die Finanzdienstleistungen sowie alle Sektoren im Bau-, Hotel- und Gaststättenbereich.[327]

Art. XIII WTOÜ räumt den Mitgliedstaaten die Möglichkeit ein, gegenüber einem beitretenden Vertragspartner die Anerkennung von GATS-Bestimmungen unter der Voraussetzung zu versagen, daß diese Nichtanerkennung von der Ministerkonferenz vor Beitrittsgenehmigung notifiziert wurde.[328] Diese Nichtanwendung von GATS-Bestimmungen liegt darin begründet, daß, analog zu Art. XXXV GATT 1947, bei der Entscheidung über einen Beitritt die überstimmten Staaten nicht zur Einhaltung von Abkommensbestimmungen gezwungen werden, denen sie weder zugestimmt noch über die sie verhandelt haben.[329]

b) Transparenz

Die in Art. III GATS verpflichtende Transparenz der nationalen Regeln ermöglicht den Dienstleistungserbringern Rechtssicherheit. Demnach sind alle Rechtsvorschriften und getroffenen Maßnahmen der einzelnen nationalen Regierungen, die den Geltungsbereich des Abkommens betreffen, spätestens bei ihrem Inkrafttreten zu veröffentlichen oder anderweitig bekannt zu machen. Jeder Mitgliedstaat muß innerhalb von zwei Jahren nach Inkrafttreten der WTO, also spätestens seit Ende 1997 mindestens eine Auskunftsstelle innerhalb seiner Verwaltung errichtet haben, um ausländischen Unternehmen und Regierungen Informationen über die Regelungen innerhalb eines Dienstleistungssektors zur Verfügung stellen zu können. Ausnahmen von dieser Regelung gesteht Art. IIIbis GATS zu, wonach vertrauliche Informationen, die durch ihre Bekanntgabe die Durchsetzung von Gesetzen behindern, dem öffentlichen Interesse widersprechen oder die berechtigten kommerziellen Interessen öffentlicher oder privater Unternehmen schädigen würden, von der Veröffentlichungspflicht ausgeschlossen sind.

c) Regelungen des Marktzutritts

Während die Einhaltung der Meistbegünstigung für die Mitgliedstaaten, sofern sich einzelne Vertragspartner keine Ausnahme vorbehalten haben, grundsätzlich verbindlich ist, ist im GATS der freie Marktzutritt nicht verpflich-

[327] EU-Ausnahmeliste zu Art. II GATS, in: BtDrs. 12/7655 (neu), S. 292 ff.

[328] *R. Senti*, Das Allgemeine Dienstleistungsabkommen, S. 75.

[329] *R. Senti*, Das Allgemeine Dienstleistungsabkommen, S. 75, über die Entstehung von Art. XXXV GATT 1947: GATT, Analytical Index, Guide to GATT Law & Practice, Genf 1994, S. 955 ff.

tend.[330] Auch impliziert die Verpflichtung zur Meistbegünstigung ex ante noch keine Marktöffnung. Sie gewährleistet nur Nichtdiskriminierung zwischen ausländischen Dienstleistungsanbietern aus unterschiedlichen Mitgliedstaaten, unabhängig vom Grad der Marktöffnung in den einzelnen Dienstleistungsbereichen.[331] Marktzugang und der Inländerbehandlung sind in Teil III, Spezifische Verpflichtungen, Art. XVI und Art. XVII GATS geregelt. Marktzugangsrechte entstehen nicht wie die Meistbegünstigungsverpflichtung durch das Abkommen unmittelbar, sondern durch bilaterale Vereinbarungen in bestimmten Dienstleistungsbereichen, die ein Land in seine Liste spezifischen Verpflichtungen aufnimmt.[332] Liberalisierung und Marktöffnung hängen von der Konzessionsbereitschaft der Mitgliedstaaten ab und sind wesentlich beeinflußt von den politischen, wirtschaftlichen und rechtlichen Rahmenbedingungen eines Staates.[333] Marktzugang für Dienstleistungen und Dienstleistungserbringer wird gemäß individueller Länderlisten, sogenannte Positivlisten, verpflichtend konkretisiert.[334] Jedoch können auch damit bestimmte Bedingungen oder individuelle Beschränkungen wie Art. XVI Abs. 1 oder Art. XVII Abs. 2 GATS verknüpft sein. Ein Staat kann also entscheiden, inwieweit ausländische Dienstleistungsunternehmen, beispielsweise internationale Banken, Zugang zum nationalen Markt erhalten sollen. Ist Marktzugang gewährt, richtet sich die weitere Behandlung des ausländischen Anbieters nach dem nationalen Konzept der Inländerbehandlung.[335] Falls es die Listen nicht anders vorsehen, darf ein Mitgliedstaat die in Art. XVI Abs. 2 lit. a-f GATS genannten Marktzugangshemmnisse[336] weder regional noch für das gesamte Hoheitsgebiet aufrechterhalten oder einführen.

---

[330] *R. Senti/R. H. Weber*, Das allgemeine Dienstleistungsabkommen, S. 141; *R. Senti*, Das Allgemeine Dienstleistungsabkommen, S. 81.

[331] *M. G. Eckert*, Die Liberalisierung internationaler Finanzdienstleistungen durch das General Agreement on Trade in Services (GATS), S. 138.

[332] *M. G. Eckert*, Die Liberalisierung internationaler Finanzdienstleistungen durch das General Agreement on Trade in Services (GATS), S. 138; *D. Barth*, EuZW 15 (1994), S. 456.

[333] Nach *Ch. Weber*, Marktzugang von Auslandsbanken, S. 188, 191, hängt die Bereitschaft eines Landes zur Marktöffnung auch von inhaltlich gleichwertigen Angeboten der anderen Verhandlungspartner ab. Die Angebote müssen nicht unbedingt im gleichen Dienstleistungssektor erfolgen. Ein Staat kann beispielsweise Landesrechte im Luftverkehr im Gegenzug für Niederlassungsrechte im Bankensektor gewähren.

[334] *R. H. Snape*, Reaching Effective Agreements Covering Services, S. 285.

[335] International Lawyer, 27/1993, S. 360; *M. G. Eckert*, Die Liberalisierung internationaler Finanzdienstleistungen durch das General Agreement on Trade in Services (GATS), S. 139.

[336] Es handelt sich dabei um die zahlenmäßige Beschränkung der Dienstleistungserbringer in Form von Quoten, Monopolen, Exklusivrechten oder Bedürfnisnachweisen, die wertmäßige Beschränkung der Dienstleistungstätigkeiten in Form von Quoten oder Bedürfnisnachweisen, die zahlenmäßige Beschränkung der Dienstleistungstätigkeiten oder des Gesamtvolumens erbrachter Dienstleistungen in Form von Quoten oder Bedürfnisnachweisen, die zahlenmäßige Beschränkung der Arbeitskräfte für einen be-

Art. XVII GATS bindet die Mitgliedstaaten an das schon erwähnte Prinzip der Inländerbehandlung. Es bildet eine fundamentale Regel für das GATT und TRIPS, wird aber im GATS nur zur Anwendung gebracht, wenn spezifische Verpflichtungen festgelegt sind. Ausnahmen sind erlaubt. Für den Dienstleistungsbereich bedeutet die Inländerbehandlung, daß ausländische Dienstleistungsanbieter in den dem Wettbewerb geöffneten Bereichen nicht schlechter behandelt werden dürfen, als vergleichbare inländische Anbieter, es darf also keine Diskriminierung zwischen diesen ausländischen und inländischen Unternehmen stattfinden.[337] Im Gegensatz zu Art. III GATT bezieht sich die Inländerbehandlung hier nicht auf Produkte, sondern auf Produzenten. Entscheidend dabei ist nicht eine formal identische Behandlung in- und ausländischer Dienstleistungserbringer. Gemäß Art. XVII Abs. 3 GATS müssen gleiche Wettbewerbsbedingungen sichergestellt sein.[338]

Das Recht des Marktzugangs und die damit verbundene Inländerbehandlung sind das Liberalisierungsziel des GATS, das jedoch von einer grundsätzlichen Anerkennung der nationalen Selbstbestimmung eingeschränkt wird. Das GATS anerkennt in seiner Präambel und Art. VI, der Vorschrift über die „innerstaatlichen Regelungen", ausdrücklich das Recht der Mitgliedstaaten, die Erbringung von Dienstleistungen nach eigenem Ermessen zu regulieren und dabei Zielsetzungen ihrer nationalen Politik zu verfolgen. Auch Art. XIX Abs. 2 GATS legt fest, daß der in Zukunft stattfindende Liberalisierungsprozeß „unter angemessener Berücksichtigung der nationalen und politischen Zielsetzung ... stattfindet". Die nationalen Regulierungen müssen bestimmten Kriterien wie denen der Objektivität und Verhältnismäßigkeit entsprechen (Art. VI Abs. 1 GATS).[339] Diese Bestimmungen spiegeln den Interessenskonflikt zwischen den Zielen der Liberalisierung im Dienstleistungssektor und der Beibehaltung nationaler selbstbestimmter Regelungen wider.[340]

---

stimmten Dienstleistungssektor in Form von Quoten oder Bedürfnisnachweisen, Vorschriften über spezifische Rechtsformen von Dienstleistungsunternehmen, Einschränkungen der Kapitalbeteiligungen an Dienstleistungsfirmen in Form einer prozentualen Höchstgrenze für die ausländische Beteiligung oder für den Gesamtwert einzelner oder zusammengefaßter ausländischer Investitionen.

[337] *D. Barth*, EuZW 15 (1994), S. 458; *R. Senti/R. H. Weber*, Das allgemeine Dienstleistungsabkommen, S. 142.

[338] *Ch. Weber*, Marktzugang von Auslandsbanken, S. 189; *D. Barth*, EuZW 15 (1994), S. 458.

[339] *D. Barth*, EuZW 15 (1994), S. 457.

[340] *D. Barth*, EuZW 15 (1994), S. 457.

Anhang 1

Mitgliederliste

	GATT – Vertragspartei (Stand: 31.12.1994)	**WTO – Mitgliedschaft (Stand: 01.01.2002)**	**WTO-Mitgliedsbeitrag für das Jahr 2001**	
			in %	**SFr**
Ägypten	09.05.1970	30.06.1995	0,271	360.159
Albanien		08.09.2000	0,015	19.935
Angola	08.04.1994	23.11.1996	0,061	81.069
Antigua und Barbuda	03.03.1987	01.01.1995	0,015	19.935
Argentinien	11.01.1967	01.01.1995	0,534	709.686
Australien	01.01.1948	01.01.1995	1,292	1.717.068
Bahrain	13.12.1993	01.01.1995	0,075	99.675
Bangladesch	16.12.1972	01.01.1995	0,103	136.887
Barbados	15.02.1967	01.01.1995	0,02	26.580
Belgien	01.01.1948	01.01.1995	2,774	3.686.646
Belize	07.10.1983	01.01.1995	0,015	19.935
Benin	12.09.1963	22.02.1996	0,015	19.935
Bolivien	08.09.1990	12.09.1995	0,027	35.883
Botsuana	28.08.1987	31.05.1995	0,039	51.831

Fortsetzung nächste Seite

Fortsetzung Mitgliederliste

Brasilien	30.07.1948	01.01.1995	1,047	1.391.463
Brunei Darussalam	09.12.1993	01.01.1995	0,046	61.134
Bulgarien		01.12.1996	0,099	131.571
Burkina Faso	03.05.1963	03.06.1995	0,015	19.935
Burundi	13.03.1965	23.07.1995	0,015	19.935
Chile	16.03.1949	01.01.1995	0,335	445.215
China	01.01.1948	11.12.2001		
Costa-Rica	24.11.1990	01.01.1995	0,095	126.255
Côte d'Ivoire	31.12.1963	01.01.1995	0,074	98.346
Dänemark	28.05.1950	01.01.1995	1,001	1.330.329
Deutschland	01.10.1951	01.01.1995	9,716	12.912.564
Dominica	20.04.1993	01.01.1995	0,015	19.935
Dominikanische Republik	19.05.1950	09.03.1995	0,12	159.480
Dschibuti	16.12.1994	31.05.1995	0,015	19.935
Ecuador		21.01.1996	0,092	122.268
El Salvador	22.05.1991	07.05.1995	0,052	69.108
Estland		13.11.1999	0,062	82.398
Europäische Gemeinschaft		01.01.1995		
Fidschi	16.11.1993	14.01.1996	0,018	23.922
Finnland	25.05.1950	01.01.1995	0,711	944.919
Frankreich	01.01.1948	01.01.1995	5,766	7.663.014
Gabun	03.05.1963	01.01.1995	0,036	47.844
Gambia	22.02.1965	23.10.1996	0,015	19.935
Georgien		14.06.2000	0,016	21.264

Ghana	17.10.1957	01.01.1995	0,035	46.515
Grenada	09.02.1994	22.02.1996	0,015	19.935
Griechenland	01.03.1950	01.01.1995	0,329	437.241
Guatemala	10.10.1991	21.07.1995	0,06	79.740
Guinea	08.12.1994	25.10.1995	0,015	19.935
Guinea-Bissau	17.03.1994	31.05.1995	0,015	19.935
Guyana	05.07.1966	01.01.1995	0,015	19.935
Haiti	01.01.1950	30.01.1996	0,015	19.935
Honduras	10.04.1994	01.01.1995	0,038	50.502
Hongkong, China	23.04.1986	01.01.1995	3,605	4.791.045
Indien	08.07.1948	01.01.1995	0,828	1.100.415
Indonesien	24.02.1950	01.01.1995	0,929	1.234.641
Irland	22.12.1967	01.01.1995	0,952	1.265.208
Island	21.04.1968	01.01.1995	0,045	59.805
Israel	05.07.1962	21.04.1995	0,554	736.266
Italien	30.05.1950	01.01.1995	4,699	6.244.971
Jamaika	31.12.1963	09.03.1995	0,06	79.740
Japan	10.09.1955	01.01.1995	7,163	9.519.627
Jordanien		11.04.2000	0,071	94.359
Jugoslawien	25.08.1966			
Kamerun	03.05.1963	13.12.1995	0,029	38.541
Kanada	01.01.1948	01.01.1995	3,892	5.172.468
Katar	07.04.1994	13.01.1996	0,063	83.727
Kenia	05.02.1964	01.01.1995	0,052	69.108
Kirgistan		20.12.1998	0,015	19.935

Fortsetzung nächste Seite

Fortsetzung Mitgliederliste

Kolumbien	03.10.1981	30.04.1995	0,254	337.566
Kongo		27.03.1997	0,026	34.554
Kongo, Demokratische Rep.	03.05.1963	01.01.1997	0,025	33.225
Korea, Republik	14.04.1967	01.01.1995	2,549	3.387.621
Kroatien		30.01.2000	0,155	205.995
Kuba	01.01.1948	20.04.1995	0,054	71.766
Kuwait	03.05.1963	01.01.1995	0,216	287.064
Lesotho	08.01.1988	31.05.1995	0,015	19.935
Lettland		10.02.1999	0,051	67.779
Liechtenstein	29.03.1994	01.09.1995	0,028	37.212
Litauen		31.05.2001		
Luxemburg	01.01.1948	01.01.1995	0,297	394.713
Macau, China	11.01.1991	01.01.1995	0,064	85.056
Madagaskar	30.09.1963	17.11.1995	0,015	19.935
Malati	28.08.1964	31.05.1995	0,015	19.935
Malaysia	24.10.1957	01.01.1995	1,465	1.946.985
Malediven	19.04.1983	31.05.1995	0,015	19.935
Mali	11.01.1993	31.05.1995	0,015	19.935
Malta	17.11.1964	01.01.1995	0,05	66.450
Marokko	17.06.1987	01.01.1995	0,163	216.627
Mauretanien	30.09.1963	31.05.1995	0,015	19.935
Mauritius	02.09.1970	01.01.1995	0,044	58.476
Mexiko	24.08.1986	01.01.1995	1,962	2.607.498
Moldau, Republ.		26.07.2001		

Mongolei		29.01.1997	0,015	19.935
Mosambik	27.07.1992	26.08.1995	0,015	19.935
Myanmar	29.07.1948	01.01.1995	0,015	19.935
Namibia	15.09.1992	01.01.1995	0,031	41.199
Neuseeland	30.07.1948	01.01.1995	0,29	385.410
Nicaragua	28.05.1950	03.09.1995	0,018	23.922
Niederlande	01.01.1948	01.01.1995	3,44	4.571.760
Niger	31.12.1963	13.12.1996	0,015	19.935
Nigeria	18.11.1960	01.01.1995	0,222	295.038
Norwegen	10.07.1948	01.01.1995	0,927	1.231.983
Oman		09.11.2000	0,105	139.545
Österreich	19.10.1951	01.01.1995	1,522	2.022.738
Pakistan	30.07.1948	01.01.1995	0,196	260.484
Panama		06.09.1997	0,132	175.428
Papua-Neuguinea	16.12.1994	09.06.1996	0,039	51.831
Paraguay	06.01.1994	01.01.1995	0,075	99.675
Peru	07.10.1951	01.01.1995	0,148	196.692.304
Philippinen	27.12.1979	01.01.1995	0,663	881.127
Polen	18.10.1967	01.07.1995	0,711	944.919
Portugal	06.05.1962	01.01.1995	0,622	826.638
Ruanda	01.01.1966	22.05.1996	0,015	19.935
Rumänien	14.11.1971	01.01.1995	0,182	241.878
Salomonen	28.12.1994	26.07.1996	0,015	19.935
Sambia	10.02.1982	01.01.1995	0,022	29.238

Fortsetzung nächste Seite

Fortsetzung Mitgliederliste

Schweden	30.04.1950	01.01.1995	1,542	2.049.318
Schweiz	01.08.1966	01.07.1995	1,621	2.154.309
Senegal	27.09.1963	01.01.1995	0,024	31.896
Sierra Leone	19.05.1961	23.07.1995	0,015	19.935
Simbabwe	11.07.1948	05.03.1995	0,034	45.186
Singapur	20.08.1973	01.01.1995	2,302	3.059.358
Slowakei	15.04.1993	01.01.1995	0,213	283.077
Slowenien	30.10.1994	30.07.1995	0,177	235.233
Spanien	29.08.1963	01.01.1995	2,477	3.291.933
Sri Lanka	29.07.1948	01.01.1995	0,096	127.548
St. Kitts und Nevis	24.03.1994	21.02.1996	0,015	19.935
St. Lucia	13.04.1993	01.01.1995	0,015	19.935
St. Vincent/ Grenadinen	18.05.1993	01.01.1995	0,015	19.935
Südafrika	13.06.1948	01.01.1995	0,564	749.556
Suriname	22.03.1978	01.01.1995	0,015	19.935
Swasiland	08.02.1993	01.01.1995	0,018	23.922
Taiwan		01.01.2002		
Tansania	09.12.1961	01.01.1995	0,027	35.883
Thailand	20.11.1982	01.01.1995	1,131	1.503.099
Togo	20.03.1964	31.05.1995	0,015	19.935
Trinidad und Tobago	23.10.1962	01.03.1995	0,047	62.463
Tschad	12.07.1963	19.10.1996	0,015	19.935
Tschechische Republik	15.04.1993	01.01.1995	0,532	707.028
Tunesien	29.08.1990	29.03.1995	0,138	183.402
Türkei	17.10.1951	26.03.1995	0,838	1.113.702

Uganda	23.10.1962	01.01.1995	0,019	25.251
Ungarn	09.09.1973	01.01.1995	0,396	526.284
Uruguay	06.12.1953	01.01.1995	0,068	90.372
Venezuela	31.08.1990	01.01.1995	0,335	445.215
Vereinigte Arabische Emirate	08.03.1994	10.08.1996	0,533	708.357
Vereinigte Staaten von Amerika	01.01.1948	01.01.1995	15,631	20.773.599
Vereinigtes Königreich	01.01.1948	01.01.1995	5,991	7.962.039
Zaire	11.09.1971			
Zentralafrikanische Republik	03.05.1963	31.05.1995	0,015	19.935
Zypern	15.07.1963	30.07.1995	0,069	91.701
Summen			100	132.900.000

Anhang 2

Liste der Staaten, die einen Beitritt nicht oder noch nicht beantragt haben

Afghanistan

Äquatorialguinea

Eritrea

Irak

Iran

Kiribati

Komoren

Liberia

Libyen

Marshallinseln

Mikronesien

Monaco

Nauru

Palau

San Marino

Somalia

Syrien

Turkmenistan

Tuvalu

Recht und Zwang im Völkerrecht, insbesondere im Welthandelsrecht

Angelika Emmerich-Fritsche

I. Recht und Zwang

1. Recht ist mit der Befugnis zu zwingen verbunden

Wesensmerkmal des Rechts ist, daß es das Zusammenleben der Menschen ordnet[1] und damit die allgemeine Freiheit verwirklicht.[2] Die andere Seite des Rechts ist die Pflicht.[3] Der Rechtsbegriff ist auf die Durchsetzung des Rechts vor allem durch Zwang angelegt[4], weil die Moralität der Menschen wegen deren empirischen Leidenschaften und Begierden[5] allein die Legalität nicht sichert[6]. Zwang ist ein Übel, das dem, der gegen Rechtspflichten verstößt, auch gegen seinen Willen, wenn nötig unter Anwendung physischer Gewalt, zugefügt wird.[7] Damit ist nicht das sogenannte Recht des Stärkeren gemeint, weil die Stärke, der Zwang als solcher, kein Recht erzeugen.[8] Jeder Mensch verfügt über Ge-

---

[1] *H. Kelsen*, Reine Rechtslehre, 2. Aufl. 1960, Nachdruck 1983, S. 32.

[2] Dazu *K. A. Schachtschneider*, Res publica res populi. Grundlegung einer allgemeinen Republiklehre, 1994, S. 519 ff.

[3] *N. Bobbio*, Menschenrechte und Gesellschaft, in: N. Bobbio, Zeitalter der Menschenrechte, 1998, S. 63 (80).

[4] Vgl. *N. Luhmann*, Rechtssoziologie, Bd. 1, 1972, S. 106 ff.; *K. A. Schachtschneider*, Res publica res populi, S. 545 ff.; *J. Rawls*, Eine Theorie der Gerechtigkeit, 1975, S. 266 f.; *J. Habermas*, Faktizität und Geltung, Beiträge zur Diskurstheorie des Rechts und des demokratischen Rechtsstaats, 1992, S. 45 ff.

[5] *Hobbes*, Leviathan, Vom Staat II, Kap. 17, S. 151.

[6] *K. A. Schachtschneider*, Die Republik der Völker Europas, in: ARSP-Beiheft 71, S. 153 (175); *ders.*, Res publica res populi, S. 555.

[7] *H. Kelsen*, Reine Rechtslehre, S. 34 ff.; enger *K. A. Schachtschneider*, Res publica res populi, S. 555, der den Begriff des Zwangs auf körperliche Gewalt beschränkt. Siehe auch *D. Merten*, Konstruktionsprinzipien staatlicher Gewalt im Verfassungsstaat der Bundesrepublik, in: A. Randelzhofer/W. Süß (Hrsg.), Konsens und Konflikt. 35 Jahre Grundgesetz, Vorträge und Diskussionen einer Veranstaltung der Freien Universität Berlin vom 6.-8.12.1984, 1986, S. 324 ff.

[8] Dazu *Rousseau*, Vom Gesellschaftsvertrag, 1. Buch, 3. u. 4. Kap., S. 9 ff.

walt.[9] Entscheidend unter normativen Gesichtspunkten ist, die *Befugnis* zu zwingen.[10] Aus dem objektiven Recht müssen auf der einen Seite die individuellen Pflichten und Rechte, auf der anderen Seite das Verfahren abgeleitet werden, in welchem das Recht durchgesetzt wird.[11] Die Zwangsbefugnis läßt sich sogar als Begriffsmerkmal des Rechts konzipieren.[12] Wenn dem so ist, ist der Begriff des Zwangs als Merkmal des Rechts zu erörtern. „Rechtsnormen sind", wie Habermas formuliert hat, „unter jeweils verschiedenen Aspekten zugleich Zwangsgesetze und Gesetze der Freiheit."[13] Kant versteht den Zwang mit dem Satz des Widerspruchs als „Verhinderung eines Hindernisses der Freiheit", woraus er folgert, daß „das Recht mit der Befugnis zu zwingen verbunden" sei[14]. Auch die Freiheit als solche, jenes apriorische Recht [15], ist mit der Befugnis zu zwingen verbunden. Sie gibt jedermann die Befugnis, von allen anderen, mit denen er in Gemeinschaft lebt, die gemeinsame / allgemeine Gesetzlichkeit zu verlangen und diese Forderung durchzusetzen.[16] Aus dem (provisorischen) Rechtscharakter des Mein und Dein folgert Kant das Recht des Subjekts, „jedermann, mit dem wir irgend auf eine Art in Verkehr kommen könnten, zu nötigen, mit uns in eine Verfassung zusammen zu treten, worin jenes gesichert werden kann."[17]

2. Zwangsbefugnis als Merkmal des Rechts im strikten Sinn

Nun ist zu fragen, ob aus der Annahme, daß mit dem Recht, die Befugnis zu zwingen verbunden ist, auch gefolgert werden muß, daß die Befugnis zu zwingen zum Wesen des Rechts gehört, ja den Rechtscharakter ausmacht. Dies hätte zur Konsequenz, daß, wie Schachtschneider festgestellt hat, nicht erzwingbare

---

[9] *K. A. Schachtschneider*, Grundgesetzliche Aspekte der freiberuflichen Selbstverwaltung, Die Verwaltung, 31 (1998), S. 139 (151).

[10] *Kant*, Metaphysik der Sitten, hrsg. v. W. Weischedel, 1983, Bd. 7, S. 338 f. (A 34, 35, AB 36); *K. A. Schachtschneider*, Res publica res populi, S. 553 ff.; s.a. *H. Kelsen*, Reine Rechtslehre, S. 35.

[11] *A. Bleckmann*, Allgemeine Staats- und Völkerrechtslehre, 1995, S. 506.

[12] *K. A. Schachtschneider*, Res publica res populi, S. 554 ff.; siehe auch *ders.*, Die Staatlichkeit der Europäischen Gemeinschaft, in: M. Vollkommer, Auf dem Weg in ein vereintes Europa. Atzelsberger Gespräche 1992, 1994, S. 81 (84 ff.).

[13] Faktizität und Geltung, S. 47.

[14] *Kant*, Metaphysik der Sitten, S. 339 (AB 36).

[15] *Kant*, Metaphysik der Sitten, S. 345 (AB 45). Art. 1 Satz 1 der Französische Erklärung von 1789 lautet: „Die Menschen werden frei und gleich an Rechten geboren und bleiben es." Art. 1 Satz 1 der Allgemeinen UN-Erklärung der Menschenrechte stellt fest: „Alle Menschen sind frei und gleich an Würde und Rechten geboren."

[16] *K. A. Schachtschneider*, Res publica res populi, S. 291.

[17] *Kant*, Metaphysik der Sitten, S. 366 (AB 74).

Handlungsmaximen nur moralisch verbindlich sind, selbst wenn sie gesetzlich oder vertraglich festgelegt sind und ein Gericht sie zu klären die Kompetenz hat. Hiermit sind insbesondere die Verbindlichkeiten aus völkerrechtlichen Verträgen angesprochen.[18]

Heller beurteilt die Zwangsbefugnis als Wesensmerkmal des Rechts skeptisch, weil der Zwang auch Konventionen nicht unbekannt sei, aber dem Völkerrecht und grundlegenden Teilen des Staatsrechts fehle.[19] Konventionen haben allerdings als private Übereinkünfte Rechtscharakter.[20] Auch Jellinek klammert das Zwangselement aus dem Rechtsbegriff aus und ersetzt dieses durch den Begriff der „Garantie". Letztere sei anzunehmen, wenn „sozialpsychologische Mächte" die motivierende Kraft der Vorschriften verstärken und ihnen so allgemeine Durchsetzungsfähigkeit verleihen.[21]

Kelsen lehnt eine Definition des Rechts, die dieses nicht als Zwangsordnung bestimmt, ab.[22] Er stellt aber klar: „Daß das Recht eine Zwangsordnung ist, bedeutet nicht ..., daß es zum Wesen des Rechts gehört, das rechtmäßige, von der Rechtsordnung gebotene Verhalten zu „erzwingen". Dieses Verhalten wird nicht durch die Setzung des Zwangsaktes erzwungen, denn der Zwangsakt ist gerade dann zu setzen, wenn nicht das gebotene, sondern das verbotene, das rechtswidrige Verhalten erfolgt."[23]

Kant antwortet auf die Frage, ob die Zwangsbefugnis für den Rechtscharakter konstitutiv ist:

„Das strikte Recht kann auch als die Möglichkeit eines mit jedermanns Freiheit nach allgemeinen Gesetzen zusammenstimmenden durchgängigen wechselseitigen Zwangs vorgestellt werden. ... So, wie nämlich das Recht überhaupt nur das zum Objekte hat, was in Handlungen äußerlich ist, so ist das strikte Recht, nämlich das, dem nichts Ethisches beigemischt ist, dasjenige welches keine anderen Bestimmungsgründe der Willkür als bloß die äußeren fordert; denn als denn ist es rein und mit keinen Tugendvorschriften vermengt. Ein striktes (enges) Recht kann man also nur das völlig äußere nennen. Dieses gründet sich nun zwar auf dem Bewußtsein der Verbindlichkeit eines jeden nach dem Gesetze, aber die Willkür darnach zu bestimmen darf und kann es, wenn es rein sein soll, sich auf dieses Bewußtsein als Triebfeder nicht berufen, sondern fußet sich des-

---

[18] *K. A. Schachtschneider*, Res publica res populi, S. 554.

[19] *H. Heller*, Staatslehre, 2. Aufl. 1961, S. 188.

[20] *K. A. Schachtschneider*, Staatsunternehmen und Privatrecht. Kritik der Fiskustheorie, exemplifiziert an § 1 UWG, 1986, S. 421 ff.; *ders.*, Das Sittengesetz und die guten Sitten, in: FS W. Thieme, 1993, S. 206 (220).

[21] *G. Jellinek*, Allgemeine Staatslehre, 2. Aufl. 1905, S. 326.

[22] *H. Kelsen*, Reine Rechtslehre, S. 34 ff., 55.

[23] *H. Kelsen*, Reine Rechtslehre, S. 36.

halb auf dem Prinzip der Möglichkeit eines äußeren Zwanges, der mit der Freiheit von jedermann nach allgemeinen Gesetzen zusammen bestehen kann. – Wenn also gesagt wird: ein Gläubiger hat ein Recht, von dem Schuldner die Bezahlung seiner Schuld zu fordern, so bedeutet das nicht, er kann ihm zu Gemüte führen, daß ihn seine Vernunft selbst zu dieser Leistung verbinde, sondern ein Zwang, der jedermann nötigt, dieses zu tun, kann gar wohl mit jedermanns Freiheit, also auch mit der seinigen, nach einem allgemeinen äußeren Gesetze zusammen bestehen: Recht und Befugnis zu zwingen bedeuten also einerlei."[24]

Der Begriff des Rechts im strikten Sinn ist nach Kant also nicht das innere Bewußtsein, nach dem kategorischen Imperativ zu handeln, sondern die *äußere Befugnis*, ein solches Handeln einzufordern. Die Befugnis zu zwingen ist bei Kant wesensnotwendig mit dem Begriff des Rechts im strikten Sinn verbunden.[25] „Das Rechtsgesetz ist folglich eine auf die Begründung von Pflichten, denen Zwangsbefugnisse korrespondieren, spezialisierte Version des kategorischen Imperativs" (Kersting).[26]

Der Begriff des „strikten Rechts" legt die Vermutung nahe, daß es darüber hinaus einen Begriff des Rechts im weiteren Sinn gibt. Darauf deuten auch die im angelsächsischen Raum gebräuchliche Unterscheidung zwischen „moral rights" and „legal rights" oder der Begriff des „soft laws" hin. Die sogenannten moralischen oder natürlichen Rechte sind keine Rechte i.e.S.: „Es sind nur Ansprüche, die geltend gemacht und eventuell in einer neuen normativen Ordnung in Rechte transformiert werden, wo sie dann tatsächlich garantiert werden können."[27]

3. Staatliche Zwangsordnung

Zwang ist nicht jede Form von Gewaltausübung.[28] Zwang ist jedenfalls körperliche Gewalt, die in der Republik ultima ratio ist.[29] Über Gewalt verfügt

---

[24] *Kant*, Metaphysik der Sitten, S. 339 f. (AB 36).

[25] Dazu *W. Kersting*, Wohlgeordnete Freiheit. Immanuel Kants Rechts- und Staatsphilosophie, 1984, S. 29 ff.

[26] *W. Kersting*, Wohlgeordnete Freiheit, S. 31.

[27] *N. Bobbio*, Menschenrechte und Gesellschaft, in: ders., Zeitalter der Menschenrechte, S. 63 (81).

[28] Allgemein zum Begriff der Gewalt: *K. A. Schachtschneider*, Grundgesetzliche Aspekte der freiberuflichen Selbstverwaltung, Die Verwaltung 1998, S. 139 (151 ff.), den dieser nicht nur normativ begreift; *D. Merten*, Rechtsstaat und Gewaltmonopol, 1975, S. 42 f.; *H. Hofmann*, Grundpflichten als verfassungsrechtliche Dimension, VVDStRL 41 (1983), S. 42 (56); *M. Kriele*, Freiheit und Gleichheit, in: HVerfR 1983, S. 129 (136 f.); *J. Isensee*, Staat und Verfassung, HStR I, § 13 Rdn. 74 ff.; *V. Götz*, Innere Sicherheit, HStR III, § 79, Rdn. 1 ff., 29 ff.; *Ch. Link*, VVDStRL 48 (1990), S. 28 f., LS 11.

nicht nur der Staat, sondern jeder Mensch. Nur deswegen besitzt sie auch der Staat, der die Gewalt seiner Bürger in sich vereinigt.[30] Dadurch ist er jedem einzelnen Menschen und jeder Gruppe in seinem Gebiet an Gewalt überlegen (suprema potestas)[31] und schafft so eine Friedensordnung[32], ohne die der Weg in die selbstvernichtende Anarchie führt. Eindrücklich ließ sich dies beispielsweise an den Ereignissen in Somalia ablesen, die die dunkelsten Befürchtungen Hobbes in seinem Leviathan in der Realität zu bestätigen scheinen.[33] Die Notwendigkeit einer Ordnung kollektiver Sicherheit entspricht der friedensphilosophischen Begründung des modernen Staates.[34] Dieser ist traditionell Territorialstaat, der durch die Gebietlichkeit gekennzeichnet ist. Zur Gebietshoheit wird die Möglichkeit gezählt, die Rechtlichkeit zu erzwingen.[35] Diese Möglichkeit erfordert einen Staat, der sich gegenüber jeder Gewalt in seinem Gebiet durchzusetzen vermag; denn der Staat ist nach Cicero die Rechtsgemeinschaft seiner Bürger[36] oder nach Kant „die Vereinigung einer Menge von Menschen unter Rechtsgesetzen"[37]. Anders als in primitiven Rechtsordnungen ist im modernen Staat die physische Gewaltanwendung von Mensch zu Mensch zur Rechtsdurchsetzung grundsätzlich verboten oder nur subsidiär erlaubt und den Staatsorganen vorbehalten.[38] Es hat sich der Begriff des staatlichen Gewalt- oder Zwangsmonopols ausgeprägt, der kritikwürdig ist, weil die staatliche Zwangsordnung die Gewaltanwendung zwischen Individuen nicht ausschließt[39].[40] Die

---

29 *K. A. Schachtschneider*, Res publica res populi, S. 555, der den Zwangsbegriff hierauf beschränkt; *D. Merten*, Konstitutionsprinzipien staatlicher Gewalt im Verfassungsstaat der Bundesrepublik, in: A. Randelzhofer/W. Süß (Hrsg.), Konsens und Konflikt. 35 Jahre Grundgesetz, 1986, S. 324 ff.

30 *Hobbes,* Leviathan, Vom Staat II, Kap. 17, S. 155, 259.

31 *K. A. Schachtschneider*, Grundgesetzliche Aspekte der freiberuflichen Selbstverwaltung, Die Verwaltung 31 (1998), S. 139 (151).

32 Vgl. *H. Kelsen*, Reine Rechtslehre, S. 38 ff.

33 *G. Gottlieb*, Nation Against State, 1993, S. 91.

34 *H. Krüger*, Allgemeine Staatslehre, 2. Aufl. 1966, S. 1 ff.

35 *K. A. Schachtschneider*, Grundgesetzliche Aspekte der freiberuflichen Selbstverwaltung, Die Verwaltung 1998, S. 139 (151 f.); vgl. auch *H. Kelsen*, Reine Rechtslehre, S. 49 ff.

36 De re publica, ed. Büchner, S. 144: „Quid est enim civitas nisi iuris societas civium?"

37 Metaphysik der Sitten, S. 431 (A 165 B 195); dazu *K. A. Schachtschneider*, Res publica res populi, S. 17, 162, 519.

38 *H. Kelsen*, Reine Rechtslehre, S. 37 f.

39 *H. Kelsen*, Reine Rechtslehre, S. 39.

40 Dazu krit. *K. A. Schachtschneider*, Grundgesetzliche Aspekte der freiberuflichen Selbstverwaltung, Die Verwaltung 1998, S. 139 (151 ff.).

Rechtsordnung ist aber auch insoweit Zwangsordnung, als sie das Recht zur Selbsthilfe ordnet.[41]

4. Zum Rechtscharakter des Völkerrechts

Schließlich ist zu prüfen, inwieweit dem Völkerrecht Rechtscharakter zukommt. Das Völkerrecht ist Recht im strikten Sinn, wenn es eine vom Willen anderer unabhängige Zwangsordnung menschlichen Verhaltens ist, d. h., wenn es die Nichtbefolgung der von ihm bestimmten Tatbestände mit Zwangsakten bewehrt. Die Beantwortung der Frage, ob das Völkerrecht Recht im strikten Sinn ist, hängt auch davon ab, welchen Anforderungen die Befugnis zu zwingen genügen muß.

a) These von der Unverbindlichkeit des Völkerrechts

Wer einen dem innerstaatlichen Recht vergleichbaren Zwangsapparat verlangt, kommt dazu, die Existenz des Völkerrechts überhaupt zu leugnen.[42] Austin hat behauptet, weil Recht mit der Befugnis zu zwingen verbunden sei, setze es stets Machtunterworfenheit voraus, die international nicht gegeben sei.[43]

b) These vom Völkerrecht als schwachem Recht

Bobbio hat geäußert, „im internationalen System ... fehlen einige der notwendigen Bedingungen zur Bewältigung des Übergangs von Rechten im schwachen zu Rechten im starken Sinne: „a) Die Anerkennung und der Schutz der Forderungen und Ansprüche, die in den Erklärungen der internationalen Organisationen und ihrer Organe enthalten sind, werden nicht als unabdingbare Voraussetzung für die Mitgliedschaft eines Staates in der internationalen Gemeinschaft angesehen; b) Es fehlt im internationalen System ein gemeinsames Machtmittel, das stark genug wäre, Verletzungen der erklärten Rechte vorzubeugen oder zu unterdrücken“[44].

---

[41] Vgl. *H. Kelsen*, Reine Rechtslehre, S. 38.

[42] *Hobbes*, Elements of natural law and politic, hrsg. v. F. Tönnies, Neudruck d. Ausg. v. 1889, 1928, lib. II, cap. 10.

[43] *J. Austin*, The Province of Jurisprudence Reyisted, hrsg. v. Hart, H.L.A., 1954, S. 140 ff., 200 f.

[44] *N. Bobbio*, Menschenrechte und Gesellschaft, in: ders., Zeitalter der Menschenrechte, S. 63 (83).

c) These vom Völkerrecht als Konsensrecht mit eingeschränkter Verbindlichkeit

Wegen nationalstaatlicher Souveränitätsansprüche können internationale Verrechtlichungs- und Institutionalisierungsversuche scheitern.[45] Völkerrecht, so wird angenommen, bleibe im wesentlichen Konsensrecht mit ungesicherter Verbindlichkeit.[46] Es sei Kooperationsrecht, nicht Zwangsrecht.[47]

Schachtschneider hat, nachdem er Völkerrecht zunächst als bloße „moralischen Verbindlichkeiten", als soft law eingeordnet hat[48], später vertreten, daß das Völkerrecht Recht sei, dessen Verbindlichkeit nicht mit Zwang durchgesetzt werden könne.[49]

d) Völkerrecht als Teil des öffentlichen Rechts bei Kant

„Völkerrecht" heißt bei Kant, daß die Beziehung der Staaten zueinander rechtsförmig sein soll. Kant fordert in seiner Schrift zum ewigen Frieden eine internationale Rechtsordnung. Er sieht das Völkerrecht als Teil des öffentlichen Rechts.[50] Die Tatsache, daß das Völkerrecht durch den Völkerbund gegenüber den Bürgern nicht erzwingbar ist, nimmt dem Völkerrecht auch bei Kant, der geäußert hat, daß Recht mit der Befugnis zu zwingen verbunden sei (s.o.), nicht den Rechtscharakter, „weil sie, als Staaten, innerlich schon eine rechtliche Verfassung haben und also dem Zwange anderer, sie nach ihren Rechtsbegriffen unter eine erweiterte gesetzliche Verfassung zu bringen, entwachsen sind."[51]. Der von Kant verwendete Terminus „Föderalism" sagt, daß die internationale Rechtsordnung nicht notwendig die Form eines Staates haben muß, sondern als vorstaatliche Form einer freien Assoziation, eines Staatenbundes oder Völkerbundes, organisiert sein kann.[52]

Einer freien Assoziation fehlt mangels gemeinschaftlicher Organe jede überparteiliche Zwangsmöglichkeit. Wesentlich für die Staatlichkeit eines Staatenbundes ist die Existenz einer Internationalen Gerichtsbarkeit, die es in einer rein vertraglichen Staatenassoziation nicht gibt. Um die Vereinbarung zu sichern,

---

[45] *A. Kopke*, Rechtsbeachtung und -durchsetzung in GATT und WTO, 1997, S. 2.

[46] *A. Kopke*, Rechtsbeachtung, S. 2. Zu den unterschiedlichen Rechtsauffassungen: *K. Ipsen*, Völkerrecht, 1990, S. 6 ff.

[47] Vgl. *K. Ipsen*, Völkerrecht, 1999, S. 8, Rdn. 19; *W. Graf Vitzthum*, in: ders. (Hrsg.), Völkerrecht, 1997, S. 36 f., Rdn. 51.

[48] *K. A. Schachtschneider*, Res publica res populi, S. 554.

[49] Grundgesetzliche Aspekte der Selbstverwaltung, Die Verwaltung 1998, S. 139 (152, Fn. 85).

[50] *Kant*, Metaphysik der Sitten, S. 429 (A 161, 162 B 191, 192).

[51] Vgl. *Kant*, Zum ewigen Frieden, S. 211 (BA 35, 36).

[52] *Kant*, Zum ewigen Frieden, S. 209 (BA 31, 32).

scheidet Krieg für Kant als legitimes Mittel generell aus[53]. Daraus wird gefolgert, der von Kant vorgeschlagene Völkerbund sei eine Rechtslösung ohne Sicherung, folglich ein Recht unter Vorbehalt, ein Provisorium, das zur eigentlichen Aufgabe, der staatsförmigen Sicherung des Rechts, nur ein Durchgangsstadium sein könne.[54] Das Recht der Staatengemeinschaft wandelt sich um so mehr in striktes Recht, als die Staaten „sich zu öffentlichen Zwangsgesetzen bequemen" und gemeinsame Organisationen zu ihrer Sicherung und Durchsetzung, also allmählich einen „Völkerstaat (civitas gentium)"[55] schaffen.

e) These vom Völkerrecht als Recht i.e.S.

Ein Verständnis der Rechtsordnung als Zwangsordnung gehe nach Benedek an den heute vorherrschenden völkerrechtlichen Realitäten, die durch die Tätigkeit Internationaler Organisationen geprägt würden, vorbei.[56] Im Völkerrecht der Internationalen Wirtschaftsbeziehungen überwiege der genossenschaftliche Charakter des Völkerrechts. Die Befolgung des Völkerrechts erkläre sich vor allem aus dem (kollektiven) Eigeninteresse der Rechtsgenossen und nicht aus der Ausstattung der Rechtsordnung mit einer Zwangsgewalt. Der notwendige Interessenausgleich zwischen den Staaten funktioniere am ehesten mit gemeinschaftlichen Formen der Streitbeilegung im Wege von Untersuchung, Verhandlung, Vermittlung und Vergleich, nicht jedoch durch eine verurteilende Gerichtsbarkeit.[57] Er erkennt aber im Völkerrecht der Kooperation eine neue Entwicklungsstufe des Völkerrechts mit neuen Formen der Rechtsdurchsetzung.[58]

Nach Jellinek ist das Völkerrecht öffentliches Recht.[59] Der Mangel an Erzwingbarkeit hafte dem Staatsrecht ebenso wie dem Völkerrecht an; denn wenn sich alle Staatsorgane gegen das Recht zusammentäten, könne niemand den Staat mit Mitteln des Staatsrechts zwingen.[60]

Auch Kimminich betrachtet die Zwangsdurchsetzung nicht als entscheidendes Kriterium des Rechts. Im übrigen sieht er, dem genossenschaftlichen Cha-

---

[53] *Kant*, Zum ewigen Frieden, S. 211 f. (BA 35, 36 f.).

[54] *O. Höffe*, Völkerbund oder Weltrepublik?, in: ders. (Hrsg.), Zum ewigen Frieden, 1995, S. 109 (121).

[55] *Kant*, Zum ewigen Frieden, S. 212 (BA 37, 38).

[56] *W. Benedek*, Die Rechtsordnung des GATT aus völkerrechtlicher Sicht, 1990, S. 283.

[57] *W. Benedek*, Die Rechtsordnung des GATT aus völkerrechtlicher Sicht, S. 285.

[58] *W. Benedek*, Die Rechtsordnung des GATT aus völkerrechtlicher Sicht, S. 284.

[59] *G. Jellinek*, Die Rechtliche Natur der Staatenverträge. Ein Beitrag zur juristischen Konstruktion des Völkerrechts, 1880, S. 42.

[60] *G. Jellinek*, Die Rechtliche Natur der Staatenverträge, S. 33.

rakter des Völkerrechts entsprechend, durchaus Zwangsmöglichkeiten.[61] Er verweist dabei vor allem auf das Prinzip der Gegenseitigkeit. Die Erwartung gegenseitiger Pflichterfüllung fördert die Durchsetzung des Völkerrechts.[62]

Kelsen geht davon aus, daß die Bindungswirkung des Völkerrechts entweder aus einer Grundnorm des über den Staaten stehenden Völkerrechts (völkerrechtlicher Monismus) oder aus einer Grundnorm des über dem Völkerrecht stehenden Staatsrechts (staatsrechtlicher Monismus) abgeleitet werden könne.[63] Der Monismus lehrt die Einheit von Völkerrecht und nationalem Recht. Nach der monistischen Lehre mit dem Primat des Staatsrechts ist das Völkerrecht Teil der jeweiligen staatlichen Rechtsordnung.[64] Nach der monistischen Lehre mit dem Primat des Völkerrechts ist das Völkerrecht eine ursprüngliche Rechtsordnung, welches seine Geltungsweise selbst bestimmt[65]. Kelsen favorisierte einen völkerrechtlichen Monismus.[66] Kelsen hat die Wirksamkeit einer Norm durchaus von der Existenz von Zwangsbefugnissen abhängig gemacht. Die Zwangsbefugnisse des Völkerrechts sieht er in der legitimen Ausübung von kollektiver oder individueller Selbsthilfe.[67] Zu denken ist dabei etwa an die Rechte der Selbstverteidigung, der Nothilfe oder kollektiver Maßnahmen der Vereinten Nationen z. B. nach Art. 39 UN-Charta. (Diese Maßnahmen sind nicht zu verwechseln mit der auch im Naturzustand gegebenen tatsächlichen Möglichkeit, Krieg zu führen, aus welcher keine Befugnis zu zwingen folgt.)

f) Stellungnahme zum Rechtscharakter des Völkerrechts

Die absolutistischen Kategorien der Macht, der Gewalt als Empirismen erfassen den normativen Verfahrenscharakter des Rechts nicht. Sogar Max Weber hat erkannt: Recht beginnt nicht erst, wo Macht vorhanden ist. Es ersetzt die-

---

[61] *O. Kimminich/S. Hobe*, Einführung in das Völkerrecht, 7. Aufl. 2000, S. 490 ff.

[62] *K. Ipsen*, Völkerrecht, S. 46.

[63] *H. Kelsen*, Reine Rechtslehre, S. 332 ff.

[64] *M. Wenzel*, Juristische Grundprobleme I, Der Begriff des Gesetzes, 1929, S. 387; *A. Zorn*, Grundzüge des Völkerrechts, 2. Aufl. 1903, S. 300 ff.; *H. Pohl*, Völkerrecht und Außenpolitik in der Reichsverfassung, 1929, S. 4; vgl. auch *O. Kimminich*, Einführung in das Völkerrecht, 6. Aufl. 1997, S. 239; *K. A. Schachtschneider/A. Emmerich-Fritsche*, Das Verhältnis des Europäischen Gemeinschaftsrechts zum nationalen Recht Deutschlands, DSWR 1999, 18 f.

[65] Einschränkend im Hinblick auf den Vorrang des Völkerrechts der sogenannte gemäßigte Monismus, vgl. *I. Seidl-Hohenveldern*, Völkerrecht, 1994, Rdn. 549.

[66] *H. Kelsen*, Das Problem der Souveränität und die Theorie des Völkerrechts, 2. Aufl. 1928; *ders.*, Die Einheit von Völkerrecht und staatlichem Recht, ZaöRV (19) 1958, S. 234 ff.; *ders.*, Vom Geltungsgrund des Rechts, FS für Alfred Verdross, 1960, S. 157 ff.

[67] *H. Kelsen*, Reine Rechtslehre, 1960, S. 215 ff., 321 ff.

se.[68] Die Befugnis zu zwingen, um Hindernisse der Freiheit zu beseitigen, ist mit bloßer Macht nicht gleichzusetzen. Eine solche Position würde die grundlegende Unterscheidung zwischen Rechtsnorm und Tatsache, zwischen Sollen und Sein aufgeben.[69] Entscheidend für die Befugnis zu zwingen ist die Institutionalisierung von verbindlichen Kontroll- und Sanktionsverfahren. In den internationalen Beziehungen sind verstärkt Verrechtlichungs- und Institutionalisierungsbemühungen zu beobachten. Davon zeugt insbesondere die Welthandelsorganisation (dazu noch näher unter C.).

Die Behauptung, dem Völkerrecht und damit auch dem Recht der Welthandelsorganisation komme mangels Erzwingbarkeit kein Rechtscharakter zu[70], ist nicht zutreffend. Dies kann wie folgt begründet werden:

aa) Verbindlichkeit des Konsenses

Nicht nur das Völkerrecht, auch das staatliche Recht ist wesentlich nicht nur Zwangs-, sondern vor allem Konsensrecht. Der Konsens begründet rechtliche Verbindlichkeit.[71] Dies vermitteln die Konsenslehre[72], die Ideen der *volonté générale*[73] und der Autonomie[74]. Wäre das Merkmal des Zwanges, der Kern des Rechts, wäre der Rechtsbegriff in sein Gegenteil verkehrt: in Herrschaft und Unterdrückung. Würde nämlich jede Rechtshandlung erst erzwungen werden müssen und würde sie nicht in der Regel aufgrund eines gemeinsamen Einverständnisses befolgt, würden die gängigen staatlichen Zwangsmittel nicht ausreichen. Es bedürfte des ständigen Einsatzes militärischer Gewalt.[75] Wer sich auf den Konsens als Geltungsgrund für das Recht beruft (IV.3), kann somit dessen verpflichtenden Charakter nicht gänzlich abstreiten.

---

[68] *A. Kopke*, Rechtsdurchsetzung, S. 3, Fn. 8; vgl. auch *K. Ipsen*, Völkerrecht, S. 7, Rdn. 19.

[69] *K. Ipsen*, Völkerrecht, S. 7, Rdn. 19.

[70] Dieses Problem wird im Völkerrecht im allgemeinen unter Geltungsgrund und Effektivität des Völkerrechts diskutiert, dazu *K. Ipsen*, Völkerrecht, S. 7 ff., 46 ff.

[71] Vgl. BVerfGE 89, 155 (188); *A. Verdross/B. Simma*, Universelles Völkerrecht, S. 58 ff., 18 ff.; *K. Ipsen*, Völkerrecht, S. 15 f.; *K. A. Schachtschneider*, Res publica res populi, S. 526 ff., *A. Emmerich-Fritsche*, Grundsatz der Verhältnismäßigkeit, S. 124; *H. Mosler*, The International Society, 1980, S. 16.

[72] *J. Habermas*, Erläuterungen zur Diskursethik, 1991, S. 25, 32.

[73] *Rousseau*, Vom Gesellschaftsvertrag, I, 6. Kap., II, 1., 3.

[74] *Kant*, Metaphysik der Sitten, S. 337 (A 33 B 33, 34); dazu *K. A. Schachtschneider*, Res publica res populi, S. 275 ff.

[75] *M. Barkun*, Law without Sanctions. Order in Primitive Societies and the World Community, 1968, S. 62.

bb) Pacta sunt servanda – Selbstbindung der Völker

Im Völkerrecht gilt der Grundsatz „pacta sunt servanda" – ein Rechtsgrundsatz. Er entstammt dem Völkergewohnheitsrecht und ist in Art. 26 WVK positiviert. Diese Bestimmung lautet: „Ist ein Vertrag in Kraft, so bindet er die Vertragsparteien und ist von ihnen nach Treu und Glauben zu erfüllen." Das Bonafides-Prinzip, mit dem der Grundsatz verbunden ist, entstammt dem antikmittelalterlichen *ius gentium*.[76] Dies ist sein rechtlicher Geltungsgrund. Gegen Ende des 19. Jahrhunderts ist die Selbstbindung als Grundlage des Völkerrechts von Jellinek verteidigt worden.[77] Diese Idee führt folgerichtig zu Ende gedacht[78] zur Lehre vom „äußeren Staatsrecht"[79]. Sie wird heute noch auf der Grundlage einer republikanischen Konzeption als umgekehrter Monismus der Sache nach von Schachtschneider vertreten.[80] In einer Republik geht „alle Staatsgewalt vom Volk" aus (vgl. Art. 20 Abs. 2 GG), das unter einer gemeinsamen bürgerlichen Verfassung lebt. Das Völkerrecht basiert auf der Existenz und den Beziehungen verschiedener Nationen als selbstbestimmte Staatsvölker, die sich als gleich achten (vgl. Art. 2 Nr. 1 UN-Charta). Die Verbindlichkeit des völkerrechtlichen Vertrags beruht somit auf dem gemeinsamen und übereinstimmenden Willen der in den Völkern zusammengeschlossenen Menschen, die ihn in ihre nationalen Rechtsordnungen aufgenommen haben.[81]

cc) Folgerungen aus einem monistischen Rechtsbegriff

Folgt man einem einheitlichen, monistischen Rechtsbegriff, kann die Rechtlichkeit des Völkerrechts nicht verneint werden.

Nicht nur der völkerrechtliche, auch der staatsrechtliche Monismus lehnt ein dualistisches Verständnis von Völker- und Staatsrecht ab. Recht ist „der allgemeine Wille zum Richtigen für das gute Leben aller in allgemeiner Freiheit auf der Grundlage der Wahrheit"[82]. Weil das Recht, welches beansprucht, freiheitlich zu sein, nur auf dem Willen des Volkes beruhen kann (vgl. Art. 20 Abs.2

---

[76] *A. Verdross/B. Simma*, Universelles Völkrerrecht, § 578, §§ 60 ff., 459 ff.

[77] *G. Jellinek*, Die Rechtliche Natur der Staatenverträge, 1880, S. 2 f., 45.

[78] Dies erkennen auch *A. Verdross/B. Simma*, Universelles Völkerrecht, § 14.

[79] So erstmalig *Hegel*, Rechtsphilosophie, 1811, § 333.

[80] *K. A. Schachtschneider*, Die existentielle Staatlichkeit der Völker Europas, in: W. Blomeyer/ders. (Hrsg.), Die Europäische Union als Rechtsgemeinschaft, 1995, S. 75 (95 f.).

[81] Vgl. dazu *K. A. Schachtschneider/A. Emmerich-Fritsche*, Das Verhältnis des Europäischen Gemeinschaftsrechts zum nationalen Recht Deutschlands, DSWR 1999, 17 (18 ff.).

[82] *K. A. Schachtschneider*, Res publica res populi, S. 996.

GG), kann es eine Eigenständigkeit des Völkerrechts, das keine Weltordnung und damit kein Weltvolk konzipiert, nicht geben. Nach der zutreffenden These von Schachtschneider „unterscheiden sich Völkerrecht und Staatsrecht nicht wesentlich voneinander, wenn die Staatlichkeit des gemeinsamen Lebens republikanisch verfaßt wird, weil das Recht unabhängig von seiner Materie und seinem Wirkungsbereich auf der Freiheit der Bürger, auf dem Willen des Volkes beruht. Die Völker selbst sichern die Verbindlichkeit (und damit auch die Durchsetzung, Anmerk.) des Rechts unter den Völkern, wenn sie sich zu Republiken, d. h. als freiheitliches Gemeinwesen verfaßt haben. Das Völkerrecht ist nicht minder der Wille der Völker als das Staatsrecht. Das Wesen der Republik ist die Verwirklichung der Freiheit durch die Rechtlichkeit unter den Menschen. Wenn allerdings dem Staat die eigenständige vom Volk unabhängige Existenz zuerkannt wird..., wenn also der Staat als Herrschaftsgebilde konzipiert wird, sind Staatsrecht und Völkerrecht wesensverschieden."[83]

dd) Zwang im Völkerrecht

Aus der Tatsache, daß die Durchsetzung des Völkerrechts als genossenschaftliches Recht den Völkern obliegt[84] und aus demokratischen Gründen obliegen muß, kann jedenfalls nicht gefolgert werden, das Völkerrecht sei nicht mit der Befugnis zu zwingen verbunden, entbehre also des Rechtscharakters. Das Welthandelsrecht, aber selbst das integrationistische Europäische Gemeinschaftsrecht sind als gemeinschaftliches (funktional) staatliches Recht[85] auf die Durchsetzung seitens der Mitgliedstaaten und auf das Zusammenspiel mit den nationalen Rechtsordnungen angewiesen[86]; denn die Zwangsbefugnisse verbleiben den verfaßten Völkern, welche die existentiellen Staaten sind[87].

Die Durchsetzbarkeit des in den Staaten geltenden Völkerrechts als Teil des öffentlichen Rechts ist *in* den Staaten gesichert, wenn und soweit die Staaten Rechtsstaaten sind und die rule of law auch praktizieren. Sie hängt also vom Rechts- und Zwangscharakter des innerstaatlichen Rechts ab. Deshalb hat Kant

---

[83] *K. A. Schachtschneider*, Die Staatlichkeit der Europäischen Gemeinschaft, in: M. Vollkommer (Hrsg.), Auf dem Weg in ein vereintes Europa, S. 81.

[84] *H. Triepel*, Völkerrecht und Landesrecht, 1899, S. 271; *O. Kimminich*, Einführung in das Völkerrecht, 6. Aufl. 1997, S. 490 ff.; *A. Verdross/B. Simma*, Universelles Völkerrecht, S. 37 f., § 45.

[85] Dazu *K. A. Schachtschneider*, Die existentielle Staatlichkeit der Völker Europas, S. 75 (87 ff.).

[86] *Th. Oppermann/J. C. Casante*, Dispute Settlement in the EC: Lessons for the GATT/WTO Dispute Settlement System?, in: E.-U. Petersmann (Hrsg.), 1997 (1999) S. 469 (470 f.).

[87] *K. A. Schachtschneider*, Die existentielle Staatlichkeit der Völker Europas, S. 94.

im Ersten Definitivartikel Zum ewigen Frieden gefordert: „Die bürgerliche Verfassung in jedem Staate soll republikanisch sein.“[88]

Wären alle Staaten Republiken, wären Zwangsmittel zur Durchsetzung des Völkerrechts ihnen gegenüber nicht erforderlich. Davon ging auch Kant aus, der dies sogar ablehnte. Nach dem Völkerrecht könne von Staaten nicht das gelten,

> „was von Menschen im gesetzlichen Zustande nach dem Naturrecht gilt, „aus diesem Zustande herausgehen zu sollen“ (weil sie, als Staaten, innerlich schon eine rechtliche Verfassung haben, und also dem Zwange anderer, sie nach ihren Rechtsbegriffen unter eine erweiterte gesetzliche Verfassung zu bringen, entwachsen sind), indessen muß doch die Vernunft, vom Throne der höchsten moralischen gesetzgebenden Gewalt herab, den Krieg als Rechtsgang schlechterdings verdammt, den Friedenszustand dagegen zur unmittelbaren Pflicht macht, welcher doch ohne einen Vertrag der Völker unter sich, nicht gestiftet oder gesichert werden kann: – so muß es einen Bund von besonderer Art geben, den man den Friedensbund (foedus pacificum) nennen kann, der vom Friedensvertrag (pactum pacis) darin unterschieden sein würde, daß dieser bloß einen Krieg, jener aber alle Kriege auf immer zu endigen suche. Dieser Bund geht auf keinen Erwerb irgend einer Macht des Staats, sondern lediglich auf Erhaltung und Sicherung der Freiheit eines Staats, für sich selbst und zugleich anderer verbündeter Staaten, ohne daß diese doch sich deshalb (wie Menschen im Naturzustande) öffentlichen Gesetzen, und einem Zwange unter denselben, unterwerfen dürfen.“[89]

Gemäß Art. 26 WVK[90] haben die Staaten völkerrechtliche Verträge nach Treu und Glauben zu erfüllen. Nach Art. 27 WVK kann sich eine Vertragspartei nicht auf ihr innerstaatliches Recht berufen, um die Nichterfüllung eines Vertrages zu rechtfertigen. Art. XVI Abs. 4 WTO-Rahmenübereinkommen[91] verpflichtet die Mitgliedstaaten, sicherzustellen, daß ihre Rechtsordnung den Übereinkommen entspricht. Fraglich ist, inwieweit darüberhinaus erzwingbar ist, daß die Staaten das Völkerrecht einhalten.

Die Durchsetzbarkeit des Völkerrechts *gegenüber* den einzelnen Staaten kann seinen Rechtsgrund nur im gemeinsamen Willen der Völker finden. Auch insoweit gilt: Der Zwang ist nur rechtens, wenn er freiheitlich begründet ist, d. h. auf den Gesetzen beruht, welche sich das Volk selbst oder durch seine Organe gegeben hat.[92] Volenti non fit iniuria. Zwangsbefugnisse gegenüber Staa-

---

[88] *Kant*, Zum ewigen Frieden, S. 204.

[89] *Kant*, Zum ewigen Frieden, S. 211.

[90] Wiener Übereinkommen über das Recht der Verträge vom 23. Mai 1969, BGBl. 1985 II, 926.

[91] Übereinkommen zur Errichtung der Welthandelsorganisation (WTO) vom 15. April 1994, BGBl. 1994 II, 1625 sowie ABl.EG 1994 L 336/3, in Kraft getreten am 1. Januar 1995.

[92] *K. A. Schachtschneider*, Die Staatlichkeit der Europäischen Gemeinschaft, in: M. Vollkommer (Hrsg.), S. 85; *ders./A. Emmerich-Fritsche*, Das Verhältnis des Europäischen Gemeinschaftsrechts zum nationalen Recht Deutschlands, DSWR 1999, 17 (19).

ten können im Völkergewohnheitsrecht oder in Verträgen festgelegt sein. Gegen Staaten ist körperliche Gewalt als vis absoluta ultima ratio nur mit militärischen Mitteln möglich. Hiergegen spricht grundsätzlich das schon von Kant ausgesprochene und in der UN-Charta geregelte Gewaltverbot (Art. 2 Ziff. 4), welches nur gemäß Art. 51 UN-Charta Notwehr und Nothilfe gegen militärische Angriffe als Ausnahmen zuläßt. Teilweise wird daraus gefolgert, Völkerrecht sei, weil Zwang nur als physische Gewalt denkbar sei[93], nicht mit Zwangsbefugnissen verbunden und daher nicht rechtlich verbindlich[94] oder nur ein Durchgangsstadium zum Recht[95]. Dieser Schluß greift zu kurz. Aus der Illegitimität des Krieges kann nicht gefolgert werden, daß das Völkerrecht gänzlich jeder Befugnis zu zwingen und damit des Rechtscharakters entbehrt, zumal Zweck allen Rechts die Vermeidung von Krieg ist[96]. Krieg ist nicht das einzige mögliche Zwangsmittel gegen Staaten, weil sich Zwang gegen Staaten nicht auf vis absoluta, auf physische Gewalt, die im übrigen auch gegen Staaten unterhalb der Schwelle des Krieges möglich ist, beschränkt. Zwangsmittel können auch mildere Mittel sein, nicht nur die schärfsten Gewaltmittel.[97] Selbst in den staatlichen Rechtsordnungen, wird nicht jeder Gesetzesverstoß mit lebenslänglicher Freiheitsstrafe geahndet. Dies gebietet die iustita vindicativa (proportionale Tatvergeltung)[98]. Körperliche Züchtigungen und die Todesstrafe, denen zwischen Staaten Krieg entspräche, sind im Rechtsstaat abgeschafft (vgl. Art. 102 GG, vgl. aber weiter Art. 6 Abs. 1 IPBR, Art. 2 Abs. 1 EMRK). Für diese Zwangsarten gibt es von vornherein keine *Befugnis* zu zwingen.

Weil die Staaten bereits Zwangsordnungen darstellen, ist im Völkerrecht ein weiterer Begriff des „Zwangs" im Sinne von Rechtsdurchsetzung zugrunde zu legen.[99] In der völkerrechtlichen Praxis gelten wirtschaftliche und politische Pressionen als Zwang.[100] Sie sind völkerrechtlich als Repressalien und Retorsionen einzuordnen. Ein Einfuhrverbot eines Staates gegenüber einem anderen

---

[93] *K. A. Schachtschneider*, Res publica res populi, S. 555.

[94] *K. A. Schachtschneider*, Res publica res populi, S. 554

[95] *O. Höffe*, Völkerbund oder Weltrepublik?, in: ders. (Hrsg.), Zum ewigen Frieden, 1995, S. 109 (121).

[96] *Hobbes*, Leviathan, 2. Teil, Vom Staat, 17. Kap., S. 151 ff.; *Kant*, Zum ewigen Frieden , S. 203 (BA 18), 205 (BA 23, 24); *K. A. Schachtschneider*, Res publica res populi, S. 484.

[97] Überblick über die Sanktionsmittel im Völkerrecht bei *M. Schröder*, Sanktionen, in: W. Graf Vitzthum, Völkerrecht, S. 571 ff.

[98] Vgl. *A. Emmerich-Fritsche*, Grundsatz der Verhältnismäßigkeit, S. 51.

[99] Vgl. *W. Benedek*, Die Rechtsordnung des GATT aus völkerrechtlicher Sicht, S. 284, 287.

[100] Vgl. IGH, Case concerning Military and Paramilitary Activities in and against Nicaragua (Nicaragua v. USA), ICJ Reports 1986, S. 14 para. 205; IGH. Certain Expenses of the United Nations (Article 17, pragraph 2 of the Charter), Advisory Opinion, ICJ Reports 1962, 151, 164 -165.

kann sogar als körperliche Gewalt angesehen werden, weil sich die körperliche Gewalt gegenüber Sachen unmittelbar auf die Staaten und die dort lebenden Menschen auswirkt. Ebenso der Verlust von Vorteilen und von internationalem *good will* sowie von Partizipationsrechten (vgl. z. B. Art. V Abschnitt 5, Art. XXIII Abschnitt 2, Art. XXVI Abschnitt 2 Abkommen über den Internationalen Währungsfonds[101]) sind Sanktionsformen des Völkerrechts.[102] Darüber hinaus gibt es zahlreiche Verfahren (präventiver) Überwachung. Typische Mittel der Überwachung sind Überprüfungen, Stellungnahmen, Berichtspflichten, Notifikationen, Konsultationen, Vermittlungen, gute Dienste. Die Praxis internationaler Organisationen hat Implementierungsverfahren entwickelt, um die Erfüllung der von den Staaten eingegangenen Verpflichtungen zu sichern. Dazu zählen die Berichtsverfahren, die Schaffung von Standards und die Mobilisierung der internationalen Öffentlichkeit.[103] Letztlich wird damit an das Reputationsbedürfnis der Staaten appelliert.[104]

Fraglich ist, welche Druckmittel im Völkerrecht als hinreichend erachtet werden können, um die Maximen, denen sie im Völkerrecht dienen, als „Recht" i.e.S. Sinn zu qualifizieren. Versteht man den Begriff des Zwangs im Sinne Kants gerichtet auf die Beseitigung des Hindernisses der Freiheit, so richtet sich der gebotene Umfang des Zwangs grundsätzlich danach, was geeignet und erforderlich ist, um das Hindernis für die Freiheit abzuwehren. Gegenüber Staaten, die ja selbst schon verfaßte Ordnungen des Rechts sind, muß die Befugnis zu zwingen nicht notwendig mit physischer Gewalt verbunden sein.[105] Allerdings hängt der Grad der Verbindlichkeit des Rechts auch vom Umfang der Befugnis zu zwingen ab. Je wirksamer die Zwangsmittel sind (ihre Legitimität vorausgesetzt), desto stärker ist die Verbindlichkeit des jeweiligen Rechts.

Felix Oppenheim hat für die internationalen Beziehungen jeweils drei Formen der Beeinflussung unterschieden: die Überredung, die Entmutigung und die Konditionierung sowie die physische Gewalt, die gesetzmäßige Behinderung und die Androhung schwerwiegender Sanktionen.[106] Von der Überredung geht noch keine Zwangs- und Bindungswirkung aus. Selbsthilferechte der Einzelstaaten, wie sie für das klassische Völkerrecht kennzeichnend sind, gibt es bis

---

[101] Vom 1./22.7.1944 in der Neufassung vom 30.4.1976, BGBl. 1952 II, S. 638; Neufassung v. 30.4.1976 gemäß Gesetz v. 9.1.1978, BGBL II S. 13; dritte Änderung v. 28.6.1990 gemäß Gesetz v. 22.7.1991, BGBl. II S. 814; abgedruckt in: Sartorius II, Nr. 44.

[102] *W. Benedek*, Die Rechtsordnung des GATT aus völkerrechtlicher Sicht, S. 284.

[103] *W. Benedek*, Die Rechtsordnung des GATT aus völkerrechtlicher Sicht, S. 285.

[104] Zur Reputation als informeller Sanktionsmechanismus: *S. Voigt*, Die Welthandelsordnung zwischen Konflikt und Stabilität, 1992, S. 77 ff.

[105] Vgl. *Kant*, Zum ewigen Frieden, S. 211 (BA 35, 36).

[106] *F. Oppenheim*, Dimensioni della libertà, 1964, S. 31 ff.

zur Stufe physischer Gewalt. Selbsthilferechte[107] sind von der Völkerrechtsordnung akzeptierte Naturrechte. Es sind typischerweise vorläufige Rechte, die nur solange wirksam sind, als eine gemeinsame öffentliche Rechtsordnung nicht in der Lage ist, das Hindernis der Freiheit selbst zu beseitigen.[108] Die Kontroll- und Überwachungsmaßnahmen durch die internationalen Organisationen bleibt zumeist auf der unteren Stufe der Gewalt stehen. Auf dieser Stufe beginne, so meint Bobbio, der als rechtlich zu bezeichnende Schutz.[109] Er knüpft für die Frage der Zwangsbefugnis im Völkerrecht an eine alte Unterscheidung an, die zu anderen Zeiten den Zweck hatte, die Beziehungen zwischen Kirche und Staat zu beschreiben. Danach hätten die Organe der internationalen Gemeinschaft gegenüber ihren Mitgliedstaaten in der Regel nur eine *vis directiva*, aber meist keine *vis coactiva*. Der juristische Schutz, den ein Bürger in einem Staat genießt, entspricht der *vis coactiva*.[110] Die Effektivität der *vis directiva* hängt von der Autorität der Gemeinschaft und der Vernünftigkeit ihrer Argumente ab.[111]

Ergebnis:

Das Völkerrecht entbehrt nicht des Rechts- und des Zwangscharakters. Seine Verbindlichkeit, die in hohem Maße von der Rechtsstaatlichkeit der Völkerrechtssubjekte abhängt, nimmt proportional in dem Maße seiner Durchsetzungskraft zu.

II. Zur Durchsetzung des Völkerrechts

1. Grundsatz der Effektivität des Völkerrechts

Unter Effektivität des Völkerrechts versteht man dessen regelmäßige Wirksamkeit.[112] Es gilt die Gewohnheit der Rechtsbefolgung (habit of obedience).[113] Verdross / Simma meinen, die Regeln des Völkerrechts seien effektiver als oft angenommen, weil viele von ihnen eine besondere Wirklichkeitsnähe aufweisen. So ergebe sich eine geringere Spannung zwischen Rechtssatz und Interes-

---

[107] Dazu *A. Verdross/B. Simma*, Universelles Völkerrecht, S. 901 ff.

[108] Vgl. *Kant*, Metaphysik der Sitten, hrsg. v. Weischedel, S. 474 (A 227, 228; B 257, 258).

[109] *N. Bobbio*, Gegenwart und Zukunft der Menschenrechte (1968), in: ders., Zeitalter der Menschenrechte, S. 24.

[110] *N. Bobbio*, Gegenwart und Zukunft der Menschenrechte, in: ders., Zeitalter der Menschenrechte, S. 22.

[111] *N. Bobbio*, Gegenwart und Zukunft der Menschenrechte, in: ders., Zeitalter der Menschenrechte, S. 23.

[112] *A. Verdross/B. Simma*, Universelles Völkerrecht, 3. Aufl. 1984, S. 51, § 68; *K. Ipsen*, Völkerrecht, S. 46 f.

[113] *W. Graf Vitzthum*, in: ders. (Hrsg.), Völkerrecht, S. 37, Rdn. 51, vgl. auch S. 41.

senlage.[114] Insofern stellt sich das Durchsetzungserfordernis erst gar nicht; denn das Völkerrecht macht die Rechtsanerkennung häufig von vollendeten Tatsachen abhängig. So wird eine Rechtsgemeinschaft völkerrechtlich nur dann als Staat akzeptiert, wenn sie ihre Ordnung regelmäßig durchgesetzt hat.[115] Daß die „normative Kraft des Faktischen“[116] im Völkerrecht eine besondere Rolle spielt, soll nicht bezweifelt werden. Die hier gemeinte Effektivität ist aber nicht das Ergebnis einer effektiven Rechtsdurchsetzung, sondern des „rationalen Verhaltens der Völkerrechtssubjekte auf Grund einer Art Kosten-Nutzen-Analyse“.[117] Der Schluß vom Sein auf das Sollen ist nicht Gegenstand der normativ-rechtlichen Betrachtung[118] und wird auch im Völkerrecht nicht grundsätzlich angewandt.[119] Die zahlreichen Verstöße etwa gegen die UN-Charta nehmen dieser nicht ihren Sollenscharakter[120]. In den unter dem WTO-Abkommen zusammengefaßten materiellrechtlichen Regeln geht es nicht um die Wiedergabe von Fakten, sondern um die Etablierung von Prinzipien des Welthandels, also um Sollensvorschriften, deren Verwirklichung bestmöglich zu erreichen ist, aber nicht von vornherein feststeht. Der „Grundsatz der Effektivität des Völkerrechts“ gibt somit auf die Frage der Durchsetzbarkeit des internationalen Rechts keine befriedigende Antwort.

2. Mittel der Rechtsdurchsetzung im Völkerrecht

Ausgangspunkt des Völkerrechts ist die Durchsetzung des Rechts zwischen den Staaten. Rechtsdurchsetzungsmöglichkeiten Einzelner sind für das Völkerrecht untypisch. Im als „zwischenstaatliches“ Recht begriffenen Völkerrecht hat der einzelne Bürger grundsätzlich keinen Anspruch auf die Durchsetzung des Völkerrechts, weder vor internationalen noch vor den nationalen Gerichten. Die

---

[114] *A. Verdross/B. Simma*, Universelles Völkerrecht, S. 51, § 68.

[115] *A. Verdross/B. Simma*, Universelles Völkerrecht, S. 51 § 69, dazu *dies.*, §§ 379 ff.

[116] *G. Jellinek*, Allgemeine Staatslehre, 3. Aufl. 1966, S. 353, der mit diesem Schlagwort allerdings nur die Bedeutung des Tatsächlichen für die Schaffung von Rechtsnormen verdeutlichen wollte.

[117] *W. Benedek*, Die Rechtsordnung des GATT aus völkerrechtlicher Sicht, S. 283; *L. Neuhold*, Die Einhaltung des Völkerrechts in einer außenpolitischen „Kosten-Nutzen-Analyse“, JIR (1976), S. 317 ff.; vgl. auch *H. Hauser/A. Martel*, Das WTO-Streitschlichtungsverfahren: Eine verhandlungsorientierte Perspektive, AW 1997, 525 (530 ff.).

[118] *Kant*, Kritik der reinen Vernunft, hrsg. v. Weischedel, 1983, Bd. 4, S. 324 ff.; *ders.*, Grundlegung zur Metaphsik der Sitten. S. 33 ff.; *W. Fickentscher*, Methoden des Rechts, Bd. III, 1976, S. 8, 25 ff., 27 ff., 29 ff.

[119] *O. Kimminich/S. Hobe*, Einführung in das Völkerrecht, S. 25 f.

[120] *A. Verdoss/B. Simma*, Universelles Völkerrecht, S. 52 § 70.

Bürger werden durch ihre Staaten „mediatisiert“.[121] Die konsequente Stärkung subjektiver (einklagbarer) Rechte würde einen paradigmatischen Wechsel vom Völkerrecht zu einem Menschheitsrecht oder Weltrecht bedeuten[122]. Subjektive Rechte, die auf die Durchsetzung überstaatlichen Rechts gerichtet sind, gibt es bisher nur vereinzelt oder regional, etwa im Recht der Europäischen Gemeinschaft/Union[123], das als Integrationsrecht sowohl für die Mitgliedstaaten als auch für deren Bürger Rechte und Pflichten schafft[124]. Eine Besonderheit im Völkerrecht und ein Schritt in Richtung Menschheitsrecht ist auch das individuelle Klagerecht vor dem Europäischen Gerichtshof für Menschenrechte (Art. 34 EMRK[125]) und nach Art. 25 der Convention on the Settlement of Investment Disputes between States and Nationals of other States (ICSID).[126]

Umgekehrt verfügen die Organe der internationalen Organisationen ebenfalls nicht über Zwangsbefugnisse gegenüber den Bürgern. Auch dies wäre ein Paradigmawechsel, dessen Zulässigkeit allerdings unter dem Vorbehalt steht, daß Zwang nur rechtens sein kann, wenn er freiheitlich begründet ist, d. h. auf den Gesetzen des Volkes beruht.[127] Deswegen kann die gewaltsame Rechtsdurchsetzung den Bürgern nur von deren Staat i.e.S. zugemutet werden. Die größtmögliche Nähe der Vollzugsbeamten zu den vom Vollzug betroffenen Bürgern gehört zum demokratischen Prinzip.[128]

Insoweit ist es legitim, wenn allein die Staaten für die Um- und Durchsetzung des Völkerrechts im innerstaatlichen Bereich sorgen. Sie achten das Völkerrecht auf der Basis der Freiwilligkeit[129], also aufgrund ihres guten Willens. Dies schließt aber Rechtsdurchsetzungsmöglichkeiten gegenüber Staaten unter der Schwelle der vis absoluta nicht aus. Würde jegliche Rechtsdurchsetzungsmöglichkeit gegenüber den Staaten fehlen, würde der Rechtscharakter des Völkerrechts durch eine Durchsetzungslücke relativiert. Generell möglich sind nicht-

---

[121] *A. Verdross/B. Simma*, Universelles Völkerrecht, S. 39, § 47; *O. Kimminich/S. Hobe*, Einführung in das Völkerrecht, S. 155 ff.; *M. Hilf*, The Role of National Courts In International Trade Relations, in: E.-U. Petersmann (Hrsg.), 1997 (1999), S. 570 f.

[122] Dazu *A. Emmerich-Fritsche*, Vom Völkerrecht zum Weltrecht (im Entstehen).

[123] Dazu *A. Emmerich-Fritsche*, Grundsatz der Verhältnismäßigkeit, S. 319 ff.

[124] Vgl. dazu EuGH, Rs 6/64 Costa/ENEL, Slg. 1964, 1141 (Rdn. 8); Rs 11/70 Internationale Handelsgesellschaft, Slg. 1970, 1125 (Rdn. 3).

[125] Europäische Menschenrechtskonvention vom 4. November 1950, in der Fassung vom Sommer 1998, abgedruckt in: Satorius II Nr. 130.

[126] *M. Hilf*, The Role of National Courts In International Trade Relations, in: E.-U. Petersmann (Hrsg.), S. 570 f.

[127] *K. A. Schachtschneider/A. Emmerich-Fritsche*, Das Verhältnis des europäischen Gemeinschaftsrechts zum nationalen Recht Deutschlands, DSWR 1999, 17 (19).

[128] *K. A. Schachtschneider*, Die existentielle Staatlichkeit der Völker Europas, S. 93.

[129] *Ph. Kunig*, Völkerrecht als öffentliches Recht, in: Gedächtnisschrift für Eberhard Grabitz, 1995, S. 325 (332).

militärische Repressionen und Retorsionen. Grenzen ergeben sich aber auch hier aus dem völkerrechtlichen Interventionsverbot[130].

Die klassische Völkerrechtslehre unterscheidet folgende Mittel[131]:

1. diplomatische Verfahren,
2. internationale Schiedsgerichtsbarkeit,
3. internationale Gerichtsbarkeit,
4. Selbsthilfemaßnahmen.

Zu 1. Diplomatische Verfahren

Als diplomatische Verfahren nennt Art. 33 UN-Charta: Verhandlungen, Gute Dienste und Vermittlung, Untersuchungs- und Vergleichsverfahren. Diese Verfahren finden auch in den WTO-Abkommen, insbesondere in Art. 5 DSU (Streitbeilegungsübereinkommen[132]), Berücksichtigung. Sie sind keine Rechts- und Zwangsmittel i.e.S. Sie gehören zur Stufe der „Überredung" (s.o.). Ihr Einsatz kann sogar zur Umgehung namentlich der WTO-Regeln führen. Zu den Untersuchungsverfahren zählt im Rahmen der WTO das unten noch zu erörternde Verfahren des Trade Policy Review Mechanism (TPRM), das der Einhaltung der Handelsregeln dienen soll.

Zu 2. Internationale Schiedsgerichtsbarkeit

Internationale Schiedsgerichtsbarkeit ist ein Rechtsinstitut des Völkerrechts, das die Regelung internationaler Streitigkeiten auf der Grundlage des Völkerrechts zum Gegenstand hat.[133] Das Prinzip der friedlichen Streitbeilegung findet seine Grundlage insbesondere in der UN-Charta (vgl. insbes. Art. 33) sowie im Gewohnheitsrecht.[134] Anders als die diplomatischen Verfahren endet das internationale Schiedsverfahren (internationaler Schiedshof in Den Haag[135]) mit einer verbindlichen Entscheidung für die Parteien. Damit weist diese Rechtscha-

---

[130] *A. Pauer*, Die humanitäre Intervention, 1985, S. 9 ff.; *H. Rumpf*, Der internationale Schutz der Menschenrechte und das Interventionsverbot, 1981, S. 51; *Th. Oppermann*, Stichwort: Intervention, Encyclopedia of Public International Law, 1995, S. 436.

[131] *O. Kimminich*, Einführung in das Völkerrecht, S. 490 ff.; *M. Schröder*, in: W. Vitzthum, Völkerrecht, S. 555 ff.

[132] Vereinbarung über Regeln und Verfahren zur Beilegung von Streitigkeiten vom 15. April 1994, BGBl. 1994 II, 1749 sowie ABl. 1994 L, 336/234.

[133] *H. Mosler*, Das Grundgesetz und die internationale Streitschlichtung, HStR, Bd VII, § 179, Rdn. 9.

[134] *A. Kopke*, Rechtsbeachtung, S. 60.

[135] 1. Haager Abkommen zur friedlichen Erledigung internationaler Konflikte von 1899.

rakter auf. Sie richtet sich an die Staaten als Rechtssubjekte und besitzt grundsätzlich keine unmittelbare Wirkung im innerstaatlichen Rechtsraum.[136] Das Schiedsgericht leitet seine Jurisdiktion vom Willen der Parteien ab.[137] Wesentliche Elemente des Schiedsverfahrens wie seine Rechtsgrundlage, die Zusammensetzung des Gerichts, die Auswahl des anwendbaren Rechts und die Ordnung des Verfahrens bleiben deshalb in der Hand der streitenden Parteien.[138] Der verpflichtete Staat kann die Art und Weise, in welcher er dem Schiedsspruch nachkommt, selbst bestimmen. Die Zwangswirkung, die von einem Schiedsverfahren ausgeht, ist hierdurch relativiert, aber unter Umständen ausreichend, um die Rechtseinhaltung zu sichern. Art. 25 DSU sieht das Schiedsverfahren als alternatives Mittel zum Streitbeilegungsverfahren vor.

Zu 3. Internationale Gerichtsbarkeit

Die Möglichkeit, vor einem Gericht Rechtsschutz zu suchen, welches verbindlich Recht sprechen kann, ist ein klassisches Mittel zur Rechtsdurchsetzung, das auch in den Staaten angewandt wird. Selbst ohne weitere Vollstrekkungsmöglichkeiten ist es gegenüber Staaten effektiv und hinreichend, wenn deren ausführende Organe an die Gerichtsurteile gebunden sind. Eine funktionierende Gerichtsbarkeit, ein prozessuales Verfahren zur Beilegung von Streitigkeiten, die Kant in seiner Zeit zwischen Staaten für wünschenswert[139], aber für nicht erreichbar hielt[140], ist der Garant des Rechts schlechthin und realisiert die „Idee eines zu errichtenden öffentlichen Rechts der Völker"[141]. Als Internationale Gerichtsbarkeit entscheidet sie Rechtsstreitigkeiten zwischen Staaten, als Weltgerichtsbarkeit gewährt sie auch Individuen Rechtsschutz. Bisher ist, unter Vorbehalt, lediglich eine Internationale Gerichtsbarkeit vorhanden. Ein Weltgerichtshof für Menschenrechte, wie etwa auf europäischer Ebene der Europäische Gerichtshof für Menschenrechte, existiert bisher nicht.

Auch Schiedsgerichte haben justiziellen Charakter. Sie sprechen Recht.[142] Anders als echte Gerichte fehlt ihnen eine ständige Organisation. Im Gegensatz zur Internationalen Schiedsgerichtsbarkeit sind bei der Internationalen Ge-

[136] *H. Mosler*, Das Grundgesetz und die internationale Streitschlichtung, HStR Bd. VII, § 179, Rdn. 9.

[137] *H. Mosler*, Das Grundgesetz und die internationale Streitschlichtung, HStR Bd. VII, § 179, Rdn. 9.

[138] *H.-J. Letzel*, Streitbeilegung im Rahmen der Welthandelsorganisation, 1999, S. 104 ff.

[139] *Kant*, Metaphysik der Sitten, hrsg, v, Weischedel, S. 475 (A 229 B 259).

[140] Vgl. *Kant*, Zum ewigen Frieden, S. 210 f.

[141] *Kant*, Metaphysik der Sitten, S. 475 (A 229 B 259).

[142] *H. Mosler*, Das Grundgesetz und die internationale Streitschlichtung, HStR Bd. VII, § 179, Rdn. 16.

richtsbarkeit die Besetzung des Gerichts, das anzuwendende Recht und die Verfahrensregeln festgelegt. Die Parteien haben weniger Einfluß auf die Zusammensetzung des Spruchkörpers und auf das Verfahren.[143]

Der Internationale Gerichtshof (IGH) ist ein Internationales Gericht. Nach Art. 7 der UN-Charta ist er ein Hauptorgan der Vereinten Nationen. Sein Statut ist automatisch für alle Staaten der Vereinten Nationen maßgeblich. Er ist das einzige Internationale Gericht, welches potentiell allen Staaten, auch solchen, die nicht Mitglied der Vereinten Nationen sind, offensteht (Art. 93 UN-Charta). Damit ist ihm globale Bedeutung zugewiesen.[144] Gemäß seinem Statut ist er für Streitfälle zuständig oder er erstellt Rechtsgutachten. Die Wahl der 15 Richter geschieht so, daß sie in ihrer Gesamtheit die großen Kulturkreise und die hauptsächlichen Rechtssysteme der Welt vertreten (Art. 9 IGH-Statut). Ihre persönliche und sachliche Unabhängigkeit wird durch das IGH-Statut geschützt.[145] Nur Staaten sind gemäß Art. 34 Abs.1 IGH-Statut parteifähig, wenngleich es hiervon Ausnahmen gegeben hat. Die persönliche und sachliche Jurisdiktion muß von den Parteien anerkannt sein. Es gibt aber keine völkerrechtliche Pflicht, ein gerichtliches Verfahren und das anschließende Urteil anzuerkennen.[146] Das ist eine erhebliche Durchsetzungslücke, welche die Verbindlichkeit des Urteils relativiert. Von den ständigen Mitgliedern des Sicherheitsrats hat sich nur Großbritannien der Jurisdiktion des Internationalen Gerichtshofs unterworfen.[147] Ist die Zuständigkeit des Internationalen Gerichtshofs in Den Haag von den Parteien grundsätzlich anerkannt, erstreckt sie sich nach Art. 36 Abs.1 IGH-Statut prinzipiell auf alle Streitigkeiten der Vereinten Nationen sowie solchen aus völkerrechtlichen Verträgen. Der Internationale Gerichtshof entscheidet gemäß Art. 38 Abs.1 IGH-Statut nach dem Völkerrecht, d. h. nach den völkerrechtlichen Verträgen, dem Gewohnheitsrecht, den von den Kulturvölkern anerkannten allgemeinen Rechtsgrundsätzen, inter partes wirkenden eigenen Entscheidungen und auch unter Zuhilfenahme der Lehrmeinungen anerkannter Völkerrechtler. Er ist in seiner Zuständigkeit nicht auf ein bestimmtes Sachgebiet oder Vertragssystem beschränkt. Damit hat er besonderen Einfluß auf die Fortentwicklung des Völkerrechts[148]. Der Verfahrensablauf ist justizförmig ausgestal-

---

[143] *H. Mosler*, Das Grundgesetz und die internationale Streitschlichtung, HStR Bd. VII, § 179, Rdn. 17.

[144] *H.-J. Letzel*, Streitbeilegung, S. 108.

[145] Vgl. nur Art. 20 Abs.1, 16, 17, 18, 19, 32 IGH-Statut sowie *M. Schröder*, in: W. Vitzthum, Völkerrecht, S. 567.

[146] *H. Mosler*, Das Grundgesetz und die internationale Streitschlichtung, HStR Bd. VII, § 179, Rdn. 16.

[147] *E.-U. Petersmann*, The Dispute Settlement System of the World Trade Organization and the Evolution of the GATT Dispute Settlement System Since 1948, CMLRev. 1994, 1157 (1168).

[148] *H.-J. Letzel*, Streitbeilegung, S. 108 f.

tet.[149] Im kontradiktorischen Verfahren sind die Streitparteien gemäß Art. 59 IGH-Statut und Art. 94 Abs.1 UN-Charta an die Entscheidung des Internationalen Gerichtshofs gebunden. Sie ist unanfechtbar. Es gibt also keine zweite Instanz. Das Urteil kann nicht zwangsweise durchgesetzt werden. Es stehen nur die allgemeinen Mittel des Völkerrechts zur Verfügung. Die Bereitschaft der Staaten, den Internationalen Gerichtshof anzurufen, stagniert. Durchschnittlich entscheidet das Gericht einen Fall pro Jahr.[150] Seine Urteile werden häufig mißachtet.

Eine obligatorische Internationale Gerichtsbarkeit lehnt die Staatengemeinschaft noch weitgehend ab. Ihre Anerkennung wäre ein wesentlicher Schritt zum Weltrecht. Das Bundesverfassungsgericht hat in einem obiter dictum im Rudolf-Hess-Fall geäußert: „Der gegenwärtigen Völkerrechtsordnung gebricht es weithin an institutionellen Vorkehrungen etwa einer obligatorischen Internationalen Gerichtsbarkeit, vermittels deren die Richtigkeit von Rechtsauffassungen im Streitfall verbindlich festgestellt werden könnten."[151] In der Welthandelsordnung ist mit dem WTO-Abkommen ein obligatorisches Streitbeilegungsverfahren etabliert worden, das weitgehend gerichtsförmig ausgestaltet ist (dazu C. III.). Die Internationale Gerichtsbarkeit ist in jüngerer Zeit durch die Errichtung des Internationalen Seegerichts, die beiden Ad-hoc-Tribunale für das ehemalige Jugoslawien (1993)[152] und Ruanda (1994)[153] sowie eines Internationalen Strafgerichtshofs[154] in Den Haag im weltrechtlichen Sinne gestärkt worden.[155]

Zu 4. Selbsthilfemaßnahmen

Im sogenannten klassischen Völkerrecht, welches nur die Kooperation zwischen Staaten kannte und nicht organisiert war[156], konnten die Staaten ihre An-

---

[149] Auf der Grundlage des Art. 30 Abs. 1 Satz 2 IGH-Statut hat sich der IGH eine Verfahrensordnung gegeben, welche in seinen Teilen III und IV einer modernen Prozeßordnung entspricht.

[150] *A. Kopke*, Rechtsbeachtung, S. 64; *H.-J. Letzel*, Streitbeilegung, S. 114 f.

[151] BVerfGE 55, 349 (367).

[152] Der UN-Sicherheitsrat richtete das Internationale Strafgericht für das frühere Jugoslavien (ICTY) nach Kap. 7, Art. 39 UN-Charta ein. Statute of the International Tribunal (adopted 25.5.1993, as amended 13.5.1998).
www.un.org/icty/basic/statut/statute.htm.

[153] Statute of the International Tribunal for Ruanda, www.ictr.org/statue.html.

[154] Siehe Rome Statute of the International Criminal Court vom v. 17.7.1998 in der korrigierten Fassung vom 10.11.1998 und 12. Juli 1999, www.un.org/law/icc/statute; Die UN-Konvention über die Verhütung und Bestrafung des Völkermordes von 1948 sieht in Art. VI die Einrichtung einer solchen Instanz vor.

[155] *M. Hilf*, The Role of International Courts in International Trade Relations, in: E.-U. Petersmann (Hrsg.), S. 565.

[156] *A. Verdross/B. Simma*, Universelles Völkerrecht, S. 33 f., §§ 40 f.

sprüche, deren Bestand und Umfang, weil eine dritte unparteiische Instanz zumeist fehlte[157], nur im Wege der Selbsthilfe durchsetzen.[158] Das gilt auch im modernen Völkerrecht, soweit dieses keine kollektiven Durchsetzungsverfahren vorsieht. Dabei sind die kleineren Staaten mit geringerem militärischen, wirtschaftlichen, geopolitischen Potential benachteiligt.[159] Zu den erlaubten Selbsthilfemaßnahmen zählen insbesondere die defensiven Mittel der Notwehr und der Nothilfe (gegen militärische Angriffe), zu den aktiven Mitteln die Retorsion, die Repressalie, das Rücktrittsrecht und die Verweigerung der eigenen Leistungen aus einem völkerrechtlichen Vertrag.[160] Diese Maßnahmen haben Zwangscharakter.

Ein klassisches Selbsthilferecht als Mittel ultima ratio gegen eine Vertragsverletzung ist das Rücktrittsrecht des verletzten Staates.[161] Selbstverteidigungsmaßnahmen bilden darüber hinaus als genuine Rechte eine Ausnahme vom Gewaltverbot (Art. 2 Nr. 4 UN-Charta). In Art. 51 UN-Charta heißt es: „Diese Charta beeinträchtigt im Falle eines bewaffneten Angriffs gegen ein Mitglied der Vereinten Nationen keineswegs das naturgegebene Recht zur individuellen und kollektiven Selbstverteidigung“. Weil das Selbstverteidigungsrecht eine Ausnahme vom Gewaltverbot ist, legt der Internationale Gerichtshof den Begriff des „bewaffneten Angriffs“ eng aus[162]. Die Selbstverteidigungsmaßnahme muß verhältnismäßig sein.[163] Zudem steht das Selbstverteidigungsrecht in der kollektiven Sicherheitsordnung der Vereinten Nationen gemäß Art. 51 UN-Charta nur solange zur Verfügung „bis der Sicherheitsrat die zur Wahrung des Weltfriedens und der internationalen Sicherheit erforderlichen Maßnahmen getroffen hat“. Im GATT sind Maßnahmen der Selbsthilfe als Nothilfe in Art. VI gegen gedumpte Einfuhren und in Art. XIX als Notstandsmaßnahme zum Schutz von Marktstörungen auf Grund unvorhergesehener Einfuhrentwicklungen vorgesehen.

Retorsionen und Repressalien sind aus dem Gegenseitigkeitsprinzip erwachsende Selbsthilfemaßnahmen der Staaten unter der Schwelle des Einsatzes bewaffneter Gewalt. Es wurde gefragt, ob Retorsionen und Repressionen, z. B. in Form von Handelsembargos, als Rechts(-Durchsetzungs)mittel gelten können

---

[157] *W. Meng*, WTO-Recht als Steuerungsmechanismus, in: M. Klein/W. Meng/R. Rode (Hrsg.), Die Neue Welthandelsordnung, 1998, S. 28.

[158] *A. Verdross/B. Simma*, Universelles Völkerrecht, S. 901, § 1334.

[159] *W. Meng*, WTO-Recht als Steuerungsmechanismus, in: M. Klein/W. Meng/R. Rode (Hrsg.), Die Neue Welthandelsordnung, S. 28.

[160] Dazu *A. Verdross/B. Simma*, Universelles Völkerrecht, S. 901 ff.; *O. Kimminich*, Einführung in das Völkerrecht, S. 493 ff.

[161] Vgl. *A. Verdross/B. Simma*, Universelles Völkerrecht, S. 902, § 1334.

[162] Vgl. Nicaragua v. USA , ICJ Reports 1986, S. 14 ; *G. Gottlieb*, Nation Against State, S. 104 f.

[163] *G. Gottlieb*, Nation Against State, S. 102.

oder ob sie nur Krieg ohne Waffen, also bloße Machtpolitik, sind.[164] Solange sie erlaubt und auf den Zweck gerichtet sind, einem völkerrechtswidrigen oder unfreundlichen Akt zu begegnen, haben sie zumindest auch Rechtsdurchsetzungsfunktion. Die Repressalie ist gegenüber der Retorsion das stärkere Mittel. Unter einer Repressalie versteht das Völkerrecht „einen Rechtseingriff eines in seinen völkerrechtlichen Rechten verletzten Staates in einzelne Rechtsgüter jenes Staates, der ihm gegenüber den Unrechtstatbestand gesetzt hat, um ihn zur Wiedergutmachung des Unrechts zu bewegen".[165] Ein Beispiel ist der Boykott. Weil die Selbsthilfemaßnahme der Repressalie ausnahmsweise die Nichteinhaltung völkerrechtlicher Gebote erlaubt, ist sie nur gegenüber völkerrechtswidrigen Akten zulässig. Sie muß das Verhältnismäßigkeitsgebot beachten.[166] Weil Repressalien Abweichungen von den Prinzipien des Völkerrechts zulassen, würde ihre häufige Anwendung die Rechtseinheit, wie sie auch in der Welthandelsordnung angestrebt wird, gefährdet. Repressalien werden daher nur selektiv eingesetzt.[167] Während das sogenannte klassische Völkerrecht auch Repressalien mit militärischer Gewalt anerkannte[168], sind diese heute durch Art. 2 Ziff. 4 UN-Charta verboten. Anders als Repressalien sind Retorsionen den völkerrechtlichen Regeln entsprechende, aber unfreundliche Akte, die bezwecken, einen anderen Staat zur Beendigung eines unfreundlichen oder völkerrechtswidrigen Aktes zu bewegen (z. B. Abbruch diplomatischer Beziehungen, Nichtgewährung nicht vertraglich versprochener Entwicklungshilfe). Repressalien und Retorsionen müssen angekündigt werden. Sie sind einzustellen, sobald ihr Zweck erreicht ist, weil sie dann nicht mehr vom Prinzip der Gegenseitigkeit gedeckt sind[169]. In Streitfragen des internationalen Handels werden Retorsionen und Repressalien vor allem in Form von Handelsembargos eingesetzt oder angedroht. Das Handelsembargo, von dem durchaus körperlicher Zwang ausgeht, nämlich mittelbar über Waren auf Menschen, ist eine besondere Form der wirtschaftlichen Diskriminierung, die eine ein- oder mehrseitige Beschränkung der Einfuhr oder Ausfuhr von Waren, Rohstoffen, Technologie, Kapital oder Dienstleistungen verhängt. Im Gegensatz zu handelspolitischen Schutzmaßnahmen soll mit dem Handelsembargo ein außenpolitisches Ziel durchgesetzt werden.[170] Die Effizienz von Repressalien ist unterschiedlich und daher relati-

---

[164] I.d.S. *A. Kopke*, Rechtsbeachtung, S. 65.

[165] *A. Verdross/B. Simma*, Universelles Völkerrecht, S. 907, § 1342.

[166] *O. Kimminich/S. Hobe*, Einführung in das Völkerrecht, S. 228.

[167] Vgl. *Ph. Kunig*, Völkerrecht als öffentliches Recht, in: Gedächtnisschrift für Eberhard Grabitz, S. 325 (332).

[168] *O. Kimminich/S. Hobe*, Einführung in das Völkerrecht, S. 228.

[169] *O. Kimminich*, Einführung in das Völkerrecht, S. 496.

[170] *K. Ipsen*, Völkerrecht, S. 593.

viert. Sie hängt davon ab, in welchem Umfang ein Staat auf die Rechtstreue des anderen angewiesen ist.[171]

3. Kollektive Zwangsmaßnahmen

Im Völkerrecht der Kooperation[172], das anders als das Völkerrecht der Koordination[173] verschiedene Aufgaben durch völkervertraglich gegründete gemeinschaftliche Organe zu bewältigen sucht, kann die Zwangseinwirkung auf die Staaten auch von der Staatengemeinschaft oder deren gemeinsamen Organen ausgehen. Die UN-Charta sieht z. B. in Art. 41 ein Embargo der Staatengemeinschaft in ihrer Gesamtheit, auf Veranlassung des UN-Sicherheitsrats vor.

Seit Ende des ersten Weltkrieges versucht die Völkerrechtsgemeinschaft ein System kollektiver Sicherheit zu organisieren. Das Grundgesetz sieht in Art. 24 Abs.2 vor, daß sich die Bundesrepublik „zur Wahrung des Friedens einem System gegenseitiger kollektiver Sicherheit" einordnen kann.[174] Weiter heißt es dort, daß „der Bund ... hierbei in die Beschränkungen seiner Hoheitsrechte einwilligen (wird), die eine friedliche und dauerhafte Ordnung in Europa und zwischen den Völkern der Welt herbeiführen und sichern". Fraglich ist, wie der Begriff „Beschränkung seiner Hoheitsrechte" einzuordnen ist. Doehring versteht ihn so, daß der Staat Staatsgewalt abgibt, so daß er an Entscheidungen eines Organs kollektiver Sicherheit gebunden wäre, obwohl diese nicht von der Staatsgewalt des Volkes ausgehen.[175] Diese Auffassung ist mit dem Demokratieprinzip des Art. 20 Abs.2 GG unvereinbar, wonach *alle* Staatsgewalt vom Volk ausgeht[176]. Jene Formulierung bringt zum Ausdruck, daß nach dem Grundgesetz eine Relativierung dieses Prinzips nicht vorgesehen ist (vgl. auch Art. 79 Abs.3 GG). Die Staatsgewalt ist untrennbar mit dem Volk verbunden. Es kann sich ihrer, auch nicht teilweise begeben.[177] Es kann die Staatsgewalt jedoch in Gemeinschaft mit anderen Völkern ausüben und zu diesem Zwecke Kompetenzen an gemeinsame Einrichtungen übertragen. Mit dem Beitritt zu einer internationalen Organisation kollektiver Sicherheit willigt es in deren kollektives Entscheidungssystem ein und sieht sich durch dessen Entscheidungen

---

[171] *W. Meng*, WTO-Recht als Steuerungsmechanismus, in: M. Klein/W. Meng/R. Rode (Hrsg.), Die Neue Welthandelsordnung der WTO, S. 21.

[172] Dazu *A. Verdross/B. Simma*, Universelles Völkerrecht, § 5.

[173] Dazu *A. Verdross/B. Simma*, Universelles Völkerrecht, § 40, S. 33 f.

[174] Dazu *K. Doehring*, Systeme kollektiver Sicherheit, HStR Bd.VII, § 177, Rdn. 6 ff.

[175] *K. Doehring*, HStR Bd VII, § 177, Rdn. 9.

[176] Dazu *K. A. Schachtschneider*, Die Staatlichkeit der Europäischen Gemeinschaft, in: M. Vollkommer, S. 82 ff., 88; *ders.*, Das Maastricht-Urteil. Die neue Verfassungslage der Europäischen Gemeinschaft, Recht und Politik 1/94, 1 f.

[177] Dazu *Rousseau*, Vom Gesellschaftsvertrag, II, 1. u. 2. Kap.

gebunden. Gemäß Art. 24 Abs.1 GG können „Hoheitsrechte", d. h. Befugnisse der Staatsgewalt, zur gemeinschaftlichen Ausübung[178] übertragen werden. Dies ermögliche nach Doehring ein supranationales[179], also auch ein partiell weltrechtliches, System. Art. 24 Abs.3 GG verpflichtet das Grundgesetz die Bundesrepublik Deutschland „zur Regelung zwischenstaatlicher Streitigkeiten" „Vereinigungen über eine allgemeine, umfassende, obligatorische, internationale Schiedsgerichtsbarkeit beizutreten".[180] Der Terminus „Schiedsgerichtsbarkeit" in Art. 24 Abs. 3 GG umfaßt nach einhelliger Meinung auch die völkerrechtliche „Gerichtsbarkeit" im engeren Sinn.[181] Der Beitritt zu anderen internationalen Organisationen ist auch über Art. 59 GG möglich.[182]

Die Vereinten Nationen bilden ein kollektives Sicherheitssystem[183]. Deutschland ist diesem gemäß Art. 24 Abs.2 GG beigetreten. Ziel der Vereinten Nationen ist es ausweislich Art. 1 der Charta, den Weltfrieden und die internationale Sicherheit[184] zu wahren und zu diesem Zweck wirksame kollektive Durchsetzungsmaßnahmen zu erlassen. Nach dem Wortlaut der UN-Charta ist ausschließlich der Sicherheitsrat für die Entscheidung über Maßnahmen zur Erhaltung des Weltfriedens zuständig (vgl. Art. 24 Abs.1 UN-Charta).[185] Das Vetorecht der ständigen Mitglieder im Sicherheitsrat erschwert die Durchsetzung der kollektiven Friedenssicherung durch denselben erheblich. Es trägt lediglich den tatsächlichen Macht- und Hegemonialverhältnissen in der Welt Rechnung[186]. Die Generalversammlung kann keine bindenden Beschlüsse auf diesem Gebiet treffen (Art. 11, 12 UN-Charta). Allerdings sind Versuche unternommen worden, die Befugnisse der Generalversammlung zu erweitern, etwa durch die Uni-

---

[178] Vgl. *K. A. Schachtschneider*, Die existentielle Staatlichkeit der Völker Europas, in: W. Blomeyer/ders. (Hrsg.), Die Europäische Union als Rechtsgemeinschaft, S. 87 ff.

[179] *K. Doehring*, HStR Bd. VII § 177, Rdn. 10.

[180] Dazu *H. Mosler*, Das Grundgesetz und die internationale Streitschlichtung, HStR § 179, Rdn. 1 ff.

[181] *H. Mosler*, Das Grundgesetz und die internationale Streitschlichtung, HStR § 179, Rdn. 16.

[182] *K. Doehring*, HStR Bd. VII, § 177, Rdn. 10.

[183] Dazu *Ph. König*, Völkerrecht als öffentliches Recht, in: Gedächtnisschrift für Eberhard Grabitz, S. 333 ff.

[184] Dazu *W. M. Reismann*, New Scenarios of Threats to International Peace and Security, in: J. Delbrück, The Future of International Law Enforcement, 1992, S. 13 ff.

[185] *A. Verdross/B. Simma*, Universelles Völkerrecht, S. 102 ff., 134 ff.; zur Legitimation des Sicherheitsrates *D. B. Caron*, The Legitimacy of the Collective Authority of the Security Council, AJIL 87 (1993), 552 ff.

[186] Vgl. dazu *A. Randelzhofer*, Great Powers, in: Encyclopedia of Public International Law (EPIL), Instalment 9 (1986), S. 142 (144), der die Hegemonie der fünf ständigen Mitglieder des Sicherheitsrates und deren Einstimmige Entscheidungen als rechtliche Basis der UN-Charta ansieht; vgl. auch *B. Simma*, Responses to Violations erga omnes, in: J. Delbrück (Hrsg.), The Future of International Law Enforcement, S. 144 f.

ting Peace Resolution.[187] Diese sieht vor, daß die Generalversammlung dann verbindliche Beschlüsse zur Wahrung des Weltfriedens treffen kann, wenn der Sicherheitsrat wegen des Vetorechts der Großmächte zu keiner positiven Entschließung kommt. Eine Satzungsänderung hat sich jedenfalls aus dieser nicht unbedingt gefestigten Praxis bisher nicht ergeben.[188] Gemäß Kapitel VI UN-Charta sollen Streitigkeiten, wenn möglich, auf friedlichem Wege beigelegt werden. Der Sicherheitsrat ist zu entsprechenden Untersuchungen, Vermittlungen und Empfehlungen berechtigt. Er verfügt aber auch über einige Befugnisse, Zwangsmaßnahmen gegenüber Staaten zu erlassen.[189] Der Sicherheitsrat trifft die endgültige Feststellung, ob der Weltfriede bedroht ist, insbesondere, ob eine verbotene Angriffshandlung bevorsteht (Kapitel VII UN-Charta). Er beschließt, welche gewaltlosen Maßnahmen zu ergreifen sind, und kann die Mitglieder auffordern, diese durchzuführen. Er hat die Möglichkeit, verbindliche Vorgaben an die Mitgliedstaaten zu richten (Art. 25 UN-Charta). Versagen solche Maßnahmen, kann der Sicherheitsrat unter Einsatz von militärischer Gewalt die Herstellung des Friedenszustands erzwingen (vgl. z. B. Art. 39 UN-Charta). Die Erfüllung der Friedenspflicht hängt somit nicht mehr allein vom guten Willen der Staaten ab. Sie ist deshalb eine Rechtspflicht mit strikter Verbindlichkeit. Eine Verpflichtung, gegen Rechtsverletzungen einzuschreiten, wie sie für den Rechtsstaat unabdingbar ist, weil jede Rechtsverletzung eine Verletzung der Freiheit bedeutet[190], hat er jedoch nicht.[191] Das Einschreiten des Sicherheitsrates kann nicht erzwungen werden. Er soll aus Achtung vor dem Recht, also bona fides, vorgehen.[192] Für die ständigen Ratsmitglieder sind die Vorschriften der UN-Charta ohnehin eine „lex imperfecta", weil gegen sie Zwangsmaßnahmen des Sicherheitsrats ausgeschlossen sind.[193]

Art. 43 UN-Charta verpflichtet die Mitgliedstaaten, „sobald wie möglich" Verträge mit dem Rat, nach deren Maßgabe Streitkräfte der Mitgliedstaaten auf Ersuchen dem Sicherheitsrat zur Verfügung gestellt werden sollen, abzuschließen (vgl. auch Art. 106 UN-Charta). Bis heute ist kein Staat dieser Verpflich-

---

[187] UN GA Res. 377 (V) v. 3.11.1950, UN-Doc. S/1511 v. 27.6.1950 S/1588 v. 7.7.1950; dazu *E. Stein/R. C. Morrisey*, Uniting for Peace Resolution, in: EPIL 5 (1983), S. 379 ff.

[188] Dazu *A. Verdross/B. Simma*, Universelles Völkerrecht, S. 151 f.; *E. Stein/R. C. Morrisey*, S. 381.

[189] Dazu eingehend *A. Verdross/B. Simma*, Universelles Völkerrecht, S. 140 ff.

[190] Dazu *K. A. Schachtschneider*, Res publica res populi, S. 545 ff., 929 ff.

[191] *Ph. Kunig*, Völkerrecht als öffentliches Recht, in: Gedächtnisschrift für Eberhard Grabitz, S. 343.

[192] *A. Verdross/B. Simma*, Universelles Völkerrecht, S. 47.

[193] *A. Verdross/B. Simma*, Universelles Völkerrecht, S. 47.

tung nachgekommen.[194] Obwohl dies die Charta nicht ausdrücklich regelt, wird dem Sicherheitsrat zugestanden, militärische Sanktionsmaßnahmen (vgl. Art. 42, 48 UN-Charta), die von den Mitgliedstaaten ausgeführt werden, zu autorisieren.[195] Von dieser Möglichkeit hat der Sicherheitsrat in der jüngsten Vergangenheit verschiedentlich Gebrauch gemacht.[196] Erstmals sprach der Sicherheitsrat die Autorisierung eines militärischen Einsatzes mehrerer Mitgliedstaaten als Reaktion auf einen Rechtsbruch eines anderen Mitgliedstaates im Jahr 1990 aus, indem er den sogenannten Golfkrieg Alliierter gegen den Irak erlaubte.[197] Darüber hinaus steht dem Sicherheitsrat nach der Charta die Kompetenz zu, unter bestimmten Umständen auch in die inneren Angelegenheiten eines Staates einzugreifen (Art. 2 Abs.7, letzter Halbsatz i.V.m. Kapitel VII).

Das gegenwärtige System der kollektiven Sicherheit ist geeignet, Rechtsdurchsetzung zu Zwecken der Friedenswahrung umfassend zu ermöglichen, aber sichert diese noch nicht. Es enthält Elemente der *vis coactiva* und geht über eine *vis directiva* hinaus.

Auf dem Gebiet der Weltwirtschaft kennt die WTO Sanktionsmechanismen, die im folgenden näher erläutert werden. Auch diese Sanktionen gehen über *vis directiva* hinaus. Sie richten sich, völkerrechtstypisch, unmittelbar nur gegen Staaten, nicht gegen Einzelne.

---

[194] *Ph. Kunig*, Völkerrecht als öffentliches Recht, in: Gedächtnisschrift für Eberhard Grabitz, S. 336; vgl. auch die entpsrechende Mahnung des Generalsekretärs der UN in dessen Bericht „Agenda for Peace – Preventive Dipomacy, Peacemaking and Peace-Keeping, UN Doc. S/2411, 17.6.1992, ILM 31 (1992), 953 ff.

[195] Dazu *T. Farer*, The Future of International Law Enforcment under Chapter VII, in: J. Delbrück, The Future of International Law Enforcement, S. 39 (41 ff.).

[196] *J. Delbrück*, Zur Entwicklung der internationalen Rechtsordnung, S+F 2/98, S. 67.

[197] Vgl. Res. 678 des Sicherheitsrates v. 29.11.1990. Die Kollektivität dieser Maßnahme wurde allerdings durch die Tatsache relativiert, daß sie unter der Führung der USA stand und dementsprechend interessengeleitet war. Vgl. *Ph. Kunig*, Völkerrecht als öffentliches Recht, in: Gedächtnisschrift für Eberhard Grabitz, S. 339. Dazu auch krit. *T. Farer*, The Future of International Law Enforcment under Chapter VII, in: J. Delbrück, The Future of International Law Enforcement, 1993, S. 39 (41).

III. Rechtsdurchsetzung im GATT/WTO-Recht

1. Bindung an das materielle Recht

a) Geltung des Welthandelsrechts nach Zweck und Inhalt des Übereinkommens

aa) Großvaterklausel im GATT 1947

In seiner materiellen Regelungswirkung sowie in seinem Ordnungscharakter war das GATT 1947 von vornherein dadurch geschwächt, daß Teil II des GATT mit seinen wichtigen Regelungen über nicht-tarifäre Handelshemmnisse, über Ausnahmevorschriften, über Dumping und Subventionen und über die Streitschlichtung (Art. III – XXIII) nur für die Gesetzgebung *nach* Inkrafttreten des Protokolls über die vorläufige Geltung des GATT[198] gelten sollte. Vorher bereits existierende Handelsbeschränkungen konnten fortbestehen.[199]

bb) WTO-Übereinkommen

Wortlaut und Zielsetzung des WTO-Abkommens lassen, insbesondere ausweislich Art. XVI Abs.4, wonach jedes Mitglied sicherstellt, „daß seine Gesetze, sonstigen Vorschriften und Verwaltungsverfahren mit seinen Verpflichtungen aufgrund der als Anlage beigefügten Übereinkommen in Einklang stehen", keinen Zweifel an dem unbedingten Anspruch auf Geltung und Beachtung des WTO-Rechts zu.

b) Aushöhlung der materiellen Vertragsbindung unter dem GATT 47

Mit der zunehmenden Mitgliederzahl und dem wachsenden weltwirtschaftlichen Wettbewerbsdruck, welche die Effektivität der Reziprozität verminderten, nahm die anfänglich vorhandene Rechtsdisziplin ab und wich einem verstärkten Pragmatismus und Protektionismus bei der Auslegung des GATT. Unter dem GATT 1947 wurden ganz unverdeckt Vertragsverletzungen und Umgehungen der vereinbarten internationalen Handelsregeln begangen, die mit den ursprünglichen Zielen und Prinzipien des Vertrages kaum in Einklang zu bringen wa-

---

[198] Vom 30. Oktober 1947, in: GATT. Basic Intruments and Selected Documents (BISD) Bd. 1, 77-78.

[199] *W. Meng*, WTO-Recht als Steuerungsmechanismus, in: M. Klein/W. Meng/R. Rode (hrsg.), Die neue Welthandelsordnung der WTO, S. 37; *W. Benedek*, Die Rechtsordnung des GATT aus völkerrechtlicher Sicht, 1990, S. 100 ff.

ren.[200] Obwohl gegen diese GATT-widrigen Praktiken vertragliche und allgemeine völkerrechtliche Sanktionsmittel zur Verfügung standen, haben sich die anderen Vertragsparteien kaum bereit gefunden, gegen solche Rechtsverstöße mit den verfügbaren vertrags- oder völkerrechtlichen Mitteln vorzugehen. Das GATT-Streitschlichtungsverfahren wurde vermieden.[201]

Wie der EG-Vertrag kennt das GATT Ausnahmen von den Vertragsverpflichtungen, um verschiedenen Schutzinteressen der Mitgliedstaaten und der Komplexität des Rechts Rechnung zu tragen.[202] Schutzmaßnahmen, die im GATT als Ausnahmeregelungen für Notfälle im Sinne der regula sic stantibus enthalten sind, wurden häufig mißbraucht. Neben speziellen Ausnahmetatbeständen, konnten alle Vertragsparteien nach Art. XXV Abs.5 bei der Plenarkonferenz eine Ausnahmegenehmigung (waiver) beantragen. Dies führte faktisch zu Dauerausnahmen, die die GATT-Ordnung schwächten.[203] Oft wurden die Maßnahmen zum Schutz des Lebens, der Gesundheit[204], der öffentlichen Sittlichkeit, der Erhaltung erschöpfbarer Naturressourcen[205] usw. nach Art. XX GATT rechtsmißbräuchlich eingesetzt.[206] Die sogenannten allgemeinen Ausnahmen wurden regelmäßig dazu verwendet, um unter dem Vorwand des Konsumentenschutzes die eigene Wirtschaft zu begünstigen. Art. XIX GATT 47, der nach einem (präventiven) Verfahren den Vertragsparteien eine vorübergehende Aussetzung, Rücknahme oder Korrektur eingegangener Verpflichtungen, einschließlich der Zollzugeständnisse erlaubt, wenn heimische Industrien durch eine unvorhergesehene Zunahme von Einfuhren ernsthaften Schaden erleiden oder zu erleiden drohen, und der die nichtdiskriminierende Anwendung von Schutzmaßnahmen gegenüber allen Vertragsparteien und die Leistung gleich-

---

[200] Überblick bei *J. Molsberger*, die Zukunft des GATT, in: W. Zohlnhöfer (Hrsg.), Zukunftsprobleme der Weltwirtschaftsordnung, 1996, S. 69 (70 ff.).

[201] *W. Benedek*, Die Rechtsordnung des GATT aus völkerrechtlicher Sicht, S. 182 f.

[202] Dazu *W. Benedek*, Die Rechtsordnung des GATT aus völkerrechtlicher Sicht, S. 160 ff.

[203] *W. Meng*, WTO-Recht als Steuerungsmechanismus, in: M. Klein/W. Meng/R. Rode (Hrsg.), Die Neue Welthandelsordnung der WTO, S. 39; vgl. auch *Th. Oppermann/M. Beise*, Chancen für eine neue Welthandelsordnung?, EA 15/16 (1991), 449 (451).

[204] Vgl. dazu den Hormonstreit zwischen EG und USA: EC Measures Concerning Meat and Meat Products (Hormones)", AB-1997-4, WT/DS26/AB/R und WT/DS48/AB/R v. 16.1.1998.

[205] Vgl. etwa United States – Prohibition of Imports of Tuna and Tuna Products from Canada (22.2.1982), BISD 29 S/91; Canada – Measures affecting Exports of Unprocessed Hering and Salmon (22.3.1988), BISD 35 S/98; United States – Restrictions on Imports of Tuna (1991), ILM 30 (1991), 1594; vgl. dazu auch *A. v. Bogdandy*, Internationaler Handel und nationaler Umweltschutz: Eine Abgrenzung im Lichte des GATT, EuZW 1992, 243 (244 ff.).

[206] *W. Meng*, WTO-Recht als Steuerungsmechanismus, in: M. Klein/W. Meng/R. Rode (Hrsg.), Die Neue Welthandelsordnung der WTO, S. 42 f.

wertiger Kompensationen verlangt, wurde regelmäßig durch sogenannte freiwillige Selbstbeschränkungsabkommen, Marktabsprachen und sonstige informelle Vereinbarungen umgangen.[207] Solche Selbstbeschränkungsabkommen[208], die eigentlich ebenso wie Importkontingente gemäß Art. XI Abs.1 GATT verboten sind (vgl. Art. 41 WVK)[209], wurden seit dem Abschluß der Tokyo-Runde zunehmend vor allem von den USA und der Europäischen Gemeinschaft praktiziert (besonders im Landwirtschaftssektor).[210] Bekanntes Beispiel sind die „selbstauferlegten" Beschränkungen japanischer Automobilimporte in die USA.[211] Solche Umgehungsmaßnahmen werden auch als „Grauzonenmaßnahmen" bezeichnet.[212] Manche Bereiche, die starken nationalen Regulierungen unterliegen, wie die Textilindustrie oder die Landwirtschaft wurden gesondert oder außerhalb des GATT behandelt. Für den Agrarsektor galt ohnehin durch die Art. XI, XVI und XX lit. g GATT ein besonderes Regime, welches die Freihandelsverpflichtungen erheblich reduzierte.[213]

Es eröffneten sich Spielräume, die ausgenutzt wurden und als Vertragsumgehungen qualifiziert werden können. Vertragsumgehung ist vertragsverletzendes

---

207 Dazu *R. Quick*, Exportselbstbeschränkungsabkommen und Artikel XIX GATT, 1983, S. 8 ff., 94 ff.; *R. Hasse*, Weltwirtschaft ohne Marktwirtschaft. Selbstbeschränkungsabkommen: Die teuerste Art, Japans Exportwirtschaft zu stärken, in: *R. Hasse/J. Molsberger/Ch. Watrin* (Hrsg.), Ordnung in Freiheit. Festgabe für Hans Willgerodt zum 70. Geburtstag, S. 389-411; *J. Molsberger*, die Zukunft des GATT, in: W. Zohlnhöfer, Zukunftsprobleme der Weltwirtschaftsordnung, S. 69 (71 f.).

208 Zur rechtlichen Einordnung vgl. Art. 58 WVK.

209 Vgl. *E.-U. Petersmann*, International Trade Law and the GATT/WTO Dispute Settlement System, in: ders. (Hrsg.), S. 94 ff.; Selbstbeschränkungsabkommen können als zulässige bilaterale Übereinkünfte zur Modifikation eines multilateralen Vertrags gemäß Art. 41 Abs.1 lit. b WVK gelten, solange sie nicht den Prinzipien des GATT widersprechen. *Th. Oppermann/M. Beise*, Chancen für eine neue Welthandelsordnung?, EA 15/16 (1991), 449 (451) weisen darauf hin, daß viele Ausnahmeregeln als eigenständige Ordnungsprinzipien konzipiert sind, die im Konflikt mit den liberalen Ordnungprinzipien stehen. Darin ist jedoch keine „Widersprüchlichkeit" und Schwäche des Welthandelssystems zu sehen, wie die Autoren meinen. Verschiedene auch gegenläufige Prinzipien und deren Ausgleich sind vielmehr für jede komplexere Rechtsordnung unabdingbar, ansonsten ist die Ordnung nicht als Recht durchsetzbar. Vgl. dazu *A. Emmerich-Fritsche*, Grundsatz der Verhältnismäßigkeit, S. 69 ff.

210 Vgl. z. B. amerikanisch-japanisches Halbleiter-Abkommen, International Legal Materials (ILM) 25 (1986), 1408; amerikanisch-europäisches Stahl – Selbstbeschränkungsabkommen (ABl. EG 1985 L 355, 2); Überblick über verschiedene Selbstbeschränkungsabkommen bei *R. Quick*, Exportselbstbeschränkungsabkommen und Art. XIX GATT, S. 7 ff.

211 Dazu *H. Hauser/K. U. Schanz*, Das neue GATT, 1995, S. 56.

212 *J. Molsberger*, die Zukunft des GATT, in: W. Zohlnhöfer, Zukunftsprobleme der Weltwirtschaft, S. 71; *W. Benedek*, Die Rechtsordnung des GATT aus völkerrechtlicher Sicht, S. 181 ff.

213 *W. Meng*, WTO-Recht als Steuerungsmechanismus, in: M. Klein/W. Meng/R. Rode (Hrsg.), Die Neue Welthandelsordnung der WTO, S. 41.

Handeln, welches nicht als solches rechtserheblich festgestellt worden ist.[214] Einzelne Vorschriften des GATT, insbesondere über nicht-tarifäre Handelshemmnisse[215] und Wirtschaftszusammenschlüsse, wurden umgangen oder mißbraucht.[216] Bei Antidumpingmaßnahmen machte die Feststellung von „Dumping" Schwierigkeiten. Jeder Mitgliedstaat hatte dazu seine eigenen Vorstellungen. Die Auslegungsspielräume waren hier so groß, daß von vernünftigen Rechtsregeln kaum mehr gesprochen werden konnte.[217] Die im GATT vereinbarten Liberalisierungs-, Gegenseitigkeits-, und Nichtdiskriminierungsprinzipien und Verfahrensregeln wurden zudem durch außervertragliche Sondervereinbarungen oder stillschweigende Duldung von Vertragsverletzungen um ihre völkerrechtliche Effektivität gebracht.[218]

Diese Erosionserscheinungen haben das GATT-Recht jedoch nicht um seine grundsätzliche rechtliche Verbindlichkeit gebracht.[219] Die Umgehungen wurde nicht durch die Unbestimmtheit des materiellen Tatbestands, sondern deshalb möglich, weil jeder Staat den Ausnahmetatbestand eigenständig definiert und für seine Zwecke ausgelegt hat, ohne durch die VERTRAGSPARTEIEN hieran gehindert worden zu sein. Art. 30 (ex-Art. 36) EGV sieht etwa zum Gesundheitsschutz inhaltlich nahezu gleiche Regelungen wie Art. XX GATT vor. Dennoch sind Ausnahmen vom Freihandel im Gemeinschaftsrecht nur unter bestimmten Voraussetzungen möglich, weil der Europäische Gerichtshof die Ausnahmen eng auslegt und genau auf ihre Rechtfertigung hin überprüft.[220] Dies zeigt, daß die Wirksamkeit der Vorschriften weniger von ihrer materiellen Bestimmtheit und Unbedingtheit als von der Möglichkeit und der Intensität richterlicher Überprüfung abhängt.[221] Aus dem Vergleich zur Europäischen Union könnte man auch schließen, daß die Durchsetzbarkeit des Rechts in kleineren Gemeinschaften besser gelingt, weil das gegenseitige Verpflichtungsgefühl und

---

[214] *A. Kopke*, Rechtsbeachtung, S. 37.

[215] Dazu eingehend *Ch. Tietje*, Normative Grundstrukturen der Behandlung nichttarifärer Handelshemmnisse in der WTO/GATT-Rechtsordnung, 1998, S. 30 ff.

[216] *A. Kopke*, Rechtsbeachtung, S. 43; *Th. Oppermann/M. Beise*, Chancen für eine neue Welthandelsordnung? Endphase der Uruguay-Runde und Zukunft des GATT, EA 15/16 (1991), S. 451.

[217] *A. Kopke*, Rechtsbeachtung, S. 41.

[218] *A. Kopke*, Rechtsdurchsetzung, S. 6.

[219] *H.-J. Letzel*, Streitbeilegung, S. 366 f.

[220] Dazu *A. Emmerich-Fritsche*, Der Grundsatz der Verhältnismäßigkeit, 410 ff., 436 ff. mit Nachweisen der Rechtsprechung.

[221] Vgl. im Ergebnis auch *W. Meng*, WTO-Recht als Steuerungsmechanismus, in: M. Klein/W. Meng/R. Rode (Hrsg.), Die Neue Welthandelsordnung, S. 28 f., 38 f.; *E.-U. Petersmann*, International Trade Law and the GATT/WTO Dispute Settlement System, in: ders. (Hrsg.), S. 73; *A. M. Burley/W. Mattli*, Europe Before the Court: A Political Theory of Legal Integration, International Organization, Winter 1993, 41 ff.

der daraus resultierende Wille, die vertraglichen Verpflichtungen einhalten zu wollen, größer ist.

c) Rang des WTO/GATT-Rechts

Die Frage der Durchsetzbarkeit des Welthandelsrechts hängt wesentlich von dem Rang seiner Regeln in den Staaten sowie in der Europäischen Gemeinschaft ab. Weil die Europäische Gemeinschaft gegenüber den Mitgliedstaaten ausschließlich für die Handelspolitik zuständig ist (Art. 133 EGV) [222], wird der Rang des Welthandelsrechts im deutschen Recht durch das Gemeinschaftsrecht und in der Praxis durch die Rechtsprechung des Europäischen Gerichtshofs bestimmt.[223] Danach sind völkerrechtliche Verträge, welche aufgrund von Art. 300 EGV jedenfalls unter Beteiligung der Gemeinschaft abgeschlossen worden sind, „integrierender Bestandteil des Gemeinschaftsrechts".[224] Die WTO-Regeln gehen dem nationalen Recht also grundsätzlich vor[225], soweit dieses gegenüber dem Gemeinschaftsrecht nachrangig ist. Verbote, wie die der Art. III, XI GATT und die Logik der Rechtseinheit[226], gebieten zudem, daß die materiellen Vorschriften der WTO nicht einseitig durch eine Vertragsstaat im Wege der allgemeinen Rangregeln *lex posterior derogat legi priori und lex specialis derogat legi generali*[227] unterlaufen werden dürfen. Eine weitere Frage ist, welchen Rang das WTO-Recht gegenüber dem Gemeinschaftsrecht einnimmt. Nach überwiegender Meinung hat es einen Rang zwischen primärem und sekundärem Gemeinschaftsrecht.[228] Völkerrechtliche Verträge, deren zumindest faktische

---

[222] EuGH, Gutachten 1/75 Lokale Kosten, Slg. 1975, 1355 (1263 f.); Rs 41/76 Donkerwolcke, Slg. 1976, 1921 (1937); Gutachten 1/78 Internationale Naturkautschukübereinkommen, Slg. 1979, 2871 (2910); Gutachten 1/94 GATS und TRIPS, Slg. 1994 I, 5267 (5395 ff.); *A. Ott*, GATT und WTO im Gemeinschaftsrecht, 1997, S. 193 ff.

[223] *N. Lavranos*, Die Rechtswirkung von WTO panel-reports im Europäischen Gemeinschaftsrecht sowie im deutschen Verfassungsrecht, EuR 1999, 289 (300).

[224] Z. B. EuGH, Rs 104/81 Hauptzollamt Mainz/ Kupferberg, Slg. 1982, 3641 (Rdn. 13); Rs 181/73 Haegeman, Slg. 1974, 449 (1. LS); Rs 12/86 Demirel, Slg. 1987, 3719 (Rdn. 7); Rs C-192/89 Sevince, Slg. 1990 I, 3461 (Rdn. 8).

[225] Vgl. auch *A. Ott*, GATT und WTO im Gemeinschaftsrecht, S. 250.

[226] Vgl. *K. A. Schachtschneider/A. Emmerich-Fritsche*, Das Verhältnis des Europäischen Gemeinschaftsrechts zum nationalen Recht Deutschlands, Teil III, DSWR 4/99, 116 (118).

[227] Vgl. *A. Verdross/B. Simma*, Universelles Völkerrecht, § 640, § 786.

[228] *E.-U. Petersmann*, Application of GATT by the Court of Justice of the European Communities, CMLRev. 1983, 397 (401 f.); *ders.*, International Trade Law and the GATT/WTO Dispute Settlement System, in: ders. (Hrsg.), S. 114; *G. M. Berrisch*, der völkerrechtliche Status der Europäischen Wirtschaftsgemeinschaft im GATT. Eine Untersuchung der Sukzession der EWG in die Stellung ihrer Mitgliedstaaten als Vertragsparteien einer internationalen Organisation am Beispiel des GATT, 1992, S. 56; *T. Stein*, „Bananensplit"? Entzweien sich BVerfG und EuGH über den Bananenstreit?,

Vertragspartei die Gemeinschaft ist und erst recht solche, welche sie (mit)abgeschlossen hat, wie dies beim WTO-Abkommen der Fall ist, stehen unter dem Primärrecht, aber über dem Sekundärrecht der Gemeinschaft.[229] Dies gilt nicht nur für die Teile des WTO-Abkommens, für die die EG die ausschließliche Kompetenz hat[230], sondern muß für alle Teile des WTO-Vertrags gelten samt seiner Anhänge und Nebenabkommen[231]. Ein Vorrang vor dem EG-Primärrecht wird mit dem Hinweis auf Art. 300 Abs.6 EGV, wonach ein Gutachten des Europäischen Gerichtshofs über die Vereinbarkeit des Abkommens mit dem EG-Vertrag eingeholt werden kann, abgelehnt.[232] Andererseits ist zu bedenken, daß sich die Zollunion Europäische Gemeinschaft und ihre Rechtsordnung an XXIV GATT messen lassen muß.[233] Das EG-Primärrecht darf insoweit nicht gegen das GATT verstoßen.

d) Unmittelbare Anwendbarkeit

aa) Unmittelbare Anwendbarkeit als Durchsetzungsfaktor

Unmittelbar anwendbar ist eine völkerrechtliche Vorschrift, wenn sich die Einzelnen vor staatlichen Organen, insbesondere Gerichten, auf sie berufen können.[234] Die unmittelbare Anwendbarkeit einer Vorschrift fördert ihre effek-

---

EuZW 1998, 261 (263); *Ch. Schmid*, Immer wieder Bananen: Der Status des GATT/WTO Systems im Gemeinschaftsrecht, NJW 1998, 190 (192); *R. Streinz*, Europarecht, Rdn. 605; *H. D. Kuschel*, Wie geht es weiter mit der Bananenmarktordnung? EuZW 1996, 645 (648); auch der EuGH mißt sekundäres Gemeinschaftsrecht an die Gemeinschaft bindendem Völkerrecht: vgl. Rs C-280/93, Bundesrepublik Deutschland/Rat, Slg. 1994 I, 4973 (5020, 5072); s.a. *Generalanwalt Lenz* in EuGH Rs C-69/89 Nakajima, Slg. 1991 I, 2069 (2127); dazu krit. *A. Ott*, GATT und WTO im Gemeinschaftsrecht, S. 245 ff., 253, die sich für Gleichrangigkeit zwischen EG-Primärrecht und WTO-Recht ausspricht; dazu auch *D. I. Siebold,* Der Fall Bananenmarktordnung, in diesem Buch, S. 243 ff.

[229] *N. Lavranos*, Rechtswirkung von WTO panel reports, EuR 1999, S. 292; vgl. a. EuGH, verb. Rs 21-24/72 International Fruit Company, Slg. 1972, 1219 (Rdn. 14/18); *Generalanwalt A. Saggio*, Schlußanträge, Rs C-149/96 Portugal/Rat, Slg. 1999 I, 8397 Rdn. 22).

[230] Gutachten 1/94 des EuGH, Slg. 1994 I, 5276.

[231] *N. Lavranos*, Rechtswirkung von WTO panel reports, EuR 1999, 289 (301). Vgl. auch den EuGH, der gemischte Abkommen tendenziell als gesamten Gemeinschaftsvertrag ansieht: EuGH, Rs 12/86 Demirel, Slg. 1987, 3719 (Rdn. 9 ff.); EuGH, Rs C-53/96 Hermès/FHT Marketing Choice BV, Slg. 1998 I, 3603 (Rdn. 24 ff.); zur WTO als gemischtes Abkommen: *A. Ott*, GATT und WTO im Gemeinschaftsrecht, S. 211 ff.

[232] Vgl. *A. Ott*, GATT und WTO im Gemeinschaftsrecht, S. 244.

[233] Dazu *A. Ott*, GATT und WTO im Gemeinschaftsrecht, S. 244 f.

[234] *K. A. Schachtschneider/A. Emmerich-Fritsche*, Das Verhältnis des Europäischen Gemeinschaftsfrechts zum nationalen Recht Deutschlands, DSWR 1999, 17.

tive Durchsetzung ungemein, wie die Praxis des Gemeinschaftsrechts gezeigt hat.[235] Unmittelbar anwendbare Vorschriften sind nicht mehr nur Regeln zwischen Staaten, sondern auch in den Staaten und damit ein Stück Weltrecht.

bb) Ablehnung der unmittelbaren Anwendbarkeit in der Praxis

Die Verwirklichung des Welthandelsrechts hängt wesentlich davon ab, ob es in der Europäischen Union und deren Mitgliedstaaten durchgesetzt wird. Für den Bereich der Handelspolitik ist die Europäische Gemeinschaft im Verhältnis zu ihren Mitgliedstaaten ausschließlich zuständig.[236] Sowohl in den USA[237], in Japan[238] als auch in der Europäischen Union wird die unmittelbare Anwendung des GATT/WTO-Rechts durch die Gerichte verweigert.[239] Die überwiegende Meinung in Deutschland hat die unmittelbare Anwendbarkeit des GATT 1947 ebenfalls abgelehnt.[240] Allerdings haben deutsche Gerichte Vorlageentscheidungen des Europäischen Gerichtshofs beantragt, welche die unmittelbare An-

---

[235] *A.-M. Burley/W. Mattli*, Europe Before the Court: A Political Theory of Legal Integration, International Organization, 1993, 41 (60 ff.).

[236] EuGH, Gutachten 1/75 Lokale Kosten, Slg. 1975, 1355 (1263 f.); Rs 41/76 Donkerwolcke, Slg. 1976, 1921 (1937); Gutachten 1/78 Internationale Naturkautschuküber-einkommen, Slg. 1979, 2871 (2910); Gutachten 1/94 GATS und TRIPS, Slg. 1994 I, 5267 (5395 ff.); *A. Ott*, GATT und WTO im Gemeinschaftsrecht, S. 195.

[237] US-Uruguay Round Act 1994, 19 USCS para. 3511, Publ. L No. 104-305 (1996), para. 102 (c): „no provision of any of the Uruguay Round Agreements ... that is inconsistent with any law of the United States. Shall have effect" and that no person other than the United States „shall have any cause of action or defence under any of the Uruguay Round Agreements" or challenge „any action or inaction ... on the ground that such action or inaction is inconsistent" with one of these agreements; *R. E. Hudec*, Das GATT in der Rechtsordnung der Vereinigten Staaten von Amerika, in: M. Hilf/E.-U. Petersmann, GATT und Europäische Gemeinschaft, 1985, S. 243 ff.; dazu auch *D. I. Siebold,* Der Fall Bananenmarktordnung, VI, in diesem Buch, S. 243 ff.

[238] *M. Hilf*, The Role of National Courts in International Trade Relations, in: E.-U. Petersmann (Hrsg.), S. 572 m.N.

[239] *M. Hilf*, The Role of National Courts in International Trade Relations, in: E.-U. Petersmann (Hrsg.), S. 561 (563, 566, 572 f.); zuletzt EuGH, Rs C-149/96 Portugal/Rat, Slg. 1999 I, 8395 (8436, Rdn. 36 ff.).

[240] *M. Hilf*, Die Anwendung des GATT im deutschen Recht, in: M. Hilf/E.-U. Petersmann, GATT und Europäische Gemeinschaft, S. 11 ff.; *C.-D. Ehlermann*, Die innergemeinschaftliche Anwendung der Regeln des GATT in der Praxis der EG, in: M. Hilf/E.-U. Petersmann, GATT und Europäische Gemeinschaft, S. 203 ff.; *W. Meng*, Gedanken zur Frage unmittelbarer Anwendung von WTO-Recht in der EG, in: Recht zwischen Umbruch und Bewahrung. Festschrift für Rudolf Bernhardt, 1995, S. 1063 (1083); *ders.*, WTO-Recht als Steuerungsmechanismus, in: M. Klein/W. Meng/R. Rode (Hrsg.), Die Neue Welthandelsordnung der WTO, S. 44; vgl. auch *M. J. Hahn/G. Schuster*, Zum Verstoß von gemeinschaftlichem Sekundärrecht gegen das GATT, Europarecht 1993, 261 (274 f.); *Generalanwalt Reischl*, in: EuGH, Rs 266/81 SIOT, Slg. 1983, 731 (791).

wendbarkeit des GATT betrafen.[241] Der Europäische Gerichtshof erkennt zwar die grundsätzliche Geltung und Verbindlichkeit der GATT/WTO-Regeln im Gemeinschaftsrecht an, lehnte es aber bisher ab, sekundäres Gemeinschaftsrecht auf Klagen von Bürgern und selbst von Mitgliedstaaten, die als Völkerrechtssubjekte anerkannt sind, an GATT/WTO-Bestimmungen zu messen. Für das GATT 1947 begründete er seine Ablehnung der unmittelbaren Anwendbarkeit mit der mangelnden Gerichtsförmlichkeit des Streitbeilegungsverfahrens.[242] Die GATT-Vorschriften hätten aufgrund ihrer Geschmeidigkeit und aufgrund dessen, daß ihnen ein „unbedingter Charakter" fehle, keine unmittelbare Anwendbarkeit im Gemeinschaftsrecht.[243] Nur unter den besonderen Umständen, daß eine gemeinschaftsrechtliche Vorschrift ausdrücklich auf das GATT verweist oder eine GATT-Verpflichtung umsetzt, seien die betreffenden GATT-Vorschriften anwendbar.[244] Der Gerichtshof hat es somit der Willkür von Rat und Kommission überlassen, ob das GATT gerichtlich durchsetzbar ist.[245] Mit dieser rechtswidrigen Praxis wurde die Durchsetzbarkeit des GATT und letztlich auch dessen Geltung in der Europäischen Gemeinschaft in Frage gestellt. Hingegen bestätigte der Europäische Gerichtshof eine Vertragsverletzungsklage der Kommission gegen Deutschland dahingehend, daß Deutschland gewisse GATT-Verpflichtungen nicht richtig ausgeführt hätte.[246] Die ablehnende Rechtsprechung des Europäischen Gerichtshofs zur unmittelbaren Anwendbarkeit des GATT hinderte die nationalen Gerichte daran, den Vorrang des GATT vor dem

---

[241] Finanzgericht Hamburg, EuZW 1995, 413; siehe auch Bundesfinanzhof EWS 1996, 169.

[242] EuGH, verb. Rs 21-24/72 International Fruit Company, Slg. 1972, 1219 (Rdn. 19/29 ff.)

[243] EuGH, verb. Rs 21-24/72 International Fruit Company, Slg. 1972, 1219 (Rdn. 19/29 ff.); Rs 266/81 SIOT, Slg. 1983, 731 (Rdn. 28); Rs C-280/93 Deutschland/Rat, Slg. 1994 I, 4973 (5073 f.); Rs C-469/93 Chiquita, Slg. 1995 I, 4533 (Rdn. 37). A.A.: *GA Gulmann*, Schlußanträge, Rs C-289/93 Bundesrepublik Deutschland/Rat, Slg. 1994 I, 4973, Rdn. 141: „Die Vorschriften des GATT sind, selbst wenn sie auch bis zu einem gewissen Grad einen ungenauen Inhalt haben, jedenfalls was den größten Teil betrifft, hinreichend klar und unbedingt, so daß sie gegebenenfalls vom Gerichtshof anerkannt werden können ...". Vgl. a. krit.: *E.-U. Petersmann*, Application of GATT by the Court of Justice of the European Communities, CMLRev. 1983, 397 (402 ff.); *M. J. Hahn/G. Schuster*, Zum Verstoß von gemeinschaftlichem Sekundärrecht gegen das GATT – Die gemeinsame Marktorganisation für Bananen vor dem EuGH –, EuR 1993, 261 (274 ff.); *M. Hilf*, The Role of International Courts in International Trade Relations, in: E.-U. Petersmann (Hrsg.), S. 572 ff.

[244] Dazu EuGH, Rs 70/87 Fediol III, Slg. 1989, 1781 (Rdn. 19 ff.); Rs C-69/89 Nakajima, Slg. 1991 I, 2069 (Rdn. 26 ff.).

[245] Vgl. auch *M. Hilf*, The Role of International Courts in International Trade Relations, in: E.-U. Petersmann (Hrsg.), S. 574; *E.-U. Petersmann*, Darf die EG das Völkerrecht ignorieren?, EuZW 1997, 327.

[246] EuGH, Rs C-61/94 Kommission/Deutschland, Slg. 1996 I, 3989 (4012 ff.); krit. auch *E.-U. Petersmann*, Darf die EG das Völkerrecht ignorieren?, EuZW 1997, 325.

gemeinschaftlichen Sekundärrecht und vor den Gesetzen der Mitgliedstaaten zu judizieren.[247] Der Europäische Gerichtshof hat den nationalen Gerichten sogar untersagt, das GATT-Recht in der Beziehung zu Individuen unmittelbar anzuwenden.[248] Der Gerichtshof erkennt lediglich den Grundsatz der völkerrechtskonformen Auslegung an. Danach ist das Gemeinschaftsrecht so auszulegen, daß es mit dem Völkerrecht übereinstimmt.[249] Die GATT-konforme Auslegung des Sekundärrechts ist bisher das einzige vom Europäischen Gerichtshof anerkannte Instrument zur Durchsetzung des GATT.[250]

e) Verstärkung der Rechtsbindung unter dem WTO-Abkommen und die Konsequenzen für die Frage der unmittelbaren Anwendbarkeit

Die Argumentation gegen die unmittelbare Anwendbarkeit von WTO-Regeln ist jedenfalls unter dem WTO-Abkommen nicht mehr haltbar.[251] Die Frage der Verbindlichkeit des GATT im Gemeinschaftsrecht hat sich schon insofern verändert, als die Europäische Gemeinschaft nunmehr selbst Vertragspartei des GATT ist. Die Gemeinschaft ist im Bereich der allgemeinen Handelspolitik, wozu das GATT 1994 zählt, ausschließlich zuständig.[252] Das WTO-Abkommen und seine Anhänge, einschließlich das GATT 1994, sind nunmehr Gemeinschaftsabkommen auch in formeller Hinsicht, an die die Gemeinschaft gemäß Art. 300 Abs.7 EGV gebunden ist[253]. Das WTO-Abkommen ist mit seinem In-

---

[247] *E.-U. Petersmann*, Application of GATT by the Court of Justice of the European Communities, CMLRev. 1983, 397 (402).

[248] Rs C-469/93 Chiquita, Slg. 1995 I, 4533 (Rdn. 37).

[249] EuGH, Rs C-61/94 Kommission/Deutschland, Slg, 1996 I, 3989, betreffend die Auslegung des GATT-Übereinkommens über Milcherzeugnisse.

[250] EuGH, Rs 92/71 Interfood, Slg. 1972, 231, Rn 6; Rs C-79/89 Brown Boveri, Slg. 1991 I, 1853, Rdn. 15-19; Rs C-61/94 Kommission/Deutschland, Slg. 1996 I, 3989, Rdn. 52.

[251] So auch *M. J. Hahn/G. Schuster,* Zum Verstoß von gemeinschaftlichem Sekundärrecht gegen das GATT, Europarecht 1993, 261 (279 f.); *Th. Cottier*, Durchsetzung der Prinzipien und Beschlüsse der WTO, 1997, S. 135; *A. Weber/F. Moos*, Rechtswirkungen von WTO-Streitbeilegungsentscheidungen im Gemeinschaftsrecht, EuZW 1999, 229 (230); *Th. Oppermann/J. C. Cascante*, Lessons for the GATT/WTO Dispute Settlement System?, in: E.-U. Petersmann (Hrsg.), S. 484 f.; *M. Hilf*, The Role of International Courts in International Trade Relations, in: E.-U. Petersmann (Hrsg.), S. 574 ff.; *Generalanwalt A. Saggio*, Schlußanträge, Rs C-149/96 Portugal/Rat, Slg. 1999 I, 8397 (Rdn. 19 ff.); *D. I. Siebold*, Der Fall Bananenmarktordnung, VI, in diesem Buch, S. 243 ff.; a.A. aber z. B. *J. Sack*, Von der Geschlossenheit und den Spannungsfeldern in einer Weltordnung des Rechts, EuZW 1997.

[252] EuGH, Gutachten v. 15.11.1994, 1/94, WTO, GATS, TRIPS, Slg. 1994 I, 5267 (Rdn. 34).

[253] Vgl. Rs 104/81 Kupferberg I, Slg. 1982, 3641 (3662).

krafttreten automatisch „integrierter Bestandteil des Gemeinschaftsrechts“[254] geworden. Das WTO-Abkommen hat Vorrang vor den Rechtsakten der Gemeinschaft.[255] Es kann somit die „Vermutungswirkung der Gemeinschaftsrechtsordnung zugunsten der unmittelbaren Anwendbarkeit eingreifen“.[256]

Die Durchsetzbarkeit des Rechts und ein effektiver Rechtsschutz sind nur möglich, wenn die zugrundeliegenden Rechtsbestimmungen hinreichend klar und unmißverständlich formuliert sind[257]. Die Prinzipien der Meistbegünstigung und der Nichtdiskriminierung des Welthandelsrechts, die z. B. in Art. I:1, II, V, III, XI, XIII, XVII GATT geregelt sind, sind in ihrer Materie präziser, keinesfalls unbestimmter, als vergleichbare Bestimmungen des EG-Vertrages, etwa in Art. 12, 25, 28 EGV.[258] Sie statuieren hinreichend klare, unbedingte und genau bestimmte Gebote und Verbote[259]. Die allgemeinen Ausnahmen des Art. XX entsprechen inhaltlich weitgehend denjenigen in Art. 30 EGV. Diese Bestimmungen könnten im Wege des neuen Streitbeilegungsverfahrens (dazu genauer unten) effektiver als unter dem GATT 1947 überprüft werden.[260] Zahlreiche Ausnahmebestimmungen, welche eine Relativierung der GATT-Prinzipien erlauben, wurden durch die Reform des GATT verfahrensmäßig und materiell verschärft oder zumindest präzisiert sowie in ihrer zeitlichen Anwendbarkeit begrenzt.[261] So ist insbesondere die vom Europäischen Gerichtshof bemängelte Weichheit der Regeln über Maßnahmen bei außergewöhnlichen Schwierigkeiten durch eine nähere materielle Bestimmung der Voraussetzungen für Schutz-

---

[254] EuGH, Rs 181/73 Haegemann, Slg. 1974, 449 (460); Rs 104/81 Kupferberg I, Slg. 1982, 3641, Rdn 13; Gutachten 1/91, Slg. 1991 I, 6079 (Rdn. 37).

[255] Vgl. zur Bananenmarktordnung *D. I. Siebold*, Der Fall Bananemarktordnung, in diesem Buch, S. 243 ff.

[256] *A. Weber/F. Moos*, Rechtswirkungen von WTO-Streitbeilegungsentscheidungen im Gemeinschaftsrecht, EuZW 1999, 230; vgl. auch *W. Schroeder/M. Selmayr*, Die EG, das GATT und die Vollzugslehre, JZ 1998, 344 (347).

[257] *H.-J. Letzel*, Streitbeilegung, S. 219.

[258] *E.-U. Petersmann*, Darf die EG das Völkerrecht ignorieren?, EuZW 1997, 327.

[259] So auch *E.-U. Petersmann.*, International Trade Law and the GATT/WTO Dispute Settlement System, in: ders. (Hrsg.), S. 114; *ders.*, Darf die EG das Völkerrecht ignorieren?, EuZW 1997, 326; *ders.*, GATT/WTO-Recht: Duplik, EuZW 1997, 651 (652); *M. Hilf*, The Role of International Courts in International Trade Relations, in: E.-U. Petersmann (Hrsg.), S. 575; *A. Ott*, GATT und WTO im Gemeinschaftsrecht, S. 225 f., einschränkend für Art. II; zur unmittelbaren Wirkung von GATS und TRIPS S. 227 ff.

[260] *Th. Oppermann/J.C. Cascante*, Lessons for the GATT/WTO Dispute Settlement System?, in: E.-U. Petersmann (Hrsg.), S. 484.

[261] Dazu *H. Hauser/K.-U. Schanz*, Das neue GATT, 2. Aufl. 1995, S. 100 ff.; *W. Meng*, WTO-Recht als Steuerungsmechanismus, in: M. Klein/W. Meng/R. Rode (Hrsg.), Die Neue Welthandelsordnung der WTO, S. 51 ff.

maßnahmen nach Art. XIX GATT abgemildert worden.[262] Als Voraussetzung für Maßnahmen zum Schutze der Zahlungsbilanz (Art. XII und XVIII GATT) wird nun aufgrund der Vereinbarung über die Zahlungsbilanzbestimmungen des Allgemeinen Zoll- und Handelsabkommens ein Vorrang für preisgerichtete Maßnahmen gegenüber Mengenbeschränkungen sowie eine Notifikations- und Konsultationspflicht festgelegt. Alle aufgrund des „waivers" nach Art. XXV Abs.5 GATT erteilten Ausnahmegenehmigungen sollen gemäß der Vereinbarung über Befreiungen nach dem GATT automatisch zwei Jahre nach Inkrafttreten der Vereinbarung außer Kraft treten, wenn sie nicht ausdrücklich verlängert werden.[263] Neue Genehmigungen werden nur noch befristet erteilt und damit einer periodischen Überprüfung zugänglich.[264] Außerdem können die „waivers" nach Art. IX Abs.3 WTO-Abkommen nur noch von drei Vierteln der Mitglieder der Ministerkonferenz gefaßt werden. Nach Art. 11 Ziff. 1 lit. B des Übereinkommens über Schutzmaßnahmen dürfen freiwillige „Ausfuhrbeschränkungen, sonstige Selbstbeschränkungsabkommen oder ähnliche Maßnahmen betreffend die Ausfuhren oder die Einfuhren" weder angestrebt noch ergriffen noch aufrechterhalten werden. Damit ist die Rechtswidrigkeit der Selbstbeschränkungsmaßnahmen vertraglich eindeutig geklärt.[265] Die vom Europäischen Gerichtshof zum GATT 1947 ausgeführten Hindernisse gegen die unmittelbare Anwendbarkeit des GATT sind durch das WTO-Abkommen und die inkorporierten multilateralen Verträge ausgeräumt worden. Mit dem Inkrafttreten des WTO-Abkommens ist das Protokoll über die vorläufige Anwendung des GATT entfallen, vor allem die darin enthaltene „Grandfather Clause", welche die Anwendung des GATT begrenzte.[266] Die institutionelle Struktur ist insgesamt gestärkt worden.[267] Diese Änderungen intensivieren die Verrechtlichung der Welthan-

---

[262] Vgl. dazu Übereinkommen über Schutzmaßnahmen v. 15.4.1994, Abl. EG 1994 L 336/184; *P. Hilpold*, Die Neuregelung der Schutzmaßnahmen im GATT/WTO-Recht und ihr Einfluß auf „Grauzonenmaßnahmen", ZaöRV 55 (1995), S. 89 ff.; *J. Molsberger*, die Zukunft des GATT, in: W. Zohlnhöfer, Zukunftsprobleme der Weltwirtschaft, S. 76 ff.

[263] Vereinbarungen über Befreiungen von den Verpflichtungen nach dem Allgemeinen Zoll- und Handelsabkommen 1994 v. 14.4.1994, Abl. EG 1994 L 336/18; Art. IX Abs. 4 WTO-Abkommen.

[264] *W. Meng*, WTO-Recht als Steuerungsmechanismus, in: M. Klein/W. Meng/R. Rode (Hrsg.), Die Neue Welthandelsordnung der WTO, S. 53.

[265] *W. Meng*, WTO-Recht als Steuerungsmechanismus, in: M. Klein/W. Meng/R. Rode (Hrsg.), Die Neue Welthandelsordnung der WTO, S. 52.

[266] Vgl. dazu *W. Benedek*, Die Rechtsordnung des GATT aus völkerrechtlicher Sicht, S. 100.

[267] *A. Weber/F. Moos*, Rechtswirkungen von Streitbeilegungsentscheidungen im Gemeinschaftsrecht, EuZW 1999, 230; *P. T. Stoll*, Die WTO: Neue Welthandelsorganisation, neue Welthandelsordnung, ZaöRV 55 (1995), 239 (257 ff.).

delsordnung und damit auch ihren Geltungsanspruch[268] und ihre Durchsetzbarkeit. Die amtliche Begründung des deutschen Gesetzes zum WTO-Abkommen hat daher festgestellt, daß „ein Teil der Vertragsbestimmungen ... innerstaatlich unmittelbar anwendbar ist“[269] Das proklamierte Hauptziel der GATT-Uruguay-Verhandlungen wurde in der schrittweisen Stärkung des multilateralen Handelssystems gegen nationalen (und supranationalen) Protektionismus gesehen[270]. Die Vertragsgegenstände und neuen Verfahren der WTO erfassen zusammengenommen nahezu jeden Aspekt des wirtschaftlichen Austausches über internationale Grenzen hinweg. Damit erhöhen sich allerdings auch die einzuhaltenden und durchzusetzenden Verbindlichkeiten.

In der Präambel seines Beschlusses zur Ratifikation des Welthandelsabkommens will der Rat dennoch die unmittelbare Anwendbarkeit ausschließen, indem er deklariert, daß „das Übereinkommen zur Errichtung der Welthandelsorganisation einschließlich seiner Anhänge nicht so angelegt ist, daß es unmittelbar von den Rechtsprechungsorganen der Gemeinschaft und der Mitgliedstaaten angeführt werden kann.“[271] Fraglich ist, ob hierin ein völkerrechtlicher Vorbehalt gesehen werden könnte, der für die Auslegung der WTO als völkerrechtlichem Vertrag erheblich ist (vgl. Art. 19 – 23, 31 Abs. 2 lit. b WVK). Ein Vorbehalt ist nach der Legaldefinition in Art. 2 Abs. 1 lit. d WVK „... eine wie auch immer formulierte oder bezeichnete, von einem Staat bei der Unterzeichnung, Ratifikation, Annahme oder Genehmigung eines Vertrages oder bei dem Beitritt zu einem Vertrag abgegebene einseitige Erklärung, durch die der Staat bezweckt, die Rechtswirkung einzelner Vertragsbestimmungen in der Anwendung auf diesen Staat (oder das andere Völkerrechtssubjekt) auszuschließen oder zu ändern.“ Art. XVI Abs. 5 WTO-Rahmenabkommen schließt Vorbehalte generell aus.[272] Ein Vorbehalt wäre deshalb nach Art. 19 lit. a WVK unzulässig, könnte aber unter bestimmten Voraussetzungen Rechtswirkungen entfalten.[273] Der Beschluß des Rates entspricht indes nicht der Definition des Vorbehalts.[274] Dieser muß auf einzelne Regelungen des Vertrages gerichtet sein[275]. Der Rat bezweckte mit seinem Ratifikationsbeschluß nicht, die Rechtswirkung einzelner Vertragsbestimmungen des WTO-Abkommens und seiner Anhänge für die Europäische Union abzuändern. Der Beschluß des Rates bezieht sich zwar auf die

[268] *P. T. Stoll*, Die WTO: Neue Welthandelsorganisation, neue Welthandelsordnung, ZaöRV 55 (1995), 239 (266).

[269] BT-Drs. 12/7655 (1994), S. 7 f., 337.

[270] *A. Kopke*, Rechtsbeachtung, S. 250 f.

[271] Beschluß des Rates 94/80/EG v. 22.12.1994, ABl.EG L 336 v. 23.12.94, S. 2.

[272] Vgl. *W. Meng*, WTO-Recht als Steuerungsmechanismus, in: M. Klein/W. Meng/ R. Rode (Hrsg.), Die Neue Welthandelsordnung der WTO, S. 50 f.

[273] Dazu *K. Ipsen*, Völkerrecht, S. 144 f.

[274] So i. Ergebnis auch *A. Ott*, GATT und WTO im Gemeinschaftsrecht, S. 222.

[275] *K. Ipsen*, Völkerrecht, S. 141, Rdn. 3.

Wirkung des WTO-Rechts im Gebiet der Europäischen Union, enthält aber keine ausdrückliche Festlegung der Wirkung zwischen den Vertragsparteien[276]. Auch Generalanwalt Saggio hat festgestellt, daß die einseitige Ratserklärung die Wirkung des Abkommens im Gemeinschaftsrecht und gegenüber Drittstaaten nicht beschränken kann; denn aus dem in Art. 31–33 WVK kodifizierten Gewohnheitsrecht ergibt sich, daß bei der Auslegung der objektive Inhalt der Übereinkommensbestimmungen Vorrang „gegenüber dem Ausdruck des Willens in übereinkommensfremden einseitigen Erklärungen" hat.[277]

Entgegen dem Vorschlag des Generalanwalts hat der Gerichtshof in der Rechtssache C-149/96 entschieden, daß die WTO-Übereinkünfte wegen ihrer immer noch verhandlungsorientierten Natur und Struktur nicht zu den Vorschriften gehören würden, an denen der Gerichtshof die Rechtmäßigkeit von Handlungen der Gemeinschaftsorgane messen wolle.[278] Zur Begründung führt er insbesondere an: „Dürften die Gerichte mit den WTO-Übereinkünften unvereinbare innerstaatliche Rechtsvorschriften nicht anwenden, so würde den Legislativ- und Exekutivorganen der Mitglieder somit die ihnen in Artikel 22 DSU eingeräumte Befugnis genommen, auf dem Verhandlungsweg Lösungen zu erreichen, selbst wenn diese nur als vorrübergehende zulässig sind."[279]

Das Argument des Gerichtshofs basiert auf der mit dem innerstaatlichen Verfassungsgrundsatz der gewaltenteiligen Funktionenteilung schwerlich zu vereinbarenden Praxis, wonach die mitgliedstaatlichen Gerichte, jede nationale Bestimmung, die gegen Gemeinschaftsrecht verstößt, unangewendet lassen, ohne vorher die Aufhebung dieser Bestimmung auf gesetzgeberischem Wege oder in einem anderen Verfahren beantragen oder abwarten zu müssen.[280] Außerdem betont der Gerichtshof die konsultativen Elemente des WTO-Streitbeilegungsverfahrens über Gebühr. Die Streitbeilegungsregeln, einschließlich Art. 22 DSU, geben, wie der Gerichtshof selbst einräumt[281], dem Rechtsprinzip eindeutig den Vorrang. Demgegenüber wird vertreten, nach Art. 22 Abs.2 DSU stehe den WTO-Vertragsparteien nicht nur die Möglichkeit zur Verfügung, den Beschluß zu befolgen, sondern auch den Vertragsverstoß aufrecht zu erhalten und einen Ausgleich durch Kompensationszahlung zu lei-

---

276 *A. Ott*, GATT und WTO im Gemeinschaftsrecht, S. 222.

277 *Generalanwalt A. Saggio*, Schlußanträge, Rs C-149/96 Portugal/Rat, Slg. 1999 I, 8397 (Rdn. 20).

278 Rs C-149/96 Portugal/Rat, Slg. 1999 I, 8395 (8434, Rdn. 25 ff., 47).

279 Rs C-149/96 Portugal/Rat, Slg. 1999 I, 8395 (8434, Rdn. 40).

280 Dazu krit. *K. A. Schachtschneider/A. Emmerich-Fritsche*, Das Verhältnis des Europäischen Gemeinschaftsrechts zum nationalen Recht Deutschlands, DSWR 1999, 81 (82).

281 Rs C-149/96 Portugal/Rat, Slg. 1999 I, 8395 (8437, Rdn. 38).

sten.[282] Diese Auslegung widerspricht Art. 3 Abs.7 DSU.[283] Danach ist „das erste Ziel des Streitbeilegungsmechanismus gewöhnlich die Rücknahme der betreffenden Maßnahmen", die dem Abkommen entgegenstehen.[284] Die Pflicht zur Vertragserfüllung ist nicht kompensierbar[285] und damit auch nicht verhandelbar. Dafür spricht auch der Wortlaut des Art. 22 Abs.1 DSU. Danach sind die Entschädigung und die Aussetzung von Zugeständnissen lediglich vorübergehende Maßnahmen, die nur dann zur Verfügung stehen, wenn die Empfehlungen und Entscheidungen nicht innerhalb eines angemessenen Zeitraums umgesetzt werden. Nach Abs.8 wird die Aussetzung von Zugeständnissen nur solange angewendet, bis die abkommenswidrige Maßnahme eingestellt wird. Schadensersatzzahlungen und die Aussetzung von Vertragsverpflichtungen sind keine Alternative zur Erfüllung des Abkommens. Sie sind vielmehr völkerrechtliche Mittel, den Vertragsverstoß zu sanktionieren.[286] Sie stellen nicht die Verbindlichkeit der materiellen WTO-Prinzipien zur Disposition und sind daher kein schlagendes Argument gegen die unmittelbare Anwendbarkeit des WTO-Rechts.

Mit der Ablehnung der unmittelbaren Anwendbarkeit könnte die Europäische Union ihre Bereitschaft, den Vertrag nach Treu und Glauben zu erfüllen, wie die Art. 26 WVK und das universelle Völkergewohnheitsrecht vorschreiben, relativieren.[287]

Die unmittelbare Anwendbarkeit[288] setzt die Geltung des Vertrages im innerstaatlichen Rechtsraum voraus. Der Begriff der Geltung bezeichnet die rechtliche Verbindlichkeit völkerrechtlicher Verträge im innerstaatlichen Recht. Völkerrechtliche Verträge werden unmittelbar geltend genannt, wenn sie ohne

---

[282] *J. Sack*, Von der Geschlossenheit und den Spannungsfeldern in einer Weltordnung des Rechts, EuZW 1997, 650.

[283] *Th. Jürgensen*, WTO-Schiedsverfahren und Sanktionen nach Art. 22 DSU, RIW 2000, 580.

[284] *A. Weber/F. Moos*, Rechtswirkungen von WTO-Streitbeilegungsentscheidungen im Gemeinschaftsrecht, EuZW 1999, 235.

[285] So auch *E.-U. Petersmann*, GATT/WTO-Recht: Duplik, EuZW 1997, 653; *H.-J. Letzel*, Streitbeilegung, S. 363.

[286] *Ch. Schmid*, Immer wieder Bananen: Der Status des GATT/WTO Systems im Gemeinschaftsrecht, NJW 1998, 190 (196); *P. Eeckhout*, The Domestic Legal Status of the WTO Agreement, 34 CMLR (1997), 11 (54 f.); *E.-U. Petersmann*, GATT/WTO-Recht: Duplik, EuZW 1997, 653.

[287] *W. Meng*, Gedanken zur Frage unmittelbarer Anwendung von WTO-Recht in der EG, in: FS R. Bernhard, S. 1063.

[288] Dazu *A. Verdross/B. Simma*, Universelles Völkerrecht, S. 863 f.; *A. Bleckmann*, Begriff und Kriterien der innerstaatlichen Anwendbarkeit völkerrechtlicher Verträge, 1970, S. 57 ff.; *R. Geiger*, Grundgesetz und Völkerrecht, 2. Aufl. 1994, S. 160 f., 164 ff.; krit. *W. Meng*, Frage unmittelbarer Anwendung von WTO-Recht in der EG, S. 1069.

Transformationsakt unmittelbar mit Vertragsschluß wirksam sind. [289] Nach der dualistischen Lehre[290] bilden Völkerrecht und nationales Recht zwei voneinander getrennte Rechtsordnungen. Danach bestimmen die Mitglieder die Wirkung des WTO-Rechts in ihrem Rechtsbereich selbst.[291] Die innerstaatliche Verbindlichkeit bedarf daher der Transformation in das innerstaatliche Recht oder zumindest eines Vollzugsbefehls durch einen innerstaatlichen Rechtsakt.[292] Die deutsche Praxis sieht diese Funktion in dem Zustimmungsgesetz nach Art. 59 Abs. 2 GG.[293] Diese Auffassung scheint auch dem Zustimmungsbeschluß des Rates zur WTO zugrundezuliegen. Der Geltungsgrund des Rechts, die Freiheit, verlangt nach Rechtseinheit.[294] Auch aus rechtslogischen Gründen ist nur eine monistische Sicht überzeugend, wenn sowohl die Vorschriften des Völkerrechts als auch die des einzelstaatlichen Rechts als jeweils gleichzeitig gültige angesehen werden.[295] Erkenntnistheoretisch muß alles Recht in einem System, d. h. von ein und demselben Standpunkt aus, wie ihn insbesondere der Richter einnimmt, als ein geschlossenes Ganzes begriffen werden.[296]

Die unmittelbare Anwendbarkeit kann sich explizit oder implizit aus dem Vertrag ergeben.[297] Für den EG-Vertrag hat der Europäische Gerichtshof dies bejaht.[298] Ausdrücklich fordert der Text des WTO-Abkommens keine generelle unmittelbare Anwendbarkeit seiner Bestimmungen.[299] Der Verhandlungsvorschlag zur schrittweisen Einführung der unmittelbaren Anwendbarkeit, den die

---

[289] *K. A. Schachtschneider/A. Emmerich-Fritsche*, DSWR 1999, 17.

[290] *H. Triepel*, Völkerrecht und Landesrecht, 1899; D. Anzilotti, Lehrbuch des Völkerrechts, Bd. 1, 1929, S. 36 ff.; vgl. a. BVerfGE 22, 293 (296); 29, 198 (210); 37, 271 (277 f.).

[291] In dem Sinn *M. Hilf*, The Role of International Courts in International Trade Relations, in: E.-U. Petersmann (Hrsg.), S. 566.

[292] *O. Kimminich/S. Hobe*, Einführung in das Völkerrecht, S. 215 f.; *K. A. Schachtschneider/A. Emmerich-Fritsche*, DSWR 1999, 18 f.

[293] BVerfGE 73, 339 (367); *Th. Maunz*, in: Maunz/Dürig, Grundgesetzkommentar, Art. 59, Rdn. 24 ff.; Art. 59 Abs.2 GG schließt seinem Wortlaut nach jedoch eine monistische Praxis nicht aus, wenn sich das Zustimmungsgesetz auf die Billigung des völkerrechtlichen Vertrages beschränkt und nicht zugleich, wie in der deutschen Praxis, doppelfunktional als Transformationsakt oder Anwendungsbefehl gedeutet wird. Dazu *K. A. Schachtschneider/A. Emmerich-Fritsche*, DSWR 1999, 18.

[294] Zur freiheitdogmatischen Begründung eines „umgekehrten Monismus“ *K. A. Schachtschneider,* Die existentielle Staatlichkeit der Völker Europas, 1995, S. 95 f.

[295] *H. Kelsen*, Reine Rechtslehre, S. 329.

[296] *H. Kelsen*, Reine Rechtslehre, S. 329.

[297] *W. Meng*, Frage unmittelbarer Anwendung von WTO-Recht in der EG, in: FS R. Bernhardt, S. 1068.

[298] Grundlegend EuGH, Rs 26/62 van Gend &Loos, Slg. 1963, 1 (Rdn. 9 f.).

[299] *E.-U. Petersmann*, International Trade Law and the GATT/WTO Dispute Settlement System, in: ders. (Hrsg.), S. 120.

Schweiz einst eingebracht hatte, stieß auf verbreitetes Unverständnis.[300] Die Welthandelsordnung schließt eine unmittelbare Anwendbarkeit aber auch nicht aus.[301] Dies ergibt sich daraus, daß die neue Welthandelsordnung in genau den Punkten verrechtlicht worden ist, die immer als Argument gegen die unmittelbare Anwendbarkeit des GATT verwendet worden sind (Großvaterklausel, Ausnahmen, Streitschlichtungsverfahren). Folgt die unmittelbare Anwendbarkeit nicht aus dem Vertrag und schließt dieser sie auch nicht aus, bleibt es nach völkerrechtlicher Auffassung Sache der Rechtsordnungen der Mitglieder darüber zu entscheiden.[302] Aus dualistischer Sicht wird die unmittelbare Anwendbarkeit durch den Transformationsakt oder den Umsetzungsbefehl oder auch die Verfassung selbst ermöglicht.[303] Für die Europäische Gemeinschaft ordnet Art. 300 Abs. 7 EGV auf der Ebene des Primärrechts die Verbindlichkeit der von der EG abgeschlossenen Verträge im Gemeinschaftsrecht an.[304] Diese werden „integrierender Bestandteil des Gemeinschaftsrechts"[305]. Ob die völkerrechtliche Vorschrift unmittelbar anwendbar ist, hängt sodann nur noch von der materiellen Bestimmtheit des Vertragstextes ab.[306] Der Rat verfügt somit nicht über die Befugnis, die unmittelbare Anwendbarkeit auszuschließen.[307] Aus freiheitsdogmatischer Sicht gilt das WTO-Recht nur, wenn und soweit die Bürger der Vertragsparteien dies wollen und dem zugestimmt haben.[308] Ist die Geltung aber beschlossen, kann es nur einheitlich für den Staat, das sind, weil der Staat eine „Vereinigung von Menschen unter Rechtsgesetzen" ist[309], seine Bürger und kein

[300] Vgl. *E.-U. Petersmann*, International Trade Law and the GATT/WTO Dispute Settlement System, in: ders. (Hrsg.), S. 119; *Th. Cottier*, Durchsetzung der Prinzipien und Beschlüsse der WTO, S. 136.

[301] *W. Meng*, Frage unmittelbarer Anwendung von WTO-Recht in der EG, in: FS R. Bernhardt, S. 1084 ff.

[302] EuGH, Rs 104/81 Kupferberg, Slg. 1982, 3641 (Rdn. 17); Rs C-149/96 Portugal/Rat, Slg. 1999 I, 8395 (Rdn. 35).

[303] *W. Meng*, Frage unmittelbarer Anwendung von WTO-Recht in der EG, in: FS R. Bernhardt, S. 1066 ff.

[304] EuGH, Rs 87/75 Bresciani, Slg. 1976, 129 (Rdn. 17/18).

[305] Z. B. EuGH, Es 104/81 Kupferberg, Slg. 1982, 3641 (Rdn. 13); Rs 12/86 Demirel, Slg. 1987, 3719 (Rdn. 7); Rs C-192/89 Sevince Slg. 1990 I, 3461 (Rdn. 8).

[306] *W. Meng*, Frage unmittelbarer Anwendung von WTO-Recht in der EG, in: FS R. Bernhardt, S. 1067; EuGH, Rs 87/75 Bresciani, Slg. 1976, 129 (Rdn. 17/18 ff.); Rs 104/81 Kupferberg, Slg. 1982, 3641 (Rdn. 17 ff.).

[307] So auch *W. Meng*, Frage unmittelbarer Anwendung von WTO-Recht in der EG, S. 1070, 1072; *Generalanwalt A. Saggio*, Schlußanträge, Rs C-149/96 Portugal/Rat, Slg. 1999 I, 8397 (Rdn. 20).

[308] Vgl. *K. A. Schachtschneider*, Zum Maastricht-Urteil des Bundesverfassungsgerichts, Recht und Politik 1/94, 1 (3); vgl. auch *ders./A. Emmerich-Fritsche/Th. C. W. Beyer*, Der Vertrag über die Europäische Union und das Grundgesetz, JZ 1993, 751 (754 ff.).

[309] Metaphysik der Sitten, S. 431 (A 165 B 195); dazu *K. A. Schachtschneider*, Res publica res populi, S. 17, 162, 519.

von diesen abgetrenntes Rechtssubjekt, gelten. Die traditionelle völkerrechtliche Auffassung, wonach völkerrechtliche Verträge nur Rechte und Pflichten für die Staaten, d. h. die Regierungen, nicht aber für die Bürger begründen, fußt auf der überkommenen, im monarchistisch-liberalistischen Denken wurzelnden, Trennung von Staat und Gesellschaft.[310] Der Einzelne kann sich auf die Einhaltung des objektiven Rechts, zu dem wegen der Logik der Rechtseinheit auch das Völkerrecht gehört, berufen. Weil das Recht die allgemeine Freiheit verwirklicht, hat er entgegen der in Deutschland herrschenden Schutzzwecklehre[311] ein „Recht auf Recht"[312]. In der gemeinschaftsrechtlichen Praxis ist die Einklagbarkeit des objektiven Rechts, wenn dieses bestimmte materielle Kriterien erfüllt, grundsätzlich anerkannt.[313] Ein Ratsbeschluß kann dieses „Recht auf Recht" nicht relativieren. Inwieweit der Einzelne darüber hinaus aus den WTO-Vorschriften bestimmte Ansprüche (materiale subjektive Rechte) ableiten oder sogar verpflichtet werden kann, hängt ebenfalls nicht vom Willen des Rates, sondern von der materiellen Bestimmtheit[314] der Vorschrift ab.[315] Im übrigen steht der Ratsbeschluß im Widerspruch zu der ansonsten monistischen Praxis der Gemeinschaft[316] und zu der Rechtsprechung über die unmittelbare Anwendbarkeit von Vorschriften, die nur dadurch ermittelt wird, ob diese unbedingt, hinreichend bestimmt und klar sind.[317] Für diese unterschiedliche Behandlung vergleichbarer Sachverhalte durch den Ratsbeschluß und die Relativierung des Art. 300 Abs. 7 EGV könnte allenfalls eine völkerrechtliche Begründung angeführt werden: das Reziprozitätsprinzip[318]. Es spielt nicht nur bei der Entstehung

---

[310] Dazu krit. *K. A. Schachtschneider*, Res publica res populi, S. 159 ff.

[311] *H.-U. Erichsen*, in: ders. (Hrsg.), Allgemeines Verwaltungsrecht, § 11, S. 226, Rdn. 30.

[312] Dazu *K. A. Schachtschneider*, Res publica res populi, S. 290 ff.

[313] Dazu EuGH, Rs 26/62 van Gend & Loos/Niederländische Finanzverwaltung, Slg. 1963, 1 (25 f.); Gutachten zur Vereinbarkeit des Vertrages über den Europäischen Wirtschadtsraum 1/91, Slg. 1991 I, 6079 (6102); *W. Meng*, Frage unmittelbarer Anwendung von WTO-Recht in der EG, in: FS R. Bernhardt, S. 1070 f.; *A. Emmerich-Fritsche*, Grundsatz der Verhältnismäßigkeit, S. 324 ff.

[314] A. A. aber *K. A. Schachtschneider*, Prinzipien des Rechtsstaates, Nürnberg, 2001, S. 132.

[315] Vgl. *K. A. Schachtschneider*, Res publica res populi, S. 448 f.

[316] EuGH, Rs 181/73 Haegemann, Slg. 1974, 449 (460); Rs 104/81 Kupferberg I, Slg. 1982, 3641, Rdn. 13; Gutachten 1/91, Slg. 1991 I, 6079 (Rdn. 37); *E.-U. Petersmann*, Darf die EG das Völkerrecht ignorieren?, EuZW 1997, 327.

[317] Grundlegend EuGH, Rs 26/62 van Gend & Loos/Niederländische Finanzverwaltung, Slg. 1963, 1 (25 f.); Rs 6/64 Costa/ENEL, Slg. 1964, 1251 (1273); vgl. dazu auch *A. Emmerich-Fritsche*, Grundsatz der Verhältnismäßigkeit, S. 319 ff.

[318] In diesem Sinn: Der Vorschlag der Kommission an den Rat der Europäischen Union für einen Beschluß über die Annahme der Ergebnisse der Uruguay-Runde Dok. KOM (94) 143 endg. v. 15.4.1994, 5a. So auch *M. Hilf*, The Role of International Courts in International Trade Relations, in: E.-U. Petersmann (Hrsg.), S. 576; vgl. auch *W. Meng*, Frage unmittelbarer Anwendung von WTO-Recht in der EG, 1075; EuGH,

völkerrechtlicher Verträge[319], sondern auch bei ihrer Durchsetzung eine wichtige Rolle.[320]

In der WTO ist das Reziprozitätsprinzip allerdings durch das obligatorische Streitbeilegungsverfahren zugunsten des Rechtsprinzips begrenzt. Die USA und andere Mitglieder verweigern, wie gesagt, ebenfalls die unmittelbare Anwendbarkeit. Die Nichterfüllung eines völkerrechtlichen Vertrages ist ein Vertragsbruch, der mit den in Art. 60 WVK vorgesehenen Maßnahmen beantwortet werden kann. Erhebliche Erfüllungsverletzungen der Gegenseite rechtfertigen die Suspendierung des Vertrages nach Maßgabe der Art. 65 ff. WVK, die auch dazu führt, daß der Vertrag innerstaatlich nicht mehr anwendbar ist.[321]

Es kann aus völkerrechtlicher Sicht keine Erfüllungsverletzung festgestellt und damit nicht die Gegenseitigkeit bei der Durchführung des Abkommens verneint werden[322], denn die unmittelbare Anwendbarkeit ist nicht völkerrechtlich verpflichtend angeordnet. Der Europäische Gerichtshof hat selbst festgestellt: „In dem Umstand, daß die Gerichte der einen Partei möglicherweise einigen Bestimmungen des Abkommens unmittelbare Geltung zuerkennen, während die Gerichte der anderen Partei diese unmittelbare Geltung möglicherweise ablehnen, (ist) für sich allein noch keine fehlende Gegenseitigkeit bei der Durchführung des Abkommens zu sehen".[323] Das Reziprozitätsprinzip kann also die gemeinschaftsrechtlich gebotene unmittelbare Anwendbarkeit nicht relativieren.[324] Ohne daß er dies als echten Rechtsgrund anführen will, befürchtet der Europäische Gerichtshof in der Rechtssache C-149/96 infolge der unterschiedlichen Praxis der Vertragsstaaten in der Frage der unmittelbaren Anwendbarkeit „einen Mangel an Gegenseitigkeit", der zu einem „Ungleichgewicht" des Handlungsspielraums der Exekutiv- und Legislativorgane der Vertragspartner führen könne.[325] Es wird an diesen Ausführungen, die nur darauf zielen, den handelspolitischen Spielraum der Gemeinschaft gegenüber den WTO-Abkommenspartnern zu wahren, sehr deutlich, daß der Gerichtshof keine durchschlagenden rechtli-

---

Rs C-149/96 Portugal/Rat, Slg. 1999 I, 8395 (Rdn. 43 ff.); vgl. dazu auch *D. I. Siebold*, Der Fall Bananenmarktordnung, VI. 2, in diesem Buch, S. 244 ff.; *K. A. Schachtschneider*, Prinzipien des Rechtsstaates, S. 130 ff.

[319] *B. Simma*, Das Reziprozitätselement im Zustandekommen völkerrechtlicher Verträge, 1972.

[320] *W. Meng*, Frage unmittelbarer Anwendung von WTO-Recht in der EG, S. 1075.

[321] *W. Meng*, Frage unmittelbarer Anwendung von WTO-Recht in der EG, S. 1076; *Generalanwalt A. Saggio*, Schlußanträge, Rs C-149/96 Portugal/Rat, Slg. 1999 I, 8397 (Rdn. 21).

[322] So auch *A. Ott*, GATT und WTO im Gemeinschaftsrecht, S. 221.

[323] EuGH, Rs 104/81 Kupferberg I, Slg. 1982, 3641, Rdn. 18.; Rs C-149/96 Portugal/Rat, Slg. 1999 I, 8395 (Rdn. 44).

[324] Hiergegen *K. A. Schachtschneider*, Prinzipien des Rechtsstaates, S. 132.

[325] Rs C-149/96 Portugal/Rat, Slg. 1999 I, 8395 (Rdn. 45 f.).

chen Argumente gegen eine unmittelbare Anwendbarkeit der WTO-Vorschriften anbringen kann. Insgesamt muß bezweifelt werden, daß das koordinationsrechtliche Reziprozitätsprinzip die grundsätzliche Ablehnung der unmittelbaren Anwendbarkeit das GATT, welche das Rechtsprinzip gebietet, überzeugend rechtfertigen kann.

f) Problem der Schutzstandards

Problematisch bleibt auch unter dem GATT 94, daß sich Schutzbedürfnisse und Standards als nichttarifäre Handelshemmnisse darstellen können, die nur nach besonderen Ausnahmebestimmungen (z. B. Art. XX GATT[326]) zu rechtfertigen sind. Das Prinzip des Freihandels ist insoweit rechtens nur durchsetzbar, als legitime Allgemeinwohlbelange den Mitgliedstaaten in den Grenzen des Erforderlichen und Angemessenen zur Selbstregulierung überlassen bleiben (vgl. das Abkommen über technische Handelshemmnisse). Für die Alternative (rechtsharmonisierend) Standards im Rahmen der WTO zu setzen[327], bedarf es entsprechender Verträge (z. B. das Übereinkommen über die Anwendung gesundheitspolizeilicher und pflanzenschutzrechtlicher Maßnahmen, sogenanntes SPS[328]), die sich zur Interpretation der mitgliedstaatlichen Vorbehalte (z. B. Gesundheitsschutz) bereits als wirksam erwiesen haben. Über eine allgemeine Rechtsangleichungskompetenz, welche ihre Organe befähigen würde, Rechtsangleichungsmaßnahmen zu erlassen, verfügt die WTO noch nicht. „Umwelt" und „Soziales" sind in der Welthandelsordnung kaum verankert worden (vgl. Präambel, Art. XX GATT).[329] Maßnahmen, die sich auf XX lit. g oder b stützen, müssen primär auf den Umweltschutz zielen und für diesen notwendig sein. Auch dürfen Beschränkungen des Warenverkehrs nicht an der Umweltschädlichkeit der Herstellung eines Produkts anknüpfen, es sei denn internationale Standards legen gerade diese zugrunde.[330] Die unterentwickelte Berücksichtigung des Sozialprinzips und des Umweltschutzprinzips im GATT fordert nationale Durchbrechungen der Freihandelsprinzipien durch die Mitgliedstaaten der WTO heraus. In der ansonsten unveränderten Präambel sind nun zwar die Aspekte der „nachhaltigen Entwicklung" und des Umweltschutzes benannt, er-

---

[326] *Ch Tietje*, Behandlung nichttarifärer Handelshemmnisse, 1998, S. 310 ff.

[327] Vgl. auch *W. Meng*, WTO-Recht als Steuerungsmechanismus, in: M. Klein/W. Meng/R. Rode (Hrsg.), Die Neue Welthandelsordnung der WTO, S. 58.

[328] BT-Drs. 12/7986, S. 84 ff.; ABl. EG L 336 v. 23.12.1994, S. 40.

[329] *A. Kopke*, Rechtsbeachtung, S. 250 f.; dazu *M. Hilf*, Freiheit des Welthandels contra Umweltschutz?, NJW 2000, 481 (484 ff.); vgl. auch *H. Hohmann*, Der Konflikt zwischen freiem Handel und Umweltschutz in WTO und EG, RIW 2000, 88 ff.; zur Durchsetzung sozialer Standards im Rahmen der WTO *M. Reuß*, Menschenrechte durch Handelssanktionen, 1999, S. 60 ff., 116, 119 ff.

[330] *W. Graf Vitzthum*, in: ders. u.a. (Hrsg.), Völkerrecht, S. 509, Rdn. 200.

kennbare materiellrechtliche Konsequenzen haben sich daraus aber noch nicht ergeben.

2. Verfahren zur Rechtsdurchsetzung im GATT-/WTO-Recht

Als Rechtsdurchsetzungsinstrumente im GATT-/WTO-Recht fungieren insbesondere unilaterale Selbsthilfemaßnahmen, kollektive Überwachungsverfahren, und das Streitschlichtungsverfahren/Streitbeilegungs-verfahren.

Das GATT-Recht regelte nur wenige Sanktionen. Selbst diese, wie z. B. XXIII Abs.2, wonach die Erfüllung von „Zugeständnissen" unter bestimmten materiellen und formellen Voraussetzungen ausgesetzt werden darf, wurden selten angewendet.[331]

Benedek hat die Rechtsdurchsetzung unter dem GATT 1947 wie folgt charakterisiert[332]: Es ging nicht in erster Linie um die Rechtsdurchsetzung im Sinne der rechtlichen Erzwingbarkeit der Beachtung des GATT-Rechts an sich. Die Implementierungsregeln waren darauf gerichtet, ein praktisches Resultat, einen Interessenausgleich zu erzielen. Rechtskonformität interessiere erst in zweiter Linie.[333] Ein wachsendes kollektives Rechtsbewußtsein zeigte sich seit der Tokio-Runde. Entscheidende Bedeutung kam dem Element der Reziprozität zu. Anspruchsberechtigt sind nur die Vertragsparteien selbst. Das Individuum, etwa ein wirtschaftlicher Akteur, wird durch seinen Staat mediatisiert. Das Streitbeilegungsverfahren spielte neben der Vielzahl „weicher" Rechtsdurchsetzungsverfahren keine dominante Rolle.

a) Präventive Überwachungsinstrumente

Die präventive Rechtsverwirklichung hängt nicht davon ab, daß eine Rechtsverletzung geltend gemacht wird. Ihr Ziel ist es, allgemein der Rechtsverwirklichung dienlich zu sein. Im GATT-/WTO-Recht haben sich verschiedene präventive Überwachungsverfahren entwickelt. Im Vordergrund steht nicht die Sanktion, sondern die Methode der „persuasion", der Überzeugung des gegen das Welthandelsrecht verstoßenden Staates, sein Verhalten im Sinne der rule of

---

[331] *W. Benedek*, Die Rechtsordnung des GATT aus völkerrechtlicher Sicht, S. 382.

[332] Siehe *W. Benedek*, Die Rechtsordnung des GATT aus völkerrechtlicher Sicht, S. 287 f.

[333] Vgl. dazu auch *H.-J. Letzel*, Streitbeilegung, S. 190 ff. Hiergegen steht eine legalistische Auffassung, welche die Rechtsdurchsetzung in den Mittelpunkt rückte. Sie wurde vor allem von den USA, Kanada, Neuseeland und Australien in der Tradition des Common Law vertreten. Dazu *ders.*, Streitbeilegung, S. 187 ff.

law zu ändern.[334] Die Methode der Überzeugung verfügt noch nicht über rechtlichen Zwangscharakter, weil sie nicht mit einer exekutivistischen Eingriffsbefugnis verbunden ist. Dennoch wird durch die Publizität und den Dialog ein sozialer Gruppendruck erzeugt, der nicht ohne Effektivität ist.

aa) Das TPRM

Das im Jahr 1989 als Zwischenergebnis der Uruguay-Runde erreichte Verfahren des Trade Policy Review Mechanism (TPRM)[335] wurde durch das WTO-Abkommen (Anhang 3) als Teil der Welthandelsordnung aufgenommen[336]. Das TPRM wurde eingeführt, um die Durchsetzung des Welthandelsrechts neben dem Streitbeilegungssystem zu stärken; denn letzteres wird nur aktiviert, wenn ein Staat die Verletzung von WTO-Recht geltend macht.[337] „Zweck des Mechanismus zur Überprüfung der Handelspolitik („TPRM") ist es, zur besseren Einhaltung der Regeln, Disziplinen und Verpflichtungen im Rahmen der Multilateralen Handelsabkommen und gegebenenfalls der plurilateralen Handelsübereinkünfte durch alle Mitglieder und damit zu einem reibungsloseren Funktionieren des multilateralen Handelssystems beizutragen, indem eine größere Transparenz und ein besseres Verständnis der Handelspolitiken und -praktiken der Mitglieder gewährleistet werden" (Anhang 3, A.i.) Das TPRM ermöglicht eine zyklisch neutrale Beurteilung der nationalstaatlichen Handelspolitiken, nicht aber spezieller Verpflichtungen. Die Durchsetzungswirkung dieses Instruments beruht auf der durch Öffentlichkeit und Transparenz ermöglichten soziale Kontrolle[338] und dem hiermit verbundenen Zwang zur öffentlichen Legitimation.[339]. Die Häufigkeit der Überprüfungen hängt vom Anteil am Welthandel in einem nicht lange zurückliegenden repräsentativen Zeitraum ab (C.ii). Die vier größten so ermittelten Handelspartner werden alle zwei Jahre, die folgenden sechzehn alle vier Jahre überprüft.

Institutionell untersteht der TPRM der Tätigkeit des neukonstituierten Trade Policy Review Body (Art. C.i TPRM). Das TPRB führt die Überprüfungen der Handelspolitik durch. Das TPRB als Organ untersteht der Aufsicht durch den

[334] *W. Benedek*, Die Rechtsordnung des GATT aus völkerrechtlicher Sicht, S. 302.

[335] Dazu *W. Benedek*, Die Rechtsordnung des GATT aus völkerrechtlicher Sicht, S. 246 ff.

[336] Siehe auch den Beschluß zur vorläufigen Einführung des TPRM durch die GATT-Vertragsparteien vom 12.4.1989. GATT Doc. L/6490.

[337] *P. T. Stoll*, Die WTO, ZaöRV (55) 1995, S. 239 (277).

[338] *Th. Gabler*, Das Streitbeilegungssystem, S. 42.

[339] Vgl. zur Bedeutung der Publizität im öffentlichen Recht und im Völkerrecht: *Kant*, Zum ewigen Frieden, hrsg. v. Weischedel, S. 244 ff.; *R. A. Lorz*, Die dauerhafte Aktualität des ewigen Friedens, Der Staat 37 (1998), 84.

Rat (General Council), hat jedoch das autonome Recht, einen Vorsitzenden zu bestimmen und notwendige Verfahrensregelungen zu erlassen (Art. IV:4 WTO-Satzung). Organisationsrechtlich steht der Trade Policy Review Body damit auf einer Stufe mit dem Dispute Settlement Body. Dies unterstreicht die Bedeutung dieses Organs.[340]

Das TPRB stützt seine Arbeit auf einen Bericht des zu überprüfenden Mitgliedstaats und auf einen vom Sekretariat in eigener Verantwortung erstellten Bericht. Die Berichte sowie das Protokoll der entsprechenden Sitzung des TPRB werden veröffentlicht. Diese Unterlagen werden der Ministerkonferenz zugeleitet, die sie zur Kenntnis nimmt. Mit dem Mittel der Transparenz soll ermöglicht werden, daß das multilaterale Handelssystem möglichst reibungslos funktioniert (Art. A.i. TPRM). Dennoch und in gewissem Gegensatz zum Status des TPRB bezweckt dieser Mechanismus nicht, spezifische Vertragsbestimmungen durchzusetzen oder als Grundlage für Streitbeilegungsverfahren zu fungieren (Art. A.i. Satz 4 TPRM).[341]

bb) Decision on Notification Procedures

Dieses präventive Überwachungsinstrument wurde auf der Konferenz von Marrakesch beschlossen. Die Decision on Notification Procedures ist kein die Mitgliedstaaten völkerrechtlich verpflichtender Beschluß. Er entfaltet nur interne Selbstbindung.[342] Dieser Beschluß empfiehlt der Ministerkonferenz der WTO, das bereits im GATT 1947 vorgesehene Notifikationssystem weiterhin anzuwenden und auszubauen. Verwiesen wird dabei auf die Vereinbarung der Vertragsparteien vom 28. November 1979[343]. In dieser Vereinbarung verpflichten sich die Mitgliedstaaten, handelspolitische Maßnahmen, die die Funktion des GATT beeinflussen können, soweit wie möglich („to the maximum extent possible") den Vertragsparteien zu notifizieren. Dabei wird aber explizit darauf hingewiesen, daß hieraus Fragen der Vertragskonformität nicht präjudiziert werden.

---

[340] *Ch. Tietje*, Behandlung nichttariffärer Handelshemmnisse, S. 137.

[341] *Ch. Tietje*, Behandlung nichttariffärer Handelshemmnisse, S. 137.

[342] *Ch. Tietje*, Behandlung nichttariffärer Handelshemmnisse, S. 139.

[343] Understandig on Notification, consultation, Dispute Settlement and Surveillance of 28. November 1979, BISD (Basic Instruments and Selected Documents) 26S/210.

cc) Überwachung der Ausnahmen von GATT-Verpflichtungen

Wichtiger Gegenstand von Verfahren der Überwachung sind die im Rahmen des GATT genehmigten Ausnahmen von Verpflichtungen des GATT, etwa in Form eines „waivers“[344], oder auch Handelsbeschränkungen auf Grund von Zahlungsbilanzproblemen nach Art. XII und XVII Abschnitt B[345], Schutzmaßnahmen nach Art. XIX[346], Interimsabkommen hinsichtlich der Errichtung von Zollunionen und Freihandelszonen nach Art. XXIV GATT[347]. Sie werden regelmäßig in einem multilateralen Konsultationsverfahren durchgeführt.[348]

3. Das Streitschlichtungsverfahren des GATT 47

a) Regelung

Das GATT 1947 sah ursprünglich überhaupt kein Schlichtungs- oder Streitbeilegungsverfahren vor. Auf der Grundlage der Art. XXII („Consultation“) und XXIII („Nullification or Impairment“) sowie von Sekundärrecht wurde gewohnheitsrechtlich ein Streitbeilegungsverfahren entwickelt[349], das Ende der Tokio-Runde 1979 kodifiziert worden ist.[350] Es war in viele Einzelverfahren aufgegliedert, z. B. mit Sonderregelungen in den Kodizes für Subventionen und Gegenmaßnahmen.[351]

---

[344] Vereinbarungen über Befreiungen von den Verpflichtungen nach dem Allgemeinen Zoll- und Handelsabkommen 1994 v. 14.4.1994, Abl. EG 1994 L 336/18; Art. IX Abs. 4 WTO-Abkommen.

[345] Dazu Konsultationsverfahren in der Vereinbarung über die Zahlungsbilanzbestimmungen des Allgemeinen Zoll- und Handelsabkommens v. 15.4.1994, Abl. EG 1994 L 336/14.

[346] Vgl. Art. 13 Übereinkommen über Schutzmaßnahmen.

[347] Vgl. dazu Vereinbarung zur Auslegung des Art. XXIV des Allgemeinen Zoll- und Handelsabkommens 1994 v. 15.4.1994, Abl. EG 1994 L 336/16.

[348] Zu den Überwachungsverfahren im GATT *W. Benedek*, Die Rechtsordnung des GATT aus völkerrechtlicher Sicht, S. 294 ff.

[349] Dazu *P. Pescatore*, The GATT Dispute Settlement Mechanism, 27 Journal of World Trade (1993), 5 ff.; *W. Benedek*, Die Rechtsordnung des GATT aus völkerrechtlicher Sicht, S. 306 ff.; *Th. Cottier*, Die Durchsetzung der Prinzipien und Beschlüsse der WTO: Das Streitbeilegungsverfahren und seine Auswirkungen, in: Forschungsinstitut für Wirtschaft und Wettbewerb (Köln), Referate des XXX. FIW-Symposions, 1997, S. 121 (123); *S. Voigt*, Die Welthandelsordnung zwischen Konflikt und Stabilität, 1992, S. 163 ff.

[350] *P. Pescatore*, The GATT Dispute Settlement Mechanism, 27 Journal of World Trade (1993), 5 (6).

[351] *H. Hauser/K.-U. Schanz*, Das neue GATT, S. 236 f.; *E.-U. Petersmann*, The Dispute Settlement System, CMLRev. 1994, 1170 ff.

Das Streitschlichtungsverfahren bestand aus einem bilateralen und einem multilateralen Element: einem Konsultationsverfahren zwischen den streitenden Parteien und einem Panelverfahren.[352] Das Streitschlichtungsverfahren des GATT 1947 hatte die Schwelle zu den gerichtlichen und quasigerichtlichen Verfahren des Völkerrechts nicht überschritten.[353]

aa) Nichtanwendung des Streitschlichtungsverfahrens

Bis zum 11. März 1994 sind 195 Streitschlichtungsverfahren formal beantragt worden. Davon entfallen nahezu die Hälfte auf den Zeitraum der Uruguay-Verhandlungen. In den vorhergehenden 37 Jahren kam es zu durchschnittlich lediglich drei Verfahren pro Jahr. Diese Zahl ist sehr gering, wenn man sie mit den zahlreichen Klagen vergleicht, die jährlich beim Europäischen Gerichtshof eingereicht werden[354]. Konflikte (häufige Handelskonflikte zwischen EG und USA) wurden entweder mit den Mitteln der Diplomatie, mit Machtpolitik oder überhaupt nicht gelöst.[355]

Dazu trug auch das wenig formalisierte Verfahren[356] bei. Die Inanspruchnahme des Streitschlichtungsverfahrens war nicht obligatorisch. Es gab kein Recht auf einen Panel.[357] Die Panel-Mitglieder sowie die „terms of reference" konnten von den Streitparteien frei gewählt werden. Wenn eine „mutually agreed solution" erreicht wurde, konnte das Verfahren auf jeder Ebene beendet und konnten die Klagen ganz oder teilweise zurückgezogen werden.

Die Panel-Ergebnisse konnten sowohl dadurch mißachtet werden, daß der Panel-Abschlußbericht nicht angenommen wurde oder die Ergebnisse nicht umgesetzt wurden. Wegen des positiven Konsensprinzips, wonach sämtliche Entscheidungen, insbesondere auch die Annahme der Panelentscheidungen durch den GATT-Rat, einstimmig gefaßt werden mußten, ist es in über der Hälfte aller Streitschlichtungsfälle bis zur Unterzeichnung der Marrakesch-Schlußakte nicht zur Annahme des Schlußreports gekommen.[358]. USA und EG akzeptierten zwar mehrmals Schlußberichte, setzten sie aber dann nicht um. Ein Beispiel ist die EG-Bananenimportregelung[359]. Der unter dem alten Streitschlichtungsverfahren

---

[352] Vgl. *H.-H. Letzel*, Streitbeilegung, S. 194 ff.

[353] *H.-H. Letzel*, Streitbeilegung, S. 205.

[354] Vgl. http://curia.eu.int/de/stat/index.htm.

[355] *A. Kopke*, Rechtsbeachtung, S. 45.

[356] Zum Verfahrensablauf: *S. Voigt*, Die Welthandelsordnung zwischen Konflikt und Stabilität, S. 166 ff.

[357] *S. Voigt*, Die Welthandelsordnung zwischen Konflikt und Stabilität, S. 168.

[358] *A. Kopke*, Rechtsbeachtung, S. 48.

[359] Dazu *D. I. Siebold*, Der Fall Bananenmarktordnung, in diesem Buch, S. 211 ff.

ergangene Panel-Beschluß wurde von der EG vollständig ignoriert. Waren die Empfehlungen des Berichts innerhalb der festgesetzten Zeit nicht umgesetzt, blieben der Anklageseite nur die allgemeinen Mittel des Völkerrechts.

bb) Gründe für die Ineffizienz des alten Streitschlichtungsverfahrens

Die Regelungen im alten GATT zur Streitbeilegung haben sich trotz einer gewissen Erfolgsbilanz[360] somit als nicht hinreichend effektiv und geeignet erwiesen[361]. Hierfür sind folgende Gründe ausschlaggebend:

- Es gab kein einheitliches Streitschlichtungsverfahren[362]
- Das positive Konsensprinzip bewirkte, daß jeder Verfahrensschritt sowie die rechtliche Wirksamkeit der Entscheidung von der „verklagten" Partei verhindert werden konnte. Damit profitierte ein Vertragsstaat, der GATT-Regeln verletzt hat, faktisch von einem Vetorecht. Das Streitbeilegungsverfahren hatte somit nur konsultativen Charakter.
- Die alten Regelungen sahen keinen Zeitfahrplan vor.[363] So konnten GATT-Mitglieder Verfahren verschleppen, um die Einsetzung eines GATT-Panels zu vermeiden oder die Annahme eines Panelberichts zu blockieren. Verabschiedete Panelberichte waren kaum oder überhaupt nicht durchsetzbar.
- Einen Vollstreckungsmechanismus gab es nicht. Es galt im wesentlichen[364] das Prinzip des freiwilligen Selbstvollzugs.[365] Zur Durchsetzung der Entscheidung blieb der „klagenden" Partei als ultima ratio nur das Mittel der Retorsion, d. h. sie setzte gegenüber der vertragsbrüchigen Partei ihrerseits Vertragspflichten aus (z. B. Strafzölle). Dies geschah nur einmal 1953. Der Einsatz solcher Retorsionen wirkt aber im Hinblick auf die Liberalisierungsverpflichtungen des GATT oft kontraproduktiv.[366]

---

[360] Dazu *H.-J. Leztel*, Streitbeilegung, S. 215 ff.

[361] Vgl. die Mängelliste bei *H.-J. Letzel*, Streitbeilegung, S. 211 ff.

[362] Vgl. *E.-U. Petersmann*, The Dispute Settlement System, CMLRev. 1994, 1170 ff.

[363] Vgl. *S. Voigt*, Die Welthandelsordnung zwischen Konflikt und Stabilität, S. 170; *E.-U. Petersmann*, The Dispute Settlement System, CMLRev. 1994, 1203.

[364] Von der in Art. XXIII:2 GATT 1947 vorgesehenen Möglichkeit des GATT-Rates, verbindliche Weisungen an den Störer zu erlassen, wurde nie Gebrauch gemacht. *H.-J. Letztel*, Streitbeilegung, S. 208 f. Zu Empfehlungen und Berichtspflichten ab 1998 siehe ebenda S. 207 ff.

[365] *H.-J. Letzel*, Streitbeilegung, S. 207 ff.

[366] Dazu *S. Voigt*, Die Welthandelsordnung zwischen Konflikt und Stabilität, S. 169 f.

- Die Vertragsparteien konnten die Schiedsrichter (Panel-Mitglieder) selbst bestimmen. Dies ermöglichte ein „Forum-Shopping“[367], d. h. daß sich eine Prozeßpartei aus mehreren möglichen Gerichtsständen denjenigen aussuchen konnte, von dem sie sich das für sie günstigste Prozeßergebnis erhoffte.
- Die unzureichende Qualität der Abschlußberichte ist bemängelt worden. Weil diese in einem überwiegend diplomatischen Verfahren zustandegekommen waren, fehlte ihnen oft die nötige rechtliche Klarheit, um als Präzedenzentscheidungen zur Rechtsfortbildung dienen zu können[368].

cc) Ergebnis

Die durchaus vorhandenen Mittel, gegen Vertragsverletzungen und -umgehungen vorzugehen, kamen unter dem GATT 47 nur relativ selten zum Einsatz, weil sie entweder nicht effektiv genug waren oder die Vertragsparteien auf die Inanspruchnahme ihrer Rechte verzichteten[369]. Grundsätzlich gilt im Völkervertragsrecht der Grundsatz „pacta sunt servanda“ (Art. 42 WVK). Völkerrechtssubjekte müssen die ihnen zustehenden Ansprüche geltend machen, weil ansonsten von konkludenter Zustimmung oder „acquiescene“ (qualifiziertes Stillschweigen) ausgegangen wird[370]. Hier zeigt sich erneut die Kraft des Faktischen im Völkerrecht.[371]

4. Das Streitbeilegungsverfahren der WTO

a) Neuerungen und Verbesserungen durch die Streitbeilegungsregeln der WTO

aa) Institutionalisierung und Verrechtlichung

Die oben genannten Schwächen des Streitbeilegungsverfahrens zu beseitigen, ist in der Uruguay-Runde weitgehend gelungen. Die neuen Streitbeilegungsvorschriften sind in Teil II – Anhang 2 – des WTO-Abkommens vom 15. Dezember 1993 zusammenhängend völkervertraglich niedergelegt.[372] Die

---

[367] *E.-U. Petersmann*, The Dispute Settlement System, CMLRev. 1994, 1203.

[368] *H.-J. Letzel*, Streitbeilegung, S. 214 f.

[369] *A. Kopke*, Rechtsbeachtung, S. 66.

[370] *H. v. Heinegg*, in: K. Ipsen, Völkerrecht, S. 152 ff.

[371] *W. Benedek*, Die Rechtsordnung des GATT aus völkerrechtlicher Sicht, S. 381.

[372] Dazu etwa *R. Senti*, GATT – WTO Die neue Welthandelsordnung nach der Uruguay-Runde, 1994, S. 33 ff.; *E.-U. Petersmann*, The Dispute Settlement System of the World Trade Organization and the Evolution of the GATT Dispute Settlement System since 1948, CMLRev. 1994, 1157 (1167 ff.); *P. Backes*, Die neuen

Vereinbarung über Regeln und Verfahren zur Beilegung von Streitigkeiten (DSU = Dispute Settlement Understanding) ist das wichtigste Regelungswerk, um die Einheitlichkeit der Rechtsordnung des Welthandels zu sichern. Sie gilt für das gesamte WTO-Abkommen, einschließlich aller seiner Anhänge. Die Streitschlichtung wird hierdurch verrechtlicht und institutionalisiert.[373]

Die meisten Neuerungen zielen auf formellere Verfahrensabläufe und stärkere Beteiligungen der Öffentlichkeit, die als wirksames Mittel zur Rechtsbeachtung angesehen werden muß. Regelmäßig gefordert wurden: Ein GATT-Gerichtshof, Staaten-/Regierungs-Berichterstattungspflichten, ein Drittparteienbeschwerderecht über das Verhalten anderer. Diese Vorschläge[374] wurden in den GATT-Verhandlungen aufgenommen und zumindest teilweise verwirklicht. Weiterhin Forderung geblieben ist ein individuelles Klagerecht im Streitbeilegungsverfahren sowie die Möglichkeit, gegen die staatlichen Organe vor den nationalen Gerichten vorzugehen, wenn sie das WTO/GATT-Recht nicht anwenden.

bb) Überblick über die Reformen[375]

Für die Streitbeilegung aller GATT-Bereiche ist nunmehr ausschließlich ein zentraler „Dispute Settlement Body" (DSB) als Unterorganisation der WTO mit eigenem Sekretariat zuständig. Der DSB (Art. IV Abs. 3 WTO-Abkommen, Art. 1 Abs. 1 und Art. 2 Abs. 1 DSU) setzt sich aus Mitgliedern des Allgemeinen Rates zusammen, die also in verschiedenen Funktionen auftreten. Die Welthandelsordnung ist somit wegen dieser personellen Identität noch nicht republikanisch funktionenteilig[376] ausgestaltet, auch wenn der DSB gegenüber

---

Streitbeilegungsregeln der Welthandelsorganisation (WTO). Zu den Auswirkungen im nationalen Recht der USA, RIW 1995, 916; *J. W. Sittmann*, Das Streitbeilegungsverfahren der World Trade Organization (WTO). „Understandig on Rules and Procedures Governing the Settlement of Disputes", RIW 1997, 749 ff.

373 Dazu *E.-U. Petersmann*, in: ders. (Hrsg.), International Trade Law and the GATT/WTO Dispute Settlement System, 47 ff., 54 ff.; *ders.*, The Dispute Settlement System, CMLRev. 1994, 1211 ff.; *J. W. Sittmann*, RIW 1997, 749 ff. (752); vgl. auch Art. 3 Abs. 2 Satz 1 und 2, 3 Abs. 5 DSU.

374 Überblick über die verschiedenen Verbesserungsvorschläge bei *E.-U. Petersmann*, Proposals for Improvements in the GATT Dispute Settlement System – A Survey and Comparative Analysis, in: D. Dicke/E.-U. Petersmann (Hrsg.), Foreign Trade in the Present and a New International Economic Order, 1988, S. 340 ff.

375 Dazu *E.-U. Petersmann*, in: ders. (Hrsg.), International Trade Law and the GATT/WTO Dispute Settlement System, S. 76 ff.; *ders.*, The Dispute Settlement System, CMLRev. 1994, 1167 ff.

376 Zur gewaltenteiligen Funktionenordnung *K. A. Schachtschneider*, Res publica res populi, S. 168 ff.; *M. Kriele*, Die demokratische Weltrevolution. Warum sich die Freiheit durchsetzen wird, 1987, S. 33 ff.

dem Allgemeinen Rat eine organisatorisch-institutionell eigenständige Funktion hat (vgl. Art. 2 Abs. 1 Satz 1 DSU). Der DSB verwaltet das Streitbeilegungsverfahren. Das früher herrschende „Forum Shopping" zwischen verschiedenen Panels wurde damit unterbunden[377].

Art. 23 Abs.2 DSU etabliert die ausschließliche Befugnis des DSB, gegenüber den Mitgliedern Vertragsverletzungen festzustellen sowie entsprechende Entscheidungen zu treffen und Empfehlungen abzugeben. Das bedeutet, daß andere, mildere Streitbeilegungsmechanismen sowie nationale Durchsetzungsverfahren einzelner Mitglieder[378], welche die Effizienz des GATT-Streitschlichtungsverfahrens in Frage stellten[379], wie sie etwa die USA praktiziert hat, verboten sind[380]. Solche einseitigen Sanktionsmechanismen üben nur im Interesse eines Staates wirtschaftlichen Druck aus, dienen aber nicht spezifisch der Befolgung des Welthandelsrechts.[381]

Der Scheu, das Streitbeilegungsverfahren überhaupt in Anspruch zu nehmen, wurde dadurch begegnet, daß die WTO-Mitglieder nunmehr verpflichtet sind, von dem WTO-Streitbeilegungsverfahren Gebrauch zu machen, wann immer es anwendbar ist. Art. 2 Abs. 1 Satz 1 Annex 2 lautet: „Das DSB wird hiermit gebildet, um diese Regeln und Verfahren und, soweit in einem unter die Vereinbarung fallenden Übereinkommen nichts anderes vereinbart ist, die Bestimmungen über Konsultationen und Streitbeilegung der unter die Vereinbarung fallenden Übereinkommen anzuwenden." Uni- und bilaterale Maßnahmen sind somit ausgeschlossen.[382] Auch der Rekurs auf allgemeine völkerrechtliche Mittel (z. B. Retorsionen) anstelle des Streitbeilegungsverfahrens dürfte fortan als Umgehung der WTO-Streitbeilegung zu werten sein. Weil aber die Durchsetzbarkeit des WTO-Rechts immer noch entscheidend vom guten Willen der Parteien abhängt, schließt die Institutionalisierung des Streitbeilegungsverfahrens nicht aus, daß die Parteien auf die Mittel des Vergleichs, der Schiedsgerichtsbarkeit, der Vermittlung oder guter Dienste[383] zurückgreifen. Diese sind allerdings in das Verfahren eingebunden (vgl. Art. 5, 25 DSU). So muß der Schiedsspruch gemäß Art. 25 Abs. 3 Satz 3 DSU dem Dispute Settlement Body und dem Rat oder dem Ausschuß jedes betroffenen Abkommens notifiziert werden. Die fest-

---

[377] Siehe auch *H.-J. Letzel*, Streitbeilegung, S. 222 f.

[378] Vgl. Section 301 des Trade Act.

[379] Vgl. Section 301 des Trade Act.

[380] Vgl. *H.-J. Letzel*, Streitbeilegung, S. 226 f.

[381] Dazu *W. Meng*, WTO-Recht als Steuerungsmechanismus, in: M. Klein/W. Meng/R. Rode (Hrsg.), die Neue Welthandelsordnung der WTO, S. 63 f.

[382] *A. Weber/F. Moos*, Rechtswirkungen von WTO-Streitbeilegungsentscheidungen im Gemeinschaftsrecht, EuZW 1999, 231.

[383] Dazu *E.-U. Petersmann*, in: ders. (Hrsg.), International Trade Law and the GATT/WTO Dispute Settlement System, S. 32.

gelegte und verbindliche Zuständigkeit der Streitbeilegungsinstanzen legt deren Gerichtsfunktion nahe. Tatsächlich zeigt die Praxis, daß das WTO-Streitbeilegungsverfahren (anders als das unter dem GATT geltende Streitschlichtungsverfahren) häufig in Anspruch genommen wird.[384]

Die Gerichtsfunktion der Streitschlichtungsinstanzen sind allerdings durch die Mitgliedsstaaten als Herrn der Verträge begrenzt. Der Dispute Settlement Body hat keine ausschließliche Befugnis zur Auslegung des WTO-Abkommens und seiner Anhänge. Nach Art. 3 Abs. 9 DSU sind allein die Ministerkonferenz und der Allgemeine Rat zur authentischen Interpretation der Vertragstexte mit 2/3 Mehrheit zuständig. Die wichtige umfassende Auslegungsfunktion, die einem Gericht zukäme oder wie sie etwa dem Europäischen Gerichtshof in Bezug auf die Auslegung des EG-Vertrages zugestanden wird (vgl. Art. 220, 234 EGV)[385], fehlt damit den Streitschlichtungsorganen. Darüber hinaus stellt sich die Frage, ob eine Entscheidung des Dispute Settlement Body durch authentische Interpretation aufgehoben werden könnte. Damit würde die Funktion des Streitbeilegungsverfahrens wesentlich geschmälert. Allerdings bezieht sich die authentische Interpretation nur auf abstrakte Rechtsfragen, während die DSB-Entscheidung von einem konkreten Sachverhalt ausgeht. Die authentische Interpretation darf keine Einzelauslegung leisten[386].

Das WTO-Streitbeilegungsverfahren ist nun als einheitliches Verfahren konzipiert, das grundsätzlich für alle Abkommen unter der WTO anwendbar ist. Damit wurde ein Stück Rechtssicherheit und Rechtsklarheit erreicht.

Besonders hervorzuheben ist die nun hergestellte Verbindlichkeit der Streitentscheidung. Das Prinzip des positiven Konsenses wurde im WTO-Streitbeilegungsverfahren durch das Prinzip des negativen Konsenses abgelöst. War unter dem GATT 47 die Annahme der Panel-Entscheidung gegen den Willen der vertragsverletzenden Partei ausgeschlossen, ist die Nichtannahme der Panel-Entscheidung nach dem DSU nur möglich, wenn binnen 60 Tagen in einer Ratssitzung ein Konsens gegen die Entscheidung erreicht wird (Art. 16 Abs. 4, Art. 17 XIV DSU). Nach Art. 2 Abs. 4 DSU gilt „eine Entscheidung des DSB über eine ihm zur Prüfung unterbreitete Angelegenheit ... als durch Konsens gefaßt, wenn kein Mitglied, das bei der Sitzung des DSB, auf der die Entscheidung getroffen wird, anwesend ist, gegen die vorgeschlagene Entscheidung förmlich Einspruch erhebt“. Diese negative Konsensregelung, die nur in extre-

---

[384] Vgl. dazu den Überblick über die anghängigen Verfahren bei www.wto.org.; siehe auch *H. Hauser/A. Martel*, Das WTO-Streitschlichtungsverfahren: Eine verhandlungsorientierte Perspektive, AW 1997, 525; *H. Hohmann*, Die WTO-Streitbeilegung in den Jahren 1998-1999, EuZW 2000, 421 (422 ff.).

[385] Siehe *R. Streinz*, Europarecht, 4. Aufl. 1999, S. 185 ff.; *A. Emmerich-Fritsche*, Grundsatz der Verhältnismäßigkeit, 133 ff., 269 f.

[386] *Th. Gabler*, Das Streitbeilegungssystem der WTO, 1997, S. 57.

men Ausnahmefällen zur Nichtannahme einer Panelentscheidung führen kann[387], schafft ein Stück Weltrechtsstaatlichkeit und beschränkt die Souveränitätsansprüche der Mitgliedstaaten in nicht unerheblichem Maße. Dies hat insbesondere in den USA Kritik hervorgerufen.[388]

Neu gegenüber dem früheren Streitschlichtungsverfahren ist ein Revisionsverfahren, das von einem Revisionsgremium (Appellate Body) durchgeführt wird (Art. 17 DSU).[389] Dieses beschränkt sich auf die Überprüfung von Rechtsfragen (Art. 17 Abs. 6 DSU).[390] Die Institutionalisierung einer zweiten Instanz, eines Rechtszuges stärkt die Rechtlichkeit und damit auch die Durchsetzbarkeit des WTO-Rechts, weil die Richtigkeit der Entscheidungen sowie das Vertrauen in diese gefördert wird.

Das DSU setzt durch Fristen einen klaren Zeitrahmen für den Ablauf der Verfahren und bietet neue Möglichkeiten, die bindenden Entscheidungen durchzusetzen.

Privatpersonen können auch weiterhin keine Panel-Entscheidung herbeiführen. Verfahrenslegitimiert sind nach wie vor nur Staaten, nicht aber Privatpersonen. Die Überlegung, etwa auch Unternehmen als Verfahrensbeteiligte zuzulassen, wie dies der Entwurf des gescheiterten MAI vorsah[391], konnte sich nicht durchsetzen.[392] Dies wäre ein Schritt in Richtung Weltrecht gewesen. Die passive Rolle der Individuen als Rechtssubjekte im Völkerrecht und somit die fehlende Durchsetzbarkeit des Völkerrechts für Privatpersonen gegenüber den Staaten ist ein typisches Merkmal des Völkerrechts, weil dieses nur die Beziehungen zwischen den Staaten, nicht aber zwischen Angehörigen der Völker oder solchen und Staaten erfaßt.[393] Die Bürger und Unternehmen sind damit darauf angewiesen, daß sich der Staat, dem sie angehören, für ihre Belange ein-

---

[387] *H.-J. Letzel*, Streitbeilegung, S. 231.

[388] *J. H Jackson*, The Great 1994 Sovereignty Debate: United States Acceptance and Implemention of the Uruguay Round Results, Columbia Journal of Transnational Law 36 (1997/1998), 157 (165 ff.); *K.-P. Leier*, Fortentwicklung, EuZW 1999, S. 204 (205).

[389] Dazu *G. Scerdoti*, Appeal and Judicial Review, in: E.-U. Petersmann (Hrsg.), S. 270 ff.

[390] Es ist daher im Deutschen nicht korrekt von „Berufungsverfahren“ und „Berufungsgremium“ zu sprechen. Dazu krit. *H.-J. Letzel*, Streitbeilegung, S. 233 f.

[391] Dazu *U. Wartha*, Das Multilaterale Abkommen über Investitionen (MAI), in diesem Buch, S. 349 ff.

[392] *P. Backes*, Die neuen Streitbeilegungsregeln der Welthandelsorganisation (WTO). Zu den Auswirkungen im nationalen Recht der USA, RIW 1995, 916, RIW 1995, 916 (916).

[393] *F. Ermacora*, in: I. Seidl-Hohenveldern (Hrsg.), Lexikon des Rechts. Völkerrecht, 1985, S. 66 ff.; *E. Strauß*, Entstehungsgeschichte, in: 50 Jahre AEMR, Menschenrechtsmagazin, Dezember 1997, S. 13; *J. Delbrück*, Zur Entwicklung der internationalen Rechtsordnung, S+F 2/98, S. 66; *O. Kimminich/S. Hobe*, Einführung in das Völkerrecht, S. 71 ff., 198 ff.

setzt und gegen den vertragsbrüchigen Staat vorgeht. Das WTO-Verfahren ist ein überwiegend zwischenstaatliches[394] Verfahren. Auf Gemeinschaftsebene gibt es allerdings ein Klagerecht für einzelne Unternehmen nach der EG-Verordnung 3268/94 des Rates vom 22.12.1994 zur Festlegung der Verfahren der Gemeinschaft im Bereich der gemeinsamen Handelspolitik zur Ausübung der Rechte der Gemeinschaft nach internationalen Handelsregeln, insbesondere den im Rahmen der Welthandelsorganisation vereinbarten Regeln[395]. Seine rechtlichen Voraussetzungen stimmen allerdings nicht mit den Kriterien des WTO-Rechts überein.[396]

Immerhin ist aber die Mitwirkung von Dritten im Verfahren richterrechtlich gestärkt worden: Im Hormonfall bejahte der Appellate Body, daß Drittparteien in besonderen Fallkonstellationen über die in Art. 10 II und III DSU geregelte Stellung hinaus zusätzliche Verfahrensrechte eingeräumt werden können.[397] Der Appellate Body hat Schriftsätze, die von Nichtregierungsorganisationen übermittelt werden (amicus briefs), zugelassen. Entgegen der vorangegangenen Panel-Entscheidung sah er sich nicht durch Art. 13 DSU gehindert. Diese Vorschrift spricht davon, daß das Panel Informationen „einholt“. Er räumt jedoch dem Panel und sich selbst ein weites Ermessen hinsichtlich der Beachtung solcher Schriftsätze, auch die Möglichkeit, sie nicht zu berücksichtigen, ein.[398]

Entgegen vorangegangener Panelentscheidungen läßt der Appellate Body private Rechtsanwälte im Verfahren und an der mündlichen Verhandlung teilnehmen. Vorausgesetzt wird allerdings, daß sie von dem vertretenen Mitgliedstaat in seine Regierungsdelegation aufgenommen worden sind.[399]

Fundamentale rechtsstaatliche Prozeßgrundsätze, wie die Unabhängigkeit der Mitglieder der Spruchkörper (Art. 8 Abs.2 DSU), das Verteidigungs- und Anhörungsrecht der Streitparteien sowie die kontradiktorische Ausgestaltung des Verfahrens sind festgeschrieben worden.

Neu ist neben der schon vom GATT 1947 her bekannten Möglichkeit, Zugeständnisse oder sonstige Verpflichtungen auszusetzen, die in Art. 22 DSU vorgesehene Pflicht des Verletzerstaates, sich auf Verhandlungen über eine ange-

---

[394] *Th. Cottier*, Durchsetzung der Prinzipien und Beschlüsse der WTO, 127.

[395] Abl. EG. 349/71 v. 31.12.1994.

[396] *Th. Cottier*, Durchsetzung der Prinzipien und Beschlüsse der WTO, 128 f.

[397] EC Measures Concerning Meat and Meat Products (Hormones)“, AB-1997-4, WT/DS26/AB/R und WT/DS48/AB/R v. 16.1.1998, S. 62.

[398] „United States – Import Prohibition of Certain Shrimp and Shrimp Products“, AB-1998-4, WT/DS58/AB/R v. 12.10.1998, S. 34 ff. (Shrimp/Turtle).

[399] „European Communities – Regime for the Importation, Sale and Distribution of Bananas“, AB-1997-2, WT/DS27/AB/R v. 9.9.1997, S. 4 ff. (EU-Bananenmarktordnung); umfassend dazu *R. S. J. Martha*, Representation of Parties in World Trade Disputes, Journal of World Trade 31 (1997), 83 ff.

messene Entschädigung an den durch sein rechtswidriges Handeln beeinträchtigten Mitgliedstaat einzulassen.

b) Der prozessuale Ablauf des Streitbeilegungsverfahrens[400]

aa) Erste Stufe: Bilaterale Verhandlungen und Versuch einer einvernehmlichen Streitbeilegung

Behauptet ein Mitgliedstaat, die Maßnahme eines anderen Mitgliedstaats verletzt eine GATT-Verpflichtung, so informiert er den Dispute Settlement Body und fordert das andere Mitgliedsland auf, in Gespräche über eine einvernehmliche Regelung der Meinungsverschiedenheiten einzutreten. Das aufgeforderte GATT-Mitglied muß binnen 10 Tagen antworten, ob es zu Konsultationen bereit ist. Spätestens 30 Tage nach dem Ersuchen müssen Gespräche über eine gütliche Einigung beginnen. Hierfür ist ein Zeitraum von maximal 30 Tagen vorgesehen. Zwischen Aufforderung und Ende der Konsultationen liegen somit höchstens 60 Tage. Für bestimmte verderbliche Güter gilt eine verkürzte Frist von 20 Tagen (Art. 4 DSU).

bb) Zweite Stufe: Das Panelverfahren

Können sich die Parteien innerhalb der 60-Tage-Frist nicht einigen oder verweigert die aufgeforderte Partei Verhandlungen, ist das betroffene GATT-Mitglied berechtigt, die Einrichtung eines Panels zur Streitbeilegung zu verlangen (Art. 4 Abs.7 DSU).

Der Antrag auf Einsetzung eines Panels kann nicht mehr erst durch Einstimmigkeit erreicht werden, sondern nur durch Einstimmigkeit des *Streitbeilegungsgremiums* (Dispute Settlement Body = DSB) abgelehnt werden (Art. 6 Abs.1 DSU). Damit ist das faktische Vetorecht eines GATT-Mitglieds gegen die Einsetzung eines ihm unliebsamen Panels entfallen. Weil es ein Recht auf einen Panel gibt, kann man von einem obligatorischen Streitbeilegungsverfahren sprechen. Das stärkt die Durchsetzungskraft des WTO-Rechts erheblich.

Ein Panel besteht aus drei Personen, die vom DSB-Sekretariat aus einer von diesem erstellten Liste vorgeschlagen werden (Art. 8 Abs. 4, 5, 6 DSU). Können sich die Streitparteien über die Panel-Zusammensetzung nicht einigen, kann

---

[400] Dazu *P. T. Stoll*, Die WTO, ZaöRV (55) 1995, S. 239 (273 ff.); *H. Hauser/A. Martel*, Das WTO-Streitschlichtungsverfahren: Eine verhandlungsorientierte Perspektive, AW, 1997, 525 ff.; *H.-J. Letzel*, Streitbeilegung, S. 251 ff.; vgl. auch die graphische Übersicht bei *H. Hauser/K.-U. Schanz*, Das neue GATT, S. 239.

der WTO-Generaldirektor entscheiden (Art. 8 Abs. 7 DSU). Zum geeigneten Personenkreis, der aus 200 Personen besteht, gehören Regierungsbeamte und Privatpersonen, die im Recht des GATT oder des internationalen Handels Erfahrung haben. Eine besondere Qualifizierung, wie etwa zum Richteramt (vgl. anders z. B. Art. 167 EGV) wird nicht gefordert.

Die Regeln über die Verfahrensweise des Panels befinden sich in Anhang 3 der Regeln über die Streitbeilegung (vgl. Art. 12 DSU). Die Parteien erhalten zunächst Gelegenheit, ihre Standpunkte und Beweismittel vorzutragen. Das Panel muß dann innerhalb 6, in Ausnahmefällen 9 Monaten seine Untersuchungen durchführen. Es gilt der Amtsermittlungsgrundsatz.[401] Vor einer endgültigen Entscheidung legt das Panel einen Zwischenbericht vor, zu dem sich die Streitparteien äußern dürfen, ohne jedoch neue Tatsachen vorzubringen (Art. 15 Abs. 2 DSU). In seinem Abschlußbericht stellt das Panel den Sachverhalt fest, nennt die einschlägigen, der Entscheidung zugrundeliegenden Vorschriften und verkündet die Begründung seiner Entscheidung (Art. 12 Abs. 7 DSU). Wenn das Verhalten einer Streitpartei Vorschriften des GATT verletzt, spricht das Panel die *Empfehlung* aus, das Verhalten in einer GATT-konformen Weise zu ändern. Zugleich kann es Möglichkeiten aufweisen, wie dieses Ziel erreicht werden soll. Weder ein Panel noch der Dispute Settlement Body können eine nationale Maßnahme aufheben. Dies widerspräche der Staatlichkeit der Vertragsstaaten.[402]

Der Panel-Bericht wird dem Dispute Settlement Body vorgelegt, der ihn – entgegen der früheren Regelung – nur einstimmig ablehnen kann. In den anderen Fällen wird der Panel-Bericht automatisch angenommen und damit bindend (Art. 16 Abs. 4 DSU). Das Mitglied, welches nach der Panel-Entscheidung GATT-Recht verletzt hat, kann somit das Wirksamwerden des Berichts nicht mehr verhindern.

Die Gesamtverfahrensdauer vom Antrag eines Vertragsstaates bis zur Entscheidung durch das Panel dauert in der Regel 9 Monate. Für verderbliche Güter gelten auch hier kürzere Fristen. Wenn die Parteien parallel zum Panelverfahren eine einvernehmliche Lösung des Streits anstreben, können sie die Aussetzung des Panelverfahrens beantragen.

---

[401] *H.-J. Letzel*, Streitbeilegung, S. 276 f.

[402] Eine solche Befugnis hat nicht einmal der Europäische Gerichtshof, vgl. Art. 220 ff. EGV.

cc) Dritte Stufe: Das Rechtsmittelverfahren

Der Panel-Bericht kann nach der neuen Regelung in der Rechtsmittelinstanz in rechtlicher Hinsicht überprüft werden. Die Schaffung der zweiten Instanz macht das Streitbeilegungsverfahren gerichtsförmiger.[403]

Der Appellate Body besteht aus insgesamt sieben Personen, von denen jeweils drei über einen Fall entscheiden (Art. 17 Abs. 1 DSU). Die Mitglieder werden durch das Streitbeilegungsgremium für vier Jahre berufen (Art. 17 Abs. 2 DSU). Eine einmalige Wiederernennung ist zulässig. Als Mitglieder kommen angesehene Persönlichkeiten mit Erfahrung im internationalen Recht und Handel sowie im GATT in Frage. Eine Juristenausbildung oder gar die Befähigung zum Richteramt ist nicht erforderlich.[404] Der Appellate Body ist eine ständige Einrichtung. Er muß innerhalb von 60 Tagen nach Anrufung durch eine Partei den Fall erörtern und eine Entscheidung fällen (Art. 17 Abs. 5 DSU). Das fordert angesichts der umfangreichen Entscheidungen große Leistungen. Nach seinen eigenen Äußerungen will der Appellate Body Tatsachenfeststellungen eines Panels nur auf „fundamental fairness" und „due process of law or natural justice" [405], also auf Willkür überprüfen (vgl. Art. 11, 17.6 DSU).[406]

Der Appellate Body kann die Entscheidung des Panels entweder bestätigen, abändern oder revidieren (Art. 17 Abs. 13 DSU). Eine Rückverweisung ist nicht möglich. Er legt den Bericht dem Dispute Settlement Body vor. Dieser kann ihn binnen 30 Tagen nur einstimmig ablehnen (Art. 17 Abs. 14 DSU); andernfalls tritt der Bericht (automatisch) in Kraft und wird bindend. Das gesamte Revisionsverfahren ist in 90 Tagen abzuschließen.

c) Unterschiede zu üblichen Verfahren internationaler Schiedsgerichtsbarkeit

Die internationalen Schiedsverfahren werden als dynamische Prozesse, die „durch Elastizität, Flexibilität, Kooperation und Pragmatismus" gekennzeichnet

---

[403] *P. Backes*, Die neuen Streitbeilegungsregeln der Welthandelsorganisation (WTO). Zu den Auswirkungen im nationalen Recht der USA, RIW 1995, 916 (917).

[404] Dazu *H.-J. Letzel*, Streitbeilegung, S. 352 ff.

[405] Vgl. „EC Measures Concerning Meat and Meat Products (Hormones)", AB-1997-4, WT/DS26/AB/R und WT/DS48/AB/R v. 16.1.1998, S. 52; vgl. a. schon die Entscheidungen „Argentina-Measures Affecting Imports of Footwear, Textiles, Apparel and Other Items", AB-1981, WT/DS56/AB/R v. 27.3.1998 (Argentinien-Schuhe); „European Communities - Measures Affecting the Importation of Certain Poultry Products", AB-1998-3, WT/DS69/AB/R v. 13.7.1998; krit. zu der seiner Ansicht nach inkonsistenten Entscheidungspraxis *M. Lugard*, Scope of Appellate Review: Objective Assessment of the Facts and Issues of Law, Journal of International Economic Law 1998, S. 323 ff.

[406] *K.-P. Leier*, Fortentwicklung, EuZW 1999, S. 207.

sind, charakterisiert.[407] Kaum ein internationales Abkommen sieht ein vergleichbar effektives Streitbeilegungsverfahren wie die WTO vor.[408] Im Gegensatz zum Streitbeilegungsverfahren der WTO wird der Gang des schiedsgerichtlichen Verfahrens weitgehend durch die Streitparteien bestimmt. Die Streitbeilegung nach Kapitel VI der UN-Charta ist schon deshalb weniger effektiv als die WTO-Streitbeilegung, weil anders als in jenem Verfahren nach dem Scheitern von Konsultationen nicht die Einsetzung eines Panels verlangt werden kann.[409] Der die Entscheidungsfindung beherrschende „umgekehrte Konsens“ automatisiert die Zustimmung des Streitbeilegungsgremiums zu den Entscheidungen des Panels und des Appellate Body's. Dies steht im Gegensatz zu den traditionellen Verfahren internationaler Schiedsgerichtsbarkeit. Der strenge Zeitplan und das „umgekehrte Konsensprinzip“ geben im WTO-Streitverfahren einen Rahmen vor. Der Entscheidungsprozeß wird damit beschleunigt, was die Effektivität des Verfahrens gegenüber dem Verfahren des GATT 1947 insgesamt erhöht.[410] Im WTO-Streitbeilegungsverfahren dürfen interessierte Dritte teilnehmen (Art. 10 DSU, s. o.). Dies ist bei internationalen Schiedsverfahren nicht üblich.[411] Eine wichtige Unterscheidung zur internationalen Schiedsgerichtsbarkeit liegt auch darin, daß gegen die Entscheidungen des Streitbeilegungsgremiums ein Rechtsmittel eingelegt werden kann.[412]

d) Gerichtsförmlichkeit des Verfahrens und Bindungswirkung der Entscheidungen

aa) Merkmale eines Gerichts

Kommt den Entscheidungen im Streitbeilegungsverfahren eine erhöhte Verbindlichkeit zu, etwa in der Form, daß auch der Europäische Gerichtshof an diese gebunden wäre, so würde sich auch die Durchsetzbarkeit des WTO-Rechts erheblich erhöhen.[413] Insgesamt ist das neue Streitbeilegungsverfahren gegenüber dem alten eher politisch-konsensualen Verfahren gerichtsförmiger.[414]

---

[407] *J. W. Sittmann*, Das Streitbeilegungsverfahren der World Trade Organization (WTO), RIW 1997, 749 (752).

[408] *H. Hohmann*, Die WTO-Streitbeilegung in den Jahren 1998–1999, EuZW 2000, 421.

[409] *H. Hohmann*, EuZW 2000, 421.

[410] *J. W. Sittmann*, RIW 1997, 749 (752); *H. Hohmann*, EuZW 2000, 421.

[411] *J. W. Sittmann*, RIW 1997, 749 (752).

[412] *J. W. Sittmann*, RIW 1997, 749 (752).

[413] *A. Weber/F. Moos*, Rechtswirkungen von WTO-Streitbeilegungsentscheidungen im Gemeinschaftsrecht, EuZW 1999, 231.

[414] *Th. Cottier*, Durchsetzung der Prinzipien und Beschlüsse der WTO, S. 123; *A. Weber/F. Moos*, Rechtswirkungen von WTO-Streitbeilegungsentscheidungen im

Fraglich ist, ob die streitentscheidenden Instanzen in der WTO die Begriffsmerkmale eines Gerichts erfüllen. Dies ist für den Grad der Verbindlichkeit und damit der Durchsetzbarkeit des WTO-Rechts bedeutsam. Selbst der Europäische Gerichtshof, der sich an die Panelentscheidungen bisher nicht gebunden sah, würde die Entscheidungen eines Internationalen Gerichts akzeptieren.[415]

Gerichten kommt allgemein die Aufgabe zu, Recht zu sprechen, mithin verbindlich, das Recht zu klären.[416] Sowohl die Panels als auch der Appellate Body haben diese Funktion. Sie haben deshalb jedenfalls eine materielle Gerichtsfunktion. Um diese möglichst sachgerecht und effektiv erfüllen zu können, müssen Gerichte im institutionellen Sinn bestimmten Voraussetzungen genügen.

Die Tatsache, daß die nach den nationalen Gesetzen vorhandene Befähigung zum Richteramt nicht erforderlich ist, nimmt den Mitgliedern der Streitschlichtungsinstanzen nicht von vornherein die Richterqualität. Entscheidend ist, daß ihre Kompetenz auf dem Gebiet des Rechts und des Welthandels ausgewiesen ist (vgl. Art. 17 Abs. 3 Satz 1 DSU).[417]

Als Merkmale eines internationalen Gerichts werden angesehen[418]:

- Errichtung als ständige oder wenigstens langfristige Institution,
- Rechtsprechung aufgrund allgemein festgelegter Regeln,
- im voraus für eine bestimmte Amtsperiode feststehende Besetzung der Richterbank ohne Einflußnahme der Prozessparteien,
- Unabhängigkeit der Richter,
- Entscheidung nach den Rechtsnormen des Völkerrechts,
- eine feststehende Verfahrensordnung.

Gemeinschaftsrecht, EuZW 1999, 231; *E.-U. Petersmann*, International Trade Law and the GATT/WTO Dispute Settlement System, S. 54 ff., 59 ff., 64 ff. Dies zeigt sich auch an der Beweislastregel in Art. 3 Abs. 8 DSU, für die in einem diplomatischen Verfahren kein Platz wäre. Dazu *H.-J. Letzel*, Streitbeilegung, S. 280 ff.

[415] EuGH, Gutachten 1/91, Slg. 1991 I, 6079: „Sieht ein internationales Abkommen ein eigenes Gerichtssystem mit einem Gerichtshof vor, der für die Regelung von Streitigkeiten zwischen den Vertragsparteien dieses Abkommens und damit für die Auslegung seiner Bestimmungen zuständig ist, so sind die Entscheidungen dieses Gerichtshofs für die Organe der Gemeinschaft, einschließlich des Gerichtshofs, verbindlich. Diese Entscheidungen sind auch dann verbindlich, wenn der Gerichtshof im Wege der Vorabentscheidung oder im Rahmen einer Klage über die Auslegung des internationalen Abkommens als Bestandteil der Rechtsordnung der Gemeinschaft zu entscheiden hat.“

[416] *K. A. Schachtschneider*, Res publica res populi, S. 872 ff.

[417] Dazu *H.-J. Letzel*, Streitbeilegung, S. 352 ff.

[418] *H. Mosler*, HStR Bd. VII, § 179, Rdn. 17; *H.-J. Letzel*, Streitbeilegung, S. 107.

Der Europäische Gerichtshof sieht im wesentlichen die gleichen Merkmale als gerichtstypisch an :[419]

- ständiger Charakter,
- Unabhängigkeit und Objektivität der Richter,
- Entscheidung nach Verfahrensvorschriften und aufgrund von Recht, nicht nach Billigkeit, rechtsstaatliche Verfahrenssicherungen (fair trial),
- von der betreffenden Rechtsordnung vorgeschriebene Zuständigkeit des Spruchkörpers,
- bindende Entscheidung mit Rechtsprechungscharakter.

bb) Zur Gerichtsqualität der Streitschlichtungsorgane

(1) Ständige Einrichtung

Ein Panel wird jeweils auf Antrag eingesetzt (Art. 6 DSU). Seine Zusammensetzung wechselt üblicherweise von Fall zu Fall. Es gibt zwar die Institution „Panel“, aber nicht nur ein Panel, sondern immer von Fall zu Fall wechselnde Panels. Ob dies für einen „ständigen Charakter“ genügt, ist zweifelhaft. Die Panels sind jedenfalls personell nicht ständig eingerichtet. Deshalb ist die Gerichtsqualität der Panels verneint worden.[420] Der Appellate Body hingegen ist unstreitig als ständiges Gremium institutionalisiert (Art. 17 Abs. 1 DSU).[421]

(2) Unabhängigkeit und Objektivität der Entscheidungsträger

Die Unabhängigkeit eines internationalen Entscheidungsgremiums bezieht sich auf die Selbständigkeit und Weisungsfreiheit von der internationalen Organisation oder den Staaten[422].

---

[419] Vgl. EuGH, Rs 61/65 Vaassen-Göbbels/Beamtenfonds, Slg. 1966, 583 (591); Rs 246/80 Broeckmeulen/Huisarts Reistratie Commissie, Slg. 1981, 2311 (2326 ff.); Rs 102/81 Nordsee/Reederei Mond, Slg. 1982, 1095 (1108 f.); Rs 318/85 Greis/Unterweger, Slg. 1986, 955 (957); Rs C-393/92 Gemeinde Almelo, Slg. 1994 I, 1477 (Rdn. 21); Rs C-54/96 Dorsch, Slg. 1997 I, 4961 (Rdn. 23); *A. Weber/F. Moos*, Rechtswirkungen von WTO-Streitbeilegungsentscheidungen im Gemeinschaftsrecht, EuZW 1999, 231, der diese für die Vorlageberechtigung nach Art. 234 EGV erheblichen Kriterien ebenfalls für die WTO aufgreift.

[420] Dazu *H.-J. Letzel*, Streitbeilegung, S. 346 ff.

[421] Dazu *H.-J. Letzel*, Streitbeilegung, S. 348 ff.

[422] Vgl. *H.-J. Letzel*, Streitbeilegung, S. 356.

Bei der Auswahl der Panel-Mitglieder „soll" neben einem weitgefächerten Hintergrund und Erfahrungen auch die Unabhängigkeit der Panelmitglieder gewährleistet sein. Personen aus den am Streit beteiligten Staaten oder der EU, wenn diese Verfahrenspartei ist, würden daher nicht in Frage kommen. Die „Soll"-Vorschrift ist, weil ihre Formulierung Ausnahmen zuläßt, nicht stark genug, um völlige richterliche Unabhängigkeit zu garantieren.[423] Den Panel-Mitgliedern fehlt, sofern sie Regierungsbeamte sind, die erforderliche persönliche und sachliche Unabhängigkeit. Auch deshalb kann ein Panel nicht als internationales Gericht angesehen werden. Nach Art. 8 Abs. 9 DSU gehören die Panel-Mitglieder aber immerhin dem Panel in „persönlicher Eigenschaft und nicht als Vertreter einer Regierung oder einer Organisation an. Die Mitglieder dürfen ihnen daher keine Weisungen erteilen oder versuchen, sie als Einzelpersonen hinsichtlich der Angelegenheiten vor einem Panel zu beeinflussen". Die Objektivität der Erörterungen und Berichte des Panels ist in Art. 11 DSU gefordert. Art. 13 DSU gibt ihm dazu entsprechende Informationsbefugnisse.

Der Appellate Body erfüllt eher als das Panel die Voraussetzungen der persönlichen und sachlichen Unabhängigkeit, die an ein Gericht zu stellen sind.[424] Anders als die Mitglieder des Panels dürfen sie von keiner Regierung abhängig sein (Art. 8 Abs. 9, 17 Abs. 3 Satz 2 DSU). Außerdem dürfen sich die Mitglieder des Revisionsgremiums nicht an solchen Verfahren beteiligen, die zu einem Interessenkonflikt führen würden (vgl. Art. 17 Abs. 2 und Abs. 3 DSU). Eingeschränkt ist die persönliche Unabhängigkeit des Appellate Body allerdings insoweit, als der Dispute Settlement Body deren Mitglieder nicht nur ernennt, sondern auch, ohne besondere Gründe anführen zu müssen, des Amtes wieder entheben kann (Art. 17 Abs. 2 Satz 4 DSU).[425] Die Entscheidung über eine Amtsenthebung ist jedoch wegen Art. 2 Abs. 4 DSU nur einstimmig möglich. Verstärkt wird die Unabhängigkeit durch die Vertraulichkeit der Beratungen (Art. 14 Abs. 1 DSU) und die Anonymität der im Panel- wie im Appellate-Body-Bericht geäußerten Auffassungen (Art. 14 Abs.3, Art. 17 Abs. 11 DSU). Die festgeschriebene Amtsdauer von vier Jahren der Mitglieder des Appellate Body's mit der einmaligen Möglichkeit der Wiederwahl tragen ebenfalls zur Sicherung der Unabhängigkeit bei. Zudem enthalten die Verhaltensregeln für das Streitbeilegungsverfahren[426] besondere Regeln für die Unabhängigkeit und Un-

[423] Unkrit. dagegen *A. Weber/F. Moos*, Rechtswirkungen von WTO-Streitbeilegungsentscheidungen im Gemeinschaftsrecht, EuZW 1999, 232.

[424] Dazu *H.-J. Letzel*, Streitbeilegung, S. 352 ff.

[425] Dazu *H.-J. Letzel*, Streitbeilegung, S. 358 ff.

[426] Rules of conduct for the Understandig on rules and Procedures Governing the Settlement of Disputes (WT/DSBRC/1) II 1., angenommen durch den DSB am 2.12.1996.

parteilichkeit der Panel- und Appellate-Body-Mitglieder.[427] Es besteht auch keine sachliche Abhängigkeit zum DSB, weil dieser die Entscheidung des Appellate Body nur einstimmig ablehnen, aber inhaltlich darauf keinen Einfluß nehmen darf.[428] Es wird deutlich, daß in der Revisionsinstanz mehr Wert auf die persönliche Unabhängigkeit der Gremiumsmitglieder gelegt wird.

Der Dispute Settlement Body, welcher den Entscheidungen der Panels und des Appellate Body Verbindlichkeit verleiht, setzt sich aus Mitgliedern des Allgemeinen Rates zusammen. Ihm fehlt daher die erforderliche persönliche und dann auch sachliche Unabhängigkeit, die man von einem Gericht als objektiver Instanz verlangen müßte.[429] Zu berücksichtigen ist jedoch, daß die Sachentscheidungen, welche insbesondere sachliche und persönliche Unabhängigkeit verlangen, vom Panel und dem Appellate Body getroffen werden.

(3) Entscheidung auf der Grundlage des Rechts

Nach Art. 3 Abs. 5 DSU müssen alle Verfahrensergebnisse mit dem Recht vereinbar sein. Das zu beachtende Recht im Streitbeilegungsverfahren sind neben dem DSU alle unter die Vereinbarung über das Verfahren zur Streitbeilegung fallenden Übereinkommen (Art. 1 DSU), einschließlich der multilateralen Sonderverträge, die in der Praxis eine gewichtige Rolle spielen[430], sowie alle in Art. 38 Abs. 1 IGH-Statut genannten Völkerrechtsquellen.[431] Die Praxis zeigt, daß die Panels vermehrt auf allgemeine Rechtsgrundsätze zurückgreifen, wie es auch Art. 3 Abs. 2 DSU nahelegt, namentlich auf „allgemeine Prinzipien des GATT-Rechts".[432] Dazu werden z. B. das Rückwirkungsverbot[433] sowie die

---

[427] *A. Weber/F. Moos*, Rechtswirkungen von WTO-Streitbeilegungsentscheidungen im Gemeinschaftsrecht, EuZW 1999, 232; *H.-J. Letzel*, Streitbeilegung, S. 356.

[428] *H.-J. Letzel*, Streitbeilegung, S. 356 f.

[429] Vgl. etwa Art. 97 GG; Art. 2 IGH-Statut; Art. 223 EGV; EuGH, Rs C-393/92 Almelo, Slg. 1994 I, 1477 (Rdn. 21).

[430] Vgl. Panel Report v. 8.8.1997, EC – Measures Concerning Meat and Meat Products (Hormones), WT/DS26/R/USA, in dem ein Verstoß gegen Art. 3 Abs. 1, 5 Abs. 1 und Abs. 5 des Abkommens über sanitäre und phytosanitäre Maßnahmen festgestellt worden ist.

[431] *D. Palmeter/P. C. Mavroidis*, The WTO Legal System: Sources of Law, American Journal of International Law (AJIL) 92 (1998), 398 (399); *P. Pescatore*, The GATT Dispute Settlement System, 27 Journal of World Trade 1993, 5 (12).

[432] Vgl. Panel Report v. 8.11.1996, United States-Restrictions on Imports of Cotton and Man-made Fibre Underwear, WT/DS24/R, Tz. 5.50, 7.16.

[433] Panel Report v. 17.10.1996, Brazil – Measures Affecting Desiccated Coconut, WT/DS22/R, Tz. 279.

Vorhersehbarkeit und der Vertrauensschutz[434] gerechnet. Als Anzeichen für eine rechtsgebundene, gerichtsförmliche Entscheidungspraxis der Streitbeilegungsorgane wird die wachsende Berücksichtigung völkerrechtlicher Verträge und des allgemeinen Völkerrechts bei der Entscheidungsfindung gewertet.[435] Im Hormonfleischverfahren haben sich der Panel und der Appellate Body mit dem völkerrechtsgewohnheitlichen Status des Vorsorgeprinzips auseinandergesetzt.[436]

(4) Rechtsstaatliche Verfahrenssicherung

Problematisiert werden unter dem Aspekt rechtsstaatlicher Verfahrenssicherung (fair trial) z.T. die sehr knappen Entscheidungsfristen sowie die Qualifikation der Panel-Mitglieder.[437] Die maximale Verfahrensdauer von 12–15 Monaten ist unter dem Gesichtspunkt effektiver Rechtsdurchsetzung begrüßenswert. Die sehr ausführlichen Entscheidungsbegründungen zeigen, daß die Streitschlichtungsgremien sich gründlich und intensiv mit der Sache befassen. Durchgreifende rechtsstaatliche Bedenken bestehen insoweit nicht, zumal die Möglichkeit der Prozeßverschleppung und die damit verhinderte Durchsetzung des Rechts, gerade im internationalen Bereich die größere Gefahr für ein rechtsstaatliches Verfahren ist. Weiterhin wird eine mangelnde Transparenz des Entscheidungsverfahrens kritisiert.[438] Gemäß Art. 14 bzw. Art. 17 DSU sind die Beratungen von Panel und Appellate Body vertraulich, was eher diplomatischen als rechtsstaatlich-gerichtsförmlichen Charakter hat.[439] Gemäß Art. 10 DSU sind jedoch Drittparteien zuzulassen und ihre Stellungnahmen voll zu berück-

---

[434] Panel Report v. 5.9.1997, India – Patent Protection for Pharmaceutical and Agricultural Chemical products, WT/DS50/R, Tz. 7.22; *P. Pescatore*, The GATT Dispute Settlement Mechanism, 27 Journal of World Trade (1993), 5 (12).

[435] *A. Weber/F. Moos*, Rechtswirkungen von WTO-Streitbeilegungsentscheidungen im Gemeinschaftsrecht, EuZW 1999, 232, 234; dazu näher *D. Palmeter/P. C. Mavroidis*, The WTO Legal System: Sources of Law, American Journal of International Law (AJIL) 92 (1998), 398 ff.; *P. Pescatore*, The GATT Dispute Settlement Mechanism, 27 Journal of World Trade (1993), 5 (12).

[436] Panel Report v. 18.8.1997, EC-Measures Concerning Meat and Meat Products (Hormones), WT/DS26/R/USA, Tz. 8.157; Appellate Body Report, AB-1997-4 v. 16.1.1998 EC-Measures Concerning Meat and meat Products (Hormones), WT/DS26/AB/R, WT/DS48/AB/R, Tz. 123 m. Fn. 92.

[437] *A. Weber/F. Moos*, Rechtswirkungen von WTO-Streitbeilegungsentscheidungen im Gemeinschaftsrecht, EuZW 1999, 232; *J. Sack*, Von der Geschlossenheit und den Spannungsfeldern in einer Weltordnung des Rechts, EuZW 1997, 650 (651), der von einer „Schnellschußjustiz" spricht; vgl. auch *H.-J. Letzel*, Streitbeilegung, S. 282 ff.

[438] *A. Weber/F. Moos*, Rechtswirkungen von WTO-Streitbeilegungsentscheidungen im Gemeinschaftsrecht, EuZW 1999, 232.

[439] Dazu *H.-J. Letzel*, Streitbeilegung, S. 287 ff.

sichtigen. Das grundsätzliche Verbot einer echten anwaltlichen Vertretung der Prozeßparteien (Art. 3 Abs. 1 DSU) entspricht ebenfalls nicht einem gerichtsförmlichen, rechtsstaatlichen Verfahren.[440]

(5) Verbindlichkeit der Entscheidungen

Die Entscheidungen des Panels und des Appellate Body sind nicht aus sich selbst heraus bindend, sondern bedürfen erst der Annahme durch den Dispute Settlement Body (vgl. Art. 16 DSU). Damit würde auch dem Appellate Body eine Voraussetzung fehlen, um als Internationales Gericht gelten zu können.[441]

Die Rechtsmittelinstanz könnte in Verbindung mit dem Dispute Settlement Body als gerichtliche Institution betrachtet werden, weil die Rechtserkenntnis des Appellate Body durch das Streitbeilegungsgremium verbindlich gemacht wird[442]. Der Dispute Settlement Body hat nur eine geringe Rechtserkenntnisfunktion und ist daher für sich genommen kein Gericht. Daraus folgt, daß an ihn das Unabhängigkeitserfordernis nicht in der selben Weise wie für die rechtserkennenden Organe gestellt werden muß. Nachdem die Vetomöglichkeit des verklagten Mitgliedstaates beseitigt worden ist, wirkt sich die mangelnde persönliche Unabhängigkeit der DSB-Mitglieder kaum aus. Gegen die Anerkennung einer solchen Konstruktion als Gericht spricht aber, daß sie den Grundsatz der Gewaltteilung nicht konsequent verwirklicht.[443]

Allerdings ist die Verbindlichkeit der Panel-Entscheidung und der Entscheidung des Appellate Body aus sich selbst heraus faktisch hergestellt, weil sie vom DSB nur einstimmig abgelehnt werden darf. Auch der Verfahrenssieger müßte dagegen stimmen, was praktisch kaum vorkommen dürfte. Die Berichte gelten somit als angenommen, wenn nicht einstimmig das Gegenteil beschlossen wird. Als zusätzliches Argument für die Gerichtsförmigkeit des Streitbeilegungsverfahrens wird angeführt, daß jedenfalls vom DSB angenommene Entscheidungen immerhin „praktisch wirkende Präjudizien", unterhalb der Rechtsbindung auf künftige Entscheidungen schaffe.[444] Damit werden die Berichte

---

[440] Dazu krit. *H.-J. Letzel*, Streitbeilegung, S. 291 ff.

[441] So *H.-J. Letzel*, Streitbeilegung, S. 371 ff.

[442] Ähnlich *Th. Cottier*, Durchsetzung der Prinzipien und Beschlüsse, 134.

[443] *H.-J. Letzel*, Streitbeilegung, S. 372.

[444] *A. Weber/F. Moos*, Rechtswirkungen von WTO-Streitbeilegungsentscheidungen im Gemeinschaftsrecht, EuZW 1999, 232.

praktisch zu Urteilen[445], der Appellate Body wird faktisch, aber noch nicht de iure zum Internationalen Gericht.[446]

Die Umsetzung der DSB-Entscheidungen obliegt den Organen der Mitgliedstaaten und der Europäischen Union. Es ist fraglich, ob diese, namentlich die Gerichte der Mitgliedstaaten und auch der Europäische Gerichtshof, an diese Entscheidungen gebunden sind. Die weitgehende Gerichtsförmlichkeit des Verfahrens und die Rechtsqualität der Entscheidungen sprechen für eine solche Bindungswirkung.[447] Die Entscheidungen des DSB sind in der WTO rechtsverpflichtend.[448] Die im Rahmen von Gemeinschaftsabkommen erlassenen Organhandlungen gelten als „integrierter Bestandteil der Gemeinschaftsrechtsordnung“[449] und nehmen an deren grundsätzlichem Vorrang vor dem Recht der Mitgliedstaaten[450] teil. Auch die Beschlüsse der WTO-Organe, insbesondere der Streitschlichtungsinstanzen, genießen, genauso wie das gesamte übrige Gemeinschaftsrecht, Vorrang vor dem nationalen Recht sowie vor dem sekundären Gemeinschaftsrecht (dazu C.I.3.). Die Entscheidungen des Streitbeilegungsgremiums binden die Mitgliedstaaten und die EG, somit auch deren Gerichte, insbesondere den Europäischen Gerichtshof.[451] Die Europäische Gemeinschaft ist

---

[445] *W. Meng,* WTO-Recht als Steuerungsmechanismus, in: M. Klein/W. Meng/R. Rode (Hrsg.), S. 62; *E.-U. Petersmann*, International Trade Law and the GATT/WTO Dispute Settlement, in: ders. (Hrsg.), S. 64, 66.

[446] *H.-J. Letzel*, Streitbeilegung, S. 372.

[447] *A. Weber/F. Moos*, Rechtswirkungen von WTO-Streitbeilegungsentscheidungen im Gemeinschaftsrecht, EuZW 1999, 234.

[448] *A. Ott*, GATT und WTO im Gemeinschaftsrecht, 1997, S. 243; *A. Weber/F. Moos*, Rechtswirkungen von WTO-Streitbeilegungsentscheidungen im Gemeinschaftsrecht, EuZW 1999, 234; *H.-J. Letzel,* Streitbeilegung, S. 373 f. begründet dies mit einem Umkehrschluß aus Art. 26 Abs.1 lit. b DSU, wonach keine Verpflichtung zur Rücknahme einer Maßnahme besteht, wenn die WTO-Vorschriften nicht verletzt werden, sondern nur Vorteile beeinträchtigt worden sind.

[449] EuGH, Kupferberg, Slg. 1982, 3461, Rdn. 13; EuGH, Slg. 1991 I, 6079 (Rdn. 37).

[450] Grundelgend EuGH, Rs 6/64 Costa/ENEL, Slg. 1964, 1141 (Rdn. 9 ff.); Rs 11/70 Internationale Handelsgesellschaft, Slg. 1970, 1125 (Rdn. 3 ff.); auch *K. A. Schachtschneider/A. Emmerich-Fritsche,* Das Verhältnis des Europäischen Gemeinschaftsrechts zum nationalen Recht Deutschlands, Teil II, DSWR 1999, 81 ff.

[451] Dazu *N. Lavranos*, Rechtswirkung von WTO panel reports, EuR 1999, S. 289 (291 ff.); im Erg. ebenso *H. D. Kuschel*, Wie geht es weiter mit der Bananenmarktordnung? EuZW 1996, 645 (648, 650); *P. Eckhout*, The Domestic Legal Status of the WTO Agreement: Interconecting Legal Systems, CMLRev. 1997, 11 (52 f.); *Th. Cottier*, Durchsetzung der Prinzipien und Beschlüsse der WTO, S. 134; *A. Weber/F. Moos*, Rechtswirkungen von WTO-Streitbeilegungsentscheidungen im Gemeinschaftsrecht, EuZW 1999, 234; gegen eine unmittelbare Anwendbarkeit und Bindung der Entscheidungen der Streitbeilegungsorgane: a.A. vgl. *A. Ott*, GATT und WTO im Gemeinschaftsrecht, S. 243; Europäisches Parlament, Entschließung v. 15.12.1994, in: EuZW 1994, 333.

eine Rechtsgemeinschaft[452]. Dies verlangt die Durchsetzung des Rechts (vgl. Art. 220 EGV), das in einem umfassenden Sinn[453], einschließlich des Völkerrechts, zu verstehen ist.[454]

Ergebnis:

Das Streitschlichtungsverfahren ist trotz diplomatischer Relikte weitgehend gerichtsförmig[455]. Das Konsultationsverfahren, welches das Panelverfahren entbehrlich macht, wenn sich die Parteien anderweitig einigen, ändert diesen Charakter nicht wesentlich[456], weil es in das Streitschlichtungsverfahren eingebunden ist und nur in diesem Rahmen zur Disposition der Parteien steht . Nach Auffassung von Cottier entwickelt sich die WTO „zusehends zum Kern einer Weltwirtschaftsverfassung[457] und ihr Streitbeilegungsverfahren zum Kern einer Weltwirtschaftsgerichtsbarkeit."[458] Jedenfalls der Appellate Body erfüllt faktisch die Merkmale eines Internationalen Gerichts.[459] De iure sind jedoch noch Mängel, die sich aus der Zwischenstaatlichkeit ergeben, insbesondere das Verbot echter, regierungsunabhängiger anwaltlicher Vertretung, die unvollständige Unabhängigkeit der Organe, vor allem der Panels, zu besorgen.

e) Unmittelbare Anwendbarkeit der Entscheidungen

Von der Verbindlichkeit der Entscheidungen des Dispute Settlement Body wird die Frage unterschieden, ob sich der Einzelne vor dem Europäischen Gerichtshof auf Entscheidungen des Streitbeilegungsgremiums berufen kann – die sogenannte unmittelbare Anwendbarkeit. In Anlehnung an die Rechtsprechung des Europäischen Gerichtshofs zur unmittelbaren Anwendbarkeit von Rechtsak-

---

452 Siehe *A. Emmerich-Fritsche*, Grundsatz der Verhältnismäßigkeit, S. 45 ff.

453 *A. Emmerich-Fritsche*, Grundsatz der Verhältnismäßigkeit, S. 47, 116, 195.

454 *N. Lavranos*, Rechtswirkung von WTO panel reports, EuR 1999, S. 298.

455 *N. Lavranos*, Rechtswirkung von WTO panel reports, EuR 1999, S. 302 spricht von einem „quasi-gerichtlichen Verfahren"; dazu *E.-U. Petersmann*, in: ders. (Hrsg.), International Trade Law and the GATT/WTO Dispute Settlement System, S. 54 ff.; *W. Meng*, Frage unmittelbarer Anwendung von WTO-Recht in der EG, in: FS R. Bernhardt, S. 1084; *H.-J. Letzel*, Streitbeilegung, S. 343 f.

456 A. A. aber wohl *J. Sack*, von der Geschlossenheit und den Spannungsfeldern in einer Weltordnung des Rechts, EuZW 1997, 650.

457 So auch *E.-U. Petersmann*, International Trade Law and the GATT/WTO Dispute Settlement System, 1999, S. 11 f.

458 *Th. Cottier*, Durchsetzung der Prinzipien und Beschlüsse der WTO, S. 124.

459 *G. Sacerdoti*, Appeal and Judicial Review in International Arbitration and Adjudication: The Case of the WTO Appellate Review, in: E.-U. Petersmann (Hrsg.), S. 247 (273); kritisch *M. Hilf*, The Role of National Courts in International Trade Relations, in: E.-U. Petersmann (Hrsg.), S. 577; dazu auch krit. *H.-J. Letzel*, Streitbeilegung, S. 346 ff.

ten im Gemeinschaftsrecht[460] muß dies bejaht werden, wenn die Entscheidung „unter Berücksichtigung ihres Wortlauts und im Hinblick auf ihren Sinn und Zweck klar und vorbehaltlos formuliert ist und sie keiner weiteren Durchführungsmaßnahmen bedarf"[461].

f) Effektivitätsgrundsatz als Auslegungsmaxime

Bemerkenswert ist, daß die Streitschlichtungsinstanzen, gestützt auf Art. 31 WVK, den Effektivitätsgrundsatz (principle of effectiveness) als Auslegungsmaxime bestimmt haben. Anders als der Europäische Gerichtshof beanspruchen sie jedoch nicht einen effet utile, wonach das WTO-Recht so auszulegen sei, daß es immer die größtmögliche Wirkung entfalte.[462] Eine solche einseitige Maxime vernachlässigt in der internationalen vielschichtigen Rechtsordnung das allgemeine Rechtsprinzip[463], das sich nicht in der Einhaltung des Welthandelsrechts erschöpft. Sie ist nicht geeignet, zur Wahrung des Rechts als gutes Leben aller in allgemeiner Freiheit[464], beizutragen.[465] Das WTO-Abkommen ist aber so auszulegen, daß es seine faktische Wirksamkeit und materielle Verbindlichkeit nicht durch restriktive Auslegung seiner Prinzipien und weite Auslegung seiner Ausnahmen, wie dies in der Vergangenheit mit dem GATT geschehen ist, einbüßt: „One of the corrollaries of the general rule of interpretation in the Vienna Convention is that interpretation must give meaning and effect to all the Terms of the treaty. An interpretater is not free to adopt a reading that would result in reducing whole causes or paragraphs of a treaty to redundance or initulity".[466] Die Anwendung des Effektivitätsgrundsatzes bei der Auslegung des Welthandelsrechts ist somit ein entscheidender Beitrag, dessen materielle Wirksamkeit und Durchsetzbarkeit zu erhöhen.

---

[460] Vgl. EuGH, Rs C-192/89 Sevince, Slg. 1990 I, 3461 (Rdn. 15); Rs 12/86 Demirel, Slg. 1987, 3719 (Rdn. 14).

[461] *A. Weber/F. Moos*, Rechtswirkungen von WTO-Streitbeilegungsentscheidungen im Gemeinschaftsrecht, EuZW 1999, 234.

[462] So aber *A. Weber/F. Moos*, Rechtswirkungen von WTO-Streitbeilegungsentscheidungen im Gemeinschaftsrecht, EuZW 1999, 233.

[463] Dazu *A. Emmerich-Fritsche,* Grundsatz der Verhältnismäßigkeit, S. 205 f.; *K. A. Schachtschneider*, Res publica res populi, S. 310 ff.

[464] *K. A. Schachtschneider*, Res publica res populi, S. 567, 996, 998.

[465] Dazu *A. Emmerich-Fritsche*, Grundsatz der Verhältnismäßigkeit, S. 205 f.

[466] Appellate Body Report, AB-1996-1 v. 20.5.1996, United States Standards for Reformulated and Conventional Gasoline, WT/DS2/9, S. 23; vgl. a. Panel-Entscheidung Japan-Taxes on Alcoholic Beverages, WT/DSB/R, WT/DS10/R, WT/DS11/R v. 8.7.1996, Tz. 6.22.

g) Institutionalisiertere Durchsetzung der DSB-Entscheidungen

aa) Überwachung

Die Überwachung der Rechtsdurchsetzung ist Aufgabe des Dispute Settlement Body`s. Er kann hiermit jederzeit durch jedes Mitglied, nicht nur durch die obsiegende Streitpartei, befaßt werden (Art. 21 Abs. 6 und Art. 22 Abs. 8 Satz 2 DSU). Damit wird deutlich, daß die objektive Rechtsdurchsetzung, für die die gesamte Staatengemeinschaft zuständig sein soll, und nicht nur die Verteidigung von Rechten und Interessen einzelner Staaten im Vordergrund steht. Darin zeigt sich das WTO-Recht als Internationales Öffentliches Recht.

Nach Annahme des Berichts des Panels oder des Appellate Body müssen die beteiligten Parteien dem Dispute Settlement Body mitteilen, ob sie die darin enthaltenen Empfehlungen umsetzen wollen. Hierzu verständigen sie sich zunächst auf einen angemessenen Zeitrahmen zur Umsetzung. Der Zeitplan soll in der Regel innerhalb von 45 Tagen erstellt werden. Können sich die Parteien nicht einigen, so wird der Zeitplan durch ein Schiedsgericht innerhalb von 90 Tagen nach Annahme des Panelberichts festgelegt. Die Entscheidungen des Panels oder der Revisionsinstanz sollen nach Art. 21 DSU „möglichst sofort", jedenfalls innerhalb eines „angemessenen Zeitraums" (Art. 21 Abs. 3 Satz 2 DSU), der nicht unilateral, sondern in beiderseitigem Einvernehmen oder nötigenfalls durch ein Schiedsgericht festzusetzen ist, wobei die maximale Richtzeit 15 Monate beträgt (Art. 21 Abs. 4 Satz 1 DSU), umgesetzt sein. Soll etwa die Legislative eines Mitgliedstaates tätig werden, kann die Umsetzung nicht sofort erfolgen. Das Streitbeilegungsgremium überwacht die Implementation. Die beschuldigte Partei hat regelmäßig über die Fortschritte bei der Umsetzung zu berichten (Art. 21 Abs. 3 DSU). Sie steht somit unter einem Berichts- und Begründungszwang[467]. Kommt es zu Meinungsverschiedenheiten darüber, ob bereits getroffene Umsetzungsmaßnahmen mit den Feststellungen des Berichts des Panels oder Appellate Body übereinstimmen, sieht Art. 21 Abs. 5 DSU den aus dem GATT 1947 bekannten Rückgriff auf das ursprünglich zuständige Panel vor.[468]

bb) Durchsetzungsmaßnahmen

Die Durchsetzung der DSB-Entscheidung ist in dem Stufenverhältnis Befolgung – Kompensation – Gegenmaßnahmen zu sehen.

---

[467] *Th. Cottier*, Durchsetzung der Prinzipien und Beschlüsse der WTO, S. 126.

[468] *Th. Gabler*, Das Streitbeilegungssystem, S. 58; *H.-J. Letzel*, Streitbeilegung, S. 325 f.

(1) Entschädigung (Kompensation)

Kommt eine Partei ihren Umsetzungsverpflichtungen nicht nach, so kann die andere durch das GATT-widrige Verhalten geschädigte Partei vom Verletzer Entschädigung verlangen (Art. 22 DSU). Sie ist jedoch gegenüber der Durchsetzung der Maßnahme sekundär (Art. 22 Abs. 1 Satz 2 DSU), d. h. es bleibt nicht der Willkür der Vertragsstaaten überlassen, zwischen Entschädigung und Umsetzung wählen zu können.[469] Kompensationen müssen WTO-konform sein, d. h. sie müssen insbesondere dem Prinzip der Meistbegünstigung entsprechen. Die Entschädigung soll einvernehmlich unter den Parteien festgelegt werden. Ein Recht auf eine bestimmte Entschädigung besteht somit nicht, jedoch eine Pflicht, über die Entschädigung in Verhandlungen einzutreten. Die Verhandelbarkeit der Entschädigung relativiert die Kraft dieses Zwangsmittels, insbesondere für Entwicklungsländer[470]. Die Offenheit der Entschädigungsregelung, die vom völkerrechtlichen Deliktsrecht, wonach entstandene Schäden zu ersetzen sind, abweicht, wurde als Schwäche im System des Welthandelsrechts bezeichnet.[471] Die Entschädigung nach Art. 22 Abs. 1 und 2 DSU dient jedoch nicht (nur) der Wiedergutmachung, sondern ist ein einverständliches Zwangsmittel[472], bei dem nicht der Zwang als solcher, aber dessen Umfang für die Parteien disponibel bleibt, wenn sie sich einigen können.

Können sich die Streitparteien auf eine Entschädigung nicht einigen, bleibt der Rechtsverstoß nicht sanktionslos:

(2) Gegenmaßnahmen

Kommt es nicht binnen 20 Tagen nach Ablauf der Umsetzungsfrist zu einem Einvernehmen über die zu leistende Entschädigung, kann der geschädigte Staat beim Dispute Settlement Body gemäß Art. 22 Abs. 2 Satz 2 DSU die Genehmigung beantragen, Pflichten der unter die Vereinbarung fallenden Übereinkommen nach Maßgabe der Bestimmungen des Art. 22 Abs. 3–8 DSU auszusetzen.[473] Dies ist eine im Vertrag selbst vorgesehene Gegenmaßnahme i. S. des Art. 60 Abs. 4 WVK[474]. Nach der Terminologie des allgemeinen Völkerrechts

---

[469] *Th. Jürgensen*, WTO-Schiedsverfahren und Sanktionen nach Art. 22 DSU, RIW 2000, 580.

[470] *H.-J. Letzel*, Streitbeilegung, S. 235, 336.

[471] *W. Meng*, WTO-Recht als Steuerungsmechanismus, in: M. Klein/W. Meng/R. Rode (Hrsg.), Die Neue Welthandelsordnung der WTO, S. 64.

[472] *Th. Gabler*, Das Streitbeilegungssystem, S. 60.

[473] Vgl. *E.-U. Petersmann*, International Trade Law and the GATT/WTO Dispute Settlement System , in: ders. (Hrsg.), S. 70.

[474] *Th. Gabler*, Das Streitbeilegungssystem, S. 59.

wäre eine solche Gegenmaßnahme isoliert betrachtet nicht nur eine Retorsion, also ein bloß unfreundlicher Akt, sondern, weil Rechte verletzt werden, eine Repressalie.[475] Zu denken ist auch an die Nichtgewährung einer vertraglichen Leistung. Die Aussetzung von Konzessionen soll dazu bewegen, die WTO-Verpflichtungen einzuhalten.[476] Die Aussetzung von Zugeständnissen war schon in Art. XXIII Abs. 2 GATT vorgesehen. Hierzu wurde nur einmal 1953 die Niederlande zur Aussetzung von Zugeständnissen gegenüber der USA ermächtigt. Von der Autorisation wurde aber nie Gebrauch gemacht. Das DSU bringt hier insoweit Änderungen, als das Verfahren automatisiert worden ist. Nachdem das Konsensprinzip bei der Annahme der Panel-Berichte abgeschafft worden ist, dürfte das Bedürfnis nach zwangsweiser Durchsetzung wachsen.[477]

Die Aussetzung von Pflichten bei Nichterfüllung entspricht noch weitgehend dem schuldrechtlichen Vertragsprinzip oder dem völkerrechtlichen Gegenseitigkeitsprinzip[478]. Nur durch die Institutionalisierung und verfahrensmäßige Einbindung zeigen sich hier Ansätze, daß es auch um die Durchsetzung objektiven Rechts geht. Die Genehmigung ist innerhalb von 30 Tagen zu erteilen, es sei denn es bildet sich ein (negativer) Konsens, den Antrag abzulehnen (Art. 22 Abs. 6 DSU). Nach der Genehmigung durch den DSB ist der Geschädigte berechtigt, nach seinem Ermessen angemessene Maßnahmen zu ergreifen, um den Verletzer zur Einhaltung der GATT-Regeln zu zwingen. Hierzu gehören alle GATT-verträglichen handelspolitischen Instrumente (vgl. Art. 22 Abs. 5 DSU) .

Die Staaten sind gehalten, zunächst Maßnahmen im gleichen Handelsbereich zu treffen, und – nur wenn dies nicht wirksam oder nicht praktikabel ist – Maßnahmen in einem anderen Gebiet zu wählen (vgl. Art. 22 Abs. 3 DSU). Das Kriterium der Wirksamkeit zielt auf die Frage, ob die Maßnahme stark auf die rechtsverletzende Partei einwirkt („strong impact") und dazu führt, den vertragsbrüchigen Mitgliedstaat zur Einhaltung seiner WTO-Verpflichtungen zu bringen.[479] Der Umfang der Gegenmaßnahme darf gemäß dem Grundsatz der Verhältnismäßigkeit der Mittel nicht den Umfang der Handlung der Gegenpartei überschreiten (Art. 22 Abs. 4 DSU).[480] Schließlich darf kein bestimmtes Verbot der Suspension in einem der Abkommen entgegenstehen (Art. 22 Abs. 5 DSU).

---

[475] *Th. Gabler*, Das Streitbeilegungssystem, S. 59.

[476] WT/DS27/ARB v. 9.4.1999, Ziff. 6.1, 6.3; WT/DS27/ARB/ECU, Ziff. 76.

[477] *Th. Gabler*, Das Streitbeilegungssystem, S. 61.

[478] Vgl. dazu *D. I. Siebold*, Der Fall Bananenmarktordnung, VI, 3, in diesem Buch, S. 247 ff.

[479] WT/DS27/ARB/ECU, Ziff. 70, 72, 76.

[480] Dazu *Th. Jürgensen*, WTO-Schiedsverfahren und Sanktionen nach Art. 22 DSU, RIW 2000, 577 (580 f.).

(3) Streit über Gegenmaßnahmen

Streiten sich die Parteien über den zulässigen Umfang der Maßnahmen, so entscheidet hierüber ein Schiedsgericht, das nach Möglichkeit aus den ursprünglichen Panalists oder mehreren sonstigen Personen, die der Generaldirektor bestimmt, zusammengesetzt ist (Art. 22 Abs. 6 DSU).[481] Stellt das Schiedsgericht einen Verstoß gegen die genannten Bedingungen fest, darf es nicht selbst eine Gegenmaßnahme festlegen, sondern muß dies den Parteien überlassen. Weil kein weiteres Mal eine Schiedsentscheidung eingeholt werden kann (Art. 22 Abs. 7 Satz 5 DSU), zeigt sich hier eine Schwäche in der Überwachung von Gegenmaßnahmen.

h) Effizienz der Durchsetzung

aa) Grundsatz der Selbstdurchsetzung

Die Durchsetzung ihrer Rechte obliegt somit der klagenden Partei trotz verfahrensmäßiger Autorisation und Moderation durch das Streitschlichtungsübereinkommen letztendlich selbst. Es gilt der Grundsatz des freiwilligen Selbstvollzugs[482]. Es gibt kein multilaterales Zwangsverfahren. Bußgeldern oder gar einer Ersatzvornahme seitens der WTO steht das Prinzip staatlicher Souveränität der Mitgliedstaaten entgegen.[483] Dies zeigt die WTO noch stark im zwischenstaatlich geprägten Völkerrecht verhaftet.[484] Das Durchsetzungsverfahren begünstigt große Wirtschaftsmächte, weil sie Gegenmaßnahmen ertragen können, umgekehrt aber, wenn sie z. B. Zollkonzessionen aussetzen, schwächere Volkswirtschaften durch den Wegfall eines großen Marktes schwer treffen können. Wirtschaftlich schwächere Staaten können von den Gegenmaßnahmen daher keinen wirksamen Gebrauch machen.[485] Dies führt zu einer wirtschaftlichen Ungleichheit der Sanktionsmöglichkeiten, die einer Rechtsungleichheit gleichkommt; denn die formale Gleichheit wird durch die unterschiedlichen Möglichkeiten zur materialen Ungleichheit. Der Vorschlag, eine (weltrechtlich gepräg-

---

[481] Zu dem wegen möglichen Fristenüberschneidungen problematischen Verhältnis von Art. 22 Abs. 5 DSU und Art. 22 Abs. 6 DSU, insbesondere zu der Frage ob über die Sanktion zeitlich vor einer Entscheidung über die Rechtmäßigkeit der Umsetzungsmaßnahme entschieden werden kann. *Th. Jürgensen*, Das WTO-Schiedsverfahren zur Festlegung von Sanktionen nach Art. 22 DSU, RIW 2000, 577 (578).

[482] *H.-J. Letzel*, Streitbeilegung, S. 323.

[483] *H.-J. Letzel*, Streitbeilegung, S. 335.

[484] *H.-J. Letzel*, Streitbeilegung, S. 323; vgl. *M. Schröder*, in: Graf Vitzthum, Völkerrecht, S. 570.

[485] *Th. Gabler*, Das Streitbeilegungssystem, S. 64; vgl. a. *H. Hauser/K.-U. Schanz*, Das neue GATT, S. 246.

te) Durchsetzung erga omnes einzuführen, konnte sich in der Uruguay-Runde nicht durchsetzen. Kollektiver Zwang kann nur ausgeübt werden, wenn sich mehrere Kläger zusammenschließen (vgl. Art. 9 DSU).[486] Der Naturzustand zwischen den Staaten, der nach der Entscheidung der Streitbeilegungsgremien in der Sache, somit großenteils wieder eintritt, wird durch die verfahrensmäßige Einbindung der Sanktionsmaßnahmen zwar teilweise verrechtlicht, Waffengleichheit wird aber nicht hergestellt.[487] Die Einhaltung des Verfahrens hängt nach wie vor vom guten Willen der Parteien, der durch den Grundsatz pacta sunt servanda gebunden ist, ab[488], weil gegen Staaten – außer mit dem illegitimen und illegalen Mittel des Krieges – naturgemäß nicht vollstreckt werden kann. Das WTO-Recht entbehrt deshalb aber nicht der Verbindlichkeit, es sei denn; man leugnet die Verbindlichkeit von Völkerrecht überhaupt (dazu A. IV.).[489]

bb) Rücktrittsmöglichkeit für das verurteilte Mitglied

Nach Art. XXIII Abs. 2 Satz 5, 6 GATT 1947 stand es dem Staat, der sich mit Gegenmaßnahmen konfrontiert sieht, frei, sich rasch vom Abkommen zurückzuziehen. Nach der allgemeinen Fortgeltungs- und Umwandlungsklausel des Ziff 1 lit. a) GATT 1994 würde diese Möglichkeit, allerdings bezogen auf die gesamte WTO, fortbestehen. In Art. XV Abs. 1 WTO ist der Rücktritt aber generell an eine Frist von 6 Monaten gebunden. Bereits Art. XXXI sah den allgemeinen ordentlichen Rücktritt vor, so daß Art. XXIII Abs. 2 Satz 5, 6 GATT weiterhin gilt und als speziellere Vorschrift durch Art. XV Abs. 1 WTO nicht verdrängt wird.

cc) Stellungnahme

Die Bestimmungen des DSU gehen weit über das im Völkerrecht und sogar für die Entscheidungen des IGH vorgesehene[490] Überwachungsmaß und Durchsetzungsvermögen hinaus.[491] Hervorzuheben ist insbesondere die Verbindlichkeit des Streitbeilegungsverfahrens und der Entscheidungen des Streitbeile-

---

486 *H.-J. Letzel*, Streitbeilegung, S. 338.

487 Vgl. auch *H.-J. Letzel*, Streitbeilegung, S. 336 f.

488 Vgl. auch H. *Hauser*/*A. Martel*, Das WTO-Streitschlichtungsverfahren, AW 1997, 538 ff.

489 So auch *H.-J. Letzel*, Streitbeilegung, S. 364 f.

490 Dazu *M. Schröder*, in: Graf Vitzthum, Völkerrecht, S. 570.

491 *H.-J. Letzel*, Streitbeilegung, S. 334.

gungsgremiums. Dennoch verbleiben Durchsetzungsdefizite, die sich aus der überwiegend völkerrechtlichen Qualität des Durchsetzungsverfahrens erklären.

Darin, daß die Welthandelsordnung in erster Linie auf die Durchsetzung des Rechts auch für die Zukunft angelegt ist und nicht lediglich die deliktische Liquidation von entstandenen Schäden vorsieht, zeigt sich erneut der Charakter des Welthandelsrechts als Teil des Internationalen Öffentlichen Rechts. Die WTO setzt nicht lediglich auf Kosten-Nutzen-Analyse[492], die der wirtschaftliche Druck einer Entschädigung allenfalls auslöst, sondern auf die Stärkung des Rechtsprinzips, nämlich das Recht um seiner selbst willen einzuhalten. In dem Maße in dem dies funktioniert, entwickelt sich eine Weltrechtsgemeinschaft, die auf einem rein deliktischen System nicht entstehen kann.

Die bereits unter dem GATT vorgesehene Möglichkeit, eine getroffene Entscheidung durch Retorsionen durchzusetzen (vgl. Art. XXIII Abs. 2 GATT) hat mit der WTO Streitbeilegung eine neue Qualität bekommen, weil der Beklagte nicht mehr wie früher die Annahme einer für ihn ungünstigen Entscheidung blockieren kann.[493]

Das DSU sieht einen engen zeitlichen Rahmen für die Umsetzung der Abschlußberichte der Panel und des Appellate Body vor. Fraglich bleibt aber, ob die Regelungen der Artikel 21 und 22 DSU Verfahrensverzögerungsversuchen wirksam begegnen können.

Die wirtschaftliche Zwangswirkung der Durchsetzungsmaßnahmen ist insoweit begrenzt, als Retorsionsmaßnahmen nicht über die vom Kläger erlittene wirtschaftliche Beeinträchtigung hinausgehen dürfen (Art. 22 Abs. 4 DSU). Die Möglichkeiten, rechtliche Verpflichtungen gegenüber anderen Staaten zwangsweise durchzusetzen bleiben auch in diesem Verfahren beschränkt[494], insbesondere gibt es keine Zwangsmittel der WTO selbst. Die wenn auch genehmigte Aussetzung von Pflichten aus den WTO-Abkommen bleibt zu den Liberalisierungszielen der WTO kontraproduktiv. Außerdem wirkt sie sich häufig nachteilig für den sanktionierenden Staat selbst aus.[495] Wichtig ist es daher, daß der Dispute Settlement Body jede Entscheidung von ihrer Annahme bis zu ihrer Umsetzung überwacht (Art. 22 VIII DSU). Ein fortbestehender Rechtsverstoß bleibt damit dauerhaft offenbar.[496] Die Sanktionsmittel ergeben sich unmittelbar aus dem DSU und stehen nicht im Ermessen des Streitbeilegungsgremiums. Die

---

[492] I. d. S. aber *H. Hauser/A. Martel*, Das WTO-Streitschlichtungsverfahren: Eine verhandlungsorientierte Perspektive, AW 1997, 530 ff.

[493] *K.-P. Leier*, Fortentwicklung, EuZW 1999, S. 205.

[494] Vgl. *H. Hauser/A. Martel*, Das WTO-Streitschlichtungsverfahren, AW 1997, 538 ff.

[495] Dazu *H.-J. Letzel*, Streitbeilegung, S. 339.

[496] *K.-P. Leier*, Fortentwicklung, EuZW 1999, S. 205 f.

Erteilung einer Genehmigung für die Aussetzung von Zugeständnissen und Verpflichtungen durch den Dispute Settlement Body ist wegen des negativen Konsensprinzips automatisiert.[497] Das Zwangspotential ist mithin verrechtlicht[498], was der Tendenz, Druck durch wirtschaftliche Macht auszuüben, entgegenwirkt.

i) Rechtsdurchsetzung in der Praxis

aa) Bananenfall[499]

Die aktuelle Relevanz der Durchsetzbarkeit des WTO-Rechts zeigt sich etwa in der anhaltenden Auseinandersetzung[500] um die EG-Bananenmarktordnung[501]

1994 hat der GATT-Panel auf Antrag der von der Verordnung betroffenen lateinamerikanischen Länder einen Verstoß der Bananenmarktordnung gegen Art. 1 und 2 GATT 47 festgestellt[502]. Dieser Panel-Bericht wurde von der Gemeinschaft nicht angenommen. Das Veto der Gemeinschaft war wegen der Einstimmigkeitspraxis unter dem GATT 47 (dazu o.) möglich, die somit von vornherein die Durchsetzung des GATT-Rechts gegenüber den Interessen der EG verhinderte.

1996, also nach Inkrafttreten des WTO-Abkommens am 1.1.1995, haben die USA, unterstützt von Ecuador, Guatemala, Honduras und Mexiko ein Streitbeilegungsverfahren bei der WTO eingeleitet. Der Panel-Bericht hat die Unvereinbarkeit der EG-Bananenmarktverordnung mit dem GATT 94 und dem GATS festgestellt.[503] Der Appellate Body hat dieses Ergebnis in seinem Bericht vom 9.9.1997 bestätigt[504]. Am 25.9.1997 ist es vom Streitbeilegungsgremium angenommen worden. Weil nach dem (neuen) WTO-Streitbeilegungsverfahren nur

---

497 *H.-J. Letzel,* Streitbeilegung, S. 334.

498 *W. Meng*, WTO-Recht als Steuerungsmechanismus, in: M Klein/W. Meng/R. Rode (Hrsg.), Die neue Welthandelsordnung der WTO, S. 62.

499 Dazu ausführlich *D. I. Siebold*, Der Fall Bananenmarktordnung, in diesem Buch, S. 211 ff.

500 Dazu *D. I. Siebold*, Der Fall Bananenmarktordnung, in diesem Buch, S. 219 ff., 236 ff., 243 ff.

501 Verordnung (EWG) Nr. 404/93 des Rates v. 13.2.1993 über die gemeinsame Marktorganisation für Bananen, ABl. EG 1993 L 47, S. 1.

502 DS38/R, 11.2.1994, EEC-Import Regime for Bananas, Report of the Panel.

503 Panel Report WT/DS27/R/USA. Abrufbar unter www.wto.org/wto/dispute/disputc.htm. Vgl. dazu a. *D. I. Siebold*, Der Fall Bananenmarktordnung, in diesem Buch, III, S. 219 ff.

504 Appellate Body Report AB-1997-3, European Communities-Regime for the Importation, Sale and Distribution of Banans, WT/DS 27/AB/R, angenommen durch das DSB am 25.9.1997.

ein Konsens aller Mitgliedsstaaten dies hätte verhindern können (vgl. Art. 16 Abs. 4 und Art. 17 Abs. 4 DSU), konnte die Europäische Gemeinschaft die Annahme der Berichte nicht mehr vereiteln. Das Schiedsgericht hat die Europäische Gemeinschaft am 7.1.1998 verpflichtet, die Bananenmarktordnung bis zum 1.1.1999 (vgl. Art. 21 Abs. 3 DSU) WTO-konform abzuändern. Das neue Streitbeilegungsverfahren zeigt sich insoweit effizienter gegenüber dem alten, als es die Gemeinschaft rechtsverbindlich dazu verpflichtet, die Bananenmarktordnung abzuändern.

Der Rat der Europäischen Union hat die Verordnung (EG) Nr. 1637/98[505] beschlossen, die am 31. Juli 1998 in Kraft getreten ist. Nach Auffassung von USA und Ecuador hat sie die angemahnten Verstöße gegen WTO-Recht nicht (hinreichend) beseitigt. Ecuador hat nach Art. 21 Abs. 5 DSU die erneute Einsetzung eines Panels beantragt, um die revidierte Bananenmarktordnung überprüfen zu lassen.[506] Die EG hat ihrerseits eine „Selbstanzeige" bei dem Streitschlichtungsgremium eingereicht, um in einem sogenannten Adhäsionsverfahren nach Art. 21 Abs. 5 DSU feststellen zu lassen, daß das von der Gemeinschaft überarbeitete Importsystem den Vorgaben der Beschlüsse der Streitschlichtungsinstanzen entspreche.[507] Unterdessen drohten die USA unter Umgehung der Streitbeilegungsregeln mit unilateralen Sanktionen.[508] Das Streitbeilegungsgremium hat für die Überprüfung am 12.1.1999 das ursprüngliche Panel eingesetzt, das erneut entschieden hat, daß auch die reformierte Bananenmarktordnung den Anforderungen an das WTO-Recht nicht genüge und dementsprechend abgeändert werden müsse.[509] Bereits zwei Tage später beantragten die USA unter Berufung auf Art. 22 Abs. 2 Satz 2 DSU beim Streitbeilegungsgremium, die Aussetzung von Zugeständnissen gegen die Europäische Gemeinschaft in einer Höhe von 520 Millionen Dollar zu genehmigen.[510] Die Europäische Gemeinschaft erhob dagegen gemäß Art. 22 Abs. 6 DSU Einspruch und beantragte die Klärung durch ein Schiedsverfahren.[511] Das Schiedsgericht billigte am 19.4.1999 die Aussetzung von Zugeständnissen, verringerte diese jedoch auf 191, 4 Millionen Dollar.[512] Nun plant die EG-Kommission ihr System der Einfuhrquoten, an dem sie in Widerspruch zu den WTO-Regeln auch in der

---

505 ABl.EG L 210 v. 28.7. 1998, S. 28.

506 WT/DS27/41, 18.1.1999, dazu WT/DS27/44; FAZ Nr. 11 v. 14.1.1999, S. 13.

507 WT/DS27/40, 15. 12. 1998; FAZ Nr. 292 v. 16.12.1998, S. 18.

508 Vgl. FAZ Nr. 263 v. 12.11.1998, S. 17; FAZ Nr. 266 v. 16.11.1998, S. 19; FAZ Nr. 298 v. 23.12.1998, S. 15; EU-Pressebericht v. 10.11.1998 Nr. 96/98.

509 WT/DS27/45 und WT/DS27/RW/EEC, 12. 4.1999; FAZ v. 27.5.1999, S. 17.

510 WT/DS27/43, 14.1.1999.

511 WT/DS27/46, 3.2.1999.

512 WT/DS27/46, 2.3.1999 – Arbitration under Art. 22.6. of the DSU und WT/DS27/ARB, 9.4.1999 – Recourse to Arbitration by the European Communitis under 22.6 of the DSU.

geänderten Verordnung festhielt, spätestens bis 2006 durch ein (GATT-konformes) Zollsystem zu ersetzen.[513] Der daraufhin erstellte Kommissionsvorschlag zur Einfuhrregelung bei Bananen ist erneut als mit dem GATT kaum vereinbar eingestuft worden.[514] Ob die Gemeinschaft die Empfehlungen und Entscheidungen der Streitbeilegungsorgane umsetzt, wird überwacht. Gemäß Art. 21 Abs. 6 DSU muß die Gemeinschaft dem Streitbeilegungsgremium regelmäßig vor dessen Sitzungen einen schriftlichen Sachstandsbericht der Änderungen vorlegen.[515]. Schließlich konnten die USA und die EU in der Bananenmarktfrage doch zu einer Einigung finden[516].

Sowohl das einseitige Vorgehen der USA als auch die jahrelange Verzögerungstaktik der Gemeinschaft haben die Durchsetzbarkeit des WTO-Rechts und damit die gesamte Welthandelsorganisation in Frage gestellt.[517] Der Vollzug der im Streitbeilegungsverfahren getroffenen Entscheidungen bleibt trotz der nun vorhandenen Sanktionsmittel problematisch. Die neuen Überwachungs- und Durchsetzungsverfahren haben immerhin bewirkt, daß die Gemeinschaft aufgrund der Vorgaben der Entscheidungen der Streitbeilegungsinstanzen die Bananenmarktordnung revidiert. Die Umsetzungsmaßnahmen der Europäischen Union blieben jedoch zögerlich, kompromißhaft und berücksichtigten die GATT-Regeln nur unvollständig. Das WTO-Verfahren erzeugt zwar einen gewissen Entscheidungsdruck auf den Beklagten, wie weit und wie schnell dieser jedoch die Vorgaben der Streitschlichtungsentscheidungen umsetzt, hängt letztlich von der unverzichtbaren Bereitschaft, das Recht einzuhalten, ab. Letztlich hat diese Bereitschaft sich in dem gefundenen Konsens zwischen EG und USA niedergeschlagen, der ohne das WTO-Streitbeilegungsverfahren so nicht zustande gekommen wäre. Daraus sollte aber nicht gefolgert werden, daß das Welthandelsrecht eben mangels hinreichender Zwangsbefugnisse doch nur soft law sei; denn gegenüber Staaten oder Staatenverbänden sind auf der Ebene des Völkerrechts (weil Krieg als Zwangsmittel ausscheidet) nur geringfügig weiterreichende Zwangsmittel als die im DSU vorgesehenen denkbar. Auch zur Durchsetzung des innerstaatlichen Rechts gibt es mit Ausnahme des Widerstandsrechts (vgl. Art. 20 Abs. 4 GG) vergleichbare Zwangsmittel nicht. Als nächste Stufe wären nur kollektive Zwangsmittel der WTO denkbar. Damit würde allerdings ein funktional weltstaatliches Element geschaffen. Von Staaten

---

[513] *D. I. Siebold*, Der Fall Bananenmarktordnung, in diesem Buch, IV, S. 227 ff.

[514] Dazu *H.-D. Kuschel*, Neuer Kommissionsvorschlag zur Einfuhrregelung bei Bananen ist wiederum nicht WTO-konform, EuZW 2000, 203 ff.

[515] Siehe WT/DS27/51 v. 15.7.1999; WT/DS27/51/Add.1 v. 8.9.1999; WT/DS27/51/Add.1 v. 15.10.1999.

[516] Dazu näher *D. I. Siebold*, Der Fall Bananenmarktordnung, in diesem Buch, II. 4, S. 218 f.

[517] *A. Weber/F. Moos*, Rechtswirkungen von WTO-Streitbeilegungsentscheidungen im Gemeinschaftsrecht, EuZW 1999, 231.

oder von Staatenverbänden, wie der Europäischen Union, zumal wenn sie sich dem Rechtsprinzip verpflichtet haben, muß erwartet werden, daß sie gegen sie ergangene gerichtliche Entscheidungen vollziehen. Die Rechtsgemeinschaft, als die sich die Europäische Gemeinschaft begreift[518], erweist sich nur dann als solche, wenn sie das gesamte sie verpflichtende Recht beachtet. Auch das Welthandelsrecht ist, wie gesagt, Teil des öffentlichen Rechts. Als fragwürdig zeigt sich somit weniger die Durchsetzbarkeit des Welthandelsrechts als die des Rechtsprinzips im Gebiet der Mitglieder.[519]

bb) Hormonstreit

Im sogenannten Hormonstreit zwischen der EG und der USA sowie Kanada haben der WTO-Panel und der Appellate Body festgestellt, das absolute Hormonverbot der EG für solches Rindfleisch[520], welches unter Beachtung der Codex-Alimentarius-Rückstandshöchstwerte und einer guten landwirtschaftlichen Praxis zur Wachstumsförderung mit Hormonen behandelt worden war, verstoße gegen das SPS (Agreement on the Application of Sanitary and Phytosanitary Measures[521]).[522] Der Panel sah Art. 3 Abs. 1, S. 3 und Art. 5 Abs. 1, S. 5 SPS verletzt, weil das Hormonverbot durch die Empfehlungen der Codex Alimentarius Kommission, die der Panel als verbindliche Standards im Rahmen des SPS behandelte, nicht gerechtfertigt sei. Der Appellate Body modifizierte diese Entscheidung und erkannte nur einen Verstoß gegen die Pflicht zur Risikoabschätzung nach Art. 5 Abs. 1 SPS. Insbesondere sah es im Rahmen des SPS keine Verpflichtung, die internationalen Standards der Codex Alimentarius Kommission zugrunde zu legen. Die Mitgliedstaaten hätten das Recht, höhere Schutzstandards festzulegen.[523]

Der Appellate Body hat eine Salomonische Entscheidung gefällt, die beiden Streitparteien gerecht wird und daher auch Umsetzungschancen haben dürfte. Nach den Erwägungen des Berufungsgremiums muß die Europäische Gemein-

---

518 Dazu *A. Emmerich-Fritsche*, Grundsatz der Verhältnismäßigkeit, S. 45 ff., mit Fn. 3 ff.; EuGH, Rs 294/83 Les Verts/Europäisches Parlament, Slg. 1986, 1339 (Rdn. 23); Gutachten 1/91, Slg. 1991, 6079 (Rdn. 21); Präambel EUV, 3. Erwägung, Art. 6 Abs. 1 EUV.

519 Vgl. in diesem Sinn auch krit. *E.-U. Petersmann*, Darf die EG das Völkerrecht ignorieren?, EuZW 1997, 326 ff.

520 Richtlinie 88/146/EWG vom 7.3.1988, Abl. EG L 70 v. 16.3.1988, S. 16 ff.

521 Abl.EG L 336/40 vom 15.4.1994.

522 Panel Report „EC Measures Concerning Meat and Meat Products (Hormones), Complaint by Canada v. 18.8.1997, WT/DS 48/R/CAN; Appellate Body: WT/DS26/AB/R, WT/DS48/AB/R. v. 16.1.1998, AB-1997-4.

523 WT/DS 26 und 48/AB/R, para 104.

schaft von einem Hormonverbot nicht zwingend Abstand nehmen, wenn sie die Vorgaben des Appellate Body, insbesondere die erforderlichen Risikostudien, nachholt. Der Umsetzungszeitraum von 15 Monaten (vgl. Art. 21 DSU) erscheint dafür allerdings sehr knapp.

cc) Fall India Quantitative Restrictions in Imports of Agricultural, Textile and Industrial Products[524] – Justiziabilität von Ausnahmen

Die Durchsetzungsfähigkeit des WTO-Rechts hängt entscheidend davon ab, inwieweit die Berufung auf Ausnahmen, die eine Abweichung von WTO-Vorschriften erlauben, gerichtsförmiger Prüfung unterliegt.[525]

Indien hatte mengenmäßige Beschränkungen für den Import von Agrar-, Textil- und Industrieprodukten eingeführt, die sie mit Zahlungsbilanzschwierigkeiten aufgrund Art. XVIII Abschn. B GATT rechtfertigen wollten. Nach den Artikeln XII und XVIII Abschn. B GATT sowie der Vereinbarung zur Auslegung des GATT 1994 über Zahlungsbilanzbestimmungen kann ein WTO-Mitglied, das Entwicklungsland ist, Importbeschränkungen oder sonstige Handelsbeschränkungen einführen. Diese müssen jedoch nach Art. XVIII Abs.9 GATT erforderlich sein, um der drohenden Gefahr einer bedeutenden Abnahme der Währungsreserven vorzubeugen, eine solche Abnahme aufzuhalten oder unzureichende Währungsreserven in maßvoller Weise zu steigern. Nach erfolglosen Konsultationen wurde ein Panel einberufen. Der Panel kam in seinem Bericht zu dem Ergebnis, daß die mengenmäßigen Beschränkungen Indiens Art. XI und XVIII Abs. 11 GATT verletzen und nicht durch Art. XVIII Abschn. B GATT gerechtfertigt sind. Indien legte hiergegen Rechtsmittel ein. Dieses wurde damit begründet, daß dem Panel die Kompetenz fehle, die Rechtfertigung nach Art. XVIII Abschn. B GATT zu beurteilen. Gemäß Art. XVIII Abs. 12 GATT und der Vereinbarung über Zahlungsbilanzen seien hierfür ausschließlich der Allgemeine Rat und der Ausschuß für Konsultationen über Zahlungsbilanzfragen zuständig. Weil keine besonderen oder zusätzlichen Regeln und Verfahren über Streitbeilegung nach Anhang 2 DSU anwendbar sind (vgl. Art. 1 Abs. 2 Satz 1 DSU, Fußnote 2 Vereinbarung über Zahlungsbilanzen), stellte das Berufungsgremium fest, daß das DSU auf eine Streitigkeit über Art. XVIII Abschn. B GATT volle Anwendung finde.[526] Der Anwendungsbereich des

---

[524] Panelbericht WT/DS90/R v. 23.8.1999; Bericht des Appellate Body WT/DS90/AB/R v. 22.9.1999; dazu *A. v. Bogdandy*, Kollision, Koexistenz und Kooperation?, EuZW 2000, 261 ff.

[525] Verb. Rs 21-24/72 International Fruit Company, Slg. 1972, 1219 (Rdn. 21 ff.); Rs C-280/93 Deutschland/Rat, Slg. 1994 I, 4973 (Rdn. 103 ff.); *A. v. Bogdandy*, Kollision, Koexistenz und Kooperation?, EuZW 2000, 261.

[526] Bericht des Appellate Body, WT/DS90/AB/R, Para. 4.6 und 4.7.

Art. 1 DSU sei entgegen dem Vortrag Indiens auch nicht durch einen Grundsatz des institutionellen Gleichgewichts beschränkt. Einen solchen Grundsatz gebe es weder im allgemeinen Völkerrecht noch im WTO-Recht. Es sei den WTO-Streitbeilegungsorganen daher nicht verboten, die Rechtfertigung von Zahlungsbilanzbeschränkungen nach Art. XVIII Abschn. B GATT zu überprüfen.[527] Würde ein Panel die Überprüfung ablehnen, würden im Gegenteil die Verfahrensrechte der Mitgliedstaaten nach Art. XXXIII GATT sowie die materiellen Rechte nach Art. XVIII Abs. 11 GATT (unzulässig) eingeschränkt.

Zur Beweislast stellte der Berufungsbericht fest, daß es zunächst den USA als Beschwerdeführer obliege, prima facie nachzuweisen, daß Indien den Voraussetzungen des Art. XVIII Abs. 11 GATT, welche die Zulässigkeit von Handelsschutzmaßnahmen einschränken, nicht genügt.[528] Sodann geht die Beweislast auf den Beschwerdeführer über. Indien muß nachweisen, daß die Aufhebung der angegriffenen handelsbeschränkenden Maßnahmen es entgegen Art. XVIII Abs. 11 GATT dazu zwänge, sein Entwicklungsprogramm zu ändern[529].

In dieser Entscheidung, aber auch in anderen[530], wird deutlich, daß die Ausnahmen von den GATT-Prinzipien sowohl wegen der genaueren Materialisierung ihrer Schranken in den Regelungen der WTO als auch aufgrund der von den Streitbeilegungsgremien wahrgenommenen Kompetenz, deren Umfang und Schranken zu überprüfen, justiziabel geworden sind. Die praktizierte Beweislastverteilung[531] führt tendenziell zu einer restriktiven Anwendung der Ausnahmen. Damit ist ein weiterer, entscheidender Schritt zur Durchsetzung des WTO-Rechts getan.

IV. Abschließende Betrachtung: Standort der Welthandelsordnung zwischen Völker- und Weltrecht[532]

Die WTO-Regeln beginnen sich von dem Bedürfnis nach ständigem Konsens und politischer Einflußnahme einer Vertragsordnung zu lösen und entwickeln

---

[527] Bericht des Appellate Body, WT/DS90/AB/R, Para. 4.6.

[528] Bericht des Appellate Body, WT/DS90/AB/R, Para. 7.8.

[529] Bericht des Appellate Body, WT/DS90/AB/R, Para. 7.6.

[530] Zur Reichweite des Art. XXIV GATT Turkey – Restrictions on Imports of Textile and Clothing Products, Panelbericht WT/DS34/R v. 31.5.1999; Bericht des Appellate Body WT/DS34/AB/R v. 22.10.1999; dazu *A. v. Bogdandy*, Kollision, Koexistenz und Kooperation?, EuZW 2000, 263 ff.

[531] Dazu *A. v. Bogdandy*, Kollision, Koexistenz und Kooperation?, EuZW 2000, 262 f.

[532] Hierzu in Vorbereitung: *A. Emmerich-Fritsche*, Vom Völkerrecht zum Weltrecht.

sich hin zu einer „regulatorisch geprägten Rechtsordnung“.[533] Die Welthandelsordnung ist nicht nur eine vertragliche Assoziation. Anders als noch das GATT, das sich ausdrücklich als Provisorium verstand, ist sie eine internationale Organisation mit Völkerrechtssubjektqualität (Art. 1, VIII Abs. 1 WTO). Sie verfügt über gemeinsame Organe und weist einen beachtlichen Grad der Institutionalisierung auf. Ihre Verfahrensmechanismen sind nicht allein vom Konsensprinzip, sondern auch vom Mehrheitsprinzip (vgl. Art. IX WTO-Abkommen) bestimmt. Dies verdeutlicht, daß die Welthandelsordnung nicht mehr allein vom typisch völkerrechtlichen Konsensprinzip geprägt ist. Auf dem Gebiet des grenzüberschreitenden Wirtschaftens weist das WTO-Abkommen anders als das GATT-System einen hohen Verrechtlichungsgrad auf.[534] Es ist aufgrund der inzwischen erreichten Bestimmtheit und Unbedingtheit der Regelungen, welche durchaus teilweise die für subjektive Rechte erforderliche Materialität aufweisen, entgegen der Praxis die rechtliche Voraussetzung geschaffen, daß sich die Bürger auf einzelne materielle Bestimmungen aus den Anhängen vor ihren Gerichten berufen könnten.[535]

Die WTO-Regelungen sehen gewisse Durchsetzungsmöglichkeiten gegenüber den Staaten vor (insbesondere das Streitschlichtungsverfahren, aber auch Elemente sozialer Kontrolle durch die Öffentlichkeit, wie das TPRM, Notifikationen z. B. GATT 1994 Interpretation zu Art. XVII). Die Durchsetzung der Entscheidungen internationaler Instanzen, insbesondere gerichtsförmlicher, ist dem Völkerrecht grundsätzlich fremd. Eine der Rechtsklärung und damit auch der Rechtsdurchsetzung gewidmete Revisionsinstanz ist eher typisch für staatliches Recht oder eben Weltrecht als für das Völkerrecht.[536] Die Institutionalisierung von Mitteln, um die Streitschlichtungsentscheidungen durchzusetzen, ist ein weltrechtlicher Ansatz. Dieser ist jedoch inhaltlich dadurch begrenzt, als sich die Durchsetzungsmittel weitgehend an die klassischen Durchsetzungsmittel des Völkerrechts anlehnen. Das Welthandelsrecht ist auch unter der WTO nicht wie das Europäische Gemeinschaftsrecht integrationsrechtlich oder eben weltrechtlich geprägt, sondern noch überwiegend Koordinationsrecht.[537] Es bleibt beim allgemeinen völkerrechtlichen Prinzip der Staatenverantwortlich-

---

[533] *M. Hilf*, Formelle und informelle Streitbeilegung, in: Z. Kitagawa (Hrsg.), Das Recht vor der Herausforderung eine neuen Jahrhunderts: Erwartungen in Japan und Deutschland, 1998, S. 332.

[534] *Th. Oppermann/J. C. Cascante*, Lessons for the GATT/WTO Dispute Settlement System?, in: E.-U. Petersmann (Hrsg.), S. 486.

[535] Vgl. dazu *A. Emmerich-Fritsche*, Einführung in das Wirtschaftsrecht der Europäischen Gemeinschaft, Skript 1997, S. 247 ff.

[536] *G. Sacerdoti*, Appeal and Judicial Review, in: E.-U. Petersmann (Hrsg.), S. 247 ff.

[537] *W. Meng*, WTO-Recht als Steuerungsmechanismus, in: M. Klein/W. Meng/R. Rode (Hrsg.), S. 54.

keit[538]. Nur die Staaten als Völkerrechtssubjekte und Träger von Rechten und Pflichten werden bisher für Verletzungen der Welthandelsordnung verantwortlich gemacht.[539] Gegenüber den Bürgern der Mitgliedstaaten kennt die WTO keine Durchsetzungsmöglichkeiten. Umgekehrt können die Bürger etwa in den USA und in der Europäischen Union die Einhaltung des GATT nicht einklagen. Die Verwirklichung dieser Forderung[540] würde einen Paradigmawechsel vom völkerrechtlichen zum weltrechtlichen Denken voraussetzen; denn nicht mehr nur die Staaten, sondern die Bürger selbst wären Hüter des Welt(handels)rechts. Sie wären dann in der Lage, das Welt-Rechtsprinzip einzufordern, was dessen Effizienz erheblich steigern würde. Auf europäischer Ebene ist dieser Paradigmawechsel bereits vollzogen worden, ersichtlich an der in der Europäischen Gemeinschaftsrechtsordnung bekannten Möglichkeit, Vertragsbestimmungen, die hinreichend klar, bestimmt und unbedingt sind, als „unmittelbar wirksam" anzusehen und damit den Einzelnen die Gelegenheit zu geben, vor den nationalen Gerichten und in bestimmten Fällen vor dem Europäischen Gerichtshof Vertragsverstöße einzuklagen[541]. Das Zusammenspiel nationaler Gerichte mit dem Europäischen Gerichtshof ist dabei ein zusätzlicher erheblicher Durchsetzungsfaktor.[542] Die Einführung solcher Verfahren und die unmittelbare Anwendbarkeit zentraler WTO-Regelungen würde die Welthandelsordnung in eine Integrationsordnung verwandeln und ihre Durchsetzungskraft potenzieren[543]. Bereits heute enthält die Welthandelsordnung Bestimmungen, welche darauf abzielen, den Rechtsschutz der einzelnen zur Verteidigung ihrer grenzüberschreitenden

---

[538] Allg. *K. Ipsen*, in: ders., Völkerrecht, S. 531 ff.; zur WTO: *Ch. Tietje*, Behandlung nichttariffärer Handelshermmnisse, S. 144 ff.

[539] Die materiellen Bestimmungen der Welthandelsordnung richten sich an die Mitgliedstaaten, nicht etwa an die Einzelnen und die Unternehmen. Dazu *E.-U. Petersmann*, International Trade Law and the GATT/WTO Dispute Settlement System, in: ders. (Hrsg.), S. 91 ff.

[540] *E.-U. Petersmann*, International Trade Law and the GATT/WTO Dispute Settlement System, in: ders. (Hrsg.), S. 73, 119; *ders.*, Darf die EG das Völkerrecht ignorieren?, EuZW 1997, 326 ff., 330 f.; *ders.*, GATT/WTO-Recht: Duplik, EuZW 1997, 653.

[541] EuGH, Rs 26/62 van Gend & Loos, Slg. 1963, 1 (Rdn. 7 ff.); Rs 57/65 Lüttike/Hauptzollamt Saarlouis, Slg. 1966, 239 (Rdn. 5 ff.); Rs C-120/88 Kommission/Italien, Slg. 1991 I, 621 (Rdn. 5 ff.).

[542] *E.-U. Petersmann*, International Trade Law and the GATT/WTO Dispute Settlement System, in: ders. (Hrsg.), S. 73; siehe auch allgemein zu den Lehren, die sich aus dem EG-Recht für die Effektivierung des Welthandelsrechts ziehen lassen *Th. Oppermann/J. C. Casante*, Dispute Settlement in the EC: Lessons for the GATT/WTO Dispute Settlement System?, in: E.-U. Petersmann (Hrsg.), S. 469 (470 f., 478 ff., 480 f.); dazu auch *M. Hilf*, The Role of National Courts in International Trade Relations, in: E.-U. Petersmann (Hrsg.), S. 576 ff.

[543] Vgl. auch *E.-U. Petersmann*, International Trade Law and the GATT/WTO Dispute Settlement System, in: ders. (Hrsg.), S. 114 f.; *Th. Oppermann/J.C. Cascante*, Lessons for the GATT/WTO Dispute Settlement System?, in: E.-U. Petersmann (Hrsg.), S. 484 f.

wirtschaftlichen Interessen in den Mitgliedstaaten, insbesondere gegen nationale Verwaltungsakte im Zollrecht, Antidumpingrecht, Ausfuhrrecht, im Dienstleistungshandel, zu stärken (vgl. z. B. Art. X GATT, Art. 13 Antidumpingübereinkommen, Art. 11, Zollwertübereinkommen, Art. 4 Übereinkommen über Kontrollen vor dem Versand, Art. VI GATS, Art. 41-50, 59 TRIPS. Das TRIPS dient ausdrücklich dem Schutz privater Rechte (vgl. Präambel). Art. 42 Satz 1 TRIPS lautet: „Die Mitglieder stellen den Rechtsinhabern zivilprozessuale Verfahren für die Durchsetzung aller unter dieses Übereinkommen fallenden Rechte des geistigen Eigentums zur Verfügung". Im Übereinkommen über das öffentliche Beschaffungswesen heißt es in Art. XX Abs. 2: „Jede Vertragspartei richtet nichtdiskriminierende, rasch greifende, transparente und wirksame Verfahren ein, damit Lieferanten gegen angebliche Verletzungen des Übereinkommens im Rahmen von Beschaffungen, an denen sie ein Interesse haben oder hatten, Widerspruch anmelden können." Die zitierten Bestimmungen jedenfalls, ordnen die unmittelbare Anwendbarkeit ausdrücklich an und forcieren so die Durchsetzungskraft und die weltrechtlichen Elemente des Welthandelsrechts.[544] Auch der Beschluß des Rates kann diese in den Vertragstexten angeordnete, unmittelbare Anwendbarkeit für die Europäische Union nicht außer Kraft setzen. Die Anordnung der unmittelbaren Anwendbarkeit in den völkerrechtlichen Verträgen ist ein Weg, um über das Völkerrecht zum Weltrecht zu gelangen.

---

[544] So auch *E.-U. Petersmann*, International Trade Law and the GATT/WTO Dispute Settlement System, in: ders. (Hrsg.), S. 72.

Der Fall Bananenmarktordnung

Die Europäische Gemeinschaft im Streit mit der Welthandelsorganisation

Dagmar I. Siebold

Kaum eine gemeinschaftsrechtliche Regelung hat so viel (kritische) Resonanz erfahren wie die Bananenmarktordnung, die am 13. Februar 1993 durch die Verordnung (EWG) 404/93 des Rates[1] veröffentlicht wurde und am 1. Juli 1993 für alle Mitgliedstaaten in Kraft trat. Die Bananenmarktordnung verdrängte die unterschiedlichen nationalen Regelungen mit dem Ziel, auch auf dem Bananensektor die Vollendung des Gemeinsamen Marktes durch eine europäische Marktordnung zu erreichen. Diese Verordnung war über sieben Jahre lang Gegenstand zahlreicher Gerichtsverhandlungen auf nationaler wie internationaler Ebene. Sie beschäftigte das Bundesverfassungsgericht, den Europäischen Gerichtshof und den Streitschlichtungsausschuß von GATT und WTO. Ein Ende der Streitigkeiten um die Vereinbarkeit der WTO mit der Bananenmarktordnung scheint im achten Jahr gefunden worden zu sein.[2]

Obgleich die Verordnung und die mit ihr verbundenen gerichtlichen Verfahren schon zahlreiche Kommentierungen und Bewertungen erfahren hat,[3] soll am Beispiel des Bananenmarktes das schwierige Verhältnis zwischen dem europäischen Gemeinschaftsrecht und dem Völkervertragsrecht erörtert werden.

---

[1] ABlEG, Nr. L 47 v. 25.2.1993, S. 1, geändert und ergänzt durch Verordnungen: VO (EWG) Nr. 1442/93, ABlEG Nr. L 142 v. 12.6.93, S. 6; VO Nr. 3290/94/, ABlEG 1994 Nr. L 349, 105; VO (EG) Nr. 1637/98, ABlEG L 210 v. 28.7.98, S. 28; VO (EG) Nr. 2362/98, ABlEG Nr. L 293 v. 31.10.98, S. 32.

[2] So Europäische Kommission v. 11.4.2001, IP/01/562; NZZ 20.4.2001.

[3] Etwa *M. Zulegg*, Bananen und Grundrechte – Anlaß zum Konflikt zwischen europäischer und deutscher Gerichtsbarkeit, NJW 18 (1997), S. 1201; *H. D. Kuschel*, Wie geht es weiter mit der Bananenmarktordnung?, EuZW 21 (1996), S. 645; *G. Meier*, WTO-Revisionsentscheidung zur EG-Bananenmarktordnung, EuZW 23 (1997), S. 719; *G. M. Berrisch*, Zum „Bananen"-Urteil des EuGH vom 5.10.1994, Rs. C-280/93, Deutschland ./. Rat der Europäischen Union, EuR 4 (1994), S. 461; *A. Weber*, Die Bananenmarktordnung unter Aufsicht des BVerfG?, EuZW 6 (1997), S. 165; *H. D. Kuschel*, Auch die revidierte Banenemarktordnung ist nicht WTO-konform, EuZW 3 (1999), S. 74.

I. Die Zeit vor der Bananenmarktordnung

Die einzelnen Gründungsstaaten der Europäischen Wirtschaftsgemeinschaft wie auch die später beitretenden Mitgliedstaaten vertraten bei der Einfuhr und Vermarktung von Bananen zum Teil konträre marktpolitische Zielsetzungen, so daß sich im Laufe der Jahre aufgrund der unterschiedlichen Versorgungs- und Vermarktungssysteme verschiedenartige Marktstrukturen in der Europäischen Gemeinschaft entwickelten. Trotz des Gemeinsamen Marktes der Europäischen Union gab es für Bananen keinen gemeinsamen, sondern getrennte Märkte.[4]

Frankreich, Spanien, Portugal, Griechenland verfügten über jeweils eigene Bananenproduktionen, z. B. in den französischen Überseegebieten Martinique und Guadeloupe. Diese sogenannten EG- oder Gemeinschaftsbananen entsprechen wegen der schlechten klimatischen Bedingungen und wegen der ungünstigen Sortenwahl nicht den Qualitätsansprüchen des Weltmarktes.[5] Um die Vermarktung der qualitativ schlechteren und zugleich teureren Eigenproduktion zu sichern, wurden diese Märkte gegen Einfuhren aus Drittländern (wie Lateinamerika) geschützt. Diese wurden nur zugelassen, wenn die Eigenproduktion etwa infolge von Naturkatastrophen nicht in ausreichender Menge zur Verfügung stand.

Einige EG-Staaten fühlten sich ihren ehemaligen Kolonien im afrikanischen, karibischen und pazifischen Raum verpflichtet, wie Frankreich der Republik Elfenbeinküste und Kamerun, Großbritannien Jamaika und Italien Somalia. Die von dort kommenden sogenannten AKP-Bananen entsprechen ebenfalls nicht dem Weltmarktstandard, wenngleich in diesen Ländern Anstrengungen unternommen werden, um die Qualität der Bananen zu verbessern. Gemäß Art. 168 des Lome-IV-Abkommens[6], in dem die entwicklungspolitischen Maßnahmen zwischen den AKP-Staaten und der Europäischen Gemeinschaft festgelegt sind, konnten diese Bananen zollfrei in die Gemeinschaft importiert werden. Um ihre Vermarktung zu sichern, mußten die Märkte ebenfalls geschützt werden. Frankreich, als Importeur von EG- und AKP-Bananen, teilte die Einfuhr im Verhältnis zwei zu drei. Großbritannien reglementierte hingegen die Einfuhr von Bananen aus Drittländern durch ein strikt kontingentiertes Lizenzsystem.[7]

Die übrigen Mitgliedstaaten der Europäischen Gemeinschaft, also Belgien, Luxemburg, Dänemark, Niederlande, Irland und Deutschland hatten keine Importbeschränkungen. Diese Länder führten fast ausschließlich Dollar- oder

---

[4] *G. M. Berrisch*, EuR 4 (1994), S. 461.

[5] *B. A. Wessels*, Das Bananendiktat. Plädoyer für einen freien Außenhandel Europas, 1995, S. 22.

[6] 4. AKP-EWG-Abkommen vom 15.12.1989, ABlEG Nr. L 229 v. 1991, S. 1, revidiert am 4.11.1995, ABlEG Nr. L 156 v. 1998, S. 1.

[7] *B. A. Wessels*, Das Bananendiktat, S. 21.

Drittlandsbananen aus den lateinamerikanischen Staaten Ecuador, Costa Rica, Panama, Kolumbien, Honduras, Nicaragua und Guatemala in ihre offenen Märkte ein. Die Bananen waren qualitativ besser und billiger als die in den anderen EG-Ländern angebotenen EG- und AKP-Bananen, was einerseits an dem guten Klima und andererseits an dem hohen Qualitätsstandard lag (und liegt), der sich aufgrund des Wettbewerbs des freien Weltmarktes entwickelt hatte. Der Bananenimport in diese EG-Mitgliedstaaten war zwar nicht beschränkt, aber er unterlag einem Wertzoll von 20 Prozent, was den internationalen Vereinbarungen im Rahmen des Allgemeinen Zoll- und Handelsabkommens entsprach.[8] Nur Deutschland machte eine Ausnahme. Bundeskanzler Konrad Adenauer bereits erachtete die Freiheit des Bananenhandels in Deutschland für so wichtig, daß er zusammen mit Alfred Müller-Armack, damals Staatssekretär im Bundeswirtschaftsministerium und Unterhändler der deutschen Regierung, durchsetzte, den Römischen Verträgen ein eigenes „Bananenprotokoll"[9] hinzuzufügen.[10] Das Bananenprotokoll ermöglichte für Deutschland ein zollfreies Kontingent von 400.000 Tonnen Bananen pro Jahr.[11] Art. 6 des Protokolls sah vor, daß das Kontingent erhöht werden konnte, wenn eine vollständige Deckung des Mehrbedarfs aus der EG-Produktion nicht möglich war. Die Mitgliedstaaten hatten sich stets dazu bereit erklärt, einer Erhöhung zuzustimmen. EG- und AKP-Bananen erlangten in Deutschland keinerlei Marktbedeutung.

II. Die gemeinsame Marktordnung für Bananen

1. Der europäische Binnenmarkt als Auslöser

Der Gemeinsame Markt ist von fundamentaler Bedeutung für die Verwirklichung der europäischen Integration und stellt eine wichtige Voraussetzung für die in Art. 2 EGV genannte Aufgabe der Gemeinschaft dar.[12] Der Gemeinsame Markt umfaßt auch die Landwirtschaft und den Handel mit landwirtschaftlichen Erzeugnissen (Art. 32 Abs. 1 EGV). Der Anwendungsbereich des Agrarsektors

---

[8] *G. M. Berrisch*, EuR 4 (1994), S. 461.

[9] Protokoll über das Zollkontingent für die Einfuhr von Bananen, ursprünglich Anhang des in Art. 136 EWGV vorgesehenen Durchführungsabkommens über die Assoziierung der überseeischen Länder und Hoheitsgebiete mit der Gemeinschaft; BGBl 1957 II 1008; vgl. auch EuGH, 29.6.1993, Rs. C-280/93 R, Bananen, Slg. 1993, I-3668 ff., Rdn. 8 f.

[10] *B. A. Wessels*, Das Bananendiktat, S. 20, 23 f.

[11] *B. A. Wessels*, Das Bananendiktat, S. 24.

[12] *P. Ch. Muller-Graff*, Die Verfassungsziele der EG/EuGH, in: M. A. Dauses (Hrsg.), Handbuch des EU-Wirtschaftsrechts Bd. 1, 1998, Rdn. 100; zur Problematik des Begriffs des Gemeinsamen Marktes: *A. Bleckmann*, Europarecht. Das Recht der Europäischen Union und der Europäischen Gemeinschaften, 6. Aufl. 1997, Rdn. 188 ff.

wird durch Art. 32 Abs. 1 Satz 2, Abs. 2 und Abs. 3 EGV bestimmt sowie durch die Positivliste im Anhang I des Vertrags definiert, die u.a. „genießbare Früchte“, und damit auch Bananen, aufzählt. Die Entwicklung und das Funktionieren des Gemeinsamen Marktes für landwirtschaftliche Erzeugnisse wird durch eine gemeinsame Agrarpolitik angestrebt.[13] Dazu ist nach Art. 34 Abs. 1 EGV eine gemeinsame Organisation der Agrarmärkte zu schaffen. Die Gemeinschaft hat unter den dort genannten Organisationsformen[14] meist die der „europäischen Marktordnung“ gewählt. Für einzelne Erzeugnisse oder Erzeugnisgruppen werden jeweils gesonderte gemeinsame Marktorganisationen geschaffen.[15]

Die Grundlinien für die gemeinsame Agrarpolitik, wie die gemeinsamen Marktordnungen, werden vom Rat mit qualifizierter Mehrheit auf Vorschlag der Kommission und nach Anhörung des Europäischen Parlaments entweder als Richtlinie oder Entscheidung, meist jedoch als Verordnungen erlassen.[16] Nach Art. 249 EGV kommt einer Verordnung „allgemeine Geltung“ zu, „sie ist in allen ihren Teilen verbindlich und gilt unmittelbar in jedem Mitgliedstaat.“[17]

Die oben erwähnten unterschiedlichen nationalen Marktstrukturen für Bananen funktionierten über viele Jahre unter dem Schutz von Zollschranken und strengen Importreglementierungen nebeneinander, ohne sich gegenseitig zu beeinflussen, aber sie konnten in einem einheitlichen Wirtschaftsraum nicht aufrechterhalten werden. Mit der Realisierung des Binnenmarktes zum 1. Januar 1993 und dem fast vollständigen Wegfall der Binnengrenzen sah es die Kommission mit der folgenden Begründung als notwendig an, durch die VO Nr. 404/93 eine gemeinsame Marktordnung für den Bananenhandel zu finden: „Die nationalen Marktordnungen sehen mengenmäßige Beschränkungen vor, die die Verwirklichung eines einheitlichen Marktes für Bananen behindern. (...) Diese

---

[13] Art. 32 Abs. 4 EGV und so auch die Begründung des Rates der Europäischen Gemeinschaften zur Bananenmarktordnung, VO (EWG) Nr. 404/93, S. 1; auch Art. 3 lit. e EGV: „gemeinsame Politik auf dem Gebiet der Landwirtschaft“.

[14] Art. 34 Abs. 1 lit a – c EGV zählt auf: „gemeinsame Wettbewerbsregeln“; „bindende Koordinierung der verschiedenen einzelstaatlichen Marktordnungen“; „eine europäische Marktordnung“.

[15] So die Begründung des Rates der Europäischen Gemeinschaften zur Bananenmarktordnung, VO (EWG) Nr. 404/93, S. 1, 20 Fn. 96; *R. Mögele/R. Priebe*, Agrarrecht, in: M. A. Dauses (Hrsg.), Handbuch des EU-Wirtschaftsrechts Bd. 1, 1998, Rdn. 23.

[16] Art. 37 Abs. 2 Satz 3 EGV; nach *A. Bleckmann*, Europarecht, Rdn. 410 sind die Verordnungen im Agrarbereich nach ursprünglicher Vertragsintention als Richtlinie zu qualifizieren; denn sie legen das System der Marktordnung fest, die durch nationale Gesetze einzuführen sind, d. h. diese Verordnungen wollen nur die Staaten zur Gesetzgebung verpflichten.

[17] Ausführlich dazu: *A. Bleckmann*, Europarecht, Rdn. 400 ff.; *R. Lukes*, Rechtsetzung und Rechtsangleichung, in: M. A. Dauses (Hrsg.), Handbuch des EU-Wirtschaftsrechts Bd. 1, 1998, Rdn. 47 ff.

unterschiedlichen Regelungen beeinträchtigen den freien Verkehr von Bananen innerhalb der Gemeinschaft."[18] Die Kommission hielt es für erforderlich, eine „ausgewogene und flexible gemeinsame Marktorganisation für Bananen einzuführen, die an die Stelle der verschiedenen nationalen Regelungen tritt". Es wurde jedoch vermieden, alle Märkte vollständig zu öffnen.

Die Schwierigkeit einer einheitlichen Marktordnung für Bananen ist angesichts der unterschiedlichen Regelungen in den einzelnen EG-Mitgliedstaaten offensichtlich. Einerseits soll das Ziel, die Importe von EG- und AKP-Bananen vor den Dollarbananen zu schützen und damit die Produktion von Bananen in der Gemeinschaft gemäß dem Lome-IV-Abkommen zu unterstützten, aufrechterhalten werden,[19] andererseits muß die Gemeinschaft aber auch die völkerrechtlichen Verpflichtungen aus dem GATT, also Drittländern gegenüber, beachten. Darüber hinaus sind die Interessen der Mitgliedstaaten und der Marktbeteiligten in diesem Bereich überaus uneinheitlich und schließlich sollen die Verbraucher Bananen zu angemessenen Preisen kaufen können.[20] In der Bananenmarktordnung sollen die binnenwirtschaftlichen Ziele der gemeinsamen europäischen Agrarpolitik des Art. 33 EGV und die weltwirtschaftlichen Ziele des Art. 131 EGV, wonach die Mitgliedstaaten „im gemeinsamen Interesse zur harmonischen Entwicklung des Welthandels, zur schrittweisen Beseitigung der Beschränkungen im internationalen Handelsverkehr und zum Abbau von Zollschranken beitragen" zum Ausgleich gebracht werden. Dabei muß der Widerspruch zwischen den Grundprinzipien der WTO und der Akzeptanz von regionalen Freihandelszonen auf der internationalen Ebene bewältigt werden. Vor allem muß die Bereitschaft völkerrechtliche Regelungen in der europäischen Rechtsordnung anzuerkennen und anzuwenden gestärkt werden.

2. Regelungen der revidierten Bananenmarktordnung

Die ursprüngliche Bananenmarktordnung trat am 1. Juli 1993 in jedem Mitgliedstaat in Kraft. Sie ist durch die Verordnung (EG) Nr. 3290/94[21] an die Handelsübereinkünfte der Uruguay-Runde angepaßt, durch die Verordnung (EG) Nr. 1637/98[22] geändert worden und seit 1. Januar 1999 in Kraft.

[18] VO (EWG) Nr. 404/93, S. 1.

[19] *G. M. Berrisch*, EuR 4 (1994), S. 462.

[20] Begründung des Rates der Europäischen Gemeinschaften zur Bananenmarktordnung, VO (EWG) Nr. 404/93, S. 1; festgeschriebenes Ziel der Gemeinsamen Agrarpolitik: Art. 33 Abs. 1 lit. e EGV.

[21] ABlEG Nr. L 349 vom 31.12.1994, S. 105.

[22] ABlEG Nr. L 210 vom 28.7.1998 S. 28; dazu auch EU-Pressebericht vom 15. 1. 1998, Nr. 3/98.

Die bisher gültige jährliche Einfuhrmenge von Dollar- und „nichttraditionellen AKP-Bananen“[23] für den gesamten EG-Raum von 2,2 Mio t Eigengewicht[24] wird beibehalten und zusätzlich ein jährliches Kontingent in Höhe von 353.000 t zugelassen.[25] Nichttraditionelle AKP-Bananen können nach Art. 18 Abs. 1 und 2 der Verordnung weiterhin jeweils zollfrei eingeführt werden, während für Dollarbananen ein Gewichtszoll von 75 ECU/t[26] erhoben wird.

Das Zollkontingent von insgesamt 2,553 Mio t wird nicht mehr durch Lizenzzuteilung verwaltet,[27] das von dem WTO-Panel für die B-Importeure als unzulässig angesehen worden war,[28] sondern richtet sich nach der in einem Referenzzeitraum (1994-1996) tatsächlich eingeführten Menge.[29]

Für die zollfreie Einfuhr von traditionellen AKP-Bananen steht ein gesondertes jährliches Einfuhrkontingent von 857.000 t zur Verfügung, das nicht auf die einzelnen AKP-Länder aufgeteilt wird.[30]

Werden außerhalb der genannten Zollkontingente Bananen eingeführt, so wird ein prohibitiver Einfuhrzoll erhoben, der nach der neuen Verordnung bei 737 ECU/t für Dollarbananen und bei 537 ECU/t für AKP-Bananen liegt.[31]

Diese Regelungen wurden vom Streitschlichtungsausschuß erneut als nicht WTO-gemäß eingestuft. Die Europäische Kommission erarbeitete auf Anfrage des Rates eine Empfehlung, die den Konflikt endgültig beilegen sollte. Der Vorschlag der Kommission vom 10. November 1999 skizziert ein Vorgehen bei

---

[23] Die ursprüngliche Bananenmarktordnung bestimmt in Art. 15 Nr. 1, daß eine bestimmte Bananenmenge, die im Anhang festgelegt ist, von jedem AKP-Land ausgeführt werden darf (traditionelle AKP-Bananen). Über diese definierte Bananenmenge hinausgehende Bananenausfuhren werden nach Art. 15 Nr. 2 als „nichttraditionelle AKP-Bananen“ bezeichnet.

[24] Art. 18 Abs. 1 der VO (EG) Nr. 1637/98, ursprünglich waren nur 2 Mio t Eigengewicht angesetzt (Art. 18 Abs. 1 der VO (EG) Nr. 404/93).

[25] Art. 18 Abs. 2 der VO (EG) Nr. 1637/98.

[26] VO (EG) Nr. 1637/98, ursprünglich waren 100 ECU/t angesetzt (VO (EWG) Nr. 404/93).

[27] Innerhalb des Kontingents existierenfolgende Länderquoten: Ecuador (26,17 %), Costa-Rica (25,61 %), Kolumbien (23,03 %), Panama (15,76 %).

[28] Die ursprüngliche Aufteilung des Zollkontingents von Drittlandsbananen war bis zur revidierten Bananenmarktordnung wie folgt: 66,5 % der Lizenzen erhielten die traditionellen Importeure von Dollar- und/oder nichttraditionellen AKP-Bananen (A-Importeure), 30 % die Importeure von EG- und AKP-Bananen (B-Importeure) und 3,5 % die Newcomer. Art. 19 Abs. 1 der VO (EWG) Nr. 404/93.

[29] Eine ausführliche Beschreibung der Einfuhrbestimmungen und umständliche Einteilung der Einfuhrlizenzen VO (EG) Nr. 2362/98.

[30] Art. 16 Abs. 1 der VO (EG) Nr. 1637/98; EU-Referenzpreis für Beihilfen: 640 Euro/t.

[31] Zur Verminderung des Prohibitivzolls: Art. 18 Abs. 5 der VO (EG) Nr. 1637/98, und zur Berechnung der Höhe des Zolls: *H. D. Kuschel*, EuZW 3 (1999), S. 74.

der Einfuhrregelung in zwei Schritten. Während einer Übergangszeit wurde eine Zollkontingentsregelung zusammen mit einer Zollpräferenz für die AKP-Staaten festgelegt. Dabei sollen mehrere mögliche Methoden für die Verwaltung der Zollkontingente geprüft werden: die Methode auf der Grundlage historischer Referenzmengen, das Windhundverfahren und die Versteigerung der Lizenzen.[32] Am Ende der Übergangszeit soll einer Pauschalzollregelung die Zollkontingente ablösen. Der Pauschalzoll wurde nach Verhandlungen gemäß Art. XXVIII GATT festgesetzt, die Pauschalzollregelung wird spätestens am 1. Januar 2006 eingeführt. Bananen könnten dann aus Drittländern unbeschränkt in die Europäische Gemeinschaft eingeführt werden.

3. Kritik an der Bananenmarktordnung

Hauptsächlich hatten die deutschen Drittlandsbananenimporteure an der ursprünglichen Bananenmarktordnung, die Aufteilung der Importlizenzen, die zu einer Kürzung der Einfuhrmengen von ursprünglich 2,4 Mio t (1992) auf 1,46 Mio t führte,[33] kritisiert.[34] Der entzogene Kontingentsanteil wurde den Mitbewerbern zugeschlagen, wodurch die Kommission in die Vermarktungsstrukturen eingriff und den Wettbewerb auf dem europäischen Markt zugunsten der EG- und AKP-Vermarkter verzerrte.[35] Eine solche Regelung fördert, also subventioniert, den Absatz von Gemeinschafts- und von AKP-Bananen, um deren Wettbewerbsfähigkeit zu erhöhen. Unfreundlich, aber realistisch kritisierte die Presse: Die neue Verordnung wird als Beitrag zur Entwicklungshilfe für die AKP-Staaten gefeiert[36], tatsächlich nützt sie aber vorwiegend britischen und französischen Zwischenhändlern, indem sie ihre Importlizenzen an deutsche, niederländische oder belgische Händler teuer verkaufen, nicht aber den armen Bananenbauern, denen durch direkte Zuschüsse besser geholfen werden könnte.[37]

---

[32] Ausführlich und kritisch dazu: *H. D. Kuschel*, Neuer Kommissionsvorschlag zur Einfuhrregelung bei Bananen ist wiederum nicht WTO-konform, EuZW 7 (2000), S. 203 ff.; auch FAZ, 6.7.2000, S. 18.

[33] Das sind 66,5 % von 2,2 Mio t.

[34] Zu den Klagen und Verfahren vor deutschen Gerichten im folgenden S. 219 ff.

[35] *B. A. Wessels*, Das Bananendiktat, S. 67.

[36] Das ist übrigens auch die Begründung des Rates in der VO (EWG) Nr. 404/93, S. 3: „... von sozialer, wirtschaftlicher, kultureller und umweltpolitischer Bedeutung ist der Bananenanbau in Regionen der Gemeinschaft wie den französischen Überseedepartements Madeira, Azoren, Algarve, Kreta, Lakonien und den kanarischen Inseln – Regionen, die durch ihre Insellage, Abgelegenheit und rückständige Struktur geprägt sind, ... (die) durch die wirtschaftliche Abhängigkeit vom Bananenanbau verschärft wird".

[37] SZ 12.11.98, S. 4. Die Komplexität der Zusammenhänge der wirtschaftlichen und sozialen Bedingungen und Folgen zeigt auch der folgende zusammengefaßte Bericht aus amerikanisch kritischer Sicht aus der Los Angeles Times, 11.6.1999, der die mittelbaren

Die Bananenmarktordnung ist nicht nur für die Händler in Deutschland von existenzbedrohendem Nachteil, die die Dollarbananen bislang zollfrei einführen konnten, sondern der Protektionismus betrifft auch die USA, Lateinamerika, und nicht zuletzt die Verbraucher, die diese Marktbeeinflussung mit höheren Preisen und zum Teil Qualitätseinbußen zu zahlen haben. Dem deutschen Handel ist es nicht gelungen, eigene Lieferbeziehungen zu den AKP-Staaten aufzubauen, weil die Erzeuger meist durch langfristige Exklusivverträge an britische, französische und spanische Händler gebunden sind. Der deutsche Bananenbedarf kann nur durch den Zukauf von Einfuhrlizenzen gedeckt werden.[38]

4. Die (scheinbare) Lösung des Bananenstreits

Nach mehr als acht Jahren im transatlantischen Bananenstreit einigten sich die Europäische Kommission und die US-Regierung auf eine neue Einfuhrregelung, die als Übergangslösung bis zur Einführung eines neuen Tarifsystems im Jahre 2006 zum 1. Juli 2001 in Kraft trat. Es handelt sich dabei um ein Lizenzerteilungssystem, das auf historischen Referenzkriterien statt auf dem bisher vorgesehenen Windhundverfahren (first come first serve) beruht,[39] wobei die für die einzelnen Kontingente vorgesehenen Mengen angepaßt werden.

Damit soll der reklamierte Zugang für Bananen aus Lateinamerika erweitert werden und gleichzeitig den AKP-Bananen ein eigener Marktanteil gesichert bleiben. In dem geplanten zweistufigen Übergangsverfahren soll in einem ersten Schritt unter Beibehaltung der bisherigen Einfuhrquote eine Öffnung für alle Anbieter gegeben werden.[40] Ein zweiter Schritt sieht eine Überführung von 100.000 t der C-Quote in die B-Quote vor und betrifft die geplante Ausweitung

---

Auswirkungen der Freihandelspolitik der USA aufzeigt, fragwürdig erscheinen läßt und die Subventionierung durch die Europäische Gemeinschaft unterstützt: Belize, ehemals Britisch-Honduras genießt die Protektion der europäischen Bananenmarktordnung, wodurch die Bevölkerung die Möglichkeit erhält und nutzt, unterstützt vom Anti-Drogen-Programm der USA, vom Marihuana- zum Bananenanbau zu wechseln. Belize versucht neben Guatemala, das gestützt durch Chiquita, dem weltgrößtem Bananenhändler, auf dem Weltmarkt bestehen kann, zu existieren. Gleichzeitig waren aber Chiquita Brands Industries mit den USA die Initiatoren des Panelverfahrens gegen die europäische Bananenmarktordnung, wodurch ein kleines Land wie Belize wieder bedroht ist, in den Drogenanbau zurückzufallen, um überleben zu können.

[38] Kritik am Importlizenzhandel hat der Europäische Gerichtshof mit dem Hinweis abgewiesen, daß Art. 20 der Bananenmarktordnung den Grundsatz der Übertragbarkeit dieser Bescheinigungen anerkennt, EuGH, 5.10.1994, Rs. C-280/93, Bundesrepublik Deutschland/Rat, Slg. 1994, I-4973.

[39] Die historische Referenzmenge bezieht sich auf die Einfuhrmengen des Zeitraums 1994-1996, NZZ 20.4.2001; auch Europäische Kommission IP/01/562.

[40] Für A- und B-Quoten wird ein Zoll von 75 Eur/t für 2,55 Mio. t/Jahr erhoben. Die C-Quote beträgt 300 Eur/t.

der Einfuhrmöglichkeiten der lateinamerikanischen Bananen der US-Multis Dole und Chiquita in die Europäische Gemeinschaft.[41] Daß auch diese neue, WTO gemäße und von USA und der Europäischen Gemeinschaft gemeinsam getragene Bananenmarktordnung nicht lange ohne Schwierigkeiten zu bleiben vermag, beweist der von Frankreich entfachte neuerliche Streit nun um die Verteilung der Einfuhrrechte. Der Bundesverband Deutscher Fruchthandelsunternehmen wirft Frankreich einen „eklatanten Bruch des EU-Rechts" vor.[42]

III. Verfahren gegen die Bananenmarktordnung

1. Internationale Klagen gegen die Bananenmarktordnung

Bereits 1993 und 1994 wurde auf Antrag von den verschiedenen lateinamerikanischen Staaten, die durch die Kontingentierung der Bananen in der Europäischen Gemeinschaft erhebliche Absatzverluste erlitten, ein GATT-Panel nach Art. XXIII GATT 1947 eingesetzt und ein Verstoß der Bananenmarktordnung gegen Art. I GATT, das Meistbegünstigungsprinzip, festgestellt. Die Vorzugszölle an die AKP-Länder verletzten den Grundsatz der Meistbegünstigung, weil durch das Lome-IV-Abkommen keine Freihandelszone zwischen den AKP-Staaten und der Europäischen Gemeinschaft nach Art. XXIV GATT geschaffen werde.[43]

Im weiteren reklamierte der Panelbericht, daß die Einführung von Gewichtszöllen anstelle von Wertzöllen gegen die Zollbindung von 20 Prozent verstoße (Art. II GATT), weil eine Änderung der Zollberechnungsmethode ohne Einhaltung der dafür im GATT vorgesehenen Verfahren unzulässig sei. Auch sei die Aufteilung der Importlizenzen, die vor allem die deutschen Händler gegenüber den Vermarktern von EG- und AKP-Bananen benachteilige, ein Widerspruch gegen Art. III GATT, das Diskriminierungsverbot. Die Inländergleichbehandlung nach Art. III GATT gebiete, importierte Waren nach Abwicklung der Grenzformalitäten nicht anders zu behandeln als gleichartige heimische Produkte. Insbesondere soll den inländischen Produkten kein Wettbewerbsvorteil verschafft werden, indem die Vermarktung ausländischer Waren von einem bestimmten Mischungs- oder Mengenverhältnis mit inländischen Produkten abhängig gemacht werde. Das in der VO Nr. 404/93 vorgeschriebene Lizenzvergabesystem führt jedoch indirekt zu einer rechtswidrigen Förderung des Ver-

---

[41] NZZ 20.4.2001.

[42] FAZ 19.7.01.

[43] Nur ein Freihandelsabkommen nach Art. XXIV GATT wäre eine zulässige Durchbrechung des Meistbegünstigungsprinzips; allgemein zum Lome IV-Abkommen *Th. Oppermann*, Europarecht, 1999, Rdn. 1814 ff.

kaufs inländischer und AKP-Bananen und koppeln in unerlaubter Weise die Möglichkeit des Vertriebs ausländischer mit inländischen Waren.

Dieser Panel-Bericht[44] wurde von der Europäischen Gemeinschaft nicht angenommen. Nach der GATT 1947-Praxis war für die Annahme eines Panelberichts eine einstimmige Entscheidung, also auch die Stimme des unterlegenen Mitglieds nötig.[45] Allerdings sah sich die EG-Kommission durch diesen Panel-Bericht veranlaßt, mit vier der antragstellenden Staaten ein Rahmenabkommen, das bestimmte Vorschriften der Bananenmarktordnung änderte, abzuschließen, um mit diesen lateinamerikanischen Staaten den Handelsstreit beizulegen.[46] Das Rahmenabkommen wurde durch eine neue Verordnung gemeinschaftsrechtlich umgesetzt.[47]

1996 haben die USA, unterstützt von Ecuador, Guatemala, Honduras und Mexiko, ein Streitbeilegungsverfahren bei der WTO gegen die Bananenmarktverordnung und das Rahmenabkommen angestoßen.[48] Nach erfolglosen Konsultationen setzte das Streitbeilegungsgremium am 8. Mai 1996 ein Panel ein, welches zum Ergebnis gekommen ist, daß die Bananenmarktordnung das GATT verletze. Der Panelbericht wurde vom Berufungsgremium bestätigt.[49] Nach diesem Schiedsspruch der WTO verstoßen bestimmte Einfuhrbestimmungen der Bananenmarktordnung gegen GATT- und GATS-Bestimmungen, nämlich die Vergabe von Einfuhrlizenzen, die Zuweisung der Zollkontingente und weitere Regelungen der Rahmenvereinbarung über Bananen, wie die Erteilung von Ausfuhrlizenzen in Unterzeichnerstaaten und bestimmte Kontingente, die tradi-

---

[44] DS38/R, 11.2.1994, „Panel on EEC – Import Regime for Bananas".

[45] Zum Streitbeilegungsverfahren des GATT 1947: *E.-U. Petersmann*, Die EWG als GATT-Mitglied – Rechtskonflikte zwischen GATT-Recht und Europäischem Gemeinschaftsrecht, in: M. Hilf/ders. (Hrsg.), GATT und Europäische Gemeinschaft, 1986, S. 144 ff.; *W. Benedek*, Die Rechtsordnung des GATT aus völkerrechtlicher Sicht, 1990, S. 306 ff.; *A. Emmerich-Fritsche*, Recht und Zwang im Völkerrecht, insbesondere im Welthandelsrecht, in diesem Buch, S. 173 ff., 176 ff.

[46] Die vier Staaten, Kolumbien, Costa Rica, Nicaragua und Venezuela, erhielten etwa die Hälfte des Bananenzollkontingents von 2 Mio t durch individuelle Länderquoten zugeteilt; dazu auch: *B. Kempen*, Deutschland als Vertragspartei des GATT und als Mitglied der Europäischen Gemeinschaften, in: A. Weber (Hrsg.), Währung und Wirtschaft. Das Geld im Recht, FS Hugo J. Hahn, 1997, S. 428.

[47] VO (EG) Nr. 478/95 vom 1. März 1995 mit ergänzenden Durchführungsbestimmungen zu VO (EG) Nr. 404/93.

[48] Angestoßen wurde das Verfahren von Chiquita Brands Inc., Dole und Del Monte unterstützten diesen Antrag. Nachdem privaten Parteien vor der WTO keine Klagerecht zugestanden wird, initiierten diese Firmen über die Möglichkeit des Section 301 des U.S. Trade Act von 1974 eine Untersuchung der Verletzung internationaler Handelsregeln, sofern jedoch das GATT-Abkommen davon betroffen ist, sieht Section 303 lit a. Abs. 2 vor, ein Streitbeilegungsverfahren einzufordern, statt unilaterale Maßnahmen zu ergreifen. Dieselbe Verpflichtung auferlegt auch Art. 23 DSU.

[49] Panel Report WT/DS27/R/USA.

tionellen AKP-Ländern vorbehalten bleiben.[50] Der Schiedsspruch führte zu vier WTO-Panel-Streitbeilegungsberichten, die auch Verstöße gegen die Meistbegünstigungsklausel des Art. I Abs. 1, III Abs. 4, X Abs. 3 und gegen das Verbot der diskriminierenden Einfuhrbeschränkung des Art. XIII Abs. 1 GATT, Art. I Abs. 2 WTOÜ über Einfuhrlizenzen sowie gegen die Lizenzverteilungsregelungen der Art. II und XVII GATS feststellten, wonach Handelsunternehmen aus Drittländern bei der Vergabe der Einfuhrrechte nicht schlechter behandelt werden dürfen als Unternehmen aus der Europäischen Gemeinschaft und den AKP-Staaten.[51] Nach dem neuen WTO-Streitbeilegungsverfahren[52] konnte die Gemeinschaft die Annahme der Berichte nicht mehr verhindern. Dafür wäre ein Konsens aller Mitgliedstaaten nötig (Art. 16 Abs. IV und 17 Abs. IV DSU). Die Panel-Abschlußberichte wurden am 9. September 1997 durch das Berufungsgremium bestätigt. Am 25. September 1997 hat der Allgemeine Rat der WTO in seiner Funktion als Streitschlichtungsausschuß die Völkerrechtswidrigkeit der EG-Bananenmarktordnung verbindlich festgestellt.[53] Die Gemeinschaft wurde vom Schiedsgericht am 7. Januar 1998 zur WTO-gemäßen Änderung der Marktordnung bis 1. Januar 1999 verpflichtet, was nach Art. 21 Abs. 3 DSU vom Schiedsgericht auch als angemessener Zeitraum festgelegt wurde. Folglich beschloß am 20. Juli 1998 der Rat der Europäischen Union die Verordnung (EG) Nr. 1637/98, die am 31. Juli 1998 in Kraft trat und seit dem 1. Januar 1999 anzuwenden ist.

Die Regelungen dieser geänderten Bananenmarktordnung[54] waren erneut Konsultationsgrund für das WTO-Streitbeilegungsgremium, weil sie nach Auffassung der USA ebenso wie nach der Meinung von Ecuador, Guatemala, Honduras und Mexiko noch immer nicht mit der WTO vereinbar seien. Auf dem Treffen des Streitbeilegungsgremiums Ende November 1998 verkündete die Europäische Gemeinschaft, daß diese neue Verordnung alle Entscheidungen und Empfehlungen berücksichtige.[55] Am 15. Dezember 1998 forderte die Europäische Gemeinschaft die Errichtung eines Panels nach Art. 21 Abs. 5 DSU um festzustellen, daß die Umsetzung entsprechend den Vereinbarungen vorgenom-

---

[50] ABlEG C 75, 1998.

[51] Complaint by Ecuador, WT/DS27/R/ECU; Complaint by Guatemala and Honduras, WT/DS27/R/GTM, WT/DS27/R/HND; Complaint by Mexico, WT/DS27/R/MEX; Complaint by the United States, WT/DS27/R/USA, 22. Mai 1997.

[52] Dazu *A. Emmerich-Fritsche*, Recht und Zwang im Völkerrecht, insbesondere im Welthandelsrecht, S. 176 ff.

[53] WT/DS27/AB/R, 9. September 1997.

[54] ABlEG Nr. L 210 v. 28.7.1998, S. 28 (Verordnung (EG) Nr. 1637/98) und ABlEG Nr. 293 v. 31.10.1998, S. 32 (Verordnung (EG) Nr. 2362/98) regelt zusätzlich die Verwaltung der Bananen-Import-Lizenzen.

[55] Dazu EU-Pressebericht vom 20.11.1998, Nr. 99/98.

men wurde.[56] Eine solche Überprüfung wurde auch von Ecuador in einem beschleunigten Verfahren gemäß Art. 21 DSU gefordert[57] und vom Streitbeilegungsgremium unter dem Einsatz des ursprünglichen Panels am 12. Januar 1999 beschlossen. Obwohl die Europäische Gemeinschaft die geänderte Marktordnung für WTO-gemäß erklärte, entschied das Panel abermals, daß die Bananenmarktordnung zu ändern sei.[58] Im einzelnen wurde festgestellt, daß die Zollregelungen auch der novellierten Bananenmarktordnung gegen Art. I Abs. 1, Art. XIII Abs. 1 und 2 GATT 1994 verstoßen. Gegen die Meistbegünstigungsklausel werde verstoßen, weil das Lome-Abkommen die Gemeinschaft nicht verpflichtet, im Rahmen des Zollkontingents von 857.700 t den AKP-Staaten zollfreie Einfuhren in die Gemeinschaft zu ermöglichen, die über die individuelle best-ever-Menge hinausgingen. Ein Verstoß gegen Art. XIII Abs. 2 GATT sei gegeben, weil das AKP-Zollkontingent von 857.700 t eine Diskriminierung von Drittstaaten darstelle.

Bereits zwei Tage später forderten die USA unter Berufung auf Art. 22 Abs. 2 DSU das Streitbeilegungsgremium auf, die Aussetzung von Zugeständnissen gegenüber der Europäischen Gemeinschaft in einer Höhe von US $ 520 Mio. zu genehmigen.[59] Gemäß Art. 22 Abs. 6 DSU machte die Europäische Gemeinschaft von ihrem Recht Gebrauch, dagegen Einspruch zu erheben und forderte, die Angelegenheit in einem Schiedsverfahren zu klären.[60] Das Schiedsgericht erkannte die Aussetzung von Zugeständnissen am 19. April 1999 an, reduzierte diese jedoch auf US $ 191,4 Mio.[61] Dieser Schiedsspruch wurde vom Streitschlichtungsausschuß am 13. Mai 1999 angenommen und ist damit verbindlich. Die Strafzölle werden von den Vereinigten Staaten gegen Einfuhren aus der Gemeinschaft verhängt. Etwa 15 Prozent des betroffenen Handelsvolumens entfallen auf Deutschland. Betroffen sind verschiedene Produkte, so daß der Bana-

---

[56] WT/DS27/40, 15. Dezember 1998, Request for the Establishment of a Panel by the European Communities.

[57] WT/DS27/41, 18. Januar 1999, dazu WT/DS27/44 – Note by the Secretariat.

[58] WT/DS27/45 und WT/DS27/RW/EEC, 12. April 1999; dazu auch FAZ 27.5.1999, S. 17.

[59] WT/DS27/43, 14. Januar 1999: Recourse by the United States to Art. 22.2 of the DSU; dieser Bericht enthält eine ausführliche Begründung über die Unvereinbarkeit der Bananenmarktordnung mit dem WTO-Übereinkommen und listet die Produkte auf, die von der Aussetzung betroffen sind; vgl. dazu auch EU-Pressebericht vom 10.11.98 Nr. 96/98 über die ursprünglich von USA geplanten unilateralen Vergeltungsmaßnahmen.

[60] WT/DS27/46, 3. Februar 1999 – Request by the European Communities for Arbitration under Art. 22.6 of the DSU.

[61] WT/DS27/48, 2. März 1999 – Arbitration under Art. 22.6 of the DSU und WT/DS27/ARB, 9. April 1999 – Recourse to Arbitration by the European Communities under Art. 22.6 of the DSU.

nenstreit auch Unbeteiligte trifft.[62] Das Streitschlichtungsverfahren sieht eine Überwachung der Umsetzung der Empfehlungen vor, wobei die Gemeinschaft dem Streitbeilegungsgremium regelmäßig vor dessen Sitzungen gemäß Art. 21 Abs. 6 DSU einen schriftlichen Sachstandsbericht der Änderungen vorlegen muß.[63]

Die Durchsetzbarkeit des WTO-Rechts steht und fällt letztlich mit dem guten Willen des angeklagten und unterlegenen Staates; denn es gibt auf der internationalen Ebene keinen anderen Weg das Recht durchzusetzen. Das von USA eingesetzte und völkerrechtlich genehmigte Rechtsmittel der Sanktionen erweist sich als tragfähiges Mittel, das Welthandelsrecht durchzusetzen; denn auch innerhalb der Gemeinschaft wächst durch die (legalen) Sanktionen der Druck, die Regeln der Bananenmarktordnung WTO-gemäß zu gestalten. Die FAZ kommentierte schon im letzten Jahr „in dem läppischen Bananenstreit – läppisch, was das Handelsvolumen betrifft – benehmen sich die EG und die Vereinigten Staaten wie ungebildete, kraftstrotzende Rüpel. Hier geht es schon lange nicht mehr um Bananen, sondern um die mangelnde Bereitschaft der beiden größten und wichtigsten Handelsmächte der Welt, verantwortlich mit den Regeln des Welthandelssystems umzugehen."[64]

2. Deutsche Klagen gegen die Bananenmarktordnung

Der schon seit einiger Zeit bestehende Justizkonflikt zwischen deutschen Gerichten und dem Europäischen Gerichtshof in Sachen der Bananenmarktordnung geht vor allem um die Grenzen des Vorrangs des Gemeinschaftsrechts. Die deutschen Gerichte, wie das Verwaltungsgericht Frankfurt oder das Finanzgericht Hamburg, äußerten die Rechtmäßigkeit der Bananenmarktordnung sowohl bezüglich der Regeln der WTO als auch bezüglich des Grundgesetzes.

Die Bundesrepublik Deutschland klagte am 14. Mai 1993 gemäß Art. 173 Abs. 1 EGV (a.F.) gegen die Bananenmarktordnung vor dem Europäischen Gerichtshof mit der Begründung, die Bananenmarktordnung verstoße gegen die Artikel 39 ff. EWG-Vertrag über die gemeinsame Agrarpolitik, die Wettbewerbsregeln, bestimmte Grundrechte und den Grundsatz der Verhältnismäßig-

---

[62] So auch eine Überschrift in der FAZ, 4.8.2000, S. 15; demnach gibt es bereits erste Überlegungen von Firmen, die von den Sanktionen betroffen sind, gegen die Europäische Union eine Schadenersatzklage anzustrengen. Dazu auch *A. Reinisch*, Entschädigung für die unbeteiligten „Opfer" des Hormon- und Bananenstreits nach Art. 288 II EG?, EuZW 2 (2000), S. 42.

[63] Diese sind nachzulesen unter WT/DS27/51 vom 15. Juli 1999, WT/DS27/51/Add.1 vom 8. September 1999 und WT/DS27/51/Add.11 vom 15. September 2000.

[64] FAZ 6.3.99, S. 13.

keit.[65] Ferner führte die Bundesrepublik Deutschland einen Verstoß der Verordnung gegen die Vorschriften des GATT mit der Begründung an, die Beachtung der Vorschriften des GATT sei unabhängig von der Frage der unmittelbaren Wirkung Voraussetzung für die Rechtmäßigkeit der Gemeinschaftshandlungen.[66] Dies war das erste Mal, daß ein Mitgliedstaat der Gemeinschaft den Verstoß eines Gemeinschaftsorgans gegen das GATT im Wege einer Anfechtungsklage rügte. Der Gerichtshof wies sowohl den Antrag auf einstweiligen Rechtsschutz zurück[67] als auch, in einem umstrittenen Urteil, die Klage im Hauptsacheverfahren als unbegründet ab.[68] Nach Ansicht des Europäischen Gerichtshofs kann die Rechtmäßigkeit einer Gemeinschaftshandlung nicht unter Berufung auf das GATT bestritten werden. Der Gerichtshof bestätigt, daß die Gemeinschaft an die Bestimmungen des GATT gebunden sei, verweist aber auf die große Flexibilität der Bestimmungen und den unbestimmten Charakter des GATT die zur Folge hätten, daß sich „die Bundesrepublik Deutschland nicht auf die Bestimmungen des GATT berufen kann, um die Rechtmäßigkeit bestimmter Vorschriften der Verordnung zu bestreiten."[69] Einen Verstoß gegen das GATT versuchte also der Europäische Gerichtshof nicht festzustellen.

Die Durchführung der EG-Bananenmarktordnung hat vor allem in Deutschland zu einer Anzahl von Unternehmensschließungen, Entlassungen und Klagen betroffener Firmen geführt. Es verfolgten im wesentlichen zwei Kläger, T. Port GmbH & Co.KG und Atlanta Fruchthandelsgesellschaft mbH, Rechtsschutzbegehren in verschiedenen Instanzen vor deutschen Gerichten. Port erstrebte vor den Verwaltungsgerichten eine Härtefallregelung und klagte auf zusätzliche Importlizenzen. Dieser Antrag wurde vom VGH Kassel mit der Begründung abgewiesen, daß der Europäische Gerichtshof die Vereinbarkeit der Bananenmarktordnung mit den Grundrechten geprüft und die Ordnung für rechtmäßig befunden habe.[70] Port legte Verfassungsbeschwerde ein. Das Bundesverfassungsgericht hob mit Beschluß vom 25. Januar 1995 die Entscheidung des VGH Kassel zugunsten von Port auf. Der Europäische Gerichtshof ist den deutschen Gerichten entgegengekommen und hat in Härtefällen wie Port eine grundrechts-

---

[65] EuGH, 5.10.1994, Rs. C-280/93, Bundesrepublik Deutschland/Rat, Slg. 1994, I-4973, Rdn. 44.

[66] EuGH, 5.10.1994, Rs. C-280/93, Bundesrepublik Deutschland/Rat, Slg. 1994, I-4973, Rdn. 103.

[67] EuGH, 29.6.1993, Rs. C-280/93 R, Bananen, Slg. 1993, I-3667.

[68] EuGH, 5.10.1994, Rs. C-280/93, Bundesrepublik Deutschland/Rat, Slg. 1994, I-4973.

[69] EuGH, 5.10.1994, Rs. C-280/93, Bundesrepublik Deutschland/Rat, Slg. 1994, I-4973, Rdn. 105 f., 110, 112.

[70] VGH Kassel vom 9.2.1995 abgedruckt in: EuZW 1995, S. 222; dazu EuGH, 5.10.1994, Rs. C-280/93, Bundesrepublik Deutschland/Rat, Slg. 1994, I-4973, Rdn. 7, 63 ff.

konforme Auslegung im Streitfall der Bananenmarktordnung ermöglicht. Er beschneide aber die Möglichkeit nationaler Gerichte Rechtsschutz zu gewähren, wenn Gemeinschaftsorgane untätig bleiben, weil „die Kontrolle der Untätigkeit in die ausschließliche Zuständigkeit der Gemeinschaftsgerichtsbarkeit fällt.“[71]

Port verfolgte auch vor dem Finanzgericht Hamburg das Ziel, Bananenimporte ohne Lizenzen durchzusetzen und versuchte damit, die Unanwendbarkeit der Bananenmarktordnung in Deutschland durchzusetzen. Das Finanzgericht Hamburg legte dem Europäischen Gerichtshof im Vorabentscheidungsverfahren die Frage vor, ob die Bananenmarktordnung gemäß Art. 234 EGV (a.F.) in Verbindung mit dem GATT 1947 in Deutschland unanwendbar sei.[72] Der Gerichtshof mußte diese Frage (noch) nicht entscheiden, weil „Art. 234 Abs. 1 EGV keine Anwendung findet, wenn es um die Einfuhr von Bananen aus einem Drittland geht, das nicht Partei einer völkerrechtlichen Übereinkunft ist, die Mitgliedstaaten vor dem Inkrafttreten des EG-Vertrags geschlossen haben.“[73]

Parallel zu Port erhob die Firma Atlanta vor dem Verwaltungsgericht Frankfurt Klage und rügte die Unvereinbarkeit der Bananenmarktordnung mit den Grundrechten des Gemeinschaftsrechts. Der Europäische Gerichtshof wies nach einer Vorlage gemäß Art. 177 EGV (a.F.) die Bedenken unter Hinweis auf sein Urteil vom 5. Oktober 1994 zurück und betonte die Pflicht der nationalen Gerichte, den Urteilen des Gerichtshofs zu folgen und nicht andere Maßnahmen des vorläufigen Rechtsschutzes zu treffen.[74] Aufgrund dieses Urteils entschied sich das Verwaltungsgericht Frankfurt zu einem Normenkontrollantrag nach Art. 100 Abs. 1 GG vor dem Bundesverfassungsgericht,[75] um die Vereinbarkeit der Bananenmarktordnung mit dem Grundrechtsstandard des Grundgesetzes verfassungsrechtlich zu überprüfen.[76] Nach Ansicht des VG Frankfurt verletzen die Bestimmungen die klagenden Importfirmen in ihren Grundrechten auf Eigentum (Art. 14 Abs. 1 GG), freie Berufsausübung (Art. 12 Abs. 1 GG) und Gleichbehandlung (Art. 3 Abs. 1 GG). Es wird dargelegt, das Eigentum an den Betriebsanlagen sei entwertet, weil infolge der Bananenmarktordnung die Kläger ohne Übergangsregelung nur noch weniger als die Hälfte der zuvor eingeführten Mengen an Drittlandsbananen importieren können.[77] Auch die Berufs-

[71] EuGH, 26.11.1996, Rs. C-68/95, Port IV, Slg. 1996, S. I-6065, Rdn. 46 ff, v.a. 53.

[72] Finanzgericht Hamburg, Port II, Beschluß vom 19.5.1995 –IV 119/95 H, in EuZW 1995, S. 413.

[73] EuGH, 10. 3. 1998, verb. Rs. C-364, 365/95, T. Port, Rdn. 65.

[74] EuGH, 9. 11. 1995, Rs. C-465/93, Atlanta III, Slg. 1995, S. I-3761.

[75] Vorlagebeschluß vom 24.10.1996, 1 E 798/95 (V) und 1 E 2949/93 (V), abgedruckt in: EuZW 1997, S. 182.

[76] Dazu im folgenden S. 223.

[77] BVerfGE 2BvL 1/97, Rdn. 35, 39 f.

freiheit sei dadurch verletzt, insbesondere weil eine Übergangsregelung fehle.[78] Die Gleichbehandlung sei verletzt, weil die Verordnung die Bananen-Importeure abhängig von der Herkunft der Bananen unterschiedlich behandele. Es stellte sich die Frage nach dem Anwendungsvorrang des Gemeinschaftsrechts; denn die völkerrechtliche Verpflichtung Deutschlands aus dem GATT sei ebenso wie der Grundrechtsschutz nicht gewährleistet.

Mit der Entscheidung vom 7. Juni 2000 hat der Zweite Senat des Bundesverfassungsgerichts diese Vorlage als unzulässig verworfen.[79] Das Bundesverfassungsgericht folgte damit seinen früheren Entscheidungen, Solange II[80] und Maastricht[81]: Dem Europäischen Gerichtshof komme im Rahmen des Kooperationsverhältnisses ein Vortritt bei der Gewährung des Grundrechtsschutzes zu. Allerdings obliege in dieser Kooperation dem Bundesverfassungsgericht noch immer eine Prüfungskompetenz, wenn dies zu „generellen Gewährleistung des unabdingbaren Grundrechtsstandards“ geboten erscheint.[82] Verfassungsbeschwerden und Vorlagen von Gerichten werden vom Bundesverfassungsgericht als unzulässig abgewiesen, wenn sie nicht darlegen, daß die europäische Rechtsentwicklung einschließlich der Rechtsprechung des Europäischen Gerichtshofs unter den erforderlichen grundgesetzlichen Grundrechtsstandard abgesunken sei.[83] Das Bundesverfassungsgericht führt aus, daß das Verwaltungsgericht in seiner Vorlage nicht dargetan hatte, daß die Rechtsentwicklung in der Europäischen Union mit der Bananenmarktordnung unter den Grundrechtsstandard, wie er von der deutschen Verfassung gefordert wird, gesunken sei. Die Begründung der Vorlage beruhe auf einem Mißverständnis des Maastricht-Urteils, argumentierte der Zweite Senat; denn dem Maastricht-Urteil könne nicht entnommen werden, daß das Bundesverfassungsgericht seine Prüfungs- und Verwerfungskompetenz auch auf in Deutschland wirksame Hoheitsakte der Gemeinschaft erstrecken könne.

---

[78] BVerfGE 2BvL 1/97, Rdn. 41 f.

[79] BVerfGE 2BvL 1/97, Rdn. 69.

[80] BVerfGE 73, 339 ff.

[81] BVerfGE 89, 155 ff.

[82] BVerfGE 73, 399 (387); 89, 155 (175); BVerfGE 2BvL 1/97, Rdn. 59 f; kritisch dazu *A. Emmerich-Fritsche*, Anmerkung zur Rechtsprechung des Bundesverfassungsgerichts, BVerfG, Beschluss vom 7.6.2000 – 2 BvL 1/97, BayVBl. 24 (2000), S. 756.

[83] Dazu *A. Emmerich-Fritsche*, BayVBl. 24 (2000). S. 755.

IV. Handelspolitik der EG-Mitgliedstaaten

1. Gemeinsame Handelspolitik

Die Mitgliedstaaten der Europäischen Gemeinschaft verpflichteten sich gemäß Art. 3 lit. b und Art. 131 ff. EGV zu einer gemeinsamen Handelspolitik. Diese ist auf den Außenhandel und damit die Handelsbeziehungen der Gemeinschaft mit Drittstaaten bezogen.[84] Gleichwohl ergibt sich aus dem Vertrag keine Definition des Begriffs Handelspolitik.[85] Nach Art. 133 Abs. 1 EGV wird die gemeinsame Handelspolitik „nach einheitlichen Grundsätzen gestaltet (und) gilt insbesondere für die Änderung von Zollsätzen, den Abschluß von Zoll- und Handelsabkommen, die Vereinheitlichung der Liberalisierungsmaßnahmen, die Ausfuhrpolitik und die handelspolitischen Schutzmaßnahmen, zum Beispiel im Falle von Dumping und Subventionen.“ Die gemeinsame Handelspolitik der Gemeinschaft ist einheitlich und mehr als nur eine Koordinierung der Politik der Mitgliedstaaten.[86] Die Gemeinschaft legt die einheitlichen Grundsätze fest, nach denen Handelspolitik betrieben wird, und besitzt in diesem Bereich die ausschließliche Kompetenz.[87] Diese Exklusivität ist die Voraussetzung für die Zollunion und einen funktionsfähigen gemeinsamen Markt.

Die ausschließliche Kompetenz hat der Europäische Gerichtshof in mehreren Gutachten bestätigt.[88] Er betont, daß eine konkurrierende Kompetenz der Mitgliedstaaten in der Handelspolitik unterschiedliche Positionen gegenüber Drittstaaten zur Folge hätte. Dies würde sowohl das Funktionieren der Gemeinschaft wie auch ihre Glaubwürdigkeit nach außen in Frage stellen.[89] Damit schließt der

---

[84] So *A. Bleckmann*, Zuständigkeit der EG für Maßnahmen nach Art. XX des GATT? Zum Begriff der Handelspolitik im Europäischen Gemeinschaftsrecht, RIW 1986, S. 196.

[85] *M. Herdegen*, Europarecht, 1997, Rdn. 356; *A. Bleckmann*, Europarecht. Das Recht der Europäischen Union und der Europäischen Gemeinschaften, Rdn. 1421 ff.

[86] *R. Arnold*, Außenhandelsrecht, in: M. A. Dauses, Handbuch des EG-Wirtschaftsrechts, 1999, Rdn. 15.

[87] *R. Arnold*, Außenhandelsrecht, Rdn. 17; *J. H. J. Bourgeois*, Art. 113, in: H. Groeben/J. Thiesing/C. D. Ehlermann, Kommentar zum EWG-Vertrag, 4. Aufl. 1991, Rdn. 28; *Th. Oppermann*, Europarecht, Rdn. 1732 ff.; *R. Streinz*, Europarecht, Rdn. 618 ff., v.a. 624 ff.; so *A. Bleckmann*, Zuständigkeit der EG für Maßnahmen nach Art. XX des GATT? Zum Begriff der Handelspolitik im Europäischen Gemeinschaftsrecht, RIW 1986, S. 196.

[88] EuGH 11.11.1975, Gutachen 1/75, Lokale Kosten, Slg. 1975, 1355 (1363 f.); ebenso: EuGH, 15.12.1976, Rs. 41/76, Donckerwolcke, Slg. 1976, 1921 (1937); EuGH, 4.10.1979, Gutachten 1/78, Internationales Naturkautschuk-Übereinkommen, Slg. 1979, 2871 (2910).

[89] EuGH, 4.10.1979, Gutachten 1/78, Internationales Naturkautschuk-Übereinkommen, Slg. 1979, 2811, Rdn. 45: Es „könne wegen der Unterschiede, ... zu Störungen im innergemeinschaftlichen Handelsverkehr führen.“

Gerichtshof in seiner Rechtsprechung parallele Zuständigkeiten der Mitgliedstaaten aus. Dies gilt sowohl für die Gemeinschafts- wie die Völkerrechtsordnung.[90] Auch in neueren Gutachten hat der Gerichtshof das wiederholt bestätigt und in diesem Zusammenhang die notwendig weite Interpretation des Begriffs der Handelspolitik betont: „Die Durchführung einer solchen gemeinsamen Handelspolitik verbietet eine einschränkende Auslegung dieses Begriffs".[91] Er anerkennt die in Art. 133 Abs. 1 EGV enthaltenen Aufzählung der Gegenstände der Handelspolitik als „nicht abschließend". Die Außenhandelsbeziehungen seien in einer „offenen Perspektive" zu regeln.[92]

Unabhängig davon, wie eng oder weit man Handelspolitik definiert, hat dies zur Folge, daß die Mitgliedstaaten keine Möglichkeit einer eigenständigen handelspolitischen Ausführung haben, beispielsweise eines internationalen Vertragsschlusses unter Berücksichtigung der einheitlichen Grundsätze. Der Gerichtshof führt daher aus, daß die Politik in Art. 133 EGV „zum Schutz des Gesamtinteresses der Gemeinschaft konzipiert ist" und demzufolge müssen sich „die Sonderinteressen der Mitgliedstaaten innerhalb des Rahmens, den das Gesamtinteresse setzt, einander anpassen."[93] Nationale Spielräume verbleiben nur insofern, als es das Gemeinschaftsrecht ausdrücklich vorsieht.[94]

Die Handelspolitik der Mitgliedstaaten ist in die Hände der Gemeinschaft übergegangen. Sie wird „von der Gemeinschaft autonom festgelegt, das heißt, diese handelt als Gemeinschaft durch ihre eigenen Organe".[95] Diese ausschließliche Zuständigkeit ist aber nicht mit einer „vollständigen und unwiderruflichen Zuständigkeitsübertragung" gleichzusetzen.[96] Gemäß Art. 23 Abs. 1 S. 2 GG werden die Hoheitsrechte auf die Europäische Union übertragen. Dies ermöglicht, daß die deutsche Staatsgewalt in Gemeinschaft mit den in der Europäi-

---

[90] EuGH, 19.3.1993, Gutachten 2/91, ILO-Konvention, I-1061 Rdn. 8.

[91] EuGH, 17.10.1995, Rs. C-83/94, Leifer, Slg. 1995, I-3231, Rdn. 9; ebenso: EuGH, 17.10.1995, Rs. C-70/94, Werner I, Slg. 1995, I-3189, Rdn. 8 ff.

[92] EuGH, 4.10.1979, Gutachten 1/78, Internationales Naturkautschuk-Übereinkommen, Slg. 1979, 2811, Rdn. 45.

[93] EuGH, 11.11.1975, Gutachen 1/75, Lokale Kosten, Slg. 1975, 1355, Frage 2; so auch: EuGH, 18.2.1986, Rs. 174/84, Bulk Oil, Slg. 1986, 559, Rdn. 31.

[94] *M. Herdegen*, Europarecht, Rdn. 357, der betont, daß nationale handelspolitische Maßnahmen nur ausnahmsweise erlassen werden dürfen, wenn sie durch eine besondere Ermächtigung, Verordnung o.ä. gerechtfertigt sind; EuGH, 15.12.1976, Rs. 41/76, Donckerwolcke, Slg. 1976, 1921, Rdn. 32; EuGH, 18.2.1986, Rs. 174/84, Bulk Oil, Slg. 1986, 559, Rdn. 31.

[95] EuGH, 4.10.1979, Gutachten 1/78, Naturkautschuk, Slg. 1979, 2811, Rdn. 50.

[96] So aber *K. Hailbronner*, Handkommentar zum Vertrag über die Europäische Union (EUV/EGV), 1991, Art. 113, Rdn. 3, allerdings noch vor dem Maastricht-Urteil des Bundesverfassungsgerichts, dazu ausführlich *D. I. Siebold*, Die Welthandelsorganisation und die Europäische Gemeinschaft. Ein Beitrag zur globalen wirtschaftlichen Integration, Diss. Erlangen-Nürnberg, 2001, i.E.

schen Union verbundenen Völkern ausgeübt wird. Das ist eine Umgestaltung der Ausübung der Staatsgewalt des Volkes im Sinne von Art. 20 Abs. 2 GG.[97] Das Gemeinschaftsrecht ist somit keine eigenständige Rechtsordnung,[98] sondern der gemeinschaftsrechtliche Teil der nationalen Rechtsordnung.[99] Das Gemeinschaftsrecht ist der Wille der europäischen Völker, die sich zu einer Gemeinschaft zusammengeschlossen haben und diese bleiben „Herren der Verträge".[100] Das Bundesverfassungsgericht geht davon aus, daß der Unionsvertrag „auf unbegrenzte Zeit" bindet, aber „diese Zugehörigkeit letztlich durch einen gegenläufigen Akt wieder aufgehoben (werden) kann".[101] Die gemeinsame Handelspolitik ist damit eine hoheitliche Tätigkeit der Gemeinschaft und bleibt Ausübung nationaler Staatsgewalt, wobei der Umfang durch die Gemeinschaftsverträge bestimmt wird.[102]

2. Vertragsschlußkompetenz der Europäischen Gemeinschaft

Voraussetzung zum Vertragsabschluß mit anderen Völkerrechtssubjekten ist die Fähigkeit, Träger von völkerrechtlichen Rechten und Pflichten zu sein. Gemäß Art. 281 EGV besitzt die Gemeinschaft Rechtspersönlichkeit.[103] Dem Gerichtshof folgend bedeutet Rechtspersönlichkeit, „daß die Gemeinschaft in den Außenbeziehungen die Fähigkeit, vertragliche Bindungen mit dritten Staaten einzugehen ..., besitzt."[104] Die Literatur[105] schließt daraus die Völkerrechtssub-

[97] *K. A. Schachtschneider/A. Emmerich-Fritsche*, Das Verhältnis des europäischen Gemeinschaftsrechts zum nationalen Rechts Deutschlands, DSWR 1-2 (1999), S. 19.

[98] So aber EuGH 15.7.1964, Rs. 6/64, Costa/ENEL, Slg. 1964, 1251 (1269 ff.); BVerfGE 37, 271 (277).

[99] *K. A. Schachtschneider*, Die Republik der Völker Europas, ARSP-Beiheft 71, 1997, S. 164 f., *ders.*, Die existentielle Staatlichkeit der Völker Europas und die staatliche Integration der Europäischen Union, in: W. Blomeyer/ders. (Hrsg.), Die Europäische Union als Rechtsgemeinschaft, 1995, S. 97 f., 101 ff.; a.A. der Europäische Gerichtshof, der die Gemeinschaftsrechtsordnung als autonome Rechtsquelle bezeichnet: EuGH, 15.7.1964, Rs. 6/64, Costa/ENEL, Slg. 1964, 1251 (1269 ff.).

[100] BVerfGE 73, 339 (374 f); 89, 155 (190).

[101] BVerfGE 89, 155 (190).

[102] *K. A. Schachtschneider*, Die Republik der Völker Europas, S. 163.

[103] Dies gilt auch für die beiden anderen Gemeinschaften (Art. 184 EAGV und Art. 6 Abs. 2 EGKSV); nach *R. Streinz*, Europarecht, 4. Aufl. 1999, Rdn. 590, ist mit Rechtspersönlichkeit die völkerrechtliche gemeint; denn Art. 282 EGV regelt die privatrechtliche Rechts- und Geschäftsfähigkeit in jedem Mitgliedstaat.

[104] EuGH, 31.3.1971, Rs. 22/70, AETR, Slg. 1971, 263, Rdn.13/14; EuGH, 14.7.1976, Verb. Rs. 3,4, u. 6/1976, Kramer, Slg. 1976, 1279, Rdn. 17/18 spricht von der „Fähigkeit, völkerrechtliche Verpflichtungen einzugehen".

[105] *R. Streinz*, Europarecht, Rdn. 590; *A. Bleckmann*, Europarecht, Rdn. 1381; *Th. Oppermann*, Europarecht, Rdn. 1681 ff.

jektivität der Gemeinschaft. Die Rechtspersönlichkeit der Europäischen Gemeinschaft ist weltweit anerkannt, insbesondere zwischen den Vertragsparteien des GATT.[106] Die rechtswissenschaftliche Literatur gesteht der Europäischen Union keine Völkerrechtssubjektivität zu, weil sie völkerrechtlich vielmehr durch ihre Mitgliedstaaten oder die Europäischen Gemeinschaften handlungsfähig werde.[107] Deshalb hat auch nur die Gemeinschaft Mitgliedschaft in internationalen Organisationen erworben.[108]

Zur Ausübung der Außenkompetenz, der völkerrechtlichen Handlungsfähigkeit, bedarf die Gemeinschaft einer Ermächtigungsnorm ihrer eigenen Rechtsordnung.[109] Diese ergibt sich aus den Art. 133, Art. 300 ff., Art. 310 EGV, die bereits indirekt die Völkerrechtsfähigkeit der Gemeinschaft voraussetzen. Der Umfang der Befugnisse des völkerrechtlichen Handelns bestimmt sich durch die materiellen Vorschriften der im EG-Vertrag festgelegten Befugnisse und ist auf die im ersten Teil des Vertrages, den der sechste ergänzt, umschriebenen Ziele der Gemeinschaft beschränkt.[110] Der Gerichtshof erweitert zudem die Befugnis der Gemeinschaft zum Abschluß internationaler Abkommen, die sich aus anderen Vertragsbestimmungen und aus in ihrem Rahmen ergangenen Rechtsakten der Gemeinschaftsorgane ergeben würden.[111]

---

[106] EuGH, 12.12.72, Verb. Rs 21-24/72, International Fruit Company, Slg. 1972, 1219.

[107] Das Bundesverfassungsgericht negiert die Rechtspersönlichkeit der Europäischen Union, BVerfGE 89, 155 (195): „Die Union besitzt nach Auffassung der Bundesregierung weder im Verhältnis zu den Europäischen Gemeinschaften noch zu den Mitgliedstaaten eine gesonderte Rechtspersönlichkeit."

[108] *B. Simma/Ch. Veddar*, Art. 210 in: E. Grabitz/M. Hilf (Hrsg.), Das Recht der Europäischen Union, Kommentar, 1999, Rdn. 6 ff. „EU als nicht eigenständiges Völkerrechtssubjekt"; a.A: *K. A. Schachtschneider*, Das Verfassungsrecht der Europäischen Union, Manuskript 2000, S. 65 ff., der auch der Europäischen Union Rechtsubjektivität zugesteht; denn die Rechtssubjektivität folgt aus der Organisation, den Kompetenzen und der Unabhängigkeit der Organisation von den Trägern des Rechtssubjekts.

[109] BVerfGE 89, 155 (198) unter Verweis auf Art. 3 b Abs. 1 EGV (a.F.).

[110] EuGH, 31.3.1971, Rs. 22/70, AETR, Slg. 1971, 263, Rdn.13/14; EuGH, 14.7.1976, Verb. Rs. 3,4, u. 6/1976, Kramer, Slg. 1976, S. 1279, Rdn. 17/18.

[111] EuGH, 31.3.1971, Rs. 22/70, AETR, Slg. 1971, 263, Rdn.15/19, wonach Innen- und Außenkompetenz grundsätzlich einander entsprechen; EuGH, 14.7.1976, Verb. Rs. 3,4, u. 6/1976, Kramer, Slg. 1976, S. 1279, Rdn. 19/20.

3. Vertragsabschluß und Status der Europäischen Gemeinschaft im GATT 1947

Das GATT 1947 war ein völkerrechtlicher Vertrag, der für seine Vertragspartner bindende Wirkung entfaltet hat.[112] Jedoch wurde nicht die Gemeinschaft, sondern nur die EG-Mitgliedstaaten, zum Teil noch vor der Gründung oder vor dem Beitritt zur Europäischen Gemeinschaft, Vertragsparteien dieses Abkommens.[113] Das in Art. XXXIII GATT 1947 vorgesehene Beitrittsverfahren hat für die Europäische Gemeinschaft nicht stattgefunden.[114] Obwohl, und das ist zu betonen, dieser GATT-Artikel durchaus für „jede Regierung, die im Namen eines gesonderten Zollgebiets handelt, das in der Wahrnehmung seiner Außenhandelsbeziehungen und hinsichtlich der übrigen in diesem Abkommen behandelten Fragen völlige Handlungsfreiheit besitzt“, die Möglichkeit einer Mitgliedschaft vorsieht. Das GATT 1947 ist kein von der Gemeinschaft nach Art. 300 EGV abgeschlossener völkerrechtlicher Vertrag und kann daher nicht aus Art. 300 EGV heraus verbindlich sein.

Der rechtliche Status der Europäischen Gemeinschaft im GATT 1947 war alles andere als eindeutig.[115] Im allgemeinen wurde der Gemeinschaft eine defacto-Mitgliedschaft zugeschrieben,[116] die sich von der formellen Mitgliedschaft wie die der Mitgliedstaaten der Gemeinschaft unterscheidet.[117] Die Gemein-

---

[112] Art. 26 WVK lautet: „pacta sunt servanda“.

[113] In Klammer jeweils der Zeitpunkt des EG-Beitritts: Die Niederlande (1957), Belgien (1957), Luxemburg (1957), Frankreich (1957) und Großbritannien (1973) wendeten das GATT bereits seit dem 1.1.1948 an. Dänemark (1973), Griechenland (1981) und Italien (1957) traten dem GATT 1950 aufgrund des Beitrittsprotokolls von Annecy, Deutschland (1957) 1951 aufgrund des Beitrittsprotokolls von Torquay, Portugal (1986) 1962, Spanien (1986) 1963 sowie Irland (1973) 1967 bei. Finnland (1995) und Schweden (1995) wurden 1950, Österreich (1995) 1951 Mitglied des GATT 1947.

[114] Danach sind Beitrittsbedingungen zwischen der beizutretenden Regierung und den Vertragsparteien zu vereinbaren; wobei eine Mehrheit von zwei Dritteln der Vertragsparteien diesen Beschlüssen zustimmen muß.

[115] *B. Kempen*, Deutschland als Vertragspartei des GATT und als Mitglied der Europäischen Gemeinschaften, S. 419; *M. Hilf*, Die Anwendung des GATT im deutschen Recht, in: ders./E.U. Petersmann (Hrsg.), GATT und Europäische Gemeinschaft, S. 21.

[116] *W. Benedek*, Die Rechtsordnung des GATT aus völkerrechtlicher Sicht, S. 196 ff.; *B. Kempen*, Deutschland als Vertragspartei des GATT und als Mitglied der Europäischen Gemeinschaften, S. 419; *Ch. Schmid*, Immer wieder Bananen: Der Status des GATT/WTO-Systems im Gemeinschaftsrecht, NJW 4 (1998), 192.

[117] *R. Senti*, GATT. Allgemeines Zoll- und Handelsabkommen als System der Welthandelsordnung, 1986, S. 365 ff.; *C. D. Ehlermann*, Die innergemeinschaftliche Anwendung der Regeln des GATT in der Praxis der EG, in: M. Hilf/E.-U. Petersmann (Hrsg.), GATT und Europäische Gemeinschaft, 1986, S. 204.

schaft wird als Vertragspartei sui generis des GATT 1947 bezeichnet.[118] Sie war bis zuletzt durch die EG-Kommission in den GATT-Organen vertreten, die dort wie ein Vertreter einer formellen Vertragspartei agierte.[119] Auch umgekehrt haben die anderen formellen Vertragsparteien die Europäische Gemeinschaft wie eine solche behandelt. Der Grund dafür ist in der gemeinschaftlichen Ausübung der GATT-bezogenen Befugnisse der Mitgliedstaaten durch die Europäische Gemeinschaft im Bereich der Handelspolitik (Art. 131 ff. EGV) zu sehen, was vor allem durch die Einführung eines gemeinsamen Zolltarifs seit 1. Juli 1968 zum Ausdruck kommt. Ernst-Ulrich Petersmann sieht eine Mitwirkung der Gemeinschaft im GATT indirekt bereits durch die im Gemeinschaftsvertrag in den Art. 27[120] und Art. 131 EGV festgelegten Ziele der gemeinsamen Handelspolitik impliziert.[121] Es ist demnach gemeinschaftsrechtliche Pflicht „im gemeinsamen Interesse zur harmonischen Entwicklung des Welthandels, zur schrittweisen Beseitigung der Beschränkungen im internationalen Handelsverkehr und zum Abbau der Zollschranken beizutragen“. Dem entsprechend wirkte die EG-Kommission in nahezu allen GATT-Organen mit.[122]

Der Gerichtshof stellte fest, daß „die Gemeinschaft im Laufe der Übergangszeit und in vollem Umfang am Ende derselben die mit der Zoll- und Handelspolitik verbundenen Aufgaben übernommen hat. Bei der Übertragung ihrer Befugnisse auf die Gemeinschaft haben die Mitgliedstaaten ihren Willen erkennen lassen, die Gemeinschaft an die aufgrund des GATT eingegangenen Verpflichtungen zu binden.“[123] Noch deutlicher äußert der Gerichtshof seine Sichtweise in einem Urteil aus dem Jahre 1983: „Die Gemeinschaft (ist) hinsichtlich der Erfüllung der Verpflichtungen aus dem GATT mit Wirkung vom 1. Juli 1968, ... an die Stelle der Mitgliedstaaten getreten.“[124]

In der Literatur wird, die Sichtweise des Gerichtshofs auslegend, von einer „Funktionsnachfolge“ der Gemeinschaft in die völkerrechtlichen Rechtspositio-

---

[118] *E.-U. Petersmann*, Die EWG als GATT-Mitglied, S. 128; *M. Hilf*, Die Anwendung des GATT im deutschen Recht, S. 11 ff., 20 ff.; *C. D. Ehlermann*, Die innergemeinschaftliche Anwendung der Regeln des GATT in der Praxis der EG, S. 203 ff.

[119] Dazu *W. Benedek*, Die Rechtsordnung des GATT aus völkerrechtlicher Sicht, S. 191.

[120] Die Zielsetzung der Kommissionsaufgaben geht in lit.a aus von „der Notwendigkeit, den Handelsverkehr zwischen den Mitgliedstaaten und dritten Ländern zu fördern.“

[121] *E.-U. Petersmann*, Die EWG als GATT-Mitglied, S. 125.

[122] Ausnahme war der Budgetausschuß, weil die Beiträge zum GATT die EG-Staaten aus ihren nationalen Haushalten zu tragen haben, dazu: *E.-U. Petersmann*, Die EWG als GATT-Mitglied, S. 127.

[123] EuGH, 12.12.1972, Verb. Rs 21-24/72, International Fruit Company, 1219, Rdn. 14/18.

[124] EuGH, 16.3.1983, Verb. Rs. 267-269/81, SPI/SAMI, Slg. 1983, 801, Rdn. 19.

nen der Mitgliedstaaten gesprochen.[125] Unter Berücksichtigung der hoheitlichen Tätigkeit der Gemeinschaft müßte aber eigentlich genauer von einer gemeinschaftlichen Funktionsausübung gesprochen werden. Diese Zuständigkeitsverlagerung in GATT-Angelegenheiten wurde von den anderen Vertragspartnern des GATT 1947 (stillschweigend) anerkannt.[126] Die EG-Kommission übte nahezu alle Rechte und Pflichten der EG-Staaten aus dem GATT im Namen der Europäischen Wirtschaftsgemeinschaft aus. Seit 1960 bereits handelte die EG-Kommission die Zusatzabkommen aus und schloß diese entweder als gemischte Abkommen, meist aber als Gemeinschaftsabkommen, allein ab.[127] In den völkerrechtlichen Außenbeziehungen trat die Gemeinschaft wie eine Vertragspartei auf, jedoch nicht wie ein eigener, existentieller Staat,[128] sondern in gemeinschaftlicher Ausübung der Außenhandelsbeziehungen als eine zu „eigenem hoheitlichen Handeln befähigte Staatengemeinschaft" handelnd.[129]

Ebenso die Tatsache, daß Streitbeilegungsverfahren im Laufe der Jahre fast ausnahmslos von der Gemeinschaft gemäß Art. XXIII GATT eingeleitet oder gegen die Gemeinschaft, nicht mehr aber gegen die Mitgliedstaaten durchgeführt wurden, erweist diese Verlagerung der Rechte und Pflichten, aber auch, daß die Gemeinschaft im Rahmen des GATT durchaus als „haftbar" gesehen wurde.[130] Der dargelegte rechtliche Status der Gemeinschaft im GATT 1947 sowie die Rechtsprechung des Gerichtshofs lassen erkennen, daß die Gemeinschaft selbst an das GATT 1947 gebunden ist,[131] obgleich das GATT-Abkommen als völkerrechtlicher Vertrag nicht von der Gemeinschaft ratifiziert wurde, also kein Gemeinschaftsabkommen gemäß Art. 300 EGV darstellt.

---

[125] *W. Schroeder/M. Selmeyr*, Die EG, das GATT und die Vollzugslehre, JZ 7 (1998), S. 344, *Ch. Schmid*, NJW 4 (1998), S. 192; *R. Streinz*, Europarecht, Rdn. 598.

[126] Aber es wurde diesem nicht förmlich zugestimmt. Das nach Art. XXIV GATT vorgesehene Verfahren über die Bildung von Zollunionen zwischen einzelnen GATT-Vertragsstaaten ist nicht abgeschlossen worden; dazu auch EuGH, 12.12.1972, Verb. Rs. 21-24/72, Slg. 1972, International Fruit Company, 1219 (1228).

[127] So sind beispielsweise die Kodizes des Tokio-Runde mit Ausnahme von den Übereinkommen über Zivilluftfahrt und technische Handelshemmnisse alleine von der EG abgeschlossen worden.

[128] BVerfGE 89, 155 (182, 212).

[129] BVerfGE 89, 155 (182).

[130] 1958, kurz nach der Gründung der Europäischen Wirtschaftsgemeinschaft, wurden die Streitbeilegungsverfahren noch gegen die einzelnen Mitgliedstaaten geführt, wie Italien – Discrimination against imported agricultural machinery (BISD 7S/60); Frankreich – Assistance to exports of wheat and wheat flour (BISD 7S/46); ebenso noch zuletzt 1962 gegen Frankreich – Import restrictions (BISD 11S/94); ab 1963 wurde erstmals ein Verfahren von der Europäischen Wirtschaftsgemeinschaft eingeleitet: United States / EEC negotiation on poultry (BISD 12S/65).

[131] Dazu auch S. 236 ff.; EuGH, 12.12.1972, Verb. Rs. 21-24/72, Slg. 1972, International Fruit Company, 1219, Rdn. 14/18; *Th. Oppermann*, Europarecht, 2. Aufl. 1999, Rdn. 224.

4. Vertragsabschluß und Status der Europäischen Gemeinschaft in der WTO

Die rechtliche Existenz des GATT 1947 endete am 31. Dezember 1995.[132] Genau ein Jahr zuvor, am 1. Januar 1995 ist das Übereinkommen zur Errichtung der Welthandelsorganisation in Kraft getreten. Die WTO ist jedoch rechtlich nicht Nachfolgeorganisation des GATT 1947.[133] Ursprüngliche Mitgliedschaft in der WTO konnten nur diejenigen Staaten erwerben, die Vertragsparteien des GATT 1947 waren. Jedoch bestimmen die Art. XIV und XI Abs. 1 Satz 1 WTOÜ explizit, daß neben den bestehenden Vertragsparteien des GATT 1947 auch „die Europäischen Gemeinschaften, die dieses Übereinkommen annehmen (...), ursprüngliche Mitglieder der WTO (werden)." Das WTO-Übereinkommen spricht von „Europäischen Gemeinschaften". Nach dem Urteil des Europäischen Gerichtshofs vom November 1994 über die Zuständigkeit für den Abschluß des WTO-Abkommens wurde dieses im Dezember 1994 jedoch nicht von EGKS und EURATOM, sondern nur von der Europäischen Gemeinschaft und den EG-Mitgliedstaaten unterzeichnet. Trotzdem wird die Europäische Gemeinschaft häufig von der WTO im Plural benannt.[134]

Mit der Verabschiedung der WTO und der Ratifizierung durch die Europäische Gemeinschaft ist deren im GATT 1947 unsichere rechtliche Stellung beendet und die Gemeinschaft eindeutig als förmliches Mitglied bestimmt worden. Durch den Beitritt der Europäischen Gemeinschaft zur WTO ist sie aufgrund Art. XII WTOÜ gleichzeitig Mitglied im GATT 1994, GATS und TRIPS geworden.[135] Die Gemeinschaft ist damit als einzige Regionalorganisation und Nicht-GATT 1947-Vertragspartei ursprüngliches Mitglied. Die Mitgliedschaft der Mitgliedstaaten der Europäischen Gemeinschaft in der WTO wäre nicht praktikabel, aber auch rechtlich nicht ausreichend, wenn nicht auch die Gemeinschaft selbst den formellen Mitgliedstatus hätten, weil nur diese gemeinschaftsrechtlich handlungsbefugt ist, zumal die Gemeinschaft Rechtspersönlichkeit besitzt.

Die Zuständigkeit für den Abschluß des WTO-Abkommens war zwischen der Gemeinschaft und den Mitgliedstaaten ungeklärt und strittig. Beim Abschluß der Uruguay-Runde kam es zwischen Rat und Kommission zu einer Meinungsverschiedenheit in der Frage der Rechtsgrundlage. Die Wahl der Rechtsgrundlage war für beide Organe ein wichtiges Thema, weil davon die

---

[132] WTO-Focus, Nr. 7, 12/95, S. 2.

[133] *K. Ipsen/U. Haltern*, Rule of Law in den internationalen Wirtschaftsbeziehungen. Die Welthandelsorganisation, RIW 9 (1994), S. 719.

[134] So sprechen Panelberichte von den „European Communities".

[135] Beschluß des Rates 94/800 EG vom 22. Dezember 1994 in bezug auf die in die Zuständigkeit der EG fallenden Bereiche (ABlEG 1994, Nr. L 336, S. 1 samt Anlagen).

Verteilung der Zuständigkeiten zwischen der Gemeinschaft und ihren Mitgliedstaaten abhängt. Dem Wortlaut des alten Art. 113 waren die Tätigkeitsbereiche der Handelspolitik nicht eindeutig zu entnehmen.[136] Die Kommission allein führte die Verhandlungen im Namen der Gemeinschaft und der Mitgliedstaaten.[137] Das WTO-Abkommen wurde vom Präsidenten des Rates und von einem Kommissionsmitglied unterzeichnet. Gleichzeitig aber unterzeichneten auch die Mitgliedstaaten mit der Begründung, das Abkommen beträfe ebenfalls nationale Zuständigkeiten.[138] Die Kommission jedoch beabsichtigte bei Abschluß der Uruguay-Runde unter Hinweis auf das Gutachten 1/76, daß die Gemeinschaft das gesamte Vertragswerk der WTO alleine unterzeichnet und beantragte zu dieser Fragestellung ein Gutachten des Gerichtshofs gemäß Art. 300 Abs. 6 EGV.[139]

Der Gerichtshof teilte jedoch die Ansicht der Kommission nicht. Seine Stellungnahme deckte sich in weiten Teilen mit den vom Rat und von den Mitgliedstaaten vertretenen Auffassungen. Demnach besitzt die Gemeinschaft nur für den Abschluß der Übereinkünfte in der Handelspolitik gemäß Art. 113 EGV (a.F.) die alleinige Zuständigkeit.[140] Für den Abschluß des GATS und TRIPS sind die Zuständigkeiten zwischen der Gemeinschaft und ihren Mitgliedstaaten geteilt.[141] Der Gerichtshof wies den Ergebnissen der Uruguay-Runde faktisch den Status eines gemischten Abkommens zu. Er räumte jedoch ein, daß dies hinsichtlich des Auftretens der Gemeinschaft innerhalb der WTO zu Komplikationen führen könne, und erinnerte die Organe daher an ihre Pflicht zusammenzuarbeiten, um in Fällen, in denen bei einem Übereinkommen mit Drittstaaten

---

[136] Nach *J. H. J. Bourgeois*, Art. 113, in: H. Groeben/J. Thiesing/C. D. Ehlermann: Kommentar zum EWG-Vertrag, 4. Aufl. 1991, Rdn. 7 ff. stellt sich die Frage, ob Art. 113 nur den Warenverkehr oder auch Personenverkehr, die Niederlassung, Dienstleistung oder Kapitalverkehr umfaßt.

[137] EuGH, 15.11.1994, Gutachten 1/94, WTO, GATS, TRIPS, Slg. 1994, I-5267, (5282).

[138] Diese Verfahren wurde vom Rat und Vertretern der Mitgliedstaaten auf einer Tagung am 7./8.3.1994 beschlossen.

[139] EuGH, 26.4.1977, Gutachten 1/76, Stilllegungsfonds, Slg. 1977, S. 741; EuGH, 15.11.1994, Gutachten 1/94, WTO, GATS, TRIPS, Slg. 1994, I-5267.

[140] EuGH, 15.11.1994, Gutachten 1/94, WTO, GATS, TRIPS, Slg. 1994, I-5267, (5399).

[141] Die Frage der Zuständigkeit der Gemeinschaft für den Abschluß des WTO-Abkommens, insbesondere des GATS und TRIPS, ist von der Kommission gemäß Art. 228 Abs. 6 EGV (a.F.) dem Gerichtshof vorgelegt worden. Nach Ansicht der Kommission besteht ausschließliche Zuständigkeit der Gemeinschaft aufgrund gemeinsamer Handelspolitik oder „genauer, der Parallelität der internen und der externen Zuständigkeiten" (EuGH, 15.11.1994, Gutachten 1/94, WTO, GATS, TRIPS, Slg. 1994, I-5267, (5285)) oder nach Art. 100a (a.F.) und 235 EGV (a.F.) eine ausschließliche Zuständigkeit. Nach Ansicht der Mitgliedstaaten ist die Zuständigkeit geteilt.

Fragen der gemischten Zuständigkeit berührt würden, eine einheitliche Vertretung sicherzustellen.[142]

Dieses Gutachten macht deutlich, daß eine eigenständige nationale, und damit auch deutsche, Außenhandelspolitik zumindest im Bereich des Warenverkehrs, aber auch weiten Bereichen des Dienstleistungssektors unmöglich geworden ist. Sie wird von der gemeinsamen, mit den anderen EG-Mitgliedstaaten ausgeübten Handelspolitik bestimmt. Der Amsterdamer Vertrag erweitert Art. 133 um Absatz 5 und gibt dem Rat mit einer „kann"-Bestimmung die Möglichkeit, die gemeinsame Handelspolitik auf „internationale Verhandlungen und Übereinkünfte über Dienstleistungen und Rechte des geistigen Eigentums auszudehnen". Damit folgt die Amsterdamer Fassung des EG-Vertrags sowohl der neueren Rechtsprechung des Gerichtshofs, wonach eine gemeinsame Handelspolitik eine einschränkende Auslegung des Begriffs verbietet,[143] als auch letztlich der Ansicht der Kommission im Streit um die Zuständigkeit beim Abschluß des WTO-Übereinkommens.[144]

V. Das GATT 1947 im Gemeinschaftsrecht

Obwohl das GATT 1947 seit 1. Januar 1996 nicht mehr in Kraft und durch die Welthandelsorganisation ersetzt worden ist, ist es für die Beurteilung des Verhältnisses von WTO- und Gemeinschaftsrecht unerläßlich, die „alte", durch europäische Gerichtsentscheidungen manifestierte Beziehung von GATT 1947 und Gemeinschaftsrecht aufzuzeigen; denn sie wird unter der WTO fortgeführt.

1. Bindung an das GATT 1947-Recht

Nach Ansicht des Europäischen Gerichtshofs,[145] der Kommission[146] und der Mitgliedstaaten[147] war die Gemeinschaft an die Verpflichtungen aus dem All-

---

[142] EuGH, 15.11.1994, Gutachten 1/94, WTO, GATS, TRIPS, Slg. 1994, I-5267, Rdn. 109.

[143] EuGH, 17.10.1995, Rs. C-83/94, Leifer, Slg. 1995, I-3231, Rdn. 9; ebenso: EuGH, 17.10.1995, Rs. C-70/94, Werner I, Slg. 1995, I-3189, Rdn. 8 ff.

[144] Hätte dieser Absatz 5 schon zum Zeitpunkt des Abschlusses des WTO-Übereinkommens bestanden, so wäre es fraglich gewesen, ob nicht die Gemeinschaft das WTO-Übereinkommen ohne die EG-Mitgliedstaaten, in ausschließlicher Zuständigkeit, hätte unterzeichnen können.

[145] Grundlegend EuGH, 12.12.1972, International Fruit Company, Verb. Rs. 21-24/72, Slg. 1972, 1219, Rdn. 10-18; ebenso EuGH, 19.11.1975, Nederlandse Spoorwegen, Rs. 38/75, Slg. 1975, 1439, Rdn. 21 f.; EuGH, 16.3.1983, SIOT, Rs. 266/81, Slg. 1983, 731 (732).

gemeinen Zoll- und Handelsabkommen gebunden. Dies ist, wie beschrieben, sowohl durch den (rechtlich nicht exakt bestimmbaren) Status der Europäischen Gemeinschaft im GATT 1947, als auch durch die Übertragung der Befugnisse der Handelspolitik von den Mitgliedstaaten auf die Gemeinschaft begründet.

Die Mitgliedstaaten selbst sind trotz Übertragung der handelspolitischen Hoheit Vertragsparteien des GATT 1947 geblieben. Sie sind nach wie vor gegenüber den anderen Vertragspartnern des GATT 1947 gebunden und verpflichtet, den Vertrag einzuhalten. Aus der Übertragung ergibt sich auch eine Bindung der Gemeinschaft an das GATT und damit die völkerrechtliche Verpflichtung der Gemeinschaft gegenüber den anderen Vertragsparteien, das GATT zu befolgen und Verletzungen des GATT zu unterlassen.[148] Die Gemeinschaft übt die Hoheitsrechte der Mitgliedstaaten, also deren Staatsgewalt, gemeinschaftlich aus.[149] Ihre Organe sind in die staatliche Organisation der Mitgliedstaaten integriert. Die Gemeinschaft hat folglich keine Rechte und Pflichten, welche über die Rechte und Pflichten, die Staatlichkeit, ihrer Mitglieder oder eben deren Staatsgewalt hinausgehen oder diese unterschreiten, wenn und insoweit ihr die Hoheitsrechte zur Ausübung übertragen worden sind, wie im Bereich der Handelspolitik. So wie die ihre Hoheitsrechte übertragenden Mitgliedstaaten den Vertragsparteien des GATT 1947 verpflichtet waren, so ist es auch die Gemeinschaft, der die Ausübung dieser völkerrechtlich gebundenen Hoheitsrechte übertragen worden ist. Der Gerichtshof folgert daher richtig, daß bei der Übertragung dieser Befugnisse auf die Gemeinschaft die Mitgliedstaaten ihren Willen haben erkennen lassen, die Gemeinschaft an die durch das GATT eingegangenen Verpflichtungen zu binden. „Soweit die Gemeinschaft aufgrund des EWG-Vertrags früher von den Mitgliedstaaten im Anwendungsbereich des GATT ausgeübte Befugnisse übernommen hat, ist sie an die Bestimmungen dieses Abkommens gebunden.“[150]

Auch aus dem Gemeinschaftsrecht war die Bindung an das GATT 1947 ablesbar. In der Maastrichter Fassung verpflichtete Art. 229 EGV die Kommission

---

[146] Aus den Stellungnahmen der Verfahren International Fruit Company (EuGH, 12.12.1972, Verb. Rs. 21-24/72, Slg. 1972, 1219 (1225)) und Nederlandse Spoorwegen (EuGH, 19.11.1975, Rs. 38/75, Slg. 1975, S. 1439 (1443) geht diese Ansicht der Kommission klar hervor.

[147] Im Verfahren SIOT (EuGH, 16.3.1983, Rs. 266/81, Slg. 1983, 731 (766 f.)) werden die Ansichten Deutschlands, Italiens und Großbritanniens erkennbar.

[148] EuGH, 26.10.1982, Rs. 104/81, Kupferberg I, Slg. 1982, 3641, Rdn. 11.

[149] Dazu *K. A. Schachtschneider*, Die existentielle Staatlichkeit der Völker Europas, S. 87 ff., 95 ff.; *ders.*, Die Republik der Völker Europas, S. 161; *D. I. Siebold*, Die Welthandelsorganisation und die Europäische Gemeinschaft. Ein Beitrag zur globalen wirtschaftlichen Integration, 3. Teil.

[150] EuGH, 12.12.1972, Verb. Rs. 21-24/72, International Fruit Company, Slg. 1972, 1219 (1228).

ausdrücklich, „alle zweckdienlichen Beziehungen zu den Organen ... des Allgemeinen Zoll- und Handelsabkommen“ zu unterhalten. Bemerkenswert ist, daß die Amsterdamer Fassung des Art. 302 das Welthandelsabkommen nicht mehr erwähnt. Die in der WTO explizit bestimmte Mitgliedschaft der Gemeinschaft vermag die Änderung zu erklären. Eine Bestätigung findet sich darin, daß der Art. 229 EGV (a.F.) nicht als eine Grundlage gesehen wird, mit der sich eine Mitgliedschaft der Gemeinschaft in internationalen Organisationen begründen läßt. Kommentierungen verweisen darauf, daß es um Verbindungen gehe, „die unterhalb der Schwelle der Mitgliedschaft liegen“.[151] Art. 131 EGV schreibt aber die aktive Mitwirkung an der internationalen Handelsliberalisierung ausdrücklich vor; denn „die Mitgliedstaaten beabsichtigen, im gemeinsamen Interesse zur harmonischen Entwicklung des Welthandels beizutragen.“

Ganz deutlich äußert sich der Gerichtshof in seinem Urteil SPI/SAMI, in dem er das GATT als einen für die Gemeinschaft verbindlichen Vertrag anerkennt,[152] der entsprechend der gemeinsamen Handelspolitik innerhalb der Gemeinschaft einheitlich auszulegen ist, er umgeht jedoch richtigerweise auch in diesem Urteil die Feststellung zu treffen, daß die Europäische Gemeinschaft „Vertragspartei“ des GATT geworden sei. Die Auslegung der GATT-Vorschriften fällt, ebenso wie die gemeinschaftsrechtlichen Vorschriften „in die Vorabentscheidungszuständigkeit des Gerichtshofs nach Art. 177 EWG-Vertrag.“[153]

2. Unmittelbare Anwendbarkeit des GATT 1947

An die Entstehung von GATT-Verpflichtungen im Gemeinschaftsrecht knüpft der Europäische Gerichtshof keine Folgerungen für oder gegen eine unmittelbare Anwendbarkeit der Vorschriften des GATT. Die Bindung der Gemeinschaftsrechtsordnung an das GATT allein rechtfertige noch nicht, die Ungültigkeit einer Gemeinschaftshandlung im Sinne von Art. 234 EGV vor einem Gericht geltend zu machen, sondern dafür sei es erforderlich, daß die GATT-Bestimmungen ein Recht des Gemeinschaftsangehörigen begründen können.[154] Zur Erklärung greift der Gerichtshof auf den Sinn, Aufbau und Wortlaut des

[151] *M. Schröder*, Beziehung zu internationalen Organisationen, in: H. Groeben/ J. Thiesing/C. D. Ehlermann, Kommentar EU/EG-Vertrag, 5. Aufl. 1997, Rdn. 3.

[152] EuGH, 16.3.1983, Verb. Rs. 267-269/81, SPI/SAMI, Slg. 1983, S. 801, Rdn. 14.

[153] EuGH, 16.3.1983, Verb. Rs. 267-269/81, SPI/SAMI, Slg. 1983, 801, Rdn. 19 f.; bestätigend: EuGH, 16.3.1993, Rs. 290-291/81, Singer/Geigy, Slg. 1983, 847, Rdn. 6.

[154] EuGH, 12.12.1972, Verb. Rs. 21-24/72, International Fruit Company, Slg. 1972, 1219, Rdn. 27.

GATT zurück.[155] Er argumentiert, daß das Abkommen in der „... Präambel auf der Grundlage der Gegenseitigkeit und zum gemeinsamen Nutzen ausgehandelt wurde ... (und) durch die große Geschmeidigkeit seiner Bestimmungen gekennzeichnet ist“.[156] Ein Vertrag, so der Gerichtshof weiter, darf jedoch nicht vage formuliert sein, wenn er die unmittelbare Anwendbarkeit von völkerrechtlichen Normen erfüllen will.[157] Als Voraussetzung der unmittelbaren Anwendbarkeit hat der Gerichtshof gefordert, daß die Bestimmungen klar, rechtlich vollkommen, ohne Ermessensspielraum und ohne Befristung sein müßten.[158] Zudem müßten sich an die Normen bestimmte Rechtsfolgen knüpfen lassen.

Mit diesen genannten Voraussetzungen hat der Gerichtshof gleichzeitig aber auch erklärt, daß grundsätzlich das Völkervertragsrecht in der Gemeinschaftsrechtsordnung Gültigkeit erlangt, daß völkervertragliche Bestimmungen bei klarer und hinreichend eindeutiger Fassung unmittelbar anwendbar sind und sogar Rechte für einzelne erzeugen.[159]

Der Europäische Gerichtshof verneint jedoch jede innergemeinschaftliche Wirkung des GATT als völkerrechtlichem Vertrag, weil diese Regelungen nicht das erforderliche Maß an Bestimmtheit erreichen würden.[160] Einerseits anerkennt er, „daß die Gemeinschaft an die Bestimmung dieses Abkommens (GATT) gebunden ist“.[161] Andererseits aber ist das GATT „durch die große Flexibilität seiner Bestimmungen gekennzeichnet, insbesondere derjenigen, die die Möglichkeiten einer Abweichung, die Maßnahmen, die bei außergewöhnli-

---

155 EuGH, 12.12.1972, Verb. Rs. 21-24/72, International Fruit Company, Slg. 1972, 1219, Rdn. 21.

156 Gerade diese „Geschmeidigkeit“, ja sogar dieselben Worte finden sich auch in Art. 18 EGV der Maastrichter Fassung, der allerdings in der Amsterdamer Fassung aufgehoben wurde, aber als nennenswertes Beispiel verbleibt: „Die Mitgliedstaaten sind bereit, ...zum Abbau der Handelsschranken durch den Abschluß von Abkommen beizutragen, die auf der Grundlage der Gegenseitigkeit und zum gemeinsamen Nutzen ...“.

157 EuGH, 24.10.73, Rs. 9/73, Schlüter, Slg. 1973, 1135 (1157).

158 EuGH, 5.2.1963, Rs. 26/62, van Gend & Loos, Slg. 1963, 1 (25 f); *R. Arnold*, Außenhandelsrecht, Rdn. 32.

159 EuGH, 5.2.1963, Rs. 26/62, van Gend & Loos, Slg. 1963, 1 (25); *W. Schroeder/M. Selmeyr*, JZ 7 (1998), S. 344.

160 EuGH, Rs. 21-24/72, International Fruit Company, Slg. 1972, 1219, Rdn. 21, 25 und 26; EuGH, 24.10.1973, Rs. 9/73, Schlüter, Slg. 1973, 1135, Rdn. 29; EuGH, 16.3.1983; Rs. 266/81, SIOT, Slg. 1983, 731, Rdn. 28, EuGH, Verb. Rs. 267-269/81, SPI/SAMI, Slg. 1983, 801, Rdn. 23; zuletzt: EuGH, 5.10.1994, Rs. C-280/93, Bundesrepublik Deutschland/Rat, Slg. 1994, I-4973, Rdn. 103 ff.

161 EuGH, 5.10.1994, Rs. C-280/93, Bundesrepublik Deutschland/Rat, Slg. 1994, I-4973, Rdn. 105.

chen Schwierigkeiten getroffen werden können, und die Beilegung von Streitigkeiten zwischen den Vertragsparteien betreffen."[162]

Dem Streitbeilegungsverfahren des GATT 1947 spricht der Gerichtshof jede Bestimmtheit ab. Diese Regeln würden einen diplomatischen Charakter aufweisen; er schließt daraus auf einen „nicht unbedingten" Inhalt.[163] Die Streitbeilegung basierte auf dem Konsensprinzip zwischen den Vertragsparteien,[164] was auch schon die Europäische Gemeinschaft zu ihrem Vorteil nutzte und den Panelbericht, betreffend die GATT-Widrigkeit der Bananenmarktordnung, nicht annahm.[165] Ein so gestaltetes Streitbeilegungsverfahren kann tatsächlich faktisch wirkungslos bleiben und vermag keinerlei Verbindlichkeit auf die „verurteilte" Vertragspartei auszuüben, wenn sich die Vertragsparteien trotz zustimmender Bindung an das Abkommen bei einem festgestellten Verstoß so verhalten, wie es die Europäische Gemeinschaft selbst demonstrierte. Bei dieser strikten Beurteilung übersieht aber der Gerichtshof, daß gerade dieses Abkommen mit seiner Streitbeilegungspraxis knapp fünfzig Jahre angewandt wurde und die Freiheitsgarantien und Diskriminierungsverbote des GATT (wie in Art. I, III, VIII) durchsetzte.[166] Grundsätzlich anerkannte der Gerichtshof bereits in dem Gutachten 1/91, daß rechtlich verbindliche Entscheidungen eines Gerichts, die auf ein internationales Abkommen gegründet wurden, zu beachten sind.[167] Sofern also diese Regeln stringent konzipiert sind, erfüllen sie die nötige Anforderung für ihre unmittelbare Anwendbarkeit. Der Gerichtshof aber qualifiziert mit seiner Ablehnung der unmittelbaren Anwendbarkeit das GATT als soft law und

---

[162] EuGH, 5.10.1994, Rs. C-280/93, Bundesrepublik Deutschland/Rat, Slg. 1994, I-4973, Rdn. 106.

[163] EuGH, 12.12.72, Verb. Rs. 21-24/72, International Fruit Company, Slg. 1972, 1219, Rdn. 19-27, EuGH, 24.10.1973, Rs. 9/73, Schlüter, Slg. 1973, 1135, 1157, EuGH, 16.3.1983, Verb. Rs. 267-269/81, SPI/SAMI, Slg. 1983, 801, Rdn. 23, EuGH, 12.12.1995, Rs. 469/93, Chiquita, Slg. 1995, I-4558, Rdn. 26 ff.

[164] Demzufolge müssen einem Panelbericht alle Vertragsparteien zustimmen, was dazu führt, daß das „verurteilte" Mitglied ein Vetorecht erhält. In der GATT-Praxis wurden Verstöße gegen die Vorschriften faktisch toleriert und lediglich eine Verhandlungslösung gesucht, ohne daß diese dem GATT-Recht entgegenstehenden Maßnahmen beseitigt werden mußten.

[165] DS38/R, 11.2.1994, EEC-Import Regime for Bananas, Report of the Panel.

[166] Obwohl die Gemeinschaft den Panelbericht nicht annahm, ergänzte sie die Bananenmarktordnung um ein Rahmenabkommen für die klagenden Parteien um die internationalen Streitigkeiten beizulegen; dazu S. 208 f.; *E.-U. Petersmann*, Darf die EG das Völkerrecht ignorieren?, EuZW 11 (1997), S. 327.

[167] EuGH, 14.12.1991, Gutachten 1/91, Europäischer Wirtschaftsraum, Slg. 1991, I-6084, Rz. 39; dazu auch S. 238 ff.

leitet daraus ab, daß sich die EG-Mitgliedstaaten nach Art. 230 EGV nicht ohne weiteres auf das GATT berufen können.[168]

Ob diese Ablehnung der unmittelbaren Anwendbarkeit, wie in der Literatur zum Teil bezeichnet, als „Justizverweigerung“ zu bewerten ist,[169] erscheint nur richtig, wenn man die (doch weitgehende) Auffassung der Kommission teilt, daß das GATT wie ein nach Art. 300 EGV geschlossenes Abkommen und damit als „integrierender Bestandteil der Gemeinschaftsrechtsordnung“ [170] zu bewerten sei.[171] Es wird dabei übersehen, daß die Gemeinschaft selbst das GATT 1947 nicht vereinbart hat, dem GATT nicht offiziell beigetreten ist und dieses nicht ratifiziert hat, also keine formelle Vertragspartei ist. Die Vorschriften des GATT 1947 können daher nicht als Gemeinschaftsrecht anerkannt werden, wie aber unter Verweis auf das Urteil International Fruit Company vertreten wird.[172] Gerade in dieser rechtlich schwer zu bestimmenden Mitgliedschaft der Europäischen Gemeinschaft im GATT 1947 und vor allem in der sich für den Handelsbereich ergebenen Übertragung der Hoheitsrechte der Mitgliedstaaten an die Gemeinschaft zur gemeinschaftlichen Ausübung liegt die Schwierigkeit der Bewertung des Status der Europäischen Gemeinschaft im GATT.

Doch die Mitgliedstaaten als GATT-Vertragsparteien haben ihre Befugnisse auf die Gemeinschaft übertragen, die im GATT 1947 auch von den anderen Vertragsparteien als „Mitglied“ anerkannt wurde. Der Gerichtshof erkennt völlig richtig, daß Mitgliedstaaten damit ihren Willen haben erkennen lassen, die Gemeinschaft an die durch das GATT eingegangenen Verpflichtungen zu binden.[173] Die Mitgliedstaaten haben ihre Rechte und Pflichten aus dem GATT 1947 auf die Gemeinschaft übertragen, die diese nationalen Hoheitsrechte gemeinschaftlich ausübt. Aus dieser Hoheitsübertragung folgt auch die Verbindlichkeit und Anwendbarkeit des GATT für die Gemeinschaft im Rahmen der übertragenen Rechte und Pflichten. Eine gegen die Verpflichtung gesetzte Verordnung, die mit den GATT-Bestimmungen nicht vereinbar ist, liegt nicht in der Befugnis der Gemeinschaft und ist damit rechtswidrig.

---

[168] EuGH, 5.10.1994, Rs. C-280/93, Bundesrepublik Deutschland/Rat, Slg. 1994, I-4973, Rdn. 109; dazu auch: *Th. Oppermann*, Die Europäische Gemeinschaft und Union in der Welthandelsorganisation (WTO), RIW 11 (1995), S. 927.

[169] *Ch. Schmid*, NJW 4 (1998), 193.

[170] EuGH, 30.4.1974, Rs. 181/73, Haegeman, Slg. 1974, 449 (460); EuGH, 26.10.1982, Rs. 104/81 Kupferberg I, Slg. 1982, 3641.

[171] So die Stellungnahme der Kommission in EuGH, 12.12.72, Verb. Rs. 21-24/72, International Fruit Company, Slg. 1972, 1219 (1225); auch *Ch. Schmid*, NJW 4 (1998), 193.

[172] *Ch. Schmid*, NJW 4 (1998), 192.

[173] EuGH, 12.12.1972, Verb. Rs. 21-24/72, International Fruit Company, Slg. 1972, 1219 (1228).

Der Europäische Gerichtshof mied im Hauptsacheverfahren der Bundesrepublik Deutschland gegen den Rat wegen der EG-Bananenmarktordnung die Frage nach der unmittelbaren Anwendbarkeit der GATT-Regeln für die Mitgliedstaaten.[174] Nachdem bereits der Antrag auf einstweilige Anordnung zurückgewiesen wurde, umging der Gerichtshof eine Auseinandersetzung mit den GATT-Vorschriften mit der Begründung, Deutschland habe die Notwendigkeit des Erlasses einer einstweiligen Anordnung nicht hinreichend nachgewiesen.[175] Parallel dazu war jedoch vom Panel entschieden worden, daß die Bananenmarktordnung gegen GATT-Recht verstoße.[176] Der Europäische Gerichtshof mußte also auch über die Frage entscheiden, inwieweit Verstöße gegen das GATT gemeinschaftsrechtlich relevant sind. Er prüfte allerdings nicht die Vereinbarkeit der Bananenmarktordnung mit dem GATT; denn er erkannte ja auch nicht den Schiedsspruch an, sondern folgte seiner ständigen Rechtsprechung, wonach das GATT wegen seiner großen Flexibilität nicht unmittelbar anwendbar sei, und sich ein einzelner vor Gericht nicht auf das GATT berufen könne. Er entschied erstmals darüber hinaus, daß im Rahmen einer Nichtigkeitsklage auch Mitgliedsstaaten sich nicht auf Verletzungen des GATT berufen könnten. Sinn, Aufbau oder Wortlaut des Abkommens schlössen es aus, daß das GATT „in den internen Rechtsordnungen der Vertragsparteien unmittelbar anwendbar sei".[177] Mit diesem Urteil hat der Gerichtshof nicht nur dem Gemeinschaftsbürger, sondern auch den klagebefugten und völkerrechtlich haftbaren Mitgliedstaaten die gerichtliche Berufung auf das GATT 1947 verwehrt.[178]

Allerdings hielt der Gerichtshof seine grundsätzlich ablehnenden Haltung dem gesamten GATT nicht konsequent gegenüber aufrecht, sondern wich in den Urteilen Fediol III[179] und Nakajima[180] davon ab und bejahte eine Überprüfung von Gemeinschaftsrecht an den Vorschriften des GATT „wenn die Gemeinschaft eine bestimmte, im Rahmen des GATT übernommene Verpflichtung erfüllen wollte, oder wenn die Gemeinschaftshandlung ausdrücklich auf spezielle Bestimmungen des Abkommens verweist."[181] Es wird gesagt, daß in beiden

---

[174] EuGH, 5.10.1994, Rs. C-280/93, Bundesrepublik Deutschland/Rat, Slg. 1994, I-4973, Rdn. 106 ff.

[175] EuGH, 29.6.1993, Rs. C-280/93 R, Bananen, Slg. 1993, I-3667, Rdn. 53 ff.

[176] DS38/R, 11.2.1994, EEC-Import Regime for Bananas, Report of the Panel.

[177] EuGH, 5.10.1994, Rs. C-280/93, Bundesrepublik Deutschland/Rat, Slg. 1994, I-4973, Rdn. 110.

[178] *E.-U. Petersmann*, EuZW 11 (1997), S. 327.

[179] EuGH, 22.6.1989, Rs. 70/87, Fediol, Slg. 1989, 1781 (1830 f.).

[180] EuGH, 7.5.1991, Rs. C-69/89, Nakajima Slg. 1991, I-2069.

[181] EuGH, 22.6.1989, Rs. 70/87, Fediol, Slg. 1989, 1781; EuGH, 7.5.1991, Rs. C-69/89, Nakajima Slg. 1991, I-2069; ebenso: EuGH, 15.10.1969, Markus & Walsh, Rs. 14/69, Slg. 1969, 349 (355 ff); EuGH, 27.3.1990, Rs. 189/88, Cartorobica, Slg. 1990, 1291, Rdn. 23.

Fällen gemeinschaftsrechtliche Anknüpfungspunkte für eine ausnahmsweise innergemeinschaftliche Geltung des GATT bestehen würde.[182] Nur wenn eine Verordnung dem einzelnen das Recht einräumt, sich auf GATT-Bestimmungen zu berufen, gemeinschaftsrechtliche Vorschriften auf das GATT verweisen oder ausdrücklich GATT-Verpflichtungen umzusetzen bestimmt sind, wird eine unmittelbare Anwendbarkeit der betreffenden Bestimmung des GATT befürwortet.[183]

VI. WTO im Gemeinschaftsrecht

1. Bindung an das WTO-Recht

Das Welthandelsabkommen WTO ist ein nach Art. 300 EGV von der Gemeinschaft und auch den Mitgliedstaaten geschlossener völkerrechtlicher Vertrag, ein gemischtes Abkommen.[184] Das GATT 1994, als Teil der multilateralen Handelsübereinkünfte, fällt wegen der handelspolitischen übertragenen Befugnisse auf die Gemeinschaft in deren alleinige Zuständigkeit.[185] Die Rechtswirkung eines von der Gemeinschaft abgeschlossenen völkerrechtlichen Vertrags ergibt sich unmittelbar aus Art. 300 Abs. 7 EGV, wonach völkerrechtliche Abkommen für die Organe der Gemeinschaft und für die Mitgliedstaaten verbindlich sind. Darauf wird auch die Integration von Gemeinschaftsabkommen in die Gemeinschaftsrechts-ordnung gestützt.[186]

Nach ständiger Rechtsprechung des Europäischen Gerichtshofs bilden völkerrechtliche Verträge, die von der Europäischen Gemeinschaft geschlossen sind, einen „integrierenden Bestandteil der Gemeinschaftsrechtsordnung".[187] Sie erhalten nach herrschender Meinung einen Rang zwischen primärem und sekundärem Gemeinschaftsrecht.[188] Der Gerichtshof hat über die Rangfrage nicht

---

[182] *W. Schroeder/M. Selmeyr*, JZ 7 (1998), S. 347; *Ch. Schmid*, NJW 4 (1998), S.192,

[183] EuGH, 22.6.1989, Rs. 70/87, Fediol, Slg. 1989, 1781; EuGH, 7.5.1991, Rs. C-69/89, Nakajima Slg. 1991, I-2069, bestätigend EuGH, 23.11.1999, Rs. C-149/96, Portugal/Rat, Slg. 1999, 8395, Rdn. 49.

[184] ABlEG 1994 Nr. L 336, 1 ff.

[185] EuGH, 15.11.1994, Gutachten 1/94, WTO, GATS, TRIPS, Slg. 1994, I-5267, Rdn. 34.

[186] EuGH, 26.10.1982, Rs. 104/81 Kupferberg I, Slg. 1982, 3641 (3662).

[187] EuGH, Rs. 181/73, Haegeman, Slg. 1974, 449 (460), EuGH, 26.10.1982, Rs. 104/81 Kupferberg I, Slg. 1982, 3641.

[188] *G. M. Berrisch*, Der völkerrechtliche Status der Europäischen Wirtschaftsgemeinschaft im GATT. Eine Untersuchung der Sukzession der EWG in die Stellung ihrer Mitgliedstaaten als Vertragspartein einer internationalen Organisation am Beispiel des

ausdrücklich entschieden, mißt aber das sekundäre Gemeinschaftsrecht an dem integrierten Völkerrecht.[189] Völkerrechtliche Verträge der Gemeinschaft, also Abkommen nach Art. 300 Abs. 7 EGV haben somit Vorrang vor sekundärem Gemeinschaftsrecht. In der Gemeinschaft können dem entsprechend keine Richtlinien, Verordnungen oder Entscheidungen Verbindlichkeit erlangen, die im Widerspruch zu Gemeinschaftsabkommen, also von der Gemeinschaft geschlossenen völkerrechtlichen Verträgen, stehen. Die Bananenmarktordnung ist folglich an dem völkerrechtlich geschlossenen Vertrag WTO zu messen. Die WTO ist Prüfungsmaßstab der Bananenmarktordnung.

Der Gerichtshof führt jedoch seine Rechtsprechung, die er unter dem GATT 1947 entwickelte, unter der WTO fort. Die WTO ist rechtlich jedoch nicht Nachfolgeorganisation des GATT 1947, dessen rechtliche Existenz am 31. Dezember 1995 endete.[190] Die in den Panelberichten festgestellten Verstöße der Bananenmarktordnung gegen die Regelungen des GATT 1994[191] führen aufgrund der Vorrangigkeit der WTO als völkerrechtlichem Abkommen gemäß Art. 300 EGV zur Gemeinschaftsrechtswidrigkeit der Bananenmarktordnung, wenn die Bestimmungen des GATT 1994 hinreichende Verbindlichkeit begründende Bestimmtheit haben, welche der Gerichtshof mit der Ablehnung der innergemeinschaftlichen Wirkung des GATT in Frage gestellt hat. Die Rechtsprechung des Gerichtshofs, in der er sich pauschal gegen die unmittelbare Anwendbarkeit der GATT-Vorschriften ausspricht, ist für die WTO zu überprüfen.

2. Unmittelbare Anwendbarkeit der WTO

Der Europäische Gerichtshof hat Einwände gegen das Streitbeilegungssystem des GATT 1947 zur Geltung gebracht. Der Rechtscharakter der WTO ist gegenüber dem GATT 1947, insbesondere durch die Einführung einer zweiten Instanz, der Berufungsinstanz, aber auch durch die Umkehrung des Konsensprinzips deutlich verstärkt worden.[192] Das anerkennt auch der Europäische Ge-

---

GATT 1992, S. 56; *Ch. Schmid*, NJW 4 (1998), 192; *R. Streinz*, Europarecht, Rdn. 605; *H. D. Kuschel*, EuZW 21 (1996), S. 648.

[189] EuGH, 12.12.72, Verb. Rs. 21-24/72, International Fruit Company, Slg. 1972, 1219, Rdn. 5 ff., 7-18: ein Verordnung könne ungültig sein, wenn sie gegen die Gemeinschaft bindendes Völkerrecht verstoße; ähnlich: EuGH, 5.10.1994, Rs. C-280/93, Bundesrepublik Deutschland/Rat, Slg. 1994, I-4973, (5020, 5072).

[190] *K. Ipsen/U. Haltern*, RIW 9 (1994), S. 719.

[191] Complaint by Ecuador, WT/DS27/R/ECU; Complaint by Guatemala and Honduras, WT/DS27/R/GTM, WT/DS27/R/HND; Complaint by Mexico, WT/DS27/R/MEX; Complaint by the United States, WT/DS27/R/USA, 22. Mai 1997.

[192] Dazu näher *A. Emmerich-Fritsche*, Recht und Zwang im Völkerrecht, insbesondere im Welthandelsrecht, S. 173 ff.

richtshof in seiner Entscheidung Portugal/Rat, wonach sich die WTO-Übereinkünfte „insbesondere aufgrund der Stärkung der Schutzregelungen und der Streitbeilegungsmechanismus erheblich vom GATT 1947 unterscheiden".[193] Grundsätzlich müssen Verstöße gegen Regelungen der multilateralen Abkommen innerhalb des Streitschlichtungsverfahren geklärt werden und können nicht mehr mit einseitigen Gegenmaßnahmen beantwortet werden.[194] Unter dem GATT 1947 war sowohl zur Annahme eines Antrags auf Errichtung eines Panels als auch zur Annahme von Panelberichten Einstimmigkeit erforderlich. Bereits eine Gegenstimme einer einzigen Vertragspartei konnte dies jeweils verhindern. Unter der WTO können die Panelerrichtung und die Annahme des Panel- wie auch des Berufungsberichts nur konsensual abgelehnt werden.[195] Die Mitgliedschaft der Gemeinschaft in der WTO und damit auch die Verbindlichkeit ist eindeutig, die Gemeinschaft ist offizielle Vertragspartei und sie hat sich damit auch dem neuen Streitbeilegungssystem unterworfen.[196] Folglich sollte auch für die WTO gelten, was der Gerichtshof in dem Gutachten 1/91 für das EWR-Gerichtssystem ausgesagt hat: „Sieht ein internationales Abkommen ein eigenes Gerichtssystem mit einem Gerichtshof vor, der für die Regelung von Streitigkeiten zwischen den Vertragsparteien dieses Abkommen und damit für die Auslegung seiner Bestimmungen zuständig ist, so sind die Entscheidungen dieses Gerichtshofs für die Organe der Gemeinschaft, einschließlich des Gerichtshofs, verbindlich. Diese Entscheidungen sind auch dann verbindlich, wenn der Gerichtshof im Wege der Vorabentscheidung oder im Rahmen einer Klage über die Auslegung des internationalen Abkommens als Bestandteil der Rechtsordnung der Gemeinschaft zu entscheiden hat." Noch unter dem GATT 1947 konnte die Europäische Gemeinschaft mit ihrer Gegenstimme die Annahme des Panelberichts, der die GATT-Widrigkeit der Bananenmarktordnung bestätigte, verhindern.[197] Unter dem geänderten Streitschlichtungsverfahren der WTO wäre dies, wie oben dargestellt, nicht mehr möglich.[198] Die Entscheidungen aus den Panel- oder Berufungsberichten sind umzusetzen. Art. 17 Abs. 14 DSU spricht davon, daß der Bericht des Berufungsgremiums „von den Streitparteien bedingungslos übernommen wird."

---

[193] EuGH, 23.11.1999, Rs. C-149/96, Portugal/Rat, Slg. 1999, I-8425, Rdn. 36.

[194] Art. 23 DSU.

[195] Art. 16 Abs. 4 und Art. 17 Abs. 14 DSU.

[196] Die Europäische Gemeinschaft nimmt die Streitbeilegung unter der WTO mit am intensivsten in Anspruch.

[197] Die Gemeinschaft verhinderte durch ihre Gegenstimme die Annahme des Panelberichts DS38/R, 11.2.1994, EEC-Import Regime for Bananas.

[198] Zu den einzelnen Verfahren S. 219 ff.

Der nicht unbedingte Charakter der GATT-Vorschriften, den der Europäische Gerichtshof gegen die unmittelbare Anwendbarkeit anführt, hat sich allerdings durch die WTO nicht geändert, die Modifikation der GATT-Vorschriften ist unwesentlich. Allerdings ist hierzu eine differenzierte Betrachtung erforderlich; denn bei weitem weisen nicht alle GATT-Vorschriften die kritisierte Flexibilität auf.[199] Generalanwalt Gulmann argumentiert in seinem Schlußantrag, daß „die Vorschriften des GATT, selbst wenn sie auch bis zu einem gewissen Grad einen ungenauen Inhalt haben, jedenfalls was den größten Teil betrifft, hinreichend klar und unbedingt sind, so daß sie gegebenenfalls vom Gerichtshof anerkannt werden können...". In der Rechtssache C-53/96 wird im Schlußantrag begründet, daß die „unstreitbare Geschmeidigkeit einiger Bestimmungen des Abkommens nicht größer sei als die vieler Bestimmungen in anderen Abkommen, denen der Gerichtshof trotzdem unmittelbare Wirkung zuerkannt habe."[200] Aus einem Vergleich von GATT 1994-Regeln mit dem unmittelbar anwendbaren EG-Vertrag (z. B. Art. 25, 28, 90 EGV) ergibt sich, daß die vergleichbaren GATT-Bestimmungen (Art. II, III, XI-XIII) häufig präziser und unbedingter formuliert sind, als die Regeln des Gemeinschaftsrechts. Einige dieser relevanten EG-Vertragsbestimmungen beruhen sogar wörtlich (Art. 30, 90) oder indirekt (Art. 23, 28) auf den entsprechenden GATT-Vorschriften.[201]

Der Europäische Gerichtshof hat jedoch in seinem Urteil Portugal/Rat entschieden, an der Unanwendbarkeit des WTO-Rechts festzuhalten: „Die WTO-Übereinkünfte gehören wegen ihrer Natur und ihrer Struktur grundsätzlich nicht zu den Vorschriften, an denen der Gerichtshof die Rechtmäßigkeit von Handlungen der Gemeinschaft mißt."[202] Diese pauschale Ablehnung der unmittelbaren Anwendbarkeit der WTO-Vorschriften durch den Gerichtshof ist nicht nur fragwürdig, sondern vermag auch aus den bereits für das GATT 1947 genannten Gründen nicht zu überzeugen.[203] Eine Prüfung der einzelnen Vorschriften erscheint geboten.[204]

---

[199] Schlußantrag: EuGH, 5.10.1994, Rs. C-280/93, Bundesrepublik Deutschland/Rat, Slg. 1994, I-4973, Rdn. 141.

[200] Schlußantrag Generalanwalt Tesauro, EuGH, 13.11.1997, Rs. C-53/96, Hermes, Slg. 1998, I-3606 Rdn. 26 Fn. 43.

[201] *E.-U. Petersmann*, Grundfragen der Beteiligung der Europäischen Gemeinschaft an der Welthandelsorganisation, in: P.-Ch. Müller-Graf (Hrsg.), Die Europäische Gemeinschaft in der Welthandelsorganisation. Globalisierung und Weltmarktrecht als Herausforderung für Europa, 1999/2000, S. 85; *ders.*, EuZW 11 (1997), S. 327.

[202] EuGH, 23.11.1999, Rs. C-149/96, Portugal/Rat, Slg. 1999, I-8425, Rdn. 47.

[203] So auch *J. M. Beneyto*, The EU and the WTO, EuZW 10 (1996), S. 298 f.; *Th. Cottier*, Dispute Settlement in the World Trade Organization: Characteristics and structural implications for the European Union, CMLR 35 (1998), 334 f; *G. M. Berrisch/H.-G. Kamann*, WTO-Recht im Gemeinschaftsrecht – (k)eine Kehrtwende des EuGH, EWS 3 (2000), S. 89 ff.; *P. Eeckhout*, The domestic legal status of the WTO Agreement. Interconnecting legal systems, CMLR 34 (1997), S. 35 f.: „the point has been reached

3. Der Ratsbeschluß der Europäischen Gemeinschaft zur WTO und das Prinzip der Reziprozität

Bereits der Ratsbeschluß über den Abschluß der Übereinkünfte der Uruguay-Runde legt im Namen der Europäischen Gemeinschaft fest, daß die unmittelbare Anwendung des WTO-Abkommens im Bereich der Zuständigkeit der Gemeinschaft weiterhin ausgeschlossen bleibe. In der Präambel des Ratsbeschlusses ist formuliert, daß „das Übereinkommen zur Errichtung der Welthandelsorganisation einschließlich seiner Anhänge nicht so angelegt ist, daß es unmittelbar vor den Rechtsprechungsorganen der Gemeinschaft und der Mitgliedstaaten angeführt werden kann.“[205] Diese Feststellung des Rates kann als Vorbehalt der Gemeinschaft gegenüber dem Welthandelsabkommen verstanden werden. Völkerrechtlich sind Vorbehalte zu Verträgen durchaus bekannt und unter bestimmten Voraussetzungen, die hier allerdings nicht vorliegen, auch rechtlich möglich.[206] Darüber hinaus schließt das WTO-Übereinkommen in Art. XVI Abs. 5 Vorbehalte zu diesem Abkommen grundsätzlich aus. Vorbehalte können in multilateralen Abkommen nur gemacht werden, soweit dies in den betreffenden Verträgen vorgesehen ist.

Die Präambel des Rates kann nur den Status einer politischen Willenserklärung haben. Sie deklariert, die völkerrechtliche Praxis, die Verbindlichkeit der Verträge auf der zwischenstaatlichen Ebene zu beschränken, dem Bürger subjektive Rechte aus den Verträgen vorzuenthalten. Ein solcher judizieller Vorbehalt ist rechtswidrig. Die völkerrechtlichen Verträge gelten, weil es der Wille der Völker ist. Die Verträge werden und sind das Recht jedes am Vertrag beteiligten Volkes. Eine auf der Freiheitsmaxime begründete Verbindlichkeit völkerrechtlicher Verträge schließt ein, daß die Bürger auch die Verwirklichung ihres Willens vor Gericht durchsetzen können. Das lehrt der umgekehrte Monis-

---

where it is no longer possible to argue, as the Court did in the „banana“ judgement that the GATT/WTO rules are not unconditional and that an obligation to recognize them as rules of international law which are directly applicable in the domestic legal system of contracting parties cannot be based on the spirit, general scheme or terms of the GATT.“

[204] In diese Richtung auch Generalsanwalt Tesauro, EuGH, 13.11.1997, Rs. C-53/96, Hermes, Slg. 1998, I-3606 Rdn. 30.

[205] Beschluß des Rates: 94/80/EG v. 22.12.94, ABlEG Nr. L 336 v. 23.12.94, S. 2; bestätigend: EuGH, 5.10.1994, Rs. C-280/93, Bundesrepublik Deutschland/Rat, Slg. 1994, I-4973.

[206] Die Wiener Vertragsrechtskonvention und die Wiener Konvention über das Recht der Verträge zwischen Staaten und Internationalen Organisationen regeln jeweils in Art. 2 Abs. 1 lit. d den Vorbehalt; ausführlich dazu *D. I. Siebold*, Die Welthandelsorganisation und die Europäische Gemeinschaft. Ein Beitrag zur globalen wirtschaftlichen Integration, 7. Teil 1. Kap.

mus.[207] Der Ratsbeschluß gibt dem Rat den Bürgern gegenüber das Recht zur Willkür und macht den Bürger zum Untertan.

Die Praxis des Gerichtshofs, das WTO-Abkommen nicht anzuwenden, kann in dem Prinzip der Reziprozität[208] eine Erklärung finden. Die USA haben festgelegt, daß die Abkommen von GATT/WTO von US-Gerichten nicht unmittelbar angewendet werden können.[209] Das gleiche gilt für Japan und die Schweiz.[210] Die beiden großen Handelspartner der Gemeinschaft weisen die unmittelbare Anwendbarkeit von GATT und WTO also zurück. Das Gegenseitigkeitsprinzip legt die gleiche Praxis für die Europäische Gemeinschaft nahe.[211]

Verträge sind grundsätzlich durch das Prinzip der Gegenseitigkeit gekennzeichnet.[212] Das gilt für den privatrechtlichen Vertrag auf nationaler Ebene[213] ebenso wie für den völkerrechtlichen Vertrag auf internationaler Ebene,[214] mit dem Unterschied, daß die Erfüllung privater Vertragsverbindlichkeiten im Staat mit Hilfe des Staates erzwungen werden kann.[215] Der Staat gibt Rechtsschutz als Staatsschutz. Das ist sein vornehmster Zweck.[216] Die Zwangsbefugnis hat der

[207] Dazu *K. A. Schachtschneider*, Die existentielle Staatlichkeit der Völker Europas, S. 95 f.; *A. Emmerich-Fritsche*, Recht und Zwang im Völkerrecht, insbesondere im Welthandelsrecht, S. 131 ff.; *Ch. Amrhein-Hofmann*, Monismus und Dualismus in den Völkerrechtslehren, Diss. Erlangen-Nürnberg, 4. Kapitel, i. E.

[208] Dazu *B. Simma*, Das Reziprozitätselement im Zustandekommen völkerrechtlicher Verträge. Gedanken zu einem Bauprinzip der internationalen Rechtsbeziehungen, 1972; *E. Westenreicher*, Der Grundsatz der Gegenseitigkeit in den Handelsbeziehungen zwischen Industrie- und Entwicklungsländern unter besonderer Berücksichtigung des GATT, der Vereinten Nationen und der EWG-AKP-Beziehungen, 1984.

[209] *E.-U. Petersmann,* The GATT/WTO Dispute Settlement System, S. 18 f.; *J. H. Jackson*, The World Trade Organisazation, S. 30 f.; *J .O. Berkey*, The European Court of Justice and Direct Effect for the GATT: A Question Worth Revisiting, Harvard Jean Monnet Working Papers No. 3/98 = EJIL 9 (1998), S. 626; für die USA: Suramerica de Aleaciones Laminadas C.A. v. The Unites States, 966 F. 2d 660 (Fed. Cir. 1992).

[210] *J. H. Jackson*, The World Trade Organisazation, S. 32 f.; *D. Thürer*, WTO-Teilordnung im System des Völker- und Europarechts, S. 51; mit Hinweisen auf die folgenden Entscheidungen für die Schweiz: BGE 112 Ib189.

[211] *J. H. Jackson* argumentiert ebenso für Japans Entscheidung, sich gegen die unmittelbare Anwendbarkeit der WTO zu stellen; denn eigentlich würde die japanische Verfassung dies ermöglichen.

[212] Dazu *K. A. Schachtschneider*, Prinzipien des Rechtsstaates, S. 122 ff.

[213] §§ 320 ff. BGB dazu *K. Larenz*, Lehrbuch des Schuldrechts, I. Bd. Allgemeines Schuldrecht, 10. Aufl. 1970, S. 152 ff., 228 ff.

[214] *A. Verdross/B. Simma,* Universelles Völkerrecht, §§ 811 ff.; *O. Kimminich,* Einführung in das Völkerrecht, S. 39 ff., 292 ff.; *K. Strupp/H.-J. Schlochauer*, Wörterbuch des Völkerrechts, 1961, 1. Bd., S. 630.

[215] *K. A. Schachtschneider,* Res publica res populi, S. 199, 1169 ff.

[216] *K. A. Schachtschneider*, Die existentielle Staatlichkeit der Völker Europas, in: W. Blomeyer/ders. (Hrsg.), Die Europäische Union als Rechtsgemeinschaft, 1995, S. 94; *ders.*, Prinzipien des Rechtsstaates, S. 122 ff.

verfaßte, existentielle Staat. Die Justizgewährung, der Rechtsschutz, ist ein fundamentales Prinzip des modernen Staates, der die suprema potestas[217] beansprucht und um des Friedens willen beanspruchen muß.[218]

Das Völkerrecht hingegen ist eine Rechtsordnung, welche die Beziehungen zwischen Staaten, allgemeiner zwischen Völkerrechtssubjekten, regelt.[219] Die Staaten sind unabhängig oder eben „souverän", gleichberechtigt und gleichgeordnet, unabhängig der jeweiligen Unterschiede etwa in der Wirtschaft, Kultur oder der militärischen Stärke.[220] Daraus erwächst die gegenseitige Anerkennung und die gegenseitige Vertragsfähigkeit. Völkerrecht ist daher grundsätzlich ein Recht zwischen Staaten. Es ist ein zwischenstaatliches Recht, ein Staatenrecht.[221] Dieses zwischenstaatliche Recht entbehrt jedoch der Erzwingbarkeit; denn es gibt (noch) keinen Weltstaat.[222] Die Staaten der Welt haben sich (noch) keine gemeinsame Verfassung gegeben, die einen gemeinsamen Staat begründet, der über eine allen Einzelstaaten überlegene Zwangsmöglichkeit verfügt. Es sind vielmehr vertragliche Grundlagen, die das Nebeneinander und Miteinander der Staaten regeln. Das Recht ohne Staat, das Völkerrecht, ist eine andere Art von Recht.

Das Streitbeilegungssystem der WTO ist dadurch gekennzeichnet, daß es keine Möglichkeit gibt, die Umsetzung des Panel- oder Berufungsberichts auf zwischenstaatlicher Ebene zu erzwingen. Nach Art. 3 Abs. 7 DSU liegt das erste Ziel des Streitbeilegungsmechanismus „gewöhnlich in der Rücknahme der betreffenden Maßnahmen, wenn diese als mit den Bestimmungen eines der unter die Vereinbarung fallenden Übereinkommen unvereinbar befunden werden". Aber falls es dem betreffenden Mitglied nicht gelingt, „eine mit den unter die Vereinbarung fallenden Übereinkommen als unvereinbar erachtete Maßnahme mit der Vereinbarung in Einklang zu bringen oder sonst die Empfehlungen und Entscheidungen innerhalb des nach Artikel 21 Absatz 3 festgelegten angemessenen Zeitraums zu beachten", ermöglicht Art. 22 Abs. 2 DSU, „einvernehmlich eine Entschädigung festzulegen." Diese Regelung ist nicht so angelegt, daß die

---

[217] Meist falsch als Gewaltmonopol bezeichnet, dazu *K. A. Schachtschneider*, Res publica res populi, S. 545 ff.; *ders.*, Prinzipien des Rechtsstaates, S. 122 ff.

[218] *K. A. Schachtschneider*, Res publica res populi, S. 231, 291, 361, 545 ff.

[219] *G. Jellinek*, Allgemeine Staatslehre, S. 376; *K. Ipsen*, Völkerrecht, S. 1; *G. Dahm/J. Delbrück/R. Wolfrum*, Völkerrecht, Bd. I/1, S. 1.

[220] *O. Kimminich*, Einführung in das Völkerrecht, S. 39, 46, 206; *G. Ress*, Souveränitätsverständnis in den Europäischen Gemeinschaften als Rechtsproblem, in: ders (Hrsg.), Souveränitätsverständnis in den Europäischen Gemeinschaften, 1980, S. 15.

[221] *A. Bleckmann*, Allgemeine Staats- und Völkerrechtslehre, S. 597; *W. Graf Vitzthum*, in: ders. (Hrsg), Begriff, Geschichte und Quellen des Völkerrechts, S. 8; *A. Verdross/B. Simma*, Universelles Völkerrecht, S. 27; *M. Herdegen*, Internationales Wirtschaftsrecht, S. 9.

[222] Dazu *A. Emmerich-Fritsche*, Vom Völker- zum Weltrecht, 5. Teil, i. E.

WTO-Bestimmungen unmittelbar anwendbar seien müssen, sondern es ist vorgesehen, den betroffenen Staaten einen Handlungsspielraum zu lassen, der ihre Souveränität, aber auch die Gegebenheiten des Völkerrechts als ein „nur“ zwischenstaatliches Recht, berücksichtigt. Zu Recht wendet der Europäische Gerichtshof daher gegen die unmittelbare Anwendbarkeit ein, daß den Legislativ- und Exekutivorganen der Mitglieder die ihnen im Streitbeilegungsverfahren eingeräumte Befugnis, auf dem Verhandlungsweg vorübergehende Lösungen zu erreichen, genommen wäre.[223]

Dem Völker(vertrags)recht liegt neben dem bona-fides-Prinzip das der Gegenseitigkeit zugrunde,[224] die das Zustandekommen, den Inhalt und die Erfüllung aller völkerrechtlichen Verträge prägt.[225] Dem Reziprozitätsprinzip kommt, für die Durchsetzung völkerrechtlicher Rechte und Pflichten eine entscheidende Bedeutung zu.[226] Um das „Gleichgewicht“ der Rechte und Pflichten aus der WTO aufrecht zu erhalten, hält der Europäische Gerichtshof an seiner ablehnenden Haltung zur unmittelbaren Anwendbarkeit fest. Der Gerichtshof spricht explizit von einem „Mangel an Gegenseitigkeit auf Seiten der Handelspartner der Gemeinschaft bei der Anwendung der WTO-Übereinkünfte“; denn einige Mitglieder, die zu den wichtigsten Handelspartnern der Gemeinschaft gehören, folgern unstreitig aus Sinn und Zweck der WTO-Übereinkünfte, daß diese nicht zu den Normen gehören, an denen ihre Gerichte die Rechtmäßigkeit der internen Rechtsvorschriften messen.“[227]

Die Begründung des Europäischen Gerichtshofs für die Unanwendbarkeit des WTO-Rechts mit dem Gegenseitigkeitsprinzip überzeugt nicht, weil das Gegenseitigkeitsprinzip nicht die innerstaatliche Anwendbarkeit umfaßt. Diese ist vielmehr Sache der jeweiligen Verfassung des Staates. Es geht zu weit, die unmittelbare Anwendbarkeit abzulehnen. Die Zustimmung zur unmittelbaren Anwendbarkeit völkerrechtlicher Normen und damit die Gewährung subjektiver Rechte gehört zum Vollzug des Rechts, welcher im nationalen/gemeinschaftsrechtlichen Bereich gewährleistet ist. Die Umsetzung der eingegangenen völkerrechtlichen Verpflichtungen obliegt der Verantwortung der Staaten, also dem nationalen und dem Gemeinschaftsrecht. Das Europäische Gemeinschaftsrecht enthält klare Regelungen: Art. 300 Abs. 7 EGV sieht vor, daß „die nach Maßgabe dieses Artikels geschlossenen Abkommen für die Organe der Gemeinschaft und für die Mitgliedstaaten verbindlich sind.“ Die völkerrechtliche Ver-

---

[223] EuGH, 23.11.1999, Rs. C-149/96, Portugal/Rat, Slg. 1999, I-8425, Rdn. 40.

[224] *A. Verdross/B. Simma*, Universelles Völkerrecht, §§ 64 ff., 811 ff.; *O. Kimminich*, Einführung in das Völkerrecht, S. 39 ff., 292 ff.

[225] *A. Verdross/B. Simma*, Universelles Völkerrecht, §§ 811 ff.

[226] *G. Dahm/J. Delbrück/R. Wolfrum*, Völkerrecht, Bd. I/1, 2. Aufl. 1989, S. 90; so auch *A. Verdross/B. Simma*, Universelles Völkerrecht, §§ 811 ff.

[227] EuGH, 23.11.1999, Rs. C-149/96, Portugal/Rat, Slg. 1999, I-8425, Rdn. 43 ff.

bindlichkeit dieser Verträge ist auf zwischenstaatlicher Ebene fraglos. Innerstaatlich erlangen diese Verträge die Verbindlichkeit der allgemeinen Gesetze aus dem Willen des Volkes, aber grundsätzlich bleibt das Gegenseitigkeitsprinzip ein völkervertragliches Grundprinzip. Dies widerspricht weder der unmittelbaren Anwendbarkeit noch der Gewährung subjektiver Rechte.

Die Rechtsetzung von Sekundärrecht der Gemeinschaft, die Bananenmarktordnung, muß sich an WTO-Recht orientierten. Sie ist durch die völkerrechtlichen Verträge eingeschränkt. Die Europäische Gemeinschaft als Völkerrechtssubjekt und Mitglied der Welthandelsorganisation hat sich mit der Unterzeichnung des Abkommens der Verbindlichkeit der WTO-Übereinkünfte unterworfen. Daran ist die Gemeinschaft nicht nur auf der Völkerrechtsebene, sondern auch innergemeinschaftlich gebunden. Der völkerrechtliche Vertrag basiert auf dem Willen der Völker, ist aber durch das Prinzip des „do ut des" gekennzeichnet. Er ist ebenso wie das Staatsrecht der Wille des Volkes. Nur als solcher kann er Verbindlichkeit erlangen; denn nach Art. 20 Abs. 2 GG geht „alle Staatsgewalt vom Volke" aus. Aber die Erfüllung völkerrechtlicher Verträge steht unter dem Vorbehalt der Gegenseitigkeit (funktionelles Synallagma[228]). Nur unter diesem Vorbehalt ist die Verbindlichkeit der Verträge Wille der Völker.

[228] *A. Verdross/B. Simma*, Universelles Völkerrecht, § 811.

Grenzen der Kapitalverkehrsfreiheit

Karl Albrecht Schachtschneider

I. Global liberalisierter und deregulierter Kapitalverkehr als Problem in einer Welt mit vielen Staaten

1. Der Vertrag zur Gründung der Europäischen Gemeinschaft (EGV) vom 25. März 1957 in der Amsterdamer Fassung vom 2. Oktober 1997, die am 1. Mai 1999 in Kraft getreten ist, regelt im Kapitel 4 des Titels III (Die Freizügigkeit, der freie Dienstleistungs- und Kapitalverkehr) des Dritten Teils (Die Politiken der Gemeinschaft) den Kapital- und Zahlungsverkehr (Art. 56 bis Art. 60). Art. 56 Abs. 1 EGV verbietet alle Beschränkungen des Kapitalverkehrs zwischen den Mitgliedstaaten der Europäischen Gemeinschaft sowie zwischen diesen Mitgliedstaaten und dritten Ländern. Nach Art. 57 Abs. 1 EGV bleiben bestimmte Beschränkungen für den Kapitalverkehr mit dritten Ländern unberührt, die nach näheren Rechtsvorschriften schon am 31. Dezember 1993 bestanden haben. Absatz 2 dieser Vorschrift läßt „im Zusammenhang mit Direktinvestitionen einschließlich Anlagen in Immobilien, mit der Niederlassung, der Erbringung von Finanzdienstleistungen oder der Zulassung von Wertpapieren zu den Kapitalmärkten" „Maßnahmen für den Kapitalverkehr mit dritten Ländern", die der Rat auf Vorschlag der Kommission mit qualifizierter Mehrheit beschließen darf, zu, aber auch nur „unbeschadet der anderen Kapitel dieses Vertrages sowie seiner Bemühungen um eine möglichst weitgehende Verwirklichung des Ziels eines freien Kapitalverkehrs zwischen den Mitgliedstaaten und dritten Ländern". Derartige Maßnahmen bedürfen der Einstimmigkeit, wenn sie „im Rahmen des Gemeinschaftsrechts für die Liberalisierung des Kapitalverkehrs mit dritten Ländern einen Rückschritt darstellen". Nach Art. 58 Abs. 1 EGV berührt die Kapitalverkehrsfreiheit nicht das Recht der Mitgliedstaaten, „die einschlägigen Vorschriften ihres Steuerrechts anzuwenden, die Steuerpflichtige mit unterschiedlichem Wohnort oder Kapitalanlageort unterschiedlich behandeln" (a) und „die unerläßlichen Maßnahmen zu treffen, um Zuwiderhandlungen gegen innerstaatliche Rechts- und Verwaltungsvorschriften, insbesondere auf dem Gebiet des Steuerrechts und der Aufsicht über Finanzinstitute, zu verhindern, sowie Meldeverfahren für den Kapitalverkehr zwecks administrativer oder statistischer Information vorzusehen oder Maßnahmen zu ergreifen, die aus Gründen der öffentlichen Ordnung oder Sicherheit gerechtfertigt sind" (b). Auch Beschränkungen des Niederlassungsrechts bleiben nach Absatz 2 dieser Vorschrift

anwendbar, wenn sie mit dem Vertrag vereinbar sind. Die den Kapitalverkehr beschränkenden Maßnahmen und Verfahren dürfen aber nach Absatz 3 derselben Vorschrift „weder ein Mittel zur willkürlichen Diskriminierung noch eine verschleierte Beschränkung des freien Kapital- und Zahlungsverkehrs im Sinne des Artikel 56 darstellen". „Falls" allerdings „Kapitalbewegungen nach oder aus dritten Ländern unter außergewöhnlichen Umständen das Funktionieren der Wirtschafts- und Währungsunion schwerwiegend stören oder zu stören drohen", kann nach Art. 59 EGV „der Rat mit qualifizierter Mehrheit auf Vorschlag der Kommission nach Anhörung der EZB gegenüber dritten Ländern Schutzmaßnahmen mit einer Geltungsdauer von höchstens sechs Monaten treffen, wenn diese unbedingt erforderlich sind". Art. 60 Abs. 1 EGV ermöglicht dem Rat „die notwendigen Sofortmaßnahmen auf dem Gebiet des Kapital- und Zahlungsverkehrs mit den betroffenen dritten Ländern", „falls ein Tätigwerden der Gemeinschaft in den in Artikel 301 vorgesehenen Fällen für erforderlich erachtet wird". Art. 301 EGV regelt Wirtschaftssanktionen im Rahmen der „Gemeinsamen Außen- und Sicherheitspolitik" der Europäischen Union. „Unbeschadet des Artikels 297", kann nach Art. 60 Abs. 2 EGV jeder Mitgliedstaat, solange der Rat keine Maßnahmen nach Absatz 1 des Art. 60 EGV ergriffen hat, „bei Vorliegen schwerwiegender politischer Umstände aus Gründen der Dringlichkeit gegenüber dritten Ländern einseitige Maßnahmen auf dem Gebiete des Kapital- und Zahlungsverkehrs treffen". Die Kommission und die anderen Mitgliedstaaten sind über diese Maßnahmen spätestens bei deren Inkrafttreten zu unterrichten. Mit qualifizierter Mehrheit kann der Rat auf Vorschlag der Kommission entscheiden, daß der betreffende Mitgliedstaat diese Maßnahmen zu ändern oder aufzuheben hat. Das Europäische Parlament wird vom Präsidenten des Rates über die betreffenden Entscheidungen desselben unterrichtet. Nach Art. 297 EGV setzen sich die Mitgliedstaaten „miteinander ins Benehmen, um durch gemeinsames Vorgehen zu verhindern, daß das Funktionieren des Gemeinsamen Marktes durch Maßnahmen beeinträchtigt wird, die ein Mitgliedstaat bei einer schwerwiegenden innerstaatlichen Störung der öffentlichen Ordnung, im Kriegsfall, bei einer ernsten, eine Kriegsgefahr darstellenden internationalen Spannung oder in Erfüllung der Verpflichtung trifft, die er im Hinblick auf die Aufrechterhaltung des Friedens und der internationalen Sicherheit übernommen hat".

2. „Kapitalverkehr ist die Übertragung von Geldkapital und Wertrechten für Geld- und Sachkapital über Staatsgrenzen hinweg"[1]. Nach Hans Peter Ipsen kennzeichnet die „einseitige Wertübertragung aus einem Mitgliedstaat in einen anderen, die regelmäßig zugleich eine Vermögensanlage darstellt", den Vor-

---

[1] Vgl. *J. Müller*, Kapitalverkehrsfreiheit in der Europäischen Union. Bedeutung, Inhalt und Umfang, Weiterentwicklung, Auswirkung auf Völkerrecht und nationales Recht, 2000, S. 13 ff. (insb. S. 19), S. 152 ff. (insb. S. 158).

gang des Kapitalverkehrs[2]. Kapitalverkehr ist die Gesamtheit der finanziellen Transaktionen, die nicht direkt durch den Waren- und Dienstleistungsverkehr bedingt sind[3], aber auch nicht Zahlungsverkehr im Sinne des Art. 56 Abs. 2 EGV sind[4]. Anhang I der Richtlinie des Rates vom 24. Juni 1988 zur Durchführung von Artikel 67 des Vertrages nennt in Anlehnung an den OECD Code of Liberalisation of Capital Movements als Kapitalverkehr: Direktinvestitionen, Immobilieninvestitionen, Wertpapiergeschäfte, Kontokorrent-, Termin- und Kreditgeschäfte, Darlehen, Bürgschaften und Transferzahlungen. Diese Liste bestimmt auch nach dem Maastricht-Vertrag die Praxis. Sie ist aber nicht abschließend. Im Einzelnen ist der Begriff des Kapitalverkehrs streitig[5]. Auf diese Einzelfragen kommt es aber für die thematisierten Grenzen der Kapitalverkehrsfreiheit nicht an. Im Sinne des „Grundsatzes einer offenen Marktwirtschaft mit freiem Wettbewerb" des Art. 4 Abs. 1 EGV verbietet Art. 56 Abs. 1 EGV auch und überaus folgenschwer, den Kapitalverkehr zwischen den Mitgliedstaaten und dritten Ländern zu beschränken. Das gibt der Kapitalverkehrsfreiheit die globale Dimension[6], welche die verfassungsrechtlichen Grundlagen und Grenzen dieser wichtigen Maßnahme der Globalisierungspolitik zu bedenken gebietet. „Weniger als drei Prozent Geldumsätze finanzieren realökonomische Transaktionen", sind also Zahlungsverkehr im Sinne des Art. 56 Abs. 2 EGV. „Die übrigen gut 97 Prozent finanzieren reine Geldgeschäfte: Währungs-, Anlage- und Anlegerwechsel, steigende Vermögenspreis. Hinzu kommen unendlich viele Doppelbuchungen aus der permanenten Verlängerung und Verbreiterung der

---

[2] Europäisches Gemeinschaftsrecht, 1972, S. 650; diese Formel wird von den meisten Autoren benutzt, etwa *W. Kiemel*, in: Groeben/Thiesing/Ehlermann (Hrsg.), Kommentar zum EWG-Vertrag, Art. 1-84, 4. Aufl. 1991, Art. 67, Rdn. 1; *G. Ress/J. Ukrow*, in: Grabitz/Hilf (Hrsg.), Kommentar zur Europäischen Union, 1995, Art. 73 b EGV, Rdn. 9; *M. Schweitzer/W. Hummer*, Europarecht, 5. Aufl. 1996, Rdn. 1213; vgl. auch *B. Börner*, Rechtsfragen des Zahlungs- und Kapitalverkehrs in der EWG, EuR 1 (1966), S. 97 ff.

[3] *Gabler*, Volkswirtschafts-Lexikon, 1997, S. 571.

[4] EuGH v. 23.11.1978 - Rs. 7/78 (Thompson), Slg. 1978, 2247; EuGH v. 30.1.1984 - Verb. Rs. 286/82 und 26/83 (Luisi u. Carbone), Slg. 1984, 377 (404); EuGH v. 14.7.1988 - Rs. 308/86 (Lambert), Slg. 1988, 4369 (4389); EuGH v. 23.2.1995- Verb. Rs. C-358/93 und C-416/93 (Aldo Bordessa u.a.), Slg. 1995, I-361 (383); dazu *B. Börner*, Die fünfte Freiheit des Gemeinsamen Marktes: der freie Zahlungsverkehr, FS C. F. Ophüls, 1965, S. 19 ff.; *ders.*, Rechtsfragen des Zahlungs- und Kapitalverkehrs in der EWG, EuR 1 (1966), S. 97 ff.; *J. Müller*, Kapitalverkehrsfreiheit in der Europäischen Union, S. 158 ff.

[5] *S. Weber*, Kapitalverkehr und Kapitalmärkte im Vertrag über die Europäische Union, EuZW 1992, 561 ff.; *J. Müller*, Kapitalverkehrsfreiheit in der Europäischen Union, S. 13 ff., 152 ff. *G. Ress/J. Ukrow*, in: Grabitz/Hilf, Kommentar zur Europäischen Union, Art. 73 b EGV, Rdn. 7 ff.; *B. Börner*, Rechtsfragen des Zahlungs- und Kapitalverkehrs in der EWG, EuR 1 (1966), S. 97 ff.

[6] *S. Weber*, Kapitalverkehr und Kapitalmärkte im Vertrag über die Europäische Union, EuZW 1992, 564.

Refinanzierungsketten"[7]. Diese Geldgeschäfte gehören zum Kapitalverkehr im Sinne des Art. 56 Abs. 1 EGV. Deren tägliches Volumen wird auf etwa eineinhalb Billionen Dollar geschätzt[8].

3. Das gemeinschaftsrechtliche Verbot, den Kapitalverkehr zu beschränken, ist fast unbegrenzt. Die zu 1 zitierten Beschränkungen und Beschränkungsbefugnisse des Kapitalverkehrs sichern vornehmlich die Steuererhebung der Mitgliedstaaten, die Direktinvestitionen in dritten Ländern und die Wirtschafts- und Währungsunion, letzteres aber auch nur vor schwerwiegenden Störungen unter außergewöhnlichen Umständen und wenn Schutzmaßnahmen, die auch höchstens sechs Monate gelten dürfen, unbedingt erforderlich sind. Hinzu kommen die außergewöhnlichen sicherheitspolitischen Aktionen. Der internationale, ja globale, Kapitalverkehr findet im Gemeinschaftsrecht eine Rechtsgrundlage, die ihm nur äußerste Grenzen zieht. Die Kapitalverkehrshoheit der Mitgliedstaaten ist abgesehen von der Steuerhoheit auf dringliche Maßnahmen „bei Vorliegen schwerwiegender politischer Umstände" eingeschränkt. Auch diese Notmaßnahmen stehen zur Disposition der Gemeinschaft (Art. 60 Abs. 2 EGV). Die Mitgliedstaaten haben sich lediglich die Hoheit bewahrt, in außergewöhnlichen Störungsfällen oder Notlagen Kapitalverkehrsmaßnahmen zu treffen. Durch den Gemeinschaftsvertrag haben nicht nur die Mitgliedstaaten, sondern auch die Gemeinschaft die Befugnisse zur Kapitalverkehrspolitik in, wenn man so will, normalen Lagen aus der Hand gegeben. Der Kapitalverkehr ist von der Gemeinschaft nach innen und nach außen so weit liberalisiert und dereguliert wie kein anderer Bereich der Wirtschaft. Der „freie" (Überschrift des Titels III) Kapitalverkehr ist die Grundlage des die globalen Wirtschaftsverhältnisse wesentlich bestimmenden Globalismus der Wirtschaft und zugleich des globalen Neokapitalismus.

4. Die Welthandelsordnung erweitert die sogenannte Kapitalverkehrsfreiheit nicht über das Gemeinschaftsrecht hinaus. Art. 1 Abs. 2 GATS dereguliert mit dem umfassenden Begriff „Dienstleistungen" nicht den allgemeinen Kapitalverkehr, sondern nur die für die jeweilige Dienstleistung notwendigen grenzüberschreitenden Kapitaltransfers[9]. Dieser sollte Gegenstand des multinationalen Abkommens über Investitionen (MAI) werden[10]. Die außerordentlich weite Deregulierung des Kapitalverkehrs durch Art. 56 ff. EGV erübrigt aber auch eine

---

[7] *W. Hankel*, Die Bank 9/2000, S. 583.

[8] Dazu *H. Willgerodt*, Neue Kontrollen für den internationalen Kapitalverkehr?, in: J. B. Donges/M. Freytag (Hrsg.), Die Rolle des Staates in einer globalisierten Wirtschaft, 1998, S. 119.

[9] Vgl. Art. XVI Abs. 1 Fußnote 8 GATS; dazu näher *D. I. Siebold*, Die Ordnung des internationalen Handels, GATT-WTO-GATS, in diesem Buch, S. 105 ff.

[10] Dazu *U. Wartha*, Das Multilaterale Abkommen über Investitionen, in diesem Buch, S. 374 ff.

kapitalverkehrsrechtliche Deregulierung der Welthandelsordnung, zumal die Vereinigten Staaten von Amerika und auch Japan dem Kapitalverkehr weitgehend freie Hand lassen, so daß die weltweit wesentlichen Wirtschaftsräume der Triade dem Kapitalverkehr keine staatlichen Hindernisse in den Weg legen, jedenfalls nicht in normalen Lagen.

Die (nahezu) globale Liberalisierung und Deregulierung des Kapitalverkehrs gilt als Erfolg der Freihandelspolitik und ist jedenfalls ein Sieg des Kapitalismus, der mit dem Untergang der Sowjetunion als der Führungsmacht des (sogenannten) Sozialismus verbunden ist. Die Wirtschaftsordnung der Weltmacht, die sich militärisch als überlegen erwiesen hat, behauptet sich (vorerst) und bestimmt die wirtschaftlichen Gegebenheiten der Welt. Ihre Grenzen findet sie in den Teilen der Welt, die auch militärisch ihre Unabhängigkeit bewahrt haben, vor allem in der Volksrepublik China.

5. Die mit der (fast) globalen Kapitalverkehrsfreiheit untrennbar verbundene kapitalistische Wirtschaftsordnung in allen Bereichen der Welt, welche dem bestimmenden Einfluß der kapitalistischen Weltmacht USA, der (vermeintlichen) pax americana, unterworfen ist, wirft Rechtsfragen auf, welche sich aus der Verfassung der Menschen, aus der Menschheit des Menschen, aus der Freiheit ergeben. Die menschheitlichen Grenzen des grenzenlosen Kapitalverkehrs, nicht dessen primärrechtliche Grenzen aus dem Gemeinschaftsrecht oder gar die einfachgesetzlichen Grenzen etwa Deutschlands sind Gegenstand der folgenden Untersuchung. Die fundamentalen Prinzipien des Grundgesetzes, die (einschlägigen) Grundrechte in ihrem Wesensgehalt, das soziale und das demokratische Prinzip, erlauben, soweit diese in menschheitlicher Dogmatik begriffen werden[11], eine paradigmatische Erörterung des Rechts einer nahezu globalen Kapitalverkehrsfreiheit und dessen Grenzen.

6. Zu einer Wirtschaftsunion als einer Markt- und Wettbewerbsunion, zumal zu einer Währungsunion gehört eine Kapitalunion[12]. Demgemäß ist es geradezu die ökonomische Logik des Binnenmarktes, also der Markt- und Wettbewerbseinheit der Europäischen Gemeinschaft, des einheitlichen Wirtschaftsraumes also (Art. 2 Teilstrich 1 EUV, Art. 14 EGV)[13], die im Maße dieser Einheit im

---

[11] Vgl. *K. A. Schachtschneider*, Res publica res populi. Grundlegung einer Allgemeinen Republiklehre. Ein Beitrag zur Freiheits-, Rechts- und Staatslehre, 1994.

[12] *G. Ress/J. Ukrow*, in: Grabitz/Hilf, Kommentar zur Europäischen Union, Art. 73 b EGV, Rdn. 2 ff.; *Th. Oppermann*, Europarecht, 2. Aufl. 1999, Rdn. 1490, 1498; *J. Müller*, Kapitalverkehrsfreiheit in der Europäische Union, S. 10 ff., 67 ff., 71 ff., 100 ff. (insb. S. 105), 107 ff., 120 ff., 123 ff.

[13] Dazu *E.-J. Mestmäcker*, Offene Märkte im System unverfälschten Wettbewerbs in der Europäischen Gemeinschaft, FS F. Böhm, 1965, S. 345 ff.; *R. Bandilla*, in: Grabitz/Hilf, Kommentar zur Europäischen Union, 1996, Rdn. 1 ff. zu Art. 3 a EGV; *Th. Oppermann*, Europarecht, Rdn. 926 ff. 933 f.; *J. Müller*, Kapitalverkehrsfreiheit in der Europäischen Union, S 107 ff.

funktionalen Sinne ein Staat ist[14] und weitere Schritte zur einheitlichen Staatlichkeit nach sich gezogen hat, wie die Währungsunion[15], und weitere nach sich ziehen kann und soll, insbesondere die entwickelte Sozialunion[16], daß er mit einer Kapitalunion, einem gemeinsamen Finanzraum, verbunden ist, also den Kapitalverkehr nicht durch territoriale Grenzen (der Mitgliedstaaten) behindert, sondern ein einheitliches für die Union geltendes Kapitalverkehrsrecht schafft, d. h. einen gemeinschaftsweiten Kapitalmarkt einrichtet[17]. In einer kapitalistischen Wirtschaftsordnung ist die ökonomische Logik weitestgehende Liberalisierung und Deregulierung des Kapitalverkehrs[18]. Die Erfahrung lehrt, daß ein relevanter Schritt zur einheitlichen Staatlichkeit die weiteren zu diesem Ziel erzwingt. Sonst ist die erste große Maßnahme zum Scheitern verurteilt[19].

7. Wenn das Gemeinwesen insgesamt politikfähig bleiben soll, muß einheitliche, ganzheitliche Staatlichkeit geschaffen werden, weil Politik nur gesamtheitlich als Einheit verantwortet werden kann, zumal wenn, wie es das demokratische Fundamentalprinzip gebietet, alle Staatsgewalt vom Volke ausgehen soll (Art. 20 Abs. 2 S. 1 GG), wenn somit die Politik Sache des Volkes, wenn die res publica res populi sein soll. Die Schicksalsgemeinschaft eines Volkes, welche Menschen auch immer sich zu einem Volk verbinden, erfordert den existentiellen Staat, der das Gemeinwesen insgesamt durch Rechtlichkeit befriedet[20]. Rechtlichkeit aber verlangt nach der politischen Einheit, weil alle Politiken aufeinander einwirken und weil die politische Einheit als Staat im exi-

---

[14] *K. A. Schachtschneider*, Die existentielle Staatlichkeit der Völker Europas und die staatliche Integration der Europäischen Union. Ein Beitrag zur Lehre vom Staat nach dem Urteil des Bundesverfassungsgerichts zum Vertrag über die Europäische Union von Maastricht, in: K. A. Schachtschneider/W. Blomeyer (Hrsg.), Die Europäische Union als Rechtsgemeinschaft, 1995, S. 87 ff.; *ders.*, Die Republik der Völker Europas, ARSP-Beiheft 71 (1997), S. 165 ff.

[15] Vgl. *J. Müller*, Kapitalverkehrsfreiheit in der Europäischen Union, S. 67 ff., 100 ff.; *K. A. Schachtschneider*, Die existentielle Staatlichkeit der Völker Europas, S. 129 ff.; dazu kritisch *W. Hankel/W. Nölling/K. A. Schachtschneider/J. Starbatty*, Die Euro-Klage. Warum die Währungsunion scheitern muß, 1998, S. 247 ff.

[16] Dazu *J. Ringler*, Die Europäische Sozialunion, 1997.

[17] *L. Gleske*, Die Liberalisierung des Kapitalverkehrs in der EG, in: G. Bruns/K. Häuser (Hrsg.), Integration der Kapitalmärkte, 1987, S. 64 ff.; *M. Seidel*, Freier Kapitalverkehr und Währungspolitik, FS H. Kutscher, 1981, S. 404 f.; *H. Willgeroth*, Neue Kontrollen für den internationalen Kapitalverkehr?, S. 138; *G. Ress/J. Ukrow*, in: Grabitz/Hilf, Kommentar zur Europäischen Union, Art. 73 b, Rdn. 2 ff.; dazu *J. Müller*, Kapitalverkehrsfreiheit in der Europäischen Union, S. 68 ff., 100 ff., 107 ff., 120 ff.; vgl. auch EuGH v. 11.11.1981 - Rs. 203/80 (Casati), Slg. 1981, 2595 (2614, 2615).

[18] Vgl. *H. H. Rupp*, Grundgesetz und „Wirtschaftsverfassung", 1974, S. 16; *J. Müller*, Kapitalverkehrsfreiheit in der Europäischen Union, S. 10 ff., 67 ff., 100 ff., 120 ff.

[19] *W. Hankel et al.*, Die Euro-Klage, S. 25 ff., 247 ff.

[20] *K. A. Schachtschneider*, Res publica res populi, S. 545 ff., 548 ff.; *ders.*, Prinzipien des Rechtsstaates, 2001, S. 5 ff., 43 ff.; *W. Hankel et al.*, Die Euro-Klage, S. 256 ff., 260.

stentiellen Sinne nur vom Volk als Einheit verantwortet zu werden vermag, wenn die Freiheit das gemeinsame Leben bestimmt, also das Gemeinwesen ein Staat des Rechts, eine Republik ist[21]. Getrennte Politiken unterschiedlicher staatlicher oder quasi-staatlicher Ebenen, die aufeinander nicht verbindlich einwirken können, also der Einheit entbehren, nehmen der Politik die Verantwortbarkeit. Jeder Staat ist auf die Einheit der Politik und damit die Einheit des Rechts hin eingerichtet. Vornehmlich wird die politische Einheit, die Einheit des Rechts, durch allgemeine, nämlich einheitliche, Gesetze hergestellt, aber auch die Verwaltung und die Rechtsprechung sind auf Einheitlichkeit angelegt. Wird die Einheit aufgehoben, wird das Gemeinwesen unregierbar und andere Gewalten als die des Volkes gewinnen bestimmende Macht.

8. Das ist die Lage der entnationalisierten Weltwirtschaft in einer politischen Welt nationaler Staatlichkeit, in der die Einheit des Rechts Not leidet. Die Globalität des Kapitalverkehrs als wesentlicher Faktor der (zumal kapitalistischen) Weltwirtschaft steht im Widerspruch zur Vielfalt nationaler Staaten, welche in gewissem Maße (mit vielen, zum Teil bis zu Bürgerkriegen hin konfliktbeladenen Ausnahmen) der Vielfalt der Völker entspricht, jedenfalls in Europa. Folglich wirft die globale Kapitalverkehrsfreiheit die Problematik der Eigenständigkeit der Völker und Staaten auf, das Grundproblem der globalen Integration, das Grundproblem des Völkerrechts und des Weltrechts. Es ergibt sich aus der Vielfalt der Völker in der Welt, wohl eine conditio humana[22], vom Völkerrecht durch den Grundsatz der Gleichberechtigung und der Selbstbestimmung der Völker anerkannt (etwa Art. 1 Nr. 2 Charta der Vereinten Nationen), vor allem aber Grundlage der sozialen und demokratischen Lebensweise, der Republikanität also, noch fundamentaler, der Freiheit der Menschheit.

Die Problematik der Grenzen der Kapitalverkehrsfreiheit ist die Problematik verfassungsgerechter, d. h. freiheitlicher oder menschheitlicher, Staatlichkeit und thematisiert in der Sache die Frage des Weltstaates, der denn auch mit einer weltweiten Kapitalverkehrsaufsicht gefordert wird[23]. Die Grenzen der Kapitalverkehrsfreiheit sind somit in der Freiheit der Staatsvölker, in deren Selbstverantwortlichkeit, in der Nationalität (staatsrechtlich begriffen[24]), in der Teilung der Welt in Staaten[25], angelegt. Diese Nationalität der Staatlichkeit ist jedoch nicht nur die Wirklichkeit der in Staaten geteilten Menschheit, sondern auch

---

21 *K. A. Schachtschneider*, Res publica res populi, passim; *ders.*, Prinzipien des Rechtsstaates, passim.

22 *I. Kant*, Zum ewigen Frieden, ed. Weischedel, Bd. 9, S. 225 f.

23 I.d.S. auch *O. Höffe*, Demokratie im Zeitalter der Globalisierung, 1999, S. 403 ff.; zum Postulat des Weltstaates *ders.*, a.a.O., S. 229 ff., insb. S. 267 ff., 296 ff., 315 ff.

24 I.d.S. BVerfGE 89, 155 (184 ff.); dazu *K. A. Schachtschneider*, Res publica res populi, S. 1186 ff.

25 *A. Verdross*, Völkerrecht, 5. Aufl. 1964, S. 6.

durch die weitgehende wirtschaftliche, soziale und kulturelle Heterogenität der Völker und Völkergemeinschaften (etwa der Europäischen Union) und im Prinzip der kleinen Einheit[26] als einer Voraussetzung demokratischer Legitimation und sozialer Solidarität begründet. Die Selbständigkeit und Selbstverantwortlichkeit macht die Nationalität der Staaten als Schicksalsgemeinschaften, als existentielle Staaten also, aus.

9. Fraglich ist, ob die nationale Staatlichkeit wegen der Grundrechte der Menschen, welche jedenfalls in ihrem Wesensgehalt Menschenrechte sind[27], zurückstehen muß, ob also die Menschenrechte die nationale Staatlichkeit aufzulösen gebieten. Das wirft die Jahrtausendfrage auf, ob die Menschenrechte wirklich universalistisch, also globalistisch, oder territorialistisch, volksgebunden, nationalstaatlich zu verwirklichen sind. Das ist die Frage nach der personalen Basis von Recht überhaupt: Ist diese die Menschheit oder ist diese das (jeweilige) Volk? Das Recht auf Recht ist als Freiheit mit dem Menschen geboren[28], aber die Verwirklichung der Freiheit und damit des Rechts auf Recht ist bislang Sache der Völker als Schicksalsgemeinschaften. Das Völkerrecht soll den Frieden unter den Völkern gewährleisten[29]. Das gemeinsame Leben der ganzen Menschheit verlangt zunehmend nach der weltweiten Einheit des Rechts, nach dem Weltrecht[30]. Noch aber ist wegen der Wirklichkeit der nationalen Staatlichkeit die Verwirklichung der Menschenrechte weitestgehend Sache der Völker und Staaten[31], jedenfalls der Menschenrechte im wirtschaftli-

---

[26] *J.-J. Rousseau*, Vom Gesellschaftsvertrag, III,4; *K. A. Schachtschneider*, Die Republik der Völker Europas, ARSP-Beiheft 71 (1997), S. 173.

[27] I.d.S. wohl BVerfGE 80, 367 (373 f.); so *G. Dürig*, Der Grundrechtssatz von der Menschenwürde, AöR 81 (1956), S. 117 ff.; *ders.*, in: Maunz/Dürig, GG, 1958, Rdn. 81c zu Art. 1; so auch *W. Leisner*, Eigentum, HStR, Bd. VI, 1989, § 149, Rdn. 18 ff., insb. Rdn. 22, für die Eigentumsgewährleistung; *K. A. Schachtschneider*, Res publica res populi, S. 827; dazu *L. Schneider*, Der Schutz des Wesensgehalts von Grundrechten nach Art. 19 Abs. 2 GG, 1983, S. 77; ablehnend *B. Pieroth/B. Schlink*, Grundrechte, Staatsrecht II, 12. Aufl. 1996, Rdn. 332, S. 80; kritisch schon *P. Lerche*, Übermaß und Verfassungsrecht. Zur Bindung des Gesetzgebers an die Grundsätze der Verhältnismäßigkeit und Erforderlichkeit, 1961, S. 40, 255 f., 236 ff.; ebenso *ders.*, Grundrechtsschranken, HStR, Bd. V, 1992, § 122, Rdn. 29.

[28] I.d.S. *I. Kant*, Metaphysik der Sitten, ed. Weischedel, Bd. 7, S. 345, 430; *K. A. Schachtschneider*, Res publica res populi, S. 290 ff., 325 ff.; *ders.*, Freiheit in der Republik, Manuskript 2000, S. 21 ff., 95 ff.

[29] *I. Kant*, Zum ewigen Frieden, S. 208 ff.; *A. Verdross*, Völkerrecht, S. 25 ff.; *K. Ipsen*, Völkerrecht, 4. Aufl. 1999, § 1, Rdn. 16, S. 6 f.; *M. Bothe*, Friedenssicherung und Kriegsrecht, in: W. Graf Vitzthum (Hrsg.), Völkerrecht, 1997, VII, 3 ff., S. 584 ff.

[30] Dazu *A. Emmerich-Fritsche*, Vom Völkerrecht zum Weltrecht, i.V.

[31] Zum kooperativen Grundrechtsschutz in der Europäischen Union BVerfGE 37, 271 (279); 73, 339 (347 ff., 383 ff., 387); 89, 155 (174 f.); BVerfG (Zweiter Senat) vom 7. Juni 2000, AkZ: 2BvL 1/97, Rdn. 54 ff., BVBl. 2000, 755 ff. mit Anmerkung von *A. Emmerich-Fritsche*; *P. Kirchhof*, Gegenwartsfragen an das Grundgesetz, JZ 1989, 453; *ders.*, Rechtsschutz durch Bundesverfassungsgericht und Europäischen Gerichtshof, in:

chen, sozialen und kulturellen Bereich, wie der Pakt über diese Rechte von 1966 erweist. Für bestimmte elementare Menschenrechte, wie das des Schutzes vor Folter und Sklaverei, wacht in zunehmenden Maße (noch wegen der Zerrissenheit der Welt mit großen Problemen verbunden) die Völkergemeinschaft. Sie gelten nicht mehr als innere Angelegenheiten der Staaten. Es entwickelt sich eine globale, universale Welt jedenfalls elementarer Menschenrechte (etwa: Wiener Erklärung und Aktionsprogramm vom 25. Juni 1993)[32]. Noch ist jedoch die Einheit der Welt, jedenfalls die wirtschaftliche, soziale und kulturelle Einheit, weit entfernt. Noch ist die für die Verwirklichung der meisten Menschenrechte (außer eben den elementaren) allein maßgebliche politische Einheit der jeweilige existentielle Staat[33], in dem auch die wirtschaftlichen, sozialen und kulturellen Menschenrechte ihren Schutz und ihre Wirklichkeit finden. Sie sind darum Grundrechte der jeweiligen Staaten. Das Recht ist (noch) weitgehend national. Das bringt der Begriff der existentiellen Staatlichkeit, des Volkes als Schicksalsgemeinschaft, zum Ausdruck. Insofern ist die Welt in Bewegung, wesentlich durch die wirtschaftliche Globalisierung. In Nizza wurde am 7. Dezember 2000 eine Charta der Grundrechte der Europäischen Union deklariert, die (bisher) keine völkervertragliche Verbindlichkeit hat und im übrigen den Grundrechtsschutz belastet[34].

D. Merten, Föderalismus und Europäische Gemeinschaften unter besonderer Berücksichtigung von Umwelt und Gesundheit, Kultur und Bildung, 1990, S. 109 ff., 115 ff., insb. 118; *ders.*, Deutsches Verfassungsrecht und Europäisches Gemeinschaftsrecht, EuR Beiheft 1 (1991), S. 22 ff.; *E. Klein,* Der Verfassungsstaat als Glied einer europäischen Gemeinschaft, VVDStRL 50 (1991), S. 80 ff.; *H. P. Ipsen*, Die Bundesrepublik Deutschland in den Europäischen Gemeinschaften, HStR, Bd. VII, 1992, § 181, Rdn. 66 ff.; *R. Streinz,* Bundesverfassungsgerichtlicher Grundrechtsschutz und Europäisches Gemeinschaftsrecht, 1989, S. 304 f. (kritisch); *K. Stern/M. Sachs,* Das Staatsrecht der Bundesrepublik Deutschland (Staatsrecht), Bd. III/1, 1988, S. 293 ff.; *R. Zuck,* Das Gerede vom gerichtlichen Kooperationsverhältnis, NJW 1994, 978 f., mit richtiger Kritik; kritisch auch *H. P. Ipsen,* Zehn Glossen zum Maastricht-Urteil, EuR 1994, 3 f., 9 f.; *K. A. Schachtschneider,* Die existentielle Staatlichkeit der Völker Europas, S. 103 ff.; *ders./A. Emmerich-Fritsche*, Das Verhältnis des Europäischen Gemeinschaftsrechts zum nationalen Recht Deutschlands, DSWR 1-2/99, 17 ff., DSWR 3/99, 81 ff., DSWR 4/99, 116 ff.

[32] Vgl. *A. Verdross*, Völkerrecht, S. 562 ff.; *K. Hailbronner*, Der Staat und der Einzelne als Völkerrechtssubjekte, in: W. Graf Vitzthum (Hrsg.), Völkerrecht, 1997, III, S. 194 ff., 239 ff.; *K. Ipsen*, Völkerrecht, § 48, S. 672, § 50, S. 704 ff.; zurückhaltend wegen der „hergebrachten Impermeabilität der Staaten" *J. Isensee*, Grundrechtsvoraussetzungen und Verfassungserwartungen an die Grundrechtsausübung, HStR, Bd. V, 1992, § 115, Rdn. 45 f.

[33] Dazu *K. A. Schachtschneider*, Die existentielle Staatlichkeit der Völker Europas, S. 75 ff.; *ders.*, Die Republik der Völker Europas, ARSP-Beiheft 71 (1997), S. 153 ff., 170 ff.

[34] Dazu kritisch *K. A. Schachtschneider*, Eine Charta der Grundrechte für die Europäische Union, in: Aus Politik und Zeitgeschichte, B 52-53/2000, S. 13 ff.; *ders.*, Eine

10. Noch jedoch ist die Welt in Staaten geteilt. Noch ist das Recht weitestgehend durch die Nationalität der Staaten bestimmt und muß so dogmatisiert werden, jedenfalls das Recht im wirtschaftlichen, sozialen und kulturellen Bereich. Ideologisch sind freilich alle Selbstverständlichkeiten verloren gegangen. Das gemeinsame Leben ist im Umbruch. Ein neues Zeitalter hat begonnen[35]. Das Weltrecht ist Aufgabe, aber das Recht muß bleiben, auch wenn dieses national gegründet ist. Die Überwindung der nationalen Staatlichkeit darf die Völker nicht vergewaltigen. Noch bestimmt der Wille des jeweiligen (als Staat organisierten) Volkes das Recht, vorausgesetzt, die Menschenrechte sind gewahrt. Der nationalen Fundierung des Rechts kann der Vorwurf des Unrechts nicht gemacht werden, wenn sie den Frieden der Welt nicht gefährdet, den die Vereinten Nationen wahren wollen (Art. 1 Nr. 1 ihrer Charta). Die praktische Vernunft spricht für die weltweite Republik der Republiken, Kants „Föderalism freier Staaten“[36], um weltweit das Recht der Menschheit zu verwirklichen. Dann bleibt es bei der Fundierung des Rechts durch die einzelnen Völker, von denen die jeweilige das Recht verwirklichende Staatsgewalt ausgeht. Das Kriterium des personalen Fundaments des Rechts muß, wenn das Recht auf Freiheit gegründet wird, so daß die Menschenwürde unangetastet bleibt, die Entwicklung des gemeinsamen Lebens sein. Die wirklichen Gemeinschaften der Menschen müssen in einer Rechtseinheit leben. Diese Gemeinschaften waren die Völker. Es werden in schneller Entwicklung die Menschen dieser Welt. Längst sind es in gewissem Maße die Europäer. Das Maß und die Materie der Rechtsgemeinschaft sollte sich nach dem Maß und der Materie der Lebensgemeinschaft richten. Die gemeinsame Umwelt erfordert ein gemeinsames Umweltrecht, der gemeinsame Kapitalmarkt ein gemeinsames Kapitalmarktrecht. Keinesfalls aber rechtfertigt die Zeitenwende den Verlust der Rechtlichkeit in einem, zumal lebenswichtigen, Bereich, dem der Wirtschaft und damit den des Kapitalverkehrs.

11. Die folgende Erörterung der für die Problematik der Grenzen der Kapitalverkehrsfreiheit wesentlichen Rechtsprinzipien an Hand des in Deutschland maßgeblichen Verfassungsgesetzes und an Hand der deutschen Rechtsprechung und Literatur ist wegen der Konvergenz der fundamentalen Rechtsfragen der menschheitlichen, d. h. der sozialen, demokratischen und liberalen, also von der Freiheit geprägten, Politik in der Welt exemplarisch und mehr oder weniger auf die Rechtslage anderer Völker und Staaten übertragbar. Die Abhandlung erör-

---

Charta der Grundrechte für die Europäische Union, in: Recht und Politik, 1/2001, S. 16 ff.

[35] Etwa *O. Höffe*, Demokratie im Zeitalter der Globalisierung, S. 13 ff. („Herausforderungen der Epoche“); *C. Ch. v. Weizsäcker*, Logik der Globalisierung, 1999, S. 5 ff.; *U. Beck*, Was ist Globalisierung? Irrtümer des Globalismus – Antworten auf Globalisierung, 1998, S. 13 ff., passim („Zweite Moderne“).

[36] Zum ewigen Frieden, S. 208 ff.; dazu *K. A. Schachtschneider*, Die Republik der Völker Europas, ARSP-Beiheft 71 (1997), S. 170 ff., 174 ff., 192 ff.

tert den Konflikt globaler kapitalistischer Wirtschaft mit der nationalen Staatlichkeit, welche die Vielfalt territorial begrenzter, meist national geprägter Staaten und die Einheit territorial unbegrenzter, denationalisierter Wirtschaft zugrunde legt und am Beispiel der wirkungsmächtigen Kapitalverkehrsfreiheit problematisiert.

II. Verfassungsrechtliche Rechtfertigungsaspekte des liberalisierten und deregulierten Kapitalverkehrs

1. Die Eigentumsgewährleistung des Art. 14 Abs. 1 und 2 GG

a) Der soziale Begriff des Eigentums in der Republik

Das Kapital gibt dem Kapitaleigner Handlungsmöglichkeiten. Das gilt für alles Kapital, ohne daß die Vielfalt der Kapitalarten[37] für die Eigentumsfrage entfaltet werden muß. Handlungsmöglichkeiten sind als das Eigene des Eigners eigentumsfähig[38]. Sie können durch Gesetz als privates Recht geschützt und dadurch unter den Schutz der Eigentumsgewährleistung des Grundgesetzes gestellt werden[39]. Eigentum im Sinne des Art. 14 Abs. 1 GG sind nur die vom Volk durch die Gesetze zugeteilten Handlungsmöglichkeiten besonderer Bürger oder Vereinigungen von Bürgern; denn nach Satz 2 des Art. 14 Abs. 1 GG werden Inhalt und Schranken des Eigentums durch die Gesetze bestimmt[40]. In der Republik ist der Eigentumsbegriff republikanisch und muß darum dem republikanischen Rechtsprinzip des guten Lebens aller in allgemeiner Freiheit[41] genügen. Dieses Prinzip wird durch die allgemeinen Gesetze verwirklicht[42]. Darum

---

[37] Vgl. den Anhang der Richtlinie des Rates vom 26.6.1988 zur Durchführung des Art. 67 des Vertrages (88/361/EWG); *J. Müller*, Kapitalverkehrsfreiheit in der Europäischen Union, S. 13 ff., 152 ff.

[38] *K. A. Schachtschneider*, Das Recht am und das Recht auf Eigentum, FS W. Leisner, 1999, S. 744 ff.; i.d.S. *J. Locke*, Über die Regierung, V, 27 ff.; *I. Kant*, Metaphysik der Sitten, S. 353 ff.

[39] *K. A. Schachtschneider*, Das Recht am und das Recht auf Eigentum, FS W. Leisner, S. 751 ff., insb. S. 753 ff.

[40] Zur Gesetzlichkeit des Eigentums etwa BVerfGE 21, 73 (79, 82 f.); 42, 263 (292 ff.); 45, 272 (296); 50, 290 (339 ff.); 52, 1 (29 f.); 56, 249 (260); 58, 300 (345); 70, 191 (199); 93, 121 (137); *H.-J. Papier*, in: Maunz/Dürig, GG, 1994, Art. 14, Rdn. 35; kritisch zur Formel „Eigentum nach Gesetz" *W. Leisner*, Eigentum, HStR, Bd. VI, § 149, Rdn. 54 ff.; wie der Text *H. Rittstieg*, AK-GG, 2. Aufl. 1989, Art. 14/15, Rdn. 152, 163 ff.; *K. A. Schachtschneider*, Das Recht am und das Recht auf Eigentum, FS W. Leisner, S. 755 ff., insb. S. 765 f., 773.

[41] Zu diesem Staatsprinzip *K. A. Schachtschneider*, Res publica res populi, S. 297 ff., 350 ff., 573 ff., 625 ff.; *ders.*, Freiheit in der Republik, S. 46, 202 ff., u.ö.

[42] *K. A. Schachtschneider*, Res publica res populi, S. 573 ff., 625 ff.; *ders.*, Freiheit in der Republik, S. 26 ff., 86 ff., 95 ff., 105 ff., 123 ff., 154 ff., 177 ff., 216 ff., auch

unterstellt das Grundgesetz den jeweiligen Eigentumsbegriff (nicht die verfassungsrechtliche Entscheidung für das Eigentum) dem Gesetz[43]. Nur das allgemeine Gesetz kann den mit der Freiheit untrennbar verbundenen Prinzipien der Gleichheit und Brüderlichkeit[44], ausweislich Art. 1 der Allgemeinen Erklärung der Menschenrechte das Weltrechtsprinzip, gemäß Handlungsmöglichkeiten zuteilen[45]. Das Volk ist weder berechtigt noch gar verpflichtet, Handlungsmöglichkeiten durch seinen Staat zu schützen, welche nicht allgemeinverträglich sind, also nicht gemäß dem Sittengesetz, dem kategorischen Imperativ[46], sicherstellen, daß das Handeln des einen nicht anderen schadet[47]. Ohne staatlichen, also gesetzlichen Schutz gibt es in der Republik, d. h. in dem in allgemeiner Freiheit verfaßten Gemeinwesen[48], in dem jedem das Seine geschützt wird[49], kein (peremtorisches) Eigentum[50]. Eigentum verteilt notwendig Handlungsmöglich-

---

S. 300 ff. (für die Kunstfreiheit), S. 333 ff. (für das Eigentum); i.d.S. *I. Kant*, Über den Gemeinspruch: Das mag in der Theorie richtig sein, taugt aber nicht für die Praxis, ed. Weischedel, Bd. 9, S. 154 f.

[43] *K. A. Schachtschneider*, Das Recht am und das Recht auf Eigentum, FS W. Leisner, S. 785 ff.; *ders.*, Freiheit in der Republik, S. 373 ff.; vgl. *H.-J. Papier*, in: Maunz/Dürig, GG, Art. 14, Rdn. 35 ff.; kritisch *W. Leisner*, Eigentum, HStR, Bd. VI, § 149, Rdn. 54 ff.

[44] *W. Maihofer*, Prinzipien freiheitlicher Demokratie, HVerfR, 2. Aufl. 1994, S. 519 ff.; *P. Häberle*, Die Menschenwürde als Grundlage der staatlichen Gemeinschaft, HStR, Bd. I, 1987, § 20, Rdn. 46 ff., insb. Rdn. 54; *K. A. Schachtschneider*, Res publica res populi, S. 1 ff., 234 ff.; *ders.*, Freiheit in der Republik, S. 1 ff., 325 ff.

[45] *Th. Hobbes*, Leviathan, II, 18; *J. Locke*, Über die Regierung, V, 50; *I. Kant*, Metaphysik der Sitten, S. 366 ff., 374 ff., 412, 419, 423, 464; *K. A. Schachtschneider*, Das Recht am und das Recht auf Eigentum, FS W. Leisner, S. 755 ff.; *ders.*, Freiheit in der Republik, S. 322 ff.

[46] *I. Kant*, Grundlegung zur Metaphysik der Sitten, ed. Weischedel, Bd. 6, S. 41 ff., insb. S. 51 ff., 59 ff.; *ders.*, Kritik der praktischen Vernunft, ed. Weischedel, Bd. 6, S. 140 ff.; *ders.*, Metaphysik der Sitten, S. 353 ff., 430 f.; *K. A. Schachtschneider*, Res publica res populi, S. 259 ff., 279 ff.; *ders.*, Das Sittengesetz und die guten Sitten, FS W. Thieme, 1993, S. 195 ff.; *ders.*, Freiheit in der Republik, S. 51 ff., 114 ff., u.ö.

[47] *J.-J. Rousseau*, Vom Gesellschaftsvertrag, IV, 8; *I. Kant*, Metaphysik der Sitten, S. 353 ff., 365 ff., 422 ff., 430 ff., 464; *K. A. Schachtschneider*, Res publica res populi, S. 477 ; *ders.*, Freiheit in der Republik, S. 138, 309; *ders.*, Das Recht am und das Recht auf Eigentum, FS W. Leisner, S. 744 f.

[48] *K. A. Schachtschneider*, Res publica res populi, S. 14 ff., 519 ff., 685 ff., auch S. 71 ff.; *ders.*, Freiheit in der Republik, passim; *ders.*, Der republikwidrige Parteienstaat, FS H. Quaritsch, 2000, S. 141 ff.

[49] *I. Kant*, Metaphysik der Sitten, S. 353 ff., 430 f.; *K. A. Schachtschneider*, Das Recht am und das Recht auf Eigentum, FS W. Leisner, S. 744 ff.; *ders.*, Freiheit in der Republik, S. 309 ff.

[50] *I. Kant*, Metaphysik der Sitten, S. 365 ff., 366 ff.; *K. A. Schachtschneider*, Das Recht am und das Recht auf Eigentum, FS W. Leisner, S. 744 ff., 751 ff., 755 ff.; *ders.*, Freiheit in der Republik, S. 309 ff., 316 ff., 322 ff.

keiten[51], wie das Grundgesetz dem Rechtsprinzip gemäß klarstellt, und ist damit eine Frage der Gesetze.

Nach Absatz 2 des Art. 14 GG verpflichtet Eigentum und soll sein Gebrauch zugleich dem Wohl der Allgemeinheit dienen. Diese Sozialpflichtigkeit[52] bestimmt bereits die Materie des Eigentums[53]. Die Inhalts- und Schrankenbestimmung des Gesetzgebers materialisiert diese Sozialpflichtigkeit oder eben Republikanität des Eigentums. Auch darin ist Eigentum ein Recht von Bürgern unter Bürgern oder eben ein freiheitliches Recht, nicht aber eine Freiheit[54]; das Eigentumsgrundrecht gewährleistet und schützt das Recht, Handlungsmöglichkeiten zu haben und zu gebrauchen[55], und verwirklicht dadurch die allgemeine Freiheit[56].

Eigentum ist jedoch nicht die Freiheit selbst. Die Freiheit ist das Recht des Menschen, unter dem eigenen Gesetz zu leben oder eben einen Willen zu ha-

---

[51] *K. A. Schachtschneider*, Das Recht am und das Recht auf Eigentum, FS W. Leisner, S. 744 ff.; *ders.*, Freiheit in der Republik, S. 309 ff.

[52] BVerfGE 20, 351 (356); auch BVerfGE 25, 112 (117); 37, 132 (140 f.); 52, 1 (29); 61, 82 (108 f.); 100, 271 (284, 287); *P. Häberle*, Grundrechte im Leistungsstaat, VVDStRL 30 (1972), S. 100 ff.; *A. v. Brünneck*, Die Eigentumsgarantie des Grundgesetzes, 1984, S. 395 f.; *K. A. Schachtschneider*, Das Recht am und das Recht auf Eigentum, FS W. Leisner, S. 773 ff.; *ders.*, Freiheit in der Republik, S. 343 ff.

[53] *K. A. Schachtschneider*, Das Recht am und das Recht auf Eigentum, FS W. Leisner, S. 755 ff., insb. S. 773 ff.; *ders.*, Freiheit in der Republik, S. 316 ff., insb. S. 343 ff.; a.A. *W. Leisner*, Sozialbindung des Eigentums, 1972, S. 11 (Sozialbindung „Negation des Eigentums").

[54] *K. A. Schachtschneider*, Das Recht am und das Recht auf Eigentum, FS W. Leisner, S. 767 ff.; *ders.*, Freiheit in der Republik, S. 338 ff.; problematisch BVerfGE 87, 153 (169); *D. Ehlers*, Eigentumsschutz, Sozialbindung und Enteignung bei der Nutzung von Boden und Umwelt, VVDStRL 51 (1992), S. 213, 226; *W. Leisner*, Sozialbindung des Eigentums, S. 11, 20, spricht von „Eigentumsfreiheit", ebenso *ders.*, Eigentum – Grundlage der Freiheit, 1994, in: ders., Eigentum, S. 23, u.ö.; *ders.*, Eigentum, HStR, Bd. VI, § 149, Rdn. 21, plakatiert: "Eigentum ist Freiheit"; umgekehrt *ders.*, Freiheit und Eigentum – die selbständige Bedeutung des Eigentums gegenüber der Freiheit, 1974, in: ders., Eigentum, 1996, S. 17 ff.

[55] *K. A. Schachtschneider*, Das Recht am und das Recht auf Eigentum, FS W. Leisner, S. 744 ff.; *ders.*, Freiheit in der Republik, S. 309 ff.; i.d.S. auch *R. Wendt*, Eigentum und Gesetzgebung, 1985, S. 80 ff.; vgl. auch BVerfGE 14, 288 (293 f.); 42, 64 (77); 42, 263 (293 ff.); 50, 290 (340); 53, 257 (292); 70, 191 (201); 79, 292 (304); 97, 350 (370): Schutz eines „Freiheitsraums" oder „Freiraums"; so schon BVerfGE 24, 367 (389); 31, 229 (239); 40, 263 (293); 50, 290 (339); 53, 257 (290); 68, 193 (222); 69, 272 (300); 83, 201 (208 f.); folgend *O. Kimminich*, GG, Bonner Kommentar, Drittbearbeitung 1992, Art. 14, Rdn. 18; *H.-J. Papier*, in: Maunz/Dürig, GG, Art. 14, Rdn. 1.

[56] *K. A. Schachtschneider*, Das Recht am und das Recht auf Eigentum, FS W. Leisner, S. 791 ff.; *ders.*, Freiheit in der Republik, S. 367 ff.; Eigentum erschaffe „reale Freiheit" meint *W. Leisner*, Politischer Einfluß des Eigentums – verfassungswidrig?, 1975, in: ders., Eigentum, S. 75; ebenso *P. Häberle*, Grundrechte im Leistungsstaat, VVDStRL 30 (1972), S. 96.

ben, das Recht also, Mensch zu sein[57]. Jeder Mensch hat apriorisch (als Urrecht) die äußere Freiheit als die „Unabhängigkeit von eines anderen nötigender Willkür“ (Kant)[58], die allgemein nur Wirklichkeit sein kann, wenn sie durch die innere Freiheit als die Sittlichkeit gelebt wird[59]. Die Sittlichkeit ist die Achtung vor der Freiheit aller anderen, die sich ausschließlich in der allgemeinen Gesetzlichkeit verwirklichen läßt[60]. Diese Sittlichkeit erfordert die Moralität des Gesetzgebers, stellvertretend für das Volk die Moralität der Abgeordneten[61]. Der Gegenstand der Freiheit sind die Handlungen des Menschen, die nur unter eigenen Gesetzen, die freilich um der Freiheit aller willen allgemeine Gesetze sein müssen, frei sein können[62].

Gegenstand des Eigentums dagegen sind die Möglichkeiten des Handelns, die jeweils besondere sind, und um der Rechtlichkeit des gemeinsamen Lebens willen des Schutzes des Staates bedürfen[63]. Dieser Schutz muß, um freiheitlich zu sein, gesetzlich geregelt werden. Die Gesetze, welche Handlungsmöglichkeiten schützen, teilen unvermeidlich Eigentum zu, weil sie die gesetzlose Inanspruchnahme von Handlungsmöglichkeiten unterbinden[64]. Es gibt ohne Gesetz keine Eigentumsordnung. Die Gesetze aber müssen um der Menschheit des Menschen willen freiheitlich sein und darum einen bestmöglichen Interessenausgleich leisten[65]. Nur die gerechte Verteilung des Eigentums, die iustitia distributiva, ist praktisch vernünftig und kann somit dem Konsensprinzip entspre-

---

[57] *I. Kant*, Grundlegung zur Metaphysik der Sitten, S. 41 ff.; *ders.*, Kritik der praktischen Vernunft, S. 138 ff.; vgl. auch *ders.*, Metaphysik der Sitten, S. 332 f.; dazu *K. A. Schachtschneider*, Freiheit in der Republik, S. 16 ff., insb. S. 51 ff.

[58] Metaphysik der Sitten, S. 345.

[59] *K. A. Schachtschneider*, Freiheit in der Republik, S. 39 ff., 51 ff.; vgl. auch *ders.*, Res publica res populi, S. 279 ff., 519 ff., 560 ff., 725 ff., 978 ff.

[60] *K. A. Schachtschneider*, Res publica res populi, S. 279 ff., 290 ff., 303 ff., 325 ff., 332 ff., 410 ff., 494 ff., 519 ff.; *ders.*, Freiheit in der Republik, S. 26 ff., 51 ff., 95 ff.

[61] *K. A. Schachtschneider*, Res publica res populi, S. 530 ff., 725 ff., 810 ff.

[62] *K. A. Schachtschneider*, Res publica res populi, S. 279 ff., 303 ff., 340 ff., 410 ff., 494 ff., 519 ff., 617 ff.; *ders.*, Freiheit in der Republik, S. 26 ff., 39 ff., 95 ff., 200 ff., 228 ff.

[63] *K. A. Schachtschneider*, Das Recht am und das Recht auf Eigentum, FS W. Leisner, S. 744 ff.; *ders.*, Freiheit in der Republik, S. 309 ff.

[64] *K. A. Schachtschneider*, Das Recht am und das Recht auf Eigentum, FS W. Leisner, S. 744 ff., 762 ff.; *ders.*, Freiheit in der Republik, S. 309 ff., 331 ff.

[65] Vgl. *I. Kant*, Kritik der praktischen Vernunft, S. 146; *ders.*, Zum ewigen Frieden, S. 250 f.; *K. A. Schachtschneider*, Res publica res populi, S. 617 ff.; *ders.*, Das Recht am und das Recht auf Eigentum, FS W. Leisner, S. 775 ff., 759 ff., 781 ff.; *ders.*, Freiheit in der Republik, S. 327 ff., 349 ff., 355 ff.; i.d.S. *H. F. Zacher*, Das soziale Staatsziel, HStR, Bd. I, 1987, § 25, Rdn. 68 ff. („ökonomische Mitte des 'Sozialen'“).

chen[66], welches prinzipiell repräsentativ zu verwirklichen ist[67]. Um gerecht zu sein, muß die Verteilung der Möglichkeiten das Gleichheitsprinzip zugrunde legen[68]. Der Gleichheit in der Freiheit ist das Prinzip gleichheitlicher Güterverteilung immanent[69]. Das entspricht der Brüderlichkeit[70], welche im Sozialprinzip höchsten Verfassungsrang hat[71]. Das soziale Leben ist das Leben in Gemeinschaft. Durch die Leistungen, insbesondere der Arbeit, durch die Ergebnisse des

---

[66] I.d.S. *I. Kant*, Metaphysik der Sitten, S. 365 ff., 366 ff., 412 f., 419, 423, 430 f., 464 f., 464; *K. A. Schachtschneider*, Das Recht am und das Recht auf Eigentum, FS W. Leisner, S. 762 ff.; *ders.*, Freiheit in der Republik, S. 331 ff.

[67] *K. A. Schachtschneider*, Res publica res populi, S. 637 ff., auch S. 978 ff.; *ders.*, Freiheit in der Republik, S. 332 f.; *ders.*, Das Recht am und das Recht auf Eigentum, FS W. Leisner, S. 764 f.

[68] *K. A. Schachtschneider*, Das Recht am und das Recht auf Eigentum, FS W. Leisner, S. 759 f., 764 f.; *ders.*, Freiheit in der Republik, S. 327 f., 332 f.

[69] I.d.S. *Aristoteles*, Politik, 1295 1 b 1 ff., 40 ff., auch 1292 a 30 ff.; *J. Locke*, Über die Regierung, V, 25 ff.; *J.-J. Rousseau*, Vom Gesellschaftsvertrag, I, 9; besonders klar *Ch. de Montesquieu*, Vom Geist der Gesetze, V, 3 ff. („Gleichheit der Vermögen"); für die „soziale Demokratie" *W. Maihofer*, Prinzipien freiheitlicher Demokratie, HVerfR, S. 507 ff., insb. S. 516 f., 518 f., auch S. 519 ff.; i.d.S. auch *E. Benda*, Der soziale Rechtsstaat, HVerfR, 2. Aufl. 1994, S. 761 ff., 785 ff.; auch *P. Badura*, Freiheit und Eigentum in der Demokratie, in: Eigentum und Eigentümer im Zeitalter globaler Märkte und Finanzströme, Veröffentlichung der Walter-Raymond-Stiftung, Bd. 38, 1998, S. 17 ff., 18 („Verteilungsgerechtigkeit" – „egalitärer Grundzug der Demokratie" – „Lebensgesetz im Sozialstaat"); *H. F. Zacher*, Das soziale Staatsziel, HStR, Bd. I, § 25, Rdn. 32 ff. (soziale Gleichheit); im Sinne der Chancengleichheit auch *I. Kant*, Über den Gemeinspruch, S. 147 f.; auch *ders.*, Metaphysik der Sitten, S. 434; anders *W. Leisner*, Freiheit und Eigentum, S. 17 ff.

[70] *Ch. de Montesquieu*, Vom Geist der Gesetze, V, 3 ff.; vgl. auch *I. Kant*, Metaphysik der Sitten, S. 365 f., 366 ff., 432 ff.; *ders.*, Über den Gemeinspruch, S. 150 f.; *H. F. Zacher*, Das soziale Staatsziel, HStR, Bd. I, § 25, Rdn. 32 ff., 48 ff.; vgl. auch *K. A. Schachtschneider*, Das Sozialprinzip. Zu seiner Stellung im Verfassungssystem des Grundgesetzes, 1974, S. 40 ff., 48 ff.; *ders.*, Das Recht am und das Recht auf Eigentum, FS W. Leisner, S. 759 ff.; *ders.*, Freiheit in der Republik, S. 327 ff.

[71] Dazu *K. A. Schachtschneider*, Res publica res populi, S. 234 ff., 237 ff., 247 f. („institutionelle Judiziabilität"); *ders.*, Das Sozialprinzip, S. 38 ff., 72 ff., 75 ff., 82 ff.; *ders.*, Grundgesetzliche Aspekte der freiberuflichen Selbstverwaltung, Die Verwaltung 31 (1998), S. 154 ff.; im Sinne des Textes *P. Häberle*, Grundrechte im Leistungsstaat, VVDStRL 30 (1972), S. 90 ff., 94 ff., 103 ff.; *H. F. Zacher*, Das soziale Staatsziel, HStR, Bd. I, § 25, Rdn. 166 ff.; durchaus auch *W. Leisner*, Grundrechte und Privatrecht, 1960, S. 162 ff.; dagegen aber *F. A. von Hayek*, etwa, Recht, Gesetzgebung und Freiheit, Bd. 2, Die Illusion der sozialen Gerechtigkeit, 1981, insb. S. 93 ff., 123 ff.; zum Versuch, dem Sozialprinzip die Verbindlichkeit streitig zu machen, insb. *E. Forsthoff*, Begriff und Wesen des sozialen Rechtsstaates, VVDStRL 12 (1954), S. 8 ff., 19 ff.; vermittelnd *W. Leisner*, Grundrechte und Privatrecht, S. 167 ff.; zum Rang des Sozialprinzips BVerfGE 84, 90 (121); auch BVerfGE 100, 271 (284, 287); *K. A. Schachtschneider (O. Gast)*, Sozialistische Schulden nach der Revolution. Kritik der Altschuldenpolitik. Ein Beitrag zur Lehre von Recht und Unrecht, 1996, S. 35 f.; i.d.S. auch *P. Häberle*, Die Menschenwürde als Grundlage der staatlichen Gemeinschaft, HStR, Bd. I, § 20, Rdn. 1 ff., insb. Rdn. 46 ff.; *W. Maihofer*, Prinzipien freiheitlicher Demokratie, HVerfR, S. 432 ff., 513 ff., 536.

Marktes und durch den Bedarf wird dieses Prinzip modifiziert[72]. Freilich ist es sittliche und rechtliche Pflicht, den Lebensunterhalt selbst zu erwirtschaften (Prinzip des Nachranges der Sozialhilfe, Subsidiaritätsprinzip)[73]. Jedem muß das Seine zuerkannt werden[74]. Die Eigentumsordnung muß die um der Freiheit

[72] *K. A. Schachtschneider*, Das Recht am und das Recht auf Eigentum, FS W. Leisner, S. 755 ff., 775 ff., 780 ff.; *ders.*, Freiheit in der Republik, S. 322 ff., 349 ff., 355 ff.; zum eigentumsrechtlichen Leistungsprinzip vgl. BVerfGE 1, 264 (277 f.); 14, 288 (293); 30, 292 (334); 58, 81 (112); 69, 272 (301); 72, 175 (193); 97, 350 (371), das der „eigenen Leistung" eine intensivere Schutzwürdigkeit des Eigentums abgewinnt; dazu *W. Leisner*, Eigentum, HStR, Bd. VI, § 149, Rdn. 85 ff.; *H. Krüger*, Allgemeine Staatslehre, 2. Aufl. 1966, S. 424 ff.; zum Arbeits- und Unternehmenseigentum i.d.S. *I. Kant*, Metaphysik der Sitten, S. 432 f.; *H. F. Zacher*, Das soziale Staatsziel, HStR, Bd. I, § 25, Rdn. 28; vgl. i. d. S. *K. A. Schachtschneider*, Res publica res populi, S. 244 ff.; *P. Häberle*, Grundrechte im Leistungsstaat, VVDStRL 30 (1972), S. 85 f., 100 ff.; *ders.*, Arbeit als Verfassungsproblem, JZ 1984, 345 ff. (354 f.); vgl. BVerfGE 31, 229 (239); 40, 65 (80); 53, 257 (291); 58, 81 (112 f.); 69, 272 (301); 72, 175 (193); 97, 350 (371).

[73] Vgl. BVerfGE 9, 20 (35); 59, 52 (62); i.d.S. schon *I. Kant*, Metaphysik der Sitten, S. 434; ganz so *G. Dürig*, in: Maunz/Dürig, GG, 1973, Art. 3 Abs. I, Rdn. 69 ff.; *H. F. Zacher*, Das soziale Staatsziel, HStR, Bd. I, § 25, Rdn. 27 ff., 61 ff.; *R. Herzog*, Subsidiaritätsprinzip und Staatsverfassung, Der Staat 2 (1963), S. 399 ff., 411 ff.; *H. Krüger*, Allgemeine Staatslehre, S. 811 ff.; *W. Maihofer*, Prinzipien freiheitlicher Demokratie, HVerfR, S. 528; *E. Benda*, Der soziale Rechtsstaat, HVerfR, 2. Aufl. 1994, S. 786; *D. Merten*, Sozialrecht, Sozialpolitik, HVerfR, 2. Aufl. 1994, S. 977 ff., 993 f., 979 ff.; *P. Häberle*, Grundrechte im Leistungsstaat, VVDStRL 30 (1972), S. 65 f., 102; *K. A. Schachtschneider*, Sozialprinzip, S. 62 f.; *ders.*, Staatsunternehmen und Privatrecht. Kritik der Fiskustheorie, exemplifiziert an § 1 UWG, 1986, S. 145 ff., 149 f.; *ders.*, Frei – sozial – fortschrittlich, in: Werner Thieme zu ehren, 1989, S. 15 f., 19 ff.; i.d.S. auch *W. Henke*, Recht und Staat. Grundlagen der Jurisprudenz, 1988, S. 386; *F. A. von Hayek*, Die Verfassung der Freiheit, S. 364 ff., kritisiert die Sozialversicherung als „Werkzeug egalitärer Umverteilung"; dazu *M. Kläver*, Die Verfassung des Marktes. F. A. v. Hayeks Lehre von Staat und Markt im Spiegel grundgesetzlicher Staats- und Verfassungsrechtslehre, 2000, S. 252 ff.; kritisch gegenüber dem Wohlfahrtsstaat „perfekter Sekurität" *K. A. Schachtschneider*, Res publica res populi, S. 438 ff.; *ders.*, Das Recht am und das Recht auf Eigentum, FS W. Leisner, S. 760, 768, 772; *ders.*, Freiheit in der Republik, S. 327 f., 338, 342 f.; *ders.*, Recht auf Arbeit – Pflicht zur Arbeit, in: K. A. Schachtschneider/H. Piper/M. Hübsch (Hrsg.), Transport – Wirtschaft – Recht, GS J. G. Helm, 2001, S. 827 ff.

[74] Zu dieser Formel *Aristoteles*, Nikomachische Ethik, 1132 b 15 („Wenn aber weder mehr noch weniger eingenommen wird, sondern Gleiches um Gleiches, so sagt man, man erhalte das Seinige und habe weder Schaden noch Gewinn."); *Ulpian*, Digesten, I, 1, 10 („suum cuique tribuere"); *Th. Hobbes*, Leviathan, I, 15 („Gerechtigkeit ist der feste Entschluß, einem jeden das Seinige zu geben", „von den Scholastikern angenommene Erklärung der Gerechtigkeit. Denn wo es nichts gibt, was man das Seinige nennen kann, wo kein Eigentum da ist, da fällt alles Ungerechte weg; und ohne bürgerliche Gesellschaft gibt es kein Eigentum."); *I. Kant*, Metaphysik der Sitten, S. 366, 412 f., 419, 423, 430 f., 464; *ders.*, Über den Gemeinspruch, S. 144; dazu *W. Kersting*, Transzendentalphilosophische Eigentumsbegründung, 1991, in: ders., Recht, Gerechtigkeit und demokratische Tugend, 1997, S. 56 f., 66 f.; vgl. auch *J.-J. Rousseau*, Vom Gesellschaftsvertrag, I, 9; *E. Benda*, Der soziale Rechtsstaat, HVerfR, S. 786; *F. A. v. Hayek*, Recht, Gesetzgebung und Freiheit, Bd. 1, Regeln und Ordnung, 2. Aufl. 1986, S. 149.

willen notwendige Selbständigkeit aller Bürger sicherstellen[75] In der praktischen Vernünftigkeit, wenn man so will, in der Gerechtigkeit ist die Eigentumsordnung sozial und dadurch freiheitlich und republikanisch[76]. Der Eigentumsbegriff der Republik ist der soziale Eigentumsbegriff[77].

Eigentum kann in der Republik nicht liberalistisch als Herrschaftsrecht begriffen werden[78]. Das wäre mit der Verfassung der Freiheit unvereinbar. Liberalistisch besteht das Eigentum aus dem verfassungsgesetzlichen Schutz der jeweiligen, wie auch immer erlangten, vermögenswerten Rechte[79]. Die liberalisti-

---

[75] *K. A. Schachtschneider*, Das Recht am und das Recht auf Eigentum, FS W. Leisner, S. 761 f., 767 ff.; *ders.*, Freiheit in der Republik, S. 330, 336 ff.

[76] *K. A. Schachtschneider*, Das Recht am und das Recht auf Eigentum, FS W. Leisner, S. 755 ff., 791 ff.; *ders.*, Freiheit in der Republik, S. 322 ff., 367 ff.

[77] Hinweise in Fn. 53, 75, auch Fn. 77.

[78] So aber prononciert *W. Leisner*, Die demokratische Anarchie. Verlust der Ordnung als Staatsprinzip?, 1982, S. 361 f. („In allem gibt das Eigentum die Kraft weiter, durch welche es konstituiert ist: die Herrschaftsgewalt, aus der Ordnung kommt."); auch *ders.*, Politischer Einfluß des Eigentums – verfassungswidrig?, in: ders., Eigentum, S. 73 ff.; *H. Krüger*, Allgemeine Staatslehre, S. 421 ff. („ein Stück absoluter Herrschaft"), S. 430 ff., der Herrschaft mit Verantwortung für Menschen und Sachen verbindet und als solche nicht kritisiert; *R. Wendt*, Eigentum und Gesetzgebung, S. 14 ff., 101 ff. („rechtliche Herrschaft"); *M. Wolff*, Das Sachenrecht, 9. Aufl. 1932, S. 143 („umfassendstes Herrschaftsrecht, das man an einer Sache haben kann"); *F. Baur*, Lehrbuch des Sachenrechts, 6. Aufl. 1970, S. 24 („absolute Herrschaftsmacht des Berechtigten"); vgl. auch BGHZ (Großer Senat) 6, 270 (278): „Herrschaftsbereich des Eigentumsrechts"; hingewiesen sei auf die Kritik der „Bourgeoisie" im Manifest der Kommunistischen Partei vom Februar 1848, Teil I; vgl. auch *F. Tönnies*, Das Eigentum, 1926, S. 11 ff., 16 ff.; *K. Kühl*, Eigentumsordnung als Freiheitsordnung, Zur Aktualität der kantischen Rechts- und Eigentumslehre, 1984, S. 297 ff.; kritisch *K. A. Schachtschneider*, Das Recht am und das Recht auf Eigentum, FS W. Leisner, S. 750, passim; *ders.*, Freiheit in der Republik, S. 315, passim.; Kritik der Herrschaftsdoktrin *K. A. Schachtschneider*, Res publica res populi, S. 71 ff., insb. S. 133 ff.; anders *W. Leisner*, etwa, Demokratische Anarchie; *W. Henke*, Recht und Staat, S. 251 ff.; gegen den Paternalismus *I. Kant*, Über den Gemeinspruch, S. 145 f., vgl. *ders.*, Metaphysik der Sitten, S. 464; wie der Text *J.-J. Rousseau*, Vom Gesellschaftsvertrag, I, 1; *K. R. Popper*, Bemerkungen zu Theorie und Praxis des demokratischen Staates, 1988, S. 14; *J. Habermas*, Die Utopie des guten Herrschers, 1972, in: G. Roellecke (Hrsg.), Rechtsphilosophie oder Rechtstheorie, 1988, S. 327 ff., insb. S. 335 f.

[79] I.d.S. *W. Leisner*, Eigentum, HStR, Bd. VI, § 149, Rdn. 3 ff.; *H.-J. Papier*, in: Maunz/Dürig, GG, Art. 14, Rdn. 3, 5, 40, u.ö.; zum praktizierten Eigentumsschutz aller vermögenswerter Rechte, derer auf öffentlich-rechtlicher Grundlage aber nur, wenn sie auf eigener Leistung beruhen, BVerfGE 14, 288 (293); st. Rspr.; etwa BVerfGE 30, 292 (334); 53, 257 (289 ff.); 58, 81 (112 f.); 69, 272 (300 ff.); 70, 115 (122); 70, 191 (199); 72, 175 (193); 83, 201 (209); 95, 267 (300); 97, 350 (371); *W. Leisner*, Sozialbindung des Eigentums, S. 19 ff. (zur Entwicklung dieses Begriffs); *ders.*, Eigentum, HStR, Bd. VI, § 149, Rdn. 3 ff., 85 ff., 119 ff.; *P. Badura*, Eigentum, HVerfR, 2. Aufl. 1994, S. 329, 347 ff.; *H.-J. Papier*, in: Maunz/Dürig, GG, Art. 14, Rdn. 124 ff.; *O. Kimminich*, GG, Bonner Kommentar, Art. 14, Rdn. 31, 55 f.; *R. Wendt*, Eigentum und Gesetzgebung, S. 113 ff., der Eigentum „als qualifiziertes normatives Zugehören" dogmatisiert (S. 121 ff.); *D. Ehlers*, Eigentumsschutz, Sozialbindung und Enteignung, VVDStRL 51

sche Konzeption einer Eigentumsgarantie, welche den grundgesetzlichen Begriff der Eigentumsgewährleistung möglichst meidet[80], postuliert den Schutz der beati possidentes[81] und verwirft die zurecht vom Bundesverfassungsgericht genutzte Formel vom Eigentum nach Maßgabe der Gesetze[82]. Liberalistisch rechtfertigt Eigentum die Ungleichheit[83] und relativiert damit die Gleichheitsverfassung. Ein Recht auf Eigentum wird zurückgewiesen[84]. Als Eigentümer ist der

---

(1992), S. 214 f.; weiter noch BGHZ (Großer Senat) 6, 270 (278), wonach „jedes vermögenswerte Recht", „das ganze Vermögen der Bürger", durch die Eigentumsgarantie und den Eigentumsschutz geschützt sei, „gleichgültig, ob es dem bürgerlichen oder dem öffentlichen Recht" angehöre; weitergehend im Sinn eines umfangreichen Vermögensschutzes vorsichtig *W. Leisner*, Eigentum, 1989, in: ders., Eigentum, 1996, S. 135 ff.; *H. H. v. Arnim* u. *P. Kirchhof*, Besteuerung und Eigentum, VVDStRL 39 (1981), S. 301 f. bzw. 234 ff.; genau *D. Suhr*, Eigentumsinstitut und Aktieneigentum, Eine verfassungsrechtliche Analyse der Grundstruktur des aktienrechtlich organisierten Eigentums, 1966, S. 31 ff.; vgl. *K. A. Schachtschneider*, Staatsunternehmen und Privatrecht, S. 347 ff., 353 ff.; *ders. (O. Gast)*, Sozialistische Schulden nach der Revolution, S. 177; restriktiv, nur gegen „Geldleistungspflichten, die den Betroffenen übermäßig belasten und seine Vermögensverhältnisse so grundlegend beeinträchtigen, daß sie eine erdrosselnde Wirkung haben", st. Rspr., etwa BVerfGE 78, 232 (243); 93, 121 (137); 95, 267 (300); aber noch enger *H.-J. Papier*, in: Maunz/Dürig, GG, Art. 14, Rdn. 160 ff.; vgl. auch *D. Ehlers*, Eigentumsschutz, Sozialbindung und Enteignung, VVDStRL 51 (1992), S. 216; weitergehend BGHZ 6, 270 (278).

80 Etwa *W. Leisner*, Eigentum, HStR, Bd. VI, § 149, S. 1024 ff.; *H.-J. Papier*, in: Maunz/Dürig, GG, Art. 14, passim; vgl. etwa BVerfGE 50, 290 (339 ff.).

81 I.d.S. aber *W. Leisner*, Eigentum, HStR, Bd. VI, § 149, Rdn. 15 ff., S. 83 ff.; *P. Badura*, Eigentum, HVerfR, S. 341 ff., insb. Rdn. 26; *H.-J. Papier*, in: Maunz/Dürig, GG, Art. 14, Rdn. 3 ff.; *O. Kimminich*, GG, Bonner Kommentar, Art. 14, Rdn. 100 ff. („Wirkung des Schutzes"); kritisch *K. A. Schachtschneider*, Das Recht am und das Recht auf Eigentum, FS W. Leisner, S. 762, 766, 784 ff.; *ders.*, Freiheit in der Republik, S. 330 f., 335, 358 ff.

82 *W. Leisner*, Eigentum – Grundlage der Freiheit, S. 25 f.; *ders.*, Eigentum, HStR, Bd. VI, § 149, Rdn. 54 ff; vgl. auch *ders.*, Sozialbindung des Eigentums, S. 46 ff.; wie der Text *H. Rittstieg*, AK-GG, Art. 14/15, Rdn. 152, 163 ff.; vgl. i.d.S. BVerfGE 50, 290 (339 ff.); weitere Hinweise in Fn. 40.

83 Prononciert *W. Leisner*, Freiheit und Eigentum, in: ders., Eigentum, S. 18.

84 *W. Leisner,* Eigentum, HStR, Bd. VI, § 149, Rdn. 6 f.; aber in: Eigentum – Grundlage der Freiheit, S. 50, verbindet *W. Leisner* ein Recht auf mit dem Recht aus Eigentum, jedenfalls eine reale Chance auf Eigentum; gegen ein „Recht auf Eigentum" auch *P. Badura*, Eigentum, HVerfR, S. 342; auch *H.-J. Papier*, in: Maunz/Dürig, GG, Art. 14, Rdn. 7, 128 f., 133; *E. Stein,* Staatsrecht, 15. Aufl. 1995, S. 342, 346; vgl. BVerfGE 40, 65 (82 ff.), offengelassen; *H. Rittstieg*, Eigentum als Verfassungsproblem, 1975, S. 386 f., plädiert für einen „rechtlichen geordneten Zugang zu den Grundlagen der Subsistenz und der personalen Entfaltung für die Masse der Bevölkerung", auch S. 403 („Eigentumsgewährleistung – Forderung nach einer Umgestaltung der aktuellen Eigentumsordnung"); vgl. *K. A Schachtschneider*, Res publica res populi, S. 1026; vgl. zum Eigentumsschutz „sozialversicherungsrechtlicher Positionen" BVerfGE 4, 219 (240 f.); 40, 65 (82 ff.); 53, 257 (289 ff.); 64, 272 (300 ff.); 72, 175 (193 ff.); zu dessen Grenzen *A. Leisner*, Die Leistungsfähigkeit des Staates. Verfassungsrechtliche Grenze der Staatsleistungen?, 1998, S. 146 ff.

Bürger, liberalistisch dogmatisiert, bourgeois[85] und eben nicht, wie nach der republikanischen Freiheits-, Rechts- und Staatslehre, citoyen[86]. Der Staat muß danach den bourgeois nicht nur respektieren, sondern Zweck des Staates ist es, der Bourgeoisie Sicherheit zu geben[87]. Das verlangt allerdings als Prävention vor Revolutionen nach einer Sozialpolitik, welche allen Menschen, die im Lande leben, Eigentum zumißt. Die gerechte Teilung des Eigentums ist, liberalistisch konzipiert, nicht schon im Verfassungsbegriff der Eigentumsgewährleistung enthalten, sondern der verfassungsgesetzlich gebotenen Sozialpflichtigkeit gemäß eine Sache der vor allem durch die Steuerpolitik zu leistenden Umverteilung[88]. Der liberalistische Eigentumsbegriff führt zur Logik der Trennung von Staat und Gesellschaft[89].

Die republikanische Eigentumsordnung setzt die Zuteilung des Eigentums keinesfalls der Willkür derer aus, welche auf die Gesetzgebung Einfluß haben, etwa einer Parteienoligarchie[90] oder einer Mehrheit der Bevölkerung[91]. Derartige Institutionen sind republikwidrig. Die Zuteilung des Eigentums ist vielmehr eine Frage der freiheitlichen Gesetzgebung, deren Sittlichkeit von der Moralität

---

[85] Vgl. *K. A. Schachtschneider*, Staatsunternehmen und Privatrecht, S. 143; *ders.*, Res publica res populi, S. 211 ff.; dazu *G. W. F. Hegel*, Rechtsphilosophie, § 190; *M. Riedel*, Bürger, Staatsbürger, Bürgertum, in: Geschichtliche Grundbegriffe, Bd. 1, 1972/1979, S. 672 ff.; *C. Schmitt*, Verfassungslehre, 1928, 4. Aufl. 1965, S. 310 ff.; vgl. auch *H. H. Rupp*, Die Unterscheidung von Staat und Gesellschaft, HStR, Bd. I, 1987, § 28, Rdn. 1199 f., der den Bürger in einer Doppelrolle als bourgeois und als citoyen sieht; fragwürdig *J. Isensee*, Gemeinwohl und Staatsaufgaben im Verfassungsstaat, HStR, Bd. III, 1988, § 57, Rdn. 29 ff., 37 f., 84, der den bourgeois nicht verpflichtet sieht, citoyen zu sein, also extrem liberalistisch den Menschen entbürgerlicht; so i.d.S. *W. Leisner*, Der Eigentümer als Organ der Wirtschaftsverfassung, in: ders., Eigentum, S. 740 ff., 756; *ders.*, Eigentum, HStR, Bd. VI, § 149, Rdn. 11 („Man versus State").

[86] *W. Maihofer*, Prinzipien freiheitlicher Demokratie, HVerfR, S. 452 ff., insb. S. 461; *K. A. Schachtschneider*, Staatsunternehmen und Privatrecht, S. 143; *ders.*, Res publica res populi, S. 211 ff.; weitere Hinweise in Fn. 85.

[87] *W. Leisner*, Eigentum, HStR, Bd. VI, § 149, Rdn. 90 ff.

[88] *W. Leisner*, Eigentum, Sozialbindung des Eigentums, S. 231, auch S. 226 ff.

[89] *G. W. F. Hegel*, Rechtsphilosophie, §§ 182 ff., 257 ff.; dazu *M. Riedel*, Bürgerliche Gesellschaft und Staat. Grundproblem und Struktur der Hegelschen Rechtsphilosophie, 1970; *E.-W. Böckenförde*, etwa, Die verfassungstheoretische Unterscheidung von Staat und Gesellschaft als Bedingung der individuellen Freiheit, 1973; *J. Isensee*, Subsidiaritätsprinzip und Verfassungsrecht. Eine Studie über das Regulativ des Verhältnisses von Staat und Gesellschaft, 1968, insb. S. 149 ff.; dazu kritisch *K. A. Schachtschneider*, Res publica res populi, S. 159 ff., insb. S. 175 ff.; *ders.*, Das Recht am und das Recht auf Eigentum, FS W. Leisner, S. 756; *ders.*, Freiheit in der Republik, S. 323 f.

[90] Zum oligarchischen Parteienstaat kritisch *K. A. Schachtschneider*, Res publica res populi, S. 772 ff., 1060 ff.; *ders.*, Der republikwidrige Parteienstaat, FS H. Quaritsch, S. 141 ff.

[91] Zum Mehrheitsprinzip kritisch *K. A. Schachtschneider*, Res publica res populi, S. 106 ff.

des Gesetzgebers abhängt[92]. Nur Gesetze der praktischen Vernunft verwirklichen den gerechten Interessenausgleich[93]. Solche Gesetze müssen auf Wahrheit als den bestmöglichen Theorien von der Wirklichkeit[94] beruhen und das Richtige für das gute Leben aller in allgemeiner Freiheit im bestmöglichen Diskurs zu erkennen[95] versuchen. Gesetzgebung ist (verbindliche) Erkenntnis des Rechts[96]. Das republikanische Eigentum findet seine Sicherheit in der der Menschheit des Menschen gemäßen Gesetzlichkeit[97]. Sicherheit ist Staatszweck[98]. Darum folgt aus der Freiheit das Recht auf Recht[99].

Die Republik ist nicht der durch das Wahlprinzip befriedete Kampf aller gegen alle, nicht schon die durch gewisse Verfahren, welche den Unterlegenen die Chance lassen oder auch nur zu lassen scheinen, selbst einmal die Überlegenheit zu gewinnen[100], legitimierte Unterdrückung oder auch nur Benachteiligung

---

[92] Hinweise in Fn. 43 und Fn. 61.

[93] Vgl. i.d.S. *I. Kant*, Zum ewigen Frieden, S. 250 f.; auch *ders.*, Kritik der praktischen Vernunft, S. 146; *J. Habermas*, Strukturwandel der Öffentlichkeit. Untersuchungen zu einer Kategorie der bürgerlichen Gesellschaft, 1962, 9. Aufl. 1978, S. 138 f., der mit der allgemeinen Gesetzgebung Wohlfahrtsrecht und Wohlfahrtseffekt verbunden sieht; *K. A. Schachtschneider*, Res publica res populi, S. 617 ff.; *ders.*, Das Recht am und das Recht auf Eigentum, FS W. Leisner, S. 761, 766; *ders.*, Freiheit in der Republik, S. 329 f., 335.

[94] *K. R. Popper*, Objektive Erkenntnis, 4. Aufl. 1984, S. 44 ff., 100, 276, 332 ff., 337, 342; *I. Kant*, Kritik der reinen Vernunft, ed. Weischedel, Bd. 4, S. 688; *K. A. Schachtschneider*, Der Rechtsbegriff „Stand von Wissenschaft und Technik" im Atom- und Immissionsschutzrecht, in: W. Thieme (Hrsg.), Umweltschutz im Recht, 1988, S. 106.

[95] *K. A. Schachtschneider*, Res publica res populi, S. 560 ff. (S. 573 ff.), 584 ff.

[96] *K. A. Schachtschneider*, Res publica res populi, S. 560 ff., insb. S. 564 ff., 598 ff.

[97] *K. A. Schachtschneider*, Das Recht am und das Recht auf Eigentum, FS W. Leisner, S. 751 ff.; *ders.*, Freiheit in der Republik, S. 316 ff.

[98] *Th. Hobbes*, Leviathan, II, 21 (Schutz); *J. Isensee*, Das Grundrecht auf Sicherheit, 1983, S. 3 ff.; *V. Götz*, Innere Sicherheit, HStR, Bd. III, 1988, § 77; *Ch. Link*, Staatszwecke im Verfassungsstaat nach 40 Jahren Grundgesetz, VVDStRL 48 (1990), S. 27 ff., Ls. 10; *G. Ress*, Staatszwecke im Verfassungsstaat nach 40 Jahren Grundgesetz, VVDStRL 48 (1990), S. 83 ff., Ls. 3, 4, S. 14 ff., 23 f.; *K. A. Schachtschneider*, Res publica res populi, S. 290 ff., 325 ff., 545 ff.; *ders.*, Freiheit in der Republik, S. 21 ff., 95 ff., 317 ff.; *ders.*, Das Recht am und das Recht auf Eigentum, FS W. Leisner, S. 752 f. zur Schutzpflicht des Staates BVerfGE 39, 1 (41 ff.); 46, 160 (164 f.); 49, 49 (141 f.); 53, 30 (57 f.); 56, 54 (73 ff.); 77, 170 (214); 88, 203 (215 ff.); 89, 214 (231 f.); *J. Isensee*, Das Grundrecht als Abwehrrecht und als staatliche Schutzpflicht, HStR, Bd. V, 1992, § 111, Rdn. 77 ff., 181 ff.; *K. Stern*, Das Staatsrecht der Bundesrepublik Deutschland (Staatsrecht), Bd. III/2, 1994, S. 1802 ff.

[99] *I. Kant*, Metaphysik der Sitten, S. 366 ff., 374 ff.; *ders.*, Über den Gemeinspruch, S. 143 ff.; *K. A. Schachtschneider*, Res publica res populi, S. 290 ff., 325 ff., 545 ff.; *ders.*, Freiheit in der Republik, S. 38 ff., 84 ff., 317 f.; *ders.*, Das Recht am und das Recht auf Eigentum, FS W. Leisner, S. 752 f.

[100] I.d.S. aber BVerfGE 44, 125 (142); *Chr. Stark*, Grundrechtliche und demokratische Freiheitsidee, HStR, Bd. II, 1987, § 29, Rdn. 33; *R. Zippelius*, Allgemeine Staatslehre, 13. Aufl. 1999, S. 132, auch S. 265 ff.; *K. Stern*, Das Staatsrecht der Bundesrepu-

der Unterlegenen. Das wirksamste Mittel, andere zu benachteiligen, sind die Bündnisse, also im Rahmen der republikanischen Institutionen die Parteien[101], welche mit Hilfe weiterer Mittel, insbesondere dem der Lüge[102], ihre Vorteilssuche betreiben. Die republikanische Konzeption läßt sich nicht mit den Verfallserscheinungen der Republik desavouieren.

Das durch die Moralität des Gesetzgebers, also des Volkes, repräsentiert durch seine Vertreter, zur Sittlichkeit und damit zum Recht findende Gesetz schafft, wenn es auf bestmöglichen Theorien der Wirklichkeit, also der ökonomischen und sozialen Gegebenheiten, beruht, eine bestmögliche und damit gerechte Eigentumsordnung[103]. Das republikanische Gesetz ist kein Mittel der Vorteilsnahme, sondern ermittelt den allgemeinen Willen des Volkes, der in seiner Allgemeinheit die Gerechtigkeit verwirklicht[104]. Die Verteidigung der nicht auf praktischer Vernunft und damit das allgemeine Gesetz gestützten Verteilung, wie immer sich diese ergeben haben mag, also der staatliche Schutz des jeweiligen Mein und Dein, der die Sozialität der Eigentumsordnung außer acht läßt, ist vor dem Leitprinzip der Verfassung der Freiheit, dem Sittengesetz, nicht begründbar[105]. Er wäre der Schutz gesetzloser Gewalt; denn alles Handeln ist Gewaltausübung[106]. Handeln findet nur dadurch zur Legalität, daß seine

blik Deutschland (Staatsrecht), Bd. I, 2. Aufl. 1984, S. 613; *K. Hesse*, Grundzüge des Verfassungsrechts der Bundesrepublik Deutschland, 16. Aufl. 1988, Rdn. 143, S. 56; *D. Grimm*, Politische Parteien, HVerfR, 2. Aufl. 1994, S. 605, Rdn. 11; *P. Kirchhof*, Der allgemeine Gleichheitssatz, HStR, Bd. V, 1992, § 124, Rdn. 188; dazu kritisch *K. A. Schachtschneider*, Res publica res populi, S. 106 ff., insb. S. 111.

[101] Kritisch *K. A. Schachtschneider*, Res publica res populi, S. 1060 ff.; *ders.*, Der republikwidrige Parteienstaat, FS H. Quaritsch, S. 141 ff.

[102] *H. Arendt*, Wahrheit und Lüge in der Politik, 2. Aufl. 1987.

[103] *Th. Hobbes*, Leviathan, II, 18; *J. Locke*, Über die Regierung, V, 50; vgl. *I. Kant*, Metaphysik der Sitten, S. 366 ff., 374 ff. zur provisorischen Verteilung nach der „Idee eines a priori vereinigten (notwendig zu einigenden) Willens aller" im Naturzustand, S. 412, 419, 423, 464 zur Distributionsgerechtigkeit im bürgerlichen Zustand; dazu *W. Kersting*, Transzendentalphilosphische Eigentumsbegründung, S. 67 f., 69 ff.; *J. G. Fichte*, Der geschlossene Handelsstaat. Ein philosophischer Entwurf als Anhang zur Rechtslehre und Probe einer künftig zu liefernden Politik, 1800, 7. Kapitel, in: Fichtes Werke, hrsg. v. F. Medicus, Dritter Band, Schriften von 1797-1801, o.J., S. 54 ff., insb. S. 58 ff.; *K. A. Schachtschneider*, Das Recht am und das Recht auf Eigentum, FS W. Leisner, S. 755 ff., insb. S. 762 ff.; *ders.*, Freiheit in der Republik, S. 322 ff., 331 ff.

[104] *K. A. Schachtschneider*, Res publica res populi, S. 297 ff., 303 ff., 340 ff., 410 ff., 519 ff.; *ders.*, Freiheit in der Republik, S. 95 ff., 114 ff., 123 ff., 228 ff.

[105] *K. A. Schachtschneider*, Das Recht am und das Recht auf Eigentum, FS W. Leisner, S. 755 ff.; *ders.*, Freiheit in der Republik, S. 322 ff.

[106] *K. A. Schachtschneider*, Grundgesetzliche Aspekte der freiberuflichen Selbstverwaltung, Die Verwaltung 31 (1998), S. 153; *ders.*, Der Anspruch auf materiale Privatisierung des staatlichen und kommunalen Vermessungswesens in Bayern, Rechtsgutachten 2000, S. 277, 289 ff., 294 ff.; *ders.*, Freiheit in der Republik, S. 186 ff., 237 ff., 275, 310 f., auch 218 ff.; *ders.*, Res publica res populi, S. 299, 370 ff., 478 ff.

Zwecke von Maximen geleitet sind, welche mit allgemeinen Gesetzen verträglich sind[107]. Die Gesetzlichkeit des Eigentums nimmt niemandem etwas, was ihm rechtens gehört, weil niemandem etwas dem Recht nach gehört, was ihm das Gesetz nicht zugeteilt hat[108]. Was sich jemand genommen hat, gehört ihm im Rechtssinne noch nicht, weil das nicht das allgemeine Einverständnis hat, sondern mangels Gesetzlichkeit die Freiheit aller anderen verletzt[109]. Dieser republikanischen Eigentumslogik folgt, um es zu wiederholen, Art. 14 Abs. 1 S. 1 GG. Wegen dieser Logik lassen sich auch Inhalt und Schranken des Eigentums nicht unterscheiden[110]. Die gesetzliche Ordnung des Eigentums ist somit gerecht, wenn sie sittlich ist. Sie ist sittlich, wenn sie in Moralität geschaffen wurde. Es versteht sich, daß die Eigentumswirklichkeit weit von einer gerechten Eigentumsordnung entfernt ist.

b) Eigentumsrechtliche Gewährleistung des Kapitalverkehrs?

Kapital ist somit Eigentum, wenn die Gesetze es als Eigentum schützen. Die Gesetze müssen es freilich auch als Eigentum schützen dürfen, müssen also mit der Verfassung und dem Verfassungsgesetz[111] insgesamt übereinstimmen. Die verfassungsrechtlichen Grenzen des Eigentumsschutzes von Kapital werden noch zu bedenken sein. Die Logik des republikanischen Eigentums ergibt zunächst, daß die Eigentumsgewährleistung des Art. 14 Abs. 1 GG eine Rechtfertigung der sogenannten Kapitalverkehrsfreiheit nur insoweit bereit hält, als die

---

[107] *K. A. Schachtschneider*, Res publica res populi, S. 218 ff., 229, 370 ff., 378 ff., 478 ff.; *ders.*, Freiheit in der Republik, S. 245 ff., 275; *ders.*, Grundgesetzliche Aspekte der freiberuflichen Selbstverwaltung, Die Verwaltung 31 (1998), S. 153; *ders.*, Der Anspruch auf materiale Privatisierung, S. 277, 289 ff., 294 ff., 218 ff., 229, 370 ff.

[108] *K. A. Schachtschneider*, Das Recht am und das Recht auf Eigentum, FS W. Leisner, S. 744 ff., 751 ff.; *ders.*, Freiheit in der Republik, S. 309 ff., 316 ff.; zur Gesetzlichkeit des Eigentums auch Hinweise in Fn. 43.

[109] I.d.S. *I. Kant*, Metaphysik der Sitten, S. 353 ff., 365 f., 366 ff., 422 ff., 430 ff., 464 ff.; *ders.* auch, Über den Gemeinspruch, S. 143 ff., 148; *ders.*, Zum ewigen Frieden, S. 203; *K. A. Schachtschneider*, Das Recht am und das Recht auf Eigentum, FS W. Leisner, S. 751 ff., 755 ff.; *ders.*, Freiheit in der Republik, S. 316 ff.

[110] Die Unterscheidung propagiert mit beachtenswerten Argumenten *W. Leisner*, Eigentum, HStR, Bd. VI, § 149, Rdn. 133 ff., ohne Unterscheidungskriterien zu exerzieren.

[111] Zur Unterscheidung der Verfassung (der Freiheit) vom Verfassungsgesetz *K. A. Schachtschneider (O. Gast)*, Sozialistische Schulden nach der Revolution, S. 29 ff., 50 ff., insb. S. 55 ff.; i.d.S. *I. Kant* Metaphysik der Sitten, S. 374; auch BVerfGE 1, 14 (61); 5, 83 (131 f.); 84, 90 (121); dazu, freilich nicht freiheitsdogmatisch, *J. Isensee*, Das Volk als Grund der Verfassung. Mythos und Relevanz der Lehre von der verfassungsgebenden Gewalt, 1995.

objektive Dimension des Eigentumsgrundrechts[112] es gebietet, das Kapital als Eigentum und den Verkehr mit Kapital als Gebrauch des Eigentums zu schützen. Eine Verfassung der Freiheit muß um der bestmöglichen Privatheit der Lebensbewältigung willen (Privatheitsprinzip)[113] größtmöglich Eigentum zuteilen[114]. Freilich muß die Zuteilung des Eigentums gemeinverträglich sein. Eigentum darf nicht genutzt werden können, um anderen zu schaden oder andere zu beherrschen oder gar, um dem Gemeinwesen insgesamt die Freiheit zu nehmen. Jedenfalls gebietet die Eigentumsgewährleistung größtmögliches, aber auch bestmögliches Eigentum der Bürger. Wegen der Freiheit gibt das Sozialprinzip dem Gesetzgeber die eigentumspolitische Orientierung, weil jeder Bürger um seiner Unabhängigkeit von anderer nötigender Willkür willen selbständig sein

---

[112] I.d.S. BVerfGE 21, 73 (79 , 82 f.); 42, 263 (292 ff.); 45, 272 (296); 50, 290 (339 ff.); 52, 1 (29 f.); 56, 249 (260); st. Rspr.; im Sinne des Substanzschutzes des Eigentums BVerfGE 42, 263 (295); 45, 272 (296); 50, 290 (341); 52, 1 (30); 58, 300 (345); 70, 191 (199); 93, 121 (137); auch BVerfGE 45, 142 (173), Schutz des „Kerns"; zur Eigentumsgewährleistung als Institutsgarantie *C. Schmitt*, Freiheitsrecht und institutionelle Garantien der Reichsverfassung, 1931, in: ders., Verfassungsrechtliche Aufsätze, 1958, S. 140 ff., 160 ff.; *W. Leisner*, Eigentum, HStR, Bd. VI, § 149, Rdn. 12; BVerfGE 24, 367 (389); 26, 215 (222); 31, 229 (240); 42, 263 (294); 58, 300 (339); *H.-J. Papier*, in: Maunz/Dürig, GG, Art. 14, Rdn. 11 ff.; *P. Badura*, Eigentum, HVerfR, S. 342, 345 ff.; *O. Kimminich*, GG, Bonner Kommentar, Art. 14, Rdn. 119; *D. Ehlers*, Eigentumsschutz, Sozialbindung, und Enteignung, VVDStRL 51 (1992), S. 216; kritisch *G. Dürig*, Das Eigentum als Menschenrecht, ZfgesStW 109 (1953), S. 331 ff.; zur objektiven Dimension der Grundrechte allgemein *K. A. Schachtschneider*, Res publica res populi, S. 461 ff., 819 ff., auch S. 978 ff.; *ders.*, Freiheit in der Republik, S. 139 ff., 200 ff.; grundlegend BVerfGE 7, 198 (205); so schon BVerfGE 5, 85 (204 ff.); 6, 32 (40 f.); ebenso BVerfGE 21, 362 (371 f.); 33, 303 (330); 50, 290 (337); 57, 295 (319 f.); 89, 214 (231 ff.); 96, 56 (64); 97, 298 (313 ff.); st. Rspr.; im Euro-Beschluß, BVerfGE 97, 350 (376 f.), weist der Zweite Senat allerdings den subjektiven Rechtsschutz gegen Verletzungen der objektiven Dimension in systemverändernder Weise zurück; dazu *K. A. Schachtschneider*, Der Euro-Beschluß des Bundesverfassungsgerichts, IHI-Schriften 9/1998, S. 26 ff.; vgl. auch *K. Hesse*, Bedeutung der Grundrechte, HVerfR, 2. Aufl. 1994, S. 135 ff.; *K. Stern*, Staatsrecht , Bd. III/1, § 69, S. 890 ff.; auch *ders.*, Staatsrecht, Bd. III/2, S. 1769 ff., auch (mit *M. Sachs*) S. 72 f., 224; *ders.*, Idee und Elemente eines Systems der Grundrechte, HStR, Bd. V, 1992, § 109, Rdn. 38 ff.; Kritik von *H. H. Rupp*, Vom Wandel der Grundrechte, AöR 101 (1976), S. 176 ff.; *E.-W. Böckenförde* Grundrechtstheorie und Grundrechtsinterpretation, NJW 1974, 1535; *J. Schwabe*, Problem der Grundrechtsdogmatik, S. 286 ff.; zurückhaltend kritisch auch *H. Bethge*, Der Grundrechtseingriff, VVDStRL 57 (1998), S. 15 ff.

[113] Grundlegend *J. Isensee*, Subsidiaritätsprinzip und Verfassungsrecht, S. 215 ff., 313 ff.; *K. A. Schachtschneider*, Res publica res populi, S. 386 ff., 461 ff., 819 ff., auch 97 ff.; *ders.*, Staatsunternehmen und Privatrecht, S. 189 f., 272 f.; *ders.*, Grundgesetzliche Aspekte der freiberuflichen Selbstverwaltung, Die Verwaltung 31 (1998), S. 140 f.; *ders.*, Freiheit in der Republik, S. 250 ff.; *ders.*, Das Recht am und das Recht auf Eigentum, FS W. Leisner, S. 780 ff.; insb. *ders.*, Der Anspruch auf materiale Privatisierung, S. 51 ff.

[114] I.d.S. *W. Leisner*, Eigentum, HStR, Bd. VI, § 149, Rdn. 138 ff.; *K. A. Schachtschneider*, Das Recht am und das Recht auf Eigentum, FS W. Leisner, S. 780 ff.; *ders.*, Freiheit in der Republik, S. 355 ff.

soll[115]. Nur in Selbständigkeit ist er den anderen Bürgern in Brüderlichkeit verbunden und niemandes Untertan[116]. Die Eigentumsordnung muß verhindern, daß die einen die Herren und die anderen die Knechte, daß die einen reich und die anderen arm sind. Sie muß frei und gleich und brüderlich[117] sein.

Nicht nur der eigentumsrechtliche Bestandsschutz[118] ist Sache der allgemeinen Gesetze, sondern auch der Eigentumsgebrauch[119]. Eigentumsgebrauch ist Handeln, welches die als Eigentum geschützten Möglichkeiten nutzt. Dieses Handeln bestimmt sich wie alles Handeln nach dem Freiheitsprinzip, welches in Art. 2 Abs. 1 GG als allgemeine Freiheit[120] und in besonderen Grundrechten[121]

---

[115] *I. Kant*, Metaphysik der Sitten, S. 432 ff.; *ders.*, Über den Gemeinspruch, S. 150 ff.; *K. Kühl*, Eigentumsordnung als Freiheitsordnung, S. 282 ff., 297 f.; *W. Maihofer*, Prinzipien freiheitlicher Demokratie, HVerfR, S. 458 f.; *K. A. Schachtschneider*, Frei – sozial – fortschrittlich, S. 12 ff.; *ders.*, Res publica res populi, S. 234 ff.; *ders.*, Das Recht am und das Recht auf Eigentum, FS W. Leisner, S. 767 ff.; *ders.*, Freiheit in der Republik, S. 336 ff.; *H. F. Zacher*, Das soziale Staatsziel, HStR, Bd. I, § 25, Rdn. 48 ff.; BGHZ GSZ 6, 270 (276); ganz i.d.S. BVerfGE 14, 288 (293 f.); 42, 64 (77); 42, 263 (293 ff.); 50, 290 (340); 53, 257 (292); 70, 191 (201); auch BVerfGE 97, 350 (370 f.); so schon BVerfGE 24, 367 (389); 31, 229 (239); 40, 263 (293); 50, 290 (339); 53, 257 (290); 68, 193 (222); 69, 272 (300); 83, 201 (208 f.); folgend *O. Kimminich*, GG, Bonner Kommentar, Art. 14, Rdn. 18; *H.-J. Papier*, in: Maunz/Dürig, GG, Art. 14, Rdn. 1; vgl. auch *G. W. F. Hegel*, Rechtsphilosophie, § 41 („Die Person muß sich eine äußere Sphäre der Freiheit geben, um als Idee zu sein").

[116] *W. Leisner*, Freiheit und Eigentum, S. 19; *K. A. Schachtschneider*, Res publica res populi, S. 234 ff.; *ders.*, Das Recht am und das Recht auf Eigentum, FS W. Leisner, S. 755 ff., 759 ff., auch 767 ff.; *ders.*, Freiheit in der Republik, S. 322 ff., 327 ff., 336 ff.

[117] *K. A. Schachtschneider*, Das Recht am und das Recht auf Eigentum, FS W. Leisner, S. 755 ff., 775 ff.; *ders.*, Freiheit in der Republik, S. 322 ff., 349 ff.; zum republikanischen Grundprinzip der Freiheit, Gleichheit, Brüderlichkeit *K. A. Schachtschneider*, Res publica res populi, S. 1 ff.; *ders.*, Freiheit in der Republik, S. 1 ff.; *ders.*, Prinzipien des Rechtsstaates, S. 9 ff., 93 ff.

[118] Dazu *W. Leisner*, Eigentum, HStR, Bd. VI, § 149, Rdn. 72, 96, 105; *ders.*, Bestandsgarantie des Eigentums – vom Bergrecht unterminiert?, 1988, in: ders., Eigentum, 1996, S. 465 ff.; *ders.*, Der Sozialisierungsartikel als Eigentumsgarantie, 1975, in: ders., Eigentum, 1996, S. 233 ff.; *H.-J. Papier*, in: Maunz/Dürig, GG, Art. 14, Rdn. 9, auch Rdn. 84 ff., u.ö.; *P. Badura*, Eigentum, HVerfR, S. 334 f., 348 f., 360, 364; vgl. BVerfGE 24, 367 (397, 400); 38, 175 (181); 56, 249 (260 f.); 58, 300 (323); 71, 137 (143); 93, 121 (137 f.); *K. A. Schachtschneider*, Das Recht am und das Recht auf Eigentum, FS W. Leisner, S. 753 ff.; *ders.*, Freiheit in der Republik, S. 319 ff.

[119] BGHZ 3, 270 (279); 29, 65 (69); interpretationsbedürftig i.d.S. BGHZ 78, 41 (42 ff.); 98, 341 (351); *H.-J. Mertens*, Münchener Kommentar zum BGB, § 823, Rdn. 485; dazu *K. A. Schachtschneider*, Fallstudie Umweltrecht – FCKW-Verbot, in: ders., Fallstudien zum Öffentlichen Wirtschaftsrecht, 2001, S. 228 ff.

[120] Dazu *K. A. Schachtschneider*, Res publica res populi, S. 275 ff., 325 ff., 441 ff., auch S.978 ff., 1002 ff.; *ders.*, Freiheit in der Republik, passim, insb. S. 79 ff., 123 ff., 129 ff., 200 ff., auch S. 288 ff.; *ders.*, Republikanische Freiheit, FS M. Kriele, 1997, S. 829 ff.

[121] *K. A. Schachtschneider*, Res publica res populi, S. 819 ff., 1002 ff.; *ders.*, Freiheit in der Republik, S. 288 ff.; *A. Enderlein*, Der Begriff der Freiheit als Tatbestandsmerk-

gegen besondere Gefährdungen der Freiheit grundrechtsgeschützt ist. Es gibt keine Freiheit über die allgemeine Freiheit hinaus, welche dadurch beschränkt ist, daß alle Menschen frei sind[122]. Die Allgemeinheit der Freiheit führt zur Logik der Gesetzlichkeit freien Handelns[123]. Es gibt keine (bürgerliche) Freiheit entgegen dem (rechtmäßigen) Gesetz. Vielmehr verwirklichen die Gesetze die Freiheit, wenn sie dem Recht gemäß sind, und schränken diese nicht ein[124]. Die bürgerliche Freiheit, welche im Staat (des Rechts) ihre Wirklichkeit hat[125], ist nicht die wilde Freiheit des Naturzustandes, in dem die Rechtlosigkeit des Krieges aller gegen alle besteht[126]. Die liberalistisch als Schranken mißverstandenen Grenzen der Freiheit[127], nämlich die verfassungsmäßige Ordnung, die Rechte

---

mal der Grundrechte. Konzeption und Begründung eines einheitlichen, formalen Freiheitsbegriffs, dargestellt am Beispiel der Kunstfreiheit, 1995.

[122] *K. A. Schachtschneider*, Res publica res populi, S. 275 ff., 299 ff., 480 ff., 494 ff., 637 ff., 978 ff., passim; *ders.*, Freiheit in der Republik, S. 2 ff., 40 ff., 216 ff., 228 ff., passim.

[123] *K. A. Schachtschneider*, Res publica res populi, S. 35 ff., 153 ff., 275 ff., 290 ff., 303 ff., 400 ff., 494 ff., 519 ff., auch S. 978 ff.; *ders.*, Freiheit in der Republik, S. 26 ff., 95 ff., 200 ff.

[124] *K. A. Schachtschneider*, Res publica res populi, S. 290 ff., 303 ff., 325 ff., 441 ff., 519 ff.; *ders.*, Freiheit in der Republik, S. 26 ff., 129 ff., 200 ff., auch S. 294 ff.

[125] I.d.S. insb. *J.-J. Rousseau*, Vom Gesellschaftsvertrag, I, 8; *I. Kant*, Metaphysik der Sitten, S. 345, 430 f. u.ö.; *ders.*, Über den Gemeinspruch, S. 146, 148; *ders.*, Zum ewigen Frieden, S. 203; vgl. auch *J. Isensee*, Grundrechtsvoraussetzung und Verfassungserwartungen an die Grundrechtsausübung, HStR, Bd. V, § 115, Rdn. 45 ff. („Staat als Voraussetzung der Menschenrechte"); *P. Kirchhof*, Mittel staatlichen Handelns, HStR, Bd. III, 1988, § 59, Rdn. 30; *K. A. Schachtschneider*, Res publica res populi, S. 14 ff., 325 ff., 519 ff.; *ders.*, Freiheit in der Republik, S. 86 ff.

[126] *I. Kant*, Metaphysik der Sitten, S. 434; vgl. so *J.-J. Rousseau*, Vom Gesellschaftsvertrag, I, 8; vgl. auch *J. Locke*, Über die Regierung, IV, 22, XI, 134 f.; *Th. Hobbes*, Leviathan, I, 13, 14; vgl. *W. Maihofer*, Prinzipien freiheitlicher Demokratie, HVerfR, S. 460, zum Naturzustand; zum Krieg aller gegen alle *Th. Hobbes*, De cive, Kap. I-III, in: G. Geismann/K. Herb (Hrsg.), Hobbes über die Freiheit, 1988, S. 128 f.: „status hominum naturalis ... bellum omnium in omnes"; *J.-J. Rousseau*, Vom Gesellschaftsvertrag, I, 5,8; *I. Kant*, Metaphysik der Sitten, S. 430; vgl. auch *ders.*, Die Religion, ed. Weischedel, Bd. 7, S. 755 f. (... est status belli ...); *ders.*, Zum ewigen Frieden, S. 203, 208; dazu *W. Kersting*, Wohlgeordnete Freiheit. Immanuel Kants Rechts- und Staatsphilosophie, 1984, S. 199 ff.; *M. Riedel*, Der Begriff der „bürgerlichen Gesellschaft" und das Problem seines geschichtlichen Ursprungs, 1962/1969, in: E.-W. Böckenförde (Hrsg.), Staat und Gesellschaft, 1976, S. 89; dazu *K. A. Schachtschneider*, Res publica res populi, S. 484, 545 f.; *ders.*, Freiheit in der Republik, S. 22 ff., 159, 317 f.; *ders.*, Prinzipien des Rechtsstaates, S. 16 ff., 43 ff., 93 ff.

[127] Gegen das Schranken- und Eingriffsdenken wendet sich, gestützt vor allem auf *A. Haenel* und *E. Kaufmann*, grundlegend *P. Häberle*, Die Wesensgehaltsgarantie des Art. 19 Abs. 2 Grundgesetz. Zugleich ein Beitrag zum institutionellen Verständnis der Grundrechte und zur Lehre vom Gesetzesvorbehalt, 1962, 3. Aufl. 1983, S. 126 ff., 134 ff., insb. S. 150 ff., auch S. 154 ff. (Kritik an dem Gesetzes- und Rechtsbegriff von G. Anschütz); so auch die Kritik von *H. H. Rupp*, Grundfragen der heutigen Verwaltungsrechtslehre, 1965, 2. Aufl. 1991, S. 238, Fn. 427; *ders.*, Vom Wandel der Grund-

anderer und das Sittengesetz, sind Definiens der Freiheit, weil es, wenn die Menschen im Recht leben wollen, keine andere als die allgemeine Freiheit geben kann. Die Freiheit aber ist die Fähigkeit des Menschen, in Vernunft zu leben, ist seine Würde, welche für alle Menschen gleich ist[128]. Das Weltrechts-

---

rechte, AöR 101 (1976), S. 173; *ders.*, Die Unterscheidung von Staat und Gesellschaft, HStR, Bd. I, § 28, Rdn. 4 ff., 36 ff.; den monarchisch-konstitutionellen Charakter des Schrankendenkens legt auch *H. Ehmke*, „Staat" und „Gesellschaft" als verfassungstheoretisches Problem, in: K. Hesse/S. Reicke/U. Scheuner (Hrsg.), Staatsverfassung und Kirchenordnung, FG R. Smend (80.), 1962, S. 259 ff., 265, kritisch dar; kritisch auch *E. Grabitz*, Freiheit und Verfassungsrecht. Kritische Untersuchungen zur Dogmatik und Theorie der Freiheitsrechte, 1976, S. 24 ff.; prononciert i.S. der Gegenüberstellung von „Grundrechtstatbestand" und „Grundrechtsschranken" *v. Mangoldt/Klein/Starck*, GG, Bd. 1, 3. Aufl. 1985, Art. 1 Abs. 3, Rdn. 170, S. 118; umfassend *M. Sachs*, in: K. Stern, Staatsrecht, Bd. III/2, §§ 78, 79, S. 82 ff., 225 ff.; dazu *J. Schwabe*, Probleme der Grundrechtsdogmatik, 1977, S. 60 ff., 64 ff.; so spricht auch *J. Isensee*, Gemeinwohl und Staatsaufgaben im Verfassungsstaat, HStR Bd. III, § 57, Rdn. 81 ff.; vgl. auch *ders.*, Das Grundrecht als Abwehrrecht und als staatliche Schutzpflicht, HStR, Bd. V, § 111, Rdn. 58 ff.; ausführlich dogmatisiert das *G. Lübbe-Wolff*, Die Grundrechte als Eingriffsabwehrrechte. Struktur und Reichweite der Eingriffsdogmatik im Bereich staatlicher Leistungen, 1988, S. 25 ff., 75 ff., mit Kritik an *P. Häberle*, S. 63 ff.; auch *H.-U. Erichsen*, Allgemeine Handlungsfreiheit, HStR, Bd. VI, 1989, § 152, Rdn. 30 ff.; *W. Schmitt Glaeser*, Schutz der Privatsphäre, HStR, Bd. VI, 1989, § 129, Rdn. 24, 37; auch *P. Lerche*, Grundrechtlicher Schutzbereich, Grundrechtsprägung und Grundrechtseingriff, HStR, Bd. V, 1992, § 121, Rdn. 45 ff., insb. Rdn. 52, verteidigt das „Eingriffsdenken"; vgl. auch *ders.*, Grundrechtsschranken, HStR, Bd. V, § 122, Rdn. 1 ff.; *H. Bethge*, Der Grundrechtseingriff, VVDStRL 57 (1998), S. 10 ff., insb. S. 37 ff.; zum nämlichen Thema *B. Weber-Dürler*, daselbst, S. 60 ff.; auch *O. Höffe*, Politische Gerechtigkeit. Grundlegung einer kritischen Philosophie von Recht und Staat, 1987, S. 382 ff. („Freiheitseinschränkungen"), S. 409 u.ö., benutzt seiner materialen Freiheitslehre gemäß diese Sprache; kritisch dazu *K. A. Schachtschneider*, Res publica res populi, S. 441 ff., insb. S. 478 ff.; *ders.*, Freiheit in der Republik, S. 129 ff., insb. S. 153 ff.

[128] *I. Kant*, Grundlegung zur Metaphysik der Sitten, S. 67 ff., 69, passim; vgl. auch *ders.*, in der Sache, Metaphysik der Sitten, S. 317 ff.; *K. Jaspers*, Plato, Augustin, Kant, Drei Gründer des Philosophierens, 1957, S. 276 ff.; *F. Kaulbach*, Immanuel Kants „Grundlegung zur Metaphysik der Sitten", 1988, S. 102 ff.; *ders.*, Recht und Moral in der rechtsphilosophischen Situation der Gegenwart, 1979, in: ders., Studien zur späten Rechtsphilosophie Kants und ihrer transzendentalen Methode, 1982, S. 182 f.; *W. Maihofer*, Rechtsstaat und menschliche Würde, 1968, S. 48, 67; *ders.*, Prinzipien freiheitlicher Demokratie, HVerfR, S. 490 ff.; zur inneren Freiheit vgl. *K. A. Schachtschneider*, Staatsunternehmen und Privatrecht, S. 104 ff., 111, 116 ff., 125 f., 154 ff., 161, 171; *ders.*, Res publica res populi, S. 8, 325 ff., u.ö.; *ders.*, Freiheit in der Republik, S. 31, 51ff., 86 ff., 200, u.ö; vgl. auch *W. Kersting*, Wohlgeordnete Freiheit, S. 16 ff., 42 ff., der der hier vertretenen Einheit der äußeren und inneren Freiheit kritisch gegenübersteht; beachtenswert BVerfGE 5, 85 (204); ganz so *P. Häberle*, Die Menschenwürde als Grundlage der staatlichen Gemeinschaft, HStR, Bd. I, § 20, Rdn. 61 ff.; *W. Maihofer*, Prinzipien freiheitlicher Demokratie, HVerfR, S. 472 ff., 477 ff., auch S. 1713 ff.; i.d.S. auch die Verschränkung des Demokratieprinzips mit dem Diskursprinzip und der Rechtsform, die auf der „politischen Autonomie" gründet, bei *J. Habermas*, Faktizität und Geltung. Beiträge zur Diskurstheorie des Rechts und des demokratischen Rechtsstaates, 1992, S. 151 ff., insb. S. 154; vgl. (fragwürdig) *K. Stern*, Staatsrecht, Bd. III/1, S. 6 ff., 26; *ders.*, Idee der Menschenrechte und Positivität der Grundrechte, HStR,

prinzip des Art. 1 der Allgemeinen Erklärung der Menschenrechte legt diese Erkenntnis mit der folgenden Formulierung zugrunde:

> „Alle Menschen sind frei und gleich an Würde und Rechten geboren. Sie sind mit Vernunft und Gewissen begabt und sollen einander im Geiste der Brüderlichkeit begegnen."

Dieser Freiheitsbegriff ist der jedes Freiheitsrechts. Die durch die besonderen Freiheitsrechte geschützte Freiheit ist durchgehend die in Art. 2 Abs. 1 GG definierte Freiheit[129]. Weil das Bundesverfassungsgericht einen liberalistischen Freiheitsbegriff praktiziert[130], die wesentliche Abweichung des Gerichts vom Grundgesetz, wendet es die sogenannte Schrankentrias des Freiheitsgrundrechts nicht auf die anderen Grundrechte an[131] und hat sich dadurch in mannigfache grundrechtsdogmatische Nöte gebracht[132]. Ein besonderes Freiheitsrecht ist auch der grundrechtliche Schutz des Eigentumsgebrauchs, während der grund-

---

Bd. V, 1992, § 108, Rdn. 3 ff.; *R. Zippelius*, GG, Bonner Kommentar (Drittbearbeitung, 1989), Rdn. 6 ff. zu Art. 1 Abs. 1 u. 2.

[129] *K. A. Schachtschneider*, Res publica res populi, S. 1002 ff.; *ders.*, Freiheit in der Republik, S. 288 ff.; *A. Enderlein*, Freiheit als Tatbestandsmerkmal der Grundrechte, S. 157 ff.; a.A. BVerfG, etwa E 30, 173 (192 ff.).

[130] Etwa BVerfGE 7, 198 (204); auch BVerfGE 13, 318 (325 f.); 21, 362 (372); 50, 290 (337 f.); 63, 193 (205); zum Abwehrcharakter der Grundrechte etwa *J. Schwabe*, Probleme der Grundrechtsdogmatik, 1977, S. 11 ff.; *F. Ossenbühl*, Die Interpretation der Grundrechte in der Rechtsprechung des Bundesverfassungsgerichts, NJW 1976, 2100 ff.; *K. Stern/M. Sachs*, Staatsrecht, Bd. III/1, S. 558 ff. (den zentralen Satz des Urteils BVerfGE 7, 198 (204) falsch zitierend; auch zu den zunehmend vorsichtigen Formulierungen des Gerichts); *dies.*, Staatsrecht, Bd. III/2, S. 72 f., 119, 176; *v. Mangoldt/Klein/Starck*, GG, Rdn. 110-112 zu Art. 1 Abs. 3, S. 83 ff.; *K. Hesse*, Bedeutung der Grundrechte, HVerfR, 2. Aufl. 1994, S. 134 ff.; *ders.*, Grundzüge des Verfassungsrechts der Bundesrepublik Deutschlands, Rdn. 281 ff., S. 114 ff.; auch *J. Isensee*, Gemeinwohl und Staatsaufgaben im Verfassungsstaat, HStR, Bd. III, § 57, Rdn. 82; *ders.*, Das Grundrecht als Abwehrrecht und als staatliche Schutzpflicht, HStR, Bd. V, § 111, Rdn. 9 ff., 37 ff.; *Ch. Link*, Staatszwecke im Verfassungsstaat nach 40 Jahren Grundgesetz, VVDStRL 48 (1990), S. 42 f.; *H. Bethge*, Der Grundrechtseingriff, VVDStRL 57, (1998), 10 ff.; kritisch und genau *E. Grabitz*, Freiheit und Verfassungsrecht, S. 3 ff., 158 ff., 201 ff.; dem liberalen Freiheitsparadigma stellt das republikanische gegenüber *J. Habermas*, Faktizität und Geltung, S. 109 ff., 135 ff., 292 ff., 324 ff. u.ö.; *K. A. Schachtschneider*, Vom liberalistischen zum republikanischen Freiheitsbegriff, S. 418 ff.; *ders.*, Republikanische Freiheit, FS M. Kriele, S. 829 ff.; vgl. kritisch *ders.*, Res publica res populi, S. 441 ff.; *ders.*, Freiheit in der Republik, S. 129 ff.

[131] BVerfGE 30, 173 (192); 83, 130 (139); i.d.S. auch BVerfGE 84, 212 (228).

[132] Etwa zur Einzelfalljudikatur gezwungen, vgl. i.d.S. BVerfGE 87, 209 (228): „Menschenwürde in diesem Sinne ist nicht nur die individuelle Würde der jeweiligen Person, sondern die Würde des Menschen als Gattungswesen."; dazu kritisch *K. A. Schachtschneider*, Res publica res populi, S. 1009 ff.; *ders.*, Freiheit in der Republik, S. 294 ff.

rechtliche Schutz des Eigentumsbestandes, also der Handlungsmöglichkeiten, kein Freiheitsrecht ist[133].

Art. 14 Abs. 2 S. 2 GG regelt explizit den Gebrauch des Eigentums, der nämlich „zugleich dem Wohl der Allgemeinheit dienen soll". Das zwingt zu der Dogmatik, den Grundrechtsschutz des Eigentumsgebrauchs in der Eigentumsgewährleistung des Art. 14 Abs. 1 GG und nicht im Freiheitsgrundrecht des Art. 2 Abs. 1 GG verankert zu sehen. Einen materiellen Unterschied macht das nicht. Die Freiheit, die Möglichkeiten des Handelns durch Handeln zu gebrauchen, wird nicht dadurch verstärkt, daß sie in dem Eigentumsgrundrecht eine besondere Regelung gefunden hat, weil die Grenzen der Freiheit die Logik eines Gemeinwesens von Menschen sind. Das Eigentum wird nicht zugeteilt, damit die Eigentümer anderen schaden oder andere beherrschen können, wie schon gesagt ist. Es bleibt somit bei der Gesetzlichkeit auch des grundrechtsgeschützten Eigentumsgebrauchs[134]. Die Gebrauchsgesetze müssen wiederum praktisch vernünftig sein und bestmöglich das Privatheitsprinzip[135] verwirklichen. Das kommt in dem Begriff der Privatnützigkeit zum Ausdruck, an dem das Bundesverfassungsgericht seine Rechtsprechung ausrichtet[136]. Wie weit somit das Kapital, also das rechtlich geschützte geldwerte Vermögen[137], genutzt werden darf, ist Sache der dem Recht, vor allem dem Sozialprinzip, verpflichteten Gesetze.

Daraus ist erneut zu schließen, daß die Eigentumsgewährleistung des Art. 14 Abs. 1 GG keine Rechtfertigung für die Liberalisierung und Deregulierung des Kapitalverkehrs ergibt. Die Kapitalverkehrspolitik des Gemeinschaftsrechts und der bilateralen und multilateralen, nahezu globalen, Wirtschaftsverträge ist durch diese republikanische Eigentumsdogmatik nicht ins Unrecht gesetzt. Es

---

133 *K. A. Schachtschneider*, Das Recht am und das Recht auf Eigentum, FS W. Leisner, S. 769 ff.; *ders.*, Freiheit in der Republik, S. 338 ff.; *ders.*, Fallstudie Umweltrecht – FCKW-Verbot, S. 228 ff.; a.A. BVerfG etwa E 87, 163 (169); i.d.S. auch die Hinweise in Fn. 55 zur freiheitsräumlichen Dogmatik des Eigentumsbegriffs des Bundesverfassungsgerichts.

134 *K. A. Schachtschneider*, Fallstudie Umweltrecht – FCKW-Verbot, S. 228 ff.

135 Dazu Hinweise in Fn. 113.

136 BVerfGE 24, 367 (390); 31, 229 (240); 37, 132 (140); 50, 290 (339); 52, 1 (30); 58, 300 (345); 79, 292 (303); 93, 121 (137) u.ö.; grundlegend *R. Reinhardt*, Wo liegen für den Gesetzgeber die Grenzen, gemäß Art. 14 des Bonner Grundgesetzes über Inhalt und Schranken des Eigentums zu bestimmen, in: ders./U. Scheuner, Verfassungsschutz des Eigentums, 1954, S. 10 ff., 33 ff.; *W. Leisner*, Sozialbindung des Eigentums, S. 171 ff. (kritisch); *ders.*, Eigentum – Grundlage der Freiheit, S. 26, 44; *ders.*, Eigentum, HStR, Bd. VI, § 149, Rdn. 44, 73 f., 140; *H.-J. Papier*, in: Maunz/Dürig, GG, Art. 14, Rdn. 366 ff.; *P. Badura*, Eigentum, HVerfR, S. 330, 342; vgl. *K. A. Schachtschneider*, Staatsunternehmen und Privatrecht, S. 277 ff.; *ders.*, Res publica res populi, S. 1004, 1023 ff.

137 Real- und Geldkapital, dazu *J. Müller*, Kapitalverkehrsfreiheit in der Europäischen Union, S. 13 ff.

ist lediglich geklärt, daß die Eigentumsgewährleistung diese Politik nicht stützt oder gar erzwingt. Ob die Art. 56 ff. EGV die Grenzen des Rechts überschreiten, ist eine unten zu erörternde Frage anderer Verfassungsprinzipien.

2. Die Berufsfreiheit des Art. 12 Abs. 1 GG

Der Kapitalverkehr wird auch und vor allem unternehmerisch betrieben, insbesondere durch die institutionellen Anleger, etwa die Versicherungen und Banken sowie die vielfältigen Fonds. Der Handel mit Kapital ist für viele, selbständig oder unselbständig, Beruf, weil er der wirtschaftlichen Lebensgrundlage dient[138]. Wenn Deutsche beruflich mit Kapital handeln, genießen sie den Schutz der Berufsfreiheit des Art. 12 Abs. 1 GG. Aber auch die Unionsbürger haben wegen der Niederlassungs- und Dienstleistungsfreiheit (Art. 43 und Art. 49 EGV), aber auch wegen der Arbeitnehmerfreizügigkeit (Art. 39 EGV) keinen schlechteren berufsrechtlichen Status in Deutschland[139]. Art. 56 Abs. 1 EGV selbst ist keine berufsrechtliche Grundfreiheit[140]; denn er spricht die Unionsbürger als solche im Gegensatz zu Art. 43 EGV und Art. 49 EGV (Staatsangehörige oder Angehörige eines Mitgliedstaats) oder Art. 39 EGV (Arbeitnehmer der Mitgliedstaaten) nicht an. Auch Unternehmensgesellschaften können sich gemäß Art. 19 Abs. 3 GG auf die Berufsfreiheit stützen, soweit das Berufsgrundrecht für diese Wirkung entfalten kann[141], freilich nur, wenn sie „inländische juristische Personen"[142] sind. Eine allgemeine Unternehmensfreiheit kennt das Grundgesetz nicht[143]. Mit der Berufsfreiheit sehen die Praxis und ein

[138] Für den weiten Berufsbegriff in diesem Sinne vgl. BVerfGE 7, 377 (397); 19, 330 (336 f.); 30, 292 (334); 50, 290 (362); 54, 301 (313); 59, 302 (315); 75, 284 (292); 82, 209 (223); 97, 228 (252 f.); i.d.S. auch BVerwGE 71, 183 (189); 87, 37 (39).

[139] *H. Quaritsch*, Der grundrechtliche Status der Ausländer, HStR, Bd. V, 1992, § 120, Rdn. 99; *R. Breuer*, Freiheit des Berufs, HStR, Bd. VI, 1989, § 147, Rdn. 21; vgl. i.d.S. EuGH v. 13.2.1985 - Rs. 293/83 (Gravier), Slg. 1985, 606; vgl. zur gemeinschaftsrechtlichen Berufsfreiheit *A. Emmerich-Fritsche*, Der Grundsatz der Verhältnismäßigkeit als Direktive und Schranke der EG-Rechtsetzung, 2000, S. 391 ff.

[140] Vgl. *R. Breuer*, Freiheit des Berufs, HStR, Bd. VI, § 147, Rdn. 16.

[141] BVerfGE 50, 290 (363); 97, 228 (253); vgl. i.d.S. auch BVerfGE 21, 261 (266); 22, 380 (383); 30, 292 (312); 41, 205 (228); 50, 290 (363); 65, 196 (209 f.); 74, 129 (148) f.); vgl. i.d.S. auch BVerfGE 32, 311 (317); 46, 120 (137); 97, 228 (252 f.), zum Wettbewerb als Berufsausübung; *H.-J. Papier*, Unternehmen und Unternehmensfreiheit in der verfassungsrechtlichen Ordnung der Wirtschaft, VVDStRL 35 (1977), S. 29 ff.; *ders.*, Grundgesetz und Wirtschaftsordnung, HVerfR, 2. Aufl. 1994, S. 814 ff., 832 ff.; *R. Breuer*, Freiheit des Berufs, HStR, Bd. VI, § 147, Rdn. 1 ff.

[142] Dazu *J. Isensee*, Anwendung der Grundrechte auf juristische Personen, HStR, Bd. V, 1992, § 118, Rdn. 1 ff., 21 ff.; *H. Quaritsch*, Der grundrechtliche Status der Ausländer, HStR, Bd. V, § 120, Rdn. 36 ff.

[143] Vgl. aber die Hinweise in der folgenden Fn. 144 und die Fn. 141; a.A. *R. Scholz*, in: Maunz/Dürig, Art. 12, Rdn. 6, 115, 130, 135 f., 255; *H.-J. Papier*, Grundgesetz und

großer Teil der Lehre auch die Gewerbefreiheit durch Art. 12 Abs. 1 GG geschützt[144], welche jedenfalls in § 1 GewO eine einfachgesetzliche Rechtsgrundlage hat und gemeinschaftsrechtlich durch die grundrechtsgleiche Handhabung[145] der Niederlassungs- und Dienstleistungsfreiheit eine Rechtsgrundlage findet[146]. Angesichts der Geschichte der Gewerbefreiheit ist das Schweigen des Grundgesetzes im Grundrechtsteil demgegenüber sehr beredt, zumal das Grundgesetz in Art. 55 Abs. 2 und Art. 66 explizit zwischen dem Gewerbe und dem Beruf und zusätzlich dem besoldeten Amt und dem auf Erwerb gerichteten Unternehmen unterscheidet[147].

Freilich ist Voraussetzung eines Schutzes durch die Berufsfreiheit, daß die beruflich ausgeübte Tätigkeit erlaubt ist[148]. Die Liberalisierung oder Deregulierung des Kapitalverkehrs als einer wirtschaftlichen Tätigkeit wird nicht durch die grundgesetzliche Leitentscheidung für die berufliche Selbstbestimmung, die Berufsfreiheit also, gesteuert. Kapitalverkehr hat keinen besonderen personalen

---

Wirtschaftsordnung, HVerfR, S. 820 ff., auch S. 832 ff.; Art. 16 der Charta der Grundrechte der Europäischen Union anerkennt eine solche „Freiheit unternehmerischen Handelns" im Grundsatz, eine weitreichende Änderung der Wirtschaftsverfassung, dazu kritisch *K. A. Schachtschneider*, Eine Charta der Grundrechte der Europäischen Union, Aus Politik und Zeitgeschichte, B 52-53/2000, S. 16 ff., 19 ff.; *ders.*, Eine Charta der Grundrechte für die Europäische Union, in: Recht und Politik, 1/2001, S. 16 (S. 22 ff.).

[144] BVerfGE 21, 261 (266); 22, 380 (383); 30, 292 (312); 50, 290 (362 ff.); 53, 280 (363); 65, 196 (209 ff.); 74, 129 (148 f.); auch BVerfGE 97, 228 (252 f.); vgl. i.d.S. auch BVerfGE 32, 311 (317); 46, 120 (137 f.); ganz so BVerwGE 71, 183 (189); 87, 37 (39); BVerwG BayVBl 1992, 502 (505); dem folgend *P. Badura*, Wirtschaftsverwaltungsrecht, in: I. v. Münch, Besonderes Verwaltungsrecht, 8. Aufl. 1988, S. 351; *H.-J. Papier*, Grundgesetz und Wirtschaftsordnung, HVerfR, S. 814 ff., 832 ff.; *ders.*, Unternehmen und Unternehmer in der verfassungsrechtlichen Ordnung der Wirtschaft, VVDStRL 35 (1977), S. 55 ff.; *R. Scholz*, in: Maunz/Dürig, GG, Art. 12, Rdn. 6, 115, 130, 135 ff., 255; *R. Breuer*, Freiheit des Berufs, HStR, Bd. VI, § 147, Rdn. 61; auch noch *K. A. Schachtschneider*, Staatsunternehmen und Privatrecht, S. 353 ff.; aber wie der Text *ders.*, Der Rechtsbegriff „Stand von Wissenschaft und Technik", S. 130, Fn. 178.

[145] Vgl. EuGH v. 4.12.1974 - Rs. 41/74 (van Duyn/Home Office), Slg. 1974, 1337 (1347); EuGH v. 7.7.1976 - Rs. 118/75 (Watson u. Belmann), Slg. 1976, 1185 (1. LS); EuGH v. 15.7.1964 - Rs. 6/64 (Costa/ENEL), Slg. 1964, 1251 (1273 f.); EuGH v. 21.6.1974 - Rs. 2/74 (Reyners/Belgien), Slg. 1974, 631 (552, Rdn. 24, 28); EuGH v. 3.12.1974 - Rs. 33/74 (van Binsbergen), Slg. 1974, 1299 (1310 ff., Rdn. 18 ff., 27); dazu *A. Emmerich-Fritsche*, Der Grundsatz der Verhältnismäßigkeit, S. 411 ff.

[146] *R. Breuer*, Freiheit des Berufs, HStR, Bd. VI, § 147, Rdn. 16; vgl. zur Berufsfreiheit im Gemeinschaftsrecht *A. Emmerich-Fritsche*, Der Grundsatz der Verhältnismäßigkeit, S. 391 ff.

[147] Zur Kritik eines berufsfreiheitsrechtlichen Schutzes in der Gewerbefreiheit *K. A. Schachtschneider*, Fallstudie Umweltrecht – FCKW-Verbot, S. 222 ff.; *ders.* auch, Res publica res populi, S. 392 ff., 394 ff.; *ders.*, Freiheit in der Republik, S. 264 ff.

[148] BVerfGE 7, 377 (397); 13, 97 (106); 14, 19 (22); 32, 311 (316); 48, 376 (388); 68, 272 (281); 78, 179 (193); 81, 70 (85); *K. A. Schachtschneider*, Fallstudie Umweltrecht – FCKW-Verbot, S. 226 ff.

Bezug, so daß der „personale Grundzug" der Berufsfreiheit diesem einen intensiveren berufsfreiheitlichen Schutz zu verschaffen vermöchte[149]. Die Berufsfreiheit ist personalistisch, nicht ökonomistisch. Das Gemeinwesen muß den grenzüberschreitenden Kapitalverkehr zwischen den Mitgliedstaaten oder gar mit dritten Ländern nicht erlauben, weil der Handel mit Kapital den Lebensunterhalt zu erwirtschaften erlaubt oder auch nur dafür genutzt würde. Das Berufsgrundrecht schützt den beruflichen Besitzstand nicht gegen eine allgemeine Politik, sondern nur gegenüber Gesetzen mit berufsregelnder Tendenz[150]. Vertrauensschutz wegen der unternehmerischen Investitionen, welche durch das Verbot einer beruflich ausgeübten Tätigkeit ihren Wert verlieren, läßt sich nicht mit Art. 12 Abs. 1 GG begründen, sondern allenfalls mit dem Vertrauensschutzprinzip des Rechtsstaates[151]. Die Berufsfreiheit verschafft somit der globalen Liberalisierung und Deregulierung des Kapitalverkehrs keine verfassungsrechtliche Grundlage. Die Berufsfreiheit ist insbesondere keine allgemeine Unternehmensfreiheit, schon gar nicht eine Rechtsgrundlage des Kapitalismus oder auch nur des Ökonomismus.

3. Die Vertragsfreiheit nach Art. 2 Abs. 1 GG

Die allgemeine Freiheit, von der Praxis als Ausdruck liberalistischer Freiheitslehre als allgemeine Handlungsfreiheit dogmatisiert[152], schützt die Vertragsfreiheit[153], soweit letztere nicht in den Wirkungsbereich besonderer Grund-

---

[149] Vgl. BVerfGE 50, 290 (363 f.); *K. A. Schachtschneider*, Fallstudie Umweltrecht – FCKW-Verbot, S. 223 ff.

[150] BVerfGE 13, 181 (186); 38, 61 (79); 70,191 (214); 82, 209 (223 f.); 89, 48 (61); 95, 267 (302); 96, 375 (397).

[151] BVerfGE 13, 161 (170 ff.); 18, 429 (439); 25, 371 (406); 51, 361 (391); 68, 287 (306); 72, 141 (154); 72, 200 (243 f., 257 ff.); 72, 302 (321 ff.); unechte Rückwirkung, tatbestandliche Rückanknüpfung. Wenn ein Gesetz nachträglich ändernd in abgewickelte, der Vergangenheit angehörende Tatbestände eingreift, gilt das als eine echte Rückwirkung, etwa BVerfGE 13, 261 (270 f.); 25, 371 (403 f.); 57, 361 (391); 63, 152 (175); 68, 187 (306); 72, 175 (196); dazu *K. A. Schachtschneider*, Prinzipien des Rechtsstaates, S. 400 ff.

[152] BVerfGE 6, 32 (36 ff.); 54, 154 (146); 55, 159 (165 ff.); 59, 275 (278); 74, 129 (151); 75, 108 (154 f.); 80, 137 (152 ff.); 95, 267 (303); 97, 350 (377); st. Rspr.; *H.-U. Erichsen*, Allgemeine Handlungsfreiheit, HStR, Bd. VI, § 152, Rdn. 13 ff.; dazu *K. A. Schachtschneider*, Res publica res populi, S. 441 ff., insb. S. 478 ff.; *ders.*, Freiheit in der Republik, S. 87 ff., 141 ff.

[153] *G. Dürig*, in: Maunz/Dürig, GG, 1958, Rdn. 53 ff. zu Art. 2 Abs. I; *v. Mangoldt/Klein/Starck*, GG, Rdn. 99 ff. zu Art. 2 Abs. 1; BVerfGE 8, 274 (328); 89, 214 (231); 95, 267 (303), st. Rspr.; vgl. auch *K. A. Schachtschneider*, Staatsunternehmen und Privatrecht, S. 337 ff.; dazu *ders.*, Res publica res populi, S. 404 ff.; *ders.*, Freiheit in der Republik, S. 279 ff.

rechte fällt[154]. Der Mensch entfaltet seine Persönlichkeit in Gemeinschaft mit anderen Menschen in Staatlichkeit und Privatheit[155]. Der Staat dient dem guten Leben aller in allgemeiner Freiheit[156]. Dieser sein Zweck wird durch die allgemeinen Gesetze der Bürgerschaft materialisiert[157]. Im Rahmen der Gesetze, welche die Gemeinverträglichkeit des Handelns aller Menschen sicher zu stellen bezwecken, entfaltet sich die Persönlichkeit alleinbestimmt, also privat[158]. Das Privatheitsprinzip ist Teil des Freiheitsprinzips[159]. Die private hat Vorrang vor der staatlichen Lebensbewältigung, weil dem eigenen Weg des Menschen zum Glück, der Individualität seiner Persönlichkeitsentfaltung, nur die Grenzen gezogen werden müssen, welche die anderen Menschen, auf die sein Handeln unvermeidlich einwirkt[160], vor Schäden schützt[161].

Was als Schaden zu gelten hat, bestimmen wiederum die Gesetze[162]; denn nicht jeder Nachteil kann als Schaden gelten, wenn eine freie Entfaltung der Menschen möglich sein soll, weil die Möglichkeiten des Handelns einmalig sind und der eigentumsmäßigen Zuteilung bedürfen[163]. Weil nicht alle alle Möglich-

---

[154] I.d.S. BVerfGE 81, 242 (254 ff.); dazu i.d.S. *W. Höfling*, Vertragsfreiheit, Eine grundrechtsdogmatische Studie, 1990, S. 6 ff.; auch *H.-J. Papier*, Grundgesetz und Wirtschaftsordnung, HVerfR, S. 637 f., 833.

[155] *K. A. Schachtschneider,* Res publica res populi, S. 211 ff., 297 ff., 370 ff., 404 ff.; *ders.*, Freiheit in der Republik, S. 39 ff., 105 ff., 237 ff., 279 ff.

[156] Hinweise in Fn. 41.

[157] Hinweise in Fn. 42.

[158] *K. A. Schachtschneider,* Res publica res populi, S. 211 ff., 370 ff., 374 ff., 378 ff., 392 ff., 404 ff.; *ders.*, Freiheit in der Republik, S. 39 ff., 105 ff., 129 ff., 237 ff., 241 ff., 245 ff., 264 ff., 279 ff.

[159] *K. A. Schachtschneider,* Staatsunternehmen und Privatrecht, S. 272 ff.; *ders.*, Res publica res populi, S.211 ff., 370 ff., insb. S. 386 ff.; *ders.*, Freiheit in der Republik, S. 237 ff., insb. S. 250 ff.; *ders.*, Der Anspruch auf materiale Privatisierung, S. 51 ff.; BVerfGE 87, 209 (228): „Menschenwürde in diesem Sinne ist nicht nur die individuelle Würde der jeweiligen Person, sondern die Würde des Menschen als Gattungswesen.“; zum menschenrechtlichen Subsidiaritätsprinzip *K. A. Schachtschneider,* Staatsunternehmen und Privatrecht, S. 272 f., mit weiteren Hinweisen in Fn. 184.

[160] Hinweise in Fn. 106.

[161] *K. A. Schachtschneider*, Res publica res populi, S. 386 ff.; *ders.*, Freiheit in der Republik, S. 250 ff.; *ders.*, Der Anspruch auf materiale Privatisierung, S. 60 ff.

[162] Vgl. Art. 4, 5 Erklärung der Rechte des Menschen und des Bürgers von 1789; *K. A. Schachtschneider*, Res publica res populi, S. 334; *ders.*, Freiheit in der Republik, S. 138.

[163] *Th. Hobbes*, Leviathan, II, 18; *J. Locke*, Über die Regierung, V, 50; vgl. *I. Kant*, Metaphysik der Sitten, S. 366 ff., 374 ff. zur provisorischen Verteilung nach der „Idee eines a priori vereinigten (notwendig zu einigenden) Willens aller“ im Naturzustand, S. 412, 419, 423, 464 zur Distributionsgerechtigkeit im bürgerlichen Zustand; dazu *W. Kersting*, Transzendentalphilosphische Eigentumsbegründung, S. 67 f., 69 ff.; *J. G. Fichte*, Der geschlossene Handelsstaat, S. 470 ff. (S. 54 ff., insb. S. 58 ff.); *K. A. Schachtschneider*, Das Recht am und das Recht auf Eigentum, FS W. Leisner, S. 744 ff., 755 ff.; *ders.*, Freiheit in der Republik, S. 309 ff., 322 ff.

keiten haben können, ist der Schutz der Möglichkeit des einen unvermeidlich ein Nachteil für den anderen, der diese Möglichkeit nicht erhält. Das Leben würde ersticken, wenn von den Menschen alle Nachteile ferngehalten werden sollten. Dies folgt aus der Begrenztheit menschlicher Möglichkeiten, ökonomisch gesprochen: aus der Ressourcenknappheit[164]. Der Schadensbegriff ist demzufolge nicht empirisch, sondern normativ[165]. Nachteile, welche von der Bürgerschaft ausweislich deren Gesetze hingenommen werden, sind kein Schaden. Ohne einen solchen normativen (rechtfertigenden) Schadensbegriff könnte die Wirtschaftsordnung nicht marktlich und wettbewerblich sein[166]; denn Markt und Wettbewerb nötigen spezifisch durch Nachteile, die das leistungsstarke dem leistungsschwächeren Unternehmen, vermittelt durch den Markt, zufügt.

Privatheit verwirklicht sich im Zusammenleben mit anderen Menschen durch Verträge[167]. Soweit das Handeln der Menschen durch die Gesetze bestimmt ist, ist das Handeln funktional staatlich, soweit es alleinbestimmt ist, ist es funktional privat[168]. Das schließt die Möglichkeit ein, sich zu binden[169]. Die Verbind-

---

[164] *A. Endres*, Stichwort: Umwelt und Ressourcenökonomik, in: Gabler, Volkswirtschaftliches Lexikon, 1996, S. 1125 f.

[165] Der Schadensbegriff des Bürgerlichen Rechts stellt allein auf den wirtschaftlichen Nachteil (Differenzhypothese) ab *H. Heinrichs*, in: Palandt, Bürgerliches Grundbuch, Komm., 54. Aufl. 1995, Vorbemerkung vor S. 249, Rdn. 7 ff.; *W. Grunsky*, Münchener Kommentar zum Bürgerlichen Gesetzbuch, 3. Aufl. 1994, Vorbemerkung vor § 249, Rdn. 6 ff. (kritisch), setzt aber als Tatbestandsmerkmal jeweils eine Unrechtshandlung voraus, etwa eine Vertragsverletzung, eine unerlaubte Handlung oder eine sonstige Gesetzesverletzung.

[166] Zur Marktlichkeit und Wettbewerblichkeit der Wirtschaftsordnungen (hinsichtlich des Effizienzvorbehalts a.A.) *W.-H. Roth*, Der rechtliche Rahmen der Wirtschafts- und Währungsunion, EuR, Beiheft 1, 1994, S. 45, 47; zur marktwirtschaftlichen Konzeption *J. Basedow*, Von der deutschen zur europäischen Wirtschaftsverfassung, 1992, S. 26 ff., insb. S. 32; *E.-J. Mestmäcker*, Zur Wirtschaftsverfassung in der Europäischen Union, in: R. H. Hasse/J. Molsberger/Chr. Watrin (Hrsg.), Ordnung in Freiheit, FS für Hans Willgerodt, 1994, S. 263; zur Kritik des Modells Wettbewerb *H. Krüger*, Allgemeine Staatslehre, S. 467 ff., 473 ff., der sich richtig gegen die „Vergötzung des Modells" ausspricht (S. 473); i.d.S. auch *H. Albert*, Das Ideal der Freiheit und das Problem der sozialen Ordnung, 1994, S. 45 ff.; dazu auch *F. A. v. Hayek*, Der Wettbewerb als Entdeckungsverfahren, in: *ders.*, Freiburger Studien, 1969, S. 249 ff., u.ö.; *M. Kläver*, Die Verfassung des Marktes, S. 174 ff., 191 ff.; *K. A. Schachtschneider*, Das Recht am und das Recht auf Eigentum, FS W. Leisner, S. 780 ff.; *ders.*, Res publica res populi, S. 396 ff.; *ders.*, Freiheit in der Republik, S. 270 ff., 355 ff.; vgl. Art. 4, 98, 105 EGV; weitere Hinweise in Fn. 12, 13.

[167] Dazu *D. Suhr*, Entfaltung des Menschen durch die Menschen, 1976; *W. Maihofer*, Prinzipien freiheitlicher Demokratie, HVerfR, S. 490 ff., insb. S. 493 ff. („soziales Individuum") und S. 519 ff.; *K. A. Schachtschneider*, Res publica res populi, S. 404 ff.; *ders.*, Freiheit in der Republik, S. 279 ff., insb. S. 286 ff.

[168] *K. A. Schachtschneider*, Res publica res populi, S. 211 ff., 219 ff., 370 ff.; *ders.*, Freiheit in der Republik, S. 237 ff.; *ders.*, Der Anspruch auf materiale Privatisierung, S. 51 ff.; *ders.*, Grundgesetzliche Aspekte der freiberuflichen Selbstverwaltung, Die Verwaltung 31 (1998), S. 140 f.

lichkeit des Vertrages folgt aus dem Rechtsprinzip[170], welches der Staat zu verwirklichen hat. Er muß darum den Verträgen als privaten Bindungen Rechtsschutz geben. Im Rahmen der Gesetze ist die Materie der Verträge der freien Willkür der Vertragspartner überlassen (formelles Äquivalenzprinzip)[171]. Die Verträge sind frei, wenn sie das Sittengesetz achten, also sittlich sind[172].

Die Menschen nutzen für ihr Handeln ihre Möglichkeiten, also, soweit die Möglichkeiten rechtlich geschützt sind, ihr Eigentum[173]. Zu den Möglichkeiten gehört es auch, diese an andere weitergeben oder andere an den Möglichkeiten teilhaben lassen zu können. Auch und insbesondere das Eigentum kann übertragen und belastet werden, weil und insoweit die Gesetze das erlauben[174]. Weiter-

[169] *K. A. Schachtschneider*, Res publica res populi, S. 404 ff.; *ders.*, Freiheit in der Republik, S. 279 ff.

[170] So *G. Böhmer*, Einführung in das Bürgerliche Recht, 2. Aufl. 1965, S. 331, 333; dazu *C.-W. Canaris*, Die Vertrauenshaftung im deutschen Privatrecht, 1971, S. 411 ff., der zu Recht das Vertrauensschutzprinzip als Grundlage der Geltung von Rechtsgeschäften zurückweist, weil der Geltungsgrund im Prinzip der Privatautonomie zu sehen sei; vgl. auch *H. Lehmann/H. Hübner*, Der allgemeine Teil des Bürgerlichen Gesetzbuches, 16. Aufl. 1966, S. 142 und S. 233, die die „Vertragsfreiheit" als vom Gesetzgeber anvertraute „autonome Rechtsetzung" dogmatisieren; richtig *W. Flume*, Allgemeiner Teil des Bürgerlichen Rechts, Zweiter Band, Das Rechtsgeschäft, 1965, S. 5 ff., mit *Savigny*, der in der „privatautonomen Gestaltung von Rechtsverhältnissen" keine „Rechtsetzung" sieht, weil der „einzelne nicht in eigener Sache ... Gesetzgeber sein" könne, vielmehr würde die „Selbstbestimmung", die „Selbstherrlichkeit" von der Rechtsordnung anerkannt; auch *K. Larenz*, Allgemeiner Teil des deutschen bürgerlichen Rechts, 1967, S. 80 ff., lehnt den Vertrauensschutzgedanken als Vertragsprinzip ab, hält den Vertrag für „einen apriorischen rechtlichen Sinnbegriff" und stützt die Vertragsbindung (Vertrag als zweiseitiger Akt) auf die Freiheit und den Willen der Vertragsschließenden, aber auch auf die positive Rechtsordnung (S. 83); *Larenz* berücksichtigt nicht das Wesen der Verbindlichkeit, die befriedete Erzwingbarkeit; vertrauensschutzdogmatisch *F. Bassenge*, Das Versprechen: ein Beitrag zur Philosophie der Sittlichkeit und des Rechts, 1930, S. 14, 17 ff., 29 f. u.ö.; vgl. auch *G. Püttner*, Vertrauensschutz im Verwaltungsrecht, VVDStRL 32 (1974), S. 200 ff.; *K. A. Schachtschneider*, Freiheit in der Republik, S. 281 ff.; vgl. auch *ders.*, Res publica res populi, S. 407 ff.

[171] *K. A. Schachtschneider*, Freiheit in der Republik, S. 284 ff., auch S. 241 ff.; vgl. auch *ders.*, Res publica res populi, S. 374 ff., 404 ff.; zur Lehre von der materialen vertraglichen Richtigkeitsgewähr *W. Schmidt-Rimpler*, Grundfragen einer Erneuerung des Vertragsrechts, AcP 147 (1941), S. 130 ff., 138 ff.; *ders.*, Zum Vertragsproblem, FS L. Raiser, 1974, S. 3 ff., 8 ff.; dazu *B. Rebe*, Privatrecht und Wirtschaftsordnung. Zur vertraglichen Relevanz der Ordnungsfunktion dezentraler Interessenkoordination in einer Wettbewerbswirtschaft, 1978, S. 220 ff.; ablehnend *W. Flume*, Das Rechtsgeschäft, S. 8; kritisch *K. A. Schachtschneider*, Staatsunternehmen und Privatrecht, S. 338 ff., 341 ff.; kritisch auch *W. Höfling*, Vertragsfreiheit, S. 44 f.

[172] *K. A. Schachtschneider*, Freiheit in der Republik, S. 241 ff., 245 ff., 276 ff.; vgl. auch *ders.*, Res publica res populi, S. 374 ff., 378 ff., 404 ff.

[173] *K. A. Schachtschneider*, Das Recht am und das Recht auf Eigentum, FS W. Leisner, S. 744 ff., 751 ff.; *ders.*, Freiheit in der Republik, S. 309 ff., 316 ff.

[174] Die grundsätzliche Verfügbarkeit gehört zur Privatnützigkeit des Eigentums und des Wesensgehalts der Eigentumsgewährleistung, vgl. die Hinweise zur Privatnützigkeit

hin kann der Nutzungsberechtigte, sofern er nicht durch Gesetz oder Vertrag gehindert ist, die Nutzungsmöglichkeit auf andere übertragen oder andere daran teilhaben lassen[175]. Demgemäß kann auch Kapital übertragen, belastet und Dritten nutzbar gemacht werden. Daraus erwächst der Kapitalverkehr, dessen Freiheit von der Vertragsfreiheit erfaßt ist, soweit nicht das Recht zum Eigentumsgebrauch dem Kapitalverkehr eine Rechtsgrundlage gibt[176]. Das Kapital ist aber, weil es aus vermögenswerten Rechten besteht, auch nach dem engen Eigentumsbegriff der Verfassungspraxis[177] Eigentum, so daß die allgemeine auf Art. 2 Abs. 1 GG gestützte Vertragsfreiheit durch die besondere Eigentumsgebrauchsfreiheit, die, wie oben dargelegt, in den Wirkungsbereich des Art. 14 Abs. 1 GG fällt, verdrängt wird[178]. Genausowenig wie die Eigentumsgewährleistung schützt somit die allgemeine Freiheit den privaten Kapitalverkehr über die allgemeine Vertragsfreiheit hinaus.

Wegen der Allgemeinheit der Freiheit ist diese auf die Gesetzlichkeit des gemeinsamen Lebens beschränkt, d. h. alle Bürger sind Gesetzgeber, aber alle Bürger müssen auch ihr Handeln an den allgemeinen Gesetzen und darüber hinaus an dem Sittengesetz ausrichten[179]. Die Gesetze müssen praktisch vernünftig, d. h. wahrheitlich und richtig sein[180], aber die Gesetze schränken die Freiheit

---

in Fn. 136; etwa BVerfGE 26, 215 (221); 53, 257 (288 ff.); *H.-J. Papier*, in: Maunz/Dürig, Art. 14, Rdn. 11 ff., 406 ff.; *W. Leisner*, Eigentum, HStR, Bd. VI, § 149, Rdn. 81.

[175] Zum eigentumsrechtlichen Schutz der Nutzungen *O. Kimminich*, Bonner Kommentar, GG, Art. 14, Rdn. 40 ff., 121.

[176] Den Eigentumsgebrauch schützt Art. 14 Abs. 1 GG (argumentum Abs. 2), vgl. *K. A. Schachtschneider,* Fallstudie Umweltrecht – FCKW-Verbot, S. 228 ff.

[177] Hinweise in Fn. 79.

[178] Zur Subsidiarität des „Auffanggrundrechts" des Art. 2 Abs. 1 GG in der Praxis BVerfGE 1, 254 (273 f.); 6, 32 (37); 9, 73 (77); 9, 338 (343); 10, 55 (58); 19, 206 (225); 21, 227 (243); 23, 50 (55 f.); 30, 292 (336); 32, 98 (107); 54, 237 (251); 58, 358 (363); 60, 215 (229); 64, 208 (213); 65, 196 (209 f.); 65, 237 (248); *D. Murswiek*, in: Sachs (Hrsg.), GG, Art. 2, Rdn. 137; *K. Stern*, Staatsrecht, Bd. III/2, S. 1386 f.; *H.-U. Erichsen*, Allgemeine Handlungsfreiheit, HStR, Bd. VI, § 152, Rdn. 13.

[179] *K. A. Schachtschneider*, Res publica res populi, S. 219 ff., 279 ff., 303 ff., 332 ff., 378 ff., 410 ff., 519 ff.; *ders.*, Freiheit in der Republik, S. 26 ff., 95 ff., 114 ff., 211 ff., 245 ff.

[180] *K. A. Schachtschneider*, Res publica res populi, S. 560 ff., insb. S. 567 ff., 573 ff.; *ders.*, Freiheit in der Republik, S. 123 ff.; *ders.*, erkenntnistheoretisch, Der Rechtsbegriff „Stand von Wissenschaft und Technik", S. 95 ff., 100 ff., 105 ff., 115 ff., 117 ff.; *ders.*, Fallstudie Umweltrecht – FCKW-Verbot, S. 207 ff.; i.d.S. BVerfGE 49, 89 (135 ff., 142 ff.); 53, 30 (58 f.); 56, 54 (78 ff., 81); BVerwGE 72, 300 (315); *J. Isensee*, Das Grundrecht als Abwehrrecht und als staatliche Schutzpflicht, HStR, Bd. V, § 111, Rdn. 78, 153 ff.; zum Sachlichkeitsprinzip BVerfGE 3, 58 (135 f.); 18, 18 (27); 23, 135 (143); 25, 101 (105); 42, 64 (72); 55, 72 (88 ff.); 60, 16 (42); 76, 256 (329); 76, 256 (329); *K. A. Schachtschneider,* Staatsunternehmen und Privatrecht, S. 151, 242, 253 f. 425 f.; *ders.,* Res publica res populi, S. 674 ff., 897 ff., 984 ff., 991 ff.; *ders.*, Freiheit in

nicht ein, sondern verwirklichen sie[181]. Kapitalverkehrsbeschränkungen sind somit Freiheitsverwirklichung und nicht Freiheitsbeschränkung, wenn sie auch die privaten Handlungsmöglichkeiten einschränken und einer Regelung durch Gesetz bedürfen. Kapitalverkehrsbeschränkungen sind folglich nur eine Verletzung der allgemeinen Freiheit und damit der privatheitlichen Vertragsfreiheit (abgesehen von der Spezialität der Eigentumsgebrauchsfreiheit), wenn sie gegen das Prinzip der praktischen Vernunft, d. h. gegen das Prinzip des guten Lebens aller in allgemeiner Freiheit verstoßen[182]. Das beurteilt sich zum einen nach den Prinzipien der Verfassung und des Verfassungsgesetzes, welche das gemeinsame Leben in der Republik ordnen, und zum anderen nach der theoretisch zu erfassenden Wirklichkeit, eben auch der ökonomischen Theorie, und der diskursiv zu ermittelnden Richtigkeit der Politik[183].

---

der Republik, S. 243 ff.; zum freiheitlichen Wahrheitsprinzip insb. *K. Jaspers*, Vom Ursprung und Ziel der Geschichte, 1949, S. 197 ff.

[181] Hinweise in Fn. 93, 123-127.

[182] Zu dieser Staatszweckformel Hinweise in Fn. 41.

[183] Zum prozeduralen Diskursprinzip der Politik als Rechtserkenntnis („ausübende Rechtslehre") *I. Kant*, Zum ewigen Frieden, S. 228 ff.; *K. A. Schachtschneider*, Res publica res populi, S. 584 ff., 598 ff.; zur Diskursethik i.S. „öffentlichen Gebrauchs der Vernunft" *I. Kant*, Zum ewigen Frieden, S. 244 ff.; so auch *J. Habermas*, Strukturwandel der Öffentlichkeit, S. 127 ff., „zur Publizität als Prinzip der Vermittlung von Politik und Moral", nach Kant; *ders.*, Theorie des kommunikativen Handelns, 2. Bd., S. 141 ff. (nach Mead); *ders.*, Moralbewußtsein und kommunikatives Handeln, 1981, S. 78 ff., 83 f.; *ders.*, Faktizität und Geltung, S. 109 ff., 187 ff., 340 ff., dessen deliberative Lehre Moral und Politik entgegen Kant differenzieren will; dazu *M. Kriele*, Einführung in die Staatslehre. Die geschichtliche Legitimationsgrundlage des demokratischen Verfassungsstaates, 1975, 4. Aufl. 1990, S. 165 ff. (selbst allzu skeptisch und allzu prozedural, „dialektisch"); *K. Jaspers*, Wahrheit, Freiheit, Friede. Rede, gehalten am 28.9.1958 in der Paulskirche zu Frankfurt/M. anläßlich der Verleihung des Friedenspreises des Deutschen Buchhandels, 1958, in: ders., Lebensfragen der deutschen Politik, 1963, S. 158 ff.; *ders.*, Vom Ursprung und Ziel der Geschichte, S. 197 ff., 201; *O. Weinberger*, Moral zwischen Autonomie und Heteronomie, in: W. Krawietz/G. H. v. Wright (Hrsg.), Öffentliche oder praktische Moral? Vom Geltungsanspruch und der Legitimität des Rechts, FS E. Garzón Valdés, 1992, S. 245 ff., 255 ff. (zur Transsubjektivität der Moralität); vgl. auch *C. Schmitt*, Legalität und Legitimität, 1932 S. 20 ff., 28; *ders.*, Die geistesgeschichtliche Lage des heutigen Parlamentarismus, 1926, 4. Aufl. 1969, S. 5 ff., 43 ff., 61 ff. (gestützt vor allem auf Guizot); *ders.*, Verfassungslehre, S. 315 ff.; auch *G. Leibholz*, Das Wesen der Repräsentation, 1929, 3. Aufl. 1966, S. 213, 227 u.ö., sieht den „liberalen, repräsentativen Parlamentarismus" durch die öffentliche Diskussion charakterisiert und den Parteienstaat durch eine parteiinterne Demokratie legitimiert, S. 246 ff.; *ders.*, Der moderne Parteienstaat, 1960, in: ders., Verfassungsstaat – Verfassungsrecht, 1973, S. 68 ff., 71 ff.; diskurshaft sieht die staatliche Willensbildung auch *D. Grimm*, Politische Parteien, HVerfR, S. 604, Rdn. 10, der richtig alle Grundrechte „für eine angstfreie Teilnahme am politischen Prozeß" für konstitutiv hält (S. 321); bei *H. H. Klein*, Aufgaben des Bundestages, HStR, Bd. II, 1987, § 40, Rdn. 39, ist das Öffentlichkeitsprinzip zur Öffentlichkeitsarbeit von Parlament und Regierung denaturiert, ein Ausdruck der Parteienherrschaft; nahe an „Bürgerdemokratie" rückt die Öffentlichkeitsarbeit *W. Schmitt Glaeser*, Die grundrechtliche Freiheit des Bürgers zur Mitwirkung

Die Liberalisierung und Deregulierung des Kapitalverkehrs sind somit keine Stütze in den Freiheitsrechten, geschweige denn, daß sie durch diese geboten wären.

III. Die republikanischen Grenzen der Kapitalverkehrspolitik

1. Das Sozialprinzip

a) Das Sozialprinzip als Verfassungsprinzip der Wirtschaftsordnung

Die grundrechtlichen Tatbestände integrieren begrifflich das Sozialprinzip[184], weil sie Begriffe einer freiheitlichen Verfassung sind, aber die Freiheit eine Einheit mit der Gleichheit und der Brüderlichkeit (Solidarität) bildet[185]. Die Brüderlichkeit ist durch das Sozialprinzip Rechtspflicht[186]. Die Materialisierung des weiten Sozialprinzips ist in praktischer Vernunft zu bewältigen[187]. Das erfordert bestmögliche Erkenntnis der Lage und bestmögliche Erkenntnis des Richtigen[188]. Diese Erkenntnis des Rechts ist Sache des Gesetzgebers[189], dessen

---

an der Willensbildung, HStR, Bd. II, 1987, § 31, Rdn. 21 ff., 31; zur Öffentlichkeitsarbeit der Regierung vgl. BVerfGE 44, 125 (147 ff.); 63, 230 (243 f.); *P. Häberle*, Öffentlichkeitsarbeit der Regierung zwischen Parteien- und Bürgerdemokratie, JZ 1977, 361 ff.

[184] Zum Sozialprinzip allgemein *K. A. Schachtschneider*, Das Sozialprinzip, 1974; *ders.*, Res publica res populi, S. 234 ff.; *H. F. Zacher*, Das soziale Staatsziel, HStR, Bd. I, § 25, S. 1045 ff.

[185] Art. 1 AEMR; *W. Maihofer*, Prinzipien freiheitlicher Demokratie, HVerfR, S. 508; *M. Kriele*, Die demokratische Weltrevolution. Warum sich die Freiheit durchsetzen wird, 1987, S. 49 ff.; *R. Zippelius*, Allgemeine Staatslehre, S. 344 ff.; *P. Häberle*, Die Menschenwürde als Grundlage der staatlichen Gemeinschaft, HStR, Bd. I, § 20, Rdn. 46 ff.; *J. Rawls*, Eine Theorie der Gerechtigkeit, 1975, S. 264; *K. A. Schachtschneider*, Res publica res populi, S. 8 ff., 234 ff., 247 ff.; *ders.*, Frei – sozial – fortschrittlich, S. 17; *ders.*, Freiheit in der Republik, S. 1 ff., 51 ff., insb. S. 58.

[186] *H. F. Zacher*, Das soziale Staatsziel, HStR, Bd. I, § 25, Rdn. 32 ff., 61 ff., 85, 106 ff.; *W. Maihofer*, Prinzipien freiheitlicher Demokratie, HVerfR, S. 507 ff., 616 ff.; *P. Häberle*, Grundrechte im Leistungsstaat, VVDStRL 30 (1972), S. 94 ff., 112 ff. (differenziert); *K. A. Schachtschneider*, Res publica res populi, S. 234 ff., 243 ff., 247 ff.; *W. Hankel et al.*, Die Euro-Klage, S. 200 ff.; a.A. *E. Forsthoff*, Begriff und Wesen des sozialen Rechtsstaates, VVDStRL 12 (1954), S. 8 ff., 19 ff.; *W. Martens*, Grundrechte im Leistungsstaat, VVDStRL 30 (1972), S. 30 („leges imperfectae"), auch *J. Isensee*, Gemeinwohl und Staatsaufgaben im Verfassungsstaat, HStR, Bd. III, § 57, Rdn. 115 f.; *M. Kriele*, Freiheit und Gleichheit, HVerfR, 1. Aufl. 1984, S. 147; vgl. auch noch *K. A. Schachtschneider*, Das Sozialprinzip, S. 38 ff., 71 ff., 82 ff.

[187] *K. A. Schachtschneider*, Res publica res populi, S. 247 ff.

[188] *K. A. Schachtschneider*, Res publica res populi, S. 560 ff., 584 ff.

[189] BVerfGE 1, 97 (105); 33, 303 (331 ff.); 43, 213 (226); 50, 57 (108); 53, 164 (184); 65, 182 (193); 69, 272 (314); 70, 278 (288); auch BVerfGE 5, 85 (197 f., 206); *P. Häberle,* Grundrechte im Leistungsstaat, VVDStRL 30 (1972), S. 98 ff., 110 f.; *W.*

Politik jedoch als „ausübende Rechtslehre" (Kant)[190] auf die am Sozialprinzip orientierte praktische Vernünftigkeit von den Gerichten überprüft werden darf und muß[191]. Die institutionelle Verantwortung dafür, daß die Politik nicht das Sozialprinzip grob verletzt, hat die Rechtsprechung, letztlich das Bundesverfassungsgericht[192].

Wenn eine Politik dem Sozialprinzip widerspricht, ist die allgemeine Freiheit verletzt, weil das Gemeinwesen nicht dem Recht gemäß verfaßt ist. Jeder Bürger sollte die sozialgerechte Politik einklagen können, weil er durch die Rechtlosigkeit in seiner Freiheit betroffen ist[193]. Die Reduzierung des Grundrechtsschutzes auf eine enge besondere Betroffenheit, welche das Bundesverfassungsgericht im Euro-Beschluß genutzt hat, um sich nicht der vertragswidrigen dritten Stufe der Währungsunion in den Weg stellen zu müssen[194], ist mit republikanischen Rechtsprinzipien unvereinbar[195]. Das Sozialprinzip ist ein Prinzip

---

Maihofer, Prinzipien freiheitlicher Demokratie, HVerfR, S. 221 f.; *M. Kriele,* Freiheit und Gleichheit, HVerfR, S. 145 ff., 151; *H. Krüger,* Allgemeine Staatslehre, S. 816 f.; *H. H. Rupp,* Vom Wandel der Grundrechte, AöR 101 (1976), S. 179 ff.; *W. Martens,* Grundrechte im Leistungsstaat, VVDStRL 30 (1972), S. 30 ff.; *K. Stern,* Staatsrecht, Bd. I, S. 714 f., 726; *K. Stern/M. Sachs,* Staatsrecht, Bd. III/1, S. 722 ff.; *v. Mangoldt/Klein/Starck,* GG, Rdn. 119 zu Art. 1 Abs. 3; *H. F. Zacher,* Das soziale Staatsziel, HStR, Bd. I, § 25, Rdn. 66, 108; *K. A. Schachtschneider,* Das Sozialprinzip, insb. S. 71 ff.; *ders.,* Staatsunternehmen und Privatrecht, insb. S. 135 ff., 267; *ders.,* Frei – sozial – fortschrittlich, S. 12 f., 17; *J. Isensee,* Gemeinwohl und Staatsaufgaben im Verfassungsstaat, HStR, Bd. III, § 57, Rdn. 115; auch *R. Stober,* Zur wirtschaftlichen Bedeutung des Demokratie- und Sozialstaatsprinzips, GewArch 1988, 145 ff., 152 ff.; *H. U. Erichsen,* Allgemeine Handlungsfreiheit, HStR, Bd. VI, § 152, Rdn. 19; *Ch. Link,* Staatszwecke im Verfassungsstaat nach 40 Jahren Grundgesetz, VVDStRL 48 (1990), S. 36; *G. Ress,* Staatszwecke im Verfassungsstaat nach 40 Jahren Grundgesetz, VVDStRL 48 (1990), S. 104 f.; zum Begriff der Lage *H. Krüger,* Allgemeine Staatslehre, S. 17 ff.

[190] Zum ewigen Frieden, S. 228 ff.

[191] *K. A. Schachtschneider,* Res publica res populi, S. 247 ff., auch S. 858 ff., 978 ff. zur institutionellen Judiziabilität offener oder formaler Rechtsprinzipien; auch *ders.,* Freiheit in der Republik, S. 200 ff.

[192] I.d.S. BVerfGE 100, 271 (284, 287).

[193] *W. Hankel et al.,* Die Euro-Klage, S. 284 ff., 287 ff.; vgl. grundsätzlich *K. A. Schachtschneider,* Res publica res populi, S. 247 ff., 978 ff.; *ders.,* Freiheit in der Republik, S. 200 ff.

[194] BVerfGE 97, 350 (370 ff.); dazu *K. A. Schachtschneider,* Der Euro-Beschluß des Bundesverfassungsgerichts, IHI-Schriften 9/1998, S. 19 ff.; *ders.,* Die Rechtsverweigerung im Euro-Beschluß des Bundesverfassungsgerichts, in: W. Hankel/W. Nölling/K. A. Schachtschneider/J. Starbatty, Die Euro-Illusion. Ist Europa noch zu retten?, 2001, S. 274 ff.

[195] *K. A. Schachtschneider,* Res publica res populi, S. 819 ff.; *ders.,* Der Euro-Beschluß des Bundesverfassungsgerichts, IHI-Schriften 9/1998, S. 19 ff.; *ders.,* Die Rechtsverweigerung im Euro-Beschluß des Bundesverfassungsgerichts, in: Die Euro-Illusion, S. 274 ff.

der Verfassung[196] und darf auch durch gemeinschaftsrechtliche Liberalisierungs- oder Deregulierungsprinzipien, wie die sogenannte Kapitalverkehrsfreiheit, nicht relativiert werden. Nicht nur das Verfassungsgesetz, wie das Grundgesetz, muß der Verfassung der Menschheit des Menschen, die vornehmlich in den Menschenrechten Ausdruck findet, genügen, sondern auch das Gemeinschaftsrecht, zumal dieses nicht einmal Verfassungsrang[197] hat und darum den Verfassungsprinzipien selbst des Verfassungsgesetzes genügen muß. Im übrigen kennt auch das Gemeinschaftsrecht ausweislich des Art. 2 EGV ein umfassendes Sozialprinzip[198].

Das Sozialprinzip ist wegen seines Verfassungsranges das bestimmende Prinzip der Wirtschaftsverfassung[199]; denn die Republik ist nicht nur eine Rechts-, sondern auch eine Wirtschaftsgemeinschaft. Das Grundgesetz, das sich nicht ausdrücklich für eine bestimmte Wirtschaftsordnung ausgesprochen hat[200],

---

[196] Zur Unterscheidung der Verfassung vom Verfassungsgesetz *K. A. Schachtschneider (O. Gast)*, Sozialistische Schulden nach der Revolution, S. 29 ff., 50 ff.; zum Sozialprinzip als Verfassungsprinzip, die jedes Verfassungsgesetz, erst recht die Gemeinschaftsverträge verwirklichen müssen, BVerfGE 84, 90 (121); *W. Hankel et al.*, Die Euro-Klage, S. 200 ff., i.d.S. auch *K. A. Schachtschneider*, Res publica res populi, S. 234 ff.

[197] Zum (fragwürdigen) Verfassungsrang des primären Gemeinschaftsrechts *M. Zuleeg*, Der rechtliche Zusammenhalt der Europäischen Gemeinschaft, in: W. Blomeyer/K. A. Schachtschneider (Hrsg.), Die Europäische Union als Rechtsgemeinschaft, 1994, S. 11 ff., 15 ff., 22 ff., 33 ff.; *ders.*, Die Europäische Gemeinschaft als Rechtsgemeinschaft, NJW 1994, 545 f.; *K. A. Schachtschneider*, Die existentielle Staatlichkeit der Völker Europas, S. 86 f.; *ders./A. Emmerich-Fritsche/Th. C. W. Beyer*, Der Vertrag über die Europäische Union und das Grundgesetz, JZ 1993, 757 f.; *ders.*, Die Republik der Völker Europas, ARSP-Beiheft 71 (1997), S. 161 ff.; *ders.*, Freiheit in der Republik, S. 255; i.d.S. das Maastricht-Urteil BVerfGE 89, 155 (171 ff., 181 ff.); vgl. auch BVerfGE 22, 293 (296); EuGH, Gutachten zum Entwurf eines Abkommens über die Schaffung des europäischen Wirtschaftsraumes, Slg. 1991, 1/6079 (6102): „Gründungsverträge – Verfasssungsurkunde einer Rechtsgemeinschaft", auch für den Vorrang des Gemeinschaftsrechts vor dem nationalen Recht; dazu die Erörterung der Vereinigung der deutschen Staatsrechtslehrer 2000 in Leipzig zum Thema: Europäisches und nationales Verfassungsrecht, mit Berichten von *I. Pernice, P. M. Huber, G. Lübbe-Wolff* und *Ch. Grabenwerter*, Europäisches und nationales Verfassungsrecht, VVDStRL 60 (2001), S. 148 ff., 194 ff., 246 ff., 290 ff.

[198] *J. Ringler*, Die Europäische Sozialunion, S. 30 ff.

[199] *W. Hankel et al.*, Die Euro-Klage, S. 192 ff.; *K. A. Schachtschneider*, Freiheit in der Republik, S. 254 ff.

[200] Von der wirtschaftspolitischen Neutralität in den Grenzen der Grundrechte geht das Bundesverfassungsgericht aus BVerfGE 4, 7 (17 f.); 7, 377 (400); 50, 290 (338); vgl. auch BVerfGE 25, 1 (19 f.); 30, 292 (317 ff.); 95, 267 (308 f.); *M. Brenner*, Der Gestaltungsauftrag der Verwaltung in der Europäischen Union, 1996, S. 7 ff., insb. S. 28 ff.; dagegen vor allem *H. C. Nipperdey*, Soziale Marktwirtschaft und Grundgesetz, 1961, 3. Aufl. 1965; vgl. dazu (im Sinne eines Verfassungsprinzips) *H. H. Rupp*, Die Soziale Marktwirtschaft in ihrer Verfassungsbedeutung, HStR, Bd. IX, 1997, § 203, S. 129 ff.; dazu *M. Kläver*, Die Verfassung des Marktes, S. 216 ff.

hat doch mit dem Sozialprinzip dem wirtschaftsordnenden Gesetzgeber die brüderliche Lebensbewältigung aufgegeben. Die Wirtschaftsordnung muß nach dem Sozialprinzip die Selbständigkeit und damit auch die Selbstverantwortlichkeit der Menschen bestmöglich gewährleisten[201]. Nicht die soziale Marktwirtschaft ist die Wirtschaftsordnung, welche dem Grundgesetz bestmöglich genügt[202], sondern die marktliche Sozialwirtschaft[203]. Die Wirtschaft muß, wie gesagt, dem Sozialprinzip genügen, und sie leistet bestmöglich die soziale Realisation, wenn sie marktlich und wettbewerblich gestaltet ist, weil Markt und Wettbewerb der Erfahrung nach die größte wirtschaftliche Effizienz gewährleisten[204], freilich nur, wenn der Staat Markt und Wettbewerb bestmöglich gestaltet und verwaltet[205].

Auch das Gemeinschaftsrecht folgt dem Prinzip der marktlichen Sozialwirtschaft. Der in Art. 4 Abs. 1 und auch Abs. 2 EGV angesprochene wirtschaftspolitische „Grundsatz einer offenen Marktwirtschaft mit freiem Wettbewerb" wird in der näheren Regelung der Wirtschafts- und der Währungsunion, nämlich in Art. 98 EGV und Art. 105 EGV, dahin präzisiert, daß die Mitgliedstaaten und

---

[201] Hinweise in Fn. 75, 116, 272; insb. *K. A. Schachtschneider*, Das Recht am und das Recht auf Eigentum, FS W. Leisner, S. 767 ff.; *ders.*, Freiheit in der Republik, S. 336 ff.

[202] So aber *H. C. Nipperdey*, Soziale Marktwirtschaft und Grundgesetz, insb. S. 64; *H. H. Rupp*, Die soziale Marktwirtschaft in ihrer Verfassungsbedeutung, HStR, Bd. IX, § 203, S. 129 ff.; dazu *M. Kläver*, Die Verfassung des Marktes, S. 215 ff.

[203] *K. A. Schachtschneider/A. Emmerich-Fritsche/Th. C. W. Beyer*, Der Vertrag über die Europäische Union und das Grundgesetz, JZ 1993, 756; *K. A. Schachtschneider*, Freiheit in der Republik, S. 255 f., 271, 360; *W. Hankel et al.*, Die Euro-Klage, S. 202, 260.

[204] *W. Hankel et al.*, Die Euro-Klage, S. 200 ff.; *K. A. Schachtschneider*, Das Recht am und das Recht auf Eigentum, FS W. Leisner, S. 780 ff.; *ders.*, Res publica res populi, S. 396 ff.; *ders.*, Freiheit in der Republik, S. 270 ff.

[205] *E.-J. Mestmäcker*; Der verwaltete Wettbewerb, 1984; so auch *H. H. Rupp*, Die Unterscheidung von Staat und Gesellschaft, HStR, Bd. I, § 28, S. 1214 f.; *F. Böhm*, Wettbewerb und Monopolkampf. Eine Untersuchung zur Frage des wirtschaftlichen Kampfrechts und zur Frage der rechtlichen Struktur der geltenden Wirtschaftsordnung, 1933/1964, S. 210 ff.; *E. Hoppmann*, Zum Schutzobjekt des GWB. Die sogenannten volkswirtschaftlichen Erkenntnisse und ihre Bedeutung für die Schutzobjektdiskussion, in: Wettbewerb als Aufgabe. Nach zehn Jahren Gesetz gegen Wettbewerbsbeschränkungen, 1968, S. 61 ff.; *B. Rebe*, Privatrecht und Wirtschaftsordnung, S. 173 ff., 176 ff., 182 mit Fn. 523; *K. A. Schachtschneider*, Staatsunternehmen und Privatrecht, S. 355, 393 f.; *ders.*, Res publica res populi, S. 396 ff.; *ders.*, Das Recht am und das Recht auf Eigentum, FS W. Leisner, S. 780 ff.; *ders.*, Freiheit in der Republik, S. 270 ff., 355 ff.; zur Kritik des Modells Wettbewerb *H. Krüger*, Allgemeine Staatslehre, S. 467 ff., 473 ff., der sich richtig gegen die „Vergötzung des Modells" ausspricht (S. 473); i.d.S. auch *H. Albert*, Das Ideal der Freiheit und das Problem der sozialen Ordnung, 1994, S. 45 ff.; *P. Badura*, Bewahrung und Veränderung demokratischer und rechtsstaatlicher Verfassungsstrukturen in den internationalen Gemeinschaften, VVDStRL 23 (1966), S. 78.

die Gemeinschaft „im Einklang mit dem Grundsatz einer offenen Marktwirtschaft mit freiem Wettbewerb, wodurch ein effizienter Einsatz der Ressourcen gefördert wird", handeln. Der offene Markt und der freie Wettbewerb sollen somit den „effizienten Einsatz der Ressourcen" fördern. Der Wodurch-Satz erinnert nicht an eine volkswirtschaftliche Theorie optimaler Allokation, sondern ist, weil er in einem Vertragstext steht und damit rechtliche Relevanz beanspruchen kann und muß, ein Rechtssatz, der Verbindlichkeit erheischt[206]. Das Effizienzprinzip, ein Leitprinzip des Unionsrechts[207], wird durch die Ziele der Union und der Gemeinschaften materialisiert; denn es gibt keine formale, sondern nur eine materiale Effizienz, nämlich die bestmöglicher Zielverwirklichung mit geringstmöglichen Mitteln. Das Ziel der Union wie der Gemeinschaft ist aber ausweislich der Art. 2 1. Teilstrich EUV, Art. 2 EGV wesentlich durch das Sozialprinzip, welches beide Vorschriften prononciert und detailliert formulieren, bestimmt[208]. Sie sprechen von der „Förderung des wirtschaftlichen sozialen Fortschritts und eines hohen Beschäftigungsniveaus", bzw. von der Förderung einer „harmonischen, ausgewogenen und nachhaltigen Entwicklung des Wirtschaftslebens, eines hohen Beschäftigungsniveaus und eines hohen Maßes an sozialem Schutz, der Gleichstellung von Männern und Frauen, eines beständigen, nichtinflationären Wachstums, eines hohen Grades von Wettbewerbsfähigkeit und Konvergenz der Wirtschaftsleistungen, eines hohen Maßes an Umweltschutz und Verbesserung der Umweltqualität, der Hebung der Lebenshaltung und der Lebensqualität, des wirtschaftlichen und sozialen Zusammenhalts und der Solidarität zwischen den Mitgliedstaaten". Der „Grundsatz einer offenen Marktwirtschaft mit freiem Wettbewerb" hat somit eine der sozialen Realisation dienende Funktion und findet seine Grenze der Wirksamkeit, wenn Marktlichkeit und Wettbewerblichkeit das Sozialprinzip nicht zu verwirklichen vermögen. Die Befugnisse der Gemeinschaft, insbesondere im Bereich Landwirtschaft, aber auch viele andere, wie die der Industriepolitik, erweisen, daß die Gemeinschaft sich nicht einem einzigen Grundsatz, wirtschaftliche Effizienz zu erreichen, verpflichtet haben, nämlich dem der offenen Marktwirtschaft mit freien Wettbewerb, sondern die wirtschaftspolitischen Maßnahmen dem Prinzip sozialer Effizienz unterordnen. Die Wirtschaftsordnung der Gemeinschaft unterscheidet sich insofern nicht von der des Grundgesetzes, und nur dadurch ist

---

[206] *W. Hankel et al.*, Die Euro-Klage, S. 202; *K. A. Schachtschneider*, Die existentielle Staatlichkeit der Völker Europas, S. 132; eher zurückhaltend *A. Emmerich-Fritsche*, Der Grundsatz der Verhältnismäßigkeit, S. 205 ff.

[207] Dazu *W. Leisner*, Effizienz als Rechtsprinzip, 1971, S. 6 ff., 38 ff., passim; *A. Emmerich-Fritsche*, Der Grundsatz der Verhältnismäßigkeit, S. 65 f., 205 ff. („kein oberstes Ziel"); vgl. EuGH v. 13.6.1958 - Rs. 10/56 (Meroni u.a./Hohe Behörde), Slg. 1958, 51 (80 f.).

[208] Dazu *J. Ringler*, Die Europäische Sozialunion, S. 30 ff., insb. S. 39 ff.; *A. v. Bogdandy*, in: Grabitz/Hilf (Hrsg.), Das Recht der Europäischen Union, Kommentar, 2000, Art. 2 EGV, Rdn. 19 ff., insb. Rdn. 64.

das Gemeinschaftsrecht mit dem Sozialprinzip des Grundgesetzes vereinbar. Einer anderen Gemeinschaft dürfte Deutschland wegen des Verfassungsranges des Sozialprinzips, welches in der fundamentalen Ordnung des Art. 20 Abs. 1 GG, die der Änderung durch den verfassungsgesetzändernden Gesetzgeber entzogen ist[209], verankert ist, aber auch in dem Europaartikel des Grundgesetzes (Art. 23) als ein Strukturprinzip Deutschlands genannt ist, das auch in der Europäischen Union verwirklicht sein muß, damit Deutschland an dieser mitwirken darf[210]. Darüber hinaus steht das Sozialprinzip nicht zur Disposition der Politik, weil es untrennbar mit dem Freiheitsprinzip und damit mit der Menschheit des Menschen verbunden ist, wie der Sache nach auch das Bundesverfassungsgericht erkannt hat[211].

b) Das soziale Prinzip des gesamtwirtschaftlichen Gleichgewichts

Die Wirtschaftsordnung genügt nicht dem Sozialprinzip, wenn sie nicht bestmöglich die gesamtwirtschaftliche Stabilität sicherzustellen versucht. Wenn Markt und Wettbewerb die Stabilität gefährden, verletzen sie die Wirtschaftsverfassung der Freiheit. Das Prinzip des gesamtwirtschaftlichen Gleichgewichts, welches im Grundgesetz vor allem in Art. 109 Abs. 2 und Abs. 4 für die Haushaltswirtschaft von Bund und Ländern angesprochen ist, hat durch das Sozialprinzip höchsten Verfassungsrang und gilt damit nicht nur für die staatliche Haushaltswirtschaft, sondern für die gesamte Wirtschaft der Republik[212]. Auch

---

[209] BVerfGE 84, 90 (121); vgl. auch BVerfGE 5, 84, (198); dazu *P. Kirchhof*, Die Identität der Verfassung in ihren unabänderlichen Inhalten, HStR, Bd. I, 1987, § 19, Rdn. 2, 10, 34 ff., 70 ff., insb. Rdn. 78 zum sozialen Staatsziel; vgl. auch *K. A. Schachtschneider*, Res publica res populi, S. 234 ff.

[210] I.d.S. BVerfGE 37, 271 (279); 73, 339 (375 f.); 89, 155 (181 ff., 197 f.); vgl. auch BVerfG, Zweiter Senat, Beschluß vom 7. Juni 2000, 2 Bvl 1/97, Rdn. 54 ff. zur Verantwortung des Bundesverfassungsgericht für den Grundrechtsstandard (dazu die Anmerkung von *A. Emmerich-Fritsche*, BayVBl 2000, S. 755 ff.); *K. A. Schachtschneider*, Die existentielle Staatlichkeit der Völker Europas, S. 103 ff.; *ders./A. Emmerich-Fritsche*, Das Verhältnis des europäischen Gemeinschaftsrechts zum nationalen Recht Deutschlands, DSWR 1-2/99, S. 17 ff., DSWR 3/99, S. 81 ff., DSWR 4/99, S. 116 ff.; weitergehend i.S. eines uneingeschränkten Vorranges des Gemeinschaftsrechts auch vor dem mitgliedstaatlichen Verfassungsrecht EuGH v. 15.7.1964 - Rs. 6/64 (Costa/ENEL), Slg. 1964, 1259 (1269 ff.); EuGH v. 17.12.1979 - Rs. 11/70 (Internationale Handelsgesellschaft/Einfuhr- und Vorratsstelle Getreide), Slg. 1970, 1125 (1135); auch EuGH v. 13.7.1972 - Rs. 48/71 (Kunstschätze II), Slg. 1972, 529 (534 f.); EuGH v. 9.3.1978 - Rs. 106/77 (Staatliche Finanzverwaltung/Simmenthal), Slg. 1978, 629 (644 f.); EuGH v. 13.12.1979 - Rs. 44/79 (Hauer), Slg. 1979, 3727 (3744).

[211] BVerfGE 84, 90 (121).

[212] *M. Schmidt-Preuß*, Verfassungsrechtliche Zentralfragen staatlicher Lohn- und Preisdirigismen, 1977, S. 108 ff.; i.d.S. auch *H. F. Zacher*, Das soziale Staatsziel, HStR, Bd. I, § 25, Rdn. 50; *U. Häde*, Gesamtwirtschaftliches Gleichgewicht und europäische Haushaltsdisziplin, JZ 1997, 269 (274); *W. Hankel et al.*, Die Euro-Klage, S. 200 ff.;

die Unternehmenswirtschaft muß sich dem Prinzip des gesamtwirtschaftlichen Gleichgewichts beugen, welches die Gesetze zu materialisieren und die Exekutive, vor allem die Goubernative, insbesondere durch die Geld- und Währungspolitik, zu verwirklichen haben. Gesamtwirtschaftliches Gleichgewicht wird in einer Wirtschaftsordnung, welche Markt und Wettbewerb größtmögliche Entfaltung läßt und dadurch dem Privatheitsprinzip genügt, durch die Einheit der Ziele definiert, welche für eine soziale Wirtschaft nach den vom Gesetzgeber übernommenen volkswirtschaftlichen Theorien unverzichtbar sind, nämlich nach dem magischen Viereck, welches § 1 StabWachsG formuliert: die Zieleinheit von Stabilität des Preisniveaus, hohem Beschäftigungsstand, außenwirtschaftlichem Gleichgewicht und stetigem Wachstum[213]. Daß die Sicherung des Preisniveaus durch das Sozialprinzip Aufgabe des Staates ist, hat das Bundesverfassungsgericht bereits im Preisurteil 1958 ausgesprochen[214].

Die Stabilität der Preise sichert den Wert der Rechte, die Grundlage des Lebens der Menschen ist. Die Inflation höhlt das Eigentum aus, so daß auch aus der Eigentumsgewährleistung die Pflicht des Staates folgt, die Stabilität des Geldwertes zu fördern[215]. Art. 14 Abs. 1 GG ist Grundrecht des Bürgers auf Preisstabilität[216]. Seine Substanz erhält die Eigentumsgewährleistung, wie schon

---

vgl. dem nahe BVerfGE 8, 274 (328 f.); 10, 57 (107 f.); 100, 271 (284 f.); vgl. auch zur Verantwortung des Staates für das gesamtwirtschaftliche Gleichgewicht i.d.S. BVerfGE 29, 402 (410); vgl. auch BVerfGE 36, 66 (71 f.); 37, 38 (49); 84, 239 (282); *K. A. Schachtschneider*, Imperative Lohnleitlinien unter dem Grundgesetz, Der Staat 16 (1977), S. 493 ff. (507, 514 f.); *ders.*, Wirtschaftliche Stabilität als Rechtsprinzip, in: W. Hankel u.a., Die Euro-Illusion, S. 314 ff.; *H.-M. Hänsch*, Gesamtwirtschaftliche Stabilität als Verfassungsprinzip. Die gesamtwirtschaftliche Stabilität der deutschen Wirtschaftsverfassung und die Europäische Währungsunion, Diss. Erlangen-Nürnberg, 2001; auch BVerfGE 89, 155 (200 ff.).

213 Dazu *U. Scheuner*, Die Erhaltung des gesamtwirtschaftlichen Gleichgewichts. Der verfassungsgerichtliche Auftrag zu einer aktiven Konjunkturpolitik, FS H. Schäfer, 1975, S. 109 ff., insb. S. 114 ff.; *R. Schmidt*, Wirtschaftspolitik und Verfassung, 1971, S. 152 ff.; *K. Stern*, in: ders./P. Münch/K.-H. Hansmeyer, Gesetz zur Förderung der Stabilität und des Wachstums der Wirtschaft, 2. Aufl. 1972, S. 103 ff.; *ders.*, Das Staatsrecht der Bundesrepublik Deutschland (Staatsrecht), Bd. II, 1980, S. 1078 ff.; *M. Schmidt-Preuß*, Verfassungsrechtliche Zentralfragen staatlicher Lohn- und Preisdirigismen, S. 107; *K. A. Schachtschneider*, Imperative Lohnleitlinien unter dem Grundgesetz, Der Staat 16 (1977), S. 514 ff.; *W. Hankel et al.*, Die Euro-Klage, S. 200 ff., 206 ff.; umfassend *H.-M. Hänsch*, Stabilität als Verfassungsprinzip, S. 166 ff.

214 BVerfGE 8, 274 (328 f.); *W. Hankel et al.*, Die Euro-Klage, S. 200 ff.

215 BVerfGE 97, 350 (376); *H.-J. Papier*, Eigentumsgarantie und Geldentwertung, AöR 98 (1973), S. 528 ff., 541 ff.; *ders.*, in: Maunz/Dürig, GG, Art. 14, Rdn. 184 ff.; *M. Schmidt-Preuß*, Verfassungsrechtliche Zentralfragen staatlicher Lohn- und Preisdirigismen, S. 114 ff.; *W. Leisner*, Eigentum, HStR, Bd. VI, § 149, Rdn. 131.

216 *W. Hankel et al.*, Die Euro-Klage, S. 205 f., 302 ff.; *K. A. Schachtschneider*, Verfassungsbeschwerde gegen die Währungsunionspolitik der Bundesrepublik Deutschland vom 12. Januar 1998, S. 42 ff.

oben ausgeführt ist, durch das Sozialprinzip[217]. Der globale Kapitalverkehr entzieht die preisliche Stabilitätspolitik der Staatsgewalt der Völker, auch der gemeinschaftlich ausgeübten Staatsgewalt der Europäischen Gemeinschaft. Die globalen Kapitalbewegungen sind derart immens (täglich mehr als 3 Billionen DM), daß ihr eine nationale, aber auch eine gemeinschaftliche Währungspolitik machtlos gegenüber stehen[218]. Die globale Liberalisierung und Deregulierung des Kapitalverkehrs behindern somit die Verwirklichung des preisrechtlichen Sozial- und Eigentumsprinzips.

Das Sozialprinzip verpflichtet den Staat insbesondere zur Beschäftigungspolitik[219]. Arbeitslosigkeit, welche ein gewisses Maß überschreitet, verletzt das Sozialprinzip, wenn ein besserer Beschäftigungstand bewirkt werden könnte[220]. Ohne Arbeit verliert der Mensch nicht nur seine Selbständigkeit, sondern auch seine Persönlichkeit, wenn nicht seine Würde[221]. Eine Arbeitsmöglichkeit ist das Eigentum des Menschen in der Arbeitsgesellschaft[222]. Darum gewährleistet wiederum die sozial (und damit der Verfassung gemäß) konzipierte Eigentumsgewährleistung ein Recht auf Arbeit[223], welches durch bestmögliche Beschäfti-

---

[217] II a; insb. *K. A. Schachtschneider*, Das Recht am und das Recht auf Eigentum, FS W. Leisner, S. 755 ff.; *ders.*, Freiheit in der Republik, S. 322 ff.

[218] *W. Hankel*, Währung. Ist der Euro ein Gewinn? Contra, Die Bank 9/2000, S. 583; *H.-P. Martin/H. Schumann*, Die Globalisierungsfalle: Der Angriff auf Demokratie und Wohlstand, 1996, S. 74 ff.; *P. Nunnenkamp*, Globalisierung und internationales Finanzsystem, Aus Politik und Zeitgeschichte, B 37-38/2000, S. 4 (abwiegelnd). Die weltweite Intervention zur Stützung des Außenwertes des Euro im September hat das durch ihre Erfolglosigkeit unter Beweis gestellt.

[219] BVerfGE 100, 271 (284, 287); *W. Hankel et al.*, Die Euro-Klage, S. 206 ff.; *K. A. Schachtschneider*, Recht auf Arbeit – Pflicht zur Arbeit, GS J. G. Helm, S. 830 ff.

[220] *W. Hankel et al.*, Die Euro-Klage, S. 210 f.; zu den Möglichkeiten, die Arbeitslosigkeit zu senken, vgl. *R. Klopfleisch/W. Sesselmeier/M. Setzer*, Wirksame Instrumente einer Arbeitsmarkt- und Beschäftigungspolitik, in: Aus Politik und Zeitgeschichte B 35/97, S. 23 ff.; auch *G. Dahlmanns*, Mehr Markt für den Arbeitsmarkt, ebenda, S. 35 ff.; *N. Reuter*, Arbeitslosigkeit bei ausbleibendem Wachstum – das Ende der Stabilitätspolitik, ebenda, S. 20 ff.; zu den rechtlichen Maßstäben des gesamtwirtschaftlichen Gleichgewichts vgl. *K. Stern*, in: ders./P. Münch/K.-H. Hansmeyer, Gesetz zur Förderung der Stabilität und des Wachstums und der Wirtschaft, § 1, S. 128; dazu *D. Cassel/H. J. Thieme*, Stabilitätspolitik, in: D. Bender et al. (Hrsg.), Vahlens Kompendium der Wirtschaftstheorie und Wirtschaftspolitik, Bd. 2, 6. Aufl. 1995, S. 315 ff.

[221] I.d.S. BVerfGE 100, 271 (287); *K. A. Schachtschneider*, Das Recht am und das Recht auf Eigentum, FS W. Leisner, S. 775 ff.; *ders.*, Freiheit in der Republik, S. 349 ff.; vgl. auch *ders.*, Recht auf Arbeit – Pflicht zur Arbeit, GS J. G. Helm, S. 830 ff., 838 ff., 847.

[222] *J. G. Fichte,* Der geschlossene Handelsstaat, S. 54; dazu *W. Däubler*, Das Arbeitsrecht 2, S. 62 f. der, S. 161 ff., (überraschend) die „Befreiung des globalen Kapitalismus“ glorifiziert.

[223] *K. A. Schachtschneider*, Das Recht am und das Recht auf Eigentum, FS W. Leisner, S. 775 ff., insb. S. 777; *ders.*, Freiheit in der Republik, S. 349 ff.; *ders.*, Recht auf Arbeit – Pflicht zur Arbeit, GS J. G. Helm, S. 838 ff.; zur kontroversen Diskussion eines

gungspolitik verwirklicht wird[224]. Eine Kapitalverkehrspolitik, welche zu Lasten der Beschäftigung geht, stößt auf die Grenze des Sozialprinzips. Mit der Globalisierung der Wirtschaft, die wesentlich durch die globale Liberalisierung und Deregulierung des Kapitalverkehrs getragen ist, geht ein Abbau der Arbeitsplätze in Deutschland und auch in der Europäischen Gemeinschaft einher. Der globale Wettbewerb läßt eine Beschäftigungspolitik des Staates nicht zu, welche zu Lasten der Kapitalinteressen geht[225].

c) Kapitalinteressen der internationalen Anteilseigner versus Gemeinwohl der Bürgerschaften

Das bestimmende Prinzip der global agierenden Unternehmen ist die Kapitalrendite (shareholder value)[226]. Die globalistischen Unternehmen bestimmen ihre Standortpolitik nach den Kapitalinteressen und spielen die Staaten wegen der außerordentlichen großen Unterschiede der Lebensverhältnisse der Völker und Völkergemeinschaften aus. Sie können das, weil das Kapital so gut wie unbeschränkt in die Staaten verlagert werden kann, welche die größtmöglichen Kapitalverwertung offeriert. Die variablen und flexiblen und dadurch globalen Produktionsmöglichkeiten binden die Unternehmen zunehmend weniger an bestimmte Standorte, weil sie sich den (im übrigen schwindenden) Unterschieden der weltweiten Konsumgewohnheiten anpassen können, gerade auch mittels

---

Rechts auf Arbeit grundlegend *P. Häberle*, Grundrechte im Leistungsstaat, VVDStRL 30 (1972), S. 85 f., 101 f.; *ders.*, Arbeit als Verfassungsproblem, JZ 1984, 345 ff.; *ders.*, Aspekte einer Verfassungslehre der Arbeit, AöR 109 (1984), S. 630 ff.; dazu, restriktiv, *R. Scholz*, in: Maunz/Dürig, GG, 1981, Art. 12. Rdn. 44 ff.; *H. Lecheler*, Art. 12 GG – Freiheit des Berufs und Grundrecht der Arbeit, VVDStRL 43 (1985), S. 70; *H.-P. Schneider*, daselbst zum nämlichen Thema, S. 31 f.; *H.-J. Papier*, Art. 12 – Freiheit des Berufs und Grundrecht der Arbeit, DVBl 1984, 810 f.; *R. Breuer*, Freiheit des Berufs, HStR, Bd. VI, § 147, Rdn. 7, 10, 13 ff., 73 ff.; ablehnend *P. Schwertner*, Die Garantie des Rechts auf Arbeit – Ein Weg zur Knechtschaft?, ZfA 1977, 47 ff.; *A. Hueck*, in: Hueck/Nipperdey, Lehrbuch des Arbeitsrechts, 7. Aufl. 1963, Bd. I, S. 380 ff.; offener *P. Badura*, Freiheit und Eigentum in der Demokratie, S. 29; vgl. auch *W. Däubler*, Eigentum und Recht in der BRD, in: W. Däubler/U. Sieling-Wendeling/H. Welkoborsky (Hrsg.), Eigentum und Recht. Die Entwicklung des Eigentumsbegriffs im Kapitalismus, 1976, S. 196 ff.; *ders.* (umfassend) Das Arbeitsrecht 2, S. 51 ff. (zurückhaltend).

[224] *W. Hankel et al.*, Die Euro-Klage, S. 206 ff.; vgl. auch die Hinweise in Fn. 232, 233.

[225] Vgl. die Hinweise in Fn. 232 ff., 283.

[226] Etwa *K. Ohmae*, Die neue Logik der Weltwirtschaft. Zukunftsstrategien der internationalen Konzerne, 1992; kritisch schon *H. Krüger*, Allgemeine Staatslehre, S. 430 ff., 481; *A. G. Scherer*, Die Rolle der multinationalen Unternehmen im Prozeß der Globalisierung, i. E., Einleitung (kritisch).

Verlagerung von Betrieben in Marktnähe[227]. Nicht nur Unternehmen sind global, sondern auch Produkte und Kunden[228]. Die Verkehrs- und Transportverhältnisse u.a.m. erleichtern den Standortwechsel[229]. Eine Menge an weltweit wirksamen Veränderung haben die Unternehmen weitgehend aus der Einbindung in die staatlichen Gemeinwesen (Einzelstaaten) gelöst[230]. Das zwingt die Staaten zu einer Steuer- und zu einer Sozialpolitik, welche der sozialgerechten Beschäftigungspolitik keine Chance läßt. Der Wettbewerb der Staaten minimiert die funktional staatlichen Pflichten der Unternehmen[231], weil diese sich, wesentlich privaten Maximen der Anteilseigner, also deren Vorteil, verpflichtet, die günstigsten Verhältnisse für die Kapitalinteressen aussuchen können. Die Staaten, vor allem die mit hohem sozialen Standard, werden in einen die funktionale Staatlichkeit der Unternehmen nivellierenden Deregulierungswettbewerb

---

[227] *R. Hasse*, Globalisierung versus Protektionismus, in: R. Biskup (Hrsg.), Globalisierung und Wettbewerb, 2. Aufl. 1996, S. 316 f.; *J. Perraton/D. Goldblatt/D. Held/ A. McGrew*, Die Globalisierung der Wirtschaft, in: U. Beck (Hrsg.), Politik der Globalisierung, 1998, S. 145 f., 160 ff.; *Ph. G. Cerny*, Globalisierung und die neue Logik kollektiven Handelns, daselbst, S. 284 ff.; *W. Streeck*, Industrielle Beziehungen in einer internationalisierten Wirtschaft, daselbst, S. 176 f.; *H. H. Härtel/R. Jungnickel et al.*, Grenzüberschreitende Produktion und Strukturwandel – Globalisierung der deutschen Wirtschaft, 1996, S. 95 ff., auch S. 109 ff.

[228] *K. Ohmae*, Die neue Logik der Weltwirtschaft, S. 42.

[229] *H. Steinmann/A. G. Scherer*, Die multinationale Unternehmung als moralischer Aktor – Bemerkungen zu einigen normativen Grundlagenproblemen des interkulturellen Managements, in: J. Engelhard (Hrsg.), Interkulturelles Management, 1997, S. 24; *Th. Straubhaar*, Standortbedingungen im globalen Wettbewerb, in: R. Biskup (Hrsg.), Globalisierung und Wettbewerb, 2. Aufl. 1996, S. 217 ff. (219 ff.); *R. Hasse*, Globalisierung versus Protektionismus, S. 293 ff.

[230] *Th. Straubhaar*, Standortbedingungen im globalen Wettbewerb, S. 81 ff., 225 ff.; *O. Sievert*, Wirtschaftspolitik im globalen Wettbewerb, in: R. Biskup (Hrsg.), Globalisierung und Wettbewerb, 2. Aufl. 1996, S. 129 ff.; vgl. auch *A. Schüller*, Ordnungspolitische Dimensionen der Globalisierung, in: R. Biskup (Hrsg.), Globalisierung und Wettbewerb, 2. Aufl. 1996, S. 81 ff.; *J. Perraton/D. Goldblatt/D. Held/A. McGrew*, Die Globalisierung der Wirtschaft, S. 134 ff.; *U. Beck*, Wie wird Demokratie im Zeitalter der Globalisierung möglich? – Eine Einleitung, in: U. Beck (Hrsg.), Politik der Globalisierung, 1998, S. 26 ff.; *J. Habermas*, Jenseits des Nationalstaats? Bemerkungen zu Folgeproblemen der wirtschaftlichen Globalisierung, daselbst, S. 73 ff., auch S. 69ff.; *F. W. Scharpf*, Demokratie in der transnationalen Politik, daselbst, S. 228 ff., 244 ff.; *W. Streeck*, Industrielle Beziehungen in einer internationalisierten Wirtschaft, daselbst, S. 177 ff.; *M. Zürn*, Schwarz-Rot-Grün-Braun: Reaktionsweisen auf Denationalisierung, daselbst, S. 297 ff., insb. S. 324 ff.; *A. McGrew*, Demokratie ohne Grenzen?, daselbst, S. 374 ff.; *Ph. G. Cerny*, Globalisierung und die neue Logik kollektiven Handelns, daselbst, S. 280 ff., 288 ff., 293 ff.

[231] *N. Birnbaum*, Siegt die Marktorthodoxie, stirbt die Demokratie, Bl.f.dt.u.intern. Politik 1997, S. 1450 ff.; *H. Steinmann/A. G. Scherer*, Freiheit und Verantwortung in einer globalisierten Wirtschaft – Anmerkungen zur Rolle der Unternehmensethik, in: Handelshochschule Leipzig (Hrsg.), Management und Gesellschaft, 1999, S. 4, 8 des Manuskripts; *K. A. Schachtschneider*, Eigentümer globaler Unternehmen, FS H. Steinmann, S. 418 ff., 430 f.

gezwungen[232], der liberalistisch die Lebensverhältnisse entsozialisiert[233]; denn die soziale Realisation vollzieht sich durch Verteilung, unvermeidlich zu Lasten der Gewinne der Anteilseigner der Unternehmen. Die global agierenden Unternehmen haben mit dem Mittel des Standortwettbewerbs die Staaten unternehmenspolitisch zu schwächen verstanden[234]. Die Kapitaleigner, meist durch institutionelle Anleger vertreten, sind nicht sozialpolitisch eingebunden und haben wenig Veranlassung, eine soziale Verantwortung zu übernehmen, weil ihr Kapital geradezu aus der Logik des globalen Kapitalverkehrs ausschließlich nach den Kapitalinteressen eingesetzt wird[235]. Das Vertrauen in die bürgerliche/sittliche Verantwortlichkeit der Unternehmer und der Unternehmensorgane ist jedoch die wesentliche Rechtfertigung der weitestgehend funktionalen Privatheit der Unternehmen[236]. Spezifisch der internationalistische Ökonomismus

---

[232] Zur globalisierungswirksamen Deregulierung *R. Dahrendorf*, Anmerkungen zur Globalisierung, in: U. Beck (Hrsg.), Perspektiven der Weltwirtschaft, 1998, S. 41 ff., 43; *W. Streeck*, Industrielle Beziehungen in einer internationalisierten Wirtschaft, S. 169 ff., 183 ff., 184; *Ph. G. Cerny*, Globalisierung und die neue Logik kollektiven Handelns, S. 280, 290; zur Liberalisierung auf Gütermärkten auch *H.-H. Härtel/R. Jungnickel et al.*, Grenzüberschreitende Produktion und Strukturwandel, S. 63 ff.; *H. Willgerodt*, Neue Kontrollen für den internationalen Kapitalverkehr?, S. 127 ff., 144 ff., 165 f. (der das weitgehend positiv bewertet); *A. Wehmeier*, Zwischen Harmonisierung und Systemwettbewerb: Schutzregulierungen im Zeichen der Globalisierung, in: J. B. Donges/A. Freytag (Hrsg.), Die Rolle des Staates in einer globalisierten Wirtschaft, 1998, S. 285 ff. (rigoros liberalistisch); *A. G. Scherer/A. Löhr*, Verantwortungsvolle Unternehmensführung im Zeitalter der Globalisierung. Einige kritische Bemerkungen zu den Perspektiven einer liberalen Weltwirtschaft, FS H. Steinmann, 1999, S. 261 ff.; *O. Höffe*, Demokratie im Zeitalter der Globalisierung, S. 169 ff.; *K. A. Schachtschneider*, Eigentümer globaler Unternehmer, FS H. Steinmann, S. 427, 430 ff.

[233] *K. A. Schachtschneider*, Eigentümer globaler Unternehmen, FS H. Steinmann, S. 430; *ders.*, Der Euro-Beschluß des Bundesverfassungsgerichts, IHI-Schriften 9/1998, S. 42, 51 ff.; auch *J. Habermas*, Jenseits des Nationalstaats?, S. 69 ff.; *F. W. Scharpf*, Demokratie in der transnationalen Politik, S. 228 ff.; *W. Streeck*, Industrielle Beziehungen in einer internationalisierten Wirtschaft, S. 169 ff., 183 ff., auch S. 195 f.; *U. Beck*, Wie wird Demokratie im Zeitalter der Globalisierung möglich?, S. 29 ff.; *ders.*, Was ist Globalisierung?, S. 13 ff., 24 ff., 33 ff., 112 ff., 164 ff., 173 ff., passim (insgesamt zur Legitimationsproblematik).

[234] Zu den von den „transnationalen Konzernen" erwünschten „schwachen Staaten" *U. Beck*, Was ist Globalisierung?, S. 164 ff.; *J. Perraton/D. Goldblatt/D. Held/A. McGrew*, Die Globalisierung der Wirtschaft, S. 160 ff., insb. S. 165; *W. Streeck*, Industrielle Beziehungen in einer internationalisierten Wirtschaft, S. 182, 186 ff.; *Ph. G. Cerny*, Globalisierung und die neue Logik kollektiven Handelns, S. 280; kraß *K. Ohmae*, Die neue Logik der Weltwirtschaft, S. 230 f., auch S. 28 ff., passim; positiv sieht den Standortwettbewerb der Apologet des Globalismus *C. Ch. von Weizsäcker*, Logik der Globalisierung, S. 54 ff.

[235] *K. Ohmae*, Die neue Logik der Weltwirtschaft, passim; *C. Ch. von Weizsäcker*, Logik der Globalisierung, S. 132 ff.; vgl. auch die Hinweise in Fn. 224, 239.

[236] *H. Steinmann/A. Löhr*, Grundlagen der Unternehmensethik, 2. Aufl. 1994, S. 120, die S. 100 richtig „Frieden" als „freien Konsens" definieren und „als oberste Instanz zur Stiftung von Legitimität" benennen, vgl. auch *dies.*, a.a.O., S. 121 ff.

steht der Sozialpflichtigkeit des unternehmerischen Handelns entgegen[237]. In den Unternehmensgesellschaften mit international gestreuten unmittelbaren oder mittelbaren Anteilseignern haben vor allem institutionelle Anteilseigner bestimmenden Einfluß auf die Unternehmen, welche den jeweiligen Völkern und Staaten, in denen ihre Gesellschaften unternehmerisch agieren, nicht verpflichtet sind, schon gar nicht sozial. Das bürgerliche (sittliche) Interesse an dem Staat des Unternehmens können insbesondere die internationalistischen (meist institutionellen) Anleger spezifisch wegen der Diversität der nationalen Interessen nicht haben[238]. Vor allem langfristige Entwicklungen der Unternehmensgeschicke werden nicht von den Interessen der Gemeinwesen, durch Gesetz oder durch alleinbestimmte Sittlichkeit also, gesteuert, sondern durch die nicht standortgebundenen Interessen allein der Anteilseigner, sprich: des Kapitals. Die Globalisierung der Wirtschaft hat manche Ursachen in der technischen Entwicklung. Ihre wesentliche Ursache sind die Liberalisierung und Deregulierung des Kapitalverkehrs in den meisten Teilen der Welt.

Von Freiheit des Kapitalverkehrs zu sprechen, verfehlt die Sachlage, wenn Freiheit, wie nach dem Grundgesetz, Sittlichkeit bedeutet[239], sittliches Handeln aber für die Agenten des Kapitals geradezu ausgeschlossen ist. Die Kapitaleigner können das gravierende soziale Gefälle der Staaten dieser Welt für ihre Interessen nutzen und sind geradezu gezwungen, die Gewinnchancen zu suchen, weil der Gewinn (der Vorteil) das verbindende Prinzip der Kapitalgeber ist[240].

---

[237] *A. G. Scherer*, Die Rolle der multinationalen Unternehmen im Prozeß der Globalisierung, Einleitung; *H. Willgerodt*, Neue Kontrollen für den internationalen Kapitalverkehr?, S. 137 ff., 154 ff., 166 f. (der das Problem herunterspielt); *A. Wehmeier*, Zwischen Harmonisierung und Systemwettbewerb: Schutzregulierungen im Zeichen der Globalisierung, S. 285 ff. (der die Entwicklung sieht und begrüßt); *C. Ch. v. Weizsäcker*, Logik der Globalisierung, S. 57 ff., insb. S. 65 ff., weist sozialpolitische Bedenken gegen die Globalisierung zurück; *O. Höffe*, Demokratie im Zeitalter der Globalisierung, S. 407 ff., 413 ff., postuliert „soziale Standards und globale Solidarität und globale Menschenliebe“, verschweigt aber die realen Gegebenheiten.

[238] *N. Birnbaum*, Siegt die Marktorthodoxie, stirbt die Demokratie, Bl.f.dt.u.intern. Politik 1997, S. 1451.

[239] Hinweise in Fn. 179.

[240] Zum Spekulationsaspekt *W. Leisner*, Sozialbindung des Eigentums, S. 123; vgl. zur Rehabilitierung der Spekulation *ders.*, Spekulation – ein politisches Schlagwort, 1981, S. 758 ff.; apologetisch auch *P. Nunnenkamp*, Globalisierung und internationales Finanzsystem, Aus Politik und Zeitgeschichte, B 37-38/2000, S. 4; ebenso (vorsichtig) *H. Willgerodt*, Neue Kontrollen für den internationalen Kapitalverkehr?, S. 135 ff., auch S. 139 ff., 152 ff.; kritisch *H. Krüger*, Allgemeine Staatslehre, S. 430; *N. Birnbaum*, Bl.f.dt.u.intern.Politik 1997, S. 1447; kritisch auch *F. Lehner*, Spekulation statt Produktion – was treibt den modernen Kapitalismus?, in: W. Nölling/K. A. Schachtschneider/J. Starbatty (Hrsg.), Währungsunion und Weltwirtschaft, FS Wilhelm Hankel, 1999, S. 327 ff.; zum Antagonismus der Menschen *I. Kant*, Idee, S. 37 ff.; *H. Krüger*, Allgemeine Staatslehre, S. 454 ff.; vgl. auch *W. Leisner*, Die demokratische Anarchie, S. 93, 359.

Soziale Verantwortung oder eben Sittlichkeit setzt den Staat und dessen allgemeines Gesetz voraus[241]. Der (gewissermaßen nationale[242]) Staat ist aber in der globalisierten Unternehmenswelt in spezifischer Weise entmachtet[243]. Die funktionale Staatlichkeit der Unternehmen, die durch die institutionelle Privatheit definiert sind[244], kann nicht ausreichend zur Geltung gebracht werden, wenn und weil die Staaten die Gesetzgebungshoheit gegenüber den Unternehmen verloren haben, insoweit die Unternehmen sich den Gesetzen eines Staates spezifisch wegen der Kapitalverkehrspolitik der Staaten selbst entziehen können. Erst ein globaler Staat vermöchte die Kapitaleigner und die Unternehmen wieder dem Sozialprinzip zu verpflichten. Aber es ist nach aller Erfahrung nicht zu erwarten, daß ein solcher Weltstaat[245] auf Freiheit, Gleichheit und Brüderlichkeit gegründet wäre. Der Weltstaat würde zu viele Menschen vereinen, als daß er mehr als höchst formal demokratisch sein könnte. Mit der materialen Demokratie würde ihm die wesentliche Bewegungskraft der sozialen Realisation[246] fehlen. Solidarität ist nach aller Erfahrung eine Sache der Nähe, der kleinen Einheit[247]. Demokratie setzt die Freiheit des Diskurses, zumindest die gemein-

---

[241] Dazu Hinweise in Fn. 189; *K. A. Schachtschneider*, Res publica res populi, S. 14 ff., 279 ff., 290 ff., 325 ff., 519 ff.

[242] Zum Begriff des „aufgeklärten Nationalstaates" *O. Höffe*, Demokratie im Zeitalter der Globalisierung, S. 173 ff.

[243] *J. Habermas*, Jenseits des Nationalstaats?, S. 69 ff.; *F. W. Scharpf*, Demokratie in der transnationalen Politik, S. 228 ff.; *W. Streeck*, Industrielle Beziehungen in einer internationalisierten Wirtschaft, S. 169 ff., 183 ff., auch S. 195 f.; *K. A. Schachtschneider*, Eigentümer globaler Unternehmen, FS H. Steinmann, S. 427 ff., 430 f.; *O. Höffe*, Demokratie im Zeitalter der Globalisierung, S. 166 ff.

[244] *K. A. Schachtschneider*, Res publica res populi, S. 370, 394 ff.; *ders.*, Freiheit in der Republik, S. 237 ff., 278 ff.; *ders.*, Eigentümer globaler Unternehmen, FS H. Steinmann, S. 419 ff.

[245] Zum Weltstaatskonzept *O. Höffe*, Demokratie im Zeitalter der Globalisierung, S. 229 ff., insb. S. 267 ff., 315 ff.; vgl. auch *A. Emmerich-Fritsche*, Vom Völkerrecht zum Weltrecht (i.V.).

[246] *H. F. Zacher*, Das soziale Staatsziel, HStR, Bd. I, § 25, Rdn. 65 ff., 86 ff.; *P. Häberle*, Grundrechte im Leistungsstaat, VVDStRL 30 (1972), S. 86 ff.; *M. Kriele*, Freiheit und Gleichheit, HVerfR, S. 145 ff.; *K. A. Schachtschneider*, Staatsunternehmen und Privatrecht, S. 146 f.; *ders.*, Das Sozialprinzip, S. 48 ff.; *ders.*, Res publica res populi, S. 247 ff.; *ders.*, Republikanismus versus Globalismus, Z. f. Sozialökonomie, 126. Folge, September 2000, S. 3 ff.; *ders.*, Recht auf Arbeit – Pflicht zur Arbeit, GS J. G. Helm, S. 830 ff.

[247] Zum Prinzip Solidarität, *O. Höffe*, Demokratie im Zeitalter der Globalisierung, S. 89 ff., der freilich weltstaatsphilosophisch große Einheiten (etwa Kontinentalstaaten wie die EU und die USA verteidigt (S. 303 ff.); *K. A. Schachtschneider/A. Emmerich-Fritsche*, Das Recht der Vertragsärzte im Sozialgesetzbuch V, Rechtsgutachten, 1999, S. 2 ff.; zum Prinzip der kleinen Einheit *J.-J. Rousseau*, Vom Gesellschaftsvertrag, III, 4, 15; *K. A. Schachtschneider*, Die Republik der Völker Europas, ARSP-Beiheft 71 (1997), S. 173 f.; weitere Hinweise in Fn. 340.

schaftliche Öffentlichkeit voraus[248]. Diese scheitert bereits an der Sprachenvielheit[249].

Nicht allein die Liberalisierung und Deregulierung des Kapitalverkehrs bringt die sozialwidrige Globalisierung mit sich, sondern auch die Liberalisierung und Deregulierung des Waren- und des Dienstleistungsverkehrs u.a.m.[250]; spezifisch aber ist die Globalisierung des Kapitalverkehrs[251]. Dieser ist mit dem Sozialprinzip unvereinbar, dessen Realisation, vor allem wegen der Unterschiede in den Lebensverhältnissen der Welt, entweder national oder, falls eine hinreichende soziale Homogenität erreicht ist, europa-national sein kann, wie das die Europäische Gemeinschaft versucht. Die Globalisierung der Kapitalverwertung ist der vorerst erfolgreiche Weg der Ausbeutung der Völker und der Unterwerfung der Staaten. Diese neue Form der Ausbeutung ist durch die Liberalisierung und Deregulierung des Kapitalverkehrs erst möglich geworden.

Die Theoretiker und Praktiker der entstaatlichten Märkte versuchen, sich mit dem Wettbewerbsprinzip zu exkulpieren[252]. Die Legitimation des Wettbewerbs wird (ist) zu einer Ideologie überhöht, welche dem Staat und damit den mit dem Staat verbundenen Prinzipien der Republik, insbesondere denen der Freiheit,

---

[248] *I. Kant*, Zum ewigen Frieden, S. 244 ff.; *K. Jaspers*, Wohin treibt die Bundesrepublik? Tatsachen, Gefahren, Chancen, 1966, 10. Aufl. 1988, S. 194 f.; *J. Habermas*, Strukturwandel der Öffentlichkeit; *ders.*, Faktizität und Geltung, S. 523 ff., 584 ff., 596 ff., 643 ff.; *K. A. Schachtschneider,* Res publica res populi, S. 584 ff., 602 ff., 1069 ff.; dazu (im Sinne eines Junktims) *O. Höffe*, Demokratie im Zeitalter der Globalisierung, S. 117 ff., 315 ff., insb. S. 320 ff.

[249] I.d.S. schon *I. Kant*, Zum ewigen Frieden, S. 225; vgl. dazu *K. A. Schachtschneider*, Die Republik der Völker Europas, ARSP-Beiheft 71 (1997), S. 168; *ders.*, Res publica res populi, S 1194 ff.; *P. Kirchhof*, Deutsche Sprache, HStR, Bd. I, 1987, § 18, Rdn. 1 ff.; vgl. auch BVerfGE 89, 155 (185 f.).

[250] Dazu *D. I. Siebold*, Die Ordnung des internationalen Handels (GATT – WTO – GATS), in diesem Buch, S. 47 ff., insb. S. 90 ff., 102 ff.

[251] Zum Globalisierungseffekt des Kapitalverkehrs *O. Sievert*, Wirtschaftspolitik im globalen Wettbewerb, S. 134 ff.; *R. Hasse*, Globalisierung versus Protektionismus, S. 315 ff.; *W. Streeck*, Industrielle Beziehungen in einer internationalisierten Wirtschaft, S. 185; *J. Perraton/D. Goldblatt/D. Held/M. McGrew*, Die Globalisierung der Wirtschaft, S. 149 ff.; *P. Hirst/G. Thompson*, Globalisierung? Internationale Wirtschaftsbeziehungen, Nationalökonomien und die Formierung von Handelsblöcken, S. 97; *F. W. Scharpf*, Demokratie in der transnationalen Politik, S. 245 f., 247 ff.; *Ph. G. Cerny*, Globalisierung und die neue Logik kollektiven Handelns, S. 287; *C. Ch. v. Weizsäcker,* Logik der Globalisierung, S. 103 ff., 107 ff., 113 ff., der dem positive Effekte (insb. gegen den demokratischen Populismus) abzugewinnen vermag.

[252] Überzogen etwa *C. Ch. von Weizsäcker*, Logik der Globalisierung, S. 7 ff., 35 ff., passim; kritisch *U. Beck*, Was ist Globalisierung?, S. 196 ff., 208 ff.; *A. Schüller*, Ordnungspolitische Dimensionen der Globalisierung, S. 81 ff. (83); *O. Sievert*, Wirtschaftspolitik im globalen Wettbewerb, S. 129 ff.; *W. Streeck*, Industrielle Beziehungen in einer internationalisierten Wirtschaft, S. 179 ff., 183 ff.; *Ph. G. Cerny*, Globalisierung und die neue Logik kollektiven Handelns, S. 280, 290.

Gleichheit und Brüderlichkeit, die Legitimation streitig macht[253]. Marktlichkeit ist nicht schon Gerechtigkeit[254], wenn auch der gesetzmäßige Wettbewerb freiheitlich und sittlich ist, so daß dessen Verteilungswirkungen gerechtfertigt (legal) sind[255]. Shareholder value ist keine universalisierbare Verteilungsmaxime[256]. Schon Herbert Krüger hat davor gewarnt, den Wettbewerb zu „vergötzen“[257]. Die optimale Allokation der Ressourcen, welche ökonomische Theorien dem globalen Wettbewerb nachsagen[258], mag sich in Modellrechnungen darlegen lassen. Aber der Wettbewerb, dessen Nutzen für die Effizienz unbestritten ist, wenn er sachgerecht veranstaltet wird[259], muß sich in das Gemeinwohl einfügen. Er kann nur Werkzeug der Bürgerschaften sein, wie die Unternehmen selbst auch. Ein weltweiter Wettbewerb legitimiert die Desozialisierung der Lebensverhältnisse nicht. Der Globalismus betreibt die „Transformation des Sozialstaates in einen Wettbewerbsstaat“, kritisiert Wolfgang Streeck[260]. Der Wettbewerb setzt Privatheit voraus, aber die Privatheit muß gemeinverträglich sein[261]. Privatheit darf die Sozialpflichtigkeit nicht abschütteln wollen und nicht

---

[253] Erschreckend etwa *K. Ohmae*, Die neue Logik der Weltwirtschaft, passim.

[254] *W. Leisner* (nicht unkritisch), Marktoffenes Verfassungsrecht, S. 710; vgl. *F. A. von Hayek*, Recht, Gesetzgebung und Freiheit, Bd. 2, S. 62 ff., 66 ff., 93 ff., der die Gerechtigkeit prozedural verwirklicht sieht und einen spezifischen Topos sozialer Gerechtigkeit kritisiert; zur Lehre F. A. von Hayeks von Markt und Staat *M. Kläver*, Die Verfassung des Marktes, S.203 ff.; zum Text *K. A. Schachtschneider*, Das Recht am und das Recht auf Eigentum, FS W. Leisner, S. 782 ff.; *ders.*, Freiheit in der Republik, S. 356 ff.

[255] I.d.S. BVerfGE 5, 85 (206); *K. A. Schachtschneider*, Das Recht am und das Recht auf Eigentum, FS W. Leisner, S. 782 ff.; *ders.*, Freiheit in der Republik, S. 356 ff.; zur Rechtfertigung des Wettbewerbs Hinweise in Fn. 259.

[256] Zu den freiheitlichen Verteilungsmaximen zu Fn. 65 ff.; zum nationalen Verteilungsmaßstab *K. A. Schachtschneider*, Flächentarifvertrag. Der nationale Verteilungsmaßstab, i.E.

[257] Allgemeine Staatslehre, S. 454 ff. und S. 473 ff.; so auch *N. Birnbaum*, Bl.f.dt.u.intern.Politik 1997, S. 1448 („Theologie des Marktes“); schwärmerisch dagegen etwa *C. Ch. von Weizsäcker*, Logik der Globalisierung, S. 7 ff., 35 ff., 103 ff., 107 ff., 113 ff.

[258] *C. Ch. von Weizsäcker*, Logik der Globalisierung, S. 49, 103 ff., 122 ff.

[259] Vgl. *E.-J. Mestmäcker*, Über das Verhältnis des Rechts der Wettbewerbsbeschränkungen zum Privatrecht, AcP 168 (1968), S. 235 ff., 248 ff.; kritisch *ders.*, Der verwaltete Wettbewerb; *E. Hoppmann*, Soziale Marktwirtschaft oder konstruktivistischer Interventionismus?, in: ders., Wirtschaftsordnung und Wettbewerb, 1988, S. 93 (Zitat); *P. Badura*, Bewahrung und Veränderung demokratischer und rechtsstaatlicher Verfassungsstruktur in den internationalen Gemeinschaften, VVDStRL 23 (1966), S. 78; *K. A. Schachtschneider*, Staatsunternehmen und Privatrecht, S. 283 f., 326 ff., 355, 393 f.; *ders.*, Res publica res populi, S. 396ff.; *ders.*, Das Recht am und das Recht auf Eigentum, FS W. Leisner, S. 780 ff.

[260] Industrielle Beziehungen in einer internationalisierten Wirtschaft, S. 184; demgegenüber vermag *C. Ch. von Weizsäcker*, Logik der Globalisierung, S. 57 ff., 103 ff., passim, keine Gefahren für die soziale Realisation zu erkennen.

wollen dürfen, wie das paradigmatisch Art. 14 Abs. 2 GG für die Eigentumsverfassung zeigt[262]. Keinem Staat kann und darf die soziale Frage gleichgültig sein. Er muß dem Sozialprinzip genügen, wenn er ein Gemeinwesen der Freiheit, eine Republik, sein will.

Marktlicher Wettbewerb hat Voraussetzungen, vor allem die hinreichende Gleichheit der Chancen[263]. Der weltweite Wettbewerb setzt zumindest ein Weltwirtschaftsrecht voraus[264], welches den Mißbrauch von Standortvorteilen zu Lasten der Völker ausschließt, also die Gleichheit der Marktchancen der Standorte, welche im Wettbewerb stehen, sichert; denn es gibt keinen fairen, d. h. rechtmäßigen, Wettbewerb ohne hinreichende Gleichheit, aus der die Chancen erwachsen[265]. Für weltweite Wettbewerbsverhältnisse muß die Weltwirtschaftsordnung wesentlich weiterentwickelt werden. Derzeit wird die wettbewerbswidrige Ungleichheit der Standorte kapitalistisch mißbraucht, um den Staaten republikwidrige Zugeständnisse abzunötigen. Otfried Höffe kritisiert

---

[261] *K. A. Schachtschneider*, Staatsunternehmen und Privatrecht, S. 35 ff., 281 ff., 438 ff.; *ders.*, Res publica res populi, S. 396 ff.; *ders.*, Freiheit in der Republik, S. 266 ff.; *ders.*, Das Recht am und das Recht auf Eigentum, FS W. Leisner, S. 780 ff.; i.d.S. auch *H. Steinmann/A. Löhr*, Grundlagen der Unternehmensethik, S. 120 u.ö.

[262] Dazu *K. A. Schachtschneider*, Das Recht am und das Recht auf Eigentum, FS W. Leisner, S. 755 ff., insb. S. 773 ff.; *ders.*, Freiheit in der Republik, S. 322 ff., 343 ff.; weitere Hinweise in Fn. 52.

[263] *E.-J. Mestmäcker*, Über das Verhältnis des Rechts der Wettbewerbsbeschränkungen zum Privatrecht, AcP 168 (1968), S. 235 ff., insb. S. 246 ff.; *O. v. Nell-Breuning*, Können Neoliberalismus und katholische Soziallehre sich verständigen?, in: FS Franz Böhm, 1975, S. 459 ff., insb. S. 468; *L. Raiser*, Rechtsschutz und Institutionenschutz im Privatrecht, in: Summum ius summa inuria, 1963, S. 145 ff., insb. 151 ff., 161 ff.; *K. A. Schachtschneider*, Staatsunternehmen und Privatrecht, S. 322 ff.; *ders.*, Das Recht am und das Recht auf Eigentum, FS W. Leisner, S. 784 ff.; *ders.*, Freiheit in der Republik, S. 270, 359 ff.; *O. Höffe,* Demokratie im Zeitalter der Globalisierung, S. 400 ff.

[264] *A. Schüller*, Ordnungspolitische Dimensionen der Globalisierung, S. 83 ff.; *R. Hasse*, Globalisierung versus Protektionismus, S. 285 ff., insb. S. 301; auch *R. Mohn*, Führungsmethoden und Unternehmergeist in der Zeit globalen Wettbewerbs, in: R. Biskup (Hrsg.), Globalisierung und Wettbewerb, 2. Aufl. 1996, S. 65 ff.; *C. Ch. von Weizsäcker*, Logik der Globalisierung, S. 128 ff, sieht in der WTO den „Kern einer Friedensordnung"; vgl. auch *O. Höffe,* Demokratie im Zeitalter der Globalisierung, S. 267 ff., 352 ff., insb. S. 399 ff.

[265] *V. Emmerich*, Wettbewerbsrecht. Einführung, 2. Aufl. 1976, S. 124; *ders.*, Das Wirtschaftsrecht der öffentlichen Unternehmen, 1969, S. 312 f.; *B. Rebe*, Privatrecht und Wirtschaftsordnung, S. 176; sehr moderat insofern *W. Schmidt-Rimpler*, Zum Vertragsproblem, FS L. Raiser, 1974, S. 13 f., 25 („Zunächst muß der Machtunterschied eine ziemlich hohe Stärke haben, um den Vertragsmechanismus zerstören zu können"), auch *O. v. Nell-Breuning*, Können Neoliberalismus und katholische Soziallehre sich verständigen?, FS F. Böhm, S. 459 ff., insb. S. 468; *E.-J. Mestmäcker*, Über das Verhältnis des Rechts der Wettbewerbsbeschränkungen zum Privatrecht, AcP 168 (1968), S. 235 ff., insb. S. 246 ff.; *K. A. Schachtschneider*, Staatsunternehmen und Privatrecht, S. 322 ff.

die „rationale Wettbewerbsverzerrung" und postuliert „zur Welthandelsorganisation (WTO) ein Weltkartellrecht samt Weltkartellbehörde und Weltkartellgericht"[266]. Die Vorteilsnahme ist die eigentliche Triebfeder der Globalisierung, nicht etwa das Bemühen um das Wohl der Völker, gar der armen Völker. Wenn die Staaten in einem Wettbewerb treten oder viel mehr gedrängt werden, ist dieser nur rechtmäßig, wenn die Lebensverhältnisse in den Staaten derart homogen sind, daß die Unternehmer als die „Nachfrager" nach Staatlichkeit nicht die sozialpolitische Hoheit der Staaten unterminieren können. In der vor allem sozial heterogenen Welt führt die Globalisierung zu sozialen Verwerfungen, in denen die freiheitlichen Gemeinwesen zugrunde gehen können, jedenfalls in erheblicher Not geraten.

Den Menschen in den armen Ländern wird im übrigen nicht durch den ausbeuterischen Einsatz des Kapitals aus den reichen Ländern geholfen, sondern durch eine nachhaltige Förderung der Entwicklung, vor allem durch eine Revolutionierung ihrer politischen Systeme. Schon Montesquieu aber hat gesagt:

> „Gerade in den freiheitlichen Ländern stößt der Handelsmann auf Einreden und Widerstände ohne Zahl. Nirgends kommen ihm die Gesetze weniger in die Quere als in geknechteten Ländern"[267].

Erneut muten die globalen Unternehmen den Staaten und damit den Völkern zu, ihnen zu dienen[268]. Das verkehrt den Nomos der Wirtschaft. Die Führer der globalen Unternehmen und der institutionellen Anleger geben sich als die neuen Herren der Welt, „frei und reich" (Kenichi Ohmae)[269].

d) Arbeitslosigkeit als sozialwidrige Folge des globalen Kapitalismus

In der Sozialwirtschaft darf die Beschäftigungspolitik keinesfalls vernachlässigt werden, nicht nur weil sie vom Sozialprinzip[270], sondern auch, weil Beschäftigungspolitik durch die Eigentumsgewährleistung des Art. 14 Abs. 2 GG geboten ist[271]; denn Arbeit ist der allgemeinste und menschheitlichste Weg zu Eigentum und damit zu freiheitsgemäßer Selbständigkeit[272]. Nur in Selbständig-

---

[266] Demokratie im Zeitalter der Globalisierung, S. 400 und ff.

[267] Vom Geist der Gesetze, XX,12; i.d.S. auch *U. Beck*, Was ist Globalisierung?, S. 198.

[268] *K. Ohmae*, Die neue Logik der Weltwirtschaft, insb. S. 28 ff., 230 f.

[269] Die neue Logik der Weltwirtschaft, S. 242 f.

[270] Hinweise in Fn. 219 ff.

[271] Hinweise in Fn. 223 f., auch Fn. 272.

[272] *K. A. Schachtschneider*, Das Recht am und das Recht auf Eigentum, FS W. Leisner, S. 775 ff.; *ders.*, Recht auf Arbeit – Pflicht zur Arbeit, GS J. G. Helm, S. 838 ff.; *ders.*, Freiheit in der Republik, S. 349 ff.; i.d.S. *P. Häberle*, Grundrechte im Leistungsstaat, VVDStRL 30 (1972), S. 85 f., 100 ff.; *I. Kant*, Metaphysik der Sitten, S. 400 ff.,

keit sind die Menschen der Autonomie des Willens fähig, und nur die Selbständigkeit begründet die Gleichheit in der Freiheit[273]. Die Eigentumsordnung muß ermöglichen, daß alle Menschen im Lande selbständig und dadurch der Freiheit fähig sind[274]. Die Eigentumsgewährleistung des Art. 14 Abs. 1 GG ist die Gewährleistung des Eigentums für alle, damit alle Menschen Bürger sein können[275]. Art. 14 Abs. 1 GG schützt nicht nur das Recht am Eigentum, sondern begründet ein Recht aller auf Eigentum[276]. Nur ein Grundrecht auf Eigentum neben dem Grundrecht am Eigentum wird dem fundamentalen Verfassungsprinzip der Republik, dem Sozialprinzip, und den Menschenrechten, zu denen sich das Grundgesetz in Art. 1 Abs. 2 GG „als Grundlage jeder menschlichen Gemeinschaft, des Friedens und der Gerechtigkeit in der Welt" bekennt, gerecht;

---

definiert das Geld als Ausdruck des Fleißes („Realdefinition des Geldes": „es ist das allgemeine Mittel, den Fleiß der Menschen gegen einander zu verkehren, so: daß der Nationalreichtum, in sofern er vermittelst des Geldes erworben worden, eigentlich nur die Summe des Fleißes ist, mit dem die Menschen sich untereinander löhnen, und welcher durch das in dem Volk umlaufende Geld repräsentiert wird", S. 401).

[273] *I. Kant*, Metaphysik der Sitten, S. 432; *ders.*, Über den Gemeinspruch, S. 150 ff.; *H. Krüger*, Allgemeine Staatslehre, S. 531 f., 810; *W. Maihofer*, Prinzipien freiheitlicher Demokratie, HVerfR, S. 452 ff., insb. S. 458 f.; *M. Kriele*, Befreiung und politische Aufklärung. Plädoyer für die Würde des Menschen, 1980, S. 57 ff., 66; *ders.*, Einführung in die Staatslehre, S. 229, 334 f.; auch *W. Leisner*, Demokratie. Selbstzerstörung einer Staatsform?, 1979, S. 43 ff.; *H. F. Zacher*, Das soziale Staatsziel, HStR, Bd. I, § 25, Rdn. 48 ff.; *K. A. Schachtschneider*, Frei – sozial – fortschrittlich, S. 12 ff.; *ders.*, Res publica res populi, S. 234 ff.; *ders.*, Das Recht am und das Recht auf Eigentum, FS W. Leisner, S. 767 ff., 775 ff.; *ders.*, Freiheit in der Republik, S. 336 ff., 349 ff.

[274] *K. A. Schachtschneider*, Das Recht am und das Recht auf Eigentum, FS W. Leisner, S. 755 ff., auch S. 775 ff.; *ders.*, Freiheit in der Republik, S. 322 ff., insb. S. 336 ff., auch S. 349 ff.; *ders.*, Recht auf Arbeit – Pflicht zur Arbeit, GS J. G. Helm, S. 838 ff., auch S. 17; i.d.S. *P. Häberle*, Grundrechte im Leistungsstaat, VVDStRL 30 (1972), S. 85 f., 101 f.; *ders.*, Arbeit als Verfassungsproblem, JZ, 1984, 345 ff.; *ders.*, Aspekte einer Verfassungslehre der Arbeit, AöR 109 (1984), S. 630 ff.

[275] *K. A. Schachtschneider*, Das Recht am und das Recht auf Eigentum, FS W. Leisner, S. 755 ff.; *ders.*, Freiheit in der Republik, S. 322 ff.

[276] *K. A. Schachtschneider*, Das Recht am und das Recht auf Eigentum, FS W. Leisner, S. 735 ff.; *ders.*, Freiheit in der Republik, S. 322 ff.; a. A. *W. Leisner*, Eigentum, HStR, Bd. VI, § 149, Rdn. 6 f., aber in: Eigentum – Grundlage der Freiheit, S. 50, verbindet W. Leisner ein Recht auf mit dem Recht aus Eigentum, jedenfalls eine reale Chance auf Eigentum; gegen ein „Recht auf Eigentum" auch *P. Badura*, Eigentum, HVerfR, S. 342; auch *H.-J. Papier*, in: Maunz/Dürig, GG, Art. 14, Rdn. 7, 128 f., 133; *E. Stein*, Staatsrecht, S. 342, 346; vgl. BVerfGE 40, 65 (82 ff.), offengelassen; *H. Rittstieg*, Eigentum als Verfassungsproblem, S. 386 f., plädiert für einen „rechtlichen geordneten Zugang zu den Grundlagen der Subsistenz und der personalen Entfaltung für die Masse der Bevölkerung", auch S. 403 („Eigentumsgewährleistung – Forderung nach einer Umgestaltung der aktuellen Eigentumsordnung"); vgl. *K. A Schachtschneider*, Res publica res populi, S. 1026; vgl. zum Eigentumsschutz „sozialversicherungsrechtlicher Positionen" BVerfGE 4, 219 (240 f.); 40, 65 (82 ff.); 53, 257 (289 ff.); 64, 272 (300 ff.); 72, 175 (193 ff.); zu dessen Grenzen *A. Leisner*, Die Leistungsfähigkeit des Staates, S. 146 ff.

denn das Recht auf Eigentum anerkennt Art. 17 der Allgemeinen Erklärung der Menschenrechte von 1948[277]. Darum sind die Arbeitsverhältnisse das Eigentum der Mitarbeiter der Unternehmen[278]. Darin genügt die Dogmatik der grundrechtlichen Eigentumsgewährleistung und eine dieser personal-sozialen Eigentumslehre gemäße Eigentumsgesetzgebung dem Sozialprinzip[279]. Die hohe Arbeitslosigkeit in Deutschland ist keineswegs ein Naturereignis, sondern Ergebnis einer ökonomistischen Politik der Kapitalisten, die sich die Parteienoligarchien, welche die europäische Staaten, jedenfalls Deutschland, beherrschen[280], gefügig gemacht hat. Dafür benötigt man nicht mehr als Geld; denn das Wesen der Parteifunktionäre ist schon wegen ihrer illegitimen Macht die Korruptheit. Das System Kohl ist ein Beweis[281]. Die Kapitaleigner tun das, was sie können, also das, was ihnen erlaubt ist oder auch nur nicht unterbunden wird.

Standortwechsel verlagert Arbeitsplätze. Die Arbeitsplätze sind dadurch, daß die Entscheidung über den Unternehmensstandort den Gesellschaftsorganen überantwortet ist, gefährdet, ja gehen weitestgehend verloren, wenn der Standort gewechselt wird[282]. Die weitere Mitarbeit der an einem kostspieligen Standort entlassenen Arbeitnehmer ist selten gefragt, weil globalisierende Unterneh-

---

277 Vgl. *K. A. Schachtschneider*, Das Recht am und das Recht auf Eigentum, FS W. Leisner, S. 755 ff.; *ders.*, Freiheit in der Republik, S. 722 ff.; grundlegend *G. Dürig*, Das Eigentum als Menschenrecht, ZfgesSfW 109 (153), S. 326 ff.; *L. Raiser*, Das Eigentum als Menschenrecht, FS F. Baur, 1981, S. 105 ff.; vgl. auch *W. Leisner*, Eigentum, HStR, Bd. VI, § 149, Rdn. 90 ff.; nicht unkritisch zur „Heiligkeit" des Eigentums *H. Krüger*, Allgemeine Staatslehre, S. 422; *K. A. Schachtschneider*, Res publica res populi, S. 772 ff., 1060 ff.; *ders.*, Der republikwidrige Parteienstaat, FS H. Quaritsch, S. 141 ff.; auch *ders.*, Demokratiedefizite in der Europäischen Union, FS W. Hankel, S. 129 ff.

278 *H. C. Nipperdey (F. J. Säcker)*, Kollektives Arbeitsrecht, S. 995 f.

279 *K. A. Schachtschneider*, Das Recht am und das Recht auf Eigentum, FS W. Leisner, S. 755 ff.; *ders.*, Freiheit in der Republik, S. 322 ff.; *ders.*, Recht auf Arbeit – Pflicht zur Arbeit, GS J. G. Helm, S. 830 ff., 838 ff.

280 *K. A. Schachtschneider*, Res publica res populi, S. 1060 ff., auch S. 772 ff.; *ders.*, Der republikwidrige Parteienstaat, FS H. Quaritsch, S. 141 ff.; auch *ders.*, Demokratiedefizite in der Europäischen Union, FS W. Hankel, S. 129 ff.; *W. Maihofer*, Abschließende Äußerungen der Herausgeber, HVerfR, 2. Aufl. 1994, S. 1709 ff.; *H. H. v. Arnim*, Fetter Bauch regiert nicht gern. Die politische Klasse selbstbezogen und abgehoben, 1997, passim; i.d.S. auch *K. Jaspers*, Wohin treibt die Bundesrepublik, S. 141 ff.

281 Dazu die öffentliche Erörterung in den Jahren 1999 ff. in allen Medien und die Erkenntnisse des Untersuchungsausschusses des Deutschen Bundestages.

282 Dazu *H.-H. Härtel/R.. Jungnickel et al.*, Grenzüberschreitende Produktion und Strukturwandel, S. 95 ff., 109 ff. (auch zum Folgenden); *A. G. Scherer/A. Löhr*, Verantwortungsvolle Unternehmensführung im Zeitalter der Globalisierung, FS H. Steinmann, 1999, S. 264 ff.; dazu *E. B. Kapstein*, Arbeiter und die Weltwirtschaft, in: U. Beck (Hrsg.), Politik der Globalisierung, 1998, S. 203 ff.; abwiegelnd *C. Ch. von Weizsäcker*, Die Logik der Globalisierung, S. 59 ff., der den Vorwurf des „Sozialdumpings" zurückweist.

mer die geringen Arbeitskosten eines anderen Standortes nutzen wollen[283], abgesehen davon, daß der Standortwechsel für die meisten Arbeitnehmer wegen ihrer Lebens-, insbesondere wegen ihrer Familienverhältnisse, kaum zumutbar sein dürfte. Mit dem entlassenen, also expropriierten, Arbeitnehmer wird ein Mensch zurückgelassen. Der verlassene Staat muß die Kosten für diesen Menschen übernehmen[284]. Auch wenn für diesen Notfall, auch mit Hilfe der Unternehmen, in nicht unerheblichem Umfang vorgesorgt ist, insbesondere durch die Arbeitslosenversicherung, aber auch durch betriebliche Sozialpläne, so fällt doch der Arbeitslose, gegebenenfalls mit seiner Familie, langfristig der Wirtschaft der Bürgerschaft zur Last. Die Entscheidung der Unternehmenseigner und deren Vertreter in den Unternehmensorganen hat ihm sein Eigentum, seinen Arbeitsplatz, genommen, regelmäßig ohne daß der Arbeitnehmer gefragt werden mußte. Tarifverträge und Arbeitnehmermitbestimmung vermögen, wie die Praxis erweist, derartige zur Massenarbeitslosigkeit beitragende Unternehmenspolitik des provozierten Wettbewerbs nicht wirklich zu be- oder gar zu verhindern[285].

Die Liberalisierung und Deregulierung des Kapitalverkehrs ist mit dem Sozialprinzip vor allem wegen deren Folgen für die Beschäftigungslage unvereinbar.

2. Das demokratische Prinzip

a) Das demokratische Prinzip der Republik

Eine Republik muß demokratisch sein, weil sie durch die Gleichheit aller in der Freiheit gekennzeichnet ist[286]. Die allgemeine Freiheit ist die allgemeine Gesetzgeberschaft der miteinander lebenden Menschen oder die Bürgerlichkeit

---

[283] Zur Lohnpolitik am internationalen Wettbewerb, insb. zum „Lohndruck", *O. Sievert*, Wirtschaftspolitik im globalen Wettbewerb, in: R. Biskup (Hrsg.), Globalisierung und Wettbewerb, 2. Aufl. 1996, S. 165 ff.; *W. Streeck*, Industrielle Beziehungen in einer internationalisierten Wirtschaft, in: U. Beck (Hrsg.), Politik der Globalisierung, 1998, S. 169 ff., 183 ff.; *A. G. Scherer/A. Löhr*, Verantwortungsvolle Unternehmensführung im Zeitalter der Globalisierung, S. 264 ff. (Beispiel Nike); billige Arbeitskräfte begrüßt *K. Ohmae*, Die neue Logik der Weltwirtschaft, S. 15.

[284] *U. Beck*, Was ist Globalisierung?, S. 112; *F. W. Scharpf*, Demokratie in der transnationalen Politik, in: U. Beck (Hrsg.), Politik der Globalisierung, 1998, S. 228, 243 f.

[285] *W. Streeck*, Industrielle Beziehungen in einer internationalisierten Wirtschaft, S. 179 ff., 186 ff., 196 f., 199 ff.; *P. Hirst/G. Thompson*, Globalisierung? Internationale Wirtschaftsbeziehungen, Nationalökonomien und die Formierung von Handelsblöcken, in: U. Beck (Hrsg.), Politik der Globalisierung, 1998, S. 93; auch *F. W. Scharpf*, Demokratie in der transnationalen Politik, S. 228, 243 f.; auch *O. Sievert*, Wirtschaftspolitik im globalen Wettbewerb, S. 172; *U. Beck*, Was ist Globalisierung?, S. 164 ff.

[286] *K. A. Schachtschneider*, Res publica res populi, S. 4 ff., 14 ff.

der Bürger[287]. Frei ist, wer sich selbst und zugleich allen anderen die Gesetze gibt, welche er selbst wie die anderen bei seinem Handeln beachten muß[288]; denn Freiheit ist die Autonomie des Willens, welche die Unabhängigkeit von eines anderen nötigender Willkür (Kant)[289] voraussetzt[290]. Die Freiheit kann nur allgemein sein, wenn alle (also jeder) die Gesetze geben und die Gesetze allgemein, also für alle, gelten. Die allgemeine Gesetzlichkeit ist die Verbindlichkeit des allgemeinen Willens; denn nur der Wille, der sich selbst Gesetz ist, begründet nach dem Prinzip jedes Rechts: volenti non fit iniuria[291], Verbindlichkeit[292]. Die Gesetze (in ihrer Verbindlichkeit) sind nichts anderes als der allgemeine Wille des Volkes[293]. Dieser allgemeine Wille materialisiert die Staatsgewalt, weil der Staat die „Vereinigung einer Menge von Menschen unter Rechtsgesetzen ist" (Kant)[294]. Das demokratische Fundamentalprinzip, auch das des Grund-

---

[287] *K. A. Schachtschneider*, Res publica res populi, S. 35 ff., 211 ff., 279 ff., 303 ff., 325 ff., 410 ff., 494 ff., 519 ff., 718 ff.; *ders.*, Freiheit in der Republik, S. 39 ff., 92 ff., 114 ff., 228 ff.

[288] *I. Kant*, Grundlegung zur Metaphysik der Sitten, S. 64 ff.; *ders.*, Metaphysik der Sitten, S. 329 ff.; *W. Maihofer*, Prinzipien freiheitlicher Demokratie, HVerfR, S. 436 ff., 438 ff., 458 f., 490 ff.; i.d.S. *H. Krüger*, Allgemeine Staatslehre, S. 281; *K. A. Schachtschneider*, Res publica res populi, S. 153 ff., 230 ff., 279 ff., 519 ff., 718 ff., 867 ff.; *ders.*, Freiheit in der Republik, S. 39 ff., 114 ff., insb. S. 120.

[289] *I. Kant*, Metaphysik der Sitten, S. 318, 332 ff., 345; zur Autonomie des Willens *ders.*, Grundlegung zur Metaphysik der Sitten, S. 81 ff.; *ders.*, Kritik der praktischen Vernunft, S. 139, auch S. 125 ff., 138 ff., 141 ff., 144 ff., 191 ff., 218; dazu *K. A. Schachtschneider*, Res publica res populi, S. 279 ff., 325 ff.; *ders.* Freiheit in der Republik, S. 51 ff.

[290] *K. Jaspers,* Am Ursprung und Ziel der Grundrechte, S. 205 f.; *K. A. Schachtschneider*, Res publica res populi, S. 279 ff., 289 ff., 320 ff., 325 ff. (332 ff., 344 ff., 431 ff.), 494 ff., 501 ff., auch S. 561 ff.; *ders.*, Freiheit in der Republik, S. 39 ff., 51 ff., 95 ff.; *ders.*, Staatsunternehmen und Privatrecht, S. 97 ff., 184 ff.

[291] *Th. Hobbes*, Leviathan, II, 18; *J.-J. Rousseau*, Vom Gesellschaftsvertrag, II, 6; *I. Kant*, Metaphysik der Sitten, S. 432; i.d.S. schon *Aristoteles*, Nikomachische Ethik, 1134 b 13 f.

[292] Hinweise in Fn. 293 f.

[293] *I. Kant*, Metaphysik der Sitten, S. 432; *ders.*, Über den Gemeinspruch, S. 150; so auch *J. Locke,* Über die Regierung, S. 101 ff., zum Zustimmungserfordernis, der die Repräsentation unmittelbar einbezieht, auch S. 73 ff.; vgl. i.d.S. *J.-J. Rousseau,* Vom Gesellschaftsvertrag, II, 6; dazu *J. Habermas,* Strukturwandel der Öffentlichkeit, S. 127 ff.; i.d.S. auch *ders.*, Legitimationsprobleme im modernen Staat, Politische Vierteljahrsschrift, Sonderheft 7, 1976, S. 43 ff.; ganz i.d.S. *E.-W. Böckenförde*, Demokratie als Verfassungsprinzip, HStR, Bd. I, 1987, § 22, Rdn. 36 ff.; vgl. *K. A. Schachtschneider,* Die Entscheidung des Grundgesetzes für die Demokratie, JA 1979, 514, 518; *ders.*, Staatsunternehmen und Privatrecht, S. 153 ff., zur konsensual-repräsentativen Gesetzgebung; *ders.*, Res publica res populi, S. 519 ff., insb. S. 525; *W. Kersting*, Wohlgeordnete Freiheit, S. 292, 305.

[294] *I. Kant*, Metaphysik der Sitten, S. 431; in der Sache nicht anders *Ch. de Montesquieu*, Vom Geist der Gesetze, XI, 3 („Staat, das heißt eine mit Gesetzen ausgestattete Gesellschaft"); i.d.S. auch *J. Locke,* Über die Regierung, VIII, 99; das übernimmt *W. Maihofer,* Prinzipien freiheitlicher Demokratie, HVerfR, S. 454, 461, 465, 468, 501, zu

gesetzes: „Alle Staatsgewalt geht vom Volke aus" (Art. 20 Abs. 2 S. 1)[295], formuliert dieses aus der allgemeinen Freiheit folgende Staatsprinzip[296] und wäre mißverstanden, wenn es lediglich als Legitimation eines obrigkeitlichen Staates durch das untertänige Volk herhalten müßte[297]. Josef Isensees Sätze: „Volk und

---

Recht für die freiheitliche Demokratie des Grundgesetzes, die er als Republik, Freistaat, Bürgerstaat versteht, S. 449 ff., 462 ff., passim; *ders.*, Die Legitimation des Staates aus der Funktion des Rechts, S. 22 ff., baut auf diesem Satz seine Lehre von der „konstitutionellen Demokratie" auf, die weitgehend republikanisch ist; *P. Häberle,* Die Menschenwürde als Grundlage der staatlichen Gemeinschaft, HStR, Bd. I, § 20, Rdn. 62 ff., greift Kants Formel für den Volksbegriff auf; in der Sache schon *Aristoteles,* Politik, Rdn. 49 ff.; i.d.S. auch *H. Kelsen,* Allgemeine Staatslehre, S. 149 u.ö.; die Einigkeit als Verfassungsprinzip des modernen Staates (i.S. der Herrschaft des Rechtsgesetzes) stellt auch *J. Habermas,* Strukturwandel der Öffentlichkeit, S. 129 ff. (zu Kant), heraus; klar i.d.S. *ders.*, Legitimationsprobleme im modernen Staat, S. 43 ff.; i.d.S. auch *K. Hesse*, Grundzüge des Verfassungsrechts, S. 5 ff.; zu Kants Staatsbegriff *W. Kersting,* Wohlgeordnete Freiheit, S. 258 ff.; dazu *K. A. Schachtschneider,* Res publica res populi, S. 519 ff.; *ders.*, Die existentielle Staatlichkeit der Völker Europas, S. 75 ff., 83 ff., 87 ff.; *ders.*, Die Republik der Völker Europas, ARSP-Beiheft 71 (1997), S. 154 ff., 161 ff.; *ders.*, Der Anspruch auf materiale Privatisierung, S. 16 ff., 23 ff.

[295] BVerfGE 83, 37 (50); 83, 60 (71); *M. Kriele,* Das demokratische Prinzip im Grundgesetz, VVDStRL 29 (1971), S. 46 ff.; *K. Stern,* Staatsrecht, Bd. I, S. 593 ff., 599 ff.; *ders.*, Staatsrecht, Bd. II, S. 20 ff.

[296] BVerfGE 5, 85 (205); 44, 125 (139); i.d.S. auch BVerfGE 69, 315 (Ls. 1, S. 343 ff.); *J. Habermas*, Legitimationsprobleme im modernen Staat, S. 43 ff.; *R. Herzog*, in: Maunz/Dürig, GG, 1980, Rdn. 6 ff., 26 ff. zu Art. 20 Abschn. II; *M. Kriele*, Freiheit und Gleichheit, HVerfR, S. 129 ff.; *ders.*, Die demokratische Weltrevolution, S. 49 ff.; *ders.*, Das demokratische Prinzip im Grundgesetz, VVDStRL 29 (1971), S. 47 ff., noch stärker gleichheitsorientiert; *K. A. Schachtschneider*, Die Entscheidung des Grundgesetzes für die Demokratie, JA 1979, 563 ff.; *ders.*, Res publica res populi, S. 519 ff. (529), auch S. 64 ff.; *ders.*, Prinzipien des Rechtsstaates, 4. Kap., I; *W. Maihofer*, Die Legitimation des Staates aus der Funktion des Rechts, S. 15 ff.; *ders.*, Prinzipien freiheitlicher Demokratie, HVerfR, S. 432 ff., 455 ff. 499 ff., 507 ff.; auch *E.-W. Böckenförde*, Demokratische Willensbildung und Repräsentation, HStR, Bd. II, 1987, § 30, Rdn. 1 ff.; *ders.*, Demokratie als Verfassungsprinzip, HStR, Bd. I, § 22, Rdn. 35 ff.; auch *P. Badura*, Die parlamentarische Demokratie, HStR, Bd. I, 1987, § 23, Rdn. 1; auch *J. Isensee*, Staat und Verfassung, HStR, Bd. I, 1987, § 13, Rdn. 126 ff., 161 ff.; *ders.*, Gemeinwohl und Staatsaufgaben im Verfassungsstaat, HStR, Bd. III, § 57, Rdn. 77; vgl. auch *W. Henke*, Recht und Staat, S. 301 ff., 318 (für Athen). Hinter den Hinweisen verbergen sich jeweils mit den Begriffen Freiheit und Gleichheit verbundene unterschiedliche Lehren von der Demokratie oder der Republik; vgl. schon die auf die Idee der Freiheit gegründete, aber diese Idee um der Realität willen mißachtende Demokratielehre *H. Kelsens*, Vom Wesen und Wert der Demokratie, 2. Aufl. 1929, S. 3 ff.; allein auf die Gleichheit hat demgegenüber *C. Schmitt*, Verfassungslehre, S. 224 f., 226 ff., die Staatsform der Demokratie gestellt; so auch *K. Stern*, Staatsrecht, Bd. I, S. 594 f.; *R. Herzog*, in: Maunz/Dürig, GG, Rdn. 6 ff. zu Art. 20 Abschn. II.

[297] So aber *E.-W. Böckenförde*, Demokratie als Verfassungsprinzip, HStR, Bd. I, § 22, Rdn. 2, 10 (herrschaftsdogmatisch); *P. Badura,* Die parlamentarische Demokratie, HStR, Bd. I, § 23, Rdn. 1 (Legitimationsprinzip der Volkssouveränität); *J. Isensee,* Staat und Verfassung, HStR, Bd. I, § 13, Rdn. 154, 161 ff. („demokratische Legitimation"); auch *K. Stern,* Staatsrecht, Bd. I, S. 599 f., 604 (Volk „Ursprung staatlicher Herr-

Gesellschaft sind nicht dasselbe. Das Volk ist in der Demokratie Ursprung staatlicher Herrschaft, die Gesellschaft dagegen ihr Objekt"[298], wandelt die Verfassung der Freiheit in eine Ordnung der Herrschaft. Die Staatsgewalt ist die Hoheit des Volkes oder dessen allgemeiner Wille[299]. Das Volk ist der Staat im weiteren Sinne[300]. Der Staat im engeren Sinne sind die Organe, welche das Volk in der Gesetzgebung, der vollziehenden Gewalt und der Rechtsprechung vertreten[301]. Art. 20 Abs. 2. S. 2 GG formuliert das in aller Klarheit. Die Republik als das Gemeinwesen der Bürger kennt keinen Gegensatz von Staat und Gesellschaft[302]. Diese Konzeption hat den durch das monarchische Prinzip geprägten konstitutionellen Staat richtig beschrieben, indem die Staatsgewalt gemäß Art. 57 Wiener Schlußakte vom 15. Mai 1820 Sache des Monarchen war, der aber gemäß den (oktroyierten) Verfassungsgesetzen nach Art. 54 der Schlußak-

schaft"); *M. Kriele,* Das demokratische Prinzip im Grundgesetz, VVDStRL 29 (1971), S. 60.

[298] Staat und Verfassung, HStR, Bd. I, § 13, Rdn. 46 ff., 152 ff., insb. Rdn. 161 ff.; ebenso *R. Zippelius*, Allgemeine Staatslehre, S. 176 ff., 182, 187 ff.; kritisch *K. A. Schachtschneider*, Res publica res populi, S. 17 ff., 36 ff.

[299] *K. A. Schachtschneider*, Res publica res populi, S. 17 ff., 519 ff., 637 (707 ff.); *ders.*, Die existentielle Staatlichkeit der Völker Europas, S. 75 ff., 79 ff., 87 ff., 111 ff.; *ders.*, Der Anspruch auf materiale Privatisierung, S. 271 ff., 286 ff., auch S. 289 ff., 297 ff.

[300] *K. A. Schachtschneider*, Res publica res populi, S. 100; *ders.*, Die existentielle Staatlichkeit der Völker Europas, S. 75 ff., 87 ff.

[301] *K. A. Schachtschneider*, Staatsunternehmen und Privatrecht, S. 175 ff.; *ders.*, Res publica res populi, S. 18, 100, 159 ff., (161 f.), 175 f., 1048 ff.(zu den Parteien); *ders.*, Die existentielle Staatlichkeit der Völker Europas, S. 75 ff., 87 ff.; i.d.S. auch BVerfGE 89, 185 (190); ebenso *K. Hesse*, Unterscheidung von Staat und Gesellschaft, S. 489 f., 498; *ders.*, Grundzüge des Verfassungsrechts, Rdn. 5 ff.; *J. Isensee*, Staat und Verfassung, HStR, Bd. I, § 13, Rdn. 152 ff.; *ders.*, Gemeinwohl und Staatsaufgaben im Verfassungsstaat, HStR, Bd. III, § 57, Rdn. 7 ff., 156 ff.; *H. Ehmke*, „Staat" und „Gesellschaft" als verfassungstheoretisches Problem, 1962, in: E.-W. Böckenförde (Hrsg.), Staat und Gesellschaft, 1976, S. 268, die sich auf den Staatsbegriff *H. Hellers* als „organisierte Entscheidungs- und Wirkungseinheit", Staatslehre, 1934, 2. Aufl. 1961, S. 228 ff., 238 ff., 242 ff., beziehen.

[302] So aber *E.-W. Böckenförde,* Die Bedeutung der Unterscheidung von Staat und Gesellschaft im demokratischen Sozialstaat der Gegenwart, 1971, in: ders. (Hrsg.), Staat und Gesellschaft, 1976, S. 395 ff., 407 ff.; *ders.*, Die verfassungstheoretische Unterscheidung von Staat und Gesellschaft als Bedingung der individuellen Freiheit, 1973, S. 32 f.; *W. Henke,* Die politischen Parteien zwischen Staat und Gesellschaft, 1972, in: E.-W. Böckenförde (Hrsg.), Staat und Gesellschaft, 1976, S. 369 ff.; *R. Herzog,* in: Maunz/Dürig, GG, Rdn. 45 ff. zu Art. 20 Abschn. I, Rdn. 21 zu Art. 20 Abschn. II; *W. Schmitt Glaeser,* Die grundrechtliche Freiheit des Bürgers zur Mitwirkung an der Willensbildung, HStR, Bd. II, § 31, Rdn. 25 ff.; *W. Brohm,* Sachverständige Beratung des Staates, HStR, Bd. II, 1987, § 36, Rdn. 36 ff. (vorsichtig); auch *D. Grimm*, Politische Parteien, HVerfR, 2. Aufl. 1994, S. 610 ff. (aber: „zunehmende Gemengelage"); wie der Text *K. A. Schachtschneider*, Res publica res populi, S. 159 ff., 175 ff., 193 ff.

te Freiheit und Eigentum der Bürger zu respektieren hatte[303]. Das führte zu einem liberalistischen Freiheitsbegriff der Gesamtheit begrenzter Freiheitsrechte (Freiheiten), welche durch die Teilnahme an der Gesetzgebung (durchaus wirksam) geschützt wurden, aber nicht Grundlage der Staatsgewalt waren[304]. Demgegenüber definiert Art. 2 Abs. 1 GG, wie es eine Republik erfordert, die Freiheit politisch, indem der Freiheitsbegriff vom Sittengesetz bestimmt wird[305]. Das Sittengesetz, der kategorische Imperativ[306], läßt sich nur durch die allgemeine Gesetzgeberschaft verwirklichen[307]. Die Freiheit ist damit das Recht zur Gesetzgebung, also politische Freiheit[308]. Das Freiheitsprinzip der menschheitlichen Verfassung, dem der Freiheitsbegriff des Grundgesetzes genügt, führt zum republikanischen Verständnis des demokratischen Prinzips, welches als

---

303 *E. R. Huber*, Deutsche Verfassungsgeschichte seit 1789, Bd. I, 1957, S. 336ff., 646 ff., 651 ff.; *ders.*, Das Kaiserreich als Epoche verfassungsstaatlicher Entwicklung, HStR, Bd. I, 1987, § 2, Rdn. 26 ff., 30 ff., 37 f.; dazu E. *Bernatzik*, Republik und Monarchie, 2. Aufl. 1919, S. 35 ff., 39 ff.; *W. Mager*, Republik, in: O. Brunner/W. Conze/R. Koselleck (Hrsg.), Geschichtliche Grundbegriffe, Historisches Lexikon zur politisch-sozialen Sprache in Deutschland, Bd. 5, 1984, S. 549 ff., insb. S. 580 ff.; *K. A. Schachtschneider*, Res publica res populi, S. 11 ff.

304 *E. R. Huber*, Deutsche Verfassungsgeschichte seit 1789, Bd. I, S. 336, 350, 354, 651 ff. (zum monarchischen Prinzip); dazu auch *ders.*, Das Kaiserreich als Epoche verfassungsstaatlicher Entwicklung, HStR, Bd. I, § 2, Rdn. 26 ff.; *R. Wahl*, Die Entwicklung des deutschen Verfassungsstaates, HStR, Bd. I, 1987, § 1, Rdn. 27 ff.; vgl. *E.-W. Böckenförde*, Staat und Gesellschaft im Sozialstaat, S. 407; vgl. auch Hinweise in Fn. 303; *K. A. Schachtschneider*, Res publica res populi, S. 173 f.; *ders.*, Republikanische Freiheit, FS M. Kriele, 1997, S. 829 ff.

305 *W. Maihofer*, Prinzipien freiheitlicher Demokratie, HVerfR, S. 462 ff., 490 f., auch S. 454, 466, 497; *P. Häberle*, Ethik „im" Verfassungsrecht, Rechtstheorie 21 (1990), S. 277; *K. A. Schachtschneider*, Staatsunternehmen und Privatrecht, S. 97 ff.; *ders.*, Res publica res populi, S. 259 ff., 279 ff., 427 ff.; *ders.*, Freiheit in der Republik, S. 51 ff., 62 ff., 260 ff, passim; *ders.*, Das Sittengesetz und die guten Sitten, FS W. Thieme, S. 195 ff.; a.A. *Ch. Starck*, Das „Sittengesetz" als Schranke der freien Entfaltung der Persönlichkeit, FS W. Geiger, 1974, S. 259 ff.; *ders.*, Vom Grund des Grundgesetzes, 1979, S. 44; *G. Erbel*, Das Sittengesetz als Schranke der Grundrechte, 1971, insb. S. 192 ff., 263 ff., 270 ff., 332 ff., 341 ff., 378 f., 390 f.; vgl. auch *J. Isensee*, Republik – Sinnpotential eines Begriffs, Begriffsgeschichtliche Stichproben, JZ 1981, 6, 8.

306 *I. Kant*, Grundlegung zur Metaphysik der Sitten, S. 41 ff., 64 ff.; *ders.*, Kritik der praktischen Vernunft, S. 142 ff.; *ders.*, Metaphysik der Sitten, S. 331, 526; weitere Hinweise in Fn. 305.

307 *K. A. Schachtschneider*, Res publica res populi, S. 279 ff., 325 ff., 410 ff., 494 ff., 519 ff.; *ders.*, Freiheit in der Republik, S. 95 ff., 114 ff.

308 *K. Jaspers*, Vom Ursprung und Ziel der Geschichte, S. 202; *H. Arendt*, Vita activa oder vom tätigen Leben, 5. Aufl. 1987, S. 30 f.; *D. Sternberger*, Herrschaft und Vereinbarung. Über bürgerliche Legitimität, 1964, 1967, in: ders., Herrschaft und Vereinbarung, Schriften Bd. III, 1980, S. 115 ff.; *E. Vollrath*, Grundlegung einer philosophischen Theorie des Politischen, 1987, S. 300 ff.; *K. A. Schachtschneider*, Res publica res populi, S. 37, 61 f., 153 ff., 184 ff., 275 ff., 325 ff., 433 ff., 472 ff., 494 ff., 501 ff., 601 ff., 686 ff., 690 ff., 739 ff.; *ders.*, Freiheit in der Republik, S. 21 ff., 95 ff., 114 ff., 200 ff.

Prinzip allgemeiner politischer Freiheit zu dogmatisieren ist[309]. Die Demokratie ist somit das Gemeinwesen der Freiheit, die freiheitliche Demokratie, oder eben der Bürger- oder Volksstaat, die Republik[310]. Das entspricht dem griechischen Verständnis von Demokratie[311] und dem römischen Verständnis von Republik; denn der Leitsatz der Republik ist: res publica res populi[312], und die Demokratie ist der Staat des Volkes als der Vielheit der Bürger. Keinesfalls ist Demokratie Herrschaft des Volkes, weil das Volk nicht herrschen, sondern nur beherrscht werden kann[313]. Ein Volk kann akklamieren (Carl Schmitt)[314]. Man kann das auch Wahl nennen, obwohl wesentliche Voraussetzungen einer wirklichen Wahl fehlen, vor allem eine freiheitliche Kandidatenaufstellung und wahrheitliche Öffentlichkeit[315]. Das Volk in seiner Gesamtheit kann nur durch allgemeine Gesetzlichkeit frei sein[316].

---

[309] *K. A. Schachtschneider*, Res publica res populi, S. 14 ff., 92 ff. (gegen Herrschaftslehren), 275 ff., 325 ff., 410 ff., 519 ff., 637 ff.; *ders.*, Freiheit in der Republik, S. 26 ff., 86 ff., 114 ff., 164 ff., 200 ff.

[310] *K. A. Schachtschneider*, Res publica res populi, S. 14 ff., 29 ff., 62 f., 92 ff., 104, 685 ff. (herrschaftslose Demokratie), S. 692 ff. (repräsentative Demokratie), S. 703 ff. (plebiszitäre Demokratie); *ders.*, Demokratiedefizite in der Europäischen Union, FS W. Hankel, S. 119 ff.; i.d.S. *M. Kriele*, Freiheit und Gleichheit, HVerfR, S. 143; auch *P. Häberle*, Die Wesensgehaltsgarantie des Art. 19 Abs. 2 Grundgesetz, S. 257 ff.; *ders.*, Die Menschenwürde als Grundlage der staatlichen Gemeinschaft, HStR, Bd. I, § 20, Rdn. 46 ff., insb. Rdn. 65 ff.; *K. R. Popper*, Bemerkungen zu Theorie und Praxis des demokratischen Staates, Vortrag, 1988, S. 10 ff., 17.

[311] *Ch. Meier,* Demokratie, Geschichtliche Grundbegriffe, Bd. 1, 1972/1979, S. 821 ff.; *D. Sternberger,* Der alte Streit um den Ursprung der Herrschaft, 1978, in: ders., Schriften Bd. III, 1980, S. 18 ff.; *K. A. Schachtschneider*, Res publica res populi, S. 32, 94.

[312] *K. A. Schachtschneider*, Res publica res populi, S. 1.

[313] *K. A. Schachtschneider*, Res publica res populi, S. 14 ff. (23 ff., 35 ff., 62 ff.), 71 ff. (92 ff.), 159 ff., 685 ff., 691 ff.

[314] *C. Schmitt,* Verfassungslehre, S. 243 ff., 277; *ders.,* Die geistesgeschichtliche Lage des heutigen Parlamentarismus, 1923, 4. Aufl. 1969, S. 22 f.; dazu *K. A. Schachtschneider*, Res publica res populi, S. 741 ff., 754 ff.; so auch *H. Kelsen,* Vom Wesen und Wert der Demokratie, S. 78 ff.

[315] Dazu *K. A. Schachtschneider*, Res publica res populi, S. 772 ff., 1060 ff. (1069 ff.), 1086 ff., 1113 ff.; *ders.*, Demokratiedefizite der Europäische Union, FS W. Hankel, S. 129 ff.; *ders.,* Der republikwidrige Parteienstaat, FS H. Quaritsch, S. 141 ff.; vgl. kritisch BVerfGE 5, 85 (196); *M. Kriele,* Die demokratische Weltrevolution, S. 37.

[316] *K. A. Schachtschneider*, Res publica res populi, S. 35 ff., 62 ff. (65), 124 ff., 145 ff., 153 ff., 253 ff., 279 ff., 290 ff., 332 ff., 410 ff., 427 ff., 519 ff., 536 ff., 685 ff., 691 ff.; *ders.,* Freiheit in der Republik, S. 21 ff., 26 ff., 95 ff., 114 ff., 164 ff., 228 ff.

b) Freiheitlichkeit durch rechtliche Gesetzlichkeit aller Handlungen

Die Bürger sind aber nur frei, wenn alles Handeln im Gemeinwesen ihrem Willen entspricht, d. h. ihre Gesetze achtet[317]; denn alles Handeln hat Wirkung auf alle, oder: alles Handeln ist Gewaltausübung[318]. Alles Handeln verändert nämlich die Lebenswirklichkeit. Handeln, das nicht ausweislich der Gesetze dem Willen aller entspricht und dadurch gemeinverträglich ist, verletzt die allgemeine Freiheit oder ist nicht demokratisch legitimiert[319]. Diese republikanische Logik besagt nicht, daß alle Handlungen eng von den Gesetzen bestimmt sein müssen, sie müssen nur dem allgemeinen Willen, der in den Gesetzen beschlossen ist, genügen[320]. Wenn die Gesetze besonderen Maximen Verwirklichungschancen lassen, also dem Privatheitsprinzip[321] genügen oder eben der besonderen Persönlichkeit des Menschen Entfaltungsmöglichkeiten geben, so entspricht das dem allgemeinen Willen, der im übrigen durch die Menschen- oder Grundrechte als obersten Prinzipien einer Republik (argumentum aus Art. 1 Abs. 2 und Art. 19 Abs. 2 GG) gebunden ist[322]. Sie schützen das „Recht der Menschheit in unserer Person" und die „unveräußerlichen Rechte ... jedes Menschen" (Kant)[323]. Der Wille freilich, der die Gesetze gibt, ist nichts anderes als

---

[317] Hinweise in Fn. 287 ff., 316.

[318] *I. Kant*, Zum ewigen Frieden, S. 216 („..., daß die Rechtsverletzung an einem Platz der Erde an allen gefühlt wird, ..."); vgl. *K. A. Schachtschneider*, Res publica res populi, S. 218 ff., 299, 318, auch S. 370 ff., 478 ff.; *ders.*, Freiheit in der Republik, S. 42 ff., 84, 177 ff., 309 ff., 316; *ders.*, Der Anspruch auf materiale Privatisierung, S. 294 ff.; *ders.*, Grundgesetzliche Aspekte der freiberuflichen Selbstverwaltung, Die Verwaltung 31 (1998), S. 151 ff.

[319] *K. A. Schachtschneider*, Res publica res populi, S. 218 ff., 318 ff., 370 ff. (378 ff.); *ders.*, Freiheit in der Republik, S. 39 ff., 51 ff., 92 ff., 237 ff. (245 ff.), auch S. 309 ff., 322 ff.

[320] *K. A. Schachtschneider*, Res publica res populi, S. 378 ff.; *ders.*, Freiheit in der Republik, S. 245 ff.; i.d.S. auch *J. Habermas*, Faktizität und Geltung, S. 151 f.

[321] Hinweise in Fn. 113.

[322] *K. A. Schachtschneider*, Res publica res populi, S. 819 ff.; i.d.S. wohl BVerfGE 80, 367 (373 f.); so *G. Dürig*, Der Grundrechtssatz von der Menschenwürde, AöR 81 (1956), S. 117 ff.; *ders.*, in: Maunz/Dürig, GG, Rdn. 81 c zu Art. 1; so auch *W. Leisner*, Eigentum, HStR, Bd. VI, § 149, Rdn. 18 ff., insb. Rdn. 22, für die Eigentumsgewährleistung; dazu *L. Schneider*, Der Schutz des Wesensgehalts von Grundrechten nach Art. 19 Abs. 2 GG, S. 77; *B. Pieroth/B. Schlink*, Grundrechte, Staatsrecht II, 12. Aufl. 1996, Rdn. 332, sehen im Wesensgehalt der Grundrechte nicht deren Menschenwürdegehalt; kritisch schon *P. Lerche*, Übermaß und Verfassungsrecht. Zur Bindung des Gesetzgebers an die Grundsätze der Verhältnismäßigkeit und Erforderlichkeit, 1961, S. 40, 255 f., 236 ff.; ebenso *ders.*, Grundrechtsschranken, HStR, Bd. V, § 122, Rdn. 29; vgl. im Sinne des Textes *P. Häberle*, Die Wesensgehaltsgarantie des Art. 19 Abs. 2 Grundgesetz, 1962, 3. Aufl. 1983, insb. S. 70 ff.; auch BVerfGE 58, 300 (348); 89, 155 (174 f.).

[323] Metaphysik der Sitten, S. 348; *ders.*, Über den Gemeinspruch, S. 161; dazu *M. Kriele*, Die Universalität der Menschenrechte, ARSP-Beiheft 51 (1993), S. 47 ff.

die praktische Vernunft und damit die Freiheit als das Vermögen zum Guten[324]. Er materialisiert sich im (gegebenenfalls repräsentativen) Konsens und ist darin Wille des Volkes[325].

Die Republik beansprucht die uneingeschränkte Hoheit des Volkes[326]. Das Volk muß sich keine Handlungen gefallen lassen, welche es nicht will. Dem entspricht das integrationsrechtliche Prinzip der begrenzten Ermächtigung[327]. Derartige Handlungen können nicht rechtens sein, weil sie sich nicht dem Willen des Volkes (der Bürgerschaft) fügen, der allein Recht als Erkenntnis des Richtigen für das gute Leben aller in allgemeiner Freiheit auf der Grundlage der Wahrheit[328] hervorzubringen vermag[329]. Das Recht jedes Menschen auf Recht[330] wird verletzt, wenn ein Mensch sich durch Handlungen nötigen lassen muß, die

---

[324] *I. Kant*, Grundlegung zur Metaphysik der Sitten, S. 41, 81; *ders.*, Kritik der praktischen Vernunft, S. 107 ff., 141 ff.; *ders.*, Metaphysik der Sitten, S. 329, 338; *ders.*, Zum ewigen Frieden, S. 205; *L. W. Beck*, Kants „Kritik der praktischen Vernunft", 2. Aufl. 1985, S. 49 („Der Wille ist praktische Vernunft"); *F. Kaulbach*, Immanuel Kants „Grundlegung zur Metaphysik der Sitten", S. 91 ff., 109 f., 208 f.; *W. Maihofer*, Prinzipien freiheitlicher Demokratie, HVerfR, S. 490 ff.; *K. A. Schachtschneider*, Staatsunternehmen und Privatrecht, S. 138 ff., 153 ff.; *ders.*, Res publica res populi, S. 140 ff., 294 f., 303 ff., 413 ff., 542 f., 567 ff., 598 ff., 621, 655 ff., auch S. 978 ff.; *ders.*, Freiheit in der Republik, S. 41 ff., 51 ff., 107, 112 f., 123, 223 ff., 231, 242.

[325] Hinweise in Fn. 287 ff., 316; *I. Kant*, Metaphysik der Sitten, S. 432; *ders.*, Zum ewigen Frieden, S. 204 f.; *J. Habermas*, Erkenntnis und Interesse, 1968, S 234 ff., 257; *ders.*, Moralbewußtsein und kommunikatives Handeln, S. 113, 132 ff.

[326] *K. A. Schachtschneider*, Die existentielle Staatlichkeit der Völker Europas, S. 79 ff., 83 ff., 87 ff. (93 ff.); *ders.*, Die Republik der Völker Europas, ARSP-Beiheft 71 (1997), S. 161 ff. (165 ff.), 170 ff.; *ders.*, Der Anspruch auf materiale Privatisierung, S. 284 ff., 297 ff., 300 ff.; i.d.S. BVerfGE 89, 155 (181 ff., 191 ff.).

[327] BVerfGE 89, 155 (181, 191 ff.); *P. Kirchhof*, Der deutsche Staat im Prozeß der europäischen Integration, HStR, Bd. VII, 1992, § 183, Rdn. 47 (sachbereichsbezogen, keine „Querschnittskompetenz", gegen Finalität der Kompetenzbegriffe Rdn. 49); *ders.*, Europäische Einigung und Verfassungsstaat der Bundesrepublik Deutschland, in: J. Isensee (Hrsg.), Europa als politische Idee und als rechtliche Form, 1993, S. 89; *E. Klein*, Der Verfassungsstaat als Glied einer europäischen Gemeinschaft, VVDStRL 50 (1991), S. 61 ff.; *K. A. Schachtschneider*, Die Europäische Union und die Verfassung der Deutschen, Aus Politik und Zeitgeschichte, B 28/93, S. 6; *ders./A. Emmerich-Fritsche/Th. C. W. Beyer*, Der Vertrag über die Europäische Union und das Grundgesetz, JZ 1993, 751 f.; *ders.*, Die existentielle Staatlichkeit der Völker Europas, S. 96; *H. H. Rupp*, Maastricht und Karlsruhe, in: M. Brunner (Hrsg.), Kartenhaus Europa, 1995, S. 108.

[328] *K. A. Schachtschneider*, Res publica res populi, S. 299 ff., 303 ff., 340 ff., 350 ff., insb. S. 573 ff., auch S. 617 ff.; *ders.*, Freiheit in der Republik, S. 158 f., 202, 224, 335, auch S. 113, 183 ff., 324; i.d.S. *I. Kant*, Über den Gemeinspruch, S. 154 f. („salus publica suprema civitatis lex est").

[329] Hinweise in Fn. 287 ff., 316, 325.

[330] Zum Recht auf Recht *K. A. Schachtschneider*, Res publica res populi, S. 290 ff., 325 ff., auch S. 494 ff.; *ders.*, Freiheit in der Republik, S. 21 ff., 92 ff., 95 ff., auch S. 200 ff. (205 ff.), 316 ff.; *ders. (O. Gast)*, Sozialistische Schulden nach der Revolution, S. 55 ff.; *ders.*, Prinzipien des Rechtsstaates, S. 44 ff., passim.

außerhalb des Rechts stehen. Dadurch würde das Gemeinwesen teilweise in den sogenannten Naturzustand zurückfallen, in den Zustand des Krieges aller gegen alle[331].

Die Totalität des Rechtsprinzips begrenzt sich auf das Hoheitsgebiet des Staates[332]. Demgemäß ist das demokratische Prinzip mit dem staatlichen Territorialitätsprinzip verbunden, welches sich weitestgehend national verwirklicht hat[333]. Nur der Wille der Menschen, welche dem Staat angehören, gibt die Gesetze[334]. Die Staatlichkeit muß um der allgemeinen Freiheit willen (funktional und institutionell) ausgedehnt werden, wenn anders die Wirkung der Handlungen nicht dem Rechtsprinzip genügen können, wenn also die das Gebiet des Staates überschreitenden Handlungswirkungen eine die Rechtlichkeit des Le-

---

[331] *Th. Hobbes*, Leviathan, I, 14, II, 17, 18; *J.-J. Rousseau*, Vom Gesellschaftsvertrag, I, 8; *I. Kant*, Metaphysik der Sitten, S. 366 ff., 374 ff., 430 f.; *ders.*, Über den Gemeinspruch, S. 143 ff.; *ders.*, Zum ewigen Frieden, S. 203, 208 f.; *J. Locke*, Über die Regierung, II, 4, IV, 22; *K. A. Schachtschneider*, Res publica res populi, S. 290 ff., 546 ff.; *ders.*, Freiheit in der Republik, S. 23 ff., 91, 158, 317 f.

[332] *K. A. Schachtschneider*, Die existentielle Staatlichkeit der Völker Europas, S. 81 ff.; *ders.*, Die Republik der Völker Europas, ARSP-Beiheft 71 (1997), S. 163; *ders.*, Prinzipien des Rechtsstaates, S. 53 ff., auch S. 61 ff.; zur Gebietshoheit des Modernen Staates auch *J. Isensee*, Staat und Verfassung, HStR, Bd. I, § 13, Rdn. 74 ff.; *A. Randelzhofer*, Staatsgewalt und Souveränität, HStR, Bd. I, 1987, § 15, Rdn. 35 ff.; *H. Krüger*, Allgemeine Staatslehre, S. 847 ff.

[333] BVerfGE 89, 155 (181 ff., 184 ff., 188 ff.); *K. A. Schachtschneider*, Die Europäische Union und die Verfassung der Deutschen, Aus Politik und Zeitgeschichte, B 28/93, S. 3 ff.; *ders.*, Die existentielle Staatlichkeit der Völker Europas, S. 87 ff., 111 ff.; *ders.*, Die Republik der Völker Europas, ARSP-Beiheft 71 (1997), S. 161 ff., 166 ff., 171; *ders.*, Res publica res populi, S. 1192 ff.; *ders./A. Emmerich-Fritsche/Th. C. W. Beyer*, Der Vertrag über die Europäische Union und das Grundgesetz, JZ 1993, 757 ff.; vgl. auch zum Begriff der „Deutschen" und zum Prinzip der „deutschen Nation" BVerfGE 36, 1 (16 ff.); 77, 137 (158 ff.); so *E.-W. Böckenförde*, Demokratie als Verfassungsprinzip, HStR, Bd. I, § 22 Rdn. 48; *P. Kirchhof*, Deutsche Sprache, HStR, Bd. I, 1987, § 18, Rdn. 46; *ders.*, Die Identität der Verfassung in ihren unabänderlichen Inhalten, HStR, Bd. I, § 19, Rdn. 56 ff., 75; vgl. schon *E. R. Huber*, Nationalstaat und supranationale Ordnung, 1964, in: ders., Nationalstaat und Verfassungsstaat, 1965, S. 273 ff., 284; zurückhaltend *H. Krüger*, Allgemeine Staatslehre, S. 181 f.; *R. Zippelius*, Allgemeine Staatslehre, S. 75 ff., vgl. *K. A. Schachtschneider*, Res publica res populi, S. 1186 ff.; *ders. (O. Gast)*, Sozialistische Schulden nach der Revolution, S. 78 ff., vgl. auch *J. Habermas*, Faktizität und Geltung, S. 632 ff., 643 ff.

[334] I.d.S. BVerfGE 89, 155 (190), wonach die Anwendbarkeit des Gemeinschaftsrechts auf dem „Rechtsanwendungsbefehl" des Zustimmungsgesetzes beruht, so auch BVerfGE 45, 142 (169); 52, 187 (199); 73, 339 (367 f., 375); so auch *P. Kirchhof*, Der deutsche Staat im Prozeß der europäischen Integration, HStR, Bd. VII, § 183, Rdn. 45; kritisch zur Dogmatik vom Rechtsanwendungsbefehl *K. A. Schachtschneider*, Die existentielle Staatlichkeit der Völker Europas, S. 98 ff.; *ders.*, Die Republik der Völker Europas, ARSP-Beiheft 71 (1997), S. 161 ff.; *ders. (O. Gast)*, Sozialistische Schulden nach der Revolution, S. 29 ff.

bens aller Handlungsbetroffenen beeinträchtigende Wirkung haben[335]. Wenn derartige Wirkungen nicht abgewehrt werden können oder nicht abgewehrt werden sollen, weil sie etwa um der wirtschaftlichen Entwicklung willen gewollt sind, müssen die politischen Verhältnisse darauf eingestellt werden, d. h. die Ausübung der Staatsgewalt der Völker muß zum Staatsverbund integriert wer-den (Integrationsprinzip)[336]. Das ist denn auch der Zweck der internationalen Organisationen und der supranationalen Gemeinschaften, aber auch der Zweck der Welthandelsorganisation, die trotz der völkerrechtlichen Grundlage zur funktionalen Staatlichkeit gehören[337]. Die Staatsgewalt bleibt aber Sache der Einzelstaaten[338]. Die Völker bleiben „Herren der Verträge"[339]. Um des de-

---

[335] Vgl. *I. Kant,* Metaphysik der Sitten, S. 429 ff., auch S. 365 f.; *K. A. Schachtschneider*, Die existentielle Staatlichkeit der Völker Europas, S. 87 ff., 129 ff.; *ders.*, Die Republik der Völker Europas, ARSP-Beiheft 71 (1997), S. 170 ff., 174 ff.

[336] *K. A. Schachtschneider*, Die existentielle Staatlichkeit der Völker Europas, S. 87 ff.; *ders.*, Die Republik der Völker Europas, ARSP-Beiheft 71 (1997), S. 161 ff.; so BVerfGE 89, 155 (184, 186 ff., 188 ff.); vgl. *P. Kirchhof*, Brauchen wir ein erneuertes Grundgesetz?, 1992, S. 43; *ders.*, Europäische Einigung und der Verfassungsstaat, S. 63 (94, 100 f.); *ders.*, Der deutsche Staat im Prozeß der europäischen Integration, HStR, Bd. VII, 1992, § 182, Rdn. 69, der den „Staatenverbund" als eine „Rechts- und Handlungsgemeinschaft von eigenständigen Staaten" definiert.

[337] *K. A. Schachtschneider*, Die existentielle Staatlichkeit der Völker Europas, S. 87 ff.; *ders.*, Die Republik der Völker Europas, ARSP-Beiheft 71 (1997), S. 165 ff.; *D. I. Siebold*, Die Welthandelsorganisation und die Europäische Gemeinschaft. Ein Beitrag zur globalen wirtschaftlichen Integration, i.E., 3. Teil, 3. Kap. und 6. Teil.

[338] *K. A. Schachtschneider*, Die existentielle Staatlichkeit der Völker Europas, S. 97 ff., 101 ff.; *ders.*, Die Republik der Völker Europas, ARSP-Beiheft 71 (1997), S. 161 ff. (164 f.); vgl. BVerfGE 89, 155 (175); a.A. („autonome, eigenstaatliche Rechtsordnung", „autonome Rechtsquelle") EuGH v. 15.7.1964 – Rs. 6/64 (Costa/ENEL), Slg. 1964, 1251 (1269 ff.); so auch BVerfGE 22, 293 (296); 37, 271 (277 f.); i.d.S. auch *Th. Oppermann*, Europarecht, 2. Aufl. 1999, Rdn. 616 ff., S. 230 ff.; *H. Mosler*, Die Übertragung von Hoheitsgewalt, HStR, Bd. VII, 1992, § 175, Rdn. 17 ff.; *Ch. Tomuschat*, Die staatsrechtliche Entscheidung für die internationale Offenheit, HStR, Bd. VII, 1992, § 172, Rdn. 43 ff., räumt in Rdn. 45 ein, daß eine „Autonomie der Europäischen Gemeinschaft als selbständiger Hoheitsträger nicht anerkannt wird."; *P. Kirchhof*, Europäische Einigung und Verfassungsstaat, S. 88, sieht die „Grenze vom Staatenbund zum Bundesstaat überschritten, wenn die bisherigen Mitgliedstaaten unumkehrbar in die Europäische Gemeinschaft eingeordnet und dieser das Recht zur originären Rechtsetzung und Rechtsgestaltung zugewachsen wäre"; *ders.*, Der deutsche Staat im Prozeß der europäischen Integration, HStR, Bd. VII, § 183, Rdn. 38; *ders.*, Verfassungsrechtlicher Schutz und internationaler Schutz der Menschenrechte: Konkurrenz oder Ergänzung?, EuGRZ 1994, 27, spricht aber von „der unmittelbaren Geltung und Anwendung eines Rechts aus anderer Quelle innerhalb des Hoheitsbereichs"; *R. Streinz*, Bundesverfassungsgerichtlicher Grundrechtsschutz und Europäisches Gemeinschaftsrecht, S. 102 ff., 107 ff., 125 ff., 143, 147 u. ö., kritisiert die Lehre der „Autonomisten" des Gemeinschaftsrechts mit völkerrechtlichen (nicht aus freiheitlichen) Aspekten.

[339] BVerfGE 89, 155 (190, auch 187 f.); *K. A. Schachtschneider*, Die existentielle Staatlichkeit der Völker Europas, S. 101 f.; so schon *ders.*, Der Verfassungsstaat als Glied einer europäischen Gemeinschaft, VVDStRL 50 (1991), S. 178 (Aussprache); *ders./A. Emmerich-Fritsche/Th. C. W. Beyer*, Der Vertrag über die Europäische Union

mokratischen Prinzips willen, welches Substantialität nur in kleinen Einheiten zu entfalten vermag[340], ist das bestmögliche Modell der Rechtlichkeit in großen Territorien und in der Welt das der Republik der Republiken[341], welches Kant in der Schrift über den Frieden entwickelt hat[342]. Das Subsidiaritätsprinzip bringt das Prinzip der kleinen Einheit zur Geltung[343], die durch ein hinreichendes Maß an Homogenität der Solidarität fähig ist[344].

---

und das Grundgesetz, JZ 1993, 758 f.; *ders.*, Die Republik der Völker Europas, ARSP-Beiheft 71 (1997), S. 167, 171; auch schon *H. Krüger*, Allgemeine Staatslehre, S. 767; *R. Streinz*, Bundesverfassungsgerichtlicher Grundrechtsschutz und europäisches Gemeinschaftsrecht, S. 111 mit Fn. 156, der ein „Desintegrationsgesetz" für zulässig hält; entgegen *H. P. Ipsen*, Europäisches Gemeinschaftsrecht, 1971, S. 58, 232; *Ch. Tomuschat*, Die Europäische Union unter der Aufsicht des Bundesverfassungsgerichts, EuGRZ 1993, 494 f., der diese Erkenntnis des Bundesverfassungsgerichts auf eine gemeinschaftliche Aufhebung des Unionsvertrages reduzieren möchte; *ders.* anders, GG, Bonner Komm., Zweitbearbeitung 1981, Rdn. 36, auch Rdn. 99 zu Art. 24; kritisch *D. König*, Das Urteil des Bundesverfassungsgerichts zum Vertrag von Maastricht – ein Stolperstein auf dem Weg in die europäische Integration?, ZaöRV 1994, 33 f.; *J. A. Frowein*, Das Maastricht-Urteil und die Grenzen der Verfassungsgerichtsbarkeit, ZaöRV 1994, 10 f., hält den „einseitigen Aufhebungsakt" grundsätzlich für völkerrechtswidrig; scharfe Kritik von *M. Zuleeg*, Die Rolle der rechtsprechenden Gewalt in der europäischen Integration, JZ 1994, 779 ff. (These des Zweiten Senats führt ... „zum offenen Vertragsbruch"); *P. Kirchhof*, Der deutsche Staat im Prozeß der europäischen Integration, HStR, Bd. VII, § 183, Rdn. 46, hat noch der bloßen „Vertragsauflösung durch 'actus contrarius'", also durch Vertrag, das Wort geredet; ebenso (unsicher) *E. Klein*, Der Verfassungsstaat als Glied einer europäischen Gemeinschaft, VVDStRL 50 (1991), S. 58 f. („jedenfalls gemeinsam"), der aber S. 67, Fn. 46 einräumt, daß kein Mitgliedstaat entgegen seinem Willen zu halten sei, den Ausschluß eines „faulenden Gliedes" will *Klein*, a.a.O., S. 77, aber zulassen; ebenso die faktische Möglichkeit auszuscheiden sieht ähnlich *A. Randelzhofer*, Staatsgewalt und Souveränität, HStR, Bd. I, § 15, Rdn. 34; ähnlich auch *H. Mosler*, Die Übertragung von Hoheitsgewalt, HStR, Bd. VII, § 175, Rdn. 23 (Austritt „normalerweise nicht zu erwarten"), Rdn. 27 („faktisch irreversibel"), bloße Empirismen, die Rechtserkenntnisse nicht ersetzen können; *H. P. Ipsen,* Zehn Glossen zum Maastricht-Urteil, EuR 1994, 15 ff., lehnt das „Sezessionsrecht" weiterhin ab, es bleibe (mit Götz) nur die „faktische Komponente der Souveränität"; *V. Götz,* Das Maastricht-Urteil des Bundesverfassungsgerichts, JZ 1993, 1085; im Sinne des Textes schon *I. Kant,* Metaphysik der Sitten, S. 467.

[340] Zum Prinzip der kleinen Einheit *J.-J. Rousseau*, Vom Gesellschaftsvertrag, III, 4, 15; *K. A. Schachtschneider*, Die Republik der Völker Europas, ARSP-Beiheft 71 (1997), S. 173 f.; *ders.*, Demokratiedefizite in der Europäischen Union, FS W. Hankel, S. 132 f., 133 ff.; *ders.*, Eigentümer globaler Unternehmen, FS H. Steinmann, S. 424 f.

[341] *K. A. Schachtschneider*, Die Republik der Völker Europas, ARSP-Beiheft 71 (1997), S. 161 ff., 174 ff.; *ders.*, Eigentümer globaler Unternehmen, FS Steinmann, S. 424 ff.

[342] Zum ewigen Frieden, S. 208; auch *ders.*, Metaphysik der Sitten, S. 466 ff.; dazu *V. Gerhardt,* Immanuel Kants Entwurf „Zum ewigen Frieden". Eine Theorie der Politik, 1995, insb. S. 91 ff.

[343] BVerfGE 89, 155 (210 ff.); allgemein zum gemeinschaftsrechtlichen Subsidiaritätsprinzip *H. Lecheler*, Das Subsidiaritätsprinzip: Strukturprinzip einer europäischen Union, 1993, S. 98 ff., 121ff.; weiter die Beiträge von *M. Brunner*, Das Subsidiaritäts-

c) Die Unternehmen als res publica oder als Eigentum der Bürger

Auch die Unternehmen eines Gemeinwesens unterliegen der Hoheit des Volkes[345]. Sie dürfen nur im Rahmen der Gesetze tätig werden[346]. Die Unternehmen dienen der Lebensbewältigung des Volkes[347]. Ihre Handlungsweisen sind weitgehend gesetzlich bestimmt und verwirklichen durch die Gesetzlichkeit das Gemeinwohl[348]. Darin haben die institutionellen privaten Unternehmen ihre staatliche Funktion, die nichts anderes als Verwirklichung des allgemeinen Willens des Volkes und damit der Gemeininteressen desselben ist[349]. Die besonderen Interessen des Unternehmens, vor allem das Gewinninteresse, darf und soll sich durchaus im Rahmen des Gemeininteresses entfalten[350]. Das Volk erlaubt die funktionale Privatheit der Unternehmen vor allem, weil das Privatheitsprinzip[351] die größtmögliche Effizienz unternehmerischer Tätigkeit verspricht; denn

---

prinzip als europäisches Prinzip, in: D. Merten (Hrsg.), Die Subsidiarität Europas, 1993, S. 9 ff.; *T. Stein,* Subsidiarität als Rechtsprinzip, in: D. Merten (Hrsg.), Die Subsidiarität Europas, 1993, S. 23 ff.; *D. Merten*, Subsidiarität als Verfassungsprinzip, in: D. Merten (Hrsg.), Die Subsidiarität Europas, 1993, S. 77 ff.; *W. Möschel*, Zum Subsidiaritätsprinzip im Vertrag von Maastricht, NJW 1993, 3025 ff.; *K. A. Schachtschneider*, Die existentielle Staatlichkeit der Völker Europas, S. 134 ff.; grundsätzlich *J. Isensee*, Subsidiaritätsprinzip und Verfassungsrecht, passim; weitere Hinweise in Fn. 340.

[344] *K. A. Schachtschneider*, Res publica res populi, S. 1177 ff.; *ders.*, Die Republik der Völker Europas, ARSP-Beiheft 71 (1997), S. 168 ff.; *ders.*, Die existentielle Staatlichkeit der Völker Europas, S. 86; auch BVerfGE 89, 155 (185 f.); vgl. i.d.S. auch *E.-W. Böckenförde*, Demokratie als Verfassungsprinzip, HStR, Bd. I, § 22, Rdn. 46 ff., 63 ff.; *J. Isensee*, Nachwort. Europa – die politische Erfindung eines Erdteils, in: ders. (Hrsg.), Europa als politische Idee und als rechtliche Form, 1993, S. 122 ff.; zur notwendigen „Mindesthomogenität" *P. Kirchhof*, Der deutsche Staat im Prozeß der europäischen Integration, HStR, Bd. VII, § 183, Rdn. 12, 25, 29, 61; kritisch *H. Krüger*, Allgemeine Staatslehre, S. 178 ff.

[345] *K. A. Schachtschneider*, Res publica res populi, S. 370 ff., 394 ff., 396 ff.; *ders.*, Eigentümer globaler Unternehmen, FS H. Steinmann, S. 419 ff.; *ders.*, Das Recht am und das Recht auf Eigentum, FS W. Leisner, S. 780 ff.; *ders.*, Freiheit in der Republik, S. 264 ff., 270 ff., 355 ff.

[346] *K. A. Schachtschneider*, Res publica res populi, S. 370 ff., 378 ff., 396 ff.; *ders.*, Freiheit in der Republik, S. 237 ff., 245 ff., 264 ff., 276 ff.

[347] *K. A. Schachtschneider,* Eigentümer globaler Unternehmen, FS H. Steinmann, S. 414 ff., 426 ff., 430 ff; *ders.*, Freiheit in der Republik, S. 362 ff.; *ders.*, Das Recht am und das Recht auf Eigentum, FS W. Leisner, S. 786 ff.; zur Sozialpflichtigkeit von Eigentümern vgl. Hinweise in Fn. 52, 262.

[348] Hinweise wie Fn. 345 ff.

[349] *K. A. Schachtschneider*, Res publica res populi, S. 370 ff., 396 ff.; *ders.*, Freiheit in der Republik, S. 237 ff., 264 ff., 276 ff.

[350] Zur Gewinnmaxime als Formalzielorientierung *H. Steinmann/A. Löhr*, Grundlagen der Unternehmensethik, S. 98, 104, 123 ff., u. ö: vgl. auch *K. A. Schachtschneider*, Staatsunternehmen und Privatrecht, S. 310 ff.

[351] Hinweis in Fn. 113.

die Privatheit ist Voraussetzung des leistungssteigernden Wettbewerbs[352], vorausgesetzt, diese Untenehmensverhältnisse, vor allem die unternehmerischen Machtverhältnisse, sind nicht wettbewerblich funktionswidrig[353]. Auch die Veranstaltung des Wettbewerbs ist Sache des Staates, sei es in nationalen oder in internationalen Ordnungen[354]. Die Unternehmen sind eine Sache des Volkes; als res publica sind sie eine res populi[355]. Sie sind zugleich eine Sache der Unternehmer, aber auch Sache der Beschäftigten der Unternehmen und somit auch eine res privata[356]. Die funktionale Staatlichkeit und die funktionale Privatheit sind wie bei allem Handeln in der Republik untrennbar verbunden, weil Handeln durch die Interessen der Allgemeinheit und die besonderen Interessen zugleich bestimmt ist[357]. Die allgemeinen Interessen sind in den Gesetzen formuliert, die besonderen Interessen zeigen sich in den privaten Maximen[358].

Die Grenzen der funktionalen Staatlichkeit ziehen die Grundrechte, letztlich durch ihren Wesensgehalt, der institutionell zu entfalten ist[359]. Unternehmeri-

---

[352] Zur Privatheitlichkeit des Wettbewerbs *K. A. Schachtschneider*, Staatsunternehmen und Privatrecht, S. 283 ff., 303 ff., 322 ff.; *ders.*, Res publica res populi, S. 396 ff.; *ders.*, Freiheit in der Republik, S. 270 ff.; zum Leistungsaspekt, *K. A. Schachtschneider*, Res publica res populi, S. 396 ff.; *ders.*, Freiheit in der Republik, S. 270 ff., 355 ff.

[353] *E.-J. Mestmäcker*, Über das Verhältnis des Rechts der Wettbewerbsbeschränkungen zum Privatrecht, AcP 168 (1968), S. 244 ff., 251 ff.; *B. Rebe*, Privatrecht und Wirtschaftsordnung, S. 176 f.; vgl. auch *K. A. Schachtschneider*, Staatsunternehmen und Privatrecht, S. 322 ff.

[354] *E.-J. Mestmäcker*, Der verwaltete Wettbewerb; so auch *H. H. Rupp*, Die Unterscheidung von Staat und Gesellschaft, HStR, Bd. I, § 28, Rdn. 42 f.; *F. Böhm*, Wettbewerb und Monopolkampf. Eine Untersuchung zur Frage des wirtschaftlichen Kampfrechts und zur Frage der rechtlichen Struktur der geltenden Wirtschaftsordnung, 1933/1964, S. 210 ff.; *E. Hoppmann*, Zum Schutzobjekt des GWB, S. 61 ff.; *B. Rebe*, Privatrecht und Wirtschaftsordnung, S. 173 ff., 176 ff., 182 mit Fn. 523; *K. A. Schachtschneider*, Staatsunternehmen und Privatrecht, S. 355, 393 f.; *ders.*, Res publica res populi, S. 396 ff.; *ders.*, Freiheit in der Republik, S. 270 ff.; *M. Kläver*, Die Verfassung des Marktes, S. 203 ff. (vor allem zu *v. Hayek*); *O. Höffe*, Demokratie im Zeitalter der Globalisierung, S. 400 ff.

[355] *K. A. Schachtschneider,* Eigentümer globaler Unternehmen, FS H. Steinmann, S. 414 ff., 418 ff., 426 ff.; *ders.,* Das Recht am und das Recht auf Eigentum, FS W. Leisner, S. 789 f.; *ders.,* Freiheit in der Republik, S. 365 f.

[356] *K. A. Schachtschneider,* Eigentümer globaler Unternehmen, FS H. Steinmann, S. 412 ff.; 419 ff., 425 ff.; *ders.*, Res publica res populi, S. 394 ff., 396 ff.; *ders.*, Freiheit in der Republik, S. 264 ff., 270 ff.

[357] *K. A. Schachtschneider,* Res publica res populi, S. 211 ff., 370 ff., 378 ff.; *ders.,* Freiheit in der Republik, S. 237 ff., 245 ff.; *ders.,* Eigentümer globaler Unternehmen, FS H. Steinmann, S. 419 ff.

[358] *K. A. Schachtschneider,* Res publica res populi, S. 370 ff., 374 ff.; *ders.,* Freiheit in der Republik, S. 237 ff., 241 ff.; *ders.,* Eigentümer globaler Unternehmen, FS H. Steinmann, S. 419 f.; *ders.*, Der Anspruch auf materiale Privatisierung, S. 23 ff.

[359] *K. A. Schachtschneider,* Res publica res populi, S. 819 ff., 978 ff.; *ders.,* Freiheit in der Republik, S. 200 ff.; zur Wesensgehaltsgarantie des Art. 19 Abs. 2 GG grundlegend *P. Häberle*, Die Wesensgehaltsgarantie des Art. 19 Abs. 2 Grundgesetz; vgl. auch

sches Handeln findet jedoch, wie oben ausgeführt ist, nur begrenzten Grundrechtsschutz. Insbesondere kennt das Grundgesetz keine allgemeine Unternehmensfreiheit[360]. Eine solche kann es in einer Republik nicht geben, weil sie die Vorteilsnahme ins Recht setzen würde. Unternehmen haben in der Republik eine dienende Funktion[361], aber sie gerieren sich, jedenfalls die international agierenden, als die neuen Herren dieser Welt[362].

Auch die Bürgerschaft hat Eigentum an den Unternehmen[363]. Dieses „gemeine Eigentum" ist nichts anderes als die Hoheit des Volkes[364], welches durch seine Gesetze auf die Unternehmen einwirkt, gemäß seinen Gesetzen an den Ergebnissen der Unternehmen teil hat, aber auch die Verantwortung für die Unternehmen trägt, jedenfalls für die Beschäftigten der Unternehmen, welche von der Allgemeinheit finanziert werden müssen, falls die Unternehmen ihnen keine Arbeitsplätze mehr bereitstellen[365]. Das „Gemeineigentum" des Staates folgt

---

P. Lerche, Übermaß und Verfassungsrecht, S. 34 ff., 79 f., 235 ff., 239 ff. u.ö.; *ders.*, Grundrechtsschranken, HStR, Bd. V, § 122, Rdn. 25 ff.; allgemein dazu *K. Hesse*, Grundzüge des Verfassungsrechts, Rdn. 329 ff., S. 132 ff.; *A. Bleckmann*, Staatsrecht II, Die Grundrechte, 3. Aufl. 1989, S. 380 ff.; *v. Mangoldt/Klein/Starck,* GG, Rdn. 183 zu Art. 1 Abs. 3; *Th. Maunz,* in: Maunz/Dürig, GG, 1977, Rdn. 1 ff. zu Art. 19 Abs. II; *K. Stern*, Idee und Elemente eines Systems der Grundrechte, HStR, Bd. V, § 109, Rdn. 85 ff.; *L. Schneider*, Der Schutz des Wesensgehalts von Grundrechten nach Art. 19 Abs. 2 GG; auch die Grundrechtsrechtsprechung des Gerichtshofs der Europäischen Gemeinschaften ist von dem Prinzip des Wesensgehaltsschutzes bestimmt, etwa EuGH v. 13.7.1989 - Rs. 5/88 (Wachauf/Bundesamt für Ernährung und Forstwirtschaft), Slg. 1989, 2609 Tz. 18; EuGH v. 10.1.1982 – Rs. C - 177/90, EuZW 1992, 155 f., Tz. 16; dazu *A. Emmerich-Fritsche*, Der Grundsatz der Verhältnismäßigkeit, insb. S. 348 ff.

[360] Zum differenzierten Grundrechtsschutz unternehmerischen Handelns durch Art. 14 Abs. 1, Art. 12 Abs. 1 und Art. 2 Abs. 1 GG *K. A. Schachtschneider,* Fallstudie Umweltrecht – FCKW-Verbot, S. 222 ff.; dazu oben zu II, 1 b, 2, 3.

[361] Hinweise in Fn. 347; vgl. Art. 151 Abs. 1 Verfassung des Freistaates Bayern: „Die gesamte wirtschaftliche Tätigkeit dient dem Gemeinwohl, insbesondere der Gewährleistung eines menschenwürdigen Daseins für alle und der allmählichen Erhöhung der Lebenshaltung aller Volksschichten".

[362] Vgl. *H. C. Nipperdey*, Soziale Marktwirtschaft und Grundgesetz, insb. S. 64; *H. H. Rupp*, Soziale Marktwirtschaft, HStR, Bd. IX, § 203, S. 129 ff.; dazu *M. Kläver*, Die Verfassung des Marktes, S. 215 ff.; wirtschaftsverfassungsrechtliche Neutralität der Grundrechte vertritt das Bundesverfassungsgericht BVerfGE 4, 7 (17 f.); 7, 377 (400); 50, 290 (336 ff.); dazu *M. Kläver*, a.a.O., S. 216 ff.

[363] *K. A. Schachtschneider,* Eigentümer globaler Unternehmen, FS H. Steinmann, S. 414 ff., 418 ff., 426 ff.

[364] *K. A. Schachtschneider,* Eigentümer globaler Unternehmen, FS H. Steinmann, S. 418 ff.

[365] Dazu *H.-H. Härtel/R. Jungnickel et al.*, Grenzüberschreitende Produktion und Strukturwandel, S. 95 ff., 109 ff. (auch zum Folgenden); *A. G. Scherer/A. Löhr*, Verantwortungsvolle Unternehmensführung im Zeitalter der Globalisierung, S. 264 ff.; dazu *E. B. Kapstein*, Arbeiter und die Weltwirtschaft, in: U. Beck (Hrsg.), Politik der Globalisierung, 1998, S. 203 ff.; *U. Beck*, Was ist Globalisierung?, S. 112; *F. W. Scharpf*, Demokratie in der transnationalen Politik, in: U. Beck (Hrsg.), Politik der Globalisie-

zwingend aus Art. 15 GG, der Sozialisierungsklausel, welche alle Produktionsmittel neben Grund und Boden sowie Naturschätzen umfaßt, auch alle zusammen[366]. Art. 15 GG erweist die staatliche Verantwortung für die Wirtschaft und auch damit das „Eigentum" des Staates an den Unternehmen. Der Staat kann jedenfalls die „Produktionsmittel"[367] vergesellschaften, d. h. entprivatisieren, und damit sein „Eigentum" (gegebenenfalls „Gemeineigentum") und somit das Gemeinwohl besonders zur Geltung bringen[368]. Daran ändert auch der europarechtliche Grundsatz der „offenen Marktwirtschaft mit freiem Wettbewerb" nichts; denn dieser Grundsatz wirtschaftlicher Effizienz[369] muß sich in die verfassungsgemäße marktliche Sozialwirtschaft einfügen[370], die allein schon durch das Sozialprinzip (Art. 20 Abs. 1 GG)[371] gesetz- und verfassungsgeschützt vorgeschrieben ist. Eigentum ist begrifflich mit Privatheit verbunden[372]. Darum gibt es im privatheitlichen Sinne kein Eigentum des Staates[373]. Keinesfalls kann sich der Staat auf die Eigentumsgewährleistung des Art. 14 Abs. 1 GG beru-

---

rung, 1998, S. 228, 243 f.; *K. A. Schachtschneider,* Eigentümer globaler Unternehmen, FS H. Steinmann, S. 425 f.

366 *Th. Maunz*, in: Maunz/Dürig, GG, 1969, Art. 15, Rdn. 7; *H. Rittstieg*, GG, Alternativkommentar, Art. 14, 15, Rdn. 226 ff.

367 Für den engen Begriff der Produktionsmittel, der Dienstleistungsunternehmen, insbesondere Versicherungen und Banken, ausschließt, *H. P. Ipsen*, Enteignung und Sozialisierung, VVDStRL 10 (1952), S. 108; *O. Kimminich*, Bonner Kommentar, Art. 14, Rdn. 31; für den weiten Begriff *H. Rittstieg*, GG, Alternativkommentar, Art. 14, 15, Rdn. 241; *B.-O. Bryde*, in: v. Münch/Kunig, Grundgesetz-Kommentar, Bd. 1, 4. A. 1992, Art. 15, Rdn. 18.

368 Dazu *H. Rittstieg*, GG, Alternativkommentar, Art. 14, 15, Rdn. 238; *O. Kimminich*, Bonner Kommentar, GG, Art. 15, Rdn. 7.

369 Hinsichtlich des Effizienzvorbehalts a.A. *W.-H. Roth*, Der rechtliche Rahmen der Wirtschafts- und Währungsunion, EuR, Beiheft 1, 1994, S. 45, 47; vgl. auch Fn. 207; zur marktwirtschaftlichen Konzeption *J. Basedow*, Von der deutschen zur europäischen Wirtschaftsverfassung, 1992, S. 26 ff., insb. S. 32; *E.-J. Mestmäcker*, Zur Wirtschaftsverfassung in der Europäischen Union, in: R. H. Hasse/J. Molsberger/Chr. Watrin (Hrsg.), Ordnung in Freiheit, FS für Hans Willgerodt, 1994, S. 263.

370 *K. A. Schachtschneider (O. Gast)*, Sozialistische Schulden nach der Revolution, S. 8, 155, Fn. 675; *ders.*, Die existentielle Staatlichkeit der Völker Europas, S. 132; *W. Hankel et al.*, Die Euro-Klage, S. 200 ff., 254 f.

371 Zum Sozialprinzip *K. A. Schachtschneider*, Das Sozialprinzip; *ders.*, Res publica res populi, S. 234 ff.; *H. F. Zacher*, Das soziale Staatsziel, HStR, Bd. I, § 25, S. 1045 ff.

372 BVerfGE 61, 82 (108 f.); *K. A. Schachtschneider*, Staatsunternehmen und Privatrecht, S. 277ff.; *ders.*, Res publica res populi, S. 1023 ff.; *ders.*, Das Recht am und das Recht auf Eigentum, FS W. Leisner, S. 744 ff., 751 ff.; *ders.*, Eigentümer globaler Unternehmen, FS H. Steinmann, S. 414 ff.

373 *K. A. Schachtschneider*, Staatsunternehmen und Privatrecht, S. 277 ff.; *ders.*, Res publica res populi, S. 1025; vgl. auch *W. Leisner*, Eigentum, HStR, Bd. VI, § 149, Rdn. 11, 54 ff.

fen[374]. Aber das Staatliche an den Unternehmen ist das, was an diesen der Bürgerschaft, der Allgemeinheit, gehört, das Gemeingut, die Sachwalterschaft des Staates, um nicht sagen zu müssen, die Sachherrschaft[375], weil Herrschaft kein mögliches Rechtsprinzip einer Republik ist. Abgesehen von der unmittelbaren Sachwalterschaft des Staates an seinen Möglichkeiten, insbesondere staatlichen Zwecken gewidmeten Sachen, hat der Staat eine mittelbare Sachwalterschaft an den Unternehmen der privaten Gesellschaften. Diese ist Teil der „Staatsgewalt" des Volkes im Sinne des Art. 20 Abs. 2 S. 1 GG[376]. Dies folgt aus der Logik des Verhältnisses des Staates und der Privaten; denn die Privatheit darf sich um der allgemeinen Freiheit willen nur im Rahmen der allgemeinen Gesetze entfalten, weil nur die allgemeinen Gesetze sicherzustellen vermögen, daß das private Handeln niemanden verletzt (volenti non fit iniuria)[377]. Der Staat aber ist die Einrichtung, welche die allgemeine Freiheitlichkeit sicherstellen soll[378]. Letztlich gibt es (doch), wie es die Aufklärer wußten, ein Gemeineigentum aller Menschen an allen Gütern im Gemeinwesen[379], welches die Bürger mittels ihrer (allgemeinen) Gesetze nach Leistung und Bedarf verteilen[380]. „Denn der Staat ist in bezug auf seine Mitglieder Herr aller ihrer Güter, und zwar durch den Gesellschaftsvertrag, der im Staat als Grundlage aller Rechte dient; ..." (Jean-Jacques Rousseau)[381]. Dieses „Eigentum" sind/ist identisch mit der Staatsgewalt

[374] BVerfGE 45, 63 (80); 61, 82, (108f.); *W. Leisner*, Eigentum, HStR, Bd. VI, § 149, Rdn. 11; *H.-J. Papier*, in: Maunz/Dürig, GG, Art. 14, Rdn. 192 ff.; *K. A. Schachtschneider*, Staatsunternehmen und Privatrecht, S. 277 ff.

[375] Vgl. *K. A. Schachtschneider*, Staatsunternehmen und Privatrecht, S. 277 ff.

[376] *K. A. Schachtschneider*, Staatsunternehmen und Privatrecht, S. 175 ff., 253 ff., 261 ff.

[377] *K. A. Schachtschneider*, Res publica res populi, S. 275 ff., 325 ff., 410 ff., 494 ff., 519 ff.; *ders.*, Grundgesetzliche Aspekte der freiberuflichen Selbstverwaltung, Die Verwaltung 31 (1998), S. 148 f.; *ders.*, Freiheit in der Republik, S. 42 ff., 56 ff., 84 ff., 113 ff., 197 ff.; weitere Hinweise in Fn. 291.

[378] *K. A. Schachtschneider*, Res publica res populi, S. 519 ff.; *ders.*, Freiheit in der Republik, S. 84 ff.; *ders.*, Die existentielle Staatlichkeit der Völker Europas, S. 75 ff.

[379] *J. Locke*, Über die Regierung, V, 25 ff.; insb. *J.-J. Rousseau*, Vom Gesellschaftsvertrag, I,9; *I. Kant*, Metaphysik der Sitten, S. 359; vgl. auch *Th. Hobbes*, Leviathan, II,18 („... alle ein Recht auf alles: ...").

[380] *Th. Hobbes*, Leviathan, II, 18; *J. Locke*, Über die Regierung, V, 50; *J.-J. Rousseau*, Vom Gesellschaftsvertrag, I, 9; vgl. *I. Kant*, Metaphysik der Sitten, S. 366 ff., 374 ff. zur provisorischen Verteilung nach der „Idee eines a priori vereinigten (notwendig zu einigenden) Willens aller" im Naturzustand, S. 412, 419, 423, 464 zur Distributionsgerechtigkeit im bürgerlichen Zustand; *ders.*, Über den Gemeinspruch, S. 150 ff. (dazu *W. Kersting*, Transzendentalphilosphische Eigentumsbegründung, S. 67 f., 69 ff.); *Ch. de Montesquieu*, Vom Geist der Gesetze, V, 3 ff.; *J. G. Fichte*, Der geschlossene Handelsstaat, S. 54 ff., insb. S. 58ff., *H. F. Zacher*, Das soziale Staatsziel, HStR, Bd. I, § 25, Rdn. 32 ff., 48 ff.; *K. A. Schachtschneider*, Das Sozialprinzip, S. 40 ff., 48 ff.; *ders.*, Das Recht am und das Recht auf Eigentum, FS W. Leisner, S. 755 ff., 759 ff., 780 ff.; *ders.*, Freiheit in der Republik, S. 316 ff., 355 ff.

[381] Vom Gesellschaftsvertrag, I, 9.

des Volkes über alle Güter des Gemeinwesens. Die Staatsgewalt wird durch Gesetz und nach Maßgabe der Gesetze ausgeübt, im Rahmen derer sich die Privatheit entfalten darf[382]. Die Gesetze müssen die Menschheit der Menschen, die Menschenrechte und Grundrechte, insbesondere das Privatheitsprinzip, wahren[383]. Das ist die wesentliche Errungenschaft der Aufklärung und der dieser folgenden Revolution als der Befreiung der Menschen zum Recht[384]. Jedes Unternehmen aber ist in der Logik der „bürgerlichen Verfassung" (Kant) eine res publica, eine Sache des Staates, eine Sache der Bürgerschaft, dogmatisch und vor allem praktisch, also lebensweltlich[385]. Unternehmen sind funktional nicht nur privat, sondern auch staatlich[386]. Die Interessen der Bürgerschaft, deren „Eigentum", sind/ist kaum noch durchsetzbar, weil die Unternehmensgesellschaften wegen der Kapitalverkehrsfreiheit die Standortfrage der Unternehmen entscheiden können, ohne die Interessen der (politischen) Bürgerschaft berücksichtigen zu müssen[387] oder auch nur zu können. Sie können sich dem „Gemeineigentum" eines Staates[388] entziehen, der die Unternehmen mehr als andere für die allgemeinen Interessen seiner Bürgerschaft in Anspruch nimmt, und sich „schwache Staaten" für ihre Geschäfte aussuchen[389]. Die Bürgerschaften sind „erpreßbar" geworden. Sie wagen nicht mehr, all ihre Interessen, das uneingeschränkte Gemeinwohl, zur Geltung zu bringen. Eine Menge an weltweit wirk-

---

[382] *K. A. Schachtschneider*, Res publica res populi, S. 211 ff., 370 ff.; *ders.*, Freiheit in der Republik, S. 233 ff.; *ders.*, Der Anspruch auf materiale Privatisierung, S. 23 ff., 51 ff.

[383] Dazu Hinweise in Fn. 27, 31 ff., 113.

[384] Zu diesem Revolutionsbegriff *K. A. Schachtschneider (O. Gast)*, Sozialistische Schulden nach der Revolution, S. 50 ff.

[385] Vgl. *K. A. Schachtschneider*, Res publica res populi, S. 394 ff., 396 ff.; *ders.*, Freiheit in der Republik, S. 260 ff., 266 ff.; *ders.*, Eigentümer globaler Unternehmen, FS H. Steinmann, S. 414 ff., 426 ff.

[386] Zur institutionellen und funktionalen Privatheit und Staatlichkeit *K. A. Schachtschneider*, Res publica res populi, S. 211 ff., auch S. 370 ff.; *ders.*, Grundgesetzliche Aspekte der freiberuflichen Selbstverwaltung, Die Verwaltung 31 (1998), S. 140 ff., 142 ff.; *ders.*, Freiheit in der Republik, S. 233 ff.; vgl. auch *ders.*, Staatsunternehmen und Privatrecht, S. 175 ff.; *ders.*, Der Anspruch auf materiale Privatisierung, S. 23 ff.; *ders.*, Eigentümer globaler Unternehmen, FS H. Steinmann, S. 419 ff.

[387] *N. Birnbaum*, Bl.f.dt.u.intern.Politik 1997, S. 1450 ff.; *H. Steinmann/A. G. Scherer*, Freiheit und Verantwortung in einer globalisierten Wirtschaft, in: H. Hungenberg/B. Schwetzler (Hrsg.), Unternehmung, Gesellschaft und Ethik, 2000, S. 93 ff.; *K. A. Schachtschneider*, Eigentümer globaler Unternehmen, FS H. Steinmann, S. 426 f.

[388] *K. A. Schachtschneider*, Eigentümer globaler Unternehmen, FS H. Steinmann, S. 415 f.

[389] Zu den von den „transnationalen Konzernen" erwünschten „schwachen Staaten" *U. Beck*, Was ist Globalisierung?, S. 164 ff.; *J. Perraton/D. Goldblatt/D. Held/A. McGrew*, Die Globalisierung der Wirtschaft, S. 160 ff., insb. S. 165; *W. Streeck*, Industrielle Beziehungen in einer internationalisierten Wirtschaft, S. 182, 186 ff.; *Ph. G. Cerny*, Globalisierung und die neue Logik kollektiven Handelns, S. 280; kraß *K. Ohmae*, Die neue Logik der Weltwirtschaft, S. 230 f., auch S. 28 ff., passim.

samen Veränderungen haben die Unternehmungen weitgehend aus der Einbindung in die staatlichen Gemeinwesen (Nationalstaaten) gelöst[390]. Solidarische Bindungen der Anteilseigner an ein Gemeinwesen bestehen wegen der Internationalität nicht mehr. Maßgeblich ist (nur) der shareholder value[391]. Die Staatsgewalt der Bürger ist gegenüber den von eigenen Interessen bestimmten Unternehmenseignern und vor allem Unternehmensorganen weitgehend ohnmächtig geworden. Die liberalistische Wirtschaftsordnung hat den Bürgern ihr „Eigentum" weitgehend genommen, wie es der Logik des antietatistischen Neoliberalismus entspricht, der im Verbund mit dem Internationalismus eine Blüte erlebt, die einen extremen Kapitalismus nach sich zieht, obwohl der Kapitalismus kein Menschenrecht für sich hat, auch nicht das des Eigentums, welches mit der Persönlichkeit des Menschen verbunden ist[392]. Aber die Blütezeit geht schon zu Ende, raunen die Auguren.

Der internationalistische Kapitalismus verletzt die Bürgerlichkeit der Bürgerschaften, weil die Bürger ihre Freiheit gegenüber ihren Unternehmen nicht wirklich durch Gesetze des gemeinen Wohls verwirklichen können, weil die freiheitliche Verteilung der Güter, die das Gemeinwesen hervorbringt, erschwert, wenn nicht verhindert wird, weil die Anteilseigner, die außerhalb der Bürgerschaft stehen, die Erträgnisse weitestgehend in Anspruch nehmen, weil die Verwirklichung des demokratisch gestützten Sozialprinzips mangels hinreichenden Einflusses des Staates weitgehend verhindert wird[393]. Das demokrati-

---

[390] *Th. Straubhaar*, Standortbedingungen im globalen Wettbewerb, S. 81 ff., 225 ff.; *O. Sievert*, Wirtschaftspolitik im globalen Wettbewerb, S. 129 ff.; vgl. auch *A. Schüller*, Ordnungspolitische Dimensionen der Globalisierung, in: R. Biskup (Hrsg.), Globalisierung und Wettbewerb, 2. Aufl. 1996, S. 81 ff.; *J. Perraton/D. Goldblatt/D. Held/A. McGrew*, Die Globalisierung der Wirtschaft, S. 134 ff.; *U. Beck*, Wie wird Demokratie im Zeitalter der Globalisierung möglich?, S. 26 ff.; *J. Habermas*, Jenseits des Nationalstaats?, daselbst, S. 73 ff., auch S. 69 ff.; *F. W. Scharpf*, Demokratie in der transnationalen Politik, daselbst, S. 228 ff., 244 ff.; *W. Streeck*, Industrielle Beziehungen in einer internationalisierten Wirtschaft, daselbst, S. 177 ff.; *M. Zürn*, Schwarz-Rot-Grün-Braun: Reaktionsweisen auf Denationalisierung, daselbst, S. 297 ff., insbs. S. 324 ff.; *A. McGrew*, Demokratie ohne Grenzen?, daselbst, S. 374 ff.; *Ph. G. Cerny*, Globalisierung und die neue Logik kollektiven Handelns, daselbst, S. 280 ff., 288 ff., 293 ff.

[391] Kritisch schon *H. Krüger*, Allgemeine Staatslehre, S. 430 ff., 481; apologetisch *C. Ch. v. Weizsäcker*, Logik der Globalisierung, S. 103 ff.

[392] Für den Schutz von Anteilseigentum durch Art. 14 Abs. 1 GG, schon wegen Art. 15 GG zu Recht, BVerfGE 50, 290 (339 ff., insb. 341 ff.); 100, 289 (301 f.), das freilich die Problematik globalisierenden Eigentums nicht im Auge hatte, vgl. auch BVerfGE 14, 263 (278); 25, 371 (407); so auch *W. Leisner*, Eigentum, HStR, Bd. VI, § 149, Rdn. 112 ff.; *H.-J. Papier*, in: Maunz/Dürig, GG, Art. 14, Rdn. 193, 498 ff.; *R. Wendt*, Eigentum und Gesetzgebung, S. 93 ff., 99, 390 ff.; *ders.*, in: Sachs, GG, 1996, Art. 14, Rdn. 68; kritisch *D. Suhr*, Eigentumsinstitut und Aktieneigentum, S. 83 ff., 96 ff., insb. S. 100; *K. A. Schachtschneider*, Das Recht am und das Recht auf Eigentum, FS W. Leisner, S. 780 ff.; *ders.*, Freiheit in der Republik, S. 355 ff.

[393] *J. Habermas*, Jenseits des Nationalstaats?, S. 69 ff.; *F. W. Scharpf*, Demokratie in der transnationalen Politik, S. 228 ff.; *W. Streeck*, Industrielle Beziehungen in einer in-

sche Prinzip verliert durch die Entstaatlichung der Unternehmen an Bedeutung; denn der (abgenötigte) Privatismus (funktionale Entstaatlichung) der Unternehmen mindert (durchaus bezweckt) die Relevanz der Wahlen, weil die Bürgerschaft und deren Repräsentanten auf Gesetze und mit den Gesetzen auf die Verwirklichung des Gemeinwohls verzichten müssen[394]. Insgesamt wird die Republik relevant entstaatlicht, d. h. entdemokratisiert, entsozialisiert, entliberalisiert[395] (liberal im Sinne der politischen Freiheit verstanden), fundamentaler: entrechtlicht, weil die Unternehmen der Republik entzogen werden. Die Unternehmensgesellschaften tun dies, weil sie es können, d. h. weil es ihnen nicht verwehrt wird, und weil es in ihrem Interesse ist. Die Republiken haben das, von ökonomischen Effizienztheorien, insbesondere einer mißverstandenen Freihandelslehre, vielleicht auch durch die Ideologie des Großen verführt, ermöglicht.

Wegen des Eigentums der Bürgerschaften an den Unternehmen und vor allem wegen des eigentumsgeschützten Rechts auf Arbeit und an der Arbeit[396] der durch die Unternehmen Beschäftigten können die Unternehmen nicht aus den Staaten ausbrechen und sich nicht den Gesetzen des Volkes entziehen, ohne das Grundprinzip des gemeinsamen Lebens, die allgemeine Freiheit, zu verletzen. Sie würden sich damit gegen das jeweilige Volk und dessen Recht stellen. Das aber ermöglicht ihnen die Liberalisierung und Deregulierung des Kapitalverkehrs, die Ausdruck der ebenso liberalistischen wie globalistischen Unternehmensordnung ist. Das gemeine Wohl aber ist Sache der Republiken und damit Sache der Bürgerschaften; denn es ist das Recht, und das Recht ist in der ge-

---

ternationalisierten Wirtschaft, S. 169 ff., 183 ff., auch S. 195 f.; *K. A. Schachtschneider,* Demokratiedefizite in der Europäischen Union, FS W. Hankel, S. 133 ff.

[394] *U. Beck*, Wie wird Demokratie im Zeitalter der Globalisierung möglich? S. 29 ff.; *F. W. Scharpf,* Demokratie in der transnationalen Politik, S. 228 ff., 241 ff.; vgl. zu Modellen globaler Demokratie *A. McGrew*, Demokratie ohne Grenzen?, S. 374 ff., 388 ff.; zu den Bedingungen von Demokratie in der globalisierten Welt *O. Höffe*, Demokratie im Zeitalter der Globalisierung, S. 229 ff., insb. S. 267 ff., 296 ff., 315 ff., 335 ff., passim; *C. Ch. v. Weizsäcker*, Logik der Globalisierung, S. 107 ff., rühmt den „internationalen Kapitalmarkt", „den Schutz gegen demokratischen Populismus", propagiert somit offen die Einschränkungen des demokratischen Prinzips zugunsten der Herrschaft der internationalen Kreditgeber, der Banken also.

[395] Zu diesen Wirkungen des Internationalismus *K. A. Schachtschneider*, Der Euro-Beschluß des Bundesverfassungsgerichts, IHI-Schriften, 9/1998, S. 51 ff.; *ders.*, Eigentümer globaler Unternehmen, FS H. Steinmann, S. 430 ff.; zur Legitimationsproblematik der Globalisierung auch *U. Beck*, Was ist Globalisierung?, S. 13 ff., 24 ff., 33 ff., 112 f., 164 ff., 173 ff., passim; *J. Habermas*, Jenseits des Nationalstaats?, S. 69 ff.; *F. W. Scharpf*, Demokratie in der transnationalen Politik, S. 228 ff.; *W. Streeck*, Industrielle Beziehungen in einer internationalisierten Wirtschaft, S. 169 ff., 183 ff., auch S. 195 f.; *O. Höffe*, Demokratie im Zeitalter der Globalisierung, S. 166 ff. (zurückhaltend).

[396] *K. A. Schachtschneider*, Recht auf Arbeit – Pflicht zur Arbeit, GS J. G. Helm, S. 838 ff.; *H. C. Nipperdey (F. J. Säcker),* Kollektives Arbeitsrecht, S. 995 f.

genwärtigen Welt noch immer Sache der Völker, wenn und insoweit diese die elementaren Menschenrechte wahren. Res publica res populi.

Die Multinationale Unternehmung als Mittler zwischen privater Freiheit und öffentlichem Interesse

Verantwortungsvolles unternehmerisches Handeln im Prozeß der Globalisierung

Andreas Georg Scherer

I. Vorbemerkung

„Die Multinationale Unternehmung als Mittler zwischen privater Freiheit und öffentlichem Interesse“ – so lautet der Titel meines Beitrages. Ich greife damit ein Thema auf, um das sich vor einigen Jahren bereits Horst Steinmann und Ansgar Zerfaß aus der Sicht des Nürnberger Ansatzes zur Unternehmensethik bemüht hatten.[1] Damals wie heute geht es um die Frage, wie der *innere und äußere Friede* in der Gesellschaft gesichert werden und welchen Beitrag die *privatwirtschaftliche Unternehmung* hierzu leisten kann und soll. In ihrer Analyse erteilten Steinmann und Zerfaß der liberalistischen Trennung von Staat und Privatwirtschaft eine dezidierte Absage. Die private Unternehmung, so die Kernthese ihrer Arbeit, sei trotz der (rechtlichen) Freistellung ihrer Aktivitäten zur Gewinnerzielung immer auch auf die Beförderung des öffentlichen Interesses im Sinne einer friedlichen Lösung wirtschaftlicher Konflikte verpflichtet.[2] Es kann und darf nämlich nicht die alleinige Aufgabe des Staates bleiben, zur Sicherung des sozialen Friedens beizutragen. Vielmehr müßten zivilgesellschaftliche Akteure ebenso wie die privatwirtschaftlichen Unternehmungen die

---

[1] Vgl. *H. Steinmann/A. Zerfaß*, Privates Unternehmertum und öffentliches Interesse, in: G. R. Wagner (Hrsg.), Betriebswirtschaft und Umweltschutz, 1993, S. 3-26; zur Nürnberger Unternehmensethik vgl. *A. Löhr*, Unternehmensethik und Betriebswirtschaftslehre, 1991; *H. Steinmann/A. Löhr*, Unternehmensethik – ein republikanisches Programm in der Kritik, in: Forum für Philosophie Bad Homburg (Hrsg.), Markt und Moral. Die Diskussion um die Unternehmensethik, 1994, S. 145-180; *dies.*, Grundlagen der Unternehmensethik, 2. Aufl. 1994; *dies.*, Unternehmensethik als Ordnungselement in der Marktwirtschaft, in: Zeitschrift für betriebswirtschaftliche Forschung 47 (1995), S. 143-174.

[2] Vgl. *H. Steinmann/A. Zerfaß*, Privates Unternehmertum und öffentliches Interesse, S. 4.

staatlichen Institutionen bei dieser Aufgabe unterstützen und damit entlasten. Aufgrund der systematischen Steuerungsgrenzen des Rechts könne der Staat via parlamentarischer Gesetzgebung, Jurisdiktion und Exekutive die allfälligen Konfliktlagen moderner Gesellschaften nämlich nicht in Gänze „von oben" vorsteuern, vielmehr müßten diese formalisierten Verfahren durch dezentrale, partizipative Konfliktlösungsprozesse „von unten" ergänzt werden.[3]

Damals hatten sich die beiden Autoren Steinmann und Zerfaß auf die grundsätzliche Rolle der Unternehmung konzentriert und dabei die Problematik der Globalisierung zunächst noch nicht in den Blick genommen.[4] Doch läßt sich zeigen, daß sich die Kernthese ihrer Analyse auch und gerade für die Aktivitäten Multinationaler Unternehmen in der globalisierten Wirtschaft begründen läßt. Dies deshalb, weil im Zuge der Globalisierung die Durchsetzungskraft nationalstaatlicher Institutionen und damit die Fähigkeit, die gesellschaftlichen Austauschprozesse friedlich zu regeln, schwindet. Zugleich sind die entstandenen supranationalen Institutionen (noch) nicht in der Lage, dieses Konfliktpotential durch allgemeine Regeln abzuarbeiten. In die so entstandene *Regelungslücke* muß, so unserer These, die Multinationale Unternehmung (im Chor mit den Aktivitäten anderer zivilgesellschaftlicher Akteure) durch autonomes ethisches Handeln einspringen.[5] In diesem Sinne läßt sich sowohl aus binnenwirtschaftlicher als auch aus globalwirtschaftlicher Sicht von einer *doppelten Verantwortung unternehmerischen Handelns* sprechen.[6] Zum einen tragen die Multinationalen Unternehmen durch ihre ökonomischen Wahlentscheidungen zu ei-

---

[3] Vgl. *H. Steinmann/A. Zerfaß*, Privates Unternehmertum und öffentliches Interesse, S. 4; zur entsprechenden Diskussion in der Demokratietheorie vgl. z. B. *J. Habermas*, Faktizität und Geltung, 1992, S. 349 ff.; *U. Rödel/G. Frankenberg/H. Dubiel*, Die demokratische Frage, 1989.

[4] Siehe hierzu dann allerdings *H. Steinmann/T. Olbrich*, Unternehmensethik und internationales Management, in: B. Schiemenz/H.-J. Wurl (Hrsg.), Internationales Management: Beiträge zur Zusammenarbeit. Festschrift für Eberhard Dülfer, 1994, S. 117-144.

[5] Vgl. hierzu ausführlich *A. G. Scherer*, Die Rolle der Multinationalen Unternehmung im Prozeß der Globalisierung, Habilitationsschrift, Universität Erlangen-Nürnberg 2000. In der politikwissenschaftlichen Literatur spricht man in diesem Zusammenhang von sogenannten „Policy-Netzwerken", in denen private und öffentliche Akteure gemeinsam an der Entwicklung von politischen Regeln teilhaben, vgl. hierzu z. B. *W. Reinicke/J. M. Witte*, Globalisierung, Souveränität und internationale Ordnungspolitik, in: A. Busch/T. Plümper (Hrsg.), Nationaler Staat und internationale Wirtschaft, 1999, S. 339-366; *dies.*, Interdependence, Globalization, and Sovereignity: The Role of Non-Binding International Legal Accords, in: American Society of International Law (Ed.): Commitment and Compliance, 2000, S. 75-100; *V. Schneider*, Politiknetzwerke der Chemikalienkontrolle. Eine Analyse einer transnationalen Politikentwicklung, 1988; *ders./K. Ronit*, Global Governance Through Privat Organizations, in: Governance 12 (1999), S. 243-266.

[6] Für die binnenwirtschaftliche Perspektive vgl. *H. Steinmann/A. Zerfaß*, Privates Unternehmertum und öffentliches Interesse, S. 19 ff., insbes. S. 22.

ner effizienten Allokation der Ressourcen bei (ökonomische Verantwortung). Sie helfen, Mangelsituationen zu überwinden und leisten damit einen *indirekten Beitrag* zur Sicherung des sozialen Friedens, denn Mangelsituationen schaffen ein Konfliktpotential und gefährden so den Frieden. Zum anderen wirken Multinationale Unternehmen an der Gestaltung und Fortentwicklung der globalen Wirtschaftsordnung mit. Sie ergänzen damit das positive Recht und leisten so einen *direkten Beitrag* zur Friedenssicherung (ethisch-politische Verantwortung).

Im folgenden will ich diese Thesen weiter ausarbeiten und diskutieren, welche *Rolle* die *Multinationalen Unternehmen* angesichts der Erosion nationalstaatlicher (Rechts-)Ordnungen und der Insuffizienz globaler Rahmenordnungen spielen *sollen*. Zur Beantwortung dieser Frage muß ich mich insbesondere auf eine kritische Auseinandersetzung mit dem ideologischen Wegbereiter des Freihandels, dem ökonomischen bzw. dem politischen Liberalismus einlassen, denn dort wird ja nach wie vor die These vertreten, die Unternehmen sollten sich ausschließlich auf ihre wirtschaftliche Rolle konzentrieren und sich in ihrem Verhalten nicht an ethisch-politischen Erwägungen orientieren. Eine solche Position greift jedoch, wie wir sehen werden, systematisch zu kurz.

II. Globalisierung, Multinationale Unternehmen und die Rolle des Rechts

Die „*Globalisierung*" ist in den letzten Jahren zu einem zentralen Thema in Wirtschaft und Politik geworden. Sie läßt sich als ein Prozeß der weltweiten Vernetzung ökonomischer und sozialer Aktivitäten verstehen.[7] Im Zuge dieses Prozesses werden die politische Souveränität der Nationalstaaten und deren demokratisch legitimierter Institutionen unterlaufen, d. h. demokratische Verständigungsprozesse werden nach und nach durch marktliche Austauschprozesse ersetzt. Die Wirtschaft entfaltet sich nicht mehr innerhalb des durch die Politik vorgegebenen rechtlichen Rahmens, vielmehr diktiert zunehmend die Wirtschaft der Politik den noch verbleibenden Handlungsspielraum.[8]

---

[7] Zum Globalisierungsbegriff vgl. z. B. *U. Beck*, Was ist Globalisierung?, 1997, S. 24 ff.; *A. Giddens*, Konsequenzen der Moderne, 1995, S. 84 ff.; *J. Perraton/D. Goldblatt/D. Held/A. McGrew*, Die Globalisierung der Wirtschaft, in: U. Beck (Hrsg.), Politik der Globalisierung, 1998, S. 134-168, hier S. 136.

[8] Vgl. hierzu kritisch *J. Gray*, Die falsche Verheissung. Der globale Kapitalismus und seine Folgen, 1999, *O. Höffe*, Demokratie im Zeitalter der Globalisierung, 1999, S. 26; sowie *M. Zürn*, Regieren jenseits des Nationalstaates, 1998, der in diesem Zusammenhang von einem Verlust der Kongruenzbedingung zwischen dem Raum wirtschaftlicher Aktivitäten einerseits und dem Raum politischer Steuerung andererseits spricht.

Es vergeht kaum ein Tag, ohne daß über die wirtschaftlichen und sozialen Auswirkungen der Globalisierung gestritten wird. Die Positionen hierzu sind unterschiedlich. Die Anhänger des *(Neo-)Liberalismus* begrüßen die eben skizzierte Entwicklung. Sie wollen politische Entscheidungen bewußt stärker dem Spiel der Marktkräfte unterordnen.[9] Die Gesellschaft müsse sich endlich dem internationalen Wettbewerb uneingeschränkt stellen, um die Effizienz der Ressourcenallokation zu erhöhen. Sie dürfe sich nicht mehr hinter durch nationalstaatliche Politik errichtete wettbewerbsbeschränkende Schutzwälle verschanzen. Die nationalstaatliche Politik müsse vielmehr gezwungen werden, die vielfältigen Wettbewerbsschranken zu beseitigen sowie den Wildwuchs an bürokratischen und gesetzlichen Reglementierungen, an Systemen sozialer Sicherung sowie Arbeits- und Umweltschutzbestimmungen Zug um Zug zurückzuschneiden, um die Inflexibilitäten auf den Arbeits-, Beschaffungs-, Güter- und Kapitalmärkten abzubauen. Der bürokratische Hemmschuh des Verwaltungsstaates müsse abgestreift werden, um unternehmerisches Handeln freizusetzen und das Kapital seiner besten Verwendungsrichtung zuzuführen. Der Staat und mit ihm die Gesetze sollten weniger der Beschränkung, sondern müßten viel mehr der Entfaltung individueller *Freiheit* dienen.

Globalisierungsskeptiker dagegen warnen vor den Folgen der Globalisierung für den Zusammenhalt der Gesellschaft, wenn soziale Errungenschaften den Kräften des Weltmarktes geopfert werden.[10] Sie wollen die Politik wieder stark machen, um die negativen Konsequenzen der Globalisierung auf ein verträgliches Maß zu mindern. Nicht Wettbewerb, sondern Dialog und politische Kooperation auf vielen Ebenen seien daher das Gebot der Stunde. Der Staat und mit ihm das Rechtssystem werden von den Skeptikern primär in ihrer *Einheit* stiftenden Funktion gesehen: Die Gemeinschaft der Bürger gibt sich eine

---

[9] Vgl. vor allem *H. Siebert*, Weltwirtschaft, 1997; *ders.*, Disziplinierung der nationalen Wirtschaftspolitik durch die internationale Kapitalmobilität, in: D. Duwendag (Hrsg.), Finanzmärkte im Spannungsfeld von Globalisierung, Regulierung und Geldpolitik, 1998, S. 41-67; sowie *J. B. Donges*, Deutschland in der Weltwirtschaft. Dynamik sichern, Herausforderungen bewältigen, 1995; *ders.*, Was heißt Globalisierung?, in: J. B. Donges/A. Freytag (Hrsg.), Die Rolle des Staates in einer globalisierten Wirtschaft, 1998, S. 1-8; *A. Rugman*, The End of Globalization, 2000; siehe auch die Beiträge in *J. B. Donges/A. Freytag* (Hrsg.), Die Rolle des Staates in einer globalisierten Wirtschaft, 1998; *H. Giersch* (Ed.), Merits and Limits of Markets, 1998.

[10] Vgl. z. B. *E. Altvater/B. Mahnkopf*, Grenzen der Globalisierung. Ökonomie, Ökologie und Politik in der Weltgesellschaft, 1996; *U. Beck*, Was ist Globalisierung?; *Die Gruppe von Lissabon*, Grenzen des Wettbewerbs. Die Globalisierung der Wirtschaft und die Zukunft der Menschheit, 1997; *R. Falk*, Predatory Globalization. A Critique, 1999; *A. Giddens*, Jenseits von Links und Rechts. Die Zukunft radikaler Demokratie, 1997; *ders.*, Der Dritte Weg. Die Erneuerung der sozialen Demokratie, 1998; *J. Gray*, Die falsche Verheissung; *J. Habermas*, Die postnationale Konstellation und die Zukunft der Demokratie, in: ders., Die postnationale Konstellation, 1998, S. 91-169; *O. Höffe*, Demokratie im Zeitalter der Globalisierung; *R. Münch*, Globale Dynamik, lokale Lebenswelten. Der schwierige Weg in die Weltgesellschaft, 1998, S. 363 ff.

Rechtsordnung, innerhalb derer – basierend auf einem *gemeinsam* erarbeiteten Konzept vom guten Leben – sich individuelle Freiheit erst verwirklicht.[11] Die Globalisierungsskeptiker stehen dem *Republikanismus* deutlich näher als dem politischen und ökonomischen *Liberalismus*,[12] der letztlich keine spezifischen kollektiven Ziele jenseits der Aufrechterhaltung und Weiterentwicklung einer als „neutral" gedachten Rahmenordnung kennt.[13]

Multinationale Unternehmen (MNUs) müssen sich im Spannungsfeld dieser alternativen Positionen einen Standpunkt verschaffen. Sie sind einerseits zentrale Motoren der Globalisierung, andererseits müssen sie jedoch auch mit deren Auswirkungen fertig werden. Die *entscheidende Frage* lautet daher, ob die Multinationalen Unternehmen ihrem Verhalten ausschließlich ökonomische Imperative zugrunde legen sollen, wie dies der Neoliberalismus fordert, oder ob sie sich auch als politisch verantwortliche Akteure in der Weltwirtschaft begreifen müssen. Sollen sie im Zuge ihrer internationalen Aktivitäten defizitäre oder unzureichend sanktionsbewährte Normen und Gesetzesvorschriften als Datum in ihr ökonomisches Kalkül eingehen lassen oder sollen die Unternehmen die vorhandenen Regelungslücken durch autonomes ethisches Handeln schließen? – Ich will im folgenden versuchen, in kritischer Auseinandersetzung mit dem Liberalismus eine begründete Antwort auf diese Fragen zu entwickeln.

Die hier zur Disposition stehenden Sachverhalte haben unmittelbare Auswirkungen auf das Verständnis des Verhältnisses zwischen dem *Recht* und dem *verantwortungsvollen Handeln der Unternehmung*. Innerhalb der Nationalstaaten ist es die primäre Aufgabe des positiven Rechts, die friedliche Koordination ökonomischer Aktivitäten zu sichern.[14] Der ethischen Orientierung der Unternehmensführung kommt hier insbesondere die Aufgabe zu, über die extrinsische Motivation des sanktionsbewehrten Rechts hinausgehend für die intrinsische Motivation zur Einhaltung der Gesetze zu sorgen bzw. das positive Recht zu er-

---

[11] Vgl. *K. A. Schachtschneider*, Res publica res populi. Grundlegung einer Allgemeinen Republiklehre, 1994, S. 1 ff.; *ders.*, Vom liberalistischen zum republikanischen Freiheitsbegriff, in: ders. (Hrsg.), Wirtschaft, Gesellschaft und Staat im Umbruch, 1995, S. 418-449.

[12] Zur Unterscheidung zwischen Liberalismus und Republikanismus vgl. z. B. *T. Maak*, Republikanische Wirtschaftsethik als intelligente Selbstbindung – Republikanismus und deliberative Demokratie in wirtschaftsethischer Absicht, in: P. Ulrich/A. Löhr/J. Wieland (Hrsg.), Unternehmerische Freiheit, Selbstbindung und politische Mitverantwortung, 1999, S. 27-57, hier insbes. S. 30 ff.; *R. Münch*, Globale Dynamik, lokale Lebenswelten, S. 363 ff.

[13] Vgl. hierzu neben anderen *B. Peters*, Rationalität, Recht und Gesellschaft, 1991, S. 54 f.

[14] Dabei kann diese Funktion nicht alleine durch das positive Recht erbracht werden, sondern bleibt angewiesen auf andere Formen kollektiver Vernunft; vgl. hierzu z. B. *J. Habermas*, Faktizität und Geltung, 1992; *B. Peters*, Rationalität, Recht und Gesellschaft; *Ch. Stone*, Where the Law Ends, 1975.

gänzen, insbesondere in den Fällen, die nicht – oder noch nicht – durch die Gesetze geregelt werden. Im internationalen Kontext haben wir es mit einer Situation zu tun, die durch das weitgehende Fehlen eines internationalen Gesetzgebers sowie internationaler Jurisdiktions- und Exekutivorgane, die mit nationalstaatsäquivalenten Zwangsmitteln ausgestattet wären, gekennzeichnet ist. Hier sind die Multinationalen Unternehmen in ihrem Verhalten nicht etwa dem Recht und einer sanktionsbewehrten staatlichen Ordnung unterworfen, sondern können in vielen Fällen unter alternativen Rahmenordnungen nach ökonomischen Gesichtspunkten *auswählen*. Eine ausschließlich an *ökonomischen Imperativen* orientierte Unternehmenspolitik kann in dem dabei entstehenden Systemwettbewerb eine „Spirale nach unten" in Gang setzen, wenn etwa restriktivere Ordnungen sich als „Standortnachteile" erweisen. Erst eine *ethisch verantwortungsvolle Unternehmenspolitik* vermag sich in den Prozeß der Rechtsfindung einzuklinken und zusammen mit staatlichen und nicht-staatlichen Institutionen die globale Rahmenordnung weiterzuentwickeln helfen. Um diese Problematik zu veranschaulichen, will ich mich zunächst einem praktischen Fall zuwenden.

III. Unakzeptable Arbeitsbedingungen: Die Aktivitäten Multinationaler Unternehmen in den Schwellen- und Entwicklungsländern

Multinationale Unternehmen geraten mit ihrem Verhalten immer wieder in das Zentrum der Kritik, so zum Beispiel bezüglich ihrer Aktivitäten in den Entwicklungs- und Schwellenländern. In der Presse werden regelmäßig Fälle von Kinderarbeit, der Unterschreitung gesetzlich vorgeschriebener Mindestlöhne, von unzureichenden Arbeitssicherheits- und Umweltschutzmaßnahmen, Unterdrückung gewerkschaftlicher Betätigung, täglichen Arbeitszeiten von über 12-14 Stunden, regelmäßiger Arbeit an 7 Wochentagen und erzwungenen Überstunden berichtet.[15] Dies betrifft beispielsweise die Textil- und Sportartikelindustrie ebenso wie die Spielzeugindustrie, wo in den vergangenen 30 Jahren die Produktionsstätten aus den klassischen Industriestaaten ausgelagert wurden. In diesen Branchen lassen die Markenartikelunternehmen Nordamerikas und Westeuropas ihre Produkte von Zulieferern in Südostasien und Lateinamerika zu einem Bruchteil der Lohnkosten in ihren Heimatländern fertigen.

[15] Vgl. z. B. *Spiegel*, Tief verstrickt. Deutsche Textilfirmen lassen zu menschenunwürdigen Bedingungen in China und in der dritten Welt produzieren, in: Der Spiegel 52/1998, S. 98-100; *Time*, Cause Celeb. Two High-profile Endorsers are Props in a Worldwide Debate Over Sweatshops and the Use of Child Labor, in: Time, June 17, 1996, S. 28-30; *Washington Post*, Bot Camp at the Shoe Factory. Where Taiwanese Bosses Drill Chinese Workers to Make Sneakers for American Joggers, by A. Chan, in: Waschington Post, Nov. 3, 1996, S. C01.

Internationale Menschenrechtsgruppen machen nun geltend, daß die Betriebe Multinationaler Unternehmen und deren Zulieferer in diesen Ländern immer wieder durch Kinderarbeit und „Sweatshop"-Zustände auffielen. Von verschiedenen Menschenrechtsinitiativen werden regelmäßig kritische Berichte veröffentlicht und konkrete Forderungen an die Multinationalen Unternehmen herangetragen: Die Multinationalen Unternehmen sollen in ihren Betrieben und bei ihren Lieferanten für die Einhaltung der Menschenrechte und der Arbeits- und Sozialstandards der Internationalen Arbeitsorganisation (ILO)[16] sorgen.[17] In diesem Zusammenhang kann hier etwa der Sportschuhmarkenartikler „Nike" genannt werden, der schon lange im Zentrum der Kritik steht.[18] Nike läßt über 99 % seiner Sportschuhe von unabhängigen Zulieferern in Südostasien, insbesondere in China, Vietnam und Indonesien, fertigen.[19]

Inzwischen haben jedoch viele Unternehmen, so auch Nike, auf die anhaltende Kritik durch die Formulierung von „Codes of Conduct" reagiert.[20] Immer mehr Markenartikler und Handelshäuser gehen dazu über, ihre Lieferanten auf die Einhaltung bestimmter Verhaltensstandards vertraglich zu verpflichten. Die-

---

[16] Vgl. hierzu die detaillierten Informationen auf der Internetseite der Internationalen Arbeitsorganisation (http://www.ilo.org).

[17] Vgl. hierzu z. B. die Internetseiten folgender Organisationen: Clean Clothes Campaign (http://www.cleanclothes.org), Erklärung von Bern (http://www2.access.ch /evb), Global Exchange (http://www.globalexchange.org), Human Rights Watch (http:// www.hrw.org), Sweatshop Watch (http://www.sweatshopwatch.org) sowie den von „Essential Information" veröffentlichten „Multinational Monitor", in dem jährlich die „10 Worst Corporations" hinsichtlich ihres ethischen Verhaltens benannt werden (http://www.essential.org/monitor/ monitor.html).

[18] Vgl. *Asia Monitor Resource Centre and Hong Kong Christian Industrial Committee*, Working Conditions in Sports Shoe Factories in China. Making Shoes for Nike and Reebok, Hong Kong, September 1997 (http://www.saigon.com/~nike/NikeChina.html); *D. M. Boje*, While Coyote Meets Roadrunner: Nike's Postmodern Encounters with Entrepreneurial Activists, Manuskript (http://cbae.nmsu.edu/mgt/ handout/boje/coyote/index.html) (21. Sept. 1998); *T. Connor/J. Atkinson*, „Sweating for Nike". A Report on Labour Conditions in the Sport Shoe Industry, Community Aid Abroad Briefing Paper, No. 16, November 1996 (http://www.caa.org.au/campaigns/ nike/sweating.html); *R. Goldman/S. Papson*, Nike Culture, 1998, S. 4 ff.; *B. Mark-Ungericht*, Zivilgesellschaftliche Bewegungen als unternehmenspolitischer Einflußfaktor, in: J. Engelhard/E. J. Sinz (Hrsg.), Kooperation im Wettbewerb, 1999, S. 527-551; *A. G. Scherer*, Die Rolle der Multinationalen Unternehmung im Prozeß der Globalisierung, 2000, S. 33 ff.

[19] Vgl. *R. Goldman/S. Papson*, Nike Culture, S. 4 ff.; *P. M. Rosenzweig*, International Sourcing in Athletic Footwear: Nike and Reebok, in: C. A. Bartlett/S. Ghoshal (Eds.), Transnational Management, 2nd ed., 1995, S. 170-182.

[20] Vgl. zu den Unternehmenskodizes im Überblick *J. Engelhard*, Verhaltenscodices, in: K. Macharzina/M. K. Welge (Hrsg.), Handwörterbuch Export und Internationale Unternehmung, 1989, Sp. 2155-2168; *W. M. Manley*, The Handbook of Good Business Practice. Corporate Codes of Conduct, 1992; sowie für die Sportartikelindustrie *P. M. Rosenzweig*, International Sourcing in Athletic Footwear, S. 177 ff.; *A. G. Scherer*, Die Rolle der Multinationalen Unternehmung im Prozeß der Globalisierung, S. 33 ff.

se Standards verbieten etwa Kinderarbeit, verbieten gesundheitsschädliche Arbeitsbedingungen und verpflichten die Zulieferer auf die Einhaltung der lokalen Gesetze. Derartige Initiativen werden von den Menschenrechtsgruppen zwar prinzipiell begrüßt. Die Kritiker fordern jedoch eine strenge Kontrolle der Einhaltung der Standards durch unabhängige Institutionen, worauf sich die betroffenen Unternehmen in den meisten Fällen aber nicht einlassen wollen.[21]

Manche Interessengruppen gehen nun sogar dazu über, von den Multinationalen Unternehmen zu fordern, ihren Einfluß geltend zu machen, um die politischen Verhältnisse in den Gastländern zu verändern und den dort oftmals unterdrückten Demokratie- und Menschenrechtsbewegungen einen Dienst zu erweisen.[22] Dies betrifft im besonderen die Unterstützung der Betätigung freier Gewerkschaften, die in vielen Ländern, so z. B. in der Volksrepublik China, in Indonesien und in Vietnam, verboten sind.[23] Aus diesen Gründen fordert etwa die Human-Rights-Gruppe „Global Exchange" von der Firma Nike:

> „... Nike should commit itself to working with the international human rights community to pressure local governments to release jailed labor leaders and change labor laws and practices to reflect internationally recognized labor rights. Nike should also work at the factory level to create the space for representative worker councils and for educating workers about international labor rights."[24]

Wie soll sich nun ein Multinationales Unternehmen den vorgebrachten Forderungen gegenüber verhalten? Soll das Unternehmen weiterhin die Kostenvorteile konsequent ausnutzen und sich den lokalen Verhältnissen ökonomisch geschickt „anpassen"? Oder soll das Unternehmen auf die vorgebrachten Forderungen der kritischen „Stakeholder" eingehen? Und wenn ja, wie weit? Soll es lediglich die Übereinstimmung mit den örtlichen Arbeits- und Umweltgesetzen sicherstellen oder soll es darüber hinaus helfen, Standards zu etablieren, die über die lokalen Bedingungen hinausgehen? – In diesem Falle wirkte das Unternehmen an der Gestaltung der rechtlichen Rahmenbedingungen mit. – Soll das Unternehmen vielleicht sogar helfen, der Demokratisierung weiter einen Weg zu bahnen? – Wir werden im folgenden zunächst untersuchen, welche

---

[21] Vgl. *Human Rights Watch*, Corporations and Human Rights, 1997 (http://www.hrw.org/about/initiatives/corp.html).

[22] Vgl. hierzu *D. F. Orentlicher/T. A. Gelatt*, Public Law, Private Actors: The Impact of Human Rights on Business Investors in China, in: Northwestern Journal of International Law & Business 14 (1993), S. 66-129.

[23] So wurden im Dezember 1998 in der Volksrepublik China wieder chinesische Bürger zu mehrjährigen Haftstrafen verurteilt, weil sie die Registrierung einer demokratischen Partei bzw. die Zulassung einer regierungsunabhängigen Gewerkschaft beantragt hatten.

[24] *Global Exchange*, Global Exchange's Public Response to Nike's New Labor Initiatives, 1998 (http://www.globalexchange.org/corpacct/nike/responseToNike.html) (6. Okt. 1998).

Antworten die ökonomische Freihandelstheorie, der ideologische Wegbereiter der Globalisierung, auf diese Fragen zu geben vermag.

IV. Das Verhalten Multinationaler Unternehmen aus der Perspektive der ökonomischen Theorie

In der ökonomischen Theorie hat sich die Auffassung durchgesetzt, daß nur unter den Bedingungen des freien Handels wirtschaftliche Entwicklung und Wohlstand weltweit gefördert werden könne. Diese Position hat in den vergangenen Jahrzehnten zu einer weltweiten *Politik der Liberalisierung* und des Abbaus von Handelsschranken im Zuge der GATT-Verhandlungen geführt.[25] Demzufolge soll man dem Spiel der Marktkräfte freien Lauf lassen, um das Kapital seiner besten Verwendungsrichtung zuzuführen und die Spezialisierungsvorteile der Arbeitsteilung weltweit nutzen zu können. Die Entwicklungsländer könnten unter diesen Bedingungen ihre komparativen Kostenvorteile, insbesondere bei der Verwendung arbeitsintensiver Produktionstechnologien, zur Geltung bringen.

Eine *Politik der Harmonisierung* weltweiter Arbeits-, Sozial-, Umwelt- und Menschenrechtsstandards würde dagegen diesen Kostenvorteil mindern.[26] Diese Standards wirkten nämlich wie „nicht-tarifäre Handelsbeschränkungen" und behinderten den Freihandel. Aus diesem Grunde stellt der U.S.-amerikanische Ökonom Melvyn Krauss dezidiert fest: „The way to help poor people abroad is to open our markets to them not force them to adopt U.S. human-rights standards."[27]

Krauss geht in seinen Ausführungen sogar soweit, den Einsatz von Kinderarbeit nicht bloß ökonomisch zu rechtfertigen, sondern die Forderungen der Inter-

---

[25] Vgl. *B. Hoeckmann/M. Kostecki*, The Political Economy of the World Trading System. From GATT to WTO, 1995; *L. E. Preston/D. Windsor*, The Rule of the Game in the Global Economy. Policy Regimes for International Business, 2nd ed., 1997; *M. J. Trebilcock/R. Howse*, The Regulation of International Trade, 1995; zur Durchsetzung der liberalen Außenwirtschaftspolitik in den USA vgl. insbes. *Ch. Scherrer*, Globalisierung wider Willen?, 1999.

[26] Vgl. hierzu die Beiträge in *J. Bhagwati/R. E. Hudec* (Eds.), Fair Trade and Harmonization. Prerequisites for Free Trade? Vol. 1: Economic Analysis, 1996; sowie insbes. für Arbeits- und Sozialstandards *D. K. Brown/A. V. Deardorff/R. M. Stern*, International Labor Standards and Trade: A Theoretical Analysis, in: J. Bhagwati/R. E. Hudec (Eds.), Fair Trade and Harmonization, Vol. 1: Economic Analysis, S. 227-280; *D. Lal*, Social Standards and Social Dumping, in: H. Giersch (Ed.), Merits and Limits of Markets, 1998, S. 255-274; *A. Wehmeier*, Zwischen Harmonisierung und Systemwettbewerb. Schutzregulierungen im Zeichen der Globalisierung, in: J. B. Donges/A. Freytag (Hrsg.), Die Rolle des Staates in einer globalisierten Wirtschaft, S. 285-312.

[27] *M. Krauss*, How Nations Grow Rich. The Case For Free Trade, 1997, S. 51.

essengruppen nach einer Abschaffung der Kinderarbeit als ungerechtfertigt abzulehnen:

> „... it is true, of course, that child labor is an abomination to most Americans. But ... different cultures have different values, and ... it is wrong and ultimately counterproductive for the United States to threaten other countries – particularly poorer ones – with financial penalties if they do not adopt U.S. cultural standards. ... bullying poorer and weaker countries is as inconsistent with American values of fair play as is child labor."[28]

Hinter einer solchen Position steht die Auffassung, daß eine Erhöhung der Arbeits-, Sozial- und Umweltstandards den Entwicklungsländern den auf ihren niedrigen Arbeitskosten beruhenden Wettbewerbsvorteil raube. Diese Länder könnten dann immer weniger am Welthandel partizipieren und ihre Aufholchancen würden nachhaltig geschmälert. Wenn aber statt dessen die Entwicklungsländer aufgrund ihrer Kostenvorteile am Welthandel teilhaben könnten, würde ihr Volkseinkommen schrittweise steigen und es könnten im Zuge dieser Einkommenssteigerungen dann auch Schritt für Schritt höhere Arbeits- und Umweltstandards sowie Systeme sozialer Sicherung eingeführt werden.[29]

So gesehen hätte die wirtschaftliche Entwicklung der sozialen Entwicklung und der Demokratisierung grundsätzlich vorauszugehen.[30] Erst hätten sich der freie Markt und mit ihm minimale rechtliche Voraussetzungen wie Eigentumsrecht, Vertragsfreiheit und Privatautonomie als Koordinationsmechanismus zu etablieren und dann würde sich im Laufe der Zeit eine Demokratisierung der Verhältnisse „quasi von selbst" einstellen. Die Industriestaaten sollten also ihre Anstrengungen primär auf die Entfaltung des Freihandels und nicht so sehr auf die Entwicklung der weltweiten Demokratie richten.[31] Handelbeziehungen und Menschenrechtsfragen müßten demzufolge entkoppelt werden.[32] Nach Auffassung einiger Ökonomen hätten sich die asiatischen Länder daher rational verhalten, wenn sie sich nicht von den westlichen Industrienationen die Einhaltung der Menschenrechte diktieren ließen. Zugleich werden die Menschenrechtsaktivisten bezichtigt, die Beziehungen zwischen den Industrieländern und den asiati-

---

[28] *M. Krauss*, How Nations Grow Rich, S. 50.

[29] Vgl. z. B. *J. B. Donges*, Deutschland in der Weltwirtschaft, S. 78; *A. Knorr*, Globalisierung, in: Wirtschaftswissenschaftliches Studium (WiSt) 27, Heft 5, Mai 1998, S. 238-243, insbes. S. 241 f.; *D. Lal*, Social Standards and Social Dumping, S. 255 ff.

[30] Vgl. hierzu etwa die Diskussion von *W. Lachmann*, Interdependenzen von marktwirtschaftlichem und demokratischen System, in: R. Haupt/W. Lachmann (Hrsg.), Selbstorganisation in Markt und Management?, 1995, S. 37-49.

[31] Vgl. *R. J. Barro*, Democracy: A Receipt for Growth?, Wall Street Journal, Dec. 1, 1994, op. cit. *M. Krauss*, How Nations Grow Rich, S. 98.

[32] Vgl. *J. Bhagwati*, Trade Linkage and Human Rights, in: J. Bhagwati/M. Hirsch (Eds.), The Uruguay Round and Beyond. Essays in the Honour of Arthur Dunkel, 1998, S. 241-250.

schen Schwellenländern nachhaltig zu stören und den Interessen des Westens letztlich zu schaden.[33]

Aus diesen ökonomisch fundierten Überlegungen ließe sich für die Multinationalen Unternehmen zunächst folgendes Fazit ziehen: Die MNUs dürften dem Imperativ der optimalen Kapitalverwertung ohne Einschränkung folgen und könnten sich sogar noch darauf berufen, einen positiven Beitrag zur Entwicklung der Länder der dritten Welt zu leisten. Je nach örtlicher Bedingungslage wären sie dazu vermächtigt, fehlende gesetzliche Schutzbestimmungen schlicht auszunutzen bzw. auf die Nichtdurchsetzung sanktionsbewehrter Regelungen zu kalkulieren. Jedenfalls hätten sie keinen Anlaß, sich für die Geltung und Durchsetzung solcher Regelungen einzusetzen, solange ihre eigenen ökonomischen Interessen nicht berührt wären. Dies wäre vielmehr eine Sache der Politik in den betreffenden Staaten, ganz im Sinne der liberalistischen *Trennung von Staat und Wirtschaft*.

V. Die Rahmenordnung als Voraussetzung ökonomischer Tauschprozesse

Wer für Freihandel eintritt, darf nun allerdings nicht übersehen, daß dieser nicht voraussetzungslos funktioniert, sondern an die institutionellen Bedingungen des marktwirtschaftlichen Koordinationsmechanismus gekoppelt ist. Dieser entfaltet sich erst in der gewünschten Weise innerhalb einer (politisch) vorgegebenen Rahmenordnung.[34] Der Begriff der *Rahmenordnung* definiert die Regeln, die gegeben sein müssen, damit sich „Ordnung" als Ergebnis marktlicher Austauschprozesse einstellt. Die Rahmenordnung soll sicherstellen, daß die Akteure ihre privaten Interessen verfolgen können, *ohne* dabei das gesellschaftlich wünschenswerte Gesamtergebnis, wirtschaftlicher Wohlstand und sozialer Friede, eigens ins Kalkül zu ziehen.[35] Für die Erreichung dieser Ziele würde – bei Vorliegen der Voraussetzungen – dann die „unsichtbare Hand des Marktes" (Adam Smith) sorgen.

Damit dieses Zusammenspiel zwischen Rahmenordnung und den individuellen Handlungen funktioniert, müßte allerdings die Rahmenordnung eine Reihe

---

[33] Vgl. *M. Krauss*, How Nations Grow Rich, S. 52; *A. Rugman*, The End of Globalization.

[34] Mit dieser Problematik hat sich insbesondere der „Ordo-Liberalismus" beschäftigt, vgl. *F. Böhm*, Privatrechtgesellschaft und Marktwirtschaft, in: ORDO, Jahrbuch für die Ordnung von Wirtschaft und Gesellschaft 17 (1966), S. 75-151; *W. Eucken*, Die Grundlagen der Nationalökonomie, 9. Aufl. 1939/1989; sowie in kritischer Distanz auch *K. Homann*, Rationalität und Demokratie, 1988.

[35] Vgl. im Überblick *B. Peters*, Rationalität, Recht und Gesellschaft, S. 53 ff.

von *formalen Funktionsbedingungen* erfüllen.[36] Insbesondere müßten die Regeln für alle Akteure gleich sein; sie müßten ihnen bekannt sein und auch anerkannt werden. Zugleich müßte für die Durchsetzung und gegebenenfalls Fortentwicklung der Regeln gesorgt werden. Diese formalen Prinzipien sind allerdings so abstrakt gefaßt, daß aus ihnen nicht auf die *materialen Inhalte* der Rahmenordnung geschlossen werden kann. Ein Blick in die ökonomische Literatur zeigt dementsprechend, daß die Autoren, was die Inhalte der Rahmenordnung anbetrifft, ganz und gar uneins sind. Dies zeigt sich insbesondere an der Debatte um das Verhältnis zwischen Markt und Staat bzw. um jene Aufgaben, die sinnvollerweise vom Staat übernommen werden sollen.[37] Die Konzepte reichen vom „Nachtwächterstaat" (Ferdinand Lasalle), in dem nur die körperliche Unversehrtheit vom Staat zu schützen sei, über Institutionen zur Sicherung von Eigentum, Vertragsfreiheit und Privatautonomie bis hin zu umfangreichen Katalogen von Staatsaufgaben, wie sie zum Beispiel von den (geistigen) Gründervätern der „sozialen Marktwirtschaft" ausgearbeitet wurden.[38]

Wie aber nun sollen die materialen Inhalte der Rahmenordnung genau bestimmt werden und welche Verfahren sind dabei zugrundezulegen? – Diese Frage betrifft die *Konstitution der Gesellschaft* über die Regeln des politischen Prozesses, in dessen Verlaufe sich die Gesellschaft eine *Rahmenordnung* gibt. Welchen Beitrag liefert der Liberalismus zur Beantwortung dieser Frage?

Wesentliches Kennzeichen des *Liberalismus* ist es, daß er die Entstehung der Gesellschaft konsequent vom Individuum her denkt (methodologischer Individualismus).[39] Nach liberaler Auffassung ist das *Individuum* vor jeder Vergesellschaftung mit dem Grundrecht auf *freie Entfaltung der Person* ausgestattet.[40] Dies beinhalte, daß ein jeder seine eigene subjektive, materiale Vorstellung vom

---

[36] Vgl. *K. Homann/F. Blome-Drees*, Wirtschafts- und Unternehmensethik, 1992, S. 27 ff.

[37] Vgl. hierzu im kritischen Überblick *A. G. Scherer*, Die Rolle der Multinationalen Unternehmung im Prozeß der Globalisierung, S. 282 ff.; sowie *B. Peters*, Rationalität, Recht und Gesellschaft, S. 73 ff.; *F. Block*, The Rolls of the State in the Economy, in: N. J. Smelser/R. Swedberg (Eds.), The Handbook of Economic Sociology, 1994, S. 691-710.

[38] Zu einer Minimalstaatskonzeption vgl. z. B. *R. Nozick*, Anarchie, Staat, Utopia, 1976; zum Konzept der „sozialen Marktwirtschaft" dagegen vgl. z. B. *A. Müller-Armack*, Genealogie der Sozialen Marktwirtschaft, 1974; *ders.*, Soziale Marktwirtschaft, in: ders., Wirtschaftsordnung und Wirtschaftspolitik, 2. Aufl. 1976, S. 243-249.

[39] „Man darf nie vergessen, daß der theoretische Ansatz der modernen Ökonomik auf das einzelne Subjekt zentriert ist und die Welt aus dieser Perspektive der vielen einzelnen sieht, die jeweils erst definieren, was ihre Welt, ihre Interessen, ihre Präferenzen und ihre Kosten sind." (*K. Homann*, Rationalität und Demokratie, 1988, S. 164). Vgl. hierzu auch *J. M. Buchanan*, The Limits of Liberty. Between Anarchy and Leviathan, 1975.

[40] Vgl. hierzu *R. Münch*, Globale Dynamik, lokale Lebenswelten, S. 377 ff.

„guten Leben" verwirklichen könne und sich nicht mit anderen darüber abzustimmen bräuchte, was „gutes Leben" überhaupt heißt.[41] Das Individuum ginge die Gemeinschaft mit anderen lediglich zu dem Zweck ein, die maximal mögliche Realisierung seiner eigenen Interessen sicherzustellen. Der Staat, als institutioneller Ausdruck der kollektiven Ordnung, die sich die *Gesellschaft*, im Liberalismus verstanden als „System des marktwirtschaftlich strukturierten Verkehrs der Privatpersonen"[42], gibt, solle genau diesem Zweck dienen. Aus diesem Grunde lautet das liberalistische Credo: „Soviel individuelle Freiheit wie möglich, so wenig Staat wie nötig." Es soll den Individuen weitgehend selbst überlassen bleiben, ihr Leben nach ihren Vorstellungen zu organisieren. Der *Markt* gelte als vorzügliches Instrument, dies zu ermöglichen, da er eine Koordination individueller Handlungen nicht über einen vorgängigen Abgleich der Intentionen, d. h. nicht über einen gemeinsam erarbeiteten Plan, sondern über das Ineinandergreifen der *Folgen* der Handlungen individuell nutzenkalkulierender und autonom planender Akteure sicherstellt.[43] Die *liberale Demokratie* wird in diesem Sinne als eine für die marktliche Koordination funktionale „Herrschaftsform" angesehen. Sie habe die Aufgabe zu erfüllen, „den Staat im Interesse der Gesellschaft zu programmieren"[44], und den Markt, wo immer möglich, zur Geltung kommen zu lassen.

Warum aber sollten rational kalkulierende Individuen, die höchst unterschiedliche private Interessen verfolgen, überhaupt einen Anlaß sehen, sich eine allgemein akzeptierte Ordnung ihres Zusammenlebens zu geben? – Dies deshalb, weil sich, so die Auffassung des Liberalismus, individuelle Freiheit nur unter einer Ordnung verwirklichen ließe, die den einzelnen vor Übergriffen des Kollektivs und zugleich das Kollektiv vor Ausbeutung durch den einzelnen schützt. Die liberale Demokratie und die mit ihr umschriebenen Institutionen und politischen Prozesse seien eine „Herrschaftsform", die dies sicherzustellen in der Lage sei, indem sie eine *rechtliche Rahmenordnung* hervorbringe und permanent stabilisiere. Die Demokratie wird im Liberalismus vertragstheoretisch begründet.[45] Die Bürger willigten einstimmig in einen *Gesellschaftsver-*

---

[41] Vgl. hierzu *B. Peters*, Rationalität, Recht und Gesellschaft, S. 55; *W. Kersting*, Demokratie und Globalisierung, in: ders. Politik und Recht, 2000, S. 186-210, hier insbes. S. 195 f. und S. 198 ff. Das in der Volkswirtschaftslehre gebräuchliche Konzept der „gegebenen Präferenzen" ist im übrigen Ausdruck dieser liberalistischen Grundauffassung.

[42] *J. Habermas*, Drei normative Modelle der Demokratie, in: ders., Die Einbeziehung des Anderen, 1996, S. 277-292, hier S. 277.

[43] Vgl. *F. A. v. Hayek*, Arten der Ordnung, in: ders., Freiburger Studien. Gesammelte Aufsätze, 2. Auflage, 1994, S. 32-46 (Erstveröffentlichung 1963); eine zentrale Planung wäre mit dieser Aufgabe in komplexen Gesellschaften systematisch überlastet.

[44] *J. Habermas*, Drei normative Modelle der Demokratie, S. 277.

[45] Zum evolutionstheoretischen Liberalismus von F. A. von Hayek vgl. dagegen im Überblick *A. Kläver*, Die Verfassung des Marktes, 2000.

trag ein, der die Individuen an Regeln des Zusammenlebens binde und das Verhalten der Akteure wechselseitig erwartbar mache. Erst auf der Basis dieser stabilen Erwartungen könnten die Akteure dann autonome Pläne entwickeln und ihre Interessen verfolgen. In diesem Sinne würde das freiheitliche und wirtschaftliche Handeln erst *innerhalb* der Regeln dieser Rahmenordnung ermöglicht.[46]

Die Gesellschaft etabliert so gesehen mittels des demokratischen Prozesses den „Staat" und seine Institutionen, um Handlungsorgane zu schaffen, deren Aufgaben sich anders nicht bewerkstelligen lassen.[47] Die Individuen willigten in die Konstitution von Institutionen (Verfassung, Rechtsstaat, Gewaltenteilung, Rechtsweggarantie u. a. m.) und die Beschränkung ihrer unbeschränkten Freiheit im „Urzustand" (Rawls) ein, so daß ein System abgestufter Entscheidungskompetenzen und Kontrollinstanzen entsteht, das aber an die Zustimmung aller zum Gesellschaftsvertrag („Konsens") als Leitidee zurückgekoppelt bleibt. Auch die Wirtschaft und mit ihr die ökonomischen Austauschprozesse entfalten sich *innerhalb* dieser politisch vorgegebenen Ordnung.

Diese Überlegungen bilden die Grundlage für ein *liberales Demokratieverständnis* und liefern die Legitimationsbasis für eine optimale Entfaltung des Marktes, auf dem die privaten Akteure ihre Interessen zur Geltung bringen und

---

[46] So z. B. *J. Rawls*, Eine Theorie der Gerechtigkeit, 1975; *ders.*, Die Idee des politischen Liberalismus, 1992; *ders.*, Politischer Liberalismus, 1998. *Rawls* begründet die liberale Demokratie durch ein *Gedankenexperiment*, indem er nachfragt, welche Ordnung sich freie und gleiche Bürger, die an der optimalen Durchsetzung ihrer individuellen Interessen interessiert sind, geben würden. Grundidee ist dabei, daß nur eine solche Ordnung Stabilität sichern würde, die von allen anerkannt wird. Um eine von partiellen Interessen losgelöste und allgemeine Zustimmung erzielende Antwort zu gewinnen, müsse man sich gedanklich an den Anfang des wirtschaftlichen Austauschprozesses versetzen, in eine Art „Urzustand" also, in dem Ungewißheit darüber herrscht, welche Eigenschaften und welche Stellung die Akteure im Zuge des Austauschprozesses haben werden, und aus dieser Perspektive die Bedingungen gemeinsamer Ordnung bestimmen. Für *Rawls* ist eine solche Ordnung gekennzeichnet durch ein System gleicher Grundfreiheiten für alle (politische Freiheiten, Recht auf Eigentum etc.) und die Zulässigkeit von Ungleichheit nur unter qualifizierten Bedingungen. *J. Buchanan* ist ein weiterer bedeutsamer Vertragstheoretiker. Er hält die Gleichheitsannahme von *Rawls* für unrealistisch und wählt daher einen anarchischen Zustand als gedanklichen Ausgangspunkt, in dem es für alle Akteure wünschenswert sei, sich auf einen gemeinsamen Ordnungsrahmen zu einigen, da dieser ein ungleich größeres Freiheitspotential für den einzelnen garantiere, indem er die einzelnen vor willkürlichem Handeln der anderen schütze. Vgl. *J. Buchanan*, The Limits of Liberty; *ders.*, Freedom in Constitutional Contract, 1977; vgl. hierzu auch *K. Homann*, Rationalität und Demokratie; *ders.*, Demokratie, in: G. Enderle/K. Homann/M. Honecker/W. Kerber/H. Steinmann (Hrsg.), Lexikon der Wirtschaftsethik, 1993, S. 186-198; *ders./F. Blome-Drees*, Wirtschafts- und Unternehmensethik, S. 54 ff.; *M. Leschke*, Die Beiträge von John Rawls und James M. Buchanan zur liberalen Gestaltung einer demokratischen Grundordnung, in: I. Pies/M. Leschke (Hrsg.), John Rawls' politischer Liberalismus, 1995, S. 63-91.

[47] Vgl. *K. Homann*, Demokratie, Sp. 192.

ihre Handlungen allein anhand der Folgen koordinieren, *ohne* sich vorgängig auf gemeinsame Intentionen oder gar auf ein gemeinsames Konzept des „guten Lebens“ verständigt zu haben. Aus diesem Grunde bleibt die liberale Rahmenordnung hinsichtlich ihres *materialen Gehalts* eigentümlich leer. Die Akteure können sich nämlich aus liberaler Perspektive gar nicht auf eine gemeinsame Vorstellung „guten Lebens“ verständigen.[48] Sie lassen sich allenfalls auf formale Verfahren ein, deren materiale Ergebnisse Ausfluß historisch kontingenter Machtverteilungen sind und allenfalls zufällige Übereinstimmungen „gegebener Präferenzen“ signalisieren[49]. Die Gegenstände dieser Verfahren sind prinzipiell keiner *Verständigung* über die Frage, wie wir gemeinsam überhaupt leben wollen, zugänglich. Ob und in welcher konkreten Ausprägung also z. B. die Sicherung des Existenzminimums, die Koalitionsfreiheit, die Einhaltung bestimmter Sicherheits- oder Umweltstandards, das Verbot der Kinderarbeit etc. Bestandteile der Rahmenordnung sein sollen, kann erst als Ergebnis eines politischen Entscheidungsprozesses bestimmt werden, der im Liberalismus aber gar nicht anders als ein *Machtprozeß* interessenkalkulierender Akteure verstanden werden kann[50]:

> „Indem ... [das liberale Gesellschaftsmodell] alle Gemeinsamkeiten auf das gemeinsame Interesse an einem Verfahren reduziert, das die weitestmögliche Verwirklichung der größtmöglichen Zahl von Interessen erlaubt, überläßt es die Art und Weise, in der wir zusammenleben und unser Leben führen einer unendlichen Zahl von Einzelentscheidungen und Einzelkämpfen, ohne uns jemals die Chance zu gewähren, das Ganze unseres Lebens in den Blick zu nehmen und nach gemeinsamer Reflexion gemeinsam zu entscheiden, wie wir es führen wollen, in welcher Welt wir überhaupt leben wollen.“[51]

[48] Vgl. z. B. *G. B. Madison*, Self-Interest, Communalism, Welfarism, in: H. Giersch (Ed.), Merits and Limits of Markets, 1998, S. 3-27; sowie kritisch zu diesem Argument *U. Thielemann*, Das Prinzip Markt. Kritik der ökonomischen Tauschlogik, 1996.

[49] Vgl. hierzu kritisch *W. Kersting*, Demokratie und Globalisierung, S. 198 ff.

[50] Konsequenterweise verstehen viele Anhänger des Liberalismus den politischen Prozeß ebenso als einen marktlichen Austauschprozeß, bei dem die Politiker auf dem Markt für Wählermeinungen miteinander konkurrieren und Entscheidungen treffen, die eine Maximierung ihrer Wählerstimmen ermöglichen sollen („Political Economics“); vgl. hierzu z. B. *B. S. Frey*, Internationale Politische Ökonomie, 1981; *M. Olson*, Aufstieg und Niedergang von Nationen. Ökonomisches Wachstum, Stagflation und soziale Starrheit, 1985; *D. C. Mueller*, Public Choice II. A Revised Edition of Public Choice, 1989.

[51] *R. Münch*, Globale Dynamik, lokale Lebenswelten, S. 370.

VI. Die Multinationale Unternehmung: Ökonomischer oder politischer Akteur?

Die entscheidende Frage, die sich nun anschließt, lautet wie folgt: Ist die Auffassung der ökonomischen Theorie gerechtfertigt, die Multinationale Unternehmung ausschließlich als einen ökonomisch kalkulierenden Akteur zu verstehen, der innerhalb einer exogen vorgegebenen rechtlichen Rahmenordnung seinen Nutzen ohne Einschränkung durch moralische Erwägungen maximieren darf? – Ich nehme meine Antwort auf diese Frage gleich vorweg: Diese Auffassung ist nicht gerechtfertigt, die Unternehmung muß auch als ein politischer Akteur verstanden werden und muß somit ihrer ethisch-politischen Verantwortung gerecht werden.[52]

Die ökonomische Theorie und der ihr zugrundeliegende Liberalismus gehen, wie ich im vorherigen Abschnitt gezeigt habe, von einer strikten *Trennung der politischen von der ökonomischen Sphäre* aus.[53] Die Rahmenordnung, innerhalb der sich unternehmerisches Handeln erst entfaltet, wird der Wirtschaft von der Politik vorgegeben.[54] Die liberalen Ordnungstheorien fußen auf der Grundidee, daß Politik gleichsam als das *Setzen* von „Spielregeln" und Wirtschaft als die *Ausführung* von „Spielzügen" als zwei systematisch voneinander getrennte Sphären betrachtet werden können.[55] Eine so verstandene Vorordnung der Politik bedeutet aber, wirtschaftliches Handeln als Mittel für bestimmte, politisch definierte Zwecke anzusehen. Der Liberalismus muß deshalb als eine *politische* Idee verstanden werden, die insbesondere durch wirtschaftliches Handeln reali-

---

[52] Vgl. hierzu auch schon *H. Steinmann/A. Löhr*, Unternehmensethik – ein republikanisches Programm in der Kritik, in: Forum für Philosophie Bad Homburg (Hrsg.), Markt und Moral. Die Diskussion um die Unternehmensethik, 1994, S. 145-180; *H. Steinmann/A. G. Scherer*, Die internationale Unternehmung als moralischer Aktor. Bemerkungen zu einigen normativen Grundlagenproblemen des interkulturellen Managements, in: J. Engelhard (Hrsg.), Interkulturelles Management, 1997, S. 23-53; *dies.*, Intercultural Management Between Universalism and Relativism. Fundamental Problems in International Business Ethics and the Contribution of Recent German Philosophical Approaches, in: S. Urban (Ed.), Europe in the Global Competition, 1997, S. 77-143; *dies.*, Freiheit und Verantwortung in einer globalisierten Wirtschaft, in: H. Hungenberg/B. Schwetzler (Hrsg.), Unternehmung, Gesellschaft und Ethik. Erfahrungen und Perspektiven, 2000, S. 93-115; sowie hinsichtlich dieser Position verwandt *P. Ulrich*, Integrative Wirtschaftsethik, 1997.

[53] Der folgende Abschnitt basiert auf Überlegungen, die Albert Löhr maßgeblich mitentwickelt hat, vgl. *A. G. Scherer/A. Löhr*, Verantwortungsvolle Unternehmensführung im Zeitalter der Globalisierung. Einige kritische Bemerkungen zu den Perspektiven einer liberalen Weltwirtschaft, in: B. N. Kumar/M. Osterloh/G. Schreyögg (Hrsg.), Unternehmensethik und Transformation des Wettbewerbs: Shareholder Value, Globalisierung, Hyperwettbewerb. Festschrift für Horst Steinmann, 1999, S. 261-289.

[54] Vgl. *K. Homann/F. Blome-Drees*, Wirtschafts- und Unternehmensethik, S. 54 ff.

[55] Vgl. *K. Homann/F. Blome-Drees*, Wirtschafts- und Unternehmensethik, S. 20 ff.; sowie kritisch *R. Münch*, Globale Dynamik, lokale Lebenswelten, S. 377 ff.

siert werden soll.[56] Die Freistellung der individuellen Nutzenkalkulation ökonomischer Akteure erfolgt nämlich nicht willkürlich. Vielmehr sollen mit ihr bestimmte politische Ideale verfolgt werden. Dies sind z. B. die Maximierung der individuellen Freiheit und davon abgeleitet Chancengleichheit, Interessenausgleich, Tauschgerechtigkeit und Steigerung der Gesamtwohlfahrt.[57]

Ob nun eine konkrete inhaltliche Ausprägung der Rahmenordnung diese Ideale zu realisieren vermag, muß rein *politisch* beurteilt werden.[58] Unterstellt man dabei, daß die Wirtschaft der gesamten Gesellschaft und nicht etwa bloß partikularen Machtinteressen dienlich sein soll, dann hat man das Problem der Gestaltung der Rahmenordnung bereits als eine ethisch-politischen Frage verstanden.

Die Unternehmen haben sich im liberalen Denkmodell allerdings ausschließlich an ihrem ökonomischen Interesse zu orientieren, wobei der Möglichkeitsraum effizienter Strategien lediglich in der exogen durch die Politik vorgegebenen Rahmenordnung seine Beschränkung findet. Autonome ethisch-politische Erwägungen *sollen* daher im Handeln der Unternehmen gar keine Rolle spielen.[59] Dies gilt aufgrund der strikten Trennung von Wirtschaft und Politik. Ethik, so die Vorstellung des Liberalismus, sei eine Sache der Politik, nicht der Unternehmen.[60]

Die liberale Konzeption muß nun aber im Kontext der Globalisierung in ernste Schwierigkeiten geraten, wenn sich die Trennung von Wirtschaft und Politik nicht mehr durchhalten läßt. Es läßt sich nämlich mittlerweile immer häufiger beobachten, daß die Bemühungen nationalstaatlicher Gesetzgeber um die Gestaltung einer politisch definierten Rahmenordnung zu kurz greifen, dies um so mehr, je mehr sich die Staaten einem „Standortwettbewerb“ ausgesetzt sehen und sich die wirtschaftlichen Aktivitäten dem Regelungsbereich nationalstaatlicher Politik und Gesetzgebung nach Belieben entziehen.[61] Hinzu kommt der Befund, daß manche Nationalstaaten überhaupt keine demokratisch verfaßten Rahmenordnungen und rechtsstaatliche Institutionen ausgebildet haben. Zugleich ist die Hoffnung auf die Entwicklung sanktionsmächtiger transnationaler

---

[56] Vgl. dazu neuerdings *J. Rawls*, Politischer Liberalismus.

[57] Vgl. *K. Homann/F. Blome-Drees*, Wirtschafts- und Unternehmensethik, S. 47 ff.; sowie allgemein *J. Rawls*, Politischer Liberalismus.

[58] Vgl. *W. Kersting*, Analyse, Konstruktion und Verstehen, in: *ders.*, Politik und Recht, S. 60 – 112, insbes. S. 76 ff. und S. 96 ff.

[59] Vgl. so schon Adam Smith 1776; vgl. *A. Smith*, Der Wohlstand der Nationen. Eine Untersuchung seiner Natur und seiner Ursachen, 1978 (Erstveröffentlichung 1776).

[60] Vgl. *K. Homann/F. Blome-Drees*, Wirtschafts- und Unternehmensethik.

[61] Vgl. hierzu kritisch z. B. *U. Beck*, Was ist Globalisierung?, S. 14.

Institutionen, einer globalen Rahmenordnung also, zumindest vorerst praktisch aussichtslos.[62]

Nun ist dieser Befund für manche Anhänger des Liberalismus ein willkommener Anlaß, die Forderung zu unterstreichen, daß die Gestaltungskraft für die Spielregeln im internationalen Geschäftsverkehr weg von der Politik und hin zur Wirtschaft, hin zu den *Unternehmungen* zu wandern hätte.[63] Die Multinationalen Unternehmen schaffen sich ja quasi ihre eigenen Rahmenbedingungen, indem sie – so in manchen Staaten – in einem rechtsfreien Raum agieren, oder, indem sie Standortdifferenzen klug zu ihrem Vorteil ausnutzen und darüber hinaus der Politik diktieren, wie günstige Handlungsbedingungen auszusehen hätten.

Der Liberalismus muß damit aber mit seiner eigenen Theorieanlage in Konflikt geraten, wenn er nämlich im Zuge der Globalisierung die Gestaltung nationalstaatlicher oder globaler Rahmenordnungen vollständig in der Verhandlungsmasse ausschließlich ökonomisch kalkulierender Multinationaler Unternehmen aufgehen läßt. Wenn nämlich die „Multis" nicht mehr länger in ihrer Rolle als *Ausführende* von Spielzügen gesehen werden, sondern an der *Gestaltung* der Spielregeln selbst beteiligt sind, so werden sie unbestreitbar von einem ökonomischen zu einem *politischen Akteur*. Mit dieser Auffassung also ebnet der Liberalismus die konstitutive Grundunterscheidung seiner eigenen Ordnungstheorie wieder ein: die Trennung von Wirtschaft und Politik.[64]

VII. Problembereiche einer liberalen Theorie der (Welt-) Gesellschaft

Damit die Vorteile der internationalen Arbeitsteilung und des freien Handels genutzt und die unerwünschten Nebenwirkungen der Globalisierung abgefedert werden können, darf sich demokratische Ordnungspolitik nicht bloß auf den nationalen Rahmen beschränken.[65] Vielmehr muß auch auf globaler Ebene ein Ordnungsrahmen etabliert und in geeigneter Weise ausgestaltet werden, damit sich die gewünschten Ergebnisse, wirtschaftliche Prosperität und sozialer Frie-

---

[62] Vgl. *J. Habermas*, Die postnationale Konstellation und die Zukunft der Demokratie, S. 91-169; *R. Münch*, Globale Dynamik, lokale Lebenswelten; *A. G. Scherer*, Die Rolle der Multinationalen Unternehmung im Prozeß der Globalisierung, S. 221 ff.

[63] Vgl. z. B. *K. Homann/U. Gerecke*, Ethik der Globalisierung. Zur Rolle der multinationalen Unternehmung bei der Etablierung moralischer Standards, in: M. Kutschker (Hrsg.), Perspektiven der internationalen Wirtschaft, 1999, S. 429-457.

[64] Vgl. hierzu kritisch *J. Habermas*, Strukturwandel der Öffentlichkeit, Neuauflage, 1990, S. 86 ff.; *A. G. Scherer*, Die Rolle der Multinationalen Unternehmung im Prozeß der Globalisierung, S. 296 ff. und S. 428 ff.

[65] Vgl. so auch *M. E. Streit*, Theorie der Wirtschaftspolitik, 4. Aufl. 1991, S. 58 ff.

de, dauerhaft einstellen. Anhänger des Liberalismus und Globalisierungsskeptiker sind sich in diesem Ziel einig. Dieser *globale Ordnungsrahmen* kann als Ergänzung und partielles Substitut nationalstaatlicher Regelungssysteme verstanden und muß in diesem Sinne (fort-)entwickelt werden. Es ist bekannt, daß die Ordnungskraft des Nationalstaates mit der zunehmenden „Entgrenzung der Wirtschaft" schwindet. Das von manchen Autoren beschworene „Ende des Nationalstaates"[66] scheint dabei aber übertrieben. Der Nationalstaat wird auch in Zukunft wichtigstes Medium gesellschaftlicher Integration bleiben. Jedoch ist unstrittig, daß der Staat in vielen seiner Funktionen durch die Globalisierung nachhaltig gestört wird.[67] Aus diesem Grunde scheint eine intensive Beschäftigung mit den Möglichkeiten und Grenzen supranationaler Ordnungsrahmen angezeigt, um dem wirtschaftlichen Handeln einen neuen, der Globalisierung angemessenen politischen Rahmen zu geben.[68]

Unklar ist allerdings, wie der Weg dorthin theoretisch untermauert werden soll. Die (neo)liberale Lehre würde hier streng besehen lediglich die Errichtung institutioneller Voraussetzungen zu einer juristischen Gleichbehandlung in- und ausländischer Wirtschaftssubjekte fordern, sonst aber keine weiteren inhaltlichen Hinweise liefern.[69] Dies deshalb, weil nach ihrer Auffassung globale Ordnungsprobleme „im Prinzip von derselben Struktur sind wie die internen Probleme marktwirtschaftlich geordneter Volkswirtschaften bzw. Gesellschaften."[70] Es verwundert also nicht, wenn der US-amerikanische Ökonom Paul Krugmann zu der Feststellung gelangt, „Trade Negotiators" bräuchten der neoliberalen Theorie zufolge eigentlich über gar nichts zu verhandeln.[71] Die tatsächlich zu beobachtenden politischen Verhandlungen auf supranationaler Ebene über Zölle, Kontingente, nichttarifäre Handelsbeschränkungen sowie über Ausnahmere-

---

[66] Vgl. insbesondere *K. Ohmae*, The End of the Nation State, 1995.

[67] Vgl. *M. Albrow*, Abschied vom Nationalstaat, 1998; *U. Beck*, Was ist Globalisierung?, 1997; *J. Habermas*, Die postnationale Konstellation und die Zukunft der Demokratie; *S. Strange*, The Retreat of the State, 1996.

[68] Vgl. z. B. *R. Falk*, Predatory Globalization, S. 125 ff.; *J. Habermas*, Die postnationale Konstellation und die Zukunft der Demokratie; *D. Held/A. McGrew/D. Goldblatt/J. Perraton*, Global Transformations, 1999, S. 436 ff.; *M. Hewson/T. J. Sinclair* (Eds.), Approaches to Global Governance Theory, 1999; *R. Münch*, Globale Dynamik, lokale Lebenswelten, S. 415 ff.; *D. de Pury*, Drawing National Democracies Towards Global Governance, in: J. Bhagwati/M. Hirsch (Eds.), The Uruguay Round and Beyond, 1998, S. 171-180; *E. Richter*, Der Zerfall der Welteinheit, 1992; *D. Shelton* (Ed.), Commitment and Compliance, The Role of Non-binding Norms in the International Legal System, 2000; *M. Zürn*, Regieren jenseits des Nationalstaates, 1998.

[69] Vgl. *M. E. Streit*, Theorie der Wirtschaftspolitik, S. 61; *F. Block*, The Rolls of the State in the Economy, S. 703 ff.

[70] *K. Homann/F. Blome-Drees*, Wirtschafts- und Unternehmensethik, S. 82.

[71] Vgl. *P. R. Krugman*, What Should Trade Negotiators Negotiate About?, in: Journal of Economic Literature 35 (1997), S. 113-120.

gelungen beruhten demzufolge auf Irrtümern von Politikern und ihrer Wähler, die den Sinn der Freihandelstheorie noch nicht verstanden hätten.[72]

Bei einer näheren Betrachtung zeigt sich allerdings, daß die *liberale Konzeption der Rahmenordnung* einige beträchtliche theoretische *Probleme* aufweist, die insbesondere dann zutage treten, wollte man den Liberalismus umstandslos für die Entwicklung und Durchsetzung einer globalen Rahmenordnung fruchtbar machen.[73] Einige kurze Hinweise mögen hier genügen:

(1) Ein erstes Problem zeigt sich ganz deutlich an der oben beschriebenen vertragstheoretischen Demokratiekonzeption und dem ihr zugrunde liegenden *methodologischen Individualismus*.[74] Das Individuum wird in der Weise konzeptionalisiert, daß es mit *gegebenen* Präferenzen ausgestattet ist, die nicht noch einmal transzendiert werden können. Für die anderen Akteure bedeutet dies, daß jeder die Existenz seiner Mitmenschen und deren Wertvorstellungen anerkennen muß.[75] Das Individuum ist hinsichtlich seiner Interessen und Wertvorstellungen gleichsam fix und fertig ausgestattet und in seiner autonomen Interessenlage auch nicht mehr von außen beeinflußbar. Aus diesem Grunde ist der von den Vertragstheoretikern verwendete „Konsens"-Begriff *nicht* im Sinne einer in wechselseitigen Anstrengungen *hergestellten Gemeinsamkeit*, die auf die Einsicht in die Qualität der vorgebrachten Argumente beruht[76], zu verstehen, sondern impliziert eine *zufällige Übereinstimmung* nach Maßgabe der *gegebenen* Präferenzen nutzenkalkulierender Akteure.[77]

---

[72] Vgl. hierzu auch die polemischen Abhandlungen über Globalisierungsskeptiker in *P. R. Krugman*, Pop Internationalism, 1996.

[73] Vgl. *Ch. Chwaszcza/W. Kersting* (Hrsg.), Politische Philosophie der internationalen Beziehungen, 1998; *A. Kopke*, Rechtsbeachtung und -durchsetzung in GATT und WTO, 1997.

[74] Vgl. *J. M. Buchanan*, The Limits of Liberty; *ders.*, Freedom in Constitutional Contract.

[75] Vgl. *J. M. Buchanan*, The Limits of Liberty, S. 2.

[76] Zum Begriff der „Einsicht" im Unterschied zur „Zustimmung" vgl. *F. Kambartel*, Wahrheit und Begründung, 1997, S. 5 ff.

[77] „Es ist nämlich, so die Behauptung Buchanans, nicht etwa äußerlich unmöglich, sondern schon vorher denkunmöglich, daß Individuen Werte anderer Individuen als Werte anderer Individuen begreifen und zu ihren eigenen Werten machen könnten. Wenn sie meinen, dies zu tun – sei es, daß sie meinen[,] einen Herrschaftsanspruch zu hegen, aus Solidarität zu handeln oder auch die Rechte anderer aus Pflicht nicht verletzen zu wollen –, so verfolgen sie bei Licht besehen doch stets ihre je eigenen, unhintergehbaren Wertvorstellungen bzw. Interessen." (*U. Thielemann*, Das Prinzip Markt, S. 131, Hervorhebungen des Orginals hier unterlassen) Diese Tatsache wird von den neoliberalen Ökonomen allerdings nicht weiter als Problem angesehen, sondern vielmehr als ein Hinweis darauf, daß auch die Demokratietheorie Buchanans sich innerhalb des geschlossenen ökonomischen Denkansatzes bewegt (vgl. z. B. *K. Homann*, Rationalität und Demokratie, S. 164).

Eine Demokratietheorie, die die Interessen der Akteure nicht weiter hinterfragt, muß allerdings schon in intrakultureller Perspektive in methodische Schwierigkeiten geraten.[78] Im interkulturellen Kontext jedoch, wo radikal verschiedene Wertvorstellungen aneinander geraten können, ist nicht zu erwarten, daß der Bereich zufälliger Übereinstimmung hinreichend groß genug ist, um die Basis für eine friedliche Gemeinsamkeit abzugeben.[79] Vielmehr müssen die Akteure ihre eigenen Interessen vor dem Hintergrund der potentiell legitimen Ansprüche ihrer Interaktionspartner transzendieren. Dies erfordert die Fähigkeit, die Interessen anderer und deren Handlungsgründe zu verstehen und gegebenenfalls diese Gründe um des Friedens willen auch zu den eigenen zu machen, um ein Stück Gemeinsamkeit zu allererst herzustellen.[80] Diese so verstandene „Einsicht" muß letztlich auch von den streng ökonomisch argumentierenden Anhängern der vertragstheoretischen Demokratiekonzeption in Anspruch genommen werden[81], hat aber im Gedankengebäude des Liberalismus keinen Platz. Recht besehen müssen nämlich der Erwerb und die Veränderung von Interessen und Wertvorstellungen als ein *kulturell beeinflußbarer Entwicklungsprozeß* begriffen werden, der potentiell niemals abgeschlossen sein kann. Insofern steht die Exogenisierung der Präferenzen, wie sie im Liberalismus erfolgt, einer interkulturellen Begründung der Demokratie systematisch im Wege.

(2) Ein weiteres Problem des Liberalismus liegt in dessen „top-down" durchkonstruierter Theorieanlage, die nicht etwa in historisch gegebenen *praktischen* Problemen, sondern in *gedanklichen* Konstruktionen ihren Anfang nimmt („Anfang von oben"), und daher von Kultur und Geschichte völlig abstrahiert. Dieser Sachverhalt hängt u. a. mit dem oben schon beschriebenen methodologi-

---

[78] Vgl. *K. Homann*, Rationalität und Demokratie, S. 159 ff., zur Kritik insbes. S. 177 ff.; sowie kritischer *P. Ulrich*, Transformation der ökonomischen Vernunft, 1986, S. 253 ff.; *W. Kersting*, Demokratie und Globalisierung, S. 198 ff.

[79] Siehe hierzu die Beiträge in *H. Steinmann/A. G. Scherer* (Hrsg.), Zwischen Universalismus und Relativismus. Philosophische Grundlagenprobleme des interkulturellen Managements, 1998; sowie insbes. *dies.*, Interkulturelles Management zwischen Universalismus und Relativismus. Kritische Anfragen der Betriebswirtschaftslehre an die Philosophie, in: dies. (Hrsg.), Zwischen Universalismus und Relativismus, S. 23-87.

[80] Vgl. *H. Wohlrapp*, Konstruktive Anthropologie als Basis eines Konzepts von Kulturpluralismus?, in: E. Jelden (Hrsg.), Prototheorien – Praxis und Erkenntnis, 1995, S. 149-163; *ders.*, Die Suche nach einem transkulturellen Argumentationsbegriff. Resultate und Probleme, in: H. Steinmann/A. G. Scherer (Hrsg.), Zwischen Universalismus und Relativismus. Philosophische Grundlagenprobleme des interkulturellen Managements, 1998, S. 240-290. Dies darf nicht als eine totale „Vereinheitlichung" mißverstanden werden. Es geht darum, eine gemeinsame Basis zu schaffen, ohne die sich individuelle Freiheit gar nicht friedlich entfalten kann.

[81] So konzidieren etwa *K. Homann/F. Blome-Drees*, Wirtschafts- und Unternehmensethik, S. 91: „Ein Gemeinwesen, das nicht von der freien und in Einsicht begründeten Zustimmung seiner Bürger getragen ist, muß in schwere gesellschaftliche Krisen geraten."

schen Individualismus zusammen. Das autonome Individuum wird nämlich als Träger von Rechten (und Pflichten) angesehen, die mit universalistischen, geschichts- und kulturunabhängigen Prinzipien begründet werden.[82] Der Anhänger des (politischen) Liberalismus versteht sich gleichsam als ein „Gerechtigkeitsdesigner, der von einem archimedischen, gesellschafts- und geschichtsjenseitigen Standort aus eine allgemeingültige Ordnung des menschlichen Zusammenlebens entwirft und die unverrückbaren Grundsätze der Gerechtigkeit formuliert."[83]

Die Gesellschaften stehen heute im Zeitalter der Globalisierung jedoch mehr denn je vor der *praktischen Frage*, wie die friedliche Koexistenz unterschiedlicher, potentiell im Konflikt liegender Wertvorstellungen innerhalb einer Gesellschaft und zwischen verschiedenen Gesellschaften unter den jeweiligen *historischen* Bedingungen gesichert werden kann. Das Problem besteht darin, Institutionen und Verfahren gesellschaftlicher Integration zu schaffen, mit deren Hilfe der „Pluralismus unverträglicher Zwecke" in eine „Pluralität miteinander verträglicher Lebensformen" überführt werden kann.[84]

In den „westlichen" Gesellschaften hat sich in einem lange währenden, von Kriegen und Konflikten begleiteten Entwicklungsprozeß der demokratische Verfassungsstaat (Republik) als ein politisches Gemeinwesen entwickelt, das die friedliche Koexistenz trotz Wertepluralismus ermöglicht.[85] Die Begründung dieser Form politischen Zusammenlebens verdankt sich zu allererst nicht eines theoretischen Entwurfs wie im Liberalismus, sondern der *praktischen Erfahrung* der Menschen im Umgang miteinander. Es ist daher auch diese praktische Erfahrung, daß friedliches Zusammenleben bei bestimmten Gegebenheiten möglich ist, die den Ausgangspunkt der Theoriebildung für die politischen Wissenschaften abgeben muß.[86] Eine so verstandene politische Theorie liefe dann auch nicht auf die unfruchtbaren Versuche hinaus, Menschenrechte und Demokratie aus universellen Prinzipien abzuleiten und damit implizit oder explizit mit „Letztbegründungsansprüchen" zu überfrachten.[87] Die Demokratie und die

---

[82] Vgl. *W. Kersting*, Einleitung: Probleme der politschen Philosophie der internationalen Beziehungen: die Beiträge im Kontext, in: Ch. Chwaszcza/W. Kersting (Hrsg.), Politische Philosophie der internationalen Beziehungen, 1998, S. 9-69, hier S. 12.

[83] *W. Kersting*, Einleitung, S. 18.

[84] *P. Lorenzen*, Lehrbuch der konstruktiven Wissenschaftstheorie, 1987, S. 234.

[85] Vgl. z. B. *D. Senghaas*, Zivilisierung wider Willen. Der Konflikt der Kulturen mit sich selbst, 1998.

[86] Vgl. *P. Lorenzen*, Lehrbuch der konstruktiven Wissenschaftstheorie, S. 227 ff., sowie ähnlich *F. V. Kratochwil*, Vergeßt Kant! Reflexionen zur Debatte über Ethik und internationale Politik, in: Ch. Chwaszcza/W. Kersting (Hrsg.), Politische Philosophie der internationalen Beziehungen, 1998, S. 96-149; *H. Putnam*, Deweys Politikbegriff – eine Neubewertung, 1997, S. 227-252, 275-277.

[87] Vgl. *D. Senghaas*, Zivilisierung wider Willen, S. 20 f.; *F. V. Kratochwil*, Vergeßt Kant!, S. 103 ff. In der Philosophie wird derzeit über das Verhältnis von Demokratie

mit ihr verbundenen Institutionen, (Menschen-)Rechte etc. müssen vielmehr als Mittel verstanden werden, die sich in konkreten historischen Situationen *praktisch bewährt* haben. So gesehen beanspruchen sie in ihrem jeweiligen historischen Entwurf keine überzeitliche, a-kulturelle Geltung, sondern eine situative und pragmatische Geltung, solange sie zur Wahrung des Friedens beitragen und keine besseren Mittel zur Verfügung stehen.[88] Sie sind damit offen für pragmatische Weiterentwicklungen, die auch und gerade im interkulturellen Kontext geboten scheinen. John Dewey, einer der Begründer der pragmatischen Philosophie, hatte bereits in den zwanziger Jahren für ein solches Verständnis von Demokratie den Begriff der „demokratischen Experimentiergemeinschaft" geprägt.[89]

(3) Mit ihrer Theorieanlage kommen die Anhänger der ökonomischen Theorie schließlich in weitere Schwierigkeiten, wenn es darum geht, die *Stabilität eines Gemeinwesens* zu begründen, auf die das wirtschaftliche Handeln notwendigerweise angewiesen ist. Wirtschaftliches Handeln kann sich erst sinnvoll und dauerhaft entfalten, wenn *Rechtssicherheit* herrscht. Dies erfordert zum einen *Institutionen*, die Recht schaffen und durchsetzen, zum anderen aber auch die *Bereitschaft der Bürger* (und der ökonomischen Akteure!), sich an Recht und Gesetz zu halten.[90]

Diese Bereitschaft kann aber gerade nur dann auf Dauer sichergestellt werden, wenn die Teilhabe am Gemeinwesen und die Anerkennung seiner zur gesellschaftlichen Integration notwendigen Institutionen (Recht etc.) nicht ausschließlich auf nutzenkalkulatorischen Überlegungen beruhen (extrinsische Motivation), sondern auch auf der *(staats-)bürgerlichen Solidarität*, für den anderen gegebenenfalls ohne eigenen Nutzen einzustehen (intrinsische Motivati-

---

und Menschenrechten gestritten. Dabei steht insbesondere zur Disposition, ob Demokratie oder Menschenrechte einen Vorrang vor dem jeweils anderen genießen. Die liberale Position betont den Vorrang der Menschenrechte (vgl. *S. Gosepath*, Zum Verhältnis von Demokratie und Menschenrecht, in: H. Brunkhorst (Hrsg.), Demokratischer Experimentalismus. Politik in der komplexen Gesellschaft, 1998, S. 201-240), die republikanische Position den Vorrang der Demokratie (vgl. *J. Habermas*, Zur Legitimation durch Menschenrechte, in: ders., Die postnationale Konstellation, 1998, S. 170-192; siehe hierzu auch die Beiträge in *S. Gosepath/G. Lohmann* (Hrsg.), Philosophie der Menschenrechte, 1998; *S. Shute/S. Hurley* (Eds.), On Human Rights. The Oxford Amnesty Lectures, 1993).

[88] Vgl. *D. Senghaas*, Zivilisierung wider Willen, S. 21; *W. Welsch*, Vernunft, 1995, S. 741 ff.

[89] Vgl. *J. Dewey*, Die Öffentlichkeit und ihre Probleme, 1996 (Erstveröffentlichung 1927); sowie die Beiträge hierzu in *H. Brunkhorst* (Hrsg.), Demokratischer Experimentalismus. Politik in der komplexen Gesellschaft, 1998.

[90] *K. Homann/F. Blome-Drees*, Wirtschafts- und Unternehmensethik, S. 27 ff., haben die „Anerkennung" der Regeln als formale Funktionsbedingung der Marktwirtschaft ausdrücklich hervorgehoben (s.o.).

on).[91] Diese Solidarität ist die eine Seite der Medaille gesellschaftlicher Integration im Nationalstaat. Sie stützt sich auf eine Form kultureller Integration, die im Liberalismus völlig ausgeblendet wird: „Die neoliberale Theorie rechnet mit Privatrechtssubjekten, die in den Grenzen gesetzlicher Handlungsspielräume nach eigenen Präferenzen und Wertorientierungen ‚tun und lassen, was sie wollen'. Sie brauchen sich wechselseitig nicht füreinander zu interessieren, sind also nicht mit einem moralischen Sinn für soziale Verpflichtungen ausgestattet."[92]

Die legitimierte, auf das Recht gestützte Ausübung staatlicher Gewalt vollendet sich erst im *republikanischen Verfassungsstaat*, in dem die Bürger selbst sich eine durch freie Meinungs- und demokratische Willensbildungsprozesse legitimierte Ordnung geben. Die „Adressaten des Rechts" können sich so „zugleich als dessen Autoren ... verstehen".[93] Das Recht verlangt nämlich, wie vom Liberalismus übersehen wird, von seinen Adressaten, „nicht nur faktische Anerkennung, sondern beansprucht, Anerkennung *zu verdienen*."[94] Dieses Stück republikanischer Legitimation trägt so zur Bereitschaft der Bürger bei, sich an Recht und Gesetz zu halten und stützt damit die Stabilität des Gemeinwesens. Die ökonomische Theorie vertraut dagegen ausschließlich auf externe Anreize und Kontrollen, die durch den unterstellten Opportunismus nutzenkalkulierender Akteure fortwährend in der Gefahr sind, unterlaufen zu werden.[95]

Zusammenfassend ist darauf zu insistieren, daß Rechtssicherheit auch und gerade im interkulturellen Kontext nicht ohne demokratische Institutionen zu haben ist. Die neoliberalen Entwicklungstheorien führen also in die Irre, wenn sie darauf beharren, die ökonomische Entwicklung hätte der demokratischen vorauszugehen.[96] Eine solche Auffassung („Markt vor Politik") läßt sich weder moralisch rechtfertigen, noch ist sie ökonomisch langfristig sinnvoll, wie die Asienkrise 1997/98 gezeigt hat, die durch fehlende demokratische Kontrollmechanismen noch befördert, wenn nicht sogar ausgelöst wurde.[97]

---

[91] Vgl. *J. Habermas*, Die postnationale Konstellation und die Zukunft der Demokratie, S. 99 f.

[92] *J. Habermas*, Die postnationale Konstellation und die Zukunft der Demokratie, S. 142, vgl. auch *R. Münch*, Globale Dynamik, lokale Lebenswelten, S. 363 ff.

[93] *J. Habermas*, Die postnationale Konstellation und die Zukunft der Demokratie, S. 100.

[94] *J. Habermas*, Zur Legitimation durch Menschenrechte, 1998, S. 170-192, hier S. 171.

[95] Vgl. *J. Habermas*, Die postnationale Konstellation und die Zukunft der Demokratie, S. 143.

[96] Vgl. *J. Habermas*, Zur Legitimation durch Menschenrechte, S. 185 f.

[97] Vgl. *J. Buchsteiner*, Abschied von der Kumpanei. Jochen Buchsteiner reiste drei Monate durch Südostasien. Seine Bilanz: Die Krise wurzelt in der Politik, in: Die Zeit, Nr. 14/1998; *T. Sommer*, Amerikanische Herausforderung, asiatisches Wunder, europäi-

VIII. Die Alternative: Multinationale Unternehmen in republikanischer Verantwortung

Die konstitutionelle Begründung einer globalen Rahmenordnung, und damit auch die Perspektive einer globalen Orientierung in ethischen Fragen, ist durch ein Festhalten an liberalen Gesellschaftsentwürfen nur schwer zu erhalten.[98] Als Problemlösung bietet es sich daher an, die Alternative eines recht verstandenen Republikanismus zu entwickeln.[99]

Das Programm des *Republikanismus* basiert auf dem Leitbild einer Bürgergesellschaft, in der die Bürger sich gleichermaßen um ihre privaten und um die öffentlichen Belange kümmern.[100] In dieser Konzeption sollen individuelle Freiheit und kollektive Ordnung nicht mehr wie im Liberalismus als ein Gegensatz verstanden werden, demzufolge sich die Gesellschaft der Privatbürger (Bourgeois) und die staatliche Ordnungsmacht unversöhnlich gegenüberstehen.[101] Vielmehr soll eine Verknüpfung von individueller Freiheit und gesellschaftlicher Einheit durch die *freiwillige Verpflichtung* der Staatsbürger (Citoyen) auf die Belange der öffentlichen Sache, der „res publica", zustande kommen. Das zentrale ethische Ziel, um das es dabei geht, liegt in der *Sicherung des sozialen Friedens*.[102] Die liberalistische Trennung von Staat und Gesellschaft wird auf diese Weise konzeptionell aufgehoben;[103] es kommt zu einer Verschränkung von Politik und Wirtschaft.

Für die Führung Multinationaler Unternehmen hieße dies, daß die Freiheit zum unternehmerischen Handeln sich nicht mehr in ökonomischer Nutzenkalku-

---

scher Niedergang: Wie Weissagungen an der Wirklichkeit zerschellen. Theo Sommer über den Irrtum der Propheten, in: Die Zeit, Nr. 2/1998.

98 Vgl. hierzu auch die Beiträge in *Ch. Chwaszcza/W. Kersting* (Hrsg.), Politische Philosophie der internationalen Beziehungen; sowie *K. Hutchings*, International Theory. Politics and Morality in International Relations, 1999.

99 Die folgenden Ausführungen basieren auf Überlegungen, die Albert Löhr im Rahmen eines von uns gemeinsam verfaßten Papiers maßgeblich mitentwickelt hat, vgl. *A. G. Scherer/A. Löhr*, Verantwortungsvolle Unternehmensführung im Zeitalter der Globalisierung, S. 279 ff.

100 Vgl. eingehend: *H. Münkler*, Republikanische Ethik – Bürgerliche Selbstbindung und politische Mitverantwortung, in: P. Ulrich/A. Löhr/J. Wieland (Hrsg.), Unternehmerische Freiheit, Selbstbindung und politische Mitverantwortung. Perspektiven republikanischer Unternehmensethik, 1999, S. 9-25; sowie speziell für die „Wirtschaftsbürgerethik" *P. Ulrich*, Integrative Wirtschaftsethik, S. 289 ff.

101 Vgl. dazu kritisch *J. Habermas*, Über den internen Zusammenhang von Rechtsstaat und Demokratie, in: ders., Die Einbeziehung des Anderen, 1996, S. 293-304, hier S. 298 ff.; *ders.* Drei normative Modelle der Demokratie, S. 277 ff., *R. Münch*, Globale Dynamik, lokale Lebenswelten, S. 363 ff.

102 Vgl. *P. Lorenzen*, Lehrbuch der konstruktiven Wissenschaftstheorie, S. 239.

103 Vgl. zu dieser Trennung kritisch *K. A. Schachtschneider*, Res publica res populi, S. 159 ff.

latorik erschöpft. Sie muß vielmehr in sozialverträglicher Weise ausgeübt werden, um einen Beitrag zur Sicherung des gesellschaftlichen Friedens zu leisten.[104] Durch die freiwillige Übernahme gesellschaftlicher Verantwortung werden Unternehmen systematisch zu *politisch relevanten Akteuren*. Dies ist der entscheidende Punkt, daß nämlich die rein privatwirtschaftliche Rolle des Unternehmens im Liberalismus durch diese republikanische Wende transzendiert wird hin zu einer gleichermaßen ökonomischen *und* politischen Verantwortung. Der oben skizzierte Widerspruch des Liberalismus kann so überwunden werden.

Verantwortungsvolle Unternehmensführung im Zeitalter der *Globalisierung* darf dieses republikanische Grundverständnis, darf die „öffentliche Sache" allerdings nicht wiederum an den Grenzen nationalstaatlicher oder sonstwie definierter territorialer oder sozialer Einheiten festmachen, sondern muß vom Ideal der gesamten *Weltgesellschaft* als einer bürgerlichen Republik ausgehen.[105] Multinationale Unternehmen müssen demzufolge den globalen sozialen Frieden als Referenzpunkt für ihre politisch motivierten Versuche zur Gestaltung der Wirtschaftsspielregeln heranziehen, um einen ethisch-politischen Anspruch zu erfüllen und nicht bloß als machtpolitische Spieler eigene Interessen durchzusetzen. Es würde den globalen Frieden nämlich stark gefährden, wenn einzelne Multinationale Unternehmen ihre Machtposition dazu benutzten, um die Eigenarten der Sozialsysteme gegeneinander auszuspielen, also zum Beispiel in Deutschland Arbeitnehmer entlassen und dem sozialen Sicherungssystem über-

---

[104] Vgl. *P. Lorenzen*, Philosophische Fundierungsprobleme einer Wirtschafts- und Unternehmensethik, in: H. Steinmann/A. Löhr (Hrsg.), Unternehmensethik, 2. Aufl. 1991, S. 35-67; *H. Steinmann/A. Löhr*, Grundlagen der Unternehmensethik; *dies.*, Unternehmensethik – ein republikanisches Programm in der Kritik; sowie speziell für Multinationale Unternehmen *A. G. Scherer*, Spirale nach unten? Zur Verantwortung multinationaler Unternehmen bei der Etablierung weltweiter Sozial- und Umweltstandards, in: Forum Wirtschaftsethik 5 (1997) 3, S. 11-13; *ders.*, Die Rolle der Multinationalen Unternehmung im Prozeß der Globalisierung; *ders./M. Smid*, The Downwards Spiral and the U.S. Model Business Principles. Why MNEs Should Take Responsibility for the Improvement of World-Wide Social and Environmental Conditions, in: Management International Review 40 (2000) 4, S. 351-371; *H. Steinmann/A. G. Scherer*, Freiheit und Verantwortung in einer globalisierten Wirtschaft.

[105] Vgl. hierzu *J. Habermas*, Kants Idee des ewigen Friedens – aus dem historischen Abstand von 200 Jahren, in: ders., Die Einbeziehung des Anderen, 1996, S. 192-236. Vgl. zur grundsätzlichen Forderung nach einem Weltbürgertum schon *I. Kant*, Zum Ewigen Frieden. Ein philosophischer Entwurf, in: ders., Werke in sechs Bänden, Band VI, ed. W. Weischedel, 1795/1964, S. 195-251, in seiner Schrift „Zum Ewigen Frieden", wo er seine Begründung im Rahmen des transzendentalphilosophischen Ansatzes allerdings im bloßen Denken verankern muß, während wir auf die lebenspraktische Erfahrung im Umgang mit der globalen Vielfalt der Kulturen rekurrieren. Vgl. näher *F. V. Kratochwil*, Vergeßt Kant!; zur Diskussion zwischen Transzendentalpragmatik und Kulturalisten vgl. die Beiträge in *H. Steinmann/A. G. Scherer* (Hrsg.), Zwischen Universalismus und Relativismus, 1998.

antworten, während sie in einem Entwicklungsland vermehrt Arbeitnehmer ohne nennenswerte Sozialbeiträge, Arbeits- und Umweltschutzvorschriften beschäftigen. Die Wahrung des globalen sozialen Friedens im republikanischen Sinne fängt damit an, diese normativen (rechtlichen wie moralischen) Differenzen auch *politisch* ernst zu nehmen und nicht nur nach ihrer *ökonomischen* Vorteilhaftigkeit zu beurteilen.[106]

Die Grundsatzentwürfe einer demokratischen Zivilgesellschaft jenseits des Nationalstaates liegen zwar erst in einigen Skizzen vor,[107] aber es scheint allmählich klar zu werden, daß es darum geht, in Ermangelung eines *Weltstaates* den *Weltbürger* als politisches Subjekt in die Verantwortung für die Gestaltung der Verhältnisse und die Bildung globaler Institutionen zu nehmen.[108] Auf supranationaler Ebene läßt sich sodann auch immer häufiger beobachten, daß private und öffentliche Akteure gemeinsam an der Fortentwicklung der globalen Rahmenordnung mitwirken.[109] Für die *Multinationalen Unternehmen* hieße dies, sie hätten derartige politische Bemühungen zu unterstützen und die Regelungslücke, die der geschwächte Nationalstaat hinterläßt und transnationale Institutionen derzeit nicht zu schließen vermögen, durch *autonomes ethisches Handeln* zu füllen.

In dieser Rolle also versuchen die Unternehmen, das *Recht* in seiner friedensstiftenden Funktion zu stützen, und dies in dreierlei Hinsicht:[110]

---

[106] Vgl. *K. M. Leisinger*, Unternehmensethik – Globale Verantwortung und Modernes Management, 1997; *ders.*, Globalisierung, unternehmensethische Selbstbindung und wohlverstandenes Eigeninteresse, in: P. Ulrich/A. Löhr/J. Wieland (Hrsg.), Unternehmerische Freiheit, Selbstbindung und politische Mitverantwortung. Perspektiven republikanischer Unternehmensethik, 1999, S. 99-118.

[107] Vgl. z. B. *M. Albrow*, Abschied vom Nationalstaat; *U. Beck*, Was ist Globalisierung?; *R. Falk*, Predatory Globalization, S. 125 ff.; *D. Held/A. McGrew/D. Goldblatt/J. Perraton*, Global Transformations, S. 444 ff.; *M. Zürn*, Jenseits des Nationalstaates.

[108] Vgl. *Spiegel*, Weltbürger in der Drehtür, in: Der Spiegel 1/1999, S.154-157; *U. Beck*, Was ist Globalisierung; *ders.* (Hrsg.), Politik der Globalisierung, 1998; *ders.*, Weltbürger aller Länder, vereinigt euch!, in: Die Zeit, Nr. 30, 1998, S. 43; *R. Falk*, Predatory Globalization, S. 153 ff.; *R. Münch*, Globale Dynamik, lokale Lebenswelten, S. 400 ff.

[109] Vgl. hierzu z. B. *D. Held/A. McGrew/D. Goldblatt/J. Perraton*, Global Transformations, S. 444 ff.; *W. H. Reinicke/J. M. Witte*, Globalisierung, Souveränität und internationale Ordnungspolitik, in: A. Busch/T. Plümper (Hrsg.), Nationaler Staat und internationale Wirtschaft, 1999, S. 339-366; *dies.*, Interdependence, Globalization, and Sovereignity: The Role of Non-Binding International Legal Accords, in: *D. Shelton* (Ed.), Commitment and Compliance. The Role of Non-Binding Norms in the International Legal System, 2000, S. 75-100.

[110] Vgl. *H. Steinmann/A. Löhr*, Grundlagen der Unternehmensethik, S. 114 ff.; *H. Steinmann/A. G. Scherer*, Freiheit und Verantwortung in einer globalisierten Wirtschaft, S. 95; *A. G. Scherer*, Die Rolle der Multinationalen Unternehmung im Prozeß der Globalisierung, S. 504 ff.

1. durch die *Anwendung der bestehenden Gesetze* nach Geist und Buchstabe,
2. durch die *Ergänzung der Gesetze*, wenn noch keine Gesetze zur Regelung konkreter Konfliktlagen bestehen, und schließlich
3. durch Bemühungen zur *kritisch-loyalen Fortentwicklung der Gesetze* bzw. der institutionellen Rahmenbedingungen, d. h. insbesondere dort, wo dies im Wirtschaftsverkehr zur Schaffung gleicher Spielregeln geboten erscheint.[111]

Die Aktivitäten der Multinationalen Unternehmen können dabei verschiedene Formen annehmen. So können die Unternehmen nach selbst formulierten bzw. mit kritischen Stakeholdern erarbeiteten ethischen Prinzipien („Codes of Conduct") agieren oder sie können ihre Branchenverbände dazu veranlassen, derartige Prinzipien zu vereinbaren, um die Wettbewerbsneutralität sicherzustellen.[112] Neben diesen Bemühungen zur Konstitution eines „*Soft Law*" können die Unternehmen aber auch ihren Einfluß dazu nutzen, ihre Lieferanten auf die selbst formulierten Standards zu verpflichten bzw. die Regierungen der Länder, in denen sie tätig sind, zur Entwicklung und Einhaltung akzeptabler Handlungsprinzipien oder Gesetze zu veranlassen.[113] Dabei ist ganz klar, daß die Unternehmung ihre ökonomische Rolle transzendieren muß: derartige Aktivitäten überschreiten gleichsam die Privatautonomie der Unternehmung und erfordern eine *politische (staatsbürgerliche) Autonomie*, d. h. den Willen und das Vermögen, an der Gestaltung des Gemeinwesens um der Einheit und nicht (bloß) um des ökonomischen Vorteils willen teilzuhaben.

Daß es sich bei dieser republikanischen Konzeption der Unternehmung als „Bürger" nicht um ein Hirngespinst handelt, sondern daß vielmehr ein solcher Entwurf in der Unternehmenspraxis eine reale Chance hat, ernst genommen zu werden, zeigen die mit „Bürgergesellschaft und Weltwirtschaft" überschriebenen Ausführungen des Vorstandssprechers der Deutschen Bank *Rolf-E. Breuer* aus der Frankfurter Allgemeinen Zeitung vom 4. Januar 1999. Breuer stellt dar-

[111] Zum kritischen Verhältnis zwischen Recht und ethischer Orientierung vgl. z. B. *T. W. Dunfee*, On the Synergistic, Interdependent Relationship of Business Ethics and Law, in: American Business Law Journal 34 (1996), S. 317-326; *L. S. Paine*, Law, Ethics, and Managerial Judgement, in: The Journal of Legal Studies Education 12 (1994), S. 153-169; *A. G. Scherer*, Die Rolle der Multinationalen Unternehmung im Prozeß der Globalisierung, S. 465 ff. und S. 504 ff.; *H. Steinmann/A. G. Scherer*, Corporate Ethics and Management Theory, in: P. Koslowski (Ed.), Contemporary Economic Ethics and Business Ethics, 2000, S. 160 ff.; *C. Stone*, Where the Law Ends, 1975.

[112] Vgl. z. B. *R. Tiemann*, Ethische Branchenstandards, 1999.

[113] Vgl. *W. H. Reinicke/J. M. Witte*, Globalisierung, Souveränität und internationale Ordnungspolitik, in: A. Busch/T. Plümper (Hrsg.), Nationaler Staat und internationale Wirtschaft, S. 339-366; *dies.*, Interdependence, Globalization, and Sovereignity: The Role of Non-Binding International Legal Accords, in: *D. Shelton* (Ed.), Commitment and Compliance, S. 75-100.

in die Frage, welche ethischen Maßstäbe für den Unternehmer, der auf den Weltmärkten agiert, zu gelten haben. Er selbst führt aus:

> „Die Antwort kann nur lauten, daß ein global agierender Unternehmer ohne Maßstäbe jedenfalls seine Ziele nicht erreichen wird, daß er aber weit stärker als bisher herausgefordert ist, Verantwortung für die Entwicklung solcher Maßstäbe zu tragen.“[114]

Zu erwähnen sind schließlich die Ausführungen von UN-Generalsekretär *Kofi Annan* auf dem Davoser Weltwirtschaftsforum vom Februar 1999. Die Unternehmen sollten seinen Vorschlägen zufolge sich zu Arbeits-, Sozial- und Umweltbestimmungen bekennen und in solchen Ländern, wo derartige Regeln noch nicht existieren, die Vorgaben der Vereinten Nationen oder anderer Institutionen umsetzen. Andernfalls würde der globale Markt bei einem großen Teil der Menschen an Vertrauen verlieren.[115]

Multinationale Unternehmen in republikanischer Verantwortung zu führen heißt somit, im Angesicht fehlender und defizitärer Rechtsordnungen in vielen Entwicklungs- und Schwellenländern und (vorerst) mangelhafter globaler Rahmenordnung überall dort eine *Selbstverpflichtung* auf der Basis freier Verständigung einzugehen, wo das unternehmerische Handeln zu Konflikten mit dem öffentlichen Interesse führt. Republikanische Verantwortung heißt auch, für die Entwicklung von Demokratie und Recht, wo auch immer in der Welt, aktiv einzutreten. Überall dort, wo betroffene Bürger (Bezugsgruppen, Stakeholder) ihre Anliegen in ernsthaften Argumentationsversuchen zur Geltung bringen, ist keinerlei Legitimation zu erkennen, weshalb sich Multinationale Unternehmen auf eine rein ökonomistische Position der privaten Interessenverfolgung zurückziehen dürften. Es gibt keine Rahmenordnung, die sie dazu ermächtigen würde. Sie sind vielmehr dazu aufgerufen, in ethischer Perspektive sogar dazu verpflichtet, ihrer ökonomisch-politischen Doppelrolle als „*Global citizen*“ gerecht zu werden und sich nicht bloß verantwortungslos als ein „*Global player*“ zu gebärden.

---

[114] *R. E. Breuer*, Offene Bürgergesellschaft in der globalisierten Weltwirtschaft. Nicht von der Übermacht des Staates kommt heute Gefahr, sondern von seiner drohenden Ohnmacht, in: Frankfurter Allgemeine Zeitung, 4. Januar 1999, S. 8-9, hier S. 9.

[115] Vgl. *K. Annan*, A Compact for the New Century [Rede von UN-Generalsekretär Kofi Annan vor dem World Economic Forum in Davos, 31. Januar 1999], http://www.un.org/partners/business/davos.htm.

Das Multilaterale Abkommen über Investitionen (MAI)

Udo Wartha

I. Einleitung

Im Multilateralen Investitionsabkommen (MAI), populär auch „GATT für Investitionen"[1] genannt, sollte auf hohem Niveau Liberalisierung und Rechtsschutz für Auslandsinvestitionen verankert werden. Die Verhandlungen im Rahmen der Organisation für wirtschaftliche Zusammenarbeit und Entwicklung (OECD) scheiterten allerdings Ende 1998.

Dennoch drängen in einer Welt, „where international financial flows are growing rapidly and where they are becoming one of the most powerful and dynamic forces in the world economy"[2], die Akteure der Weltwirtschaft nach wie vor auf einheitliche und verbindliche Regelungen, die ihnen Rechtssicherheit auf dem globalen Markt bescheren sollen.[3] Aus diesem Grund ist eine genaue Erörterung der Materien des MAI und deren vielfältige Implikationen für den Staat nach wie vor von großer Relevanz. So wurden auch nach 1998 häufig Forderungen nach verbindlichen multilateralen Regelungen im Investitionsbereich laut (z. B. durch die UNCTAD auf ihrer Konferenz 2000 in Bangkok[4]). Mit der aktuellen Entscheidung der WTO 2001 in Katar, im Rahmen einer neuen Welthandelsrunde auch ein Investitionsabkommen zu verhandeln, stehen heute sogar wieder konkrete Planungen im Raum.[5]

---

[1] *R. Zugehör*, Die Globalisierungslüge: Handlungsmöglichkeiten einer verantwortlichen Wirtschaftspolitik, 1998, S. 51. Ähnlich auch *K. Hailbronner*, Der Staat und der Einzelne als Völkerrechtssubjekte, in: W. Graf Vitzthum (Hrsg.), Völkerrecht, 3. Abschnitt, 1997, S. 199 f., Rdn. 36.

[2] *A. Larson*, State of Play of MAI Negotiation, in: OECD (Hrsg.), Proceedings of the Special Session on the Multilateral Agreement on Investment, 1997, S. 3.

[3] Zur Unsicherheit ohne verbindliche, multilaterale Rahmenbedingungen: *D. Johnston*, The case for MAI, in: Financial Times, 24.02.98, zitiert nach: Deutsche Bundesbank/Auszüge aus Presseartikeln, Nr. 15, 02.03.98, S. 20.

[4] Vgl. *Süddeutsche Zeitung*, Regeln für Auslandsinvestitionen gefordert, Nr. 41, 19./20.02.00, S. 26.

[5] Einige Verlautbarungen im Rahmen der Vorbereitung der WTO-Ministerkonferenz 2001 in Katar ließen auf die Einbindung des Bereichs „Handel und Investitionen" bei einer neuen Verhandlungsrunde schließen. Vgl. *Süddeutsche Zeitung*, Hoffen auf Katar,

Die Arbeiten am Reißbrett eines liberalisierten Weltwirtschaftsrechts führen zu vielfältigen Reaktionen in Politik und Gesellschaft. Die Zukunftsfähigkeit des Wohlfahrtsstaates steht auf dem Spiel und es bleibt fraglich, ob Kapital und Arbeit durch Veränderungen im Rahmen der Globalisierungsphänomens in der Zukunft noch gerecht verteilt werden können. Es ist ein fortschreitendes Umsichgreifen „verbreiteter Unsicherheit, wachsender Übellaunigkeit, großen Unbehagens gegenüber der Wirklichkeit von Staat und Recht“[6] zu konstatieren.

Vor diesem Hintergrund ist und bleibt das MAI als Modell für ein Investitionsabkommen interessant. Es wird deshalb in diesem Aufsatz vorgestellt. Dabei soll vor allem auf die Konstruktion und die Materien des Abkommens eingegangen werden, nachdem zu Anfang der grundsätzliche Bedarf eines Investitionsabkommens und der Verhandlungsprozeß erläutert wurden. Nach einer Darstellung der Gründe für das Scheitern, erfolgt abschließend eine kritische Würdigung des Abkommens.

II. Vorgeschichte

1. Zunehmende Bedeutung einer Regelung internationaler Investitionstätigkeit

Der internationale Kapitalverkehr ist in den letzten Jahrzehnten rasant angestiegen, was die Realisierung von transnationalen Investitionsprojekten bedeutend erleichtert hat.[7] Investitionen spielen demnach „a crucial role in the internationalisation of economic activities“[8]. Die Zuwächse dürften wohl als exponentiell zu bezeichnen sein. Die noch in der Anfangsphase steckende Liberalisierung des Dienstleistungssektors sowie Privatisierungsvorhaben in vielen

---

Nr. 253, 03./04.11.01, S. 19. Letztendlich hat man sich in der Abschlußvereinbarung der Konferenz auf Verhandlungen zum Thema „Handel und Investitionen“ geeinigt. Vgl. WTO, Ministerial Conference ends with Agreement on new Programme, WTO Press Release, 14.11.2001. Nach Angaben der *Financial Times Deutschland* sind demnach auch Verhandlungen über ein Investitionsabkommen angedacht. Vgl. *FTD*, Anliegen aller Ländergruppen im Paket von Doha enthalten, 222/46, 15.11.01, S. 19.

[6] *P. Kirchhof*, Gefährdung des Rechtsstaates durch den Verlust des Rechtsgedankens, in: ders. et al., Die Akzeptanz des Rechtsstaates, 1998, S. 24.

[7] Vgl. *R. Jungnickel*, Foreign Direct Investment: Recent Trends in a Changing World, 1993, S. 57. Vgl. *M. Beisheim* et al., Im Zeitalter der Globalisierung?, 1. Aufl. 1999, S. 265, 282.

[8] In bezug auf Direktinvestitionen: *OECD*, OECD Benchmark Definition of Foreign Direct Investment, 1996, S. 7. Vgl. dazu auch *G. Derks/A. J. Halbach*, Direktinvestitionen weltweit auf Rekordhöhe: Sind Arbeitsplätze in Deutschland bedroht, gewinnt die Dritte Welt?, ifo Schnelldienst, 30/1996, S. 24 ff.; siehe auch *M. Wilhelm*, Neben dem Außenhandel haben die Direktinvestitionen als Internationalisierungsstrategie an Bedeutung gewonnen, ifo Schnelldienst 7-8/1996, S. 26 ff.

Staaten bergen zudem weiterhin beträchtliche Potentiale für Investitionen in der Zukunft. Nach Brittan sind Investitionen heute „no longer seen as a threat but as a scarce resource that no country can afford to drive away“[9]. Nicht zuletzt die Einsicht in neuere ökonomische Entwicklungstheorien hat dazu beigetragen, daß sogar ein richtiger Wettbewerb um vorteilhafte Kapitalzuflüsse eingesetzt hat.[10] Dabei spielen multinationale Unternehmen als bedeutende Akteure ein entscheidende Rolle und stellen „a driving force of economic growth“[11] dar.

2. Bestehende Regelungen zu Investitionen

Die nationale Rechtsordnung des Gaststaats ist für einen Investor mit vielen Unsicherheiten verbunden, weil sie zur Disposition des jeweiligen Gesetzgebers steht.[12] Verträge zwischen Staaten und Investoren, sogenannte „state contracts“, können zwar ansatzweise völkerrechtlichen Schutz bieten[13], doch haben sich die leistungsfähigeren bilateralen Investitionsschutzverträge im völkerrechtlichen Investitionsschutz durchgesetzt.[14] Sie genießen als spezielle Regelungen für Investitionen Vorrang vor allgemeineren Regelungen des nationalen Rechts und enthalten zumeist ausgeprägte Definitionen des Anwendungsbereichs des Vertrags, Bestimmungen zu Nichtdiskriminierung, Investitionsschutzregelungen sowie Vereinbarungen zu verläßlichen Verfahren der Streitbeilegung.

---

[9] *Sir L. Brittan*, Investment liberalization: the next great boost to the world economy, Transnational Corporations, Vol. 4, No. 1, April 1995, S. 1.

[10] Vgl. *A. Roller*, Multinationale Unternehmen in Irland: staatliche Strategien und volkswirtschaftliche Effekte, 1999, S. 22. Nach *Roller* gibt es für eine „moderne offene Volkswirtschaft keine Alternativen zu Direktinvestitionen“.

[11] *K. Sauvant/J. H. Dunning*, Preface, in: S. Lall (Hrsg.), Transnational Corporations and Economic Development, 1993, S. vii-viif. Vgl. allgemein zur Entwicklung der Weltwirtschaft und deren Akteure: *R. Reich*, Die neue Weltwirtschaft. Das Ende der nationalen Ökonomie, 1993.

[12] Vgl. *J. Karl*, Neue Entwicklungen beim internationalen Investitionsschutz, RIW, Heft 10, 1994, S. 810.

[13] Vgl. *H. Merkt*, Investitionsschutz durch Stabilisierungsklauseln, 1990, S. 253 f.

[14] Vgl. auch *M. Herdegen*, Internationales Wirtschaftsrecht, 2. Aufl. 1995, S. 211 ff., Rdn. 3 ff. Vgl. *U. Häde*, Der völkerrechtliche Schutz von Direktinvestitionen im Ausland, Archiv des Völkerrechts 1997, S. 191. Nach Angaben der UNCTAD geht man von 1500 bilateralen Investitionsschutzverträgen aus. *UNCTAD*, World Investment Report: Trends and Determinants, 1998, S. 59. Ein aktueller Überblick über bestehende bilaterale Verträge ist in *International Centre for the Settlement of Investment Disputes* (Hrsg.), Investment Promotion and Protection Treaties (Loseblattsammlung) zu bekommen. Deutschland nimmt dabei mit ca. 120 Verträgen einen Spitzenplatz ein. Siehe *Bundesregierung*, BT-Drcks. 14/36, in: BT-Drcks. 14/173, 08.12.98, S. 3. Vgl. *St. Welzk*, Visionen des MAI A Brave New Corporatist World?, in: Blätter für deutsche und internationale Politik, Heft 1, 1999, S. 40.

Aber auch internationale Organisationen bemühen sich um geeignete Rahmenbedingungen für transnationale Investitionsvorhaben. Die OECD-Länder befürworten Investitionen seit langem und sehen diese „as an essential agent of economic growth, employment, sustainable development and rising living standards“[15]. In diesem Sinne sind in der Vergangenheit von seiten der OECD in Form von Kodizes mehrfach bedeutende, anerkannte Vorstöße auf dem Gebiet des Investitionsschutzes unternommen worden.[16] Zudem stellen die OECD-Länder einen Anteil von 85 % des weltweiten Direktinvestitionsvolumens[17] und sind zugleich Gaststaaten für ca. 65 %.[18]

Ebenso hat die Weltbank durch die Gründung des Internationalen Zentrums für die Beilegung von Investitionsstreitigkeiten (ICSID)[19] und die Errichtung der Multilateralen Investitions-Garantie-Agentur (MIGA)[20] wichtige Arbeit geleistet. Herauszuheben sind in jedem Fall aber die Vorstöße der Welthandelsorganisation (WTO), über die Abkommen GATS (Allgemeines Handels- und Dienstleistungsabkommen), TRIMs (Übereinkommen über handelsbezogene Investitionsmaßnahmen) und TRIPs (Übereinkommen über handelsbezogene Aspekte der Rechte des geistigen Eigentums) verbindliche Regelungen mit großer Akzeptanz zu kreieren. Darüber hinaus bemüht sich die Organisation derzeit, nach dem Vorbild des MAI, weiterführende Regelungen zum multilateralen Investitionsschutz zu entwerfen.

---

[15] *OECD*, High Level Meeting on the Multilateral Agreement on Investment, 1998, S. 1 (SG/COM/NEWS(98)15). Zum Engagement der OECD: vgl. *M. Hart*, A Multilateral Agreement on Foreign Investment: Why Now?, in: P. Sauvé/D. Schwanen (Hrsg.), Investment rules for the global economy: enhancing access to markets, 1996, S. 59 ff.

[16] Herauszuheben sind die bindenden Kodizes aus dem Jahr 1961: Der Kodex zur Liberalisierung des Kapitalverkehrs und der Kodex zur Liberalisierung der laufenden unsichtbaren Transaktionen. Weiterhin auch die Erklärung über internationale Investitionen und multinationale Unternehmen aus dem Jahr 1976 mit den danach ständig weiterentwickelten OECD-Leitsätzen für multinationale Unternehmen. Vgl. *U. Häde*, Der völkerrechtliche Schutz von Direktinvestitionen im Ausland, S. 205. Vgl. *W. H. Witherell*, The OECD Multilateral Agreement on Investment, Transnational Corporations, Vol. 4, No. 2, August 1995, S. 4.

[17] Allgemein zu Direktinvestitionen *Th. Plümper*, Portfolioinvestitionen, in: ders., Lexikon der Internationalen Wirtschaftsbeziehungen, 1996, S. 268 ff.

[18] Vgl. *Europäisches Parlament*, Bericht mit den Empfehlungen des Europäischen Parlaments an die Kommission zu den Verhandlungen im Rahmen der OECD über ein multilaterales Abkommen über Investitionen (MAI), Berichterstatter: MdEP W. Kreissl-Dörfler, 26. Februar 1998, A4-0073/98, S. 17. Diese Zahlen bestätigt auch die *OECD*. *OECD*, OECD Policy Brief Nr. 2-1997, 1997, S. 3.

[19] Konvention in Kraft seit 14.10.1966.

[20] Konvention in Kraft seit 12.04.1988.

Eine ähnlich zentrale Bedeutung für Bestimmungen zu Investitionen kommt Abkommen mit regional begrenzter Geltung zu.[21] Am bedeutendsten sind die Ansätze in der Europäischen Union (EU) und das Nordamerikanische Freihandelsabkommen (NAFTA) von 1994[22]. Deren Einfluß ist zwar regional begrenzt, doch das inhaltliche Niveau ist bereits sehr hoch. Grundsätzliche Bedeutung kommt weiterhin der Arbeit der Konferenz der Vereinten Nationen für Handel und Entwicklung (UNCTAD)[23] und dem Internationalen Währungsfonds (IWF) zu.

3. Defizite bestehender Regelungen und Forderungen an ein multilaterales Investitionsschutzabkommen

Die derzeit bestehende rechtliche Situation im Bereich Investitionen ist vor allem von einer sehr dichten und komplexen Verknüpfung der Staaten durch bilaterale Investitionsschutzverträge und viele Unsicherheiten, was den aus dem Völkergewohnheitsrecht entstehenden Schutz betrifft, geprägt.[24] Vor diesem Hintergrund wird vielfach bemängelt, daß eine umfassende multilaterale Regelung des Investitionsbereichs in der internationalen Rechtsordnung fehlt.[25] Dem

---

[21] Vgl. dazu *W. Graf Vitzthum*, Raum, Umwelt und Wirtschaft im Völkerrecht, in: ders. (Hrsg.), Völkerrecht, 5. Abschnitt, 1997, S. 514, Rdn. 207. Darin wird eine Übersicht mit einer Auswahl bestehender Integrationsformen geboten. Vgl. auch *U. Häde*, Der völkerrechtliche Schutz von Direktinvestitionen im Ausland, S. 206.

[22] Das NAFTA trat am 1. Januar 1994 nach langwierigen Ratifizierungsverfahren in Kraft.

[23] Vgl. *UNCTAD*, World Investment Report: Trends and Determinants, 1998, S. 71.

[24] Vgl. *U. Häde*, Der völkerrechtliche Schutz von Direktinvestitionen im Ausland, S. 204; dazu auch *D. Schwanen*, Investment and the Global Economy: Key Issues in Rulemaking, in: P. Sauvé/ders. (Hrsg.), Investment rules for the global economy: enhancing access to markets, 1996, S. 6 ff.

[25] Die *Europäische Kommission* hat in einem Papier Kriterien für ein multilaterales Investitionsabkommen aufgestellt. Demnach stellen „klare und einheitliche Grundregeln" ein Mittel dar, um die Unsicherheiten im Investitionsbereich zu reduzieren, den zwischenstaatlichen Beziehungen Konfliktpotential zu entziehen und dem Protektionismus zu begegnen. Ein „transparentes, multilaterales Abkommen" könnte „das derzeit komplexe Netzwerk voneinander abweichender Investitionsschutzverträge ersetzen" – mit dem Vorteil einheitlicher, für alle verbindlicher Regelungen. Vgl. *Europäische Kommission*, Trade and Investment, Discussion Paper of Directorate General for External Economic Relations, 1994. So auch *J. Karl*, Das Multilaterale Investitionsabkommen (MAI), RIW, Heft 6, 1998, S. 432. Selbst der Bericht des *Europäischen Parlaments* sieht in den ansonsten sehr kritischen Ausführungen multilaterale Regeln für den Investitionsschutz als richtigen Weg an. Vgl. *Europäisches Parlament*, Bericht mit den Empfehlungen des Europäischen Parlaments, S. 4. Ganz grundsätzlich wird allerdings die Bedeutung von Investitionsverträgen von *Häde* in Frage gestellt. Vgl. *U. Häde*, Der völkerrechtliche Schutz von Direktinvestitionen im Ausland, S. 209, mit weiteren Verweisen. Vgl. auch *J. Karl*, Neue Entwicklungen beim internationalen Investitionsschutz, S. 810.

gestiegenen Bewußtsein für positive Effekte von Auslandsinvestitionen auf Wachstum und makroökonomische Stabilität und dem daraus entstehenden Standortwettbewerb würden durch ein umfassendes Abkommen international einheitliche und verbindliche Rechtsgrundsätze zugrunde gelegt. Diese würden über Liberalisierung und Investitionsschutz sowie Regelungen zur Schiedsgerichtsbarkeit wiederum zu einer einheitlicheren Auslegung des Investitionsschutzrechts und zu einer Reduzierung der Unsicherheiten führen.[26] Selbst aber eine multilaterale Regelung, die in Einzelpunkten unter das bestehende bilaterale Niveau zurückfallen würde, stieße bei den interessierten Akteuren noch auf Zufriedenheit, wenn ein Gesamtabkommen dafür eine Niveausteigerung mit sich brächte.[27] Letztendlich sind die zentralen Anliegen für die globalen Wirtschaftsakteure die Schaffung von globalen Märkten durch Marktzugangsregelungen und Sicherheit.

Ein Anstieg der Investitionstätigkeit durch verbesserten multilateralen Investitionsschutz ist natürlich auch vor dem Hintergrund politischer Zielsetzungen verständlich. Auslandsinvestitionen bieten durch eine Verbesserung der Investitionsbedingungen Wachstumschancen mit positiven Effekten für den Wohlstand der Volkswirtschaften.[28]

Multilaterale, im großen Rahmen verhandelte Verträge scheinen aber zunehmend an Bedeutung zu gewinnen, da sich eine allgemeine Tendenz zu einer marktwirtschaftlichen Ausrichtung und Liberalisierung aller Volkswirtschaften abzeichnet.[29] Als Indiz kann die Veränderung des nationalen Investitionsschutzrechts vieler Staaten gelten. Die Mehrzahl dieser Änderungen bestärkt nach Angaben der UNCTAD die Liberalisierungsbemühungen.[30] Nur wenige Staaten gehen den umgekehrten Weg verstärkter Kontrollen und geringerer Investiti-

---

[26] Vgl. *H. Goltz*, Förderung privater Kapitalanlagen (Direktinvestitionen) in Entwicklungsländern, 1975, S. 60. In diesem Sinne auch *H. Maucher*, der Präsident der Internationalen Handelskammer (ICC), in: Handelsblatt, Auf der Zielgeraden errichten die Franzosen ihre Hürden, 30.09.98, S. 14. Vgl. auch allgemein zum gegenwärtigen Stand der Internationalen Investitionspolitik *E. Koch*, Internationale Wirtschaftsbeziehungen, Band 1, Internationaler Handel: Chancen und Risiken der Globalisierung, 2. Aufl. 1997, S. 219 f.; *J. Strube*, Globalisierung der Märkte – Auswirkungen auf Wirtschaft und Politik, in: Forschungsinstitut für Wirtschaftsverfassung und Wettbewerb Köln (Hrsg.), Die Bedeutung der WTO für die europäische Wirtschaft, 1997, S. 9; *J. R. Shelton*, Keynote adress, in: OECD, Symposium on the MAI in Cairo, 1997, S. 1.

[27] Vgl. *J. Karl*, Das Multilaterale Investitionsabkommen (MAI), S. 436.

[28] Vgl. *G7-Staats- und Regierungschefs*, Economic Communiqué des G7-Gipfels von Lyon 1996, Nr. 2, 18. http://www.library.utoronto.ca/g7/96ecopre.htm, 08.07.99. Darin wird auf den Zusammenhang zwischen positiven Effekten durch Handel und Investitionen und „a strong multilateral framework of rules" hingewiesen.

[29] Vgl. *Bank für Internationalen Zahlungsausgleich*, 69. Jahresbericht, 1. April 1998–31. März 1999, 1999, S. 6. Vgl. auch *UNCTAD*, World Investment Report: Trends and Determinants, S. 55 ff.

[30] Vgl. *UNCTAD*, World Investment Report 1997, 1997, S. 19.

onsanreize.[31] Zudem ist eine größere Bereitschaft von Staaten zu verzeichnen, bilaterale Investitionsschutzverträge einzugehen.[32]

In Ergänzung zu den bereits sehr umfassend vorliegenden Regelungen im Handelssektor werden substantielle Regelungen auch für Auslandsinvestitionen erwartet, weil diese nicht mehr nur als den Außenhandel substituierende Marktzugangsmöglichkeiten gesehen werden können, sondern Handel und Investitionen verstärkt komplementäre Züge tragen. Da man für die Zukunft insbesondere im Bereich des Handels mit Dienstleistungen den Investitionen große Bedeutung beimißt und durch diese auch wiederum positive Rückkopplungen für den Handelsbereich zu erwarten sind[33], erhofft man sich verläßliche und einheitliche Regelungen dieser Sektoren.[34]

4. Position Deutschlands zum Bedarf weiterer Regelungen

Deutschland ist bis heute nach Staack in seiner außenpolitischen Grundorientierung gewissen Handlungsmaximen treu geblieben. Dazu zählen die Bereitschaft zum Autonomieverzicht zugunsten der Integration in ein System der freiwilligen Bindung und das Ziel der Wohlfahrtsmaximierung.[35]

Bezüglich des MAI wird die Position vertreten, daß „verläßliche rechtliche Rahmenbedingungen ein zusätzlicher Anreiz für Investitionen mit positiven Auswirkungen auf Beschäftigung und Wohlstand in den Gastländern“[36] seien, so die Bundesregierung Ende 1998.[37] Insbesondere die Öffnung von neuen

[31] Vgl. *A. V. Ganesan*, Development-friendliness criteria for a multilateral investment agreement, Transnational Corporations, Vol. 6, Number 3, December 1997, S. 140 f. Unterstützend dazu *A. R. Parra*, The scope of new investment laws and international instruments, Transnational Corporations, Vol. 4, No. 3, December 1995, S. 27. Vgl. auch *M. Herdegen*, Internationales Wirtschaftsrecht, S. 43 ff., Rdn. 1 ff.

[32] Vgl. dazu *F. Oschmann*, Investitionsschutzverträge in Lateinamerika, RIW, Heft 6, S. 494 ff.

[33] Vgl. dazu *D. Schwanen*, Investment and the Global Economy: Key Issues in Rulemaking, S. 1; auch *J. Karl*, Das Multilaterale Investitionsabkommen (MAI), S. 432.

[34] Vgl. dazu *M. Vocke*, Investment Implications of Selected WTO Agreements and the Proposed Multilateral Agreement on Investment, International Monetary Fund Working Paper WP/97/60, 1997, S. 5.

[35] Vgl. *M. Staack*, Großmacht oder Handelsstaat? Deutschlands außenpolitische Grundorientierungen in einem neuen internationalen System, APuZG, B 12/98, S. 15. So auch *W. Graf Vitzthum*, Raum, Umwelt und Wirtschaft im Völkerrecht, S. 493, Rdn. 166.

[36] *Bundesregierung*, BT-Drcks. 14/36, in: BT-Drcks. 14/173, 08.12.98, S. 2 f.

[37] Der Regierungswechsel im Herbst 1998 hat an der Position zum MAI keine erkennbaren Änderungen gebracht.

Märkten scheint von Bedeutung zu sein.[38] Vorteile erwartet man sich aber auch im noch stark regulierten Dienstleistungssektor.[39] Das konkrete inhaltliche Ziel der Verhandlungen über derartige rechtliche Rahmenbedingungen sollte darin bestehen, die existierenden Regelungen zum Investitionsschutz zu „konsolidieren, harmonisieren und nach Möglichkeit fortzuentwickeln“[40].

Zentrale Positionen der Bundesregierung in Bezug auf das MAI sind dabei die Erfassung des Marktzugangs, die Berücksichtigung der ökologischen und sozialen Problematik, die Erhaltung der nationalen Handlungsfreiheit im Bereich der Wirtschafts-, Sozial- und Umweltpolitik, die Gewährleistung der weiteren europäischen Integration, die Kompatibilität mit anderen internationalen Abkommen sowie die zwanglose Beitrittsmöglichkeiten für Nicht-OECD-Mitgliedsländer.[41] Die Versuche, über weite Ausnahmebereiche das Abkommen auszuhöhlen, stand den Interessen der Bundesregierung aber entgegen.[42]

III. Das Multilaterale Abkommen über Investitionen (MAI)

1. Das MAI als Baustein der Weltwirtschaftsordnung

Mit dem MAI im Rahmen der OECD[43] sollte der Investitionsbereich liberalisiert werden – in Verbindung mit einem hohen Maß an Investitionsschutz und effektiven Streitschlichtungsmechanismen.[44] Neben der Welthandelsorganisation (WTO) für den Handel sowie dem Internationalen Währungsfonds (IWF)

---

[38] Vgl. *Bundesregierung*, Antwort der Bundesregierung zu den SPD-Fragen zum Multilateralen Abkommen für Investitionen (MAI), 17.08.98, S. 2. So auch Bundeswirtschaftsministerium, Schreiben an Prof. Dr. Mies zum Multilateralen Abkommen für Investitionen vom 06.02.98, S. 2.

[39] Vgl. *Bundesregierung*, Antwort der Bundesregierung zu den SPD-Fragen zum MAI, S. 13.

[40] *Bundesregierung*, Antwort der Bundesregierung zu den SPD-Fragen zum MAI, S. 2. Das deutsche Vertragsmuster könnte nach *Frick* sogar zum „Wegbereiter eines weltweiten, multilateralen Schutzabkommens werden“. *H. Frick*, Bilateraler Investitionsschutz in Entwicklungsländern, 1975, S. 253.

[41] Vgl. *Bundesregierung*, Antwort der Bundesregierung zu den SPD-Fragen zum MAI, S. 2 f.

[42] Vgl. *Bundesregierung*, Antwort der Bundesregierung zu den SPD-Fragen zum MAI, S. 16.

[43] Nach *Karl* stammen 85% aller weltweit ausfließenden Direktinvestitionen aus den OECD-Staaten sowie 63% aller einfließenden Direktinvestitionen. Der Bestand an Direktinvestitionen beläuft sich dabei auf weltweit 3,2 Billionen US-$. *J. Karl*, Das Multilaterale Investitionsabkommen (MAI), S. 432. So auch *Handelsblatt*, Auf der Zielgeraden errichten die Franzosen ihre Hürden, 30.09.98, S. 14.

[44] *OECD*, Multilateral Agreement on Investment – Report by the Chairman of the Negotiating Group, 1998, S. 1.

und der Weltbank für den Finanz- und Währungsbereich sollte das MAI den damit eng verknüpften Sektor der Investitionen völkerrechtlich einheitlich erschließen. Aus der Gesamtheit der angeführten Regelungen würde sich zudem eine Art ungeschriebenes Weltwirtschaftsabkommen herausbilden.[45] Nicht zuletzt vor dem Hintergrund der Verunsicherung des internationalen Kapital- und Finanzsystems nach der Asienkrise 1998 besteht ein großes Interesse für ein multilaterales Investitionsabkommen. Der OECD-Generalsekretär Johnston etwa setzte sich in seiner Rede vor der Parlamentarischen Versammlung des Europarats für ein derartiges Abkommen ein, wobei er das Anliegen formulierte, daß „das Kapital weltweit den produktivsten Verwendungszwecken" zufließen sollte und er die Forderung anschloß, „gleichzeitig die destabilisierenden Kapitalströme soweit wie möglich zu begrenzen"[46].

2. Der Verhandlungsprozeß

Nachdem seit 1993 die OECD-internen Vorarbeiten liefen, begann man mit dem Beschluß des OECD-Ministerrates im Mai 1995 die Verhandlungen über das Abkommen.[47] Die OECD schuf eigens für die Verhandlungen eine gesonderte Einheit, die „Negotiating Group on the Multilateral Agreement on Investment". Mit Expertenarbeitsgruppen aus den Verhandlungsstaaten wurde darin am Textentwurf gearbeitet.[48] An den Verhandlungen teilgenommen hatten die 29 OECD-Mitgliedsländer und die Europäische Kommission.[49] Zu den Beob-

[45] In diesem Sinne *M. Hart*, A Multilateral Agreement on Foreign Investment: Why Now?, S. 36. Bereits heute spricht *Delbrück* schon von „Weltinnenrecht" als Beschreibung der relativ gut strukturierten und auf Durchsetzung angelegten Rechtsregime. *J. Delbrück*, Wirksameres Völkerrecht oder neues „Weltinnenrecht", in: ders., Die Konstitution des Friedens als Rechtsordnung, 1996, S. 318.

[46] *OECD*, Rede von Generalsekretär D. J. Johnston vor der Parlamentarischen Versammlung des Europarats, 1998. SG/COM/NEWS(98)89.

[47] *OECD*, Communiqué zum Jahrestreffen des Ministertreffens am 23./24. Mai 1995, C(95)118. Zur Entstehungsgeschichte der Verhandlungen und deren Initiatoren näheres bei *W. H. Witherell*, Developing International Rules for Foreign Investment: OECD's Multilateral Agreement on Investment, in: Business Economics, Januar 1997, Vol. 32, Issue 1, S. 6.

[48] Vgl. *F. Engering*, The Multilateral Investment Agreement, Transnational Corporations, Vol. 5, No. 3, December 1996, S. 148.

[49] Zu diesen zählen: Australien, Belgien, Dänemark, Deutschland, Finnland, Frankreich, Griechenland, Island, Irland, Italien, Japan, Kanada, Korea, Luxemburg, Mexiko, die Niederlande, Neuseeland, Norwegen, Österreich, Polen, Portugal, Spanien, Schweden, Schweiz, die Tschechische Republik, Türkei, Ungarn, das Vereinigte Königreich und die Vereinigten Staaten. Vgl. dazu *Bundeswirtschaftsministerium*, Zu den Verhandlungen bei der OECD über ein Multilaterales Abkommen für Investitionen (MAI), Positionspapier vom 04.02.99, S. 1. Die Europäische Kommission nimmt im Kreis der Ver-

achtern des Verhandlungsprozesses zählten Argentinien, Brasilien, Chile, Hong Kong (China), die Slowakische Republik, die baltischen Staaten Estland, Lettland und Litauen sowie die WTO.[50]

Dank der Vorarbeiten ging man bereits mit einem relativ fest umrissenen Gerüst an Vertragsbausteinen in die Verhandlungen. Viele der Punkte sind dabei angelehnt an bilaterale Investitionsschutzverträge und andere internationale Vereinbarungen.[51] Das MAI war aber als „state-of-the-art agreement" geplant und sollte eine Weiterentwicklung des Investitionsschutzes begründen.[52]

Lange Zeit versuchte man, die Verhandlungen so wenig öffentlich wie möglich zu gestalten,[53] um einen zügigen und ohne große Störungen verlaufenden Verhandlungsprozeß zu gewährleisten. Die „recht ehrgeizige Terminsetzung"[54], die ein Ende der Verhandlungen schon für 1997 vorsah, geriet aber durcheinander, nachdem durch die Weitergabe des Textentwurfs an kanadische Nichtregierungsorganisationen[55] die Inhalte des Vertrags im wesentlichen wegen Beden-

handlungsparteien einen Sonderstatus ein, da die Europäische Union keine OECD-Mitgliedschaft besitzt.

[50] Vgl. *Bundeswirtschaftsministerium*, Zu den Verhandlungen bei der OECD über ein Multilaterales Abkommen für Investitionen (MAI), S. 1 sowie *OECD*, Directory of Bodies, 1998, S. 155.

[51] Vgl. *OECD*, Multilateral Agreement on Investment – Report by the Chairman of the Negotiating Group, S. 1.

[52] Das Vertragswerk „would not only deal with the traditional topics in the area of investment, but also with new topics and issues". So *A. Larson*, State of Play of MAI Negotiation, S. 1. Vgl. *A. Ahnlind*, New disciplines, in: OECD (Hrsg.), Proceedings of the Special Session on the Multilateral Agreement on Investment, 1997, S. 1.

[53] Nicht gerade für eine sehr transparente Umgangsweise mit einem derartigen Abkommen spricht die Gründung eines MAI-Arbeitskreises durch die Bundesregierung nach Beginn der Verhandlungen 1995. Darin trafen sich die Deutsche Bundesbank, die Spitzenverbände der deutschen Wirtschaft und einzelne Unternehmensvertreter. Erst sehr spät im Jahr 1998 hat man die deutsche Filmwirtschaft hinzugezogen. Einzelne Kontakte zum Deutschen Gewerkschaftsbund, NGO-Vertretern sowie dem Deutschen Städtetag hat es ebenfalls gegeben. Das MAI war auf der Tagesordnung der Bund-Länder-Wirtschaftsministerkonferenz im Mai 1998 und September 1998. Auch im Bundestag war das MAI im Mittelpunkt zahlreicher Anfragen. Vgl. dazu *Bundesregierung*, Antwort der Bundesregierung zu den SPD-Fragen zum MAI, S. 37 f.

[54] *U. Häde*, Der völkerrechtliche Schutz von Direktinvestitionen im Ausland, S. 210. Nach Informationen der *Neuen Züricher Zeitung*, bestand durchaus Druck, vor der Fortsetzung von Verhandlungen innerhalb der WTO das MAI zu verabschieden. *Neue Züricher Zeitung*, Multilaterales Investitionsabkommen liegt auf Eis, 29.04.98. (Internet-Ausgabe). Vergleicht man die Dauer der Verhandlungen der Uruguay-Runde von sieben Jahren, dann erscheint die Zeit für die Verhandlungen eines neuartigen Abkommens wirklich knapp bemessen.

[55] In Kanada wacht seit längerem eine interessierte Öffentlichkeit über Fragen der ökonomischen, politischen und kulturellen Unabhängigkeit. Vgl. dazu *M. Smith*, Canada and Economic Sovereignty, in: J. Hoebing/S. Weintraub/M. D. Baer (Hrsg.), NAFTA and Sovereignty, 1996, S. 39 f.

ken im Umwelt- und Sozialbereich vermehrt eine öffentliche Diskussion erfuhren[56]. Durch global organisierte Proteste aus dem Lager der Nichtregierungsorganisationen (NGO)[57], der Politik und der Wissenschaft gerieten die Regierungen der verhandelnden Staaten unter Druck.[58] Aber auch seitens der OECD gab es gute Gründe für eine Verlängerung der Verhandlungen. Die Bewältigung der inhaltlichen Probleme und die zunehmend deutlich werdende Komplexität der Materie erforderten deutlich mehr Zeit.[59] Auch das Europäische Parlament hat im März 1998 mehrheitlich gegen eine Annahme des Vertragsentwurfs auf dem damaligen Stand votiert und vor allem das Fehlen von Auswirkungsstudien[60] und die mangelnde Transparenz der Verhandlungen gegenüber den nationalen Parlamenten moniert.[61]

---

[56] Viele Nichtregierungsorganisationen (NGO) und zunehmend auch die Wissenschaft widmeten sich diesem Thema und trugen ihre Erkenntnisse an die Öffentlichkeit oder hinterfragten die Entwicklung bei ihren Regierungen.

[57] Vgl. *UNCTAD*, World Investment Report: Trends and Determinants, S. 67.

[58] In Deutschland bildeten sich schnell Aktionsbündnisse im Bereich der Nichtregierungsorganisationen mit umwelt- und entwicklungspolitischen Interessen, der Wissenschaft, der Gewerkschaften und in Parteien. Zu den zentralen Veröffentlichungen aus diesem Lager sind zu zählen: *Industriegewerkschaft Bauen-Agrar-Umwelt* (Hrsg.): Multilaterales Investitionsabkommen, Droht die Weltherrschaft der Konzerne?, 1998; *M. Mies* (Hrsg.), MAI: Die geplante Herrschaft der Konzerne, Reader zum Kongreß „MAI – Gipfel der Globalisierung" am 25. April 1998 in Bonn, 1998; *E. Altvater* et al. (Hrsg.), WEED Informationsbrief Weltwirtschaft & Entwicklung, Sonderdienste Nr. 1, 2-3/98; *M. Mies/C. Werlhof* (Hrsg.), Lizenz zum Plündern – Das Multilaterale Abkommen über Investitionen MAI. Globalisierung der Konzernherrschaft und was wir dagegen tun können, Hamburg, 1998; *Corporate Europe Observatory (CEO)*, Maigalomania! Citizens and the Environment Sacrificed to Corporate Investment Agenda, 1998. http://www.xs4all.n/~ceo/mai/mmania01.html, 08.09.98; *Third World Network (TWN)*, A Commentary on the Draft Text of the Multilateral Agreement on Investment (MAI), 1998, http://www.twnside.org.sg/souths/twn/title/maise-cn.htm, 08.09.98. Zum Engagement der NGO-Bewegung recht ausführlich auch *UNCTAD*, World Investment Report: Trends and Determinants, 1998, S. 60 f.

[59] Vgl. *J. R. Shelton*, Keynote adress, S. 1. Wörtlich spricht sie davon, daß die „negotiators may have underestimated the complexity of the MAI". Zuweilen kam auch in der Wirtschaftspresse Kritik auf. Die *Financial Times* bezeichnete beispielsweise den Verhandlungsstand des MAI im Februar 1998 als „embarrassing impasse". *Financial Times*, Bye-bye, MAI?, 19.02.98, in: Deutsche Bundesbank/Auszüge aus Presseartikeln, Nr. 15/ 02.03.98, S. 19.

[60] Vgl. *Vwd Europa*, MAI-Abkommen bald am Scheideweg, 08.09.98, S. 3.

[61] Vgl. *Europäisches Parlament*, Bericht mit den Empfehlungen des Europäischen Parlaments an die Kommission zu den Verhandlungen im Rahmen der OECD über ein multilaterales Abkommen über Investitionen (MAI). Dieser Bericht basiert auf Stellungnahmen der Ausschüsse für Außenwirtschaftsbeziehungen, Wirtschaft, Währung und Industriepolitik, Recht und Bürgerrechte, Kultur, Jugend, Bildung und Medien, Entwicklung und Zusammenarbeit sowie des Ausschusses für Fischerei.

Nachdem trotz verstärkter Einbindung von Nichtregierungsorganisationen, öffentlicher und politischer Diskussion[62] sowie diversen Reformversuchen[63] die Verabschiedung des MAI auch im Frühjahr 1998[64] nicht vollzogen werden konnte, leitete man, unter weiterhin optimistischen Bekenntnissen zur Vollendung[65], eine bis Oktober 1998 dauernde „Bewertungs- und Konsultationsphase“[66] ein. Doch wieder konnte man die bestehenden Uneinigkeiten in einigen Verhandlungspunkten nicht klären.[67] Frankreich verzichtete schließlich auf die Teilnahme an der Wiederaufnahme der Verhandlungen im Oktober und begründete diese Position mit der Befürchtung, die gesetzgeberische Gestaltungsfreiheit könnte eingeschränkt werden und multinationale Unternehmen würden nicht genügend auf internationale Umwelt- und Sozialstandards verpflichtet. Außerdem plädierte Frankreich gegen eine Ausdehnung der Investitionsdefini-

---

[62] Vgl. dazu *Bundeswirtschaftsministerium*, Zu den Verhandlungen bei der OECD über ein Multilaterales Abkommen für Investitionen (MAI), S. 2. Demnach haben Bundesregierung und EU-Kommission vor dem Wirtschaftsausschuß des Bundestages Bericht über das MAI erstattet. Weiterhin wurde ein Gespräch von Vertretern aus Reihen der Nichtregierungsorganisationen und dem Bundeswirtschaftsministerium geführt. Vgl. auch *Bundesregierung*, Antwort der Bundesregierung zu den SPD-Fragen zum Multilateralen Abkommen für Investitionen (MAI). Zu den Positionen der *Bundesregierung* ist auf folgende Bundestagsdrucksachen zu verweisen: BT-Drcks. 13/10103, vom 06.03.98; BT-Drcks. 13/10995, vom 17.06.98; BT-Drcks. 13/9465, vom 11.12.97; BT-Drcks. 13/9549, vom 29.12.97; BT-Drcks. 13/9565, vom 30.12.97; BT-Drcks. 13/9704 vom 21.01.98; BT-Drcks. 14/36, vom 11.11.98; BT-Drcks. 14/173, vom 08.12.98.

[63] Die OECD wollte diesen Tendenzen entgegentreten, indem sie im März 1998 den Regierungen „die normalen nicht-diskriminierenden Regulierungsrechte“ zusicherte und „die Ausübung dieser Rechte nicht als Enteignung interpretiert“ werden darf. So *H. C. Sherman*, Das MAI ist tot, es lebe das MAI? Investitionsschutzabkommen der OECD vorerst gescheitert, ifo Schnelldienst 36/1998, S. 39. Die OECD hat zwar versucht, gewisse Änderungen im Bereich Umwelt und Entwicklung vorzunehmen. Doch, gemessen an ihre sich selbst gesteckten Ziel des „sustainable growth“, steht das MAI immer noch schlecht da. Siehe auch *WWF International*, The OECD, Foreign Investment and Sustainable Development: Reorienting OECD Policy Work and the Multilateral Agreement on Investment, 1998; *UNCTAD*, World Investment Report: Trends and Determinants, S. 64 f.

[64] Vgl. *Bundeswirtschaftsministerium*, Aufzeichnungen der Bundesregierung zum aktuellen Stand der Verhandlungen über ein Multilaterales Abkommen für Investitionen (MAI), Februar 1998. Ebenfalls für den Abschluß der Verhandlungen im April 1998 plädiert *Griffiths*. Siehe *N. Griffiths*, Institutional issues and accession to the MAI, in: OECD, Symposium on the MAI, 1997, S. 1.

[65] Vgl. *Süddeutsche Zeitung*, Positives Signal der OECD, Nr. 98, 29.04.98, S. 31. Zu den Streitlinien, die im April 1998 vorherrschten siehe *N. Piper*, Souveränität und Freihandel, in: Süddeutsche Zeitung, Nr. 97, 28.04.98, S. 25.

[66] Vgl. dazu *Bundeswirtschaftsministerium*, Zu den Verhandlungen bei der OECD über ein Multilaterales Abkommen für Investitionen (MAI), S. 1. Vgl. Die ZEIT, Das MAI ist nicht gekommen, in: Die ZEIT, Nr. 19, 29.04.98, S. 19.

[67] Vgl. *OECD*, Multilateral Agreement on Investment – Report by the Chairman of the Negotiating Group, S. 1.

tion auf geistiges Eigentum und künstlerische Werke sowie gegen ein Klagerecht für Investoren gegen Gaststaaten.[68]

Im Rahmen informeller Beratungen – ohne Frankreich – erfolgte ein Bekenntnis der verbliebenen Delegationen zur Bedeutung eines derartigen Regelwerks, das die „Funktion und Vorreiterrolle“[69] der OECD bei den Verhandlungen unterstrich.[70] Nach Konsultationen im Oktober und Dezember 1998 gelten die Verhandlungen seit 3. Dezember 1998 bis auf weiteres als gescheitert.[71]

Verantwortlich für dieses unerwartete Ende war, neben der allgemein ablehnenden Haltung in der Öffentlichkeit vieler OECD-Mitgliedsländer und des intensiven Widerstandes von Nichtregierungsorganisationen[72], nicht zuletzt der Rückzug Frankreichs aus dem Kreis der Verhandlungsteilnehmer sowie die bröckelnde Unterstützung der USA[73], Kanadas[74], Deutschlands[75], Belgiens und

---

[68] Vgl. dazu *Bundeswirtschaftsministerium*, Zu den Verhandlungen bei der OECD über ein Multilaterales Abkommen für Investitionen (MAI), S. 2 f. In Frankreich ist aber auch die politische Situation der Regierung Jospin zu berücksichtigen, dessen Koalition aus Sozialisten, Grünen und Kommunisten durch das MAI vor einer Zerreißprobe stand.

[69] *Bundeswirtschaftsministerium*, Zu den Verhandlungen bei der OECD über ein Multilaterales Abkommen für Investitionen (MAI), S. 3, Nr. 5.

[70] Vgl. dazu *Süddeutsche Zeitung*, OECD-Generalsekretär: MAI-Abkommen ist möglich, Nr. 242, 21.10.98, S. 22.

[71] *OECD*, Pressekommuniqué des OECD-Sekretariats vom 03.12.98 zur Einstellung der MAI-Verhandlungen, 1998. Vgl. *Süddeutsche Zeitung*, Das MAI-Abkommen vor dem Ende, Nr. 237, 15.10.98, S. 26; *Süddeutsche Zeitung*, MAI-Beerdigung verschoben, Nr. 243, 22.10.98, S. 26. Vgl. zur zukünftigen Vorgehensweise *Bundeswirtschaftsministerium*, Zu den Verhandlungen bei der OECD über ein Multilaterales Abkommen für Investitionen (MAI), S. 4, Nr. 6.

[72] *Rugman* unterstreicht in seinem Aufsatz die negative Rolle, die die NGOs gespielt haben. Er unterstellt insbesondere der kanadischen Anti-MAI-Bewegung „a clever campaign of misinformation and half truths“. *A. M. Rugman*, The Political Economy of the Multilateral Agreement on Investment, Paper for the academic sysmposium „Prospects for the Birmingham Summit 1998“ at the London School of Economics, May 1998. http://www.library.utoronto.ca/g7/annual, 09.07.99. Allerdings ist auch der Gegnerschaft des MAI die grundsätzliche Bedeutung eines Investitionsabkommens bewußt. Exemplarisch dazu *T. Clarke/M. Barlow*, MAI: the Multilateral Agreement on Investment and the threat to Canadian sovereignty, 1997, S. 1 ff.

[73] Die Rolle der USA hat im Bereich völkerrechtlicher Vereinbarungen nicht zum ersten Mal demonstriert, welche unterschiedlichen Strömungen dort vorherrschen. Die Verhandlungen über die International Trade Organization (ITO), auch Havanna Charta genannt, wurden von den USA initiiert, doch dann selbst zum Scheitern gebracht. Vgl. dazu *S. Weintraub*, NAFTA and U.S. Economic Sovereignty, in: J. Hoebing/S. Weintraub/M. D. Baer (Hrsg.), NAFTA and Sovereignty, 1996, S. 135.

[74] Das kanadische Parlament hat sich dem Thema MAI intensiv angenommen und vielfach Kritik geübt. Vgl. *Canadian Parliament*, Canada and the Multilateral Agreement on Investment, Third Report of the Standing Committee on Foreign Affairs and International Trade, 1997. Vgl. auch *Süddeutsche Zeitung*, MAI-Beerdigung verschoben, Nr. 243 , 22.10.98, S. 26.

einiger südlicher EU-Staaten[76]. Hinzu kam, so Rugman, auch die geringe wissenschaftliche Untermauerung der Vorteilhaftigkeit eines derartigen Vertrages.[77] Auch die am Ende noch großen Differenzen zwischen den Delegationen in vielen Verhandlungspunkten waren einem schnellen Ende nicht dienlich.[78]

3. Einordnung und völkerrechtliche Klassifizierung des MAI

Das MAI ist ein zwischen Völkerrechtssubjekten verhandeltes Vertragswerk und demnach als multilateraler Vertrag dem Völkervertragsrecht zuzuordnen.[79] Den Verhandlungen ging eine lang andauernde Liberalisierungstendenz der internationalen Wirtschaftsbeziehungen voraus. Die ökonomischen Räume der Nationalstaaten öffneten sich im Laufe der Zeit mehr und mehr und Kontroll-

---

[75] Die deutsche Regierung setzte sich allerdings für eine abgeschwächte Form des Abkommens ein. Vgl. *Süddeutsche Zeitung*, MAI-Abkommen vor dem Ende, 15.10.98, Nr. 237, S. 26. Vorgesehen war eine Begrenzung des Investitionsbegriffs auf Direkt- und Portfolioinvestitionen, eine Beschränkung der Streitschlichtung im Investor-Staat-Modus auf Post-Gründungsdispute, Pauschalausnahmen für WTO-GATS-Verpflichtungen und internationale Verkehrsabkommen, eine Schmälerung der Handlungsauflagen, Verzicht auf die Monopolregelung und die Abschaffung der Ausnahmen Aufenthaltsvorschriften betreffend. Vgl. dazu *H. C. Sherman*, Das MAI ist tot, es lebe das MAI? Investitionsschutzabkommen der OECD vorerst gescheitert, S. 40.

[76] Vgl. dazu *Handelsblatt*; Auf der Zielgeraden errichten die Franzosen ihre Hürden, S. 14.

[77] Vgl. *A. M. Rugman*, The Political Economy of the Multilateral Agreement on Investment (Internet-Dokument); auch *P. R. Krugman/M. Obstfeld*, International economics: theory and policy, 4. Aufl. 1996, S. 170 ff. Nur geringe Vorstellungen von der Reichweite des MAI hat *R. Weber*, Liberalisierung des Kapitalverkehrs, WiSt, Heft 6, 1999, S. 306.

[78] Vgl. dazu *J. Hartwig*, Ist der OECD-Entwurf zu einem Investitionsabkommen ein geeigneter Ansatzpunkt für ein entsprechendes WTO-Abkommen?, Aussenwirtschaft, Heft I, 1999, S. 83. Vgl. auch *X. Musca*, Scope of the MAI, S. 1. Vgl. dazu *Bundeswirtschaftsministerium*, Zu den Verhandlungen bei der OECD über ein Multilaterales Abkommen für Investitionen (MAI), S. 1. Beispielsweise in Fragen der Investitionsdefinition, der Einbeziehung von geistigem Eigentum und künstlerischen bzw. literarischen Werken, der Berücksichtigung von Umwelt- und Sozialstandards und der Streitschlichtung und das Verbot extraterritorialer Sanktionsmaßnahmen im MAI dar. Damit ist im wesentlichen auf die Helms-Burton- und d'Amato-Gesetzgebung des US-Kongresses abgestellt, die Sanktionsmaßnahmen gegen Investoren von Drittstaaten in bestimmten Staaten vorsieht. Vgl. *J. Karl*, Das Multilaterale Investitionsabkommen (MAI), S. 436; *H.-O. Nissen*, Der Helms-Burton Act vor der WTO, RIW, Heft 5, 1999, S. 350 ff.

[79] *Kühner* zufolge ist eine Verschiebung im Völkerrecht zu konstatieren, vom Völkergewohnheitsrecht zum Völkervertragsrecht. Der völkerrechtliche Vertrag stellt demnach „die praktisch wichtigste formelle Rechtsquelle" im Völkerrecht dar. *R. Kühner*, Vorbehalte zu multilateralen völkerrechtlichen Verträgen, 1986, S. 1. Vgl. dazu auch *I. Seidl-Hohenveldern*, Völkerrecht, 8. Aufl. 1994, S. 56 f. sowie *A. Verdross/B. Simma*, Universelles Völkerrecht, 3. Aufl. 1984, S. 490 ff., §§ 774 ff.

aspekte wurden kontinuierlich vernachlässigt.[80] Zum Teil geschah dies aus dem politischen Willen der Staaten heraus, ihren Bürgern Wohlstand und Wirtschaftswachstum zu bescheren. Darüberhinaus bestand auch Handlungsdruck aufgrund der verstärkten Bemühungen der Wirtschaft, sich den regulierten nationalen Räumen zu entziehen, verbunden mit eher negativen volkswirtschaftlichen Effekten für die Staaten durch Arbeitsplatzabbau und Steuermindereinnahmen.

Das MAI lehnt sich im wesentlichen an die in großer Zahl abgeschlossenen bilateralen Investitionsschutzverträge an. Die Inhalte waren aber auch geprägt von anderen Vertragswerken wie dem NAFTA[81] und den WTO-Abkommen, insbesondere durch das GATS, das TRIPS und das TRIMs. Erklärtes Ziel war es zudem, die gewachsene Haltung und Praxis innerhalb der OECD in Sachen Investitionen in das Abkommen einfließen zu lassen[82], zumal diese Interessen sich aus Mangel an Konsens während den WTO-Verhandlungen der Uruguay-Runde 1994 nicht in einem dortigen Abkommen niedergeschlagen hatten.[83]

Charakterisierend für das MAI sind im wesentlichen folgende Merkmale:

- Nichtdiskriminierungsregelungen (Prinzip der Inländerbehandlung, Meistbegünstigungsklausel);
- Transparenzregeln;
- Tätigkeitsauflagen und Transferbestimmungen;
- Investitionsschutzbestimmungen hinsichtlich Enteignung und Entschädigung unter Zugrundelegung eines weiten Investor- und Investitionsbegriffs und eines umfassenden Geltungsbereichs des Abkommens;
- ausgeprägte Streitschlichtungsmechanismen (auch für Investor-Staat-Streitigkeiten).

---

[80] Vgl. *K. Hübner*, Der Globalisierungskomplex: grenzenlose Ökonomie – grenzenlose Politik?, 1998, S. 36.

[81] Vgl. *St. Welzk*, Visionen des MAI, A Brave New Corporatist World?, S. 44; auch *A. M. Rugman*, The Political Economy of the Multilateral Agreement on Investment (Internet-Dokument).

[82] *Bundeswirtschaftsministerium*, Aufzeichnungen der Bundesregierung zum aktuellen Stand der Verhandlungen über ein Multilaterales Abkommen für Investitionen (MAI), S. 2. Vgl. *W. H. Witherell*, The OECD Multilateral Agreement on Investment, S. 5. Vgl. *A. Larson*, State of Play of MAI Negotiation, S. 1.

[83] *R. Zugehör*, Die Globalisierungslüge: Handlungsmöglichkeiten einer verantwortlichen Wirtschaftspolitik, S. 51. *Zugehör* sieht dabei hinter der Weigerung der Entwicklungsländer, über Investitionsschutz zu verhandeln, den eigentlichen Grund für das MAI-Projekt.

4. Ziele und Konstruktionsprinzipien des MAI

a) Präambel

Die Präambel des MAI[84] enthält grundsätzliche Ausführungen zu den Zielen des Abkommens, die zum Teil noch sehr umstritten waren.[85] Zentrales Anliegen ist die Vertiefung der wirtschaftlichen Zusammenarbeit vor dem Hintergrund der gestiegenen Bedeutung von internationalen Kapitalanlagen. Dies schließt auch den Beitritt von Nicht-OECD-Staaten ein. Die positive Wirkung einer einheitlichen Regelung der Behandlung von Investitionen und Investoren auf die Nutzung der Wirtschaftsressourcen, Arbeitsplätze und die Verbesserung des Lebensstandards wird anerkannt, wobei betont wird, daß derartige „gerechte, transparente und verläßliche“[86] Regelungen das Welthandelssystem ergänzen und fördern. Neben der Festschreibung hoher Liberalisierungs- und Schutzstandards sowie wirksamer Verfahrensregelungen zur Streitbeilegung soll weiterhin den Grundsätzen einer nachhaltigen Entwicklung[87] Rechnung getragen werden. Darüber hinaus soll das Abkommen vereinbar sein mit den Verpflichtungen im Rahmen der Kopenhagener Erklärung des World Summit on Social Development und den international anerkannten Kernarbeitsstandards[88]. Die OECD-Leitsätze sollen bei Investitionstätigkeiten für Vertrauen zwischen Investor und Gaststaat sorgen und damit zu einem günstigeren Investitionsklima beitragen, ohne jedoch einen bindenden Charakter zu besitzen.

b) Top-down-Ansatz

Im Gegensatz zu dem bei der Konzeption internationaler Verträge zumeist angewandten Bottom-up-Ansatz, wird beim MAI ein umfassenderer Top-down-Ansatz[89] gewählt. Im ersten Fall wird ein Vertrag nur für zuvor ausgehandelte Bereiche gültig, die in einer Art Positivliste explizit im Vertrag aufgeführt wer-

[84] I § 1 MAI.

[85] Die Uneinigkeit über Intentionen des Abkommens wird anhand der vielen Änderungsvorschläge in I § 1 MAI deutlich.

[86] *OECD*, Multilaterales Abkommen über Investitionen, Konsolidierter Text (24. April 1998), Arbeitsübersetzung, S. 7.

[87] Gemäß der Erklärung der Konferenz der Vereinten Nationen für Umwelt und Entwicklung von Rio de Janeiro (1992) und der dort ausgehandelten Agenda 21.

[88] Laut Vertragstext zählen dazu: Vereinigungsfreiheit, Organisations- und Tarifverhandlungsrecht, Verbot der Zwangsarbeit, Abschaffung ausbeuterischer Formen von Kinderarbeit, Nichtdiskriminierung auf dem Gebiet von Beschäftigung. Vgl. *OECD*, Multilaterales Abkommen über Investitionen, S. 10. Die Zuständigkeit der Internationalen Arbeitsorganisation (ILO) in diesem Bereich wird respektiert.

[89] Vgl. *W. H. Witherell*, The OECD Multilateral Agreement on Investment, S. 10.

den.[90] Beim Top-down-Ansatz sind die einzelnen Vertragsstaaten verpflichtet, vor dem Beitritt eine Negativliste zu erstellen, die länderspezifische Ausnahmen vom vertraglichen Regelungsbereich erfassen soll.[91] Alle anderen Wirtschaftssektoren sind damit in den Vertrag einbezogen und alle politischen Entscheidungsebenen sind daran gebunden. Die Top-down-Konstruktion zieht also eine sehr weitgehende Liberalisierung nach sich.

c) Stillstandsvereinbarung („stand still") und Rücknahmemechanismus („roll back")

Anknüpfend an die Top-down-Konstruktion versucht man im MAI, durch die „Stillstandsregelung" eine Absicherung des status quo an Liberalisierung festzuschreiben.[92] Die Stillstandsklausel schreibt den Vertragspartnern dabei vor, das zum Beitrittszeitpunkt bestehende Regulierungsniveau, Investitionen betreffend, in der Zukunft nicht anzuheben, was durch die Parteiengruppe des MAI überwacht werden soll.[93] Bestehende Diskriminierungen können demnach aber, entsprechend der angemeldeten länderspezifischen Ausnahmen, beibehalten werden.[94]

Das Ziel eines „roll-back"-Prinzip[95] ist es, alle dem Vertrag entgegenstehenden Regelungen aufzuheben, also einen vollständigen Liberalisierungsprozeß in Gang zu bringen und eine abschließende Vertragskonformität aller Vertragsstaaten zu erreichen. Zentraler Aspekt eines Rücknahmemechanismus im MAI ist allerdings zunächst die Beseitigung der starken Ungleichgewichte hinsicht-

---

[90] Das GATT und GATS sind nach dem Bottom-up-Ansatz erstellt worden.

[91] Vgl. *OECD*, Multilaterales Abkommen über Investitionen, S. 117 ff.

[92] Die Art und Weise der Festschreibung von Liberalisierungsfortschritten ist in der OECD nicht unbekannt. Die Kodizes zur „Liberalisierung des Kapitalverkehrs" und zur „Liberalisierung der laufenden unsichtbaren Transaktionen", die innerhalb der OECD bindend sind, bedienen sich ebenfalls dieses Stillstandseffekts. Abweichungen von dem Liberalisierungszugeständnis der einzelnen Mitgliedsländer sind in diesen Bereichen in Absprache mit der OECD allerdings möglich. Vgl. *St. Huemer*, Das Multilaterale Investitionsabkommen und die Rolle der OECD, in: Berichte und Studien der Oesterreichischen Nationalbank, Heft 2/1995, S. 64.

[93] Vgl. *J. Karl,* Das Multilaterale Investitionsabkommen (MAI), S. 432 ff.

[94] Es bestehe zumindest „keine rechtliche Verpflichtung, sie abzubauen". Vgl. *Bundeswirtschaftsministerium*, Aufzeichnungen der Bundesregierung zum aktuellen Stand der Verhandlungen über ein Multilaterales Abkommen für Investitionen (MAI), S. 2 f.

[95] Vgl. *H.-J. Tüselmann*, The Multilateral Agreement on Investment: the case for a multi-speed convergence approach to liberalization, Transnational Corporations, Vol. 6, Number 3, December 1997, S. 87 ff. Darin wird unter anderem ein Vorschlag für ein neues Konzept eines schnelleren und effektiveren Rücknahmemechanismus vorgestellt.

lich des Ausmaßes der länderspezifischen Ausnahmen in der Absicht, ein ausgewogenes Vertragswerk zu schaffen.[96]

Für einen Rücknahmemechanismus kann man sich verschiedene Verfahren vorstellen. Zum einen können bestehende Liberalisierungshindernisse durch eine zeitliche Befristung der Ausnahmen abgebaut werden.[97] Weiterhin kommen interne Liberalisierungsprozesse in Frage sowie regelmäßig wiederkehrende Verhandlungsrunden, um einen Liberalisierungsfortschritt zu erzielen.[98] Eine gängige Methode ist durch das System des „peer pressure" gegeben, welches eine zentrale Rolle in der OECD spielt. Jedes Land aus der Gemeinschaft der Mitgliedstaaten der OECD versucht dabei, durch ständiges Hinterfragen der Sinnhaftigkeit von abweichenden Ansichten Druck auf die anderen Länder auszuüben, damit diese auf die Liberalisierungsforderungen der jeweils anderen Mitgliedstaaten eingehen. Im Zusammenhang mit diesem Verfahren wird auch die Befürchtung der Entwicklungsländer deutlicher, der Druck im Beitrittsverfahren würde zu hoch sein, um Regulierungen beizubehalten, beziehungsweise um länderspezifische Ausnahmen überhaupt erst anzumelden.[99]

Während NAFTA bezüglich eines zukünftigen Abbaus von Restriktionen keine vertraglichen Vorkehrungen oder Absichtserklärungen getroffen hat[100], sollte dem MAI ein dynamischerer Charakter zugrunde gelegt werden.[101] Das MAI enthält in seiner letzten Fassung zwar keine explizite Formulierung, die ein Verfahren für die Abschaffung der dem MAI entgegenstehenden Gesetze und Regelungen in Form der angemeldeten Ausnahmen vorschriebe[102], es ist

---

[96] Vgl. *J. Karl*, Das Multilaterale Investitionsabkommen (MAI), S. 435.

[97] Eine zeitliche Frist für die Beseitigung ist beispielsweise im Art. 5 TRIMs vorgesehen. *Rugman* spricht von einem gemeinsam akzeptierten „timetable to reduce exisiting regulations on investment." *A. M. Rugman*, The Political Economy of the Multilateral Agreement on Investment (Internet-Dokument).

[98] Vgl. *H.-J. Tüselmann*, The Multilateral Agreement on Investment: the case for a multi-speed convergence approach to liberalization, S. 92 f.

[99] Vgl. *W. H. Witherell*, The OECD Multilateral Agreement on Investment, S. 11.

[100] Vgl. dazu *S. Skarpelis-Sperk*, Ein neues Grundgesetz einer einheitlichen globalen Wirtschaft, in: F. R. Glunk (Hrsg.), Das MAI und die Herrschaft der Konzerne, 1998, S. 167 f.

[101] Vergleichbar in diesem Zusammenhang scheint die Entwicklung des GATT. Konzentrierte man sich anfangs auf den Abbau von Zöllen, widmete man sich später auch anderen Bereichen, den nichttarifären Handelshemmnissen. Vgl. *M. Zürn*, Regieren jenseits des Nationalstaats, 1998, S. 219 f.

[102] Vgl. *Bundesregierung*, Antwort der Bundesregierung zu den SPD-Fragen zum MAI, S. 13. In III § 10 MAI ist im Rahmen der Behandlung von Investitionsanreizen von zukünftigen Verhandlungen und einem Rollback die Rede. Über Form und Plazierung dieses Textes hätte aber noch eine Entscheidung herbeigeführt werden müssen. Vgl. *OECD*, Multilaterales Abkommen über Investitionen, S. 54, FN 100.

aber durchaus politisch beabsichtigt, derartige Maßnahmen durchzuführen.[103] Diesbezüglich enthält auch der Kommentar zum Verhandlungstext des MAI ausführliche Erläuterungen zu Stillstands- und Rücknahmeregelungen.[104] Ein ambitioniertes Abkommen wie das MAI könnte jedenfalls aller Wahrscheinlichkeit nach nicht auf einen Rücknahmeprozeß verzichten.

5. Kernbestandteile des MAI

a) Der Investor- und Investitionsbegriff des MAI

Die Definitionen von Investoren und deren Kapitalanlagen sind von grundlegender Bedeutung für die Beurteilung des MAI.[105] Sie bestimmen die Reichweite und somit auch in entscheidender Weise die Qualität des Abkommens. Der Anspruch besteht darin, sehr umfassende Regelungen in personeller, zeitlicher und räumlicher Hinsicht festzuschreiben, um das MAI als zentrales Abkommen zur Regelung von Investitionen zu etablieren. Dadurch möchte man auch verhindern, daß bei unterschiedlichen Regelungen für Investitionen Verzerrungen durch ungewollte Substitutionseffekte zwischen verschiedenen Formen von Investitionen auftreten.[106]

Investor ist nach Vertragsentwurf (II § 1 MAI) demnach,

> „eine natürliche Person, die die Staatsangehörigkeit einer Vertragspartei oder ihren ständigen Wohnsitz im Hoheitsgebiet dieser Vertragspartei gemäß deren geltendem Recht hat; oder eine juristische Person oder jede andere Rechtspersönlichkeit, die gemäß dem geltenden Recht einer Vertragspartei gegründet worden ist, unabhängig davon, ob sie Erwerbscharakter hat oder nicht, ob sie sich in Privat- oder Staatsbesitz befindet oder unter staatlicher Kontrolle steht, einschließlich Kapitalgesellschaften,

---

[103] Bereits 1995 weist *Witherell* auf das „peer review"-Verfahren als zentralen Bestandteil eines zukünftigen Abkommens hin. Vgl. *W. H. Witherell*, The OECD Multilateral Agreement on Investment, S. 3, 7. Vgl. zu einem Vorschlag Österreichs *OECD*, Multilaterales Abkommen über Investitionen, S. 180 f. Vgl. *Bundeswirtschaftsministerium*, Aufzeichnungen der Bundesregierung zum aktuellen Stand der Verhandlungen über ein Multilaterales Abkommen für Investitionen (MAI), S. 3; sowie *Bundesregierung*, Antwort der Bundesregierung zu den SPD-Fragen zum MAI, S. 8.

[104] Vgl. *OECD*, Commentary to the MAI Negotiating Text (as of 24 April 1998), 1998, S. 60 ff. Passend dazu erweist sich die Aussage von *Hilpold*, der in bezug auf das MAI hinweist, daß es noch offen sei, „wann bzw. in welchen Etappen der Liberalisierungsprozeß" von statten gehen soll. Vgl. *P. Hilpold*, Die Fortentwicklung der WTO-Ordnung, RIW, Heft 2, 1998, S. 92.

[105] Die Bundesregierung spricht von einem „Kernbestandteil des MAI". *Bundeswirtschaftsministerium*, Aufzeichnungen der Bundesregierung zum aktuellen Stand der Verhandlungen über ein Multilaterales Abkommen für Investitionen (MAI), S. 7.

[106] Vgl. dazu *M. Vocke*, Investment Implications of Selected WTO Agreements and the Proposed Multilateral Agreement on Investment, S. 24, 26.

Treuhandvermögen, Personengesellschaften, Alleininhaberschaften, Gemeinschaftsunternehmen, Verbänden und Organisationen."[107]

Mit einfachen Worten: „For the MAI an investor can be anyone, and it is difficult to imagine a broader definition."[108] In diesem Zusammenhang ist anzumerken, daß die Kontrolle einer juristischen Person, die nach dem Recht eines MAI-Staates gegründet worden ist, jedem Nicht-MAI-Investor die Inanspruchnahme des MAI ermöglichen würde. Um dieser Problematik zu begegnen, hat man im MAI unter der Bezeichnung „Vorenthaltung von Vergünstigungen" (XII § 12 MAI) versucht, eine Schutzregelung zu treffen.[109]

Für Investitionen geht das MAI im Vergleich zu bestehenden Regelungen von einer sehr weit gefaßten Definition aus.[110] Zwar gibt es keine allgemeingültige Definition von Investitionen[111], doch geht das MAI zumindest weiter als das traditionelle Konzept der ausländischen Direktinvestitionen. Dieses umfaßt den Aufbau von Zweigstellen und Tochtergesellschaften, den Erwerb von dauerhaften Beteiligungen sowie den Kauf von tangiblen Vermögenswerten. Zusätzlich werden im MAI, anders als in der Praxis der deutschen bilateralen Verträge[112], explizit Portfolioinvestitionen[113], Finanzinvestitionen und intangible Vermögenswerte erfaßt.[114] Das MAI (II § 1 MAI) versteht demnach unter einer Kapitalanlage

---

[107] II § 1 MAI.

[108] *X. Musca*, Scope of the MAI, in: OECD (Hrsg.), Proceedings of the Special Session on the Multilateral Agreement on Investment, 1997, S. 1. Die Formulierung der Definition stellt nach *Larson* eine bedeutende Neuerung dar. *A. Larson*, State of Play of MAI Negotiation, S. 1.

[109] Vgl. *OECD*, Multilaterales Abkommen über Investitionen, S. 135 f.

[110] Vgl. dazu *N. Ahern*, Stellungnahme für den Ausschuß für Recht und Bürgerrechte, in: Europäisches Parlament, Bericht mit den Empfehlungen des Europäischen Parlaments an die Kommission zu den Verhandlungen im Rahmen der OECD über ein multilaterales Abkommen über Investitionen (MAI), Berichterstatter: MdEP W. Kreissl-Dörfler, 26. Februar 1998, A4-0073/98, S. 23.

[111] Vgl. *U. Häde*, Der völkerrechtliche Schutz von Direktinvestitionen im Ausland, S. 193.

[112] Vgl. *J. Karl*, Das Multilaterale Investitionsabkommen (MAI), S. 433; *M. Banz*, Völkerrechtlicher Eigentumsschutz durch Investitionsschutzabkommen: insbesondere die Praxis der Bundesrepublik Deutschland seit 1959, 1988, S. 40.

[113] Zu den Portfolioinvestitionen sind Beteiligungen ausländischer Investoren an Unternehmen über Wertpapiere und Unternehmensanteile zu zählen. Vgl. *Th. Plümper*, Portfolioinvestitionen, S. 268. Spezieller *D. Rübesamen*, Kapitalverkehr, internationaler, in: Th. Plümper, Lexikon der Internationalen Wirtschaftsbeziehungen, 1996, S. 182. Demnach werden nach Klassifizierung des Internationalen Währungsfonds Käufe und Verkäufe von Dividendenwerten, Investmentzertifikaten, langfristigen festverzinslichen Wertpapieren, Geldmarktpapieren und Finanzderivaten als Portfolioinvestitionen erfaßt.

[114] Vgl. dazu *X. Musca*, Scope of the MAI, S. 1.

„jede Art von Vermögenswert, der direkt oder indirekt ganz oder mehrheitlich im Eigentum eines Investors oder unter seiner Kontrolle steht, einschließlich:

- Unternehmen (unabhängig davon, ob es sich um eine gemäß dem geltenden Recht einer Vertragspartei gegründeten juristischen Person oder um eine sonstige Rechtspersönlichkeit handelt sowie unabhängig davon, ob diese mit Erwerbscharakter ausgestattet ist und sich in Privat- oder Staatseigentum befindet oder unter staatlicher Kontrolle steht, einschließlich Körperschaften, Treuhandvermögen, Personengesellschaften, Alleininhaberschaften, Gemeinschaftsunternehmen, Verbänden oder Organisationen;
- Aktien, Anteilsscheine oder sonstige Formen der Eigenkapitalbeteiligung an Unternehmen und daraus abgeleitete Rechte;
- Schuldverschreibungen, Pfandbriefe, Anleihen und sonstige Forderungen sowie daraus abgeleitete Rechte;
- Rechte aus Verträgen, einschließlich Verträge über schlüsselfertige Übergabe, Bau, Verwaltung, Produktion, oder Einnahmebeteiligung;
- Ansprüche auf Geld und Leistungen;
- Rechte an geistigem Eigentum;
- gesetzliche oder vertragliche Rechte, wie Konzessionen, Lizenzen, Genehmigungen und Erlaubnisse;
- jedes sonstige materielle und immaterielle, bewegliche und unbewegliche Eigentum und alle damit in einem Zusammenhang stehenden Eigentumsrechte, wie Pachten, Hypotheken, Pfandrechte und Bürgschaften."[115]

Von Bedeutung ist, daß durch die Formulierung der Definition in Form einer offenen Liste auch alle möglichen zukünftigen Formen von Investitionen eingeschlossen werden. Unklarheit bestand jedoch noch in der Behandlung von indirekten Investitionen, geistigem Eigentum, Konzessionen, Staatsschulden und Immobilienbesitz[116], die über diese Definition mit in das MAI einbezogen sind. Allerdings erfolgt im MAI eine gewisse Konkretisierung, was die Merkmale einer Kapitalanlage betrifft. So setzt das MAI die Bindung von „Kapital oder sonstigen Ressourcen, Gewinnerwartungen oder Risikoübernahme"[117] voraus.

Die von Banz für den deutschen Mustervertrag gesehene „immens weite Definition"[118] des Begriffs der Kapitalanlage wird hier sicherlich in den Schatten gestellt. Aber auch im Verhältnis zum NAFTA, worin zwar eine abgeschlosse-

---

[115] II § 1 MAI.

[116] Vgl. *OECD*, Multilaterales Abkommen über Investitionen, S. 11, FN 1. Kritisch zu Fragen des Landeigentums *T. Clarke/M. Barlow*, MAI: the Multilateral Agreement on Investment and the threat to Canadian sovereignty, S. 35.

[117] *OECD*, Multilaterales Abkommen über Investitionen, S. 11, FN 2. Diese Kriterien sind aber wiederum auslegbar. Vgl. *J. Karl*, Das Multilaterale Investitionsabkommen (MAI), S. 433.

[118] Vgl. *M. Banz*, Völkerrechtlicher Eigentumsschutz durch Investitionsschutzabkommen, S. 40.

ne, aber ebenfalls aber sehr weitgehende, Auflistung der Investitionsarten enthalten ist, stellt die MAI-Definition eine Niveauverschiebung dar[119], die aufgrund neuer Instrumente der Investitionstätigkeit[120] und der Vermeidung von Verzerrungen[121] auch notwendig sei.

Mit der weiten Festlegung des Investitionsbegriffs wird allerdings unklar, wie sich eine Investition von einer Nicht-Investition abgrenzen läßt. Zwar ist die OECD bestrebt, „to ensure that all relevant forms of investment undertaken by foreign investors enjoy the protection of the MAI; by contrast, it should not be so broad as to cover financial transactions that have no connection to an investment“[122]. Aber das MAI dürfe nicht zu einem konturlosen „Weltfinanzabkommen“[123] mutieren und das Risiko von Kollisionen mit anderen Abkommen eingehen.[124]

Neu im MAI ist die Einbeziehung von indirekten Investitionen, die an Bedeutung gewonnen haben.[125] Dabei wird von einer Investition in einem Vertragsstaat aus (z. B. eine kanadische Holdinggesellschaft mit Sitz in Japan) eine Investition in einem anderen Vertragsstaat (z. B. Schweden) getätigt. Strittig ist aber noch, ob Investitionen eines Investors einer Vertragspartei, die über ein Nicht-MAI-Land getätigt werden, ebenfalls durch das MAI geschützt sind.[126]

Auch der geographische Geltungsbereich ist in II §§ 2, 3 MAI umfassend geregelt. So gilt das Abkommen auf dem Landgebiet, den Hoheitsgewässern (re-

---

[119] Vgl. *U. Petschow* et al., Das Multilaterale Investitionsabkommen (MAI) und die Umwelt, Studie für die Friedrich-Ebert-Stiftung, 1998, S. 54.

[120] Vgl. *Bundesregierung*, Antwort der Bundesregierung zu den SPD-Fragen zum MAI, S. 12. Zum Beispiel: Projektfinanzierungen, Build-Operate-Transfer(BOT)-Modelle. Vgl. *M. Herdegen*, Internationales Wirtschaftsrecht, S. 208 f., Rdn. 10.

[121] Vgl. dazu *M. Vocke*, Investment Implications of Selected WTO Agreements and the Proposed Multilateral Agreement on Investment, S. 24, 26.

[122] *W. H. Witherell*, Developing International Rules for Foreign Investment: OECD´s Multilateral Agreement on Investment, S. 6.

[123] *J. Karl*, Das Multilaterale Investitionsabkommen (MAI), S. 433. Nach *Engering* sollte das MAI „not be so wide as to cover trade operations, or purely financial transactions such as take place in capital and money markets, and that are not part of an investor´s real assets“. Die Unterscheidung von Direktinvestition und Portfolioinvestitionen „may be easy in theory“. *F. Engering*, The Multilateral Investment Agreement, S. 148.

[124] Vgl. *J. Karl*, Das Multilaterale Investitionsabkommen (MAI), S. 433. Ein klarer Ausschluß von Handelsforderungen und Handelskrediten ist für *Karl* wesentlich, um den Charakter eines Investitionsabkommens nicht zu verwässern und in Bereiche der WTO einzuwirken. *Seidel* äußert sich mit europarechtlichem Bezug so, daß zwischen Geldkapital und Sachkapital keine Unterscheidung möglich sei, ohne Abgrenzungsfragen aufzuwerfen. Vgl. *M. Seidel*, Rechtliche Grundlagen eines einheitlichen Kapitalmarktes der Europäischen Gemeinschaft, FS Lukes, 1989, S. 576.

[125] Im deutschen Mustervertrag sind indirekte Investitionen nicht erfaßt. Vgl. *OECD*, Globalisation of Industry, 1996, S. 16.

[126] Vgl. *J. Karl*, Das Multilaterale Investitionsabkommen (MAI), S. 433.

spektive Inselgewässern) und den Seegebieten jenseits der Hoheitsgewässer, über welche die Vertragspartei Hoheitsrechte oder Gerichtsbarkeit laut Völkerrecht ausübt.[127] Weiterhin waren Regelungen vorgesehen, die es Vertragsstaaten möglich machen, den Geltungsbereich des Abkommens auf Gebiete auszuweiten, für deren internationale Beziehungen sie zuständig sind.

b) Prinzip der Nichtdiskriminierung

aa) Allgemeine Bemerkungen

Nichtdiskriminierung stellt einen zentralen Grundsatz der Außenwirtschaftspolitik dar. Bei grenzüberschreitenden Transaktionen jeglicher Art soll demnach eine Diskriminierung nach dem Ursprung der Transaktion ausgeschlossen werden. Damit sollen einheitliche Wettbewerbschancen gefördert werden sowie protektionistische Züge der Außenwirtschaftspolitik unterbunden werden. Der Nichtdiskriminierungsgrundsatz wird im MAI in Form des Prinzips der Inländergleichbehandlung und der Meistbegünstigung materialisiert. Diese beiden Prinzipien sind beispielsweise bereits als tragende Pfeiler im GATT, im NAFTA und einer Vielzahl weiterer Abkommen enthalten.[128] Ergibt sich aus den beiden Prinzipien für den Investor eine unterschiedliche Behandlung, so kann dieser die für ihn günstigere Regelung in Anspruch nehmen. Eine Besonderheit des MAI, die auch von Kritikern immer wieder aufgegriffen wird, ist dabei, daß die Investitionen nicht mehr nur in ihrem Bestand durch das Prinzip der Nichtdiskriminierung Schutz genießen, sondern alle Phasen der Investition (Zulassung, Management, Erweiterung, Verkauf etc.) einklagbar geschützt sind.[129]

Ein weiterer zentraler Aspekt besteht in der Verpflichtung die Nichtdiskriminierung de jure und de facto einzuhalten. Dabei ist jedoch unsicher, in welchen Umständen eine solche de-facto-Diskriminierung besteht.[130] Weiterhin von Bedeutung ist, daß eine positive Diskriminierung, also eine Bevorzugung ausländi-

---

[127] Konflikte könnten mit der Seerechtskonvention der Vereinten Nationen (1982) entstehen. So *R. Engels* et al., Alles neu macht das MAI? Das Multilaterale Investitionsabkommen – Informationen, Hintergründe, Kritik, 1998, S. 23.

[128] Vgl. *M. Diehl*, Nichtdiskriminierungsprinzip, in: Th. Plümper, Lexikon der Internationalen Wirtschaftsbeziehungen, 1996, S. 258.

[129] Eingeschränktere Regelungen finden sich in Art. 1102, 1103 NAFTA. Vgl. *J. Hartwig*, Ist der OECD-Entwurf zu einem Investitionsabkommen ein geeigneter Ansatzpunkt für ein entsprechendes WTO-Abkommen?, S. 86.

[130] Vgl. OECD, Commentary to the MAI Negotiating Text, S. 12. Das *Europäische Parlament* mahnt die EU-Staaten, zu beachten, daß die Frage der Entschädigungszahlungen durch Gesetzgebung im Arbeits-, Umwelt- und Sozialbereich nicht zu Lasten der Vertragsstaaten geht. Vgl. *Europäisches Parlament*, Bericht mit den Empfehlungen des Europäischen Parlaments, S. 8.

scher Investoren gegenüber Inländern (Inländerdiskriminierung), durch das MAI nicht ausgeschlossen ist.[131]

bb) Inländerbehandlung

Durch das MAI werden die Unterzeichnerstaaten verpflichtet, die Investitionstätigkeit von ausländischen Investoren nicht schlechter als die inländischer Investoren zu behandeln (III § 1 MAI).[132] Ausnahmen von diesem Grundsatz sind nur im Rahmen der im Abkommen aufgeführten allgemeinen Ausnahmen, der vorübergehenden Ausnahmen und für die Materien der länderspezifischen Ausnahmelisten erlaubt.

> „Jede Vertragspartei gewährt den Investoren einer anderen Vertragspartei und deren Kapitalanlagen eine Behandlung, die nicht weniger günstig ist als die Behandlung, die sie (unter vergleichbaren Umständen) ihren eigenen Investoren und deren Kapitalanlagen in bezug auf Errichtung, Erwerb, Erweiterung, Betrieb, Verwaltung, Wartung, Verwendung, Genuß und Verkauf oder durch sonstige Verfügungen über Kapitalanlagen einräumt."[133]

Der Liberalisierungsgrad in dem Land der Investition ist dabei nicht von Bedeutung.[134] Es ist zu berücksichtigen, daß Inländerbehandlung nicht unbedingt identische Behandlung von Fall zu Fall nach sich zieht. Insbesondere im Umweltschutzbereich sind die Regelungen oft von Standort zu Standort unterschiedlich.[135]

cc) Meistbegünstigungsklausel

Die Meistbegünstigungsklausel (III § 1 MAI), die eine Weitergabe von spezifischen Vergünstigungen garantieren soll, ist folgendermaßen im MAI fixiert:

> „Jede Vertragspartei gewährt den Investoren einer anderen Vertragspartei und deren Kapitalanlagen eine Behandlung, die nicht weniger günstig ist als die Behandlung,

---

[131] Vgl. *U. Petschow* et al., Das Multilaterale Investitionsabkommen (MAI) und die Umwelt, S. 55. Auch *Bundeswirtschaftsministerium*, Aufzeichnungen der Bundesregierung zum aktuellen Stand der Verhandlungen über ein Multilaterales Abkommen für Investitionen (MAI), S. 9. Vgl. *A. Ahnlind*, New disciplines, S. 3.

[132] Auch der Bereich „positive Diskriminierung" sollte auf Drängen einiger Delegationen ausgiebiger diskutiert werden. Dazu auch *Europäisches Parlament*, Bericht mit den Empfehlungen des Europäischen Parlaments, S. 6.

[133] III § 1 MAI.

[134] Vgl. *Th. Plümper*, GATS, in: ders., Lexikon der Internationalen Wirtschaftsbeziehungen, 1996, S. 120 ff.

[135] Vgl. *WWF International*, The OECD, Foreign Investment and Sustainable Development, S. 2.

die sie den Investoren jeder anderen Vertragspartei oder einer Nichtvertragspartei sowie den Kapitalanlagen von Investoren jeder anderen Vertragspartei oder einer Nichtvertragspartei in bezug auf Errichtung, Erwerb, Erweiterung, Betrieb, Verwaltung, Wartung, Verwendung, Genuß und Verkauf oder durch sonstige Verfügungen über Kapitalanlagen einräumt."[136]

Allen Vertragsstaaten sind demnach diejenigen Vergünstigungen, die einem Land im Geltungsbereich des MAI eingeräumt werden, in gleicher Weise einzuräumen. Ebenso wie beim Grundsatz der Inländerbehandlung ist auch hier die Zulassungsphase der Investition durch den Vertrag erfaßt.

dd) Transparenz

Im MAI hat man sich wie im GATT und im GATS[137] auf Transparenzregeln geeinigt. Diesen fallen wie den Nichtdiskriminierungsregeln eine zentrale Rolle im MAI zu. Schließlich sind Informationen von grundlegender Bedeutung für die Investitionstätigkeit.[138] Weil es keine Instanz gibt, die die globalen Aktivitäten als Ersatz für den Staat überwachen und kontrollieren kann, und auch keine einheitlichen Regeln für alle Weltmarktteilnehmer existieren, wird versucht, durch Transparenz der rechtlichen Rahmenbedingungen ein Klima der Rechtssicherheit zu schaffen.[139] Im Transparenzartikel (III § 2 MAI) wird daher von den Vertragsparteien folgendes gefordert:

> „Jede Vertragspartei veröffentlicht unverzüglich ihre Gesetze, Bestimmungen, Verfahren, Verwaltungserlasse und allgemein geltenden Rechtsentscheidungen sowie internationale Vereinbarungen, die auf die Wirksamkeit des Abkommens Einfluß haben können, oder macht diese auf andere Art und Weise öffentlich bekannt. In den Fällen, in denen eine Vertragspartei sich Politiken bedient, die sich nicht in Gesetzen oder Vorschriften oder in anderen in diesem Absatz aufgeführten, die Wirksamkeit des Abkommens potentiell jedoch beeinflussenden Mitteln niederschlagen, veröffentlicht diese Vertragspartei solche Politiken unverzüglich oder macht sie auf andere Art und Weise öffentlich bekannt."[140]

Außerdem werden den Investoren Frage- und Auskunftsrechte zugesichert. Allerdings wird auch den Vertragsparteien die Erhebung von Routineinformationen über den Investor sowie seine Kapitalanlage für Informationszwecke oder statistische Erfassungen ermöglicht. Die Vertragsstaaten sind jedoch nicht

---

[136] III § 1 MAI.

[137] Vgl. *Th. Plümper*, GATS, S. 121.

[138] Vgl. *W. H. Witherell*, The OECD Multilateral Agreement on Investment, S. 11; *E. M. Graham*, Investment and the New Multilateral Trade Context, in: OECD, Market Access After the Uruguay Round: Investment Competition and Technology Perspectives, 1996, S. 38.

[139] Vgl. auch *W. J. Clinton*, Rede vor der 50. Jahrestagung WTO/GATT, 1998.

[140] III § 2 MAI.

verpflichtet, anderen Vertragsparteien Zugang zu Informationen über die Finanzsituation der Kunden von Investoren oder über Kapitalanlagen zu verschaffen.[141] Dabei wäre noch eingehender zu prüfen, inwieweit ein ausgeglichenes Verhältnis zwischen den Informationsrechten der Investoren und der Empfängerländer besteht.[142]

6. Zentrale Materien des MAI

a) Investoren und Schlüsselpersonal

Der Nichtdiskriminierungsgrundsatz gilt nicht nur für die Investition als solche, sondern auch für die Investoren[143] und das mit der Investition betraute Schlüsselpersonal (III § 3 MAI).

> „Nach Maßgabe der geltenden Gesetze, Vorschriften und Verfahren der Vertragsparteien, die die Einreise, den Aufenthalt und die Tätigkeit natürlicher Personen betreffen:
>
> (a) gewährt jede Vertragspartei einer natürlichen Person einer anderen Vertragspartei vorübergehende Einreise, Aufenthalt und Arbeitsgenehmigung und stellt alle erforderlichen bestätigenden Unterlagen zur Verfügung; bei einer solchen Person handelt es sich um:
>
> (i) einen Investor, der sich bemüht, Beratungs- oder wesentliche technische Dienste für den Betrieb eines Unternehmens in dem Hoheitsgebiet der erstgenannnten Vertragspartei einzurichten, zu entwickeln, zu führen oder zur Verfügung zu stellen und zu diesem Zweck einen beträchtlichen Kapitalbetrag zur Verfügung gestellt hat oder im Begriff ist, einen solchen Betrag zur Verfügung zu stellen, oder
>
> (ii) einen Angestellten, der bei einem unter (i) erwähnten Unternehmen oder bei einem Investor beschäftigt ist ... in der Eigenschaft als leitender Angestellter, Vorgesetzter oder Fachkraft und der für das Unternehmen wichtig ist."[144]

Weitestgehend stehen die gleichen Rechte auch den Ehepartnern und den minderjährigen Kindern für die Dauer des Aufenthalts zu. Keine Vertragspartei darf diese Rechte „aus Arbeitsmarktgründen oder in Abhängigkeit von sonstigen wirtschaftlichen Erfordernissen, Tests oder mengenmäßigen Beschränkungen in Gesetzen, Bestimmungen und Verfahren verweigern."[145]

---

[141] Vgl. III § 2 MAI.

[142] Vgl. *K.-P. Merk*, Eine kritische Kommentierung des Multilateralen Abkommens über Investitionen, S. 142.

[143] Damit sind nach der Definition natürliche sowie juristische Personen erfaßt.

[144] III § 3 MAI. Vertiefend dazu die Definitionen von „natürlicher Person", „Manager", „geschäftsführender Direktor", „Fachkraft" in III § 4 MAI.

[145] III § 3 MAI.

Von den Verhandlungsdelegationen wurde deutlich gemacht, daß das MAI sich aber nicht über die nationale Gesetzgebung in diesem Bereich hinwegsetzen dürfe.[146]

Im Vergleich zu vielen bilateralen Investitionsschutzverträgen sind die Nichtdiskriminierungsregelungen des MAI für Schlüsselpersonal sehr umfassend.[147] Aufgrund des Vorbehaltes nationaler Regelungskompetenzen entfalten die MAI-Regeln zwar keine direkte Wirkung, sie besitzen aber „politische Signalwirkung".[148]

Von Bedeutung im Zusammenhang mit den Bestimmungen zu Schlüsselpersonal sind zudem noch die Bestimmungen über die Staatsangehörigkeit der geschäftsführenden Direktoren, Manager und Direktoriumsmitglieder der Kapitalanlage eines Investors im Gaststaat (III § 4 MAI). Der Vertragspartei, in der die Kapitalanlage beheimatet ist, wird dabei hinsichtlich der Staatsangehörigkeit keinerlei Einflußrecht zugesprochen.[149]

b) Behandlung von Investoren und Kapitalanlagen

aa) Tätigkeitsauflagen

Diese Regelungen, die an die des TRIMs angelehnt waren[150], galten bei den Verhandlungen und in der öffentlichen Diskussion als besonders umstritten.[151] Ein Grund dafür könnte sein, daß Tätigkeitsauflagen nicht gerade selten ange-

---

[146] *A. Ahnlind*, New disciplines, S. 1. Gesetze, Bestimmungen und Verfahren, Einwanderung betreffend, können unter dem MAI weiterhin zu Auflagen für Investoren führen. *OECD*, Multilaterales Abkommen über Investitionen, S. 17, FN 6.

[147] In den Verhandlungen wurde zuletzt aber auch noch diskutiert, ob man die Qualifizierung als Schlüsselpersonal an eine Mindestbeschäftigungsdauer im als Investor auftretenden Unternehmen (ca. ein Jahr) koppeln möchte.

[148] Vgl. *OECD*, Multilaterales Abkommen über Investitionen, S. 18, FN 7. Vgl. dazu auch *Bundesregierung*, Antwort der Bundesregierung zu den SPD-Fragen zum MAI, S. 31.

[149] Vgl. *OECD*, Multilaterales Abkommen über Investitionen, S. 20. Kritisch wird von einigen Delegationen gesehen, daß nationale Körperschaftskontrollvorschriften in einzelnen Staaten in bezug auf die Direktoriumsmitgliedschaft Konflikte mit dem MAI mit sich bringen. Vgl. *OECD*, Multilaterales Abkommen über Investitionen, S. 20, FN 13; III § 5 MAI; *OECD*, Multilaterales Abkommen über Investitionen, S. 20, FN 14.

[150] Vgl. *E. M. Graham*, Investment and the New Multilateral Trade Context, S. 36. Die Regelungen des Art. 1106 des NAFTA und des Energiecharta-Vertrags sind ebenfalls sehr umfassend.

[151] Vgl. *U. Petschow* et al., Das Multilaterale Investitionsabkommen (MAI) und die Umwelt, S. 57. Für den Abschnitt zu Tätigkeitsauflagen bestehen auch eine Vielzahl von Fußnoten (FN 15-40) mit Anmerkungen und Bedenken zu einzelnen Aspekten. Vgl. *OECD*, Multilaterales Abkommen über Investitionen, S. 21 ff.

wandt werden, um Auslandsinvestitionen wirtschaftspolitisch zu instrumentalisieren. Nicht nur Entwicklungsländer greifen gerne darauf zurück, sondern auch einige Industrieländer, wie insbesondere die USA, formulieren in diesem Bereich umfangreiche Auflagen.[152] In Deutschland sind derartige Regelungen jedoch weitestgehend bedeutungslos.[153]

Konzeptionell auffällig ist, daß die Tätigkeitsauflagen im Gegensatz zum restlichen MAI in einer abschließenden Liste aufgeführt sind. Nicht erfaßte Tätigkeitsauflagen sind erlaubt, wenn sie nicht anderen Bestimmungen des Abkommens widersprechen. Demnach gilt folgendes:

„1. Eine Vertragspartei darf im Zusammenhang mit der Errichtung, dem Erwerb, der Erweiterung, dem Betrieb, der Verwaltung, der Verwendung, dem Genuß und dem Verkauf oder einer sonstigen Verfügung über eine Kapitalanlage eines Investors einer anderen Vertragspartei oder einer Nichtvertragspartei in ihrem eigenen Hoheitsgebiet keine der nachfolgend aufgeführten Auflagen stellen, durchsetzen oder aufrecht erhalten[154] und keine etwaigen Verpflichtungen durchsetzen, um

(a) ein bestimmtes Ausmaß oder eine prozentual definierte Quote eines Exports von Waren und Dienstleistungen zu erreichen;

(b) ein bestimmtes Ausmaß oder eine prozentual definierte Quote eines Inlandsanteils (local content) zu erzielen;

(c) im eigenen Hoheitsgebiet erzeugte Waren und angebotene Dienstleistungen zu erwerben oder zu nutzen oder ihnen eine bevorzugte Behandlung zu gewähren oder um Waren oder Dienstleistungen von Personen im eigenen Hoheitsgebiet zu erwerben;

(d) ein mengen- oder wertmäßiges Verhältnis der Einfuhren zu den Ausfuhren bzw. zu der mit solchen Kapitalanlagen einhergehenden Summe der Devisenzuflüsse herzustellen;

(e) den Absatz der mit einer solchen Kapitalanlage im eigenen Hoheitsgebiet erzeugten Waren und Dienstleistungen dadurch zu beschränken, daß er in ein mengen- oder wertmäßiges Verhältnis zu den eigenen Ausfuhren oder Deviseneinnahmen gesetzt wird;

---

[152] Vgl. dazu *J. Hartwig*, Ist der OECD-Entwurf zu einem Investitionsabkommen ein geeigneter Ansatzpunkt für ein entsprechendes WTO-Abkommen?, S. 86. Vgl. dazu *M. Vocke*, Investment Implications of Selected WTO Agreements and the Proposed Multilateral Agreement on Investment, S. 19.

[153] Vgl. *Bundesregierung*, Antwort der Bundesregierung zu den SPD-Fragen zum MAI, S. 6. Unklarheiten entstanden nach *Welzk* allerdings hinsichtlich der Mittelstandsförderung, bei Landesbürgschaften und zinsverbilligten Krediten, Recyclingquoten, beim öffentlichen Beschaffungs- und Auftragswesen sowie bei Privatisierungsbestimmungen. Vgl. *St. Welzk*, Visionen des MAI A Brave New Corporatist World?, S. 42.

[154] Kanada äußert in einer Fußnote Bedenken, ob das gesamte Recht in aufwendigen Verfahren nach derartigen Regelungen zu durchsuchen sei. Vgl. *OECD*, Multilaterales Abkommen über Investitionen, S. 22, FN 18.

(f) Technologie, einen Produktionsprozeß oder sonstige Schutzrechte auf eine natürliche oder juristische Person im eigenen Hoheitsgebiet zu übertragen, außer in Fällen, in denen:

- diese Anforderung von einem Gericht, einem Verwaltungsgericht oder einer Wettbewerbsbehörde zur Heilung einer Verletzung des Wettbewerbsrechts auferlegt wird bzw. eine solche Verpflichtung erfüllt werden muß, oder
- diese Anforderung die Übertragung geistigen Eigentums betrifft und auf eine Weise geschieht, die mit dem TRIPS-Abkommen nicht unvereinbar ist;

(g) die Hauptverwaltung eines Unternehmens für eine bestimmte Region oder den Weltmarkt im Hoheitsgebiet der betreffenden Partei zu errichten;

(h) eine bestimmte Region oder den Weltmarkt ausschließlich von dem Hoheitsgebiet der betreffenden Vertragspartei mit den dort erzeugten Waren oder angebotenen Dienstleistungen zu beliefern;

(i) für Forschungs- und Entwicklungsarbeiten im eigenen Hoheitsgebiet ein bestimmtes Ausmaß oder einen bestimmten Wert zu erreichen;

(j) ein bestimmtes Ausmaß an Beschäftigung von eigenen Staatsangehörigen zu erreichen;[155]

(k) ein Gemeinschaftsunternehmen mit inländischer Beteiligung zu errichten; oder

(l) eine Mindesthöhe für inländische Beteiligungen außer in Form von Namensaktien zu erreichen, die für Direktoren oder Unternehmensgründer als Voraussetzung für die Übernahme ihrer Funktion gelten."[156]

Werden den Investoren durch die Vertragsstaaten Vorteile gewährt, so ist das Aufstellen von Bedingungen im Sinne der Absätze 1 (f) bis 1(l) erlaubt.[157] Vorgesehen, aber noch umstritten war, daß die Vertragsparteien nicht an spezifischen Umweltmaßnahmen gehindert werden, zumal im MAI, anders als etwa im NAFTA[158], keine allgemeinen Ausnahmeregelungen für den Umwelt- und Sozialsektor vorgesehen sind. Zu den garantierten Bereichen sollten

„(a) die Einhaltung der Gesetze und Bestimmungen zu gewährleisten, die mit den Bestimmungen des Abkommens nicht vereinbar sind;

(b) das Leben von Mensch, Tier und Pflanzen sowie deren Gesundheit zu schützen;

(c) erschöpfbare lebende und nichtlebende Ressourcen zu bewahren"[159]

---

[155] Die Vertragsparteien haben sich auf eine Auslegungsposition geeinigt, daß die Bestimmungen des Absatz 1 keine Grundlage für „Interventionen in zu Gunsten benachteiligter Regionen/Personen oder in gleichermaßen legitime beschäftigungspolitische Programme" darstellen. *OECD*, Multilaterales Abkommen über Investitionen, S. 24 f., FN 24.

[156] III § 6 MAI.

[157] Vgl. III § 6 MAI.

[158] Siehe Art. 1106, 1114 NAFTA.

[159] III § 6 MAI.

gehören. Dabei ist ausdrücklich festgehalten, daß die Maßnahmen keine verborgene Investitionsbeschränkung darstellen dürfen.[160]

bb) Privatisierungen und Monopole

Der Bereich der Privatisierungen kann als Neuland in derartigen Abkommen angesehen werden.[161] Auf die hier entstandenen Unsicherheiten reagierten dementsprechend viele Staaten mit Vorbehalten und alternativen Positionen[162], zumal auch im OECD-Kreis immer noch große Wirtschaftsbereiche staatlicher Intervention unterliegen und somit ein großes Privatisierungspotential besteht.[163]

Das MAI versteht unter Privatisierungen (III § 7 MAI) eine „teilweise oder vollständige Veräußerung von Vermögenswerten an einer Unternehmenseinheit oder eine anderweitige Verfügung, welche im wesentlichen dieselbe Wirkung hat“[164]. Privatisierungen sollen nach dem Prinzip der Inländerbehandlung und der Meistbegünstigungsklausel erfolgen. Dies gilt für:

„a) Privatisierungen jeglicher Art unabhängig von der Privatisierungsmethode (öffentliche Ausschreibung, Direktverkauf oder sonstige Methode); und

b) Folgetransaktionen, die einen privatisierten Vermögenswert betreffen.“[165]

---

[160] Eine genauere Prüfung dahingehend sollte noch erfolgen. Vgl. *U. Petschow* et al., Das Multilaterale Investitionsabkommen (MAI) und die Umwelt, S. 58. Zu möglichen erlaubten Regelungen können zählen: Regelungen zu Ausbildungsplatzabgaben, Auflagen zur Gleichstellung von Frauen oder zur Beschäftigung von Schwerbehinderten. Vgl. *Bundesregierung*, Antwort der Bundesregierung zu den SPD-Fragen zum MAI, S. 31. Das *Europäische Parlament* befürchtet jedenfalls Komplikationen für die bestehende und zukünftige Umwelt-, Sozial-, Struktur- und Kulturpolitiken der EU und deren Mitgliedstaaten. Vgl. *Europäisches Parlament*, Bericht mit den Empfehlungen des Europäischen Parlaments, S. 7.

[161] Die OECD hat in diesem Bereich aber Vorarbeiten geleistet. Vgl. exemplarisch *OECD*, Privatisation in Asia, Europe and Latin America, 1996. Auch *R. J. Lüders*, Privatisation and the role of foreign investment, in: OECD, Privatisation in Asia, Europe and Latin America, 1996, S. 185 ff. Aus Sicht des deutschen Verfassungsrechts besteht ein Gebot zur Privatisierung, wenn der Grund der staatlichen Wahrnehmung der Aufgabe wegfällt. Vgl. dazu *J. Isensee*, Gemeinwohl und Staatsaufgaben im Verfassungsstaat, HStR, Bd. III, 1988, § 57, Rdn. 171.

[162] Vgl. *OECD*, Multilaterales Abkommen über Investitionen, S. 32 ff., FN 41-55. Über die Möglichkeit, Vorbehalte und länderspezifische Ausnahmen zu formulieren, besteht noch Klärungsbedarf. Vgl. *OECD*, Multilaterales Abkommen über Investitionen, S. 33, FN 49; auch *Bundesregierung*, Antwort der Bundesregierung zu den SPD-Fragen zum MAI, S. 30.

[163] Vgl. *St. Nestor/M. Nigon*, Privatisations in Europe, Asia and Latin America: What lessons can be drawn?, in: OECD, Privatisation in Asia, Europe and Latin America, 1996, S. 9.

[164] III § 7 MAI.

[165] III § 7 MAI.

Es sind also alle Phasen des Privatisierungsprozesses eingeschlossen.[166] Hinsichtlich der Entscheidung, ob privatisiert wird, bleibt der Staat jedoch autonom.[167] Entscheidet sich eine Vertragspartei für ein Privatisierungsprojekt, so hat sie im Sinne der im Privatisierungsteil enthaltenen Transparenzregeln unverzüglich die „wesentlichen Aspekte und Verfahren für die Teilnahme“[168] öffentlich zu machen.[169] Kritisch wurde zum Teil gesehen, daß bestimmte besondere Aktienvereinbarungen möglicherweise als de-facto-Diskriminierung angesehen werden könnten (z. B. golden shares, management buy-outs)[170] und dadurch besondere öffentliche Interessen beeinträchtigt würden.[171] Im Zusammenhang mit Beschränkungen für ausländische Investoren bei der Privatisierung staatlicher Beteiligungen sind möglicherweise aktuelle europarechtliche Entwicklungen von Interesse. So hat die Europäische Kommission vor dem EuGH eine Klage gegen verschiedene Mitgliedstaaten angestrengt, in denen Privatisierungsregeln für Staatsunternehmen gelten, die möglicherweise nicht mit dem EGV, insbesondere mit den Bestimmungen zur Kapitalverkehrs- und Niederlassungsfreiheit, vereinbar sind.[172]

Eng zusammenhängend mit den Privatisierungsregelungen ist die Erfassung der Monopoltätigkeit im MAI. Von seiten potentieller Investoren bestanden und bestehen nach wie vor Hoffnungen, die Zeit monopolisierter Sektoren mit staatlicher Intervention könnte über kurz oder lang vollends zu Ende gehen, zumal diese Bereiche zum Teil ein enormes Wachstumspotential und technologische Entwicklungsfähigkeit aufweisen (z. B. Telekommunikation).[173] Zwar möchte das MAI Monopole nicht vollständig verbieten, zumindest für den Erhalt sowie für die Neuerrichtung von Monopolen war aber geplant, im MAI Bestimmungen durchzusetzen, die die negativen volkswirtschaftlichen Effekte durch die Existenz von Monopolen reduzieren sollen.[174] Aus den Verhandlungspositionen

---

[166] Vgl. *A. Ahnlind*, New disciplines, S. 3.

[167] Vgl. *J. Karl*, Das Multilaterale Investitionsabkommen (MAI), S. 435.

[168] III § 7 MAI. Zu verschiedenen Privatisierungsmöglichkeiten vgl. *OECD*, Privatisation in Asia, Europe and Latin America, S. 10 f.

[169] Vgl. *A. Ahnlind*, New disciplines, S. 2.

[170] Vgl. *A. Ahnlind*, New disciplines, S. 2.

[171] Beispielsweise im Bereich sozialer Dienstleistungen, Erziehung und Ausbildung sowie im Gesundheitswesen. Vgl. *U. Petschow* et al., Das Multilaterale Investitionsabkommen (MAI) und die Umwelt, S. 60.

[172] Siehe dazu die Klagen der Europäischen Kommission gegen Portugal, Frankreich und Belgien (Rs. C-367/98, Abl. C 397 (1998), S. 16 f.; Rs. C-483/99, Abl. C 79 (2000), S. 6 f.; Rs. C-503/99, Abl. C 79, S. 10 f.); *Süddeutsche Zeitung*, Privatisierungsregeln vor dem EuGH, Nr. 101, 03.05.01, S. 26.

[173] Vgl. *M. Hart*, A Multilateral Agreement on Foreign Investment: Why Now?, S. 117.

[174] Grundsätzlich zu der mikroökonomischen Wirkung von Monopolen *M. Neumann*, Theoretische Volkswirtschaftslehre II, 3. Aufl. 1991, S. 42 ff.; *W. Lachmann*, Volks-

geht jedoch hervor, daß die Neuheit und Komplexität der vorgeschlagenen Regelungen so weit gehen, daß man entweder gegen derartige Regelungen votiert hat oder sie aber in jedem Fall der Investor-Staat-Streitschlichtung[175] des MAI entziehen wollte.[176]

Ein Monopol im Sinne des MAI (III § 8 MAI) ist „eine Person oder eine von einer Vertragspartei designierte wirtschaftliche Einheit als Alleinlieferant oder -käufer von Waren oder Dienstleistungen auf einem relevanten Markt im Hoheitsgebiet einer Vertragspartei", ohne Personen oder wirtschaftliche Einheiten, die ein alleiniges geistiges Eigentumsrecht oder das Recht zu dessen Ausübung besitzen. Generell ist nach III § 9 MAI das Handeln wirtschaftlicher Einheiten, die „regulatorische, administrative oder sonstige staatliche Vollmachten" erhalten haben (Monopole, Staatsunternehmen etc.),[177] an das MAI gebunden.[178] Dabei wird deutlich, daß das MAI nicht nur den privatwirtschaftlichen Bereich zu regeln versucht, sondern auch den staatlichen Sektor einbezieht.[179] Die Vertragspartei darf am Monopolbetrieb jedoch nicht gehindert werden und auch die Neuerrichtung oder Abschaffung verbleibt in ihrer Hand.[180] Bei der Errichtung „bemüht sich"[181] die Vertragspartei, nichtdiskriminierend zu handeln. In jedem Fall hat sich aber das staatlich bestimmte Monopol gegenüber ausländischen Investoren bei Lieferung und Erwerb von Monopolwaren und -dienstleistungen auf dem relevanten Markt nichtdiskriminierend zu verhalten.

Bestehende designierte Monopole sind nach Inkrafttreten des Vertrags oder zum Zeitpunkt der Neuerrichtung gegenüber der Parteiengruppe zu notifizieren. Selbiges gilt auch für die Abschaffung. Es wurde auch diskutiert, Regelungen

---

wirtschaftslehre 1, Grundlagen, 1993, S. 114. Vgl. auch *M. Herdegen*, Internationales Wirtschaftsrecht, S. 48, Rdn. 14. Eine ähnliche privatwirtschaftskonforme Ausrichtung von Staatsmonopolen ist durch Art. 31 EGV gewährleistet. Beispielhaft für von diesem Kapitel möglicherweise betroffene Bereiche in Deutschland nennt *Skarpelis-Sperk* die sozialen Dienste, Bildung und die hauptsächlich kommunalen Bereiche der Abfallbeseitigung, der Wasser- und Elektrizitätsversorgung sowie den Nahverkehr. *S. Skarpelis-Sperk*, Ein neues Grundgesetz einer einheitlichen globalen Wirtschaft, S. 172. Kritiker sehen unter anderem Probleme im Bereich der Quersubventionierung in öffentlichen Unternehmen (z. B.: Öffentlicher Personennahverkehr, öffentliche Kantinen etc.).

[175] Vgl. Ausführungen zur Streitbeilegung, S. 387 ff.

[176] Vgl. *OECD*, Multilaterales Abkommen über Investitionen, S. 42 ff., FN 66-73.

[177] Vgl. *OECD*, Multilaterales Abkommen über Investitionen, S. 52, FN 93.

[178] Vgl. dazu *A. Ahnlind*, New disciplines, S. 2.

[179] In III § 8 MAI sind ebenfalls Regelungen über Staatsunternehmen und Konzession enthalten sowie Bestimmungen über die „Erteilung von Genehmigungen für die Aufsuchung, Gewinnung und Produktion von Mineralien einschließlich Kohlenwasserstoffe". Vgl. *A. Ahnlind*, New disciplines, S. 2.

[180] III § 8 MAI. Vgl. auch *OECD*, Multilaterales Abkommen über Investitionen, S. 37, FN 58.

[181] Dazu besteht eine knapp einseitige Fußnote. Vgl. *OECD*, Multilaterales Abkommen über Investitionen, S. 37, FN 59.

zu treffen, die Monopole an der Ausnutzung ihrer Monopolstellung in nichtmonopolisierten Märkten zu hindern[182] sowie das Handeln von Monopolen beim Erwerb und bei der Vermarktung auf dem relevanten Markt bezüglich Preis, Qualität, Verfügbarkeit, Absatzfähigkeit, Transport und Erwerbs- und Vermarktungsbedingungen ausschließlich in kommerziellen Erwägungen stattfinden zu lassen.

cc) Investitionsanreize unter dem MAI

Ein Investitionsanreiz im Sinne des III § 10 MAI ist die

> „Gewährung eines spezifischen Vorteils, der sich aus einer öffentlichen Ausgabe, [einem Finanzzuschuß] im Zusammenhang mit der Errichtung, dem Erwerb, der Erweiterung, der Verwaltung, dem Management einer Kapitalanlage einer Vertragspartei oder einer Nichtvertragspartei im Hoheitsgebiet einer anderen Vertragspartei ergibt"[183].

Für Investitionsanreize gelten wiederum die Prinzipien der Nichtdiskriminierung und die Transparenzbestimmungen des Abkommens.[184] Sie stellten, ebenso wie die Tätigkeitsauflagen, ein heikles Thema bei den Verhandlungen dar,[185] da manche Regierungen sich um ein wichtiges Instrument ihrer Standortpolitik gebracht sahen. Vocke sieht allerdings aus volkswirtschaftlichen Effizienzgesichtspunkten keinen Unterschied zwischen Anreizen und Tätigkeitsauflagen und plädiert für eine Gleichbehandlung im Abkommen.[186] Tatsächlich gehen die Bestimmungen jedoch nicht soweit, daß sie Investitionsanreize wirklich einschränken. Zumindest wurde aber ein Konsultationsverfahren zwischen den Vertragsparteien diskutiert, welches eröffnet werden kann, wenn nichtdiskriminierende Investitionsanreize sich nachteilig auf Investoren auswirken.

---

[182] Dazu *A. Ahnlind*, New disciplines, S. 2. Ein überspitztes Beispiel für die Auswirkung der Monopolregelung bietet *Welzk*, der den Betrieb öffentlich subventionierter Kantinen und Schulspeisungen als Diskriminierung von McDonald's ansieht. *St. Welzk*, Visionen des MAI, A Brave New Corporatist World?, S. 43.

[183] III § 10 MAI.

[184] Vgl. dazu *A. Larson*, State of Play of MAI Negotiation, S. 2.

[185] *A. Ahnlind*, New disciplines, S. 2 f., bezeichnet die Thematik gar als „the most difficult one among the ‚special topics'" des MAI.

[186] Vgl. dazu *M. Vocke*, Investment Implications of Selected WTO Agreements and the Proposed Multilateral Agreement on Investment, S. 19. So auch *J. Hartwig*, Ist der OECD-Entwurf zu einem Investitionsabkommen ein geeigneter Ansatzpunkt für ein entsprechendes WTO-Abkommen?, S. 87.

dd) Nicht-Absenkung von Standards

Bei der Behandlung der Problematik von Standards (III § 18 MAI), vor allem im Umwelt- und Sozialbereich, konnte man sich nicht auf eine einheitliche Linie einigen.[187] Zwar war klar, daß das MAI nicht eigenständige Regeln aufstellen wird[188], über die Umgangsweise mit nationalen Standards, die auch in Verbindung mit internationalen Verpflichtungen zu sehen sind, herrschten allerdings unterschiedliche Auffassungen. Ein „retreat to the bottom"[189], die Absenkung von Umwelt- und Sozialstandards auf ein unterstes Niveau im Wettbewerb um Investitionen, lehnten aber alle Staaten ab. Vergleichbar einer Bestimmung des NAFTA[190] sollte zumindest nach der deutschen Position in jedem Fall die Absenkung von Umwelt- und Sozialstandards sowie in den Bereichen Gesundheit, Sicherheit und Arbeitsstandards zur Anziehung von ausländischen Investitionen verhindert werden[191], was ansatzweise im Vertragsentwurf verwirklicht ist. Im wesentlichen wurde ein Appell an die Vertragsparteien vorgesehen, nicht durch Absenkung von Standards Investitionsanreize bezüglich der Vornahme einer Kapitalanlage zu setzen. Sollte dennoch eine derartige Praxis betrieben werden, so sind Beratungen[192] und Konsultationen[193] vorgesehen oder aber auch die Anwendung des regulären Staat-Staat-Streitschlichtungsmechanismus. Auch durch die OECD-Leitsätze für multinationale Unternehmen sollte bereits eine Art moralische Verpflichtung im Umwelt- und Sozialsektor entstehen, die das Problem der Absenkung von Standards erst gar nicht aufkommen lassen würde.[194]

---

[187] Vgl. *OECD*, Multilaterales Abkommen über Investitionen, S. 62 ff., FN 136 ff.

[188] Vgl. *W. H. Witherell*, „Environment and Labour in the MAI", in: OECD (Hrsg.), Speaking Notes from the Press Seminar, 1998. http://www.oecd.org/daf/cmis/mai/wwpress.htm, 29.09.98.

[189] Vgl. *W. H. Witherell*, „Environment and Labour in the MAI".

[190] Art. 1106, 1114, 104 NAFTA.

[191] Vgl. *Bundesregierung*, Antwort der Bundesregierung zu den SPD-Fragen zum MAI, S. 22.

[192] Vorschlag Frankreichs. Vgl. *OECD*, Multilaterales Abkommen über Investitionen, S. 63 f., FN 143.

[193] Vorschlag Schwedens. Vgl. *OECD*, Multilaterales Abkommen über Investitionen, S. 63, FN 144.

[194] „Der Sinn und Zweck dieser Leitsätze besteht [darin], multinationale Unternehmen dabei zu unterstützen, dafür zu sorgen, daß ihre Geschäfte im Einklang mit der nationalen Politik der Staaten […] stehen." X § 2 MAI.

c) Schutz von Kapitalanlagen

aa) Allgemeine Behandlung

Die Vertragsparteien verpflichten sich, die Kapitalanlagen „gerecht und billig“ zu behandeln und ihnen „vollen und dauerhaften Schutz und Sicherheit“ zu gewährleisten (IV § 1 MAI). Die Schutzpflichten werden dabei auch auf die bei Inkrafttreten des Vertrags bestehenden Investitionen ausgeweitet (IV § 7 MAI). Jedenfalls soll eine weniger günstige Behandlung als im Völkerrecht ausgeschlossen sein, was eine Verankerung des völkerrechtlichen Mindeststandards im Vertrag mit sich bringt.[195] Weiterhin gilt:

> „Eine Vertragspartei beeinträchtigt nicht durch [unangemessene oder diskriminierende] [unangemessene und diskriminierende] Maßnahmen den Betrieb, die Verwaltung, die Erhaltung, den Gebrauch, die Nutzung oder die Verfügung über Kapitalanlagen in ihrem Hoheitsgebiet von Investoren einer anderen Vertragspartei.“[196]

bb) Enteignung und Entschädigung

Die Vereinbarungen über Enteignung und Entschädigung (IV § 2 MAI) sind wesentliche Faktoren für das Investitionsklima.[197] Die Regelungen des MAI sind dabei eng an die Bestimmungen der bilateralen Investitionsschutzverträge und das NAFTA angelehnt.[198] So sollen Enteignungen nur erlaubt werden, wenn ein überwiegendes öffentliches Interesse besteht, wenn sie nicht gegen geltendes Recht verstoßen und nichtdiskriminierend sind. Des weiteren bedingen sie einer umgehenden, angemessenen und effektiven Entschädigung.[199] Auch Steu-

---

[195] Im NAFTA ist in Art. 1005 Abs. 1 ebenfalls der völkerrechtliche Mindeststandard enthalten.

[196] IV § 1 MAI.

[197] Vgl. *I. Seidl-Hohenveldern*, Völkerrecht, S. 360, Rdn. 1607, 1614. Unter Enteignung kann man nach *Verdross/Simma* die direkte Entziehung eines einer Person zustehenden Eigentumsrechtes an einzelnen Vermögensobjekten durch den Staat verstehen. Vgl. *A. Verdross/B. Simma*, Universelles Völkerrecht, S. 805 f., § 1216. Nationalisierung stellt dabei eine Sonderform der Enteignung dar. Diese staatliche Maßnahme wirkt für eine größere Menge von Eigentumsobjekten und ist zumeist durch eine spezielle Gesetzgebung des Landes geregelt.

[198] Vgl. Art. 1110 NAFTA. Grundsätzliche Nähe, außer bei temporären Ausnahmen, besteht auch zwischen MAI und deutschen bilateralen Investitionsschutzverträgen. Vgl. *Bundeswirtschaftsministerium*, Aufzeichnungen der Bundesregierung zum aktuellen Stand der Verhandlungen über ein Multilaterales Abkommen für Investitionen (MAI), S. 10.

[199] Ein Streitpunkt in diesem Zusammenhang war, wer im Abwertungsfall den entstehenden Verlust zu tragen habe. Vgl. dazu *H. C. Sherman*, Das MAI ist tot, es lebe das MAI? Investitionsschutzabkommen der OECD vorerst gescheitert, S. 39. Auch *M. Schäfer*, Entschädigungsstandard im allgemeinen Völkerrecht, RIW, Heft 3, 1998, S. 204.

ern[200], die sonst weitestgehend ausgenommen sind, werden vom MAI erfaßt, wenn sie eine enteignende Wirkung besitzen.[201] Explizit heißt es im Vertragsentwurf:

> „Eine Vertragspartei nimmt keine direkte oder indirekte Enteignung oder Verstaatlichung einer Kapitalanlage in ihrem Hoheitsgebiet von einem Investor einer anderen Vertragspartei vor oder ergreift eine Maßnahme oder Maßnahmen mit derselben Auswirkung (im folgenden „Enteignung" genannt) außer:
>
> a) zu einem Zweck, der im öffentlichen Interesse liegt,
>
> b) auf der Grundlage der Gleichbehandlung,
>
> c) in einem ordentlichen Verfahren und
>
> d) gegen die Zahlung einer sofortigen, angemessenen und effektiven Entschädigung gemäß Artikel 2.2 bis 2.5 unten."[202]

Im wesentlichen spiegeln die Entschädigungsregelungen die Sichtweise der Industrieländer, die sogenannte Hull-Formel, wider. Diese sieht angemessene, prompte und effektive Entschädigung vor.[203] Laut MAI hat die Entschädigung unverzüglich gezahlt zu werden, sie muß dem tatsächlichen Marktwert der enteigneten Kapitalanlage unmittelbar vor der Enteignung entsprechen, voll verwertbar und frei transferierbar sein. Die Enteignung sowie das Bewertungs- und Zahlungsverfahren hat einer unverzüglichen Überprüfung durch eine Justizbehörde oder eine andere zuständige und unabhängige Behörde offen zu stehen.[204] Bei Verzögerungen der Entschädigungsleistung hat der zahlungspflichtige Staat eine Verzinsung nach dem Marktzins zu gewährleisten.[205]

Indirekte Enteignungen werden ebenfalls unter die Bestimmungen des MAI subsumiert. Darunter ist die Beschränkung jedes vermögenswerten Rechts zu

---

[200] Steuern sind im Sinne des Kapitels VIII „Besteuerung" direkte und indirekte Steuern sowie Sozialversicherungsbeiträge. Vgl. *OECD*, Multilaterales Abkommen über Investitionen, S. 116, Absatz 5.

[201] Vgl. *OECD*, Multilaterales Abkommen über Investitionen, S. 114, Absatz 2.

[202] IV § 2 MAI.

[203] Die Verankerung der Hull-Formel wurde von *Häde* auch erwartet. Vgl. *U. Häde*, Der völkerrechtliche Schutz von Direktinvestitionen im Ausland, S. 193, 210. Vgl. dazu auch *M. Banz*, Völkerrechtlicher Eigentumsschutz durch Investitionsschutzabkommen, S. 157. In Art. 1110 NAFTA ist ebenfalls eine, der Hull-Formel weitgehend entsprechende, Regelung enthalten. Vgl. dazu auch *M. Schäfer*, Entschädigungsstandard im allgemeinen Völkerrecht, S. 199 ff.

[204] Vgl. IV § 2 MAI.

[205] Unklarheiten gab es allerdings auch noch bei der Frage, ob Abwertungsverluste durch Währungsschwankungen durch den Investor in Kauf genommen werden müssen oder der Empfängerstaat dafür aufkommen muß. Vgl. *J. Karl*, Protection of investors and investment, S. 2. Es ist zu berücksichtigen, daß auch das Recht zur Subrogation im MAI verankert ist (IV § 6 MAI). Die Vertragsparteien akzeptieren dann, daß bei Entschädigung eines Investors durch seinen Heimatstaat, die Anspruchsrechte des Investors gegen den Gaststaat auf dessen Heimatstaat übergehen.

verstehen, einschließlich eines Schutzes vor schleichender Enteignung.[206] Formal wird dabei das Eigentumsrecht nicht angetastet. Eine Nutzung dieser Eigentumsrechte ist aber nicht mehr im normalen Sinne möglich.[207] Kritisch wurde dabei die Möglichkeit einer weiten Auslegung mit Auswirkungen auf sämtliche politische Aktivitäten (z. B. Umweltschutzauflagen, Regelungen zur Mitbestimmung, usw.) gesehen.[208] Im Rahmen eines „high-standard"-Abkommens könnten beispielsweise die Ansprüche an eine derartige Regelung wachsen und Investoren vermehrt auch Maßnahmen zum öffentlichen Wohl, ohne diskriminierende Absicht, im Rahmen eines Streitschlichtungsverfahrens als indirekt enteignend angreifen.[209]

cc) Schutz vor Unfrieden

Das MAI enthält auch Schutzregelungen bei Unfrieden (IV § 3 MAI). Unter Unfrieden werden „Krieg, sonstige bewaffnete Auseinandersetzungen, Notstand, Revolution, Aufruhr, Bürgerunruhen oder ein ähnliches Ereignis"[210] angesehen. Bei Verlusten im Falle von Unfrieden darf der Investor bei „Rückerstattungen, Abfindungen, Entschädigungen oder einer sonstigen Begleichung"[211] demnach nicht weniger günstig behandelt werden als die Investoren des Gastlandes oder die Investoren eines Drittstaates. Entschädigungsanspruch besteht in jedem Fall bei Schäden durch Streitkräfte oder Behörden, die durch unverhältnisgemäße Beschlagnahmung oder Beschädigungen hervorgerufen wurden.[212] Grundsätzlich greifen hier die Regelungen aus den Artikeln über Enteignung und Entschädigung (IV § 2 MAI).

Kritiker sehen in Zusammenhang mit dieser Regelung die Gefahr einer „repressiveren Sicherheitspolitik"[213] von Gaststaaten, um Entschädigungszahlungen aus derartigen Konflikten zu vermeiden. Die Auswirkungen auf Proteste,

---

[206] Vgl. *M. Banz*, Völkerrechtlicher Eigentumsschutz durch Investitionsschutzabkommen, S. 79.

[207] Vgl. *Bundesregierung*, Antwort der Bundesregierung zu den SPD-Fragen zum MAI, S. 12.

[208] Vgl. *J. Hartwig*, Ist der OECD-Entwurf zu einem Investitionsabkommen ein geeigneter Ansatzpunkt für ein entsprechendes WTO-Abkommen?, S. 88.

[209] Ablehnend dazu *Bundesregierung*, Antwort der Bundesregierung zu den SPD-Fragen zum MAI, S. 12.

[210] IV § 3 MAI.

[211] IV § 3 MAI.

[212] Vgl. dazu *J. Karl*, Protection of investors and investment, S. 2.

[213] *U. Petschow* et al., Das Multilaterale Investitionsabkommen (MAI) und die Umwelt, S. 64.

Demonstrationen, Streiks und Boykotte sind bedenklich und bedürfen noch eingehender Klärung für zukünftige Abkommen.[214]

dd) Transfers

Grundsätzlich sind für den Investor Transferrechte von zentraler Bedeutung, da damit die Verfügbarkeit des investierten Kapitals, der Erträge der Investition und gegebenenfalls von Liquidationserlösen gesichert wird. Im Rahmen des MAI (IV § 4 MAI) dürfen alle Zahlungen, die im Zusammenhang mit der Kapitalanlage des Investors stehen, frei in und aus dem Hoheitsgebiet, in dem die Investition besteht, transferiert werden.[215] Berücksichtigt man die hohe Volatilität von Portfolioinvestitionen, so versteht man auch den Wunsch der Investoren, eine weite Transferregelung in das MAI aufzunehmen.[216] Im MAI versteht man demnach unter Transfers

„a) das ursprüngliche Kapital und zusätzliche Beträge zur Aufrechterhaltung oder Ausweitung der Kapitalanlage;

b) Erträge;

c) Zahlungen auf der Grundlage eines Vertrages, einschließlich eines Kreditvertrages;

d) den Erlös aus der vollständigen oder teilweisen Veräußerung oder Liquidation der Kapitalanlage;

e) Entschädigungszahlungen gemäß Artikel 2 und 3;

f) Zahlungen aufgrund einer Streitbeilegung;

g) den Verdienst oder die sonstige Vergütung von Personal aus dem Ausland im Zusammenhang mit einer Kapitalanlage."[217]

Transfers müssen in frei konvertiblen Währungen zum am Transfertag geltenden Marktkurs vorgenommen werden können. Der Transfer von Erträgen in Sachwerten kann aber eingeschränkt werden, wenn Bestimmungen des GATT 1994 eine derartige Handlung rechtfertigen sollten. Grundsätzlich ist aber auch

---

[214] Vgl. *R. Zugehör*, Die Globalisierungslüge: Handlungsmöglichkeiten einer verantwortlichen Wirtschaftspolitik, S. 52.

[215] Im Zusammenhang mit Transfers ist auf die Bestimmungen im MAI zu verweisen, die den grenzüberschreitenden Informations- und Datentransfer von Investoren und Kapitalanlagen näher regeln. Vgl. dazu IV § 5 MAI.

[216] Vgl. *J. Karl*, Das Multilaterale Investitionsabkommen (MAI), S. 437. *Karl* sieht in dieser umfassenden Regelung für Direktinvestitionen und Portfolioinvestitionen ein großes Problem. Er erkennt die Gefahr der volatilen Kapitalströme in Verbindung mit Portfolioinvestitionen an, weist aber darauf hin, daß auch die positiven Wirkungen von Direktinvestitionen in Krisensituationen berücksichtigt werden müssen, welche durch Beschränkungen ebenfalls eingeschränkt wären.

[217] IV § 4 MAI.

der Eingriff in die Transferrechte in gutem Glauben und unter Wahrung der Gleichbehandlung möglich,

„a)um die Rechte von Gläubigern zu schützen,

b) in Bezug auf oder zur Gewährleistung der Beachtung von Gesetzen und Verordnungen

(i) über die Emission von und den Handel mit Wertpapieren, Terminwaren und Derivaten,

(ii) bezüglich Berichten oder Aufstellungen von Transfers oder

c) im Zusammenhang mit strafrechtlichen Delikten oder Anordnungen oder Urteilen in Verwaltungs- und Rechtsverfahren.“[218]

d) Streitbeilegung

aa) Allgemeine Bemerkungen

Die Intention des Streitbeilegungsverfahrens (V §§ 1, 2 MAI) besteht darin, einen verbesserten Rechtsschutz für ausländische Investoren und Staaten herbeizuführen[219] – gerade auch weil es sich um ein „high-standard“-Abkommen mit sehr weitreichenden Bestimmungen handelt. Ein Abkommen erlangt an Bedeutung, wenn Sanktionsmöglichkeiten durch ein ausgereiftes Streitbeilegungsverfahren bestehen.[220] Die bestehenden Sanktionsmöglichkeiten sind zwar eher als „stumpfe Waffe“[221] zu bewerten. Doch wenn ein Staat einen Schiedsspruch nicht anerkennt und vollstreckt, so erfährt er einen erheblichen „Verlust an Glaubwürdigkeit und Kreditwürdigkeit“[222], der über die Abwanderung von Investoren zu einem massiven moralischen Druck führen kann, Schiedssprüche einzuhalten.

---

[218] IV § 4 MAI.

[219] Vgl. *Bundesregierung*, Antwort der Bundesregierung zu den SPD-Fragen zum MAI, S. 18 f.; auch *U. Häde*, Der völkerrechtliche Schutz von Direktinvestitionen im Ausland, S. 201.

[220] In diesem Sinne *C. Ch. Weizsäcker*, Logik der Globalisierung, 1999, S. 126 f. Nach *Baldi* ist allerdings noch unklar, ob alle Bereiche des Abkommens von der Investor-Staat Klagemöglichkeit berührt sind. Vgl. *M. Baldi*, Dispute settlement, S. 2. Vgl. *Bundesregierung*, Antwort der Bundesregierung zu den SPD-Fragen zum MAI, S. 18. Im NAFTA ist dies in Art. 1115 ff. geregelt. Vgl. *A. Larson*, State of Play of MAI Negotiation, S. 3. *H. C. Sherman*, Das MAI ist tot, es lebe das MAI? Investitionsschutzabkommen der OECD vorerst gescheitert, S. 36.

[221] *M. Banz*, Völkerrechtlicher Eigentumsschutz durch Investitionsschutzabkommen, S. 118.

[222] *M. Banz*, Völkerrechtlicher Eigentumsschutz durch Investitionsschutzabkommen, S. 118.

Ein wichtiger Aspekt für die Einführung eines sehr strikten Streitbeilegungsprozesses ist der davon ausgehende Anreiz, Konflikte zu vermeiden und zu einer informellen Klärung zu kommen.[223] Dabei ist im MAI auch ein großer Schritt für die noch in den Kinderschuhen steckenden Klagemöglichkeiten von Nichtvölkerrechtssubjekten[224] gemacht worden. Wie im NAFTA, das in vergleichbarem Rahmen Regelungen vorsieht[225], ist im MAI-Entwurf neben dem Staat-Staat-Klageverfahren auch die Investor-Staat-Klagemöglichkeit verankert.

bb) Staat-Staat-Klageverfahren

Das Staat-Staat-Klageverfahren (V § 1 MAI) bezieht sich auf die Klärung derjenigen Fragen, die Auslegung oder Anwendung des Abkommens betreffen. Das Verfahren soll sowohl einen Beitrag zur Vermeidung von Konflikten leisten als auch ausgebrochene Streitigkeiten beilegen. Die Vertraulichkeit aller diesbezüglich zu schützenden Informationen wird im Verfahren gewährleistet.

Das Streitbeilegungsverfahren beginnt auf Ersuchen einer Partei an die Parteiengruppe mit Konsultationen zwischen den streitenden Vertragsparteien. Diese sind innerhalb von dreißig Tagen aufzunehmen. Innerhalb dieses Zeitraums kann kein Schiedsgerichtsverfahren eröffnet werden. Sind derartige Verfahrensweisen zur Lösung des Konfliktes nicht erfolgreich, besteht weiterhin die Möglichkeit, im Rahmen einer Empfehlung der Parteiengruppe eine Lösung zu akzeptieren. Ist dies ebenfalls erfolglos und wirken gute Dienste, Vermittlung oder Schlichtung nicht klärend[226], so werden die Streitpunkte in einem Schiedsverfahren behandelt.

Es wird ein unabhängiges und überparteiliches Schiedsgericht aus drei oder fünf Richtern besetzt.[227] Für die Berufung in das Schiedsgericht „sollten"[228] Personen einer bei der Parteiengruppe geführten Liste berücksichtigt werden, die von den Vertragsparteien zusammengestellt wird. Das Schiedsgericht verfährt bei Auslegung und Anwendung des MAI im Einklang mit den anwendba-

---

[223] Vgl. *M. Baldi*, Dispute settlement, in: OECD, Symposium on the MAI in Cairo, 1997, S. 1.

[224] So *D. Schwanen*, Investment and the Global Economy: Key Issues in Rulemaking, S. 7.

[225] Weiterhin sieht das Seerechtsübereinkommen der Vereinten Nationen, der Energiecharta-Vertrag sowie die Schiedsgerichtsbarkeit des ICSID derartige Regelungen vor. Vgl. *J. Hartwig*, Ist der OECD-Entwurf zu einem Investitionsabkommen ein geeigneter Ansatzpunkt für ein entsprechendes WTO-Abkommen?, S. 89; dazu auch *D. Schwanen*, Investment and the Global Economy: Key Issues in Rulemaking, S. 12.

[226] Vgl. *OECD*, Multilaterales Abkommen über Investitionen, Art. B Abs. 3, S. 76.

[227] Auch die Ernennung von Sachverständigen in das Schiedsgericht ist möglich.

[228] V § 1 MAI.

ren Regeln des Völkerrechts. Der Schiedsspruch ergeht erst mit endgültiger Bindung, wenn von den am Schiedsverfahren beteiligten Parteien Stellungnahmen zum Urteil eingegangen sind. Die Stellungnahmen können auf den Spruch des Schiedsgerichts noch Einfluß haben. Der letztendlich erfolgende Schiedsspruch enthält die begründeten rechtlichen und sachlichen Erkenntnisse des Gerichts.

In der Folge kann auf Ersuchen einer Partei Wiedergutmachung beschlossen werden. Dies kann in Form einer Erklärung über die Nichterfüllung einer Vertragsverpflichtung erfolgen oder eine Empfehlung an die betroffene Partei darstellen, sich zukünftig vertragsgemäß zu verhalten. Weitergehend ist die Einforderung finanzieller Entschädigung für entstandene Verluste und Schäden für den betroffenen Investor oder dessen Kapitalanlage. Aber auch jede andere mögliche Form der Wiedergutmachung ist erlaubt, soweit sie von den betroffenen Parteien akzeptiert wird. Erfüllt eine Partei die Maßnahmen aus dem Schiedsspruch nicht, kann es zu Vergeltungsmaßnahmen beziehungsweise zur Aussetzung der Vertragsverpflichtungen diesem Land gegenüber kommen. Die Maßnahmen müssen in jedem Fall verhältnisgemäß sein und dürfen keine Aufhebung der Bestimmungen zur „Allgemeinen Behandlung“ und „Enteignung“ des MAI nach sich ziehen.

cc) Investor-Staat-Klageverfahren

Gemäß V § 2 MAI kann ein Investor-Staat-Verfahren eröffnet werden, wenn zwischen einer Vertragspartei und einem Investor einer anderen Vertragspartei durch eine Verletzung der Vertragspflichten dem Investor oder seiner Kapitalanlage Verlust oder Schaden entsteht. Als Streitgegenstand im Verfahren sind auch Verpflichtungen aus erteilten Investitionsgenehmigungen oder schriftlichen Vereinbarungen zu sehen, die für den Investor mit Rechten ausgestattet sind. Im Gegensatz zum Verfahren zwischen Staaten nach V § 1 MAI ist es nicht möglich, Fragen der Auslegung oder Anwendung des Abkommens zu klären.[229]

Analog zu V § 1 MAI sollte der Streit zunächst durch Verhandlung oder Beratung geschlichtet werden. Ist dies nicht möglich, dann hat der Investor das Recht, den Streit in ein Beilegungsverfahren münden zu lassen, welches entweder bei einem zuständigen Gericht, bei dem Verwaltungsgericht der Vertragspartei oder im Rahmen eines von den Streitparteien vereinbarten Streitbeile-

[229] Vgl. *St. Huemer*, Das Multilaterale Investitionsabkommen und die Rolle der OECD, S. 69.

gungsverfahrens erfolgen kann.[230] Allerdings ist zu berücksichtigen, daß die Vertragsstaaten die Option besitzen, die Wahlmöglichkeit zur Unterbreitung einer Streitigkeit an internationale Schiedsgerichtsverfahren einzuschränken. Dies ist im Ratifikationsverfahren anzumelden.[231]

Grundsätzlich kann der Investor in einer Frist von sechzig Tagen bis zu fünf Jahren nach einer formellen Information der Vertragspartei und der Parteiengruppe über eine Streitigkeit ihre Beilegung beantragen. Die Absichtserklärung des Investors muß unter anderem die verletzten Bestimmungen des Abkommens enthalten sowie Angaben über die geforderte Wiedergutmachung und die Höhe des entstandenen Schadens. Das Verfahren ähnelt dabei sehr dem des V § 1 MAI. Spezielle Vorschriften sind zusätzlich über verfahrenshindernde Einreden, Zusammenlegung von Verfahren, Abfindungen, die Rechte Dritter sowie die Verwendung wissenschaftlicher und technischer Sachkenntnisse im Schiedsgerichtsverfahren vorgesehen.

Der Schiedsspruch kann mit folgenden Wiedergutmachungsregelungen umgesetzt werden: einer Erklärung, daß die Vertragspartei ihre Verpflichtungen nicht erfüllt hat; durch finanzielle Entschädigung, einschließlich Zinsen vom Zeitpunkt, zu dem der Verlust oder Schaden eingetreten ist, bis zur Zahlung; oder durch Rückerstattung in Sachwerten oder finanzielle Entschädigung, wenn die Rückerstattung nicht praktikabel ist. Mit der Zustimmung der Streitparteien kann aber auch jede andere Form der Wiedergutmachung erfolgen. In „angemessenen Fällen, in denen der Verlust oder Schaden in einer Kapitalanlage entstanden ist, die als laufender Betrieb bestehen bleibt, kann das Schiedsgericht anordnen, daß die Entschädigung oder Rückerstattung an die Kapitalanlage geleistet wird."[232] Jede Partei hat dabei die unverzügliche Vollstreckung der finanziellen Verpflichtungen aus einem Schiedsspruch zu gewährleisten.

dd) Überlegungen zur Streitbeilegung im MAI

(1) Allgemeine Bemerkungen

Die völkerrechtliche Streitschlichtung ist grundsätzlich eine problematische Angelegenheit. Die Lösungssuche wird, trotz bestehender Mechanismen der

[230] Alternativ möglich sind Verfahren nach den Bestimmungen des ICSID, den Schiedsvorschriften der Kommission der Vereinten Nationen für Internationales Handelsrecht (UNCITRAL) oder den Schiedsvorschriften der Internationalen Handelskammer (ICC).

[231] Vgl. *J. Karl*, Das Multilaterale Investitionsabkommen (MAI), S. 438.

[232] V § 2 MAI.

Streitschlichtung, oft von politischen Einflüssen gestört.[233] Teilweise hat sich bereits eine von der nationalen Rechtsprechung unabhängige Praxis der Schiedsgerichte etabliert.[234] Zwar weist Art. 24 Abs. 3 GG ausdrücklich auf internationale Schiedsgerichtsbarkeit hin, es könnte sich aber als problematisch erweisen, daß weder die Errichtung einer ständigen oder wenigstens langfristigen Institution gewährleistet ist noch die Besetzung der Richterbank mit unabhängigen Richtern für eine bestimmte Amtsperiode.[235]

Mit Bezug auf das MAI und das WTO-Schiedsverfahren kann von „international expert tribunals"[236] unter Ausschluß der Öffentlichkeit gesprochen werden, was möglicherweise Verstöße gegen rechtsstaatliche Grundsätze mit sich bringt. Zudem wird dem MAI-Streitbeilegungsmechanismus angelastet, daß die Verfahrenskosten von den streitführenden Parteien selbst getragen werden müssen. Für finanzschwache Länder kann dies ein Hindernis darstellen, ein möglicherweise langwieriges Verfahren einzuleiten. Zudem kann das Verfahren im Gegensatz zum Streitbeilegungsmechanismus der WTO (Dispute Settlement Body (DSB)[237]) potentiell endlos hingezogen werden.[238]

(2) Bewertung der Investor-Staat-Klagemöglichkeit

Was die Investor-Staat-Klagemöglichkeit bedenklich macht[239], ist der sehr weite Anwendungsbereich des Abkommens. Dabei ist sowohl der Schutz der Investition im Bestand als auch in der Errichtungsphase durch das MAI erfaßt.[240] Sie stellt also einen bedeutenden Hebel zur Marktöffnung dar. Weil nicht nur „echten" Unternehmern ein derartiges Klagerecht eingeräumt werden

---

[233] Vgl. WTO-Streitfälle zwischen der EU und den USA zum Hormonfleisch und zur Bananenmarktordnung. Vgl. dazu allgemein *A. Bleckmann*, Grundprobleme und Methoden des Völkerrechts, 1982, S. 327 ff.; *A. Emmerich-Fritsche*, Recht und Zwang im Völkerrecht, insbesondere im Welthandelsrecht, in diesem Buch, S. 173 ff., 176 ff.; *D. I. Siebold*, Der Fall Bananenmarktordnung, in diesem Buch, S. 219 ff .

[234] Vgl. *R. Voigt*, Ende der Innenpolitik? Politik und Recht im Zeichen der Globalisierung, Aus Politik und Zeitgeschichte, B 29-30/98, S. 7.

[235] Zu Anforderungen an eine nach rechtsstaatlichen Grundsätzen arbeitende internationale Schiedsgerichtsbarkeit *H. Mosler*, Internationale Streitschlichtung, HStR, Bd. 7, 1992, § 179, Rdn. 17.

[236] *UNCTAD*, World Investment Report: Trends and Determinants, S. 67.

[237] Dazu *A. Emmerich-Fritsche*, Recht und Zwang im Völkerrecht, insbesondere im Welthandelsrecht, in diesem Buch, S. 173 ff., insb. S. 195 ff.

[238] Vgl. *OECD*, Multilaterales Abkommen über Investitionen, S. 74, FN 1.

[239] Das Europäische Parlament spricht von einer zweifelhaften Entwicklung im Bereich des Rechtsschutzes. Vgl. *Europäisches Parlament*, Bericht mit den Empfehlungen des Europäischen Parlaments, S. 8.

[240] Vgl. *OECD*, Multilateral Agreement on Investment – Report by the Chairman of the Negotiating Group, S. 2.

muß, stehen die Vertragsstaaten vor einem deutlich erhöhten Klagerisiko[241] – ein Klagerisiko, das durch die erwartete investorenfreundliche Rechtsprechung der MAI-Schiedsgerichte in seinen Folgen erheblich sein könnte.[242] Bereits in der Gesetzgebungsphase könnte die Befürchtung langwieriger und möglicherweise teurer Verfahren mit Auslandsinvestoren als Abschreckung dienen.[243] Des weiteren wird vielfach als problematisch angesehen, daß den weitreichenden Unternehmensrechten keinerlei einklagbare Verpflichtungen entgegenstehen. So gibt es auf Basis des MAI keine Möglichkeit, Unternehmen für Verletzungen der Menschenrechte sowie bei gesundheitlichen und ökologischen Schäden, die auf ihre Tätigkeit zurückzuführen sind, haftbar zu machen.[244] Diese Möglichkeit besteht nur vor nationalen Gerichten.[245]

Schwanen sieht jedoch auch Vorteile für die Heimatstaaten von Investoren. Durch das eigenständige Auftreten ihrer Auslandsinvestoren geraten die Staaten nicht in außenpolitisch kritische Situationen[246], was für die Kontinuität ihrer Außenwirtschaftsbeziehungen durchaus von Bedeutung sein kann.

(3) Erfahrungen mit Investor-Staat-Schiedsverfahren

Das Gefährdungspotential der Investor-Staat-Klagemöglichkeit wird von den Kritikern des MAI oft am Beispiel einer Investorenklage im Rahmen des NAFTA dargestellt. Die Firma Ethyl Corp. mit Sitz in den USA und einem Produktionsstandort in Kanada hat den Staat Kanada auf 251 Mio. US-$ Schadensersatz verklagt. Anlaß war das Verbot des kanadischen Parlaments von 1996 das Produkt der Firma, einen Treibstoffzusatz, aus umwelt- und gesundheitspolitischen Gründen und wegen der Gefahr der Beeinträchtigung von Meßinstrumen-

---

[241] Vgl. *J. Karl*, Das Multilaterale Investitionsabkommen (MAI), S. 433.

[242] Nach dem Vorschlag von *Helm*, bezüglich des Streitbeilegungsverfahrens des GATT, könnte man allerdings diese Gefahr reduzieren, wenn man die Beweislast umkehrt. Im Falle, daß eine Umweltschutzmaßnahme vor dem Panel angegriffen wird, würde in Zweifelsfällen dann eher für den regulierenden Staat entschieden. *C. Helm*, Umwelt- und Handelspolitik in einer globalisierten Wirtschaft, in: U. E. Simonis, Weltumweltpolitik: Grundriss und Bausteine eines neuen Politikfeldes, 1996, S. 238.

[243] Vgl. *UNCTAD*, World Investment Report: Trends and Determinants, S. 61.

[244] Vgl. *H. C. Sherman*, Das MAI ist tot, es lebe das MAI? Investitionsschutzabkommen der OECD vorerst gescheitert, S. 38.

[245] Für den Investor stellen innerstaatliche Verfahren eine zu große Unsicherheit dar. Tendenziell entscheiden nationale Gerichte eher im Sinne des Gaststaates. Vor allem für Staaten ohne ausreichend entwickeltes Rechtssystem findet man diese Problematik vor. Vgl. *M. Banz*, Völkerrechtlicher Eigentumsschutz durch Investitionsschutzabkommen, S. 100.

[246] Vgl. dazu *D. Schwanen*, Investment and the Global Economy: Key Issues in Rulemaking, S. 12.

ten in Autos. Die Unternehmensführung empfand eine enteignende Wirkung auf ihr Gesellschaftsvermögen durch die Regelung und klagte nach dem Investor-Staat-Klageverfahren des NAFTA. Die Klage wurde von der Ethyl Corp. aber 1998 zurückgezogen, nachdem das Verbot zurückgenommen wurde. Die Vermutungen über die Wirkung des Zusatzstoffes bestätigten sich nach einigen Studien nicht und man einigte sich außergerichtlich auf einen Vergleich in Höhe von 6,7 Mio. US-$ zum Ausgleich der verlorenen Marktanteile und der Schädigung der kanadischen Tochtergesellschaft.[247] Rugman versucht, die Bedeutung dieses Falles herunterzuspielen, indem er darauf verweist, daß in den ersten vier Jahren des NAFTA nur dieser einzige Fall aufgetreten sei und keine, von den MAI-Gegnern befürchtete, Klagewelle gegen den kanadischen Staat aufgetreten sei.[248]

e) Ausnahmen und Schutzklauseln

aa) Allgemeine Ausnahmen

Die „Allgemeinen Ausnahmen", die in großer Nähe zum GATS formuliert sind, setzen die Anwendung des Abkommens außer Kraft. Allerdings behalten Artikel zu Enteignung und Entschädigung sowie zu Schutz vor Unfrieden (IV §§ 2, 3 MAI) weiterhin uneingeschränkt ihre Geltung. Wird eine „Allgemeine Ausnahme" in Anspruch genommen, so ist dies den anderen Vertragsparteien mitzuteilen. Im einzelnen ist folgendes geregelt:

„Nichts in diesem Abkommen ist so auszulegen, daß:

a) eine Vertragspartei daran gehindert wird, Maßnahmen zu ergreifen, die sie für notwendig erachtet, um ihre grundlegenden Sicherheitsinteressen zu wahren:

(i) in Zeiten des Krieges, eines bewaffneten Konflikts oder anderer Ausnahmesituationen im Rahmen internationaler Beziehungen;

(ii) im Rahmen der Umsetzung ihrer Innenpolitik oder internationaler Abkommen, welche die Nichtverbreitung von Massenvernichtungswaffen zum Gegenstand haben;

(iii) die mit der Herstellung von Waffen und Munition verbunden sind.

---

[247] Vgl. dazu *H. C. Sherman*, Das MAI ist tot, es lebe das MAI? Investitionsschutzabkommen der OECD vorerst gescheitert, S. 39, FN 19; *St. Welzk*, Visionen des MAI A Brave New Corporatist World?, S. 43; *Wall Street Journal*, Ethyl Co. Files Claim Against Canada Citing Ban on Fuel Additive, 15.04.97; *Wall Street Journal*, Canada Removes Ist Ban On Ethyl Corp.'s Additive, 21.07.98; *Jounal of Commerce and Commercial*, Ethyl to sue Canada over MMT ban bill, 12.09.96; *Wall Street Journal*, Ethyl acts to avert losses if Canada bans fuel additive, 11.09.96.

[248] Vgl. *A. M. Rugman*, The Political Economy of the Multilateral Agreement on Investment (Internet-Dokument).

b) eine Vertragspartei dazu gezwungen ist, Informationen zu erteilen oder Zugang dazu zu gewähren, deren Offenlegung ihrer Meinung nach ihren grundlegenden Sicherheitsinteressen zuwiderläuft;

c) eine Vertragspartei daran gehindert wird, Maßnahmen zu ergreifen, die sie als notwendig erachtet, um ihre Verpflichtungen im Rahmen der VN Charta zur Erhaltung des internationalen Friedens und der Sicherheit erfüllen zu können." [249]

Maßnahmen zur Aufrechterhaltung der öffentlichen Ordnung dürfen dabei nicht willkürlich oder ungerechtfertigt diskriminierend wirken oder als Investitionsbeschränkung dienen.[250] Allerdings ist unter einer Gefahr für die öffentliche Ordnung nur eine „echte oder hinreichend ernsthafte Bedrohung eines grundlegenden gesellschaftlichen Interesses"[251] zu verstehen.

Beruft man sich auf nationale Sicherheitsinteressen, so ist das Streitschlichtungsverfahren gänzlich außer Kraft gesetzt, was nach Meinung einiger Fachleute eine nicht unerhebliche Schutzlücke des Vertrags darstellt.[252] Vor dem Hintergrund, daß weitreichende Ausnahmen in Abkommen die Skaleneffizienz von Großkonzernen beeinträchtigen[253], ist die Umstrittenheit derartiger Regelungen nachvollziehbar. In diesem Zusammenhang ist auch der Wunsch Frankreichs zu verstehen, die Thematik der kulturelle Angelegenheiten (Film, Fernsehen und Verlagswesen)[254] als „Allgemeine Ausnahme" aufzunehmen.

Nach VI § 2 MAI sind Transaktionen im Rahmen von Währungs- und Wechselkurspolitik im Sinne des Diskriminierungsverbotes und der Transparenzregeln nicht durch das Abkommen erfaßt. Dazu gehören Zentralbankaktivitäten oder die Handlungen der Finanzbehörden im Rahmen der Finanz- und Wechselkurspolitik. Maßnahmen, die dem MAI entgegenstehen, dürfen aber grundsätzlich nicht mit der Intention eingeleitet werden, das MAI dadurch zu umgehen.[255]

---

[249] VI § 1 MAI.

[250] Im Vergleich dazu Art. 46 EGV. Nach der Rechtsprechung des EuGH kann darunter eine tatsächliche hinreichend schwere Gefährdung verstanden werden, die ein Grundinteresse der Gesellschaft berührt. Dazu EuGH vom 27.10.1997 - Rs. 30/77, (Bouchereau), Slg. 1977, 1999, Rdn. 35.

[251] *OECD*, Multilaterales Abkommen über Investitionen, S. 101, FN 2.

[252] Vgl. exemplarisch *J. Karl*, Das Multilaterale Investitionsabkommen (MAI), S. 437.

[253] Vgl. *F. W. Scharpf*, Demokratie in der Transnationalen Politik, Max-Planck-Institut für Gesellschaftsforschung, Working Paper 96/3, 1996, S. 9 sowie *ders.*, Globalisierung als Beschränkung der Handlungsmöglichkeiten nationalstaatlicher Politik, Max-Planck-Institut für Gesellschaftsforschung, Working Paper 97/1, 1997, S. 22.

[254] Nach *Karl* argumentieren die Befürworter, daß beim GATS-Abkommen für die EU Sonderregelungen gelten. *J. Karl*, Das Multilaterale Investitionsabkommen (MAI), S. 438.

[255] Vgl. *OECD*, Multilaterales Abkommen über Investitionen, S. 101.

bb) Vorübergehende Ausnahmen

Aufgrund der traditionell liberalen Haltung im Bereich des internationalen Kapitalverkehrs vermeiden die Mitgliedsländer der OECD „exchange restrictions and capital controls as a means of solving balance-of-payments problems, stressing that they should not be a substitute for appropriate adjustment policies“[256]. Durch die nahezu vollständige Erfassung von Zahlungsbilanztransaktionen einer Volkswirtschaft durch das MAI müßte allerdings in Krisensituationen mit schwerwiegenden Störungen der Zahlungsbilanz-, Wechselkurs- und Geldpolitik gerechnet werden.[257] Daher gesteht man, vergleichbar den Regelungen des GATS[258], den Vertragsstaaten das Recht in diesem Bereich zu, vorübergehend Maßnahmen zu erlassen oder aufrecht zu erhalten, die nicht mit den Transferbestimmungen und dem Grundsatz der Inländerbehandlung übereinstimmen (VI § 3 MAI). Konkret tritt diese Freistellung von Verpflichtungen

> „(a) im Falle ernsthafter Zahlungsbilanzschwierigkeiten und externer finanzieller Schwierigkeiten oder einer möglichen Bedrohung durch diese; oder
>
> (b) in den Fällen, in denen Kapitalströme unter Ausnahmebedingungen ernsthafte Schwierigkeiten für die makroökonomische Steuerung, insbesondere die Geld- und Wechselkurspolitik verursachen oder verursachen können“[259]

ein. Die Streitbeilegung ist im Rahmen des MAI für derartige, temporär wirkende Maßnahmen, sofern von IWF und Parteiengruppe gebilligt[260], nicht mehr möglich. Alle sechs Monate hat allerdings eine Prüfung der erlassenen Be-

---

[256] *M. Sikkel*, Exceptions, derogations and national reservations, S. 2. Hingewiesen sei allerdings auf die vorsichtige Haltung der Staats- und Regierungschefs der G7-Staaten in Lyon 1996: „Globalization of the financial markets can generate new risks of instability [...] .Cooperation among regulatory and supervisory authorities should continue to adapt to financial innovations, and to the growth in cross-border capital movements [...]“. *G7-Staats- und Regierungschefs,* Economic Communiqué des G7-Gipfels von Lyon 1996, Nr. 3, 11. Zentralen Raum nimmt das Thema „des globalen Finanzsystems“ auch beim Gipfel in Denver (1997) ein. *G7-Staats- und Regierungschefs*, Denver Summit Statement by Seven, „Confronting global economic and financial challanges“, 1997. http://www.library.utoronto.ca/g7/denver/ confront.htm, 08.07.99, Nr. 11-14. Dazu der IMF: „Further work is needed on crisis prevention, in particular in conjunction with the private sector: improved risk assessment [...] better data, including on private sector capital flows; strengthenend monitoring of capital flows, in particular short-term flows; more information about countries′ policies“. *International Monetary Fund*, Communiqué of the Interim Committee of the Board of Governors of the International Monetary Fund, Press Release No. 99/15, 4/1999, http://www.imf.org/external/np/sec/pr/1999/PR9915.htm, 08.07.99.

[257] Vgl. dazu *M. Vocke*, Investment Implications of Selected WTO Agreements and the Proposed Multilateral Agreement on Investment, S. 30; *J. Karl*, Das Multilaterale Investitionsabkommen (MAI), S. 437.

[258] Art. XII GATS. Siehe auch Art. 59 EGV.

[259] VI § 3 MAI.

[260] Vgl. *OECD*, Multilaterales Abkommen über Investitionen, S. 105, FN 16.

schränkungen zu erfolgen, die auch umgehend zu beenden sind, wenn die Situation es zuläßt.[261]

cc) Länderspezifische Ausnahmen

Wie erwähnt gesteht das MAI durch den Top-down-Ansatz den Vertragsparteien kaum Ausnahmen zu. Wegen des noch sehr unterschiedlichen Liberalisierungsstands[262] ist den Vertragsparteien aber die Formulierung von Ausnahmen von den Bestimmungen zu Inländerbehandlung und Meistbegünstigung freigestellt (IX § 1 MAI). Diese länderspezifischen Ausnahmen sollten alle in einen „Anhang A" des Abkommens aufgenommen werden.[263] Änderungen von diesen nicht-vertragsgemäßen Regelungen sollten dabei möglich bleiben, soweit nicht die nicht-vertragsgemäße Wirkung verstärkt wird.

Über ein Konzept sogenannter „B-Listen"[264] hat man bis zum Ende der Verhandlungen keine Einigung erzielen können. Darin sollten zukünftige Ausnahmebereiche angemeldet werden können.[265] Vergleichbar dem NAFTA[266], ist damit zum Beispiel der Schutz neuer Hightech-Bereiche ins Auge gefaßt worden, die beispielsweise in ihrer Entwicklungsphase vor dem internationalen Wettbewerb geschützt werden sollen.[267]

Allerdings war die Aufstellung der Ausnahmelisten nicht unproblematisch. Nahm die Europäische Gemeinschaft beispielsweise lediglich den Agrarbereich, Finanzdienstleistungen und Fluglinien aus dem Abkommen aus, so formulierten

---

[261] Vgl. *J. Karl*, Das Multilaterale Investitionsabkommen (MAI), S. 436.

[262] „Some of them have a long tradition of openess to foreign investors while others are relatively newcomers in this respect." *M. Sikkel*, Exceptions, derogations and national reservations, S. 3. Einen guten Überblick über bestehende Beschränkungen in OECD-Ländern bietet *S. Rao/A. Ahmad*, Formal and Informal Investment Barriers in the G-7 Countries, in: P. Sauvé/D. Schwanen (Hrsg.), Investment rules for the global economy: enhancing access to markets, Winnipeg, 1996, S. 214. Vgl. *E. M. Graham*, Investment and the New Multilateral Trade Context, S. 39. Besonders Kanada, Mexiko, Frankreich und Belgien sind darin hervorgehoben. Vgl. *H. C. Sherman*, Das MAI ist tot, es lebe das MAI? Investitionsschutzabkommen der OECD vorerst gescheitert, S. 36. Als Beispiele sind zu nennen: Export-, Beschäftigungs- oder Beteiligungsauflagen. Interessant dabei ist, daß Auflagen, die mit Vorteilen für den Investor verbunden sind, sogenannte Investitionsanreize, nicht unter diese Regelung fallen. Vgl. *OECD*, Multilaterales Abkommen über Investitionen, S. 117, FN 5.

[263] Für die Aufstellung war ein spezielles Auflistungssystem vorgesehen. Vgl. *M. Sikkel*, Exceptions, derogations and national reservations, S. 3.

[264] Vgl. *M. Sikkel*, Exceptions, derogations and national reservations, S. 4.

[265] Vgl. *Bundesregierung*, Antwort der Bundesregierung zu den SPD-Fragen zum MAI, S. 15.

[266] In dessen Annex II werden derartige neue Maßnahmen aufgelistet.

[267] Vgl. *St. Welzk*, Visionen des MAI A Brave New Corporatist World?, S. 46.

die USA, Vertreter einer Liberalisierungspolitik und großer Befürworter des MAI, ein vielfaches an Ausnahmen.[268] Deutschland hat hingegen vergleichsweise wenige Ausnahmen angemeldet, da die liberalisierungsfreundliche Politik des MAI sich mit den wirtschaftspolitischen Grundsätzen der Bundesregierung deckte.[269]

f) Sonderbereiche

aa) Finanzdienstleistungen

Die Bedeutung der Finanzdienstleistungen für die Weltwirtschaft ist groß.[270] Trotz der Wichtigkeit sind jedoch auch die Regulierungsbedürfnisse in diesem Sektor hoch. Daher sind im MAI Finanzdienstleistungen eigenständig geregelt (VII §§ 1-9 MAI). Man versteht darunter „alle Versicherungs- und versicherungsbezogenen Dienstleistungen .. [sowie] alle Bank- und Finanzdienstleistungen (ausgenommen Versicherungen)“[271]. Die Vertragsparteien sind aber weiterhin berechtigt, geeignete Aufsichtsmaßnahmen durchzuführen, soweit diese

---

[268] Der Bereich der Subventionen sowie um die 200 Sondervorschriften der Bundesstaaten sollten dem MAI vorbehalten bleiben (z. B. in Bereichen wie Investitionsförderung, lokale Auftragsvergabe etc.). Vgl. *S. Weintraub*, NAFTA and U.S. Economic Sovereignty, S. 137 f. Die Probleme der Behandlung föderaler Gliederungen in einem Staat ist demnach bereits im Rahmen des GATT, im Canada-U.S. Free Trade Agreement (CUFTA) und in der NAFTA aufgetreten. Vgl. *J. Hartwig*, Ist der OECD-Entwurf zu einem Investitionsabkommen ein geeigneter Ansatzpunkt für ein entsprechendes WTO-Abkommen?, S. 91.

[269] Vgl. *Bundesministerium für Wirtschaft und Technologie*, Schreiben an Prof. Dr. Mies zum Multilateralen Abkommen für Investitionen vom 06.02.98, in: M. Mies (Hrsg.), MAI: Die geplante Herrschaft der Konzerne, Reader zum Kongreß „MAI - Gipfel der Globalisierung“ am 25. April 1998 in Bonn, 1998, S. 103 ff. (S. 2 des Schreibens). Zu den Sektoren, die Deutschland dem Anwendungsbereich des MAI entziehen wollte, gehören: Finanzhilfen (Ausschluß rechtlich unselbständiger Zweigniederlassungen ausländischer Gesellschaften von Förderhilfen), die Registrierung von Luftfahrzeugen, das Schiffsregister, die Küstenschiffahrt, der Transport auf Binnenwasserstraßen, der Eisenbahntransport, der Zugang zu freien Berufen und Rundfunklizenzen sowie die Kabeleinspeisung. Im Rahmen der Europäischen Gemeinschaft wurden die Bereiche Finanzdienstleistungen, Luftverkehr, Bodenabfertigungsdienste auf Flughäfen, der Energiesektor für die Erkundung und Ausbeutung von Kohlenwasserstoffen, Fischereiquoten und die europäische Film- und Medienförderung ausgenommen. Stand: Februar 1998. Siehe *Bundesregierung*, Bericht der Bundesregierung an den Wirtschaftsausschuß des Deutschen Bundestages zum aktuellen Stand der Verhandlungen über ein Multilaterales Abkommen für Investitionen vom 09.02.98, 1998.

[270] Vgl. *Bundesministerium für Wirtschaft und Technologie*, Pressemitteilung „WTO-Abkommen über Finanzdienstleistungen tritt am 1. März 1999 in Kraft, 26. Februar 1999. http://www.bmwi.de/presse/1999/0226prm1.html, 28.02.99. Vgl. *UNCTAD*, World Investment Report: Trends and Determinants, S. 71.

[271] VII § 9 MAI.

nicht als Vorwand zur Umgehung des Abkommens dienen und im Rahmen gegenseitiger Anerkennungsverfahren akzeptiert werden. Weiterhin sind spezielle Regelungen zu Transparenz, Transfer von Informationen, Datenverarbeitung, zur Beilegung von Meinungsverschiedenheiten sowie Bestimmungen zur Mitgliedschaft in selbstregulierenden Gremien und Verbänden vorgesehen.

Es wäre weiterhin genauer zu prüfen, wie das MAI zu dem einschlägigen Dienstleistungsabkommen GATS und dessen Regelung zu Finanzdienstleistungen steht.[272] Auch die Bedeutung des am 1. März 1999 in Kraft getretenen „Finanzdienstleistungsabkommens“ unter dem Dach der WTO, das Regelungen zur „commercial presence of foreign financial services suppliers“[273]enthält, bedürfte genauerer Klärung.

bb) Besteuerung

Im Sinne von VIII MAI sind unter Besteuerung

> „(i) sämtliche mit der Besteuerung im Zusammenhang stehenden Vorschriften des Rechtswesens einer Vertragspartei oder einer politischen Untereinheit oder einer Gebietskörperschaft, oder verwaltungsrechtliche Verfahren der Vertragspartei, die mit Steuern im Zusammenhang stehen; und
>
> (ii) sämtliche mit der Besteuerung im Zusammenhang stehenden Vorschriften eines Abkommens zur Vermeidung einer Doppelbesteuerung oder sonstiger internationaler Übereinkünfte oder Vereinbarungen, die für die Vertragspartei verbindlich sind“[274]

zu verstehen. Um in der sensiblen Steuerpolitik aber weiterhin die Unabhängigkeit der Staaten in Fragen der Besteuerung zu gewährleisten, sind Steuern allerdings weitgehend aus dem Wirkungsbereich des Abkommens ausgenommen. Lediglich die Bestimmungen zu Enteignung (IV § 2 MAI) und Transparenz (III § 2 MAI) gelten. Solange die Besteuerung „im Rahmen international anerkannter Steuerpolitik und -praxis“[275] bleibt und sich an den Grundsätzen des Abkommens orientiert, kann sich kein Investor auf das MAI berufen. Eine politische Absichtserklärung zur Nichtdiskriminierung soll zudem vertrauensschaffend wirken.[276]

---

[272] Es besteht im GATS ein eigener Anhang zu Finanzdienstleistungen.

[273] WTO, Press Release, The WTO's Financial Services Commitments will enter into Force as scheduled, 15.02.99. http://www.wto.org/wto/new/press120.htm, 27.02.99. Vgl. dazu *UNCTAD*, World Investment Report: Trends and Determinants, S. 70 f.

[274] VIII MAI. Vgl. *OECD*, Multilaterales Abkommen über Investitionen, S. 116, FN 6. Danach herrschen unterschiedliche Auffassung zur Einbeziehung von Sozialversicherungsbeiträgen.

[275] *OECD*, Multilaterales Abkommen über Investitionen, S. 114, FN 3b.

[276] Vgl. *OECD*, Multilaterales Abkommen über Investitionen, S. 114, FN 1.

g) Stellung und Verhältnis des MAI zu anderen völkerrechtlichen Verträgen

Grundsätzlich ist in Auslegungsfragen des MAI eine grundlegende Kompatibilität mit dem Völkerrecht anzustreben.[277] Dabei spielen die Bestimmungen des Wiener Vertragsrechtskonvention (WVK) und die generellen Rechtsprinzipien des Völkerrechts eine bedeutende Rolle.[278]

Konkrete Bestimmungen zum Verhältnis zu anderen völkerrechtlichen Verträgen sind in X §§ 1-2 MAI vorgesehen. So ist das Verhältnis zum IWF genauer geklärt, dessen Maßnahmen durch das MAI zu respektieren sind (X § 1 MAI). Zentral ist auch die Beziehung zu den OECD-Leitsätzen für multinationale Unternehmen, die dem MAI als Anhang beigefügt werden sollten.[279] Sie sind allerdings unverbindlich und besitzen folglich rein deklaratorischen Charakter.[280]

Die Beziehungen zu anderen internationalen Abkommen sind im MAI nicht näher konkretisiert. Während der Verhandlungen spielten mögliche Konflikte mit anderen Abkommen jedoch oft eine große Rolle. Bezüglich multilateraler Umweltabkommen (MEA) hat eine Studie der OECD[281] festgestellt, daß „there are no *prima facie* legal incompatibilities between the present MAI text and existing MEA"[282]. Grund dafür ist vor allem die Tatsache, daß in den multilateralen Umweltabkommen keine Sanktionen oder Maßnahmen vorgesehen sind, die sich auf Investitionen beziehen und sich daraus folglich keine mit dem MAI inkompatiblen Verpflichtungen ergeben.[283] Allerdings gibt es nach Ansicht der

---

[277] Siehe V §§ 1, 2 MAI. So auch *Bundesregierung*, Antwort der Bundesregierung zu den SPD-Fragen zum MAI, S. 35.

[278] Die Prinzipien der „lex posteriori" und der „lex specialis" sind in der Hinsicht Bedeutung. Dazu Art. 30 Abs. 3 WVK.

[279] Vgl. X § 2 MAI.

[280] Vgl. X § 2 MAI. Eine Verbindlichkeit ist „politisch derzeit nicht durchsetzbar". *Bundesregierung*, Antwort der Bundesregierung zu den SPD-Fragen zum MAI, S. 23. Dagegen fordert das Europäische Parlament deren Verbindlichkeit. Vgl. *Europäisches Parlament*, Bericht mit den Empfehlungen des Europäischen Parlaments, S. 7.

[281] Zur Beziehung zu Multilateralen Umweltabkommen: *OECD*, Relationships Between the MAI and SELECTED Multilateral Environmental Agreements (MEAs), 1998. http://www.oecd.org/daf/cmis/mai/meaenv.htm, 11.04.98. Von einer Unverträglichkeit mit dem MAI kann möglicherweise bei der „Convention on International Trade of Endangered Species (CITES)", der „Basel Convention on the Control of Transboundary Movements of Hazardous Wastes and their Disposal", dem „Montreal Protocol on Substances that Deplete the Ozone Layer", der „United Nations Convention on Biological Diversity und die United Nations Framework Convention on Climate Change (UNFCCC)" gesprochen werden.

[282] *OECD*, Relationships Between the MAI and SELECTED Multilateral Environmental Agreements (MEAs), S. 1.

[283] Vgl. *OECD*, Relationships Between the MAI and SELECTED Multilateral Environmental Agreements (MEAs), S. 1.

Studie gerechtfertigte Anhaltspunkte für eine genauere Prüfung in den Bereichen Nichtdiskriminierung, Meistbegünstigung, und Allgemeine Behandlung, Enteignung, Tätigkeitsauflagen und Streitschlichtung.[284] Im Rahmen der Investor-Staat-Streitschlichtung werden Investoren sich gegenüber Benachteiligungen aus multilateralen Umweltabkommen durch das MAI aber wesentlich unbekümmerter verhalten, als es beispielsweise ihre Heimatstaaten als Unterzeichnerstaaten des betreffenden Abkommens tun würden.[285]

Unter den WTO-Abkommen birgt vor allem das General Agreement on Trade and Services (GATS) größeres Konfliktpotential. Zum einen besteht grundsätzlich das Problem, daß über die Meistbegünstigungsklausel des GATS alle möglicherweise aus dem MAI hervorgehenden Vorteile an die GATS-Parteien weitergegeben werden müssen, die nicht Mitglied im MAI sind (Free-rider-Problematik).[286] Zum anderen überschneiden sich GATS und MAI.[287] So sieht das GATS in Art. I Abs. 2 lit. c Regelungen über die „geschäftliche Präsenz" vor:

> „2. For the purposes of this Agreement, trade in services is defined as the supply of a service:
>
> ...
>
> (c) by a service supplier of one Member, through commercial presence in the territory of any other Member".[288]

Vermeiden wollte man aber in jedem Fall die Einwirkung in WTO-Recht und die dadurch entstehende Problematik, es in einem MAI-Schiedsverfahren auslegen zu müssen.[289]

Laut den Bestimmungen zum Beitritt steht das MAI allen „Staaten, Organisationen zur regionalen Wirtschaftsintegration und unabhängige[n] Zollgebie-

---

[284] Vgl. *OECD*, Relationships Between the MAI and SELECTED Multilateral Environmental Agreements (MEAs), S. 8 f.

[285] Vgl. *OECD*, Relationships Between the MAI and SELECTED Multilateral Environmental Agreements (MEAs), S. 8.

[286] Vgl. *X. Musca*, Scope of the MAI, S. 3. Vgl. *U. Häde*, Der völkerrechtliche Schutz von Direktinvestitionen im Ausland, S. 210; *J. Karl*, Das Multilaterale Investitionsabkommen (MAI), S. 435; auch *A. M. Wimmer*, The Impact of the General Agreement on Trade in Services on the OECD Multilateral Agreement on Investment, World Competition, Vol. 19, No. 4, June 1996, S. 120. Neben dem Aspekt des Handelsbezugs unterscheiden sich im Liberalisierungsstand die investitionsrelevanten Abschnitte des GATS und des MAI allerdings im wesentlichen durch die Möglichkeit, unter dem MAI auch die Zulassungsphase der Investition schützen zu lassen. Vgl. *Sir L. Brittan*, Investment liberalization: the next great boost to the world economy, S. 8.

[287] Zu möglichen Komplikationen zwischen GATS und MAI: *A. M. Wimmer*, The Impact of the General Agreement on Trade in Services on the OECD Multilateral Agreement on Investment, S. 109 ff.

[288] Art. I Abs. 2 lit. c GATS.

[289] Vgl. *OECD*, Multilaterales Abkommen über Investitionen, S. 29 f. FN 33.

te[n]"[290] offen. Um nicht das hohe Integrationsniveau in regionalen Integrationszonen über die Meistbegünstigungsklausel des MAI an alle Mitglieder des Abkommens weiterzugeben (Free-rider-Problem)[291], sollte in das MAI eine sogenannte REIO-Klausel (für regional integrierte Ländergruppen) eingearbeitet werden. Zumindest war dies eine zentrale Bedingung der Europäischen Gemeinschaft.[292]

Die Beziehung zwischen dem MAI und den deutschen bilateralen Investitionsschutzverträgen scheint keine großen Probleme mit sich zu bringen. Eine Behinderung besteht nach Meinung der Bundesregierung nicht, da Art. 8 des deutschen Mustervertrages Bestimmungen für günstigere Regelungen vorsieht, die nach Inkrafttreten des bilateralen Investitionsschutzvertrages vereinbart werden. Sie können durch den Investor in Anspruch genommen werden und gehen in diesem Fall dem bilateralen Investitionsschutzvertrag vor.[293] Günstigere Regelungen aus bilateralen Verträgen oder dem MAI können aber über die Meistbegünstigungsklausel weitergegeben werden (Free-rider-Problematik)[294], was sich insbesondere im Hinblick auf bilaterale Investitionsschutzverträge mit Nicht-MAI-Staaten als problematisch erweist.[295]

---

[290] So die Formulierung zu den Beitrittsbestimmungen in XII § 3 MAI.

[291] Exemplarisch Art. 43, 56 EGV. Vgl. *A. Larson*, State of Play of MAI Negotiation, S. 3.

[292] Vgl. *St. Huemer*, Das Multilaterale Investitionsabkommen und die Rolle der OECD, S. 65; auch *R. Schmidt*, Die Internationalisierung des öffentlichen Wirtschaftsrechts, in: Die Wissenschaft vom Verwaltungsrecht, Die Verwaltung: Beiheft 2; 1999, S. 166. *Schmidt* charakterisiert die Beziehung zwischen Internationalisierung und Europäisierung des öffentlichen Wirtschaftsrechts als ambivalent. Vgl. auch *iwd*, Regionale Wirtschaftsbündnisse – Treibmittel der Globalisierung, Nr. 27, 08.07.99, S. 4 f.

[293] Vgl. *Bundesregierung*, Antwort der Bundesregierung zu den SPD-Fragen zum MAI, S. 35. Nach *Karl* gibt es noch Klärungsbedarf, wie vertragliche Vereinbarungen zwischen Investoren und Staaten und bilateralen Investitionsschutzverträgen behandelt werden müssen. Vgl. *J. Karl*, Protection of investors and investment, S. 1 ff. *Karl* plädiert aber für eine konkrete Regelung der Vertragsbeziehungen im MAI, um Klarheit zu schaffen. Vgl. *J. Karl*, Das Multilaterale Investitionsabkommen (MAI), S. 438 f. Für die optimistische Sicht, daß bilaterale und multilaterale Abkommen aber ohne Komplikationen nebeneinander gelten, sprechen Verhandlungen über bilaterale Investitionsschutzverträge parallel zu den Verhandlungen am MAI. So hat Deutschland im Dezember 1997 mit Mexiko einen Investitionsschutzvertrag paraphiert.

[294] Dazu *J. Karl*, Das Multilaterale Investitionsabkommen (MAI), S. 439.

[295] Nach *Karl* erwägen einige Vertragsparteien bilaterale Investitionsschutzverträge zu kündigen, um nicht die Meistbegünstigungsklauseln darin zur Anwendung kommen zu lassen. Vgl. *J. Karl*, Das Multilaterale Investitionsabkommen (MAI), S. 439. Nicht zu vergessen ist auch der unterschiedliche Anwendungsbereich bilateraler und multilateraler Abkommen hinsichtlich Portfolioinvestitionen.

h) Bestimmungen zum Abkommen

aa) Parteiengruppe

Nach Inkrafttreten des MAI sorgt eine Parteiengruppe, bestehend aus Vertretern der Vertragsstaaten und unterstützt durch ein Sekretariat für eine reibungslose Anwendung des Abkommens (XII § 2 MAI). Als ständiges Dialogforum berät es über die Ergreifung von Maßnahmen im Rahmen des MAI und trifft Entscheidungen im Sinne des Abkommens. Der Parteiengruppe steht darüber hinaus das Recht zu, das Abkommen bei Bedarf und zu jeder Zeit zu überarbeiten (XII § 5 MAI). Doch auch die Vertragsparteien haben ein Vorschlagsrecht für Änderungen (XII § 6 MAI). Umstritten war jedoch, ob die Parteiengruppe außerhalb der Schlichtungsverfahren zu Auslegung und Anwendung des MAI abschließend klärende Aussagen treffen soll.[296]

bb) Beitritt und Rücktritt

Für den Neubeitritt (XII § 3 MAI) ist es erforderlich, daß die Kandidaten die charakteristischen MAI-Prinzipien akzeptieren, um die Qualität des Abkommens zu sichern. In der Diskussion standen neben speziellen Aufnahmeverfahren auch Übergangszeiten für Neumitglieder, in denen eine Anpassung an das hohe Liberalisierungsniveau des MAI erreicht werden soll.[297]

Die Regelungen über den Rücktritt (XII § 8 MAI) sind im Vergleich zu anderen Abkommen wie NAFTA oder GATT vergleichsweise streng.[298] So ist folgendes geregelt:

> „1. Ab fünf Jahren nach Inkrafttreten des Übereinkommens für eine Vertragspartei hat die betreffende Vertragspartei das Recht, den Verwahrer schriftlich über ihren Rücktritt vom Abkommen zu benachrichtigen.
>
> ...
>
> 3. Die Bestimmungen dieses Abkommens gelten weiterhin für einen Zeitraum von fünfzehn Jahren nach Erhalt der Rücktrittserklärung für Kapitalanlagen, die zu diesem Zeitpunkt bestehen.“[299]

Eine derart lange Bindungsdauer ist für internationale Abkommen durchaus ungewöhnlich.[300]

---

[296] Vgl. *OECD*, Multilaterales Abkommen über Investitionen, S. 129, FN 7. Weiterhin *N. Griffiths*, Institutional issues and accession to the MAI, S. 1.

[297] Vgl. *N. Griffiths*, Institutional issues and accession to the MAI, S. 2.

[298] Art. 2204 NAFTA. Vgl. *U. Petschow* et al., Das Multilaterale Investitionsabkommen (MAI) und die Umwelt, S. 75.

[299] XII § 8 MAI.

IV. Kritische Anmerkungen zum MAI

1. Die Vertragsverhandlungen

Die Verhandlungen am MAI standen nicht in gleichem Maß im Lichte der Öffentlichkeit wie beispielsweise frühere Verhandlungsrunden des GATT oder die Gründung der WTO.[301] An der schnellen Umsetzung orientiert, hat man umfassende Informationen für Außenstehende unterlassen und die Mitarbeit der nationalen Parlamente und vieler Interessengruppen bei diesen Verhandlungen vernachlässigt.[302] Die Experten blieben unter sich. Erst nach Bekanntwerden eines Textentwurfs des MAI hat sich eine relativ breite Diskussion entfacht, die im nachhinein als „ein Lehrstück in Sachen Globalisierung und Kampf um die öffentliche Meinung“[303] bezeichnet werden kann.

Man muß die Kritik an der Verhaltensweise der OECD und der verhandelnden Staaten jedoch nicht ohne weiteres teilen. Zum einen kann man einwenden, daß über die Ausschüsse von Gewerkschaften (TUAC) und Industrie (BIAC) bei der OECD Gewerkschaften und Unternehmen ja de facto eingebunden waren. Darüber hinaus berichteten einige wissenschaftliche Veröffentlichungen bereits frühzeitig über die Inhalte eines geplanten multilateralen Abkommens für Investitionen. Allerdings ist auch damit nur die Einbeziehung eines „Netzwerk[s] des Expertentums“[304] verbunden, dem privilegierte Einblicke und teilweise auch Mitspracherechte gewährt werden. Die OECD-Staaten haben erst im Frühjahr 1998 die Wichtigkeit einer öffentlichen Diskussion erkannt und sich dann zu einer „active public discussion on the issues at stake in the negotiations“[305] verpflichtet.

In dieser Phase hat auch die Bundesregierung mit der Herausgabe einer autorisierten Übersetzung des Verhandlungsstandes begonnen.[306] Weil der Bundes-

---

[300] Vgl. *J. Hartwig*, Ist der OECD-Entwurf zu einem Investitionsabkommen ein geeigneter Ansatzpunkt für ein entsprechendes WTO-Abkommen?, S. 92.

[301] Vgl. *J. Sack*, Aus für das MAI, EuZW, Heft 23/1998, S. 706.

[302] Vgl. *Europäisches Parlament*, Bericht mit den Empfehlungen des Europäischen Parlaments an die Kommission zu den Verhandlungen im Rahmen der OECD über ein multilaterales Abkommen über Investitionen (MAI), S. 5. Darin wird die parlamentarische Begleitung der Verhandlungen eingefordert sowie darauf hingewiesen, daß die Zuständigkeit für etwaige Beschlüsse auch dem Europäischen Parlament und den nationalen Parlamenten zufallen.

[303] *J. Sack*, Aus für das MAI, S. 706.

[304] Zum Begriff *H. H. Klein*, Die Funktion des Parlaments im politischen Prozeß, ZG, 3/1997, S. 212.

[305] *OECD*, The Multilateral Agreement on Investment, Report by the Chairman of the Negotiating Group, S. 3.

[306] Nach *Skarpelis-Sperk* liegt der MAI-Text erst seit 10. Juni 1998 dem Deutschen Bundestag als Ausschußdrucksache vor, nachdem die Übersetzung zuvor aus Kosten-

regierung das verfassungsmäßige Recht zusteht, Verträge bis zu ihrer Ratifizierung zu verhandeln[307], beurteilt sie die Verhandlungen am MAI als nicht ungewöhnlich im Rahmen international üblicher Gepflogenheiten. Diesen entsprechend werden Entwürfe nicht veröffentlicht.[308]

2. Wahl des Verhandlungsforums für ein multilaterales Investitionsabkommen

Die Geeignetheit der OECD für die Initiierung eines Investitionsabkommens läßt sich anhand der bereits erwähnten Bedeutung der Organisation im Bereich der Auslandsinvestitionen leicht verdeutlichen.[309] Ihre Arbeit in der Vergangenheit kann als gute Basis für derartige Verhandlungen angesehen werden. Die Verhandlungen werden aber, als Club-Verhandlungen, ausschließlich von einer „relativ homogenen Gruppe“[310] mit dem Ziel geführt, hohe Standards zu vereinbaren. Darin spiegelt sich auch das Interesse der OECD wider, sich zu einer „internationalen Investitionsagentur“[311] zu entwickeln. Zwar ist der Beitritt von weiteren Staaten aus dem Bereich der Entwicklungsländer vorgesehen und so-

---

gründen abgelehnt wurde. *S. Skarpelis-Sperk*, Ein neues Grundgesetz einer einheitlichen globalen Wirtschaft, S. 160, 170. Vgl. *St. Welzk*, Visionen des MAI, A Brave New Corporatist World?, S. 41. In den USA wurde der Administration das „fast track“-Verfahren für das MAI nicht zugestanden.

307 Vgl. BVerfGE 1, 372 (394). Vgl. *Chr. Tomuschat*, Die staatsrechtliche Entscheidung für die internationale Offenheit, HStR, Bd. VII, § 172, Rdn. 69; *W. G. Grewe*, Auswärtige Gewalt, HStR Bd. III, § 77, Rdn. 2, 34; *Th. Ellwein*, Gesetzgebung, Regierung, Verwaltung, in: E. Benda/W. Maihofer/H.-J. Vogel (Hrsg.), Handbuch des Verfassungsrechts, 1983, S. 1119 sowie *Ph. Kunig*, Völkerrecht und staatliches Recht, in: W. Graf Vitzthum (Hrsg.), Völkerrecht, 2. Abschnitt, 1997, S. 137, Rdn. 75. *Kunig* geht von einem Schwergewicht der außenpolitischen Kompetenzen bei der Bundesregierung aus. Vgl. *S. Skarpelis-Sperk*, Ein neues Grundgesetz einer einheitlichen globalen Wirtschaft, S. 170.

308 Vgl. *Bundesregierung*, BT-Drcks. 13/9549, vom 29.12.1997. Diese Praxis ist der Effizienz derartiger Verhandlungen zuträglich. Vgl. *A. Böhmer*, The Struggle for a Multilateral Agreement on Investment – an Assessment of the Negotiation Process in the OECD, German Yearbook of International Law, Vol. 41, 1998, S. 297. Die politische Meinungsbildung der Öffentlichkeit zu Projekten mit der Tragweite eines MAI kann allerdings im Verhandlungsprozeß auch nicht unberücksichtigt bleiben.

309 Vgl. *Bundeswirtschaftsministerium*, Zu den Verhandlungen bei der OECD über ein Multilaterales Abkommen für Investitionen (MAI), S. 3, Nr. 5.

310 *U. Häde*, Der völkerrechtliche Schutz von Direktinvestitionen im Ausland, S. 210.

311 *St. Huemer*, Das Multilaterale Investitionsabkommen und die Rolle der OECD, S. 70.

gar ausdrücklich erwünscht[312], am Verhandlungstisch sitzen aber keine Nicht-OECD-Staaten.[313]

Schon in diesem Punkt kann man kritisch entgegnen, daß das MAI im Prinzip als ein Abkommen der Heimatstaaten von Investitionen mit Blick auf zukünftige Beitritte von Nicht-OECD-Ländern verhandelt wurde, wenn man berücksichtigt, daß die zentralen Materien des MAI (z. B. Nichtdiskriminierung, Transferrechte usw.) für das bestehende Verhältnis zwischen den OECD-Ländern kaum eine Niveauveränderung bewirken. Nach Häde läßt sich aber „ein weltweiter völkerrechtlicher Investitionsschutz wohl eher nicht allein im Rahmen der OECD erreichen"[314]. Vielmehr kann die WTO als geeigneteres Gremium angesehen werden.[315] Mehrere Staaten, vor allem Frankreich, ziehen diese Lösung vor[316], obwohl Verhandlungen mit über 130 Parteien innerhalb der WTO keine schnellen und weitreichenden Ergebnisse versprechen.[317] Diese

---

[312] Diese Entwicklung könnte der dem GATT ähnlich sein, das 1947 ebenfalls mit nur 22 Vertragsparteien startete und heute die tragende Säule der Welthandelsordnung darstellt. Allerdings war das Niveau der Regelungen damals am Anfang nicht so hoch.

[313] Kritisch dazu *Europäisches Parlament*, Bericht mit den Empfehlungen des Europäischen Parlaments, S. 6. Ein Abwägen verschiedener Optionen, wo derartige Regeln verhandelt werden sollen liefert *Th. L. Brewer/St. Young*, Towards a multilateral framework for foreign direct investment: issues and scenarios, Transnational Corporations, Vol. 4. No. 1, April 1995, S. 77. Vgl. auch *R. Engels* et al., Alles neu macht das MAI? Das Multilaterale Investitionsabkommen – Informationen, Hintergründe, Kritik?, S. 23. Siehe auch *J. Karl*, Das Multilaterale Investitionsabkommen (MAI), S. 433. *Karl* sieht auch vor dem Hintergrund der Europäischen Integration dies nicht so problematisch, da es ja letztendlich nicht auf die Teilnahme an den Verhandlungen ankommt, sondern die Vorteile durch einen Beitritt zum MAI für das jeweilige Land im Mittelpunkt stehen. Vgl. *K.-P. Merk*, Eine kritische Kommentierung des Multilateralen Abkommens über Investitionen, S. 130.

[314] *U. Häde*, Der völkerrechtliche Schutz von Direktinvestitionen im Ausland, S. 211.

[315] Für eine Aufnahme der Thematik „Investitionen" im Rahmen der WTO haben die Staats- und Regierungschefs der G7-Staaten bereits 1996 votiert. *G7-Staats- und Regierungschefs,* Economic Communiqué des G7-Gipfels von Lyon 1996, S. 24. Vgl. auch Süddeutsche Zeitung, Das MAI-Abkommen vor dem Ende, Nr. 237, 15.10.98, S. 26. Vgl. *Bundesregierung*, Antwort der Bundesregierung zu den SPD-Fragen zum MAI, S. 2. Vgl. *Bundesregierung*, BT-Drcks. 14/36, S. 2 f.

[316] Vgl. *U. Häde*, Der völkerrechtliche Schutz von Direktinvestitionen im Ausland, S. 211.

[317] Vgl. auch *E. M. Graham*, Investment and the New Multilateral Trade Context, S. 35. *Brewer/Young* sehen eine so große Bedeutung der Investitionsthematik, daß sowohl OECD als auch WTO sich über eine Regelung werden Gedanken machen müssen. Vgl. *Th. L. Brewer/St. Young*, The Multilateral Agenda for Foreign Direct Investment. Problems, Principles and Priorities for Negotiations at the OECD and WTO, World Competition 18, 4/1995, S. 81.

könnten aber zumindest, so Schomerus, durchaus durch die Erkenntnisse aus dem MAI „vorstrukturiert“[318] werden.

3. Fehlende politische Ausgeglichenheit des Vertragswerks

Das MAI spiegelte in seiner Intention ganz deutlich die Bedürfnisse der internationalen Wirtschaftsakteure wider. Dabei ist man auf Widerstand bei den anderen Interessengruppen aus dem Umwelt-, Sozial-, Kultur- und Entwicklungsbereich gestoßen, die ihre Zielsetzungen für globale Ordnungsregeln, im Sinne einer „globalen Verantwortungsgemeinschaft“[319], im MAI nicht geregelt sahen.

Viele Länder regeln im kulturellen Bereich das Engagement von Ausländern immer noch sehr stark.[320] Unter anderem zum Schutz der nationalen Identität[321] sollen insbesondere im Medienbereich Regelungen aufrecht erhalten werden, die dem Liberalismusgedanken der OECD entgegenstehen, der die „Verbrauchersouveränität“ in den Mittelpunkt stellt.[322]

Entwicklungspolitisch stand das MAI in der Kritik, die Situation der Entwicklungsländer nicht zu berücksichtigen[323], sondern die hohen Standards der Industrieländer für die neu beitretenden Entwicklungsländer verbindlich zu machen, ohne daß diese die Verpflichtungen umgehend ohne große Schwierigkeiten umsetzen könnten.[324] Neben Oppermann[325] sprach sich auch der Generaldi-

---

[318] *L. Schomerus*, MAI-Verhandlungen nicht förmlich ausgesetzt, VWD Europa, 28.04.98, S. 5.

[319] *R. Herzog*, Maximen der Verantwortung, in: Süddeutsche Zeitung, Nr. 121, 29./30.05.99, S. I.

[320] Vgl. *M. Hart*, A Multilateral Agreement on Foreign Investment: Why Now?, S. 100.

[321] Vgl. *T. Clarke/M. Barlow*, MAI: the Multilateral Agreement on Investment and the threat to Canadian sovereignty, S. 113. Der Beitrag Frankreichs zur Regelung des Kulturbereichs findet sich in MAI, S. 166 f.

[322] Vgl. *M. Hart*, A Multilateral Agreement on Foreign Investment: Why Now?, S. 13.

[323] Vielfältige Kritik erfolgte durch: *Friends of the Earth (FoE)*, License to Loot, The MAI and How to stop It, 1998; *P. Wahl/M. Windfuhr*, Volle Freiheit für Investoren?, E+Z Entwicklung und Zusammenarbeit, 1998, Nr. 3, S. 75 ff. Eine sehr umfassende Studie zu entwicklungspolitischen Zusammenhängen wurde in Großbritannien in Auftrag gegeben. Vgl. *E. V. K. FitzGerald/R. Cubero-Brealey/A. Lehmann*, The Development Implications of the Multilateral Agreement on Investment, A report commissioned by the UK Department for International Development, 1998.

[324] Vgl. *Europäisches Parlament*, Bericht mit den Empfehlungen des Europäischen Parlaments, S. 5.

rektor der Welthandelsorganisation Moore[326] grundsätzlich für eine stärkere Berücksichtigung der Interessen der Entwicklungsländer aus.

Im Umwelt- und Sozialbereich[327] befürchtete man vielfach einen schwer einschätzbaren „race to the bottom"-Prozeß[328], eine Anpassungsspirale der Absenkung von Umwelt- und Sozialstandards im internationalen Wettbewerb um Investitionen. In dieser Hinsicht von Bedeutung ist dabei die Verankerung einer bindenden Nichtabsenkungsklausel für Standards im MAI, die in den Verhandlungen allerdings sehr umstritten war.[329] Darüber hinaus stellte auch die Wirkung der Investor-Staat-Klagemöglichkeit bei Vorliegen einer de-facto-Diskriminierung und bei indirekter Enteignung im Hinblick auf die Umwelt- und Sozialpolitik eine Bedrohung dar.

Mit Blick auf zukünftige Verhandlungen erinnert die UNCTAD daran, daß „international investment agreements to be effective and stable, they need to take into account the interest of all parties, to incorporate a balance of interests and to allow for mutual advantage."[330] Dabei ist nach Esty auch zu berücksichtigen, daß es versäumt wurde, „to establish [...] a regime of baseline require-

---

[325] Vgl. *Th. Oppermann*, Internationale Wirtschaftsordnung: Regionalisierung versus Globalisierung, in: Z. Kitagawa (Hrsg.), Das Recht vor der Herausforderung eines neuen Jahrhunderts: Erwartungen in Japan und Deutschland, 1998, S. 244.

[326] Vgl. *Süddeutsche Zeitung*, „WTO-Chef setzt sich für arme Länder ein", Nr. 203, S. 27, 03.09.99.

[327] Vgl. *U. Petschow* et al., Das Multilaterale Investitionsabkommen (MAI) und die Umwelt, Studie für die Friedrich-Ebert-Stiftung, 1998. Zum MAI hat die OECD einige Studien anfertigen lassen: *OECD*, Foreign Direct Investment and the Environment: An Overview of the Literature, 1998. http://www.oecd.org/daf/cmis/mai/fdienv.htm, 11.04.98; *OECD*, Relationships Between the MAI and SELECTED Multilateral Environmental Agreements (MEAs), 1998. http://www.oecd.org/daf/cmis/mai/meaenv.htm, 11.04.98.

[328] Wie weit diese Angleichung gehen kann, ist nach *Tietmeyer* nicht vorherzusagen. Vgl. *H. Tietmeyer*, „Die Globalisierung bringt Vorteile für uns alle", Interview mit dem scheidenden Bundesbankpräsidenten, in: Süddeutsche Zeitung, Nr. 189, 18.08.99, S. 24.

[329] Vgl. auch *J. Karl*, Das Multilaterale Investitionsabkommen (MAI), S. 438. Nach *Engels* sind keine verbindlichen Regelungen im Vertragstext zu erkennen. *R. Engels* et al., Alles neu macht das MAI? Das Multilaterale Investitionsabkommen – Informationen, Hintergründe, Kritik, S. 21.

[330] *UNCTAD*, World Investment Report: Trends and Determinants, S. 74. In diesem Sinne auch *OECD*, Trade Union Statement to the 1999 Council Meeting at Ministerial Level, 1999, C/MIN(99)20, S. 5. Im Rahmen des von der OECD organisierten Emerging Market Economy Forum fand bereits wieder eine Konferenz zum Thema „Foreign Direct Investment and the Environment" statt. Vgl. dazu *OECD*, Conference on Foreign Direct Investment and the Environment, Summary of the Discussion, 1999, CCNM/EMEF/EPOC/CIME(98)7.

ments for foreign investors"[331]. Auch die wissenschaftliche Erforschung der Auswirkungen des Abkommens erfolgte nur mangelhaft.[332]

4. Investoren – „pares inter pares" im Völkerrechtsgefüge?

Multinationale Unternehmen stehen, im Zusammenhang mit Investitionsverträgen, nach Hailbronner durchaus als gleichberechtigte Partner den Staaten gegenüber und treten dabei wie Völkerrechtssubjekte auf.[333] Durch den starken Standortwettbewerb um Investitionen besitzen transnational agierende Investoren, insbesondere gegenüber Entwicklungsländern, ein hohes Maß an Verhandlungsmacht.[334] Kimminich spricht von einer „Umkehrung der Machtsituation"[335], die normalerweise zwischen Staat und Privatrechtsträger besteht, insbesondere wenn das kapitalimportierende Land mit relativ geringer Wirtschaftskraft ausgestattet ist und auf die Investitionen des finanzstarken Investors angewiesen ist. Große Unternehmen betrachten einen Staat mehr und mehr als eine Art „konkurrierenden Großkonzern"[336].

---

[331] *D. Esty*, The Green Investor, worldlink (Online-Zeitschrift), January/February 1999, S. 4. http://www.worldlink.co.uk/articles/19021999195259/6.htm, 16.07.99. Dies könnte nach *Karl* zu regionalen Dominoeffekten führen. So *J. Karl*, Das Multilaterale Investitionsabkommen (MAI), S. 433.

[332] Vgl. *Europäisches Parlament*, Bericht mit den Empfehlungen des Europäischen Parlaments, S. 6.

[333] Vgl. *K. Hailbronner*, Der Staat und der Einzelne als Völkerrechtssubjekte, S. 197 f., Rdn. 36. Nach *Verdross/Simma* befinden sie sich an der „Schwelle zur Völkerrechtssubjektivität". Vgl. *A. Verdross/B. Simma*, Universelles Völkerrecht, S. 268 f., §§ 446 ff. Allgemein dazu *J. Engelhard/M. Gerstlauer/S. Hein*, Globalisierende Unternehmen und Nationalstaaten – Überlegungen zur Redistribution von Staats- und Unternehmensmacht, FS H. Steinmann, 1999, S. 291 ff.

[334] Insbesondere eine Einmischung in die Innenpolitik der Staaten stellt ein großes Problem dar, das sich in Entwicklungsländern häufig stellt. Vgl. *W. Graf Vitzthum*, Raum, Umwelt und Wirtschaft im Völkerrecht, S. 504, Rdn. 188. Vgl. *J. Engelhard/M. Gerstlauer/S. Hein*, Globalisierende Unternehmen und Nationalstaaten – Überlegungen zur Redistribution von Staats- und Unternehmensmacht, S. 304. Vgl. auch *A. Verdross/B. Simma*, Universelles Völkerrecht, S. 269, § 448.

[335] *O. Kimminich*, Einführung in das Völkerrecht, 5. Aufl. 1993, S. 33. Man spricht auch von einer Art kontinuierlichem Veränderungsdruck für die Staaten. Vgl. allgemein *H. Baum*, Globalisierung der Finanzmärkte und ihre Folgen für den Standortwettbewerb, in: Z. Kitagawa (Hrsg.), Das Recht vor der Herausforderung eines neuen Jahrhunderts: Erwartungen in Japan und Deutschland, 1998, S. 307 ff. sowie *K. Kaiser*, Globalisierung als Problem der Demokratie; Internationale Politik, 4/1998, S. 5. Vgl. *Th. Fischermann/O. Schumacher*, Vertreibung aus dem Paradies, in: Die ZEIT, Nr. 22, 27.05.99, S. 23.

[336] *R. Voigt*, Der neue Nationalstaat. Deutschland zwischen Nationalisierung und Globalisierung, in: ders. (Hrsg.), Der neue Nationalstaat, 1998, S. 335.

Im MAI wird dieser Sonderstellung der „global players“ beispielsweise durch die Investor-Staat-Klagemöglichkeit Rechnung getragen. Diese Klagemöglichkeit, die nicht nur für die Investoren „vor Ort“ gilt, hat durch die gestiegenen Klagerisiken für die Gastländer eine große Bedeutung.[337] Die besonders strittigen Klauseln der de-facto-Diskriminierung und der indirekten Enteignung bieten den Investoren günstige Voraussetzungen für eine Klage. Des weiteren steht man vor dem Problem, Investoren als „Richter, die mit ihren Investitionsentscheidungen über die Güte der Standortpolitik der Staaten urteilen“[338], sehen zu müssen. Aus der Perspektive von Wohlfahrts- und Effizienzgesichtspunkten ist dies eher positiv zu werten, aus der des Rechts sind allerdings Bedenken anzumelden.

Grundsätzlich spricht Randelzhofer allerdings schon von einem Krisensymptom, wenn gesellschaftlichen Gruppen ein bestimmender Einfluß auf staatliche Entscheidungen obliegt.[339] Da das MAI lediglich Rechte für Investoren und Verpflichtungen für Staaten entstehen läßt, kann von einem durchaus problematischen Ungleichgewicht gesprochen werden.[340] Es darf sich unter keinen Umständen ein „Recht des Stärkeren“[341] herausbilden, indem beispielsweise Abkommen auf diejenigen Gruppen zugeschnitten werden, die davon am meisten profitieren.[342] Vor dem Hintergrund, daß die WTO verdächtigt wurde, als Ge-

---

[337] So auch *J. Karl*, Das Multilaterale Investitionsabkommen (MAI), S. 433.

[338] *A. Roller*, Multinationale Unternehmen in Irland: staatliche Strategien und volkswirtschaftliche Effekte, S. 19, 25. Vgl. auch *H. Hesse*, Krisen im globalen Finanzsystem und ihre Folgen für Deutschland, zitiert nach: Deutsche Bundesbank/Auszüge aus Presseartikeln, Nr. 71, 02.12.98, S. 12. Vgl. auch *R. Zugehör*, Die Globalisierungslüge: Handlungsmöglichkeiten einer verantwortlichen Wirtschaftspolitik, S. 61 f. *Zugehör* spricht vom „Kampf der Nationalstaaten um bessere Kapitalverwertungsbedingungen“. Anders formulieren es die *G8-Staats- und Regierungschefs* 1998 in Birmingham. Man muß „sicherstellen, daß unsere Institutionen und Strukturen mit dem raschen technologischen und wirtschaftlichen Wandel, der sich gegenwärtig in der Welt vollzieht, Schritt halten.“ *G8-Staats- und Regierungschefs*, Kommuniqué des Gipfels von Birmingham, 1998.

[339] Vgl. *A. Randelzhofer*, Staatsgewalt und Souveränität, HStR, Bd. I, 1987, § 15, Rdn. 41. Kritisch zum Einfluß der Multinationalen Unternehmen *J. Habermas*, Die Einbeziehung des Anderen, 1996, S. 202 f.; *K. A. Schachtschneider*, Eigentümer globaler Unternehmen, FS H. Steinmann, 1999, S. 409 ff.; auch *ders.*, Grenzen der Kapitalverkehrsfreiheit, in diesem Buch, S. 279 ff., 299 ff.

[340] Vgl. *Europäisches Parlament*, Bericht mit den Empfehlungen des Europäischen Parlaments, S. 4. Dort wird das Ungleichgewicht zwischen Rechten und Pflichten von Investoren und Gaststaaten von Investitionen sehr wohl festgestellt.

[341] *E.-W. Böckenförde*, Interview in der Süddeutschen Zeitung: „Die Ungleichheit darf ein gewisses Maß nicht überschreiten“, in: Süddeutsche Zeitung, Nr. 172, 29.07.99, S. 11.

[342] Vgl. dazu *S. George* zum Thema „Schicksal Globalisierung?, in: W. Kreissl-Dörfler (Hrsg.), Schicksal Globalisierung? Wege zu einer sozialen und ökologischen Weltwirtschaft, 1998, S. 50 ff.

genleistung für finanzielles „Sponsoring“ der Ministerkonferenz 1999 in Seattle Kontakte zu hochrangigen Persönlichkeiten an die „spendenden“ Unternehmen „verkauft“ zu haben, ist dieser Aspekt durchaus ernstzunehmen.[343]

Das Verhältnis zwischen transnational agierenden multinationalen Unternehmen und demokratischen Staaten war allerdings noch nie frei von Spannungen. Ihren Aktivitäten liegen unterschiedliche Maximen zugrunde. Ihre Beziehung zueinander kann nach Scharpf als „antagonistische Symbiose“[344] bezeichnet werden. Das Unternehmen versucht, nach Gewinnmaximierungsgesichtspunkten seine globale erwirtschafteten Erträge zu maximieren und orientiert sich, durchaus nicht freiwillig[345], an der Vorteilhaftigkeit unterschiedlicher Rahmenbedingungen der vernetzten Finanz- und Arbeitsmärkte[346] – gegebenenfalls entzieht sich das Unternehmen kurzfristig den Regelungen eines Staates.[347] Für Staaten hingegen sind die positiven volkswirtschaftlichen Effekte durch das Engagement der Unternehmen innerhalb ihrer Grenzen von Bedeutung.[348]

5. Das MAI und seine Wirkungen auf den Staat

a) Allgemeine Bemerkungen

Die Verhandlungen über das MAI und die Diskussion über seine Auswirkungen sind in einer Zeit, in der die Staaten ihre zukünftige Rolle im Ungewissen sehen, mit besonderer Aufmerksamkeit zu analysieren. Die gewisse Orientierungslosigkeit der Staaten hat ihren Ursprung im wesentlichen in dem verstärkten Auftreten internationaler und supranationaler Organisationen bei der

[343] Vgl. *Süddeutsche Zeitung*, „Unternehmen erkaufen sich Kontakte bei WTO“, Nr. 193, 23.08.99, S. 22.

[344] *F. W. Scharpf*, Demokratie in der Transnationalen Politik, S. 1.

[345] Vgl. *Süddeutsche Zeitung*, Spitzenmanager sehen keine Alternative zum weltweiten Kapitalismus, Nr. 150, 03./04.07.99, S. 25.

[346] Vgl. *J. Habermas*, Die Einbeziehung des Anderen, S. 147. Dazu auch *A. Roller*, Multinationale Unternehmen in Irland: staatliche Strategien und volkswirtschaftliche Effekte, S. 25; *A. Prinz/H. Beck*, Politische Ökonomie der Globalisierung, APuZG, B 23/99, S. 13.

[347] Beispielsweise durch Produktionsverlagerung oder unternehmensinterne Gewinntransfers. Vgl. *K. Hailbronner*, Der Staat und der Einzelne als Völkerrechtssubjekte, S. 198, Rdn. 36. Vgl. auch *M. Herdegen*, Internationales Wirtschaftsrecht, S. 57, Rdn. 37; kritisch dazu *K. A. Schachtschneider*, Eigentümer globaler Unternehmen, FS H. Steinmann, 1999, S. 418; *ders.*, Der Euro-Beschluß des Bundesverfassungsgerichts, IHI-Schriften 9/1998, S. 41.

[348] Vgl. dazu *M. Vocke*, Beyond the GATS and the TRIMs Agreement: The Basis for a New Multilateral Agreement on International Direct Investment, Diskussionspapier des Forschungsinstituts für Arbeit und Arbeitsrecht an der Universität St. Gallen, 1997, S. 11.

Bewältigung von Problemstellungen und der damit verbundenen Übernahme originär staatlicher Kompetenzen.[349]

Vor diesem Hintergrund kündigte sich durch das MAI eine Art Quantensprung des Verlustes an staatlichen Einflußmöglichkeiten an. Ruggiero, früherer Generaldirektor der WTO, stilisierte das MAI zudem noch als „Verfassung einer vereinigten Weltwirtschaft"[350] hoch. Gleichzeitig wurden Befürchtungen laut, das MAI erhebe sich „über alle nationalen Gesetze und Verfassungen"[351] und stelle eine „Traufe für die staatliche Werteverwirklichungskraft"[352] verbunden mit einem „tiefgreifende[n] Legitimitätsverlust"[353] des politischen Systems dar.

Die durch den Top-down-Ansatz entscheidend ausgeweitete Marktöffnung mit der konsequenten Verankerung von Nichtdiskriminierung und Transparenz würde sicherlich der Fragmentierung der Handlungsmöglichkeiten[354] des Staates weiter Vorschub leisten. Der bereits bestehende Wettbewerb würde in einen Wettkampf münden, der sich nicht „nach Spielregeln, die in Deutschland oder in Europa als wünschenswert im Sinne einer romantisch-humanistischen Fairneß gelten"[355] richtet. Gerade auch mit Blick auf diese Entwicklungstendenzen kann der Staat aber nicht vom Auftrag des Rechts entbunden werden, Gerechtigkeit zu schaffen und auf einen sozialen Ausgleich hinzuarbeiten.[356]

---

[349] Vgl. *E. Altvater/B. Mahnkopf*, Grenzen der Globalisierung, 1996, S. 144.

[350] Nach *Welzk* soll diese Äußerung auf dem OECD-Ministertreffen im Dezember 1996 gefallen sein. *St. Welzk*, Visionen des MAI, A Brave New Corporatist World?, S. 41. In der Literatur zum MAI findet sich dieses Statement *Ruggieros* in vielfältigen Variationen wieder, allerdings ohne einheitliche Quellenangabe.

[351] *P. Wolter*, MAI oder letzter Erster Mai? Feudale Weltherrschaft durch das multilaterale Investitionsabkommen, Forum Wissenschaft 4/1998, S. 56.

[352] *P. C. Mayer-Tasch*, Historische Einführung, in: F. R. Glunk (Hrsg.), Das MAI und die Herrschaft der Konzerne, 1998, S. 8. Weiterhin kursieren Formulierungen wie „Weltherrschaft der Konzerne", „internationalen kapitalistischen Manifest" und „Ermächtigungsgesetz der Multis". Vgl. *H. C. Sherman*, Das MAI ist tot, es lebe das MAI? Investitionsschutzabkommen der OECD vorerst gescheitert, S. 33.

[353] *P. C. Mayer-Tasch*, Historische Einführung, S. 11.

[354] Zum Begriff: *W. Streeck*, Industrielle Beziehungen in einer internationalisierten Wirtschaft, in: Friedrich-Ebert-Stiftung, Globalisierung der Wirtschaft, Standortbestimmung und Mitbestimmung, 1996, S. 41.

[355] *B. Meyer*, Ordnungspolitik als Standortfaktor im Zeitalter der Geoökonomie, Festgabe H. Willgerodt, 1994, S. 415.

[356] Vgl. auch *R. Pitschas*, Zukunft des Rechts: Spontane und organisierte Rechtsentwicklung – Herausbildung einer neuen Architektur des global praktizierten Rechts, in: R. Scholz (Hrsg.), Rechtsstaat – Finanzverfassung – Globalisierung, 1998, S. 65; *K. A. Schachtschneider*, Prinzipien des Rechtsstaates, 2001, S. 5 ff., 16 ff., 43 ff., 93 ff.; *ders.*, Res publica res populi, 1994, S. 14 ff., 234 ff., 519 ff., 617 ff.

b) Die Verantwortung des Parlamentes

Das Parlament stellt das wesentliche Leitungs- und Steuerungsorgan im Staat dar.[357] Es hat durch eine Politik der praktischen Vernunft die Fragen, die sich ihm stellen, in der Auseinandersetzung mit Meinungen und Ideen zu beantworten.[358] Der Gesetzgeber muß aber bereits seit längerem überstaatliche Rechtsordnungen wie das Europäische Gemeinschaftsrecht und auch Verpflichtungen aus den WTO-Abkommen respektieren.[359] In weiten Bereichen des Wirtschaftslebens, so Herzog, sind diese bereits „ungleich bedeutsamer als das nationale Recht"[360], womit auch ein Bedeutungsverlust des Parlaments einhergeht. Daraus resultieren schwerwiegende Vertrauensverluste.[361] Ein Gesetzgeber, der lediglich für Vermittlung und Transformation von Rechtsregeln zuständig ist, fördert

---

[357] Dazu *K. Stern*, Das Staatsrecht der Bundesrepublik Deutschland (Staatsrecht), Bd. I, 2. Aufl. 1984, S. 956; *P. Badura*, Die parlamentarische Demokratie, HStR, Bd. I, 1987, § 23, Rdn. 10 ff.; *H. H. Klein*, Aufgaben des Bundestags, HStR, Bd. II, 1987, § 40, Rdn. 30 ff.; *M. Schröder,* Bildung, Bestand und parlamentarische Verantwortung der Bundesregierung, HStR, Bd. II, § 51, Rdn. 49 ff.; *P. M. Huber*, Die parlamentarische Demokratie unter den Bedingungen der europäischen Integration, in: ders./W. Mößle/M. Stock (Hrsg.), Zur Lage der parlamentarischen Demokratie, 1995, S. 110.

[358] In diesem Sinne *E. Benda*, Der soziale Rechtsstaat, in: E. Benda/W. Maihofer/H.-J. Vogel (Hrsg.), Handbuch des Verfassungsrechts, 1983, S. 518. Das Volk muß über die Repräsentanten selbst das Recht behalten zu erkennen, was richtig ist. So auch *K. A. Schachtschneider*, Res publica res populi, S. 560 ff., 584 ff.; *ders.*, Die existentielle Staatlichkeit der Völker Europas und die staatliche Integration der Europäischen Union, in: W. Bloymeyer/K. A. Schachtschneider (Hrsg.), Die Europäische Union als Rechtsgemeinschaft, 1995, S. 78, 116; *ders.*, Regieren für statt durch das Volk? Demokratiedefizite in der Europäischen Union?, in: H. H. v. Arnim (Hrsg.), Adäquate Institutionen, 1999, S. 206 f.; vgl. *W. Hankel/W. Nölling/K. A. Schachtschneider/J. Starbatty*, Die Euro-Klage, Warum die Währungsunion scheitern muß, 1998, S. 290. Dazu auch BVerfGE 89, 155 (186): „Jedes der Staatsvölker ist Ausgangspunkt für eine auf es selbst bezogene Staatsgewalt. Die Staaten bedürfen hinreichend bedeutsamer eigener Aufgabenfelder, auf denen sich das jeweilige Staatsvolk in einem von ihm legitimierten und gesteuerten Prozeß politischer Willensbildung entfalten und artikulieren kann, um so dem, was es – relativ homogen – geistig, sozial und politisch verbindet, rechtlichen Ausdruck zu geben. Aus alledem folgt, daß dem Deutschen Bundestag Aufgaben und Befugnisse von substantiellem Gewicht verbleiben müssen." Siehe auch *P. Badura*, Staatsrecht, 2. Aufl. 1996, S. 376 ff., Rdn. 10.

[359] Dazu *D. I. Siebold*, Die Ordnung des internationalen Handels (GATT-WTO-GATS), in diesem Buch, S. 47 ff.; *dies.*, Der Fall Bananenmarktordnung, in diesem Buch, S. 243 ff.; *A. Emmerich-Fritsche*, Recht und Zwang im Völkerrecht, insbesondere im Welthandelsrecht, in diesem Buch, S. 151 ff.

[360] *R. Herzog*, Vortrag anläßlich des 62. Deutschen Juristentages in Bremen am 25. September 1998. http://www.bundespraesident.de, 13.01.99. In diesem Sinne auch *F. W. Scharpf*, Interdependence and Democratic Legitimation, Max-Planck-Institut für Gesellschaftsforschung, Working Paper 98/2, 1998. S. 10.

[361] Vgl. dazu *W. Adlerstein*, Globalisierung und Recht, Recht und Politik, 2/97, S. 98. Vgl. auch *U. R. Haltern*, Europäischer Kulturkampf, Der Staat 37 (1998), S. 602.

nicht gerade das Vertrauen in die demokratischen Institutionen des Staates[362], denn, so Herzog, „Demokratie lebt von Transparenz und sichtbarer Verantwortung.“[363]

Dem Parlament hätte das Recht zugestanden, im Ratifizierungsverfahren gegebenenfalls die Zustimmung zum MAI-Beitritt zu verweigern.[364] Dabei ist aber zu berücksichtigen, daß Parlamente in derartigen Verfahren häufig unter Bedingungen arbeiten, die einem demokratischen Verständnis entgegenstehen. Hilf/Schorkopf weisen in diesem Zusammenhang auf die Verfahrensweise bei der deutschen Zustimmung zum WTO-Abkommen 1994 hin. Über das Vertragspaket von rund 26.000 Seiten wurde in einem Zeitraum von acht Monaten befunden, ohne daß eine deutsche Fassung der Abkommen vorgelegt worden wäre. Das Europäische Parlament hatte innerhalb von drei Monaten zuzustimmen.[365] Da bereits geringfügige Änderungsvorschläge ganze Vertragswerke zu Fall bringen können[366], neigen Parlamente auch dazu, im Zweifelsfall lieber zuzustimmen, als durch eine Verweigerung der Zustimmung die Kontinuität der Außenpolitik zu gefährden.[367]

c) Die Auswirkungen des MAI

aa) Allgemeine Bemerkungen

Die Grundprinzipien des MAI haben keine Kompetenzverlagerungen zur Folge.[368] Vielmehr kann man von einer Aufgabe oder Unterdrückung der Aus-

---

[362] Vgl. dazu auch *R. Herzog*, Vortrag anläßlich des 62. Deutschen Juristentages in Bremen am 25. September 1998; zum Demokratiedefizit in der Integrationsentwicklung *K. A. Schachtschneider*, Demokratiedefizite in der Europäischen Union, in: W. Nölling/ders./J. Starbatty (Hrsg.), Währungsunion und Weltwirtschaft, FS für W. Hankel, 1999, S. 119 ff.

[363] *R. Herzog*, Rede anläßlich der Veranstaltung „150 Jahre Revolution von 1848/49“ am 18. Mai 1998 in der Paulskirche zu Frankfurt am Main. http://www.bundespraesident.de 13.01.99.

[364] Art. 59 Abs. 2 GG. Vgl. auch *R. Geiger*, Grundgesetz und Völkerrecht, 1994, S. 130 f.

[365] Vgl. *M. Hilf/F. Schorkopf*, Das Europäische Parlament in den Außenbeziehungen der Europäischen Union, EuR, Heft 2, 1999, S. 187.

[366] Vgl. dazu *D. Grimm*, Interview in der Süddeutschen Zeitung: „Es besteht Aushöhlungsgefahr“, in: Süddeutsche Zeitung, Nr. 125, 04.06.99, S. 10.

[367] Vgl. *K. v. Beyme*, Niedergang der Parlamente, Internationale Politik, 4/1998, S. 21. Vgl. dazu auch *M. Zürn*, Regieren jenseits des Nationalstaats, S. 244; *K. A. Schachtschneider*, Demokratiedefizite in der Europäischen Union, FS W. Hankel, 1999, S. 119 ff., insb. S. 133 ff.

[368] Eine Übertragung von Hoheitsrechten auf zwischenstaatliche Einrichtungen durch den Bund per Gesetz nach Art. 24 Abs. 1 GG liegt beim MAI nicht vor.

übung nationalstaatlicher Kompetenzen sprechen. Die Fähigkeit des Staates zur Setzung von Regeln bleibt formal unberührt.[369] So wird durch die Verpflichtung zur Nichtdiskriminierung die politische Unabhängigkeit nicht beeinflußt. Problematisch scheint vielmehr ein schleichender Verlust an wirtschaftspolitischer Autonomie[370], der vor allem durch unklare Regelungen, insbesondere zu indirekter Enteignung und de-facto-Diskriminierung, in Erscheinung tritt.[371]

Nimmt man den Ausstieg Frankreichs[372] oder die Resolution der Western Governors' Association in den USA[373] als Barometer für die Beunruhigung der Staaten durch das MAI, so kann man vermuten, daß die Auswirkungen auf die Handlungsfähigkeit der Politik erheblich gewesen wären – obwohl die Verhandlungen über das MAI nicht als exogener Schock für die beteiligten Staaten gewertet werden können, sondern sie für alle Verhandlungsteilnehmer ein vorhersehbares und vor allem verhandelbares Risiko darstellten.[374] Dennoch hat sich eine Verunsicherung über die Wirkung des Abkommens verbreitet, die die OECD-Minister 1998 bekräftigen ließ, „daß das MAI mit den Hoheitsrechten

---

[369] Vgl. dazu allgemein *D. Grimm*, Der Staat in der kontinentaleuropäischen Tradition, S. 48.

[370] Vgl. auch *A. Roller,* Multinationale Unternehmen in Irland: staatliche Strategien und volkswirtschaftliche Effekte, S. 23.

[371] Vgl. auch *St. Hobe,* Der kooperationsoffene Verfassungsstaat, S. 542. Zu konkreten Folgen durch das MAI für Deutschland *M. Mies*, Was bedeutet das MAI für Deutschland?, in: ders./C. Werlhof (Hrsg.), Lizenz zum Plündern – Das Multilaterale Abkommen über Investitionen MAI. Globalisierung der Konzernherrschaft und was wir dagegen tun können, 1998, S. 100 ff.

[372] Vgl. *J. Lang*, „L'AMI, c'est l'ennemi" (Internet-Ausgabe).

[373] In der Resolution 97 - 010, vom 24. Juni 1997, die an alle politisch betroffenen Stellen erging, hat diese Vereinigung betont, daß der Schutz staatlicher Souveränität gewährleistet werden müsse. Verfassungsgemäße Begünstigungen der heimischen Wirtschaft, die Anwendung von Investitionsanreizen und Tätigkeitsauflagen, Regulierungskompetenzen im Bereich der Wirtschafts- und Umweltpolitik sowie bei der Landnutzung sind zu bewahren. Vgl. *Western Governors' Association*, Multilateral Agreement on Investment and Implications of Trade Pacts, 24.06.1997, 1997.

[374] Vgl. dazu *K. Kaiser*, Globalisierung als Problem der Demokratie, S. 4. Schon Ende der siebziger Jahre bemerkt *Mayrzedt*, daß „die nationale Autonomie der Wirtschaftspolitik der westlichen Industriestaaten ... bereits stark eingeschränkt" ist. Vgl. *H. Mayrzedt*, Multilaterale Wirtschaftsdiplomatie zwischen westlichen Industriestaaten, 1979, S. 135 f.; *E.-W. Böckenförde*, Regierungsfähigkeit zwischen Verfassung und politischer Verantwortung, in: Bertelsmann-Stiftung (Hrsg.), Demokratie neu denken: Verfassungspolitik und Regierungsfähigkeit in Deutschland, 1998, S. 85. *Larson* unterstreicht in seinen Ausführungen zudem, daß mit dem MAI kein Abkommen verwirklicht würde, „that would prevent governments from carrying out their responsibilities in regulating economic activity, protecting the environment, or anything of that nature". *A. Larson*, State of Play of MAI Negotiation, S. 2 f.

der nationalstaatlichen Regierungen in bezug auf die Festlegung ihrer nationalen Politik im Einklang stehen muß."[375]

Ein Großteil der Regelungen im Abkommen dürften allerdings der Rechtspraxis der an dem MAI-Projekt beteiligten Staaten entsprechen. So sind die geltenden Bestimmungen des Europarechts[376] sowie des deutschen Rechts[377] im Bereich Investitionsschutz und Kapitalverkehrsfreiheit[378] bereits sehr weitgehend. Wesentlich für die Verunsicherung bei vielen Verhandlungsdelegationen und in der Öffentlichkeit dürften die punktuellen Niveauverschiebungen gewesen sein, die zum Teil direkte Folgewirkungen nach sich gezogen beziehungsweise zumindest deutliche politische Signalwirkung besessen hätten. Beispielhaft hierfür kann die Erfassung der Zulassungsphase der Investitionen[379] sowie grundsätzlich die erweiterte Definition von Kapitalanlagen mit den damit verbundenen Konsequenzen angeführt werden.

bb) Regelungsverzicht durch Stillstandsvereinbarung und Rücknahmemechanismus

Die Stillstandsregelung des MAI verhindert die Einführung jeglicher neuer, nicht mit dem MAI konformer staatlicher Regulierungen (Gesetze, Verwaltungsvorschriften, etc.) auf allen staatlichen Ebenen (Bund, Länder, Gemeinden). Nur die in den länderspezifischen Ausnahmen angemeldeten Politiken bleiben für die Vertragsparteien von dem Anwendungsbereich des Diskriminierungsverbots befreit.[380] Ein Rückschritt hinter das einmal erreichte Liberalisie-

---

[375] *OECD*, Erklärung der Minister zum multilateralen Abkommen über Investitionen auf der Tagung des Rats der OECD auf Ministerebene vom 27.-28. April 1998. http://www.oecd.org/bonn/minis.htm, 11.04.98.

[376] Vgl. die Bestimmungen zur Niederlassungsfreiheit (Art. 43 ff. EGV) und zum Kapital- und Zahlungsverkehr (Art. 56 ff. EGV). In Anlehung an das früher geltende Richtlinienrecht vertritt *Bleckmann* ebenfalls eine weitgehende Definition von Kapitalverkehr (darin sind sowohl Direktinvestitionen als auch Beteiligungen enthalten). So *A. Bleckmann*, Europarecht, 6. Aufl. 1997, S. 621 f., Rdn. 1702.

[377] Vgl. dazu die insbesondere die Rechtspraxis beim Abschluß von bilateralen Investitionsschutzverträgen (siehe auch S. 363 ff.).

[378] Vgl. *K. A. Schachtschneider*, Grenzen der Kapitalverkehrsfreiheit, in diesem Band, S. 263 ff.

[379] Vgl. dazu auch S. 381 ff.

[380] Vgl. *Bundesregierung*, Antwort der Bundesregierung zu den SPD-Fragen zum MAI, S. 7. Vgl. auch *UNCTAD*, World Investment Report: Trends and Determinants, S. 66 f.

rungsniveau ist somit nicht mehr möglich. Die Kompetenz des Staates, regulierend in die Auslandsinvestitionstätigkeit einzugreifen, ruht.[381]

Über einen Rücknahmemechanismus soll zudem nach Inkrafttreten des Abkommens eine Reduzierung von Regulierungen oder deren gänzlicher Abbau folgen. Die Rücknahmen von Ausnahmen sind über die Stillstandsvereinbarung wiederum irreversibel – ein sogenannter „Ratschen-Effekt".[382] Der Druck, der beispielsweise durch periodische Überprüfungen der Länder durch die Parteiengruppe auf die Vertragsstaaten ausgeübt wird, wirkt direkt auf den nationalen Gesetzgeber, der entsprechende Änderungen bestehender Regulierungen herbeizuführen hat. Dabei wird ein aus Demokratieaspekten nicht unproblematischer Einfluß genommen, insbesondere wenn Rücknahmeverpflichtungen an zeitliche Fristen gebunden werden.

cc) Geltungsdauer des Vertrags

Ein Staat kann auf freiwilliger Basis und durch demokratisch legitimierte Verfahren jederzeit Kompetenzen in der Außen- und Innenpolitik[383] ablegen. Nach Randelzhofer entledigt er sich dadurch nicht seiner äußeren und inneren Souveränität.[384] Dies sei nicht nur keine „unzulässige Einschränkung, sondern geradezu Manifestation seiner souveränen Entscheidungsfreiheit"[385]. Grundsätz-

---

[381] Problematisch wirkt sich aus, daß beispielsweise im umstrittenen Kulturbereich die Stillstandsvereinbarung zu einer schnellen Aushöhlung des Regelungsbereichs führen könnte, da neu entstehende Bereiche, wie beispielsweise das Internet in den vergangenen Jahren, nicht durch nachträgliche Regelungen angepaßt werden dürfen. Vgl. *U. Petschow* et al., Das Multilaterale Investitionsabkommen (MAI) und die Umwelt, S. 72.

[382] *OECD*, Commentary to the MAI Negotiating Text, S. 60.

[383] „Internal sovereignty is the capacity to exercise domestic control over matters that affect a population and territory." So *Ch. F. Doran*, Sovereignty Political, Sovereignty Political, in: J. Hoebing/S. Weintraub/M. D. Baer (Hrsg.), NAFTA and Sovereignty, 1996, S. 107. Anders wird vertreten, daß die Souveränität gerade die Handlungsfreiheit umfaßt, Souveränitätsrechte aufzugeben. Vgl. *U. Häde*, Der völkerrechtliche Schutz von Direktinvestitionen im Ausland, S. 191. Im Völkerrecht besteht Vertragsfreiheit. Somit ist es jedem Staat freigestellt bilaterale und multilaterale Verträge zu schließen, solange nicht die Grundlagen des Völkerrechtes selbst tangiert sind. Die Berufung auf das Selbstbestimmungsrecht der Völker (UNO-Statut) ist als problematisch anzusehen, da diese Staaten dieses Prinzip anwenden wollen auf Handlungen, die sie selbst vollzogen haben. Vgl. auch *M. Notter*, Völkerrechtlicher Investitionsschutz, S. 105; *O. Kimminich*, Einführung in das Völkerrecht, S. 107.

[384] Vgl. *A. Randelzhofer*, Staatsgewalt und Souveränität, HStR, Bd. I, § 15, Rdn. 33; *OECD*, Kein Wohlstand ohne offene Märkte, Vorteile der Liberalisierung von Handel und Investitionen, 1998, S. 86.

[385] *C. Eiselstein*, Die Europäische Gemeinschaft in der Weltwirtschaftsordnung, 1987, S. 148. Vgl. dazu *H. Merkt*, Investitionsschutz durch Stabilisierungsklauseln, S. 240, FN 329.

lich steht auch jedem Staat das Austrittsrecht und somit die Möglichkeit der Wiedererlangung politischer Unabhängigkeit offen.[386]

Die beim MAI bestehende lange Nachwirkungsdauer der Vertragsbestimmungen stellt bei einem Rücktritt vom Vertrag aber eine nicht unerhebliche Einschränkung der Steuerungs- und Regulierungskompetenz des Parlaments dar.[387] Wegen der enormen Austrittskosten ist für MAI-Staaten jedenfalls die Exit-Option keine ernsthafte Alternative zum Verbleib im Abkommen. Die Möglichkeit einer „programmatischen Alternative"[388] ist somit für den Wähler nicht mehr gegeben, der die Konsequenzen einer einmal getroffenen Liberalisierungsentscheidung des Parlaments auf lange Sicht zu tragen hätte. „Die Bürger sind [aber] der Staat"[389] Das Parlament als Gesetzgebungs- und Kontrollorgan in Repräsentation des Volkes, muß demnach eine einmal getroffene politische Entscheidung in Frage stellen können.[390]

Die Geltung der MAI-Bestimmungen für weitere fünfzehn Jahre nach Austritt eines Vertragsstaates und die Kündigungsfrist von fünf Jahren werden mit einem besonderen Vertrauensschutz bei Auslandsinvestitionen begründet. Dazu im Widerspruch steht allerdings die in vielen Branchen kürzere Amortisationszeit von Investitionen.[391] Während bei eher langfristigen Direktinvestitionen einem langfristigen Schutzbedürfnis zuzustimmen ist, trifft dies für die zum Teil sehr kurzfristigen Engagements im Rahmen von Portfolioinvestitionen im Gastland nicht ohne weiteres zu. Ein derartiger Vertrauensschutz ist hier nicht unbedingt geboten.

Allerdings sind in anderen einschlägigen Verträgen, wie beispielsweise den deutschen bilateralen Verträgen und dem Energiecharta-Vertrag[392], zum Teil

---

[386] Vgl. *I. Seidl-Hohenveldern*, Völkerrecht, S. 311, Rdn. 1440, 1442.

[387] Vgl. *J. R. Saul*, Das MAI und die Demokratie, in: F. R. Glunk (Hrsg.), Das MAI und die Herrschaft der Konzerne, 1998, S. 195. Er sieht beispielsweise die Möglichkeit des Aufbaus eigener demokratisch legitimierter Gesellschaftsstrukturen nicht mehr gewährleistet. Vgl. grundsätzlich auch *M. Hilf/F. Schorkopf*, Das Europäische Parlament in den Außenbeziehungen der Europäischen Union, S. 185; auch *H. Merkt*, Investitionsschutz durch Stabilisierungsklauseln, 1990, S. 237.

[388] *P. Kirchhof*, Gefährdung des Rechtsstaates durch den Verlust des Rechtsgedankens, S. 38.

[389] *K. A. Schachtschneider*, Die existentielle Staatlichkeit der Völker Europas und die staatliche Integration der Europäischen Union, S. 77; *ders.*, Res publica res populi, S. 14 ff.

[390] In diesem Sinne auch *H. H. Klein*, Die Funktion des Parlaments im politischen Prozeß, S. 218. So *P. M. Huber*, Die parlamentarische Demokratie unter den Bedingungen der europäischen Integration, S. 111.

[391] Vgl. *St. Welzk*, Visionen des MAI, A Brave New Corporatist World?, S. 44.

[392] Artikel 14 MV. Der Vertrag bleibt zunächst zehn Jahre in Kraft und kann dann mit einer Frist von zwölf Monaten gekündigt werden. Art. 47 Abs. 3 Energiecharta-Vertrag.

ähnlich lange Nachwirkungen verankert. Im NAFTA sind dagegen weit weniger restriktive Bestimmungen festgelegt: „A Party may withdraw from this Agreement six months after it provides written notice of withdrawal to the other Parties.“[393]

dd) Indirekte Enteignung und de-facto-Diskriminierung

Die OECD weist jegliche Kritik von sich, das MAI würde Einschränkungen nationaler Regulierungskompetenzen durch die Vertragsbestimmungen zu indirekter Enteignung und de-facto-Diskriminierung zur Folge haben. Von seiten der OECD wird vorgebracht, daß „the right to regulate on a non-discriminatory basis is fully consistent with the MAI [and] negotiators are convinced that explicit clarifications should be introduced to ensure that the right to regulate is not affected unintentionally“[394]. So könnten „the expropriation provisions [...] be used inappropriately to challenge regulatory decisions or to demand compensation in cases where regulatory changes impact on profits. It will be made clear that the exercise of the normal regulatory powers of government will not be considered as amounting to expropriation.“[395]

Allerdings hat das MAI wegen undeutlicher Formulierungen Raum für Unsicherheiten gelassen – Unsicherheiten, durch die Investoren demokratisch legitimierte „Regierungen zu ihren Marionetten“[396] machen könnten, wenn es möglich ist, Staaten aufgrund der Auswirkungen von Gesetzgebungsakten zu verklagen. Die Gefahr besteht also in einer Entwicklung hin zu „Nicht-

---

[393] Art. 2204 NAFTA (Numerierung nach *U. Petschow* et al., Das Multilaterale Investitionsabkommen (MAI) und die Umwelt, S. 152).

[394] *W. H. Witherell*, „Environment and Labour in the MAI“.

[395] *W. H. Witherell*, „Environment and Labour in the MAI“. So auch *Bundesregierung*, Antwort der Bundesregierung zu den SPD-Fragen zum MAI, S. 27. Konkrete Formulierungen der im März 1998 gefundenen Kompromispositionen müssen laut *Bundesregierung* allerdings noch gefunden werden. *OECD*, Erklärung der Minister zum multilateralen Abkommen über Investitionen auf der Tagung des Rats der OECD auf Ministerebene vom 27.-28. April 1998. So auch *OECD*, The Multilateral Agreement on Investment, Report by the Chairman of the Negotiating Group, S. 2: „Subject to international law and to international agreements [...], every state reserves the right to prescribe the conditions under which all investors operate within its national jurisdiction. The MAI would not inhibit the normal non-discriminatory exercise of regulatory powers by governments and such exercise of regulatory powers would not amount to expropriation.“ Siehe dazu *OECD*, High Level Meeting on the Multilateral Agreement on Investment, 1998, S.1 (SG/COM/NEWS(98)15). Auch *Bundesregierung*, Antwort der Bundesregierung zu den SPD-Fragen zum MAI, S. 24 f. Zu schleichender Enteignung *I. Seidl-Hohenveldern*, Völkerrecht, S. 378, Rdn. 1663.

[396] *Th. Hanke*, Der Westen will die Rechte der Konzerne stärken – zu Lasten der Dritten Welt, in: Die ZEIT, Nr. 9, 18.02.98 (Internet-Archiv).

Entscheidung" und „Nicht-Politik"[397], wenn sich einmal ein ökonomisches „Optimal-Regelungsniveau" in einzelnen Bereichen herausgebildet hat und Abweichungen durch Abwanderung oder Klage sanktioniert werden.

Verdeutlicht werden soll die Problematik anhand folgender unklarer Bestimmungen im MAI:

- Nach den Transparenzbestimmungen (III § 2 MAI) sind die Auflistung aller Maßnahmen (Gesetze, Bestimmungen, Verfahren, Verwaltungserlasse sowie allgemein geltende Rechtsentscheidungen und internationale Vereinbarungen) und sogar Politiken sowie alle weiteren „potentiell jedoch beeinflussenden" Mittel, die im Widerspruch zu dem Abkommen stehen könnten, bekannt zu machen.
- Laut dem Kapitel über „Allgemeine Behandlung" (IV § 1 MAI) darf keine „unangemessene oder diskriminierende" oder „unangemessene und diskriminierende" Beeinträchtigung durch Maßnahmen einer Vertragspartei hervorgerufen werden. Im Fall der Wahl der ersten Formulierung reicht also bereits eine „unangemessene" Maßnahme aus, um eine Verletzung des Abkommens festzustellen.[398]
- Im Kapitel der „Allgemeinen Ausnahmen" (VI § 1 MAI) ist die Rede davon, daß eine Vertragspartei die Bestimmung nicht im Sinne einer „willkürlichen oder ungerechtfertigten" Diskriminierung mißbrauchen darf.
- In den Bestimmungen zu den „Vorübergehenden Ausnahmen" wird geregelt, daß die temporären Maßnahmen unverzüglich zu beenden sind, wenn „die Umstände dies zulassen" (VI § 3 MAI).

Die aufgeführten Beispiele enthalten jeweils sehr auslegungsbedürftige Formulierungen, die bereits eine abschreckende Wirkung auf die Vertragsstaaten haben können, in diesen Bereichen überhaupt ihre Rechte wahrzunehmen. Erst durch eine Konkretisierung der Regelungen im Vertrag oder durch eine Schiedsgerichtspraxis hätte man genauer abgrenzen können, was darunter exakt zu verstehen ist.[399]

Zusammenfassend ist anzumerken, daß ein Staat, dessen Zugriffsrechte durch regulative Instrumente ins Leere laufen, seine sozialstaatlichen Aufgaben nicht mehr unverändert wahrnehmen kann[400] und seine parlamentarischen Einfluß- und Kontrollmöglichkeiten mehr und mehr verliert.[401] Zudem könnten formal

---

[397] Zur Terminologie *U. Beck*, Wie wird Demokratie im Zeitalter der Globalisierung möglich? – Eine Einleitung, S. 32.

[398] Vgl. *J. Karl*, Protection of investors and investment, in: OECD, Symposium on the MAI in Cairo, 1997, S. 1 f.

[399] Der WWF International forderte deshalb klarere Regelungen. *WWF International*, The OECD, Foreign Investment and Sustainable Development: Reorienting OECD Policy Work and the Multilateral Agreement on Investment, S. 2.

[400] Vgl. *J. Habermas*, Jenseits des Nationalstaats? Bemerkungen zu Folgeproblemen der wirtschaftlichen Globalisierung, in: U. Beck (Hrsg.), Politik der Globalisierung, 1998, S. 73. So auch *M. Albrow*, Abschied vom Nationalstaat, 1998, S. 259.

[401] Vgl. dazu *Ph. G. Cerny*, Globalisierung und die neue Logik kollektiven Handelns, in: U. Beck (Hrsg.), Politik der Globalisierung, 1998, S. 288. Dem Problem widmet sich

korrekt zustande gekommene Mehrheitsbeschlüsse ohne reale Folgewirkungen, mit denen politische Unabhängigkeit demonstriert werden soll, möglicherweise die Legitimität von Verfahren und Institutionen beschädigen.[402]

V. Schlußworte

Globalisierung beschreibt Leisner als „Flexibilisierung, ja Entstrukturierung in der unheimlich entbundenen Dynamik des Unvorhersehbaren"[403]. Multilaterale Abkommen wie das MAI können in dieser Atmosphäre und durch die tiefe Verflechtung der Staaten eine durchaus geeignete Möglichkeit darstellen, den Problemstellungen zum Wohle der Bürger in einer kooperativen Art und Weise zu begegnen.[404] Die wirtschaftlichen Aktivitäten im „global village"[405] stellen nach Tietmeyer Problem und Chance zugleich dar.[406] Hält man sich vor Augen, daß es auf dem Globalisierungspfad kaum noch eine Umkehrmöglichkeit gibt und es sich dabei auch nicht um ein Nullsummenspiel handelt[407], dann ist im Sinne Hankels tatsächlich der Weg zu einer Weltwirtschaftsordnung von entscheidender Bedeutung, um die „Unverfaßtheit"[408] des Globalismus in den Griff zu bekommen.

Zusammenfassend kann man dem MAI durchaus beträchtliche Auswirkungen auf den Staat unterstellen. Ob die Gefahr eines Vertrages bestanden hätte, der, nach Strauss-Kahn, dem „Parlament Fesseln anlegt" und, Lang folgend, eine „Aushöhlung der Staatssouveränität durch die Multis"[409] nach sich gezogen hätte, bleibt dahingestellt. Es wird ein „de facto rechtsfreie[r] Raum"[410] befürch-

---

auch *A. McGrew*, Demokratie ohne Grenzen? Globalisierung und die demokratische Theorie und Politik, in: U. Beck (Hrsg.), Politik der Globalisierung, 1998, S. 374 ff.

[402] Vgl. *J. Habermas*, Die Einbeziehung des Anderen, S. 149; *ders.*, Jenseits des Nationalstaats? Bemerkungen zu Folgeproblemen der wirtschaftlichen Globalisierung, S. 69.

[403] *W. Leisner*, Demokratie: Betrachtungen zur Entwicklung einer gefährdeten Staatsform, 1998, S. 927.

[404] Vgl. *OECD*, Kein Wohlstand ohne offene Märkte, Vorteile der Liberalisierung von Handel und Investitionen, 1998, S. 85 ff.

[405] Nach *M. McLuhan*, Die magischen Kanäle, Understanding Media, 1968, S. 10 f.

[406] Vgl. *H. Tietmeyer*, „Die Globalisierung bringt Vorteile für uns alle", S. 24. Eine intensive Diskussion über die zukünftige Rolle des Staates hat sich während des Weltwirtschaftsforums 1998 in Davos ergeben. Vgl. *U. J. Heuser*, Die Rückkehr des Staates, in: Die ZEIT, Nr. 7, 05.02.98, S. 3.

[407] Vgl. *H. Tietmeyer*, „Die Globalisierung bringt Vorteile für uns alle", S. 24.

[408] *W. Hankel*, Europa: Ausweg aus der Globalismusfalle? Wirtschaftspolitik im Globalismus, Jahrbuch Arbeit und Technik, 1997, S. 326.

[409] *Handelsblatt*, Auf der Zielgeraden errichten die Franzosen ihre Hürden, S. 14.

[410] *P. Wolter*, MAI oder letzter Erster Mai? Feudale Weltherrschaft durch das multilaterale Investitionsabkommen, S. 56.

tet.[411] Jedenfalls wirkt das MAI durchaus auf die Wirtschafts- und Sozialordnungen der beteiligten Staaten ein. Viele Folgewirkungen sind zudem nicht klar abschätzbar, weil zum Teil kein endgültiger Textentwurf vorliegt, beziehungsweise erst die Anwendung in der Praxis die letztendliche Richtung des Abkommens deutlich gemacht hätte.

Heute ist zwar das MAI innerhalb der OECD kein Projekt mehr[412], doch wegen der aufgezeigten Notwendigkeit für ein derartiges Abkommen über Investitionen ist nicht davon auszugehen, daß die gesamte Thematik ruhen wird.[413] Es wird sich zeigen müssen, inwieweit die Verhandlungen des MAI zu größerer Einigkeit geführt haben, die ein zukünftiges Abkommen erleichtern würde.[414] Die OECD plant jedenfalls, aufgrund ihrer Erfahrungen mit dem MAI zukünftige Verhandlungen bereits jetzt vorzubereiten[415], wobei das MAI inhaltlich als „Vorläufer und Modell für ein späteres weltweites Investitionsabkommen“[416] gilt.[417] Insbesondere Verhandlungen im Rahmen der Welthandelsorganisation (WTO) sind wahrscheinlich – schließlich besteht der Wunsch vieler Staaten, „Investitionen“ auf die Tagesordnung der zukünftig anstehenden Verhandlungs-

[411] Weitergehend *K. A. Schachtschneider*, Grenzen der Kapitalverkehrsfreiheit, in diesem Buch, S. 319 ff. (325 f.): „Entrechtlichung“.

[412] Die OECD hat in ihrem Jahresbericht 1999 nochmals das Ende der MAI-Verhandlungen proklamiert. Vgl. *OECD*, Annual Report 1999, 1999, S. 48.

[413] „Following the financial crisis, OECD Governments must restore confidence in an open trade and investment system“. *OECD*, BIAC Statement to the 1999 OECD Council Meeting at Ministerial Level, 1999, C/MIN(99)19, S. 4. Vgl. *OECD*; International Investment, Draft Report to Ministers by the Secretary-General, 1999, S. 3. „Member Countries continue to believe in the desirability and merit of international rules for investment as a vehicle for encouraging investment flows beneficial to economic growth, sustainable development and job creation, and as a contribution to a rules-based system for managing globalisation.“ So *OECD*; International Investment, Draft Report to Ministers by the Secretary-General, S. 2. Auch *OECD*, Meeting of the OECD Council at Ministerial Level, 26-27 May 1999, A Synthesis, 1999, S. 40.

[414] *Frick* meint bereits in den siebziger Jahren, daß die Uneinigkeit „in naher Zukunft durch ein noch so geschickt ausgehandeltes multilaterales Abkommen nicht zu überwinden [zu] sein“ scheint. *H. Frick*, Bilateraler Investitionsschutz in Entwicklungsländern, S. 75.

[415] Zumindest wird ein neues Arbeitsprogramm initiiert, welches sich mit Investitionsfragen im 21. Jahrhundert beschäftigen soll. Diese Arbeiten beschäftigen sich vor allem mit Analysen zu Problempunkten, an denen das MAI gescheitert ist. Dabei sind auch Auswirkungsstudien zu Implikationen multilateraler Investitionsregeln auf die Souveränität der Nationalstaaten geplant. Vgl. *OECD*, Annual Report 1999, S. 48.

[416] *Bundeswirtschaftsministerium*, Aufzeichnungen der Bundesregierung zum aktuellen Stand der Verhandlungen über ein Multilaterales Abkommen für Investitionen (MAI), S. 4. So auch *U. Häde*, Der völkerrechtliche Schutz von Direktinvestitionen im Ausland, S. 211 sowie *J. Karl*, Das Multilaterale Investitionsabkommen (MAI), S. 433.

[417] Zu Szenarien *S. Skarpelis-Sperk*, Ein neues Grundgesetz einer einheitlichen globalen Wirtschaft, S. 185 ff.

runden zu setzen.[418] Allerdings hat der WTO-Gipfel von Seattle 1999 nicht den erhofften Start in eine Milleniums-Verhandlungsrunde der WTO mit sich gebracht und auch im Rahmen der WTO-Ministerkonferenz in Katar 2001 stand das Thema Investitionsschutz jedenfalls nicht im Vordergrund[419].

In Zukunft wird man zur Kenntnis nehmen müssen, daß eine gut funktionierende Weltwirtschaft nicht nur in ein Netz aus wirtschaftlichen Gegebenheiten eingebunden ist, sondern auch politische, soziale und kulturelle Aspekte bedeutend sind.[420] Zukünftige Projekte sollten demnach mehr Wert auf Ausgeglichenheit legen, damit die Bereitschaft zu globalen Aktivitäten nicht verloren geht. Hinter dem Liberalisierungstrend keimt immer auch das Risiko einer Gegenbewegung[421] – mit möglicherweise erheblichen Wohlfahrtsverlusten.

Isensee mahnt in diesem Zusammenhang an, daß Demokratie marktwirtschaftliche Fundamente benötige, um Massenwohlstand, eine harte Währung und ein hohes Maß an sozialem Ausgleich zu erreichen.[422] Überträgt man dies auf die aktuelle weltwirtschaftliche Entwicklung, so sollte man mit Blick auf den wirtschaftlichen Wohlstand die Herausbildung von verbindlichen globalen Rahmenordnungen für Handel, Finanzen und Kapitalverkehr fördern, um über stabile ökonomische Verhältnisse auch stabile Demokratien zu erhalten.[423] Aber, so Herzog: „A purely financial calculation does not pay in the long term.“[424] Die Funktion des Rechts, Gerechtigkeit zu stiften[425], kann eine perfek-

---

[418] Problematisch dürfte dabei sein, daß die Stimmung zwischen Befürwortern und Gegnern derartiger Vertragswerke nach den MAI-Verhandlungen aufgeheizt ist. Vgl. *Th. Hanke*, Der Westen will die Rechte der Konzerne stärken – zu Lasten der Dritten Welt.

[419] Die Lage stellt sich in Katar folgendermaßen dar: "The discussion on investment and competition remained much the same as in the preparations in Geneva. On one hand some developed countries and a few developing countries are in favour of negotiations as soon as possible, with the possibility for some developing countries to opt out.“ Vgl. *WTO*, Doha WTO Ministerial 2001: Summary of 10 NOVEMBER 2001, Ministers start on Doha Declaration, China approved, http://www-chil.wto-ministerial.org/english/thewto_e/minist_e/min01_e/min01_10nov_e.htm, 11.11.2001.

[420] Vgl. *O. Kimminich*, Einführung in das Völkerrecht, S. 45; *K. A. Schachtschneider*, Grenzen der Kapitalverkehrsfreiheit, in diesem Buch, S. 289 ff.

[421] Vgl. *M. Schäfer*, Entschädigungsstandard im allgemeinen Völkerrecht, S. 200. Nach *Schäfer* besitzen die Unternehmen möglicherweise auch wenig Vertrauen in langfristige Liberalisierungsfortschritte.

[422] Vgl. *J. Isensee*, Am Ende der Demokratie – oder am Anfang?, Wirtschaftspolitisches Kolloquien der Adolf-Weber-Stiftung 20, 1995, S. 51 f. In diesem Sinne auch *O. Depenheuer*, Setzt Demokratie Wohlstand voraus?, Der Staat 33 (1994), S. 344 f.

[423] In Bezug auf die Rahmensetzung für globale Märkte auch *E. Eppler*, Die Wiederkehr der Politik, 2. Aufl. 1998, S. 296 f.

[424] *R. Herzog*, zitiert nach: World Economic Forum press release, German President urges eight-point programme for better global relations, 28.01.99. http://www.weforum.org/publications/press/press_releases/am9906_990128.asp, 11.07.99.

[425] Vgl. *Th. Oppermann*, Internationale Wirtschaftsordnung: Regionalisierung versus Globalisierung, S. 242.

te ökonomische Allokation allein nicht schaffen. Ebensowenig erzeugt Wohlstand automatisch demokratische Verhältnisse.[426] Die spürbare Dominanz des Wirtschaftlichen[427], die den Bürger zum Konsumenten reduziert und mit einer „Abdankung der Politik“[428] einhergeht, kann nicht der Weg für die Zukunft sein.[429]

[426] In diesem Sinne auch *K. A. Schachtschneider*, Der Euro-Beschluß des Bundesverfassungsgerichts, S. 40 f.

[427] *P. Kirchhof*, Gefährdung des Rechtsstaates durch den Verlust des Rechtsgedankens, S. 28.

[428] *J. Habermas*, Die Einbeziehung des Anderen, S. 148.

[429] In diesem Sinne auch *K. A. Schachtschneider*, Der Euro-Beschluß des Bundesverfassungsgerichts, S. 40 f.

Literaturverzeichnis

Der lange Weg zum monetären Völkerrecht

Wilhelm Hankel

Bergsten, Fred C./*Henning*, Randall C.: Global Economic Leadership and the Group of Seven, Institute for International Economics, Washington D. C., 1996.

Eucken, Walter: Grundsätze der Wirtschaftspolitik, hrsg von Edith Eucken-Erdsiek und K. Paul Hensel, 1959 (1. Aufl. 1952).

Friedman, Milton: Essays in Positive Economics, 1953.

Hankel, Wilhelm: Heldensagen der Wirtschaft, Schöne heile Wirtschaftswelt, 1975.

– Weltwirtschaft, vom Wohlstand der Nationen heute, 1977.

– Europa: Ausweg aus der Globalismusfalle? Wirtschaftspolitik im Globalismus, Jahrbuch und Technik, 1977, S. 326 ff.

– Währungsordnung bei weltweit ungeregelten Finanzmärkten?, in: Hans-Bernd Schäfer (Hrsg.), Gefährdete Weltfinanzen, 1980.

– Prosperity amidst Crisis, Boulder, Colorado 1981, part 2.

– Gegenkurs: Von der Schuldenkrise zur Vollbeschäftigung, 1984, Teil I.

– John Maynard Keynes, Die Entschlüsselung des Kapitalismus, 1986.

– John Maynard Keynes, Lehren aus der ersten und zweiten Weltwirtschaftskrise des Jahrhunderts, in: W. Franz, W. Gaab, J. Wolters (Hrsg.), Theoretische und angewandte Wirtschaftsforschung (Festschrift für Heinz König), 1988, S. 21 ff.

– Caesar, Weltwirtschaft des alten Rom, 1992 (1. Aufl. 1978).

– Ökonomische Aspekte nationaler Souveränität im Zeichen wachsender weltwirtschaftlicher Interdependenzen: Geld, Wohlfahrtsstaat und monetäres Völkerrecht, Werkstattpapier der Stiftung Entwicklung und Frieden (SEF), 1992.

– Geld – der Entwicklungsmotor, in: H.-J. Stadermann, O. Steiger (Hrsg.) Der Stand und die nächste Zukunft der Geldforschung, FS für H. Riese, 1993, S. 439 ff.

– Loccumer Protokolle, Ev. Akademie Loccum 21/93 1994, S. 385 ff.

– Ist der globale Kapitalverkehr regelbar?, Die Neue Gesellschaft/Frankfurter Hefte 8/1995, S. 92 ff.

– Für ein „Maastricht" der Weltwährungen, Blätter für deutsche und internationale Politik, 5/1996, S. 544 ff.

– Entwicklung braucht Regeln – ein monetäres Völkerrecht, E+Z (Entwicklung und Zusammenarbeit), 9/1996, S. 238 ff.

– Geldordnung: Global, Europäisch oder Sozial?, Gewerkschaftliche Monatshefte, 11-12/1996, S.700 ff.

– Grenzenloser Wettbewerb bedarf einer währungspolitischen Bändigung, Handelsblatt Nr. 200/1996.

– Der Kreditmotor, in: Akzente, Sonderheft der Gesellschaft für technische Zusammenarbeit (GtZ), 1996, S. 46 ff.

– Monetäres Völkerrecht oder die Zähmung des Globalismus: Ursprünge, Stationen, Perspektiven. Schach der globalen Finanzkrise, Stiftung für Entwicklung und Frieden (SEF), Arbeitspapier. Workshop Zschortau, 1997.

– Vom Kriegskind zum Währungskönig, in: NZZ Folio (Die Zeitschrift der Neuen Züricher Zeitung), Der Dollar Nr.8/1997.

– Feste oder flexible Wechselkurse – Alternativen internationaler Währungsordnung in: Hans Büttner/Peter Hampe (Hrsg.) Die Globalisierung der Finanzmärkte, Auswirkungen auf den Standort Deutschland, 1997, S. 57 ff.

– Der Globalismus zerstört den Sozialstaat. Der Euro beschleunigt diesen Prozess – Vier Essentials für ein „Monetäres Völkerrecht", in: Hans Eichel/Hilmar Hoffmann (Hrsg.), Ende des Staates – Anfang der Bürgergesellschaft, über die Zukunft der sozialen Demokratie in Zeiten der Globalisierung, Hessen im Dialog, Römerberggespräche 1998, 1999, S. 131 ff.

– Der Aufstieg der DM zur Weltwährung. Des deutschen Wirtschaftswunders unbeleuchtete Seite: Das exportgeführte Wirtschaftswachstum, in: Peter Hampe/Jürgen Weber (Hrsg.), 50 Jahre Soziale Mark(t)wirtschaft. Eine Erfolgsstory vor dem Ende?, 1999, S. 163 ff.

– Schwarzer Freitag, in: 100 Wörter des Jahrhunderts, 1999, S. 249 ff.

– Währungspolitik im Zeitalter des Globalismus: „Monetäres Völkerrecht" – oder der institutionelle Rahmen einer Weltwährungsordnung für das 21. Jahrhundert, in: Reimut Jochimsen (Hrsg.) mit einem Vorwort von Bundespräsident Johannes Rau, Globaler Wettbewerb und weltwirtschaftliche Ordnungspolitik, Bd. 10 der Stiftung für Entwicklung und Frieden (SEF), 2000, S. 124 ff.

– Die aussenwirtschaftliche Absicherung der Globalsteuerung in: H. Körner/Chr. Uhlig (Hrsg.), Die Zukunft der Globalsteuerung, Karl Schiller zum 75. Geburtstag gewidmet, S. 299 ff.

– Währungspolitik, Geldwertstabilisierung, Währungsintegration und Sparerschutz, 1971/72.

Hayek, Friedrich August v.: Monetary Nationalism and International Stability, 1937.

– Denationalisation of Money, The Institute of Economic Affairs, 1976, (zuerst 1972).

Horsefield, J. Keith: The International Monetary Fund 1945-1965, Twenty Years of International Monetary Cooperation, 1965.

Keynes, John Maynard: The Economic Consequences of the Peace, 1920 (1. Aufl. 1919).

– The German Transfer Problem: A Discussion and a Rejoinder (zusammen mit B. Ohlin), EJ, Vol. XXXIX (1929).

– General Theory of Employment, Interest and Money, 1964.

Mill, John Stuart: Principles of Political Economy, with some of their Applications to Social Philosophy, 1886, Vol.II. ch. XXIV p.207 ff. (Aufl. letzter Hand von 1871, 1. Aufl. 1848).

Mundell, Robert A./*Swoboda*, Alexander K.: Monetary Problems of the International Economy 1969.

Pollard, Sidney: The Goldstandard and Employment Policies between the Wars, 1970.

Ricardo, David: The Price of Gold (1809).

– The High Price of the Depreciation of Banknotes (1810).

– On the Principles of Political Economy and Taxation (1817); neue deutsche Ausgabe hrsg. von Heinz D. Kurz, Über die Grundsätze der politischen Ökonomie und der Besteuerung, 1994, Kap. XXVII.

Robbins, Lionel (später Lord): The Great Depression, 1934.

Schumpeter, Joseph: Theorie der wirtschaftlichen Entwicklung, eine Untersuchung über Unternehmergewinn, Kapital, Kredit, Zins und den Konjunkturzyklus, 1993 (1. Auflage 1911).

Stützel, Wolfgang: Währung in weltoffener Wirtschaft, Lehrstücke der Währungspolitik – unter der Herausforderung des Tages, 1973.

Thornton, Henry: Enquiry into the Nature and Effects of the Paper Credit of Great Britain (1802), hrsg. von Hayek, F. A. v. (1962).

Veit, Otto: Grundriss der Währungspolitik (1961).

Wicksell, Knut: Geldzins und Güterpreise. Eine Studie über die den Tauschwert des Geldes bestimmenden Ursachen, Jena, 1898.

Die Ordnung des internationalen Handels GATT-WTO-GATS

Dagmar I. Siebold

Aronson, Jonathan David/*Cowhey*, Peter F.: Trade in Services, A Case for Open Markets, 1984.

Bail, Christoph: GATT und WTO im Vergleich: Institutioneller Fortschritt oder Etikettenschwindel?, Korreferat zu Hasse, in: E. Kantzenbach/O. G. Mayer (Hrsg.), Von der internationalen Handels- zur Wettbewerbsordnung, 1996, S. 85 ff.

Ballreich, Hans: Zollunion in: K. Strupp/H.J. Schlochauer (Hrsg.), Wörterbuch des Völkerrechts, 1962, S. 889 ff.

Barth, Dietrich: Das Allgemeine Übereinkommen über den internationalen Dienstleistungshandel (GATS), EuZW 15 (1994), S. 455 ff.

Beise, Marc: Vom alten zum neuen GATT – zu den neuen Dimensionen der Welthandelsordnung, in: W. Graf Vitzthum (Hrsg.), Europäische und Internationale Wirtschaftsordnung aus der Sicht der Bundesrepublik Deutschland, 1993, S. 179 ff.

Benedek, Wolfgang: Die Rechtsordnung des GATT aus völkerrechtlicher Sicht, 1990.

– Die neue Welthandelsorganisation und ihre internationale Stellung, VN 1 (1995), S. 13 ff.

– Einführung in die Ergebnisse der Uruguay-Runde, in: D. Thürer/S. Kux (Hrsg.), GATT 94 und die Welthandelsorganisation. Herausforderung für die Schweiz und Europa, 1996, S. 136 ff.

Berrisch, Georg M./*Kamann*, Hans-Georg: Die neusten Entwicklungen im europäischen Außenhandelsrecht, EuZW 23 (1999), S. 715 ff.

Blackhurst, Richard: The Capacity of the WTO to Fulfill Its Mandate, in: A. O. Krueger (Hrsg.), The WTO as an international organization, 1998, S. 40 ff.

Bogdandy v., Armin: Eine Ordnung für das GATT, RIW 1 (1991), S. 55 ff.

Brößkamp, Marcus: Meistbegünstigung und Gegenseitigkeit im GATT, 1989.

Dam, Kenneth W.: The GATT, Law and International Organization, 1970.

Diebold, William Jr.: The End of the I.T.O., in: Princeton University International Finance Section, Essays in International Finance, 1952.

Ebenroth, Carsten Th.: Herausforderungen für das internationale Wirtschaftsrecht, RIW 1 (1994), S. 1 ff.

Eckert, Martin G.: Die Liberalisierung internationaler Finanzdienstleistungen durch das General Agreement on Trade in Services (GATS). Unter besonderer Berücksichtigung internationaler Bankdienstleistungen, 1997.

Engels, Benno: Weiterentwicklung des GATT durch die Uruguay-Runde?, 1992.

Felke, Rüdiger: Die neue WTO-Runde: Meilenstein auf dem Weg zu einer globalen Wirtschaftsordnung für das 21. Jahrhundert, Aus Politik und Zeitgeschichte, B 46-47/99, S. 4 ff.

Gerken, Lüder: Von Freiheit und Freihandel. Grundzüge einer ordoliberalen Außenwirtschaftstheorie, 1999.

Graf Vitzthum, Wolfgang: Raum, Umwelt und Wirtschaft im Völkerrecht, in: ders. (Hrsg.), Völkerrecht, 1997.

Hasse, Rolf H.: Entwicklung und Aufgaben der WTO als Institution der Welthandelsordnung, in: Forschungsinstitut für Wirtschaftsverfassung und Wettbewerb (Hrsg.), Die Bedeutung der WTO für die europäische Wirtschaft, 1997, S. 15 ff.

Haus, Leah A.: Globalizing the GATT. The Soviet Union's Sucessor States, Eastern Europe, and the International Trading System, 1992.

Hauser, Heinz/*Schanz*, Kai-Uwe: Das neue GATT. Die Welthandelsordnung nach Abschluß der Uruguay-Runde, 1995.

Hilf, Meinhard/*Petersmann*, Ernst-Ulrich (Hrsg.): GATT und Europäische Gemeinschaft, 1986.

Hilpold, Peter: Die Fortentwicklung der WTO-Ordnung. Materielle und institutionelle Aspekte unter besonderer Berücksichtigung der Ministerkonferenz von Singapur und der nachfolgenden Umsetzungsmaßnahmen, RIW 2 (1998), S. 90 ff.

Hudec, Robert E.: The GATT legal System and world trade diplomacy, 1975.

Ipsen, Knut/*Haltern*, Ulrich: Reform des Welthandelssystems? Perspektiven zum GATT und zur Uruguay-Runde, 1991.

– Rule of Law in den internationalen Wirtschaftsbeziehungen. Die Welthandelsorganisation, RIW 9 (1994), S. 717 ff.

Jackson, John H.: World Trade and the Law of GATT, 1969.

– International Economic Relations, 1977.

– International competition in services: a constitutional framework, 1988.

– The World Trading System. Law and Policy of International Economic Relations, 1989.

– Restructuring the GATT system, 1990.

– The World Trade Organization, Constitution and Jurisprudence, 1999.

Jaeger, Franz: GATT, EWG und EFTA. Die Vereinbarkeit von EWG und EFTA-Recht mit dem GATT-Statut, 1970.

Jansen, Bernhard: Die neue Welthandelsorganisation (Word Trade Organization – WTO), EuZW 11 (1994), S. 333 ff.

Kant, Immanuel: Zum ewigen Frieden. Ein philosophischer Entwurf, 1795/1796, in: Werke in sechs Bänden, hrsg. v. W. Weischedel, 1983, Bd. VI, S. 191 ff.

Kimminich, Otto: Einführung in das Völkerrecht, 6. Aufl. 1997.

Köck, Heribert F./*Fischer*, Peter: Das Recht der Internationalen Organisationen, 1997.

Kock, Karin: International Trade Policy and the GATT 1947-1967, 1969.

Krenzler, Horst G.: Die WTO nach Singapur aus Sicht der EU, in: Forschungsinstitut für Wirtschaftsverfassung und Wettbewerb (Hrsg.), Die Bedeutung der WTO für die europäische Wirtschaft, 1997, S. 41 ff.

Kretschmer, Friedrich: Sicherung eines weltweiten Mindeststandard für geistiges Eigentum durch die WTO (TRIPS), in: Forschungsinstitut für Wirtschaftsverfassung und Wettbewerb (Hrsg.), Die Bedeutung der WTO für die europäische Wirtschaft, 1997, S. 49 ff.

Krugman, Paul: Strategic Trade Policy and the New International Economics, 1986.

– Der Mythos vom globalen Wirtschaftskrieg. Eine Abrechnung mit den Pop-Ökonomen, 1999.

Lagoni, Rainer: Kommentierung zu Art. 71, in: B. Simma (Hrsg.) Kommentar Vereinte Nationen, 1991.

Langer, Stefan: Grundlagen einer internationalen Wirtschaftsverfassung: Strukturprinzipien, Typik und Perspektiven anhand von Europäischer Union und Welthandelsordnung, 1995.

Liebich, Ferdinand K.: Grundriß des Allgemeinen Zoll- und Handelsabkommens (GATT), 1967.

– Das GATT als Zentrum der internationalen Handelspolitik unter Anschluß insbesondere der Texte des Allgemeinen Zoll- und Handelsabkommens (GATT) des Baumwolltextilabkommens und des Anti-Dumping Kodex, 1971.

Long, Oliver: Law and its limitations in the GATT multilateral trade system, 1985.

Matz, Werner: Präambel, in: G. Leibholz/H. v. Mangoldt (Hrsg.), Jahrbuch des Öffentlichen Rechts der Gegenwart, JöR, n. F. Bd. 1 (1951).

May, Bernhard: Der erfolgreiche GATT-Abschluß – ein Pyrrhussieg?, EA 2 (1994), S. 33 ff.

McGovern, Edmond: International Trade Regulation, 1986.

Molsberger, Josef: Die Zukunft des GATT, in: N. Berthold/W. Zohlnhöfer (Hrsg.), Zukunftsprobleme der Weltwirtschaft, 1996, S. 71 ff.

Molsberger, Josef/*Kotios*, Angelos: Ordnungspolitische Defizite des GATT, Ordo 41 (1990), S. 93 ff.

Münch, Ingo von: Kommentierung zur Präambel, in: ders./P. Kunig (Hrsg.), Grundgesetz-Kommentar, 4. Aufl. 1992.

Ohmae, Kenichi: Die neue Logik der Weltwirtschaft. Zukunftsstrategien der internationalen Konzerne, 1992.

Oppermann, Thomas: Die Europäische Gemeinschaft und Union in der Welthandelsorganisation (WTO), RIW 11 (1995), S. 919 ff.

Oppermann, Thomas/*Beise*, Marc: Chancen für eine neue Welthandelsordnung? Endphase der Uruguay-Runde und Zukunft des GATT, EA 15/16 (1991), S. 449 ff.

– Die neue Welthandelsorganisation – ein stabiles Regelwerk für weltweiten Freihandel?, EA 7 (1994), S. 195 ff.

o.V., Die Ergebnisse der GATT-Verhandlungen in der Uruguay-Runde, EuZW 3 (1994), S. 87 f.

Petersmann, Ernst-Ulrich: Application of GATT by the Court of Justice of the European Communities, CMLR 20 (1983), S. 397 ff.

– Die Europäische Gemeinschaft und GATT, in: M. Hilf/ders., GATT und Europäische Gemeinschaft, 1986, S. 24 ff.

– Handelspolitik als Verfassungsproblem, Ordo 39 (1988), S. 239 ff.

Pietras, Jaroslaw: The Role of the WTO for Economies in Transition, in: A. O. Krueger (Hrsg.): The WTO as an International Organization, 1998, S. 353 ff.

Reich, Robert B.: Die neue Weltwirtschaft. Das Ende der nationalen Ökonomie, 1993.

Sampson, Gary P.: Greater Coherence in Global Economic Policymaking: A WTO Perspective, in: A. O. Krueger (Hrsg.), The WTO as an International Organization, 1998, S. 257 ff.

Schachtschneider, Karl Albrecht: Die Grenzen der Kapitalverkehrsfreiheit, in: K. A. Schachtschneider (Hrsg.), Rechtsfragen der Weltwirtschaft, 2002, S. 253 ff.

Seidl-Hohenveldern, Ignaz: Das Recht der internationalen Organisation, 6. Aufl. 1996.

– Völkerrecht, 9. Aufl. 1997.

Senti, Richard: GATT. Allgemeines Zoll- und Handelsabkommen als System der Welthandelsordnung, 1986.

– Die neue Welthandelsordnung. Ergebnisse der Uruguay-Runde, Chancen und Risiken, Ordo 45 (1994), S. 301 ff.

– Das Allgemeine Dienstleistungsabkommen, in: Forschungsinstitut für Wirtschaftsverfassung und Wettbewerb (Hrsg.), Die Bedeutung der WTO für die europäische Wirtschaft, 1997, S. 67 ff.

Senti, Richard/*Weber*, R. H.: Das allgemeine Dienstleistungsabkommen, in: D. Thürer/S. Kux (Hrsg.): GATT 94 und die Welthandelsorganisation. Herausforderung für die Schweiz und Europa, 1996, S. 136 ff.

Siebert, Horst: Strategische Handelspolitik. Theoretische Ansätze und wirtschaftspolitische Empfehlungen, Außenwirtschaft 43 (1988), S. 549 ff.

– Weltwirtschaft, 1997.

Siebold, Dagmar I.: Die Welthandelsorganisation und die Europäische Gemeinschaft. Ein Beitrag zur globalen wirtschaftlichen Integration. Diss. Erlangen-Nürnberg, 2001, i.E.

Snape, Richard H.: Reaching Effective Agreements Covering Services, in: A. O. Krueger (Hrsg.), The WTO as an International Organization, 1998, S. 279 ff.

Stadler, Christoph: Die Liberalisierung des Dienstleistungshandels am Beispiel der Versicherungen. Kernelemente bilateraler und multilateraler Ordnungsrahmen einschließlich des GATS, 1992.

Staehelin, Alesch: Das TRIPs-Abkommen. Immaterialgüterrechte im Licht der globalisierten Handelspolitik, 1997.

Starck, Christian: Präambel, in: H. v. Mangoldt/F. Klein/Ch. Starck (Hrsg.), Das Bonner Grundgesetz, Bd.1, 3. Aufl. 1985.

Steinberger, Helmut: GATT und regionale Wirtschaftszusammenschlüsse, 1963.

Stoll, Peter-Tobias: Freihandel und Verfassung. Einzelstaatliche Gewährleistung und die konstitutionelle Funktion der Welthandelsordnung (GATT/WTO), ZaöRV 1 (1997), S. 83 ff.

– Die WTO: Neue Welthandelsorganisation. Ergebnisse der Uruguay-Runde des GATT, ZaöRV 54 (1994), 241 ff.

Straubhaar, Thomas: Welthandelsordnung und internationales Wettbewerbsfähigkeit, in: D. Fritz-Assmus/E. Tuchtfeldt (Hrsg.), Die Ordnung des Welthandels, 1997, S. 181 ff.

Suntum van, Ulrich/*Vehrkamp* Robert: Mehr Freihandel oder Reglementierung durch die Schaffung der Welthandelsorganisation WTO?, in: M. Frenkel/D. Bender (Hrsg.), GATT und neue Welthandelsordnung: globale und regionale Auswirkungen, 1996, S. 45 ff.

Thürer, Daniel: WTO-Teilordnung im System des Völker- und Europarechts, in: ders./St. Kux (Hrsg.), GATT 1994 und die Welthandelsorganisation – Herausforderungen für die Schweiz und Europa, 1996, S. 47 ff.

Tumlir, Jan: GATT Rules and Community Law – A Comparison of Economic and Legal Functions, in: M. Hilf/F. Jacobs/E.U. Petersmann (Hrsg.), The European Community and GATT, 1986.

Verdross, Alfred/*Simma*, Bruno: Universelles Völkerrecht. Theorie und Praxis, 3. Aufl. 1984.

Vines, David: The WTO in Relation to the Fund and the Bank: Competencies, Agendas, and Linkages, in: A. O. Krueger (Hrsg.): The WTO as an International Organization, 1998, S. 59 ff.

Weber, Christoph: Marktzugang von Auslandsbanken. Unter Berücksichtigung der neuen Regeln des GATS, 1996.

Wilcox, Clair: A Charter for World Trade, 1949.

Wolfrum, Rüdiger: Kommentierung zu Art. 55, in: B. Simma (Hrsg.), Charta der Vereinten Nationen. Kommentar, 1991.

Yüksel, Ali S.: GATT-WTO-Welthandelssystem unter besonderer Berücksichtigung der Außenwirtschaftsbeziehungen der Europäischen Union, 1996.

Zohlnhöfer, Werner: Der neue Protektionismus aus der politischen Ökonomie, in: A. Glutowski (Hrsg.), Der Protektionismus, S. 95 ff.

Recht und Zwang im Völkerrecht, insbesondere im Welthandelsrecht

Angelika Emmerich-Fritsche

Anzilotti, Dionisio: Corso di diritto internazionale, 3. Aufl. 1929.

Austin, John: The Province of Jurisprudence Reyisted, hrsg. v. Hart, H.L.A., 1954.

Backes, Peter: Die neuen Streitbeilegungsregeln der Welthandelsorganisation (WTO). Zu den Auswirkungen im nationalen Recht der USA, RIW 1995, 916 ff.

Barkun, Michael: Law without Sanctions. Order in Primitive Societies and the World Community, 1968.

Bast, Joachim/*Schmidt*, Andrea: Das GATT-Streitschlichtungsverfahren, RIW 1991, 929 ff.

Benedek, Wolfgang: Die Rechtsordnung des GATT aus völkerrechtlicher Sicht, 1990.

Berrisch, Georg Matthias: Der völkerrechtliche Status der Europäischen Wirtschaftsgemeinschaft im GATT. Eine Untersuchung der Sukzession der EWG in die Stellung ihrer Mitgliedstaaten als Vertragsparteien einer internationalen Organisation am Beispiel des GATT 1992.

Bleckmann, Albert: Begriff und Kriterien der innerstaatlichen Anwendbarkeit völkerrechtlicher Verträge, 1970.

– Allgemeine Staats- und Völkerrechtslehre. Vom Kompetenz- zum Kooperationsvölkerrecht, 1995.

Bobbio, Norberto: Das Zeitalter der Menschenrechte. Ist Toleranz durchsetzbar? 1998.

Bogdandy, Armin von: Internationaler Handel und nationaler Umweltschutz: Eine Abgrenzung im Lichte des GATT, EuZW 1992, 243 ff.

– Kollision, Koexistenz und Kooperation?, EuZW 2000, 261 ff.

Burley, Anne-Marie/*Mattli*, Walter: Europe Before the Court: A Political Theory of Legal Integration, International Organization I (Zeitschrift), Winter 1993, 41 ff.

Caron, D. B.: The Legitimacy of the Collective Authority of the Security Council, AJIL 87 (1993), 552 ff.

Cottier, Thomas: Die Durchsetzung der Prinzipien und Beschlüsse der WTO: Das Streitbeilegungsverfahren und seine Auswirkungen, in: Forschungsinstitut für Wirtschaft und Wettbewerb (Köln), Referate des XXX. FIW-Symposions, 1997, S. 121 ff.

Delbrück, Jost: in: ders. (Hrsg.), Allocation of Law Enforcement in the International System, 1995, S. 152 ff.

– Zur Entwicklung der internationalen Rechtsordnung, Sicherheit und Frieden (S + F) 2/98, S. 66 ff.

Doehring, Karl: Systeme kollektiver Sicherheit, in: J. Isensee/P. Kirchhof (Hrsg.), Handbuch des Staatsrechts (HStR), Bd. VII, Normativität und Schutz der Verfassung – Internationale Beziehungen, 1992, § 177, S. 669 ff.

Eeckhout, Piet: The Domestic Legal Status of the WTO Agreement: Interconecting Legal Systems, Common Market Law Review 34 (1997), S. 11 ff.

Ehlermann, Claus-Dieter: Die innergemeinschaftliche Anwendung der Regeln des GATT in der Praxis der EG, in: M. Hilf/E.-U. Petersmann, GATT und Europäische Gemeinschaft, 1985, S. 203 ff.

Ehricke, Ulrich: „Soft Law" – Aspekte einer neuen Rechtsquelle, NJW 1989, S. 1906 ff.

Emmerich-Fritsche, Angelika: Der Grundsatz der Verhältnismäßigkeit als Direktive und Schranke der EG-Rechtsetzung. Mit Beiträgen zu einer gemeineuropäischen Grundrechtslehre sowie zum Lebensmittelrecht, 2000.

– Vom Völker- zum Weltrecht, i. E.

Ermacora, Felix: in: Seidl-Hohenfeldern (Hrsg.), Ignaz, Lexikon des Rechts. Völkerrecht.1985, S. 66 ff.

Farer, Tom: The Future of International Law Enforcement under Chapter VII: Is there Room for „New Scenarios"?, in: Delbrück, Jost (Hrsg.), The future of International Law Enforcement. New Scenarios – New Law? Proceedings of an International Symposium of Kiel Institute of International Law, March 25 to 27, 1992, 1993, S. 39 ff.

Fickentscher, Wolfgang: Methoden des Rechts, Bd. III, 1976.

Gabler, Thomas: Das Streitbeilegungssystem der WTO und seine Auswirkungen auf das Antidumpingrecht der Europäischen Gemeinschaft, 1997.

Geiger, Rudolf: Grundgesetz und Völkerrecht, 2. Aufl. 1994.

Gottlieb, Gidon: Nation Against State. A New Approach to Ethnic Conflicts and the Decline of Sovereignty, 1993.

Götz, Volkmar: Innere Sicherheit, in: J. Isensee/P. Kirchhof (Hrsg.), Handbuch des Staatsrechts der Bundesrepublik Deutschland, Bd. III, Das Handeln des Staates, 1988, § 79, S. 1007 ff.

Habermas, Jürgen: Erläuterungen zur Diskursethik, 1991.

– Faktizität und Geltung. Beiträge zur Diskurstheorie des Rechts und des demokratischen Rechtsstaats, 1992.

Hahn, J. Michael/*Schuster*, Gunnar: Zum Verstoß von gemeinschaftlichem Sekundärrecht gegen das GATT – Die gemeinsame Marktorganisation für Bananen vor dem EuGH, EuR 1993, 261 ff.

Hasse, Rolf H.: Weltwirtschaft ohne Marktwirtschaft. Selbstbeschränkungsabkommen: Die teuerste Art, Japans Exportwirtschaft zu stärken, in: *R. Hasse/J. Molsberger/Ch. Watrin* (Hrsg.), Ordnung in Freiheit. Festgabe für Hans Willgerodt zum 70. Geburtstag, S. 389 ff.

Hauser, Heinz/*Martell*, Arthur: Das WTO-Streitschlichtungsverfahren: Eine verhandlungsorientierte Perspektive, AW 1997, 525 ff.

Hauser, Heinz/*Schanz*, Kai-Uwe: Das neue GATT, 2. Aufl. 1995.

Hegel, Georg Wilhelm Friedrich: Grundlinien der Philosophie des Rechts (1821), ed. Suhrkamp, 12. Aufl. 1989.

Heller, Hermann: Hegel und der nationale Machtstaatsgedanke in Deutschland (1921), in: ders., Gesammelte Schriften, Bd. 1, 1971, S. 21 ff.

– Staatslehre, hrsg. v. Niemeyer, Gerhard, 2. unveränderte Aufl. 1961.

Hilf, Meinhard: Die Anwendung des GATT im deutschen Recht, in: M. Hilf/E.-U. Petersmann, GATT und Europäische Gemeinschaft, 1985, S. 11 ff.

– Formelle und informelle Streitbeilegung, in: Z. Kitagawa (Hrsg.), Das Recht vor der Herausforderung eines neuen Jahrhunderts: Erwartungen in Japan und Deutschland, 1998.

– The Role of National Courts in International Trade Relations, in: Petersmann, Ernst-Ulrich, International Trade Law and the GATT/WTO Dispute Settlement System, 1997, Nachdruck 1999, S. 561 ff.

– Freiheit des Welthandels contra Umweltschutz?, NJW 2000, 481 ff.

Hilpold, Peter: Die Neuregelung der Schutzmaßnahmen im GATT/WTO-Recht und ihr Einfluß auf „Grauzonenmaßnahmen", ZaöR 55 (1995), S. 89 ff.

Hobbes: Elements of natural law and politic, hrsg. v. Ferdinand Tönnies, Neudruck d. Ausg. v. 1889, 1928.

– Leviathan: hrsg. v. Diesselhorst, Malte, 1970.

Höffe, Otfried: Völkerbund oder Weltrepublik?, in: ders. (Hrsg.), Zum ewigen Frieden, 1995, S. 169 ff.

Hofmann, Hasso: Grundpflichten als verfassungsrechtliche Dimension, VVDStRL 41 (1983), S. 42 ff.

Hohmann, Harald: Die WTO-Streitbeilegung in den Jahren 1998-1999, EuZW 2000, 421 ff.

– Der Konflikt zwischen freiem Handel und Umweltschutz in WTO und EG, RIW 2000, 88 ff.

Hudec, Robert E.: Das GATT in der Rechtsordnung der Vereinigten Staaten von Amerika, in: M. Hilf/E.-U. Petersmann, GATT und Europäische Gemeinschaft, 1985, S. 243 ff.

Ipsen, Knut: Völkerrecht, 4. Aufl. 1999.

Isensee, Josef: Staat und Verfassung, in: J. Isensee/P. Kirchhof (Hrsg.), Handbuch des Staatsrechts der Bundesrepublik Deutschland, Bd. I, Grundlagen von Staat und Verfassung in der Bundesrepublik Deutschland, 1987, § 13, S. 591 ff.

Jackson, John H: The Great 1994 Sovereignty Debate: United States Acceptance and Implemention of the Uruguay Round Results, Columbia Journal of Transnational Law 36 (1997/1998), S. 157 ff.

Jellinek, Georg: Die rechtliche Natur der Staatenverträge. Ein Beitrag zur juristischen Konstruktion des Völkerrechts, 1880.

– Allgemeine Staatslehre, 2. Aufl. 1905.

– Allgemeine Staatslehre, 3. Aufl. 1966, Neudruck der Ausgabe von 1914.

Jürgensen, Thomas: Das WTO-Schiedsverfahren zur Festlegung von Sanktionen nach Art. 22 DSU, RIW 2000, 577 ff.

Kant, Immanuel: Kritik der reinen Vernunft, hrsg. v. W. Weischedel, 1983, Bd. 4, S. 308 ff.

– Metaphysik der Sitten, hrsg. v. W. Weischedel, 1983, Bd. 7, S. 309 ff.

– Zum ewigen Frieden, hrsg. v. W. Weischedel, 1983, Bd. 9, S. 195 ff.

Kelsen, Hans: Die Einheit von Völkerrecht und staatlichem Recht, ZaöRV 19 (1958), S. 234 ff.

– Reine Rechtslehre, 2. Aufl. 1960, Nachdruck 1983.

– Vom Geltungsgrund des Rechts, Festschrift für Alfred Verdross, 1960, S. 157 ff.

Kersting, Wolfgang: Wohlgeordnete Freiheit. Immanuel Kants Rechts- und Staatsphilosophie, 1984.

Kimminich, Otto: Einführung in das Völkerrecht, 6. Aufl. 1997.

Kimminich, Otto/*Hobe*, Stephan: Einführung in das Völkerrecht, 7. Aufl. 2000.

Kopke, Alexander: Rechtsbeachtung und -durchsetzung in GATT und WTO. Der Erklärungsbeitrag der Ökonomik zu internationalen Rechts- und Politikprozessen. Eine neue Synthese mit der Theorie des kommunikativen Handelns von Habermas, 1997.

Kriele, Martin: Freiheit und Gleichheit, in: E. Benda/W. Maihofer/H.-J. Vogel (Hrsg.), Handbuch des Verfassungsrechts (HVerfR), 1983, S. 129 ff.

– Die demokratische Weltrevolution. Warum sich die Freiheit durchsetzen wird, 1987.

Krüger, Herbert: Allgemeine Staatslehre, 2. Aufl. 1966.

Kunig, Philip: Völkerrecht als Öffentliches Recht – Ein Glasperlenspiel, in: Gedächtnisschrift für Eberhard Grabitz, hrsg. v. A. Randelzhofer/R. Scholz/D. Wilke, 1995, S. 325 ff.

Kuschel, Hans-Dieter: Wie geht es weiter mit der Bananenmarktordnung? EuZW 1996, 645 ff.

– Neuer Kommissionsvorschlag zur Einfuhrregelung bei Bananen ist wiederum nicht WTO-konform, EuZW 2000, 203 ff.

Lavranos, Nikolaos: Die Rechtswirkung von WTO panel reports im Europäischen Gemeinschaftsrecht sowie im deutschen Verfassungsrecht, EuR 1999, S. 289 ff.

Leier, Klaus-Peter: Fortentwicklung und weitere Bewährung: Zur derzeitigen Überprüfung des Streitbeilegungsverfahrens in der WTO, EuZW 1999, S. 204 ff.

Letzel, Hans-Joachim: Streitbeilegung im Rahmen der Welthandelsorganisation (WTO), 1999.

Link, Heinz-Christoph: Staatszwecke im Verfassungsstaat – Nach 40 Jahren Grundgesetz, in: Berichte und Diskussionen auf der Tagung der Vereinigung der Deutschen Staatsrechtslehrer in Hannover vom 4. bis 7.10.1989, VVDStRL 48 (1990), S. 7 ff.

Lorz, Ralph Alexander: Die dauerhafte Aktualität des ewigen Friedens. Neuere Entwicklungen zur Interpretation der Friedensschrift Kants, Der Staat, 37 (1998), S. 75 ff.

Lugard, Maurits: Scope of Appellate Review: Objective Assessment of the Facts and Issues of Law, Journal of International Economic Law 1998, S. 323 ff.

Luhmann, Niklas: Rechtssoziologie, Bd. 1, 1972.

Martha, Rutsel Silvestre J.: Representation of Parties in World Trade Disputes, Journal of World Trade 31 (1997), 83 ff.

Maunz, Theodor: in: Maunz/Dürig/Herzog, Grundgesetz-Kommentar, Art. 59, 1971.

Meng, Werner: Gedanken zur Frage unmittelbarer Anwendung von WTO-Recht in der EG, in: U. Beyerlein/M. Bothe/R. Hofmann/E.-U. Petersmann (Hrsg.), Recht zwischen Umbruch und Bewahrung. FS für Rudolf Bernhardt, 1995, S. 1063 ff.

– WTO-Recht als Steuerungsmechanismus der Neuen Welthandelsordnung, in: M. Klein/W. Meng/R. Rode (Hrsg.), Die neue Welthandelsordnung der WTO, 1998, S. 19 ff.

Merten, Detlef: Rechtsstaat und Gewaltmonopol, 1975.

– Konstitutionsprinzipien staatlicher Gewalt im Verfassungsstaat der Bundesrepublik, in: A. Randelzhofer/W. Süß (Hrsg.), Konsens und Konflikt: 35 Jahre Grundgesetz, 1986, S. 324 ff.

Molsberger, Josef: Die Zukunft des GATT, in: W. Zohlnhöfer (Hrsg.), Zukunftsprobleme der Weltwirtschaftsordnung, 1996, S. 69 ff.

Mosler, Hermann: Das Grundgesetz und die internationale Streitschlichtung, in: J. Isensee/P. Kirchhof (Hrsg.), Handbuch des Staatsrechts (HStR), Bd. VII, Normativität und Schutz der Verfassung – Internationale Beziehungen, 1992, § 179, S. 711 ff.

– The International Society as a Legal Community, 1980.

Neuhold, Leopold: Die Einhaltung des Völkerrechts in einer außenpolitischen „Kosten-Nutzen-Analyse", JIR (1976), S. 317 ff.

Oppenheim, Felix: Dimensioni della libertà, 1964.

Oppermann, Thomas: Stichwort: Intervention, Encyclopediea of Public International Law, 1995, S. 1436.

Oppermann, Thomas/*Beise*, Marc: Chancen für eine neue Welthandelsordnung? Endphase der Uruguay-Runde und Zukunft des GATT, EA 15/16 1991, 449 ff.

Oppermann, Thomas/*Casante*, José Christian: Dispute Settlement in the EC: Lessons for the GATT/WTO Dispute Settlement System?, in: E.-U. Petersmann (Hrsg.), International Trade Law and the GATT/WTO Dispute Settlement System, 1997, Nachdruck 1999, S. 469 ff.

Ott, Andrea: GATT und WTO im Gemeinschaftsrecht. Die Integration des Völkervertragsrechts in die Europäische Gemeinschaftsrechtsordnung am Beispiel des GATT-Vertrags und der WTO-Übereinkünfte, 1997.

Palmeter, David/*Mavroidis*, Petros, C.: The WTO Legal System: Sources of Law, American Journal of International Law (AJIL) 92 (1998), S. 398 ff.

Pauer, Alexaner: Die humanitäre Intervention, 1985.

Pescatore, Pierre: The GATT Dispute Settlement Mechanism, 27 Journal of World Trade (1993), S. 5 ff.

Petersmann, Ernst-Ulrich: Proposals for Improvements in the GATT Dispute Settlement System – A Survey and Comperative Analysis, in: D. Dicke/E.-U. Petersmann (Hrsg.), Foreign Trade in the Present and a New International Economic Order, 1988, S. 340 ff.

– The Dispute Settlement System of the World Trade Organization and the Evolution of the GATT Dispute Settlement System since 1948, CMLRev 1994, 1157 ff.

– Darf die EG das Völkerrecht ignorieren?, EuZW 1997, 325 ff.

– GATT/WTO-Recht: Duplik, EuZW 1997, 651 ff.

– International Trade Law and the GATT/WTO Dispute Settlement System 1948-1996: An Introduction, in: ders. (Hrsg.), International Trade Law and the GATT/WTO Dispute Settlement System, 1997, Nachdruck 1999.

– Proposals for Improvements in the GATT Dispute Settlement System – A Survey and Comparative Analysis, in: D. Dicke/E.-U Petersmann (Hrsg.), Foreign Trade in the Present and a New International Economic Order, 1988, S. 340 ff.

Pohl, Heinrich: Völkerrecht und Außenpolitik in der Reichsverfassung, 1929.

Quick, Reinhard: Exportselbstbeschränkungsabkommen und Artikel XIX GATT, 1983.

Randelzhofer, Albrecht: Great Powers, in: Encyclopedia of Public International Law (EPIL), Instalment 9 (1986), S. 142 ff.

Rawls, John: Eine Theorie der Gerechtigkeit, 1975.

Reismann, W. Michael: New Scenarios of Threats to International Peace and Security: Developing Legal Capacities for Adequate Responses, in: J. Delbrück (Hrsg.), The Future of International Law Enforcement. New Scenarios – New Law? Proceedings of an International Symposium of Kiel Institute of International Law, March 25 to 27, 1992, 1993, S. 13 ff.

Reuß, Matthias: Menschenrechte durch Handelssanktionen. Die Durchsetzung sozialer Standards im Rahmen der WTO, 1999.

Rousseau, Jean-Jacques: Vom Gesellschaftsvertrag oder Grundsätze des Staatsrechts, hrsg. v. Hans Brockhardt, 1986.

Rumpf, Helmut: Der internationale Schutz der Menschenrechte und das Interventionsverbot, 1981.

Sacerdoti, Giorgio: Appeal and Judicial Review in International Arbitration and Adjudication: The Case of the WTO Appellate Review, in: E.-U. Petersmann (Hrsg.), International Trade Law and the GATT/WTO Dispute Settlement System, 1997, Nachdruck 1999, S. 247 ff.

Sack, Jörn: Von der Geschlossenheit und den Spannungsfeldern in einer Weltordnung des Rechts, EuZW 1997, 650 ff.

Schachtschneider, Karl Albrecht: Staatsunternehmen und Privatrecht. Kritik der Fiskustheorie, exemplifiziert an § 1 UWG, 1986.

– Das Sittengesetz und die guten Sitten, in: B. Becker/H. P. Bull/O. Seewald (Hrsg.), Festschrift für W. Thieme, 1993, S. 195 ff.

– Res publica res populi, Grundlegung einer Allgemeinen Republiklehre, 1994.

– Die Staatlichkeit der Europäischen Gemeinschaft, in: M. Vollkommer (Hrsg.), Auf dem Weg in ein vereintes Europa. Atzelsberger Gespräche 1992, 1994, S. 81 ff.

– Das Maastricht-Urteil. Die neue Verfassungslage der Europäischen Gemeinschaft, Recht und Politik 1/94, 1 ff.

– Die existentielle Staatlichkeit der Völker Europas und die staatliche Integration der Europäischen Union, in: W. Blomeyer/ders. (Hrsg.), Die Europäische Union als Rechtsgemeinschaft, 1995, S. 75 ff.

– Grundgesetzliche Aspekte der freiberuflichen Selbstverwaltung, Die Verwaltung 31 (1998), S. 139 (151).

– Prinzipien des Rechtsstaates, 2001.

Schachtschneider, Karl Albrecht/*Emmerich-Fritsche*, Angelika: Das Verhältnis des Europäischen Gemeinschaftsrechts zum nationalen Recht Deutschlands, DSWR 1999, S. 17 ff., 81 ff., 116 ff.

Schmid, Christopher: Immer wieder Bananen: Der Status des GATT/WTO Systems im Gemeinschaftsrecht, NJW 1998, 190 ff.

Schröder, Meinhard: Verantwortlichkeit, Völkerstrafrecht, Streitbeilegung und Sanktionen, in: Vitzthum, Wolfgang, Graf, Völkerrecht, 1997.

Schroeder, Werner/*Selmayr*, Martin: Die EG, das GATT und die Vollzugslehre, JZ 1998, 344 ff.

Seidl-Hohenveldern, Ignaz: Völkerrecht, 8. Aufl. 1994.

– Völkerrecht, 9. Aufl. 1997.

Senti, Richard: GATT – WTO Die neue Welthandelsordnung nach der Uruguay-Runde, 1994.

Siebold, Dagmar I.: Die Ordnung des internationalen Handels, GATT – WTO – GATS, in: K. A. Schachtschneider (Hrsg.), Rechtsfragen der Weltwirtschaft, 2002, S. 47 ff.

– Der Fall Bananenmarktordnung. Die Europäische Gemeinschaft im Streit mit der Welthandelsorganisation, in: K. A. Schachtschneider (Hrsg.), Rechtsfragen der Weltwirtschaft, 2002, S. 211 ff.

Simma, Bruno: Das Reziprozitätselement im Zustandekommen völkerrechtlicher Verträge, 1972.

Sittmann, Jörg W.: Das Streitbeilegungsverfahren der World Trade Organization (WTO). „Understandig on rules and Procedures Governing the Settlement of Disputes", RIW 1997, 749 ff.

Stein, Eric/*Morrisey*, Richard C.: Uniting for Peace Resolution, in: EPIL 5 (1983), S. 379 ff.

Stein, Torsten: „Bananensplit"? Entzweien sich BVerfG und EuGH über den Bananenstreit?, EuZW 1998, 261 ff.

Stoll, Peter-Tobias: Die WTO: Neue Welthandelsorganisation, neue Welthandelsordnung, ZaöRV 55 (1995), 239 ff.

Strauß, Ekkehard: Die Entstehungsgeschichte der Allgemeinen Erklärung der Menschenrechte – Grundlage ihrer aktuellen Bedeutung, in: 50 Jahre Allgemeine Erklärung der Menschenrechte, Menschenrechtsmagazin, Dezember 1997, S. 13 ff.

Streinz, Rudolf: Europarecht, 4. Aufl. 1999.

Tietje, Christian: Normative Grundstrukturen der Behandlung nichttarifärer Handelshemmnisse in der WTO/GATT-Rechtsordnung, 1998.

Triepel, Heinrich: Völkerrecht und Landesrecht, 1899.

Tuchtfeldt, Egon: Von der Havanna-Charta zur WTO, in: E. Tuchtfeldt/D. Fritz-Aßmus (Hrsg.), Die Ordnung des Welthandels, 1997, S. 15 ff.

Verdross, Alfred/*Simma*, Bruno: Universelles Völkerrecht, 3. Aufl. 1984.

Vitzthum, Wolfgang Graf: Raum, Umwelt und Wirtschaft im Völkerrecht, in: ders. (Hrsg.), Völkerrecht, 5. Abschnitt, 1997, S. 393 ff.

Voigt, Stefan: Die Welthandelsordnung zwischen Konflikt und Stabilität. Konfliktpotentiale und Konfliktlösungsmechanismen, 1992.

Wartha, Udo: Das Multilaterale Abkommen über Investitionen (MAI), in: K. A. Schachtschneider (Hrsg.), Rechtfragen der Weltwirtschaft, 2002, S. 359 ff.

Weber, Albrecht/*Moos*, Flemming: Rechtswirkungen von WTO-Streitbeilegungsentscheidungen im Gemeinschaftsrecht, EuZW 1999, 229 ff.

Wenzel, Max: Juristische Grundprobleme I, Der Begriff des Gesetzes, 1929.

Der Fall Bananenmarktordnung
Die Europäische Gemeinschaft im Streit mit der Welthandelsorganisation

Dagmar I. Siebold

Amrhein-Hofmann, Christine: Monismus und Dualismus in den Völkerrechtslehren, Diss. Erlangen-Nürnberg, in Vorb.

Arnold, Rainer: Außenhandelsrecht, in: M. A. Dauses (Hrsg.), Handbuch des EG-Wirtschaftsrechts, 1999.

Benedek, Wolfgang: Die Rechtsordnung des GATT aus völkerrechtlicher Sicht, 1990.

Beneyto, José Maria: The EU and the WTO. Direct Effect of the New Dispute Settlement System, EuZW 10 (1996), S. 295 ff.

Berkey Osterhoudt, Judson: The European Court of Justice and Direct Effect for the GATT: A Question Worth Revisiting, Harvard Jean Monnet Working Papers No. 3/98 = EJIL 9 (1998), S. 626 ff.

Berrisch, Georg M.: Der völkerrechtliche Status der Europäischen Wirtschaftsgemeinschaft im GATT. Eine Untersuchung der Sukzession der EWG in die Stellung ihrer Mitgliedstaaten als Vertragsparteien einer internationalen Organisation am Beispiel des GATT, 1992.

– Zum „Bananen"-Urteil des EuGH vom 5.10.1994 – Rs. C-280/93, Deutschland ./. Rat der Europäischen Union, EuR 4 (1994), S. 461 ff.

Berrisch, Georg M./*Kamann*, Hans-Georg: WTO-Recht im Gemeinschaftsrecht – (k)eine Kehrtwende des EuGH, EWS 3 (2000), S. 89 ff.

Bleckmann, Albert: Zuständigkeit der EG für Maßnahmen nach Art. XX des GATT? Zum Begriff der Handelspolitik im Europäischen Gemeinschaftsrecht, RIW 1986, S. 196 ff.

– Allgemeine Staats- und Völkerrechtslehre. Vom Kompetenz- zum Kooperationsvölkerrecht, 1995.

– Europarecht. Das Recht der Europäischen Union und der Europäischen Gemeinschaften, 6. Aufl. 1997.

Bourgeois, Jacques: Art. 113, in: H. Groeben/J. Thiesing/C. D. Ehlermann: Kommentar zum EWG-Vertrag, 4. Aufl. 1991.

Cottier, Thomas: Dispute Settlement in the World Trade Organization: Characteristics and structural implications for the European Union, CMLR 35 (1998), 323 ff.

Dahm, Georg/*Delbrück*, Jost/*Wolfrum*, Rüdiger: Völkerrecht, Bd. I/1, 2. Aufl. 1989.

Eeckhout, Piet: The domestic legal status of the WTO Agreement. Interconnecting legal systems, CMLR 34 (1997), S. 11 ff.

Ehlermann, Claus-Dieter: Die innergemeinschaftliche Anwendung der Regeln des GATT in der Praxis der EG, in: M. Hilf/E.-U. Petersmann (Hrsg.): GATT und Europäische Gemeinschaft, 1986, S. 203 ff.

Emmerich-Fritsche, Angelika: Anmerkung zur Rechtsprechung des Bundesverfassungsgerichts, BVerfG, Beschluß vom 7.6.2000 – 2 BvL 1/97, BayVBl. 24 (2000). S. 756 ff.

– Recht und Zwang im Völkerrecht, insbesondere im Welthandelsrecht, in: K. A. Schachtschneider (Hrsg.), Rechtsfragen der Weltwirtschaft, 2002, S. 123 ff.

Hailbronner, Kai: Handkommentar zum Vertrag über die Europäische Union (EUV/EGV), 1991, Art. 113.

Herdegen, Matthias: Internationales Wirtschaftsrecht, 2. Aufl. 1995.

– Europarecht, 1997.

Hilf, Meinhard: Die Anwendung des GATT im deutschen Recht, in: ders./E.-U. Petersmann (Hrsg.): GATT und Europäische Gemeinschaft, 1986, S. 11.

Ipsen, Knut/*Haltern*,Ulrich: Rule of Law in den internationalen Wirtschaftsbeziehungen. Die Welthandelsorganisation, RIW 9 (1994), S. 717 ff.

Jackson, John H.: The World Trade Organisation. Constitution an Jurisprudence, 1999.

Jellinek, Georg: Allgemeine Staatslehre, 4. Aufl. 1922.

Kempen, Bernhard: Deutschland als Vertragspartei des GATT und als Mitglied der Europäischen Gemeinschaften, in: A. Weber (Hrsg.), Währung und Wirtschaft. Das Geld im Recht, FS Hugo J. Hahn, 1997.

Kimminich, Otto: Einführung in das Völkerrecht, 6. Aufl. 1997.

Kuschel, Hans Dieter: Wie geht es weiter mit der Bananenmarktordnung?, EuZW 21 (1996), S. 645 ff.

– Auch die revidierte Bananenmarktordnung ist nicht WTO-konform, EuZW 3 (1999), S. 74 ff.

– Neuer Kommissionsvorschlag zur Einfuhrregelung bei Bananen ist wiederum nicht WTO-konform, EuZW 7 (2000), S. 203 ff.

Larenz, Karl: Lehrbuch des Schuldrechts, I. Bd. Allgemeines Schuldrecht, 10. Aufl. 1970.

Lukes, Rudolf: Rechtsetzung und Rechtsangleichung, in: M. A. Dauses (Hrsg.), Handbuch des EU-Wirtschaftsrechts, Bd. 1, 1998.

Meier, Gert: WTO-Revisionsentscheidung zur EG-Bananenmarktordnung, EuZW 23 (1997), S. 719 ff.

Mögele, Rudolf/*Priebe*, Reinhard: Agrarrecht, in: M. A. Dauses (Hrsg.), Handbuch des EU-Wirtschaftsrechts, Bd. 1, 1998.

Müller-Graff, Peter-Christian: Die Verfassungsziele der EG/EuGH, in: M. A. Dauses (Hrsg.), Handbuch des EU-Wirtschaftsrechts, Bd. 1, 1998.

Oppermann, Thomas: Die Europäische Gemeinschaft und Union in der Welthandelsorganisation (WTO), RIW 11 (1995), S. 919 ff.

– Europarecht, 2. Aufl. 1999.

Petersmann, Ernst-Ulrich: Die EWG als GATT-Mitglied – Rechtskonflikte zwischen GATT-Recht und Europäischem Gemeinschaftsrecht, in: M. Hilf/ders. (Hrsg.): GATT und Europäische Gemeinschaft, 1986, S. 119 ff.

– Darf die EG das Völkerrecht ignorieren?, EuZW 11 (1997), S. 325 ff.

– The GATT/WTO Dispute Settlement System. Internationale Law, International Organizations and Dispute Settlement, 1997.

– Grundfragen der Beteiligung der Europäischen Gemeinschaft an der Welthandelsorganisation, in: P.-Ch. Müller-Graf (Hrsg.), Die Europäische Gemeinschaft in der

Welthandelsorganisation. Globalisierung und Weltmarktrecht als Herausforderung für Europa, 1999/2000, S. 85 ff.

Pieper, Stefan Ulrich: Gemeinsame Handelspolitik und Entwicklungszusammenarbeit, in: A. Bleckmann, Europarecht. Das Recht der Europäischen Union und der Europäischen Gemeinschaften, 6. Aufl. 1997.

Reinisch, August: Entschädigung für die unbeteiligten „Opfer" des Hormon- und Bananenstreits nach Art. 288 II EG?, EuZW 2 (2000), S. 42 ff.

Ress, Georg: Souveränitätsverständnis in den Europäischen Gemeinschaften als Rechtsproblem, in: ders. (Hrsg.), Souveränitätsverständnis in den Europäischen Gemeinschaften, 1980.

Schachtschneider, Karl Albrecht: Res publica res populi, Grundlegung einer Allgemeinen Republiklehre. Ein Beitrag zur Freiheits-, Rechts- und Staatslehre, 1994.

– Die existentielle Staatlichkeit der Völker Europas und die staatliche Integration der Europäischen Union, in: W. Blomeyer/ders. (Hrsg.), Die Europäische Union als Rechtsgemeinschaft, 1995, S. 75 ff.

– Die Republik der Völker Europas, ARSP-Beiheft 71 (1997), S. 153 ff.

– Das Verfassungsrecht der Europäischen Union, Manuskript 2000.

– Prinzipien des Rechtsstaates, 2001.

Schachtschneider, Karl Albrecht/*Emmerich-Fritsche*, Angelika: Das Verhältnis des europäischen Gemeinschaftsrechts zum nationalen Recht Deutschlands, DSWR 1-2 (1999), S. 17 ff.

Schmid, Christoph: Immer wieder Bananen: Der Status des GATT/WTO-Systems im Gemeinschaftsrecht, NJW 4 (1998), 190 ff.

Schröder, Meinhard: Beziehung zu internationalen Organisationen, in: H. Groeben/J. Thiesing/C.D. Ehlermann: Kommentar EU/EG-Vertrag, 5. Aufl. 1997, S. 527 ff.

Schroeder, Werner/*Selmeyr*, Martin: Die EG, das GATT und die Vollzugslehre, JZ 7 (1998), S. 344.

Senti, Richard: GATT. Allgemeines Zoll- und Handelsabkommen als System der Welthandelsordnung, 1986.

Siebold, Dagmar I.: Die Welthandelsorganisation und die Europäische Gemeinschaft. Ein Beitrag zur globalen wirtschaftlichen Integration, Diss. Erlangen-Nürnberg, 2001.

Simma, Bruno: Das Reziprozitätselement im Zustandekommen völkerrechtlicher Verträge. Gedanken zu einem Bauprinzip der internationalen Rechtsbeziehungen, 1972.

Simma, Bruno/*Veddar*, Christoph: Art. 210 EGV, in: E. Grabitz/M. Hilf (Hrsg.), Das Recht der Europäischen Union. Kommentar, 1999.

Streinz, Rudolf: Europarecht, 4. Aufl. 1999.

Strupp Karl/*Schlochauer*, Hans-Jürgen: Wörterbuch des Völkerrechts, 1. Bd., 1961.

Thürer, Daniel: WTO-Teilordnung im System des Völker- und Europarechts, in: ders./St. Kux (Hrsg.), GATT 1994 und die Welthandelsorganisation – Herausforderungen für die Schweiz und Europa, 1996, S. 47 ff.

Verdross, Alfred/*Simma*, Bruno: Universelles Völkerrecht, Theorie und Praxis, 3. Aufl. 1984.

Weber, Albrecht: Die Bananenmarktordnung unter Aufsicht des BVerfG?, EuZW 6 (1997), S. 165 ff.

Wessels, Bernd-Artin: Das Bananendiktat. Plädoyer für einen freien Außenhandel Europas, 1995.

Westenreicher, Eduard: Der Grundsatz der Gegenseitigkeit in den Handelsbeziehungen zwischen Industrie- und Entwicklungsländern unter besonderer Berücksichtigung des GATT, der Vereinten Nationen und der EWG-AKP-Beziehungen. Tatsächliche Gleichheit im Völkerrecht durch internationale Institutionen?, 1984.

Zulegg, Manfred: Bananen und Grundrechte – Anlaß zum Konflikt zwischen europäischer und deutscher Gerichtsbarkeit, NJW 18 (1997), S. 1201 ff.

Grenzen der Kapitalverkehrsfreiheit

Karl Albrecht Schachtschneider

Albert, Hans: Das Ideal der Freiheit und das Problem der sozialen Ordnung, 1994.

Arendt, Hannah: Vita activa oder Vom tätigen Leben, 5. Aufl. 1987.

– Wahrheit und Lüge in der Politik, 2. Aufl. 1987.

Aristoteles: Nikomachische Ethik, übers. u. hrsg. v. O. Gigon, 6. Aufl. 1986.

– Politik, übers. u. hrsg. v. O. Gigon, 6. Aufl. 1986.

Arnim, Hans Herbert: Besteuerung und Eigentum, VVDStRL 39 (1981), S. 281 ff.

– Fetter Bauch regiert nicht gern. Die politische Klasse selbstbezogen und abgehoben, 1997.

Badura, Peter: Bewahrung und Veränderung demokratischer und rechtsstaatlicher Verfassungsstruktur in den internationalen Gemeinschaften, VVDStRL 23 (1966), S. 34 ff.

– Die parlamentarische Demokratie, in: J. Isensee/P. Kirchhof (Hrsg.), Handbuch des Staatsrechts der Bundesrepublik Deutschland, Bd. I, Grundlagen von Staat und Verfassung in der Bundesrepublik Deutschland, 1987, § 23, S. 953 ff.

– Eigentum, in: E. Benda/W. Maihofer/H.-J. Vogel (Hrsg.), Handbuch des Verfassungsrechts, 2. Aufl. 1994, S. 327 ff.

– Freiheit und Eigentum in der Demokratie, in: Eigentum und Eigentümer im Zeitalter globaler Märkte und Finanzströme, Veröffentlichung der Walter-Raymond-Stiftung, Bd. 38, 1998.

– Wirtschaftsverwaltungsrecht, in: I. v. Münch, Besonderes Verwaltungsrecht, 8. Aufl. 1988, S. 283 ff.

Bandilla, Rüdiger: in: Grabitz/Hilf, Kommentar zur Europäischen Union, 1996, Rdn. 1 ff. zu Art. 3 a EGV.

Basedow, Jürgen von: Von der deutschen zur europäischen Wirtschaftsverfassung, 1992.

Bassenge, Friedrich: Das Versprechen: ein Beitrag zur Philosophie der Sittlichkeit und des Rechts, 1930.

Baur, Fritz: Lehrbuch des Sachenrechts, 6. Aufl. 1970.

Beck, Lewis W.: Kants „Kritik der praktischen Vernunft“, 2. Aufl. 1985.

Beck, Ulrich: Was ist Globalisierung?, 5. Aufl. 1998.

– Wie wird Demokratie im Zeitalter der Globalisierung möglich? – Eine Einleitung, in: U. Beck (Hrsg.), Politik der Globalisierung, 1998, S. 7 ff.

Benda, Ernst: Der soziale Rechtsstaat, in: E. Benda/W. Maihofer/H.-J. Vogel (Hrsg.), Handbuch des Verfassungsrechts, 2. Aufl. 1994, S. 719 ff.

Bernatzik, Edmund: Republik und Monarchie, 2. Aufl. 1919.

Bethge, Herbert: Der Grundrechtseingriff, VVDStRL 57 (1998), S. 7 ff.

Birnbaum, Norbert: Siegt die Marktorthodoxie, stirbt die Demokratie, Bl.f.dt.u.intern. Politik 1997, S. 1450 ff.

Bleckmann, Albert: Staatsrecht II, Die Grundrechte, 3. Aufl. 1989.

Böckenförde, Ernst-Wolfgang: Die verfassungstheoretische Unterscheidung von Staat und Gesellschaft als Bedingung der individuellen Freiheit, 1973.

– Grundrechtstheorie und Grundrechtsinterpretation, NJW 1974, 1529 ff.

– Die Bedeutung der Unterscheidung von Staat und Gesellschaft im demokratischen Sozialstaat der Gegenwart, in: ders., Staat und Gesellschaft, 1976, S. 395 ff.

– Demokratie als Verfassungsprinzip, in: J. Isensee/P. Kirchhof (Hrsg.), Handbuch des Staatsrechts der Bundesrepublik Deutschland, Bd. I, Grundlagen von Staat und Verfassung in der Bundesrepublik Deutschland, 1987, § 22, S. 887 ff.

– Demokratische Willensbildung und Repräsentation, in: J. Isensee/P. Kirchhof (Hrsg.), Handbuch des Staatsrechts der Bundesrepublik Deutschland, Bd. II, Demokratische Willensbildung – Die Staatsorgane des Bundes, 1987, § 30, S. 29 ff.

Bogdandy, Armin v.: in: Grabitz/Hilf (Hrsg.), Das Recht der Europäischen Union, Kommentar, 2000, Art. 2 EGV.

Böhm, Franz: Wettbewerb und Monopolkampf. Eine Untersuchung zur Frage des wirtschaftlichen Kampfrechts und zur Frage der rechtlichen Struktur der geltenden Wirtschaftsordnung, 1933/1964.

Böhmer, Gustav: Einführung in das Bürgerliche Recht, 2. Aufl. 1965.

Börner, Bodo: Die fünfte Freiheit des Gemeinsamen Marktes: der freie Zahlungsverkehr, FS C. F. Ophüls, 1965, S. 19 ff.

– Rechtsfragen des Zahlungs- und Kapitalverkehrs in der EWG, EuR 1 (1966), S. 97 ff.

Bothe, Michael: Friedenssicherung und Kriegsrecht, in: W. Graf Vitzthum (Hrsg.), Völkerrecht, 1997, VII, 3 ff., S. 584 ff.

Brenner, Michael: Der Gestaltungsauftrag der Verwaltung in der Europäischen Union, 1996.

Breuer, Rüdiger: Freiheit des Berufs, in: J. Isensee/P. Kirchhof (Hrsg.), Handbuch des Staatsrechts der Bundesrepublik Deutschland, Bd. VI, Freiheitsrechte, 1989, § 147, S. 877 ff.

Brohm, Winfried: Sachverständige Beratung des Staates, in: J. Isensee/P. Kirchhof (Hrsg.), Handbuch des Staatsrechts der Bundesrepublik Deutschland, Bd. II, Demokratische Willensbildung – Die Staatsorgane des Bundes, 1987, § 36, S. 207 ff.

Brünneck, Alexander v.: Die Eigentumsgarantie des Grundgesetzes, 1984.

Brunner, Manfred: Das Subsidiaritätsprinzip als europäisches Prinzip, in: D. Merten (Hrsg.), Die Subsidiarität Europas, 1993, S. 9 ff.

Bryde, Brun-Otto: in: v. Münch/Kunig, Grundgesetz-Kommentar, Bd. 1, 4. Aufl. 1992, Art. 15, Rdn. 18.

Canaris, Claus-Wilhelm: Die Vertrauenshaftung im deutschen Privatrecht, 1971.

Cassel, Dieter/*Thieme*, Hans Jörg: Stabilitätspolitik, in: D. Bender et al. (Hrsg.), Vahlens Kompendium der Wirtschaftstheorie und Wirtschaftspolitik, Bd. 2, 6. Aufl. 1995, S. 315 ff.

Cerny, Philip G.: Globalisierung und die neue Logik kollektiven Handelns, in: U. Beck (Hrsg.), Politik der Globalisierung, 1998, S. 263 ff.

Dahlmanns, Gert: Mehr Markt für den Arbeitsmarkt, Aus Politik und Zeitgeschichte B 35/97, S. 33 ff.

Dahrendorf, Ralf: Anmerkungen zur Globalisierung, in: U. Beck (Hrsg.), Perspektiven der Weltwirtschaft, 1998, S. 41 ff.

Däubler, Wolfgang: Das Arbeitsrecht 2, 11. Aufl. 1998.

– Eigentum und Recht in der BRD, in: W. Däubler/U. Sieling-Wendeling/H. Welkoborsky (Hrsg.), Eigentum und Recht. Die Entwicklung des Eigentumsbegriffs im Kapitalismus, 1976, S. 141 ff.

Dürig, Günter: Das Eigentum als Menschenrecht, ZfgesSfW 109 (153), S. 326 ff.

– Der Grundrechtssatz von der Menschenwürde, AöR 81 (1956), S. 117 ff.

– Kommentierung des Art. 2 GG, in: Maunz/Dürig, Grundgesetz, Kommentar, 1958.

– Kommentierung des Art. 3 Abs. 1 GG, in: Maunz/Dürig, Grundgesetz, Kommentar, 1973.

Ehlers, Dirk: Eigentumsschutz, Sozialbindung und Enteignung bei der Nutzung von Boden und Umwelt, VVDStRL 51 (1992), S. 211 ff.

Ehmke, Horst: „Staat" und „Gesellschaft" als verfassungstheoretisches Problem, in: E.-W. Böckenförde (Hrsg.), Staat und Gesellschaft, 1976, S. 241 ff.

Emmerich, Volker: Das Wirtschaftsrecht der öffentlichen Unternehmen, 1969.

– Wettbewerbsrecht. Einführung, 2. Aufl. 1976.

Emmerich-Fritsche, Angelika: Der Grundsatz der Verhältnismäßigkeit als Direktive und Schranke der EG-Rechtsetzung, 2000.

– Anmerkung zu BVerfG vom 7. Juni 2000, Akz.: 2BvL 1/97, BayVBl 2000, 755 ff.

– Vom Völkerrecht zum Weltrecht (i.E.).

Enderlein, Axel: Der Begriff der Freiheit als Tatbestandsmerkmal der Grundrechte. Konzeption und Begründung eines einheitlichen, formalen Freiheitsbegriffs, dargestellt am Beispiel der Kunstfreiheit, 1995.

Endres, Alfred: Umwelt und Ressourcenökonomik, in: Gabler, Volkswirtschaftliches Lexikon, 1996, S. 1123 f.

Erbel, Günter: Das Sittengesetz als Schranke der Grundrechte. Ein Beitrag zur Auslegung des Art. 2 Abs. 1 des Grundgesetzes, 1971.

Erichsen, Hans-Uwe: Allgemeine Handlungsfreiheit, in: J. Isensee/P. Kirchhof (Hrsg.), Handbuch des Staatsrechts der Bundesrepublik Deutschland, Bd. VI, Freiheitsrechte, 1989, § 152, S. 1185 ff.

Fichte, Johann Gottlieb: Der geschlossene Handelsstaat. Ein philosophischer Entwurf als Anhang zur Rechtslehre und Probe einer künftig zu liefernden Politik, 1800, 7. Kapitel, in: Fichtes Werke, hrsg. v. F. Medicus, Dritter Band, Schriften von 1797-1801, o. J., S. 54 ff.

Flume, Werner: Allgemeiner Teil des Bürgerlichen Rechts, Zweiter Band, Das Rechtsgeschäft, 1965.

Forsthoff, Ernst: Begriff und Wesen des sozialen Rechtsstaates, VVDStRL 12 (1954), S. 8 ff.

Frowein, Jochen A.: Das *Maastricht*-Urteil und die Grenzen der Verfassungsgerichtsbarkeit, ZaöRV 1994, 10 f.

Gerhardt, Volker: Immanuel Kants Entwurf „Zum ewigen Frieden". Eine Theorie der Politik, 1995.

Gleske, Leonhard: Die Liberalisierung des Kapitalverkehrs in der EG, in: G. Bruns/K. Häuser (Hrsg.), Integration der Kapitalmärkte, 1987, S. 63 ff.

Götz, Volkmar: Innere Sicherheit, in: J. Isensee/P. Kirchhof (Hrsg.), Handbuch des Staatsrechts der Bundesrepublik Deutschland, Bd. III, Das Handeln des Staates, 1988, § 77, S. 1007 ff.

– Das Maastricht-Urteil des Bundesverfassungsgerichts, JZ 1993, 1081 ff.

Grabitz, Eberhard: Freiheit und Verfassungsrecht. Kritische Untersuchungen zur Dogmatik und Theorie der Freiheitsrechte, 1976.

Grimm, Dieter: Die politische Parteien, in: E. Benda/W. Maihofer/H.-J. Vogel (Hrsg.), Handbuch des Verfassungsrechts, 2. Aufl. 1994, S. 610 ff.

Grunsky, Wolfgang: Münchener Kommentar zum Bürgerlichen Gesetzbuch, 3. Aufl. 1994, Vorbemerkung vor § 249.

Häberle, Peter: Grundrechte im Leistungsstaat, VVDStRL 30 (1972), S. 43 ff.

– Öffentlichkeitsarbeit der Regierung zwischen Parteien- und Bürgerdemokratie, JZ 1977, 361 ff.

– Die Wesensgehaltsgarantie des Art. 19 Abs. 2 Grundgesetz. Zugleich ein Beitrag zum institutionellen Verständnis der Grundrechte und zur Lehre vom Gesetzesvorbehalt, 1962, 3. Aufl. 1983.

– Arbeit als Verfassungsproblem, JZ 1984, 345 ff.

– Aspekte einer Verfassungslehre der Arbeit, AöR 109 (1984), S. 630 ff.

– Die Menschenwürde als Grundlage der staatlichen Gemeinschaft, in: J. Isensee/P. Kirchhof (Hrsg.), Handbuch des Staatsrechts der Bundesrepublik Deutschland, Bd. I, Grundlagen von Staat und Verfassung in der Bundesrepublik Deutschland, 1987, § 20, S. 815 ff.

– Ethik „im" Verfassungsrecht, Rechtstheorie 21 (1990), S. 269 ff.

Habermas, Jürgen: Erkenntnis und Interesse, 1968.

– Die Utopie des guten Herrschers, 1972, in: G. Roellecke (Hrsg.), Rechtsphilosophie oder Rechtstheorie, 1988, S. 327 ff.

– Legitimationsprobleme im modernen Staat, Politische Vierteljahrsschrift, Sonderheft 7, 1976, S. 39 ff.

– Strukturwandel der Öffentlichkeit. Untersuchungen zu einer Kategorie der bürgerlichen Gesellschaft, 1962, 9. Aufl. 1978.

– Theorie des kommunikativen Handelns, 2. Bd., 1981.

– Moralbewußtsein und kommunikatives Handeln, 1983.

– Faktizität und Geltung. Beiträge zur Diskurstheorie des Rechts und des demokratischen Rechtsstaates, 1992.

– Jenseits des Nationalstaats? Bemerkungen zu Folgeproblemen der wirtschaftlichen Globalisierung, in: U. Beck (Hrsg.), Politik der Globalisierung, 1998, S. 67 ff.

Häde, Ulrich: Gesamtwirtschaftliches Gleichgewicht und europäische Haushaltsdisziplin, JZ 1997, 269 ff.

Hailbronner, Kay: Der Staat und der Einzelne als Völkerrechtssubjekte, in: W. Graf Vitzthum (Hrsg.), Völkerrecht, 1997, III, S. 181 ff.

Hankel, Wilhelm: Währung. Ist der Euro ein Gewinn? Contra, Die Bank 9/2000, S. 583.

Hankel, Wilhelm/*Nölling*, Wilhelm/*Schachtschneider*, Karl Albrecht/*Starbatty*, Joachim: Die Euro-Klage. Warum die Währungsunion scheitern muß, 1998.

Hänsch, Hans-Martin: Gesamtwirtschaftliche Stabilität als Verfassungsprinzip. Die gesamtwirtschaftliche Stabilität der deutschen Wirtschaftsverfassung und die Europäische Währungsunion, Dissertation Erlangen-Nürnberg, 2001.

Härtel, Hans-Hagen/*Jungnickel* Ralf, *et al.*: Grenzüberschreitende Produktion und Strukturwandel – Globalisierung der deutschen Wirtschaft, 1996.

Hasse, Rolf: Globalisierung versus Protektionismus, in: R. Biskup (Hrsg.), Globalisierung und Wettbewerb, 2. Aufl. 1996, S. 285 ff.

Hayek, Friedrich August von: Der Wettbewerb als Entdeckungsverfahren, in: ders., Freiburger Studien, 1969, S. 249 ff.

– Recht, Gesetzgebung und Freiheit, Bd. 2, Die Illusion der sozialen Gerechtigkeit, 1981.

– Recht, Gesetzgebung und Freiheit, Bd. 1, Regeln und Ordnung, 2. Aufl. 1986.

– Die Verfassung der Freiheit, 1971, 3. Aufl. 1991.

Hegel, Georg W. F.: Grundlinien der Philosophie des Rechts oder Naturrecht und Staatswissenschaft im Grundrisse, 1821 (Rechtsphilosophie), ed. Suhrkamp, Hegel Werke, 2. Aufl. 1989, Bd. 7.

Heinrichs, Helmut: in: Palandt, Bürgerliches Gesetzbuch, Komm., 54. Aufl. 1995, Vorbemerkung vor S. 249, Rdn. 7 ff.

Heller, Hermann: Staatslehre, 1934, 2. Aufl. 1961.

Henke, Wilhelm: Die politischen Parteien zwischen Staat und Gesellschaft, 1972, in: E. - W. Böckenförde (Hrsg.), Staat und Gesellschaft, 1976, S. 367 ff.

– Recht und Staat. Grundlagen der Jurisprudenz, 1988.

Herzog, Roman: Subsidiaritätsprinzip und Staatsverfassung, Der Staat 2 (1963), S. 399 ff.

– Kommentierung des Art. 20 GG, in: Maunz/Dürig, Grundgesetz, Kommentar, 1987.

Hesse, Konrad: Bemerkungen zur heutigen Problematik und Tragweite der Unterscheidung von Staat und Gesellschaft, in: E.-W. Böckenförde (Hrsg.), Staat und Gesellschaft, 1976, S. 484 ff.

– Grundzüge des Verfassungsrechts der Bundesrepublik Deutschland, 16. Aufl. 1988.

– Bedeutung der Grundrechte, in: E. Benda/W. Maihofer/H.-J. Vogel (Hrsg.), Handbuch des Verfassungsrechts, 2. Aufl. 1994, S. 127 ff.

Hirst, Paul/*Thompson*, Grahame: Globalisierung? Internationale Wirtschaftsbeziehungen, Nationalökonomien und die Formierung von Handelsblöcken, in: U. Beck (Hrsg.), Politik der Globalisierung, 1998, S. 85 ff.

Hobbes, Thomas: Elementa Philosophica de Cive, Philosophische Anfangsgründe vom Bürger, 2. Aufl. 1647, in: G. Geismann/K. Herb (Hrsg.), Hobbes über die Freiheit, 1988, S. 38 ff.

Höffe, Otfried: Politische Gerechtigkeit. Grundlegung einer kritischen Philosophie von Recht und Staat, 1987.

– Demokratie im Zeitalter der Globalisierung, 1999.

Höfling, Wolfram: Vertragsfreiheit. Eine grundrechtsdogmatische Studie, 1991.

Hoppmann, Erich: Zum Schutzobjekt des GWB. Die sogenannten volkswirtschaftlichen Erkenntnisse und ihre Bedeutung für die Schutzobjektsdiskussion, in: Wettbewerb als Aufgabe. Nach zehn Jahren Gesetz gegen Wettbewerbsbeschränkungen, 1968, S. 61 ff.

– Soziale Marktwirtschaft oder konstruktivistischer Interventionismus?, in: ders., Wirtschaftsordnung und Wettbewerb, 1988, S. 56 ff.

Huber, Ernst Rudolf: Nationalstaat und supranationale Ordnung, 1964, in: ders., Nationalstaat und Verfassungsstaat, Studien zur Geschichte der modernen Staatsidee, 1965, S. 273 ff.

– Deutsche Verfassungsgeschichte seit 1789, Reform und Restauration 1789 bis 1830, Bd. I, 1957, 2. Aufl. 1967.

– Das Kaiserreich als Epoche verfassungsstaatlicher Entwicklung, in: J. Isensee/P. Kirchhof (Hrsg.), Handbuch des Staatsrechts der Bundesrepublik Deutschland, Bd. I, Grundlagen von Staat und Verfassung in der Bundesrepublik Deutschland, 1987, § 2, S. 35 ff.

Huber, Peter M.: Europäisches und nationales Verfassungsrecht, VVDStRL 60 (2001), S. 194 ff.

Hueck, Alfred, in: ders./H. C. Nipperdey, Lehrbuch des Arbeitsrechts, Erster Band, 7. Aufl. 1963.

Ipsen, Hans Peter: Enteignung und Sozialisierung, VVDStRL 10 (1952), S. 74 ff.

– Europäisches Gemeinschaftsrecht, 1972.

– Die Bundesrepublik Deutschland in den Europäischen Gemeinschaften, in: J. Isensee/P. Kirchhof (Hrsg.), Handbuch des Staatsrechts der Bundesrepublik Deutschland, Bd. VII, Normativität und Schutz der Verfassung – Internationale Beziehungen, 1992, § 181, S. 767 ff.

– Zehn Glossen zum Maastricht-Urteil, EuR 1994, S. 1 ff.

Ipsen, Knut: Völkerrecht, 4. Aufl. 1999.

Isensee, Josef: Subsidiaritätsprinzip und Verfassungsrecht. Eine Studie über das Regulativ des Verhältnisses von Staat und Gesellschaft, 1968.

– Republik – Sinnpotential eines Begriffs, Begriffsgeschichtliche Stichproben, JZ 1981, S. 1 ff.

– Das Grundrecht auf Sicherheit. Zu den Schutzpflichten des freiheitlichen Verfassungsstaates, 1983.

– Staat und Verfassung, in: J. Isensee/P. Kirchhof (Hrsg.), Handbuch des Staatsrechts der Bundesrepublik Deutschland, Bd. I, Grundlagen von Staat und Verfassung in der Bundesrepublik Deutschland, 1987, § 13, S. 591 ff.

– Gemeinwohl und Staatsaufgaben im Verfassungsstaat, in: J. Isensee/P. Kirchhof (Hrsg.), Handbuch des Staatsrechts der Bundesrepublik Deutschland, Bd. III, Das Handeln des Staates, 1988, § 57, S. 3 ff.

– Grundrechtsvoraussetzung und Verfassungserwartungen an die Grundrechtsausübung, in: J. Isensee/P. Kirchhof (Hrsg.), Handbuch des Staatsrechts der Bundesrepublik Deutschland, Bd. V, Allgemeine Grundrechtslehren, 1992, § 115, S. 353 ff.

– Anwendung der Grundrechte auf juristische Personen, in: J. Isensee/P. Kirchhof (Hrsg.), Handbuch des Staatsrechts der Bundesrepublik Deutschland, Bd. V, Allgemeine Grundrechtslehren, 1992, § 118, S. 563 ff.

– Das Grundrecht als Abwehrrecht und als staatliche Schutzpflicht, in: J. Isensee/P. Kirchhof (Hrsg.), Handbuch des Staatsrechts der Bundesrepublik Deutschland, Bd. V, Allgemeine Grundrechtslehren, 1992, § 111, S. 143 ff.

– Nachwort. Europa – die politische Erfindung eines Erdteils, in: ders./Kirchhof, P./Schäfer, H./Tietmeyer, H. (Hrsg.), Europa als politische Idee und als rechtliche Form, 1993, S. 103 ff.

– Das Volk als Grund der Verfassung. Mythos und Relevanz der Lehre von der verfassungsgebenden Gewalt, 1995.

Jaspers, Karl: Vom Ursprung und Ziel der Geschichte, 1949.

– Plato, Augustin, Kant, Drei Gründer des Philosophierens, 1957.

– Wahrheit, Freiheit, Friede. Rede, gehalten am 28.9.1958 in der Paulskirche zu Frankfurt/M. anläßlich der Verleihung des Friedenspreises des Deutschen Buchhandels, 1958, in: ders., Lebensfragen der deutschen Politik, 1963, S. 158 ff.

– Wohin treibt die Bundesrepublik? Tatsachen, Gefahren, Chancen, 1966, 10. Aufl. 1988.

Kant, Immanuel: Kritik der reinen Vernunft, 1781/1787, in: Werke in zehn Bänden, hrsg. v. W. Weischedel, Bd. 4, 1968, Bd. 4, S. 307 ff.

– Grundlegung zur Metaphysik der Sitten, 1785/1786, in: Werke in zehn Bänden, hrsg. v. W. Weischedel, Bd. 6, 1968, S. 7 ff.

– Kritik der praktischen Vernunft, 1788, in: Werke in zehn Bänden, hrsg. v. W. Weischedel, Bd. 6, 1968, S. 103 ff.

– Metaphysik der Sitten, 1797/1798, in: Werke in zehn Bänden, hrsg. v. W. Weischedel, Bd. 7, 1968, S. 303 ff.

– Die Religion innerhalb der Grenzen der bloßen Vernunft, 1793/94, in: Werke in zehn Bänden, hrsg. v. W. Weischedel, Bd. 7, 1968, S. 644 ff.

– Idee zu einer allgemeinen Geschichte in weltbürgerlicher Absicht, in: Werke in zehn Bänden, hrsg. v. W. Weischedel, Bd. 9, 1968, S. 31 ff.

– Über den Gemeinspruch: Das mag in der Theorie richtig sein, taugt aber nicht für die Praxis, in: Werke in zehn Bänden, hrsg. v. W. Weischedel, Bd. 9, 1968, S. 125 ff.

– Zum ewigen Frieden. Ein philosophischer Entwurf, 1795/1796, in: Werke in zehn Bänden, hrsg. v. W. Weischedel, Bd. 9, 1968, S. 191 ff.

Kapstein, Ethan B.: Arbeiter und die Weltwirtschaft, in: U. Beck (Hrsg.), Politik der Globalisierung, 1998, S. 203 ff.

Kaulbach, Friedrich: Recht und Moral in der rechtsphilosophischen Situation der Gegenwart, 1979, in: ders., Studien zur späten Rechtsphilosophie Kants und ihrer transzendentalen Methode, 1982, S. 169 ff.

– Immanuel Kants „Grundlegung zur Metaphysik der Sitten“, 1988.

Kelsen, Hans: Allgemeine Staatslehre, 1. Aufl. 1925, unveränderter Nachdruck 1965.

– Vom Wesen und Wert der Demokratie, 2. Aufl. 1929.

Kersting, Wolfgang: Wohlgeordnete Freiheit. Immanuel Kants Rechts- und Staatsphilosophie, 1984.

– Transzendentalphilosophische Eigentumsbegründung, 1991, in: ders., Recht, Gerechtigkeit und demokratische Tugend, 1997, S. 41 ff.

Kiemel, Wolfgang: in: Groeben/Thiesing/Ehlermann (Hrsg.), Kommentar zum EWG-Vertrag, Art. 1-84, 4. Aufl. 1991, Art. 67.

Kimminich, Otto: Kommentar zum Bonner Grundgesetz (Bonner Kommentar), Drittbearbeitung der Art. 14 und 15 GG, 1992.

Kirchhof, Paul: Besteuerung und Eigentum, VVDStRL 39 (1981), S. 213 ff.

– Deutsche Sprache, in: J. Isensee/P. Kirchhof (Hrsg.), Handbuch des Staatsrechts der Bundesrepublik Deutschland, Bd. I, Grundlagen von Staat und Verfassung in der Bundesrepublik Deutschland, 1987, § 18, S. 745 ff.

– Die Identität der Verfassung in ihren unabänderlichen Inhalten, in: J. Isensee/P. Kirchhof (Hrsg.), Handbuch des Staatsrechts der Bundesrepublik Deutschland, Bd. I, Grundlagen von Staat und Verfassung in der Bundesrepublik Deutschland, 1987, § 19, S. 775 ff.

– Mittel staatlichen Handelns, in: J. Isensee/P. Kirchhof (Hrsg.), Handbuch des Staatsrechts der Bundesrepublik Deutschland, Bd. III, Das Handeln des Staates, 1988, § 59, S. 121 ff.

– Gegenwartsfragen an das Grundgesetz, JZ 1989, 453.

– Rechtsschutz durch Bundesverfassungsgericht und Europäischen Gerichtshof, in: D. Merten, Föderalismus und Europäische Gemeinschaften unter besonderer Berücksichtigung von Umwelt und Gesundheit, Kultur und Bildung, 1990, S. 109 ff.

– Deutsches Verfassungsrecht und Europäisches Gemeinschaftsrecht, EuR Beiheft 1 (1991), S. 22 ff.

– Brauchen wir ein erneuertes Grundgesetz?, 1992.

– Der allgemeine Gleichheitssatz, in: J. Isensee/P. Kirchhof (Hrsg.), Handbuch des Staatsrechts der Bundesrepublik Deutschland, Bd. V, Allgemeine Grundrechtslehren, 1992, § 124, S. 837 ff.

– Der deutsche Staat im Prozeß der europäischen Integration, in: J. Isensee/P. Kirchhof (Hrsg.), Handbuch des Staatsrechts der Bundesrepublik Deutschland, Bd. VII, Normativität und Schutz der Verfassung – Internationale Beziehungen, 1992, § 183, S. 855 ff.

– Europäische Einigung und Verfassungsstaat der Bundesrepublik Deutschland, in: Isensee, J./Kirchhof, P./Schäfer, H./Tietmeyer, H. (Hrsg.), Europa als politische Idee und als rechtliche Form, 1993, S. 63 ff.

– Verfassungsrechtlicher Schutz und internationaler Schutz der Menschenrechte: Konkurrenz oder Ergänzung?, EuGRZ 1994, 27 ff.

Kläver, Michael: Die Verfassung des Marktes. F. A. v. Hayeks Lehre von Staat und Markt im Spiegel grundgesetzlicher Staats- und Verfassungsrechtslehre, 2000.

Klein, Eckart: Der Verfassungsstaat als Glied einer europäischen Gemeinschaft, VVDStRL 50 (1991), S. 80 ff.

Klein, Hans Hugo: Aufgaben des Bundestages, in: J. Isensee/P. Kirchhof (Hrsg.), Handbuch des Staatsrechts der Bundesrepublik Deutschland, Bd. II, Demokratische Willensbildung – Die Staatsorgane des Bundes, 1987, § 40, S. 341 ff.

Klopfleisch, Roland/*Sesselmeier*, Werner/*Setzer*, Martin: Wirksame Instrumente einer Arbeitsmarkt- und Beschäftigungspolitik, Aus Politik und Zeitgeschichte B 35/97, S. 23 ff.

König, Doris: Das Urteil des Bundesverfassungsgerichts zum Vertrag von Maastricht – ein Stolperstein auf dem Weg in die europäische Integration?, ZaöRV 1994, 17 ff.

Kriele, Martin: Das demokratische Prinzip im Grundgesetz, VVDStRL 29 (1971), S. 46 ff.

– Einführung in die Staatslehre. Die geschichtliche Legitimationsgrundlage des demokratischen Verfassungsstaates, 1975, 4. Aufl. 1990.

– Befreiung und politische Aufklärung. Plädoyer für die Würde des Menschen, 1980.

– Freiheit und Gleichheit, in: E. Benda/W. Maihofer/H.-J. Vogel (Hrsg.), Handbuch des Verfassungsrechts, 1. Aufl. 1984, S. 129 ff.

– Die demokratische Weltrevolution. Warum sich die Freiheit durchsetzen wird, 1987.

– Die Universalität der Menschenrechte, ARSP-Beiheft 51 (1993), S. 47 ff.

Krüger, Herbert: Allgemeine Staatslehre, 2. Aufl. 1966.

Kühl, Kristian: Eigentumsordnung als Freiheitsordnung. Zur Aktualität der kantischen Rechts- und Eigentumslehre, 1984.

Larenz, Karl: Allgemeiner Teil des deutschen bürgerlichen Rechts, 1967.

Lecheler, Helmut: Art. 12 GG – Freiheit des Berufs und Grundrecht der Arbeit, VVDStRL 43 (1985), S. 48 ff.

– Das Subsidiaritätsprinzip: Strukturprinzip einer europäischen Union, 1993.

Lehmann, Heinrich/*Hübner*, Heinz: Der allgemeine Teil des Bürgerlichen Gesetzbuches, 16. Aufl. 1966.

Lehner, Franz: Spekulation statt Produktion – was treibt den modernen Kapitalismus?, in: W. Nölling/K. A. Schachtschneider/J. Starbatty (Hrsg.), Währungsunion und Weltwirtschaft, FS Wilhelm Hankel, 1999, S. 325 ff.

Leibholz, Gerhard: Das Wesen der Repräsentation und der Gestaltwandel der Demokratie im Zwanzigsten Jahrhundert, 1929, 3. Aufl. 1966.

– Der moderne Parteienstaat, 1960, in: ders., Verfassungsstaat – Verfassungsrecht, 1973, S. 68 ff.

Leisner, Anna: Die Leistungsfähigkeit des Staates. Verfassungsrechtliche Grenze der Staatsleistungen?, 1998.

Leisner, Walter: Grundrechte und Privatrecht, 1960.

– Effizienz als Rechtsprinzip, 1971.

– Sozialbindung des Eigentums, 1972.

– Demokratie. Selbstzerstörung einer Staatsform?, 1979.

– Spekulation – ein politisches Schlagwort, 1981.

– Die demokratische Anarchie. Verlust der Ordnung als Staatsprinzip?, 1982.

– Eigentum, in: J. Isensee/P. Kirchhof (Hrsg.), Handbuch des Staatsrechts der Bundesrepublik Deutschland, Bd. VI, Freiheitsrechte, 1989, § 149, S. 1093 ff.

– Freiheit und Eigentum – die selbständige Bedeutung des Eigentums gegenüber der Freiheit, 1974, in: ders., Eigentum, hrsg. v. J. Isensee, 1996, S. 7 ff.

– Der Eigentümer als Organ der Wirtschaftsverfassung, 1975, in: ders., Eigentum, hrsg. v. J. Isensee, 1996, S. 741 ff.

– Der Sozialisierungsartikel als Eigentumsgarantie, 1975, in: ders., Eigentum, hrsg. v. J. Isensee, 1996, S. 233 ff.

– Politischer Einfluß des Eigentums – verfassungswidrig?, 1975, in: ders., Eigentum, hrsg. v. J. Isensee, 1996, S. 73 ff.

– Bestandsgarantie des Eigentums – vom Bergrecht unterminiert?, 1988, in: ders., Eigentum, 1996, hrsg. v. J. Isensee, S. 465 ff.

– Eigentum – Grundlage der Freiheit, 1994, in: ders., Eigentum, hrsg. v. J. Isensee, 1996, S. 21 ff.

– Marktoffenes Verfassungsrecht, 1996, in: ders., Eigentum, hrsg. v. J. Isensee, 1996, S. 697 ff.

Lerche, Peter: Übermaß und Verfassungsrecht, Zur Bindung des Gesetzgebers an die Grundsätze der Verhältnismäßigkeit und Erforderlichkeit, 1961.

– Grundrechtlicher Schutzbereich, Grundrechtsprägung und Grundrechtseingriff, in: J. Isensee/P. Kirchhof (Hrsg.), Handbuch des Staatsrechts der Bundesrepublik Deutschland, Bd. V, Allgemeine Grundrechtslehren, 1992, § 121, S. 739 ff.

– Grundrechtsschranken, in: J. Isensee/P. Kirchhof (Hrsg.), Handbuch des Staatsrechts der Bundesrepublik Deutschland, Bd. V, Allgemeine Grundrechtslehren, 1992, § 122, S. 775 ff.

Link, Christoph: Staatszwecke im Verfassungsstaat – nach 40 Jahren Grundgesetz, VVDStRL 48 (1990), S. 7 ff.

Locke, John: Über die Regierung, Two Treaties of Government, The Second, 1690, Reclam, 1974/1983.

Lübbe-Wolff, Gertrude: Die Grundrechte als Eingriffsabwehrrechte. Struktur und Reichweite der Eingriffsdogmatik im Bereich staatlicher Leistungen, 1988.

Mager, Wolfgang: Republik, in: O. Brunner/ W. Conze/ R. Koseleck (Hrsg.), Geschichtliche Grundbegriffe, Historisches Lexikon zur politisch-sozialen Sprache in Deutschland, Bd. 5, 1984, S. 549 ff.

Maihofer, Werner: Rechtsstaat und menschliche Würde, 1968.

– Die Legitimation des Staates aus der Funktion des Rechts, in: ARSP, Beiheft Nr. 15, 1981, S. 32 ff.

– Prinzipien freiheitlicher Demokratie, in: E. Benda/W. Maihofer/H.-J. Vogel (Hrsg.), Handbuch des Verfassungsrechts, 2. Aufl. 1994, S. 427 ff.

– Abschließende Äußerungen der Herausgeber, in: E. Benda/W. Maihofer/H.-J. Vogel (Hrsg.), Handbuch des Verfassungsrechts, 2. Aufl. 1994, S. 1699 ff.

Mangoldt, Hermann v./*Klein,* Friedrich/*Starck*, Christian: Das Bonner Grundgesetz, Bd. 1, 1985, Rdn. 99 ff. zu Art. 2 Abs. 1.

– Das Bonner Grundgesetz, Kommentar, Band 1: Präambel, Artikel 1 bis 5, 3. Aufl. 1985.

Martens, Wolfgang: Grundrechte im Leistungsstaat, VVDStRL 30 (1972), S. 7 ff.

Martin, Hans-Peter/*Schumann*, Harald: Die Globalisierungsfalle: Der Angriff auf Demokratie und Wohlstand, 1996.

Maunz, Theodor: Kommentierung des Art. 15 GG, in: Maunz/Dürig, Grundgesetz, Kommentar, 1969.

– Kommentierung des Art. 19 Abs. II GG in: Maunz/Dürig, Grundgesetz, Kommentar, 1977.

McGrew, Anthony: Demokratie ohne Grenzen?, in: U. Beck (Hrsg.), Politik der Globalisierung, 1998, S. 374 ff.

Meier, Christian: Demokratie, in: O. Brunner/ W. Conze/ R. Koseleck (Hrsg.), Geschichtliche Grundbegriffe, Historisches Lexikon zur politisch-sozialen Sprache in Deutschland, Bd. 1, 1972/1979, S. 821 ff.

Merten, Detlef: Subsidiarität als Verfassungsprinzip, in: D. Merten (Hrsg.), Die Subsidiarität Europas, 1993, S. 77 ff.

– Sozialrecht, Sozialpolitik, in: E. Benda/W. Maihofer/H.-J. Vogel (Hrsg.), Handbuch des Verfassungsrechts, 2. Aufl. 1994, S. 961 ff.

Mertens, Hans-Joachim: Münchener Kommentar zum BGB, § 823, Rdn. 485.

Mestmäcker, Ernst-Joachim: Offene Märkte im System unverfälschten Wettbewerbs in der Europäischen Gemeinschaft, in: H. Coing/H. Kronstein/ders. (Hrsg.), Wirtschaftsordnung und Rechtsordnung. Festschrift zum 70. Geburtstag von Franz Böhm, 1965, S. 345 ff.

– Über das Verhältnis des Rechts der Wettbewerbsbeschränkungen zum Privatrecht, AcP 168 (1968), S. 235 ff.

– Der verwaltete Wettbewerb, Eine vergleichende Untersuchung über den Schutz von Freiheit und Lauterkeit im Wettbewerbsrecht, 1984.

– Zur Wirtschaftsverfassung in der Europäischen Union, in: R. H. Hasse/J. Molsberger/Chr. Watrin (Hrsg.), Ordnung in Freiheit, FS für Hans Willgerodt, 1994, S. 263 ff.

Mohn, Reinhard: Führungsmethoden und Unternehmergeist in der Zeit globalen Wettbewerbs, in: R. Biskup (Hrsg.), Globalisierung und Wettbewerb, 2. Aufl. 1996, S. 65 ff.

Montesquieu, Charles: Vom Geist der Gesetze, 1748, ed. Weigand, Reclam 1965.

Möschel, Wernhard: Zum Subsidiaritätsprinzip im Vertrag von Maastricht, NJW 1993, 3025 ff.

Mosler, Hermann: Die Übertragung von Hoheitsgewalt, in: J. Isensee/P. Kirchhof (Hrsg.), Handbuch des Staatsrechts der Bundesrepublik Deutschland, Bd. VII, Normativität und Schutz der Verfassung – internationale Beziehungen, 1992, § 175, S. 599 ff.

Müller, Johannes C. W.: Kapitalverkehrsfreiheit in der Europäischen Union. Bedeutung, Inhalt und Umfang, Weiterentwicklung, Auswirkung auf Völkerrecht und nationales Recht, 2000.

Murswiek, Dietrich: Kommentierung des Art. 2, in: M. Sachs (Hrsg.), Grundgesetz, 1996.

Nell-Breuning, Oswald v.: Können Neoliberalismus und katholische Soziallehre sich verständigen?, in: H. Sauermann/E.-J. Mestmäcker (Hrsg.), Wirtschaftsordnung und Staatsverfassung, FS Franz Böhm, 1975, S. 459 ff.

Nipperdey, Hans Carl: Soziale Marktwirtschaft und Grundgesetz, 1961, 3. Aufl. 1965.

– (*Säcker*, F. J.): Kollektives Arbeitsrecht, in: A. Hueck/H. C. Nipperdey, Lehrbuch Arbeitsrecht, Zweiter Band, Zweiter Halbband (II/2), 7. Aufl. 1970.

Nunnenkamp, Peter: Globalisierung und internationales Finanzsystem, Aus Politik und Zeitgeschichte, B 37-38/2000, S. 3 ff.

Ohmae, Kenichi: Die neue Logik der Weltwirtschaft. Zukunftsstrategien der internationalen Konzerne, 1992.

Oppermann, Thomas: Europarecht, 2. Aufl. 1999.

Ossenbühl, Fritz: Die Interpretation der Grundrechte in der Rechtsprechung des Bundesverfassungsgerichts, NJW 1976, 2100 ff.

Papier, Hans-Jürgen: Eigentumsgarantie und Geldentwertung, AöR 98 (1973), S. 528 ff.

– Unternehmen und Unternehmer in der verfassungsrechtlichen Ordnung der Wirtschaft, VVDStRL 35 (1977), S. 55 ff.

– Kommentierung des Art. 14, in: Maunz/Dürig, Grundgesetz, Kommentar, 1983.

– Art. 12 GG – Freiheit des Berufs und Grundrecht der Arbeit, DVBl 1984, 801 ff.

– Grundgesetz und Wirtschaftsordnung, in: E. Benda/W. Maihofer/H.-J. Vogel (Hrsg.), Handbuch des Verfassungsrechts, 2. Aufl. 1994, S. 799 ff.

Pernice, Ingolf: Europäisches und nationales Verfassungsrecht, VVDStRL 60 (2001), S. 148 ff.

Perraton, Jonathan/*Goldblatt*, David/*Held*, David/*McGrew*, Anthony: Die Globalisierung der Wirtschaft, in: U. Beck (Hrsg.), Politik der Globalisierung, 1998, S. 134 ff.

Pieroth, Bodo/*Schlink*, Bernhard: Grundrechte, Staatsrecht II, 12. Aufl. 1996.

Popper, Karl R.: Objektive Erkenntnis. Ein evolutionärer Entwurf, 4. Aufl. 1984.

– Bemerkungen zu Theorie und Praxis des demokratischen Staates, Vortrag, 1988.

Püttner, Günter: Vertrauensschutz im Verwaltungsrecht, VVDStRL 32 (1974), S. 200 ff.

Quaritsch, Helmut: Der grundrechtliche Status der Ausländer, in: J. Isensee/P. Kirchhof (Hrsg.), Handbuch des Staatsrechts der Bundesrepublik Deutschland, Bd. V, Allgemeine Grundrechtslehren, 1992, § 120, S. 663 ff.

Raiser, Ludwig: Rechtsschutz und Institutionenschutz im Privatrecht, in: Rechtswissenschaftliche Abteilung der Rechts- und Wirtschafswissenschaftlichen Fakultät der Universität Tübingen (Hrsg.), Summum ius summa inuria. Individualgerechtigkeit und der Schutz allgemeiner Werte im Rechtsleben, 1963, S. 145 ff.

– Das Eigentum als Menschenrecht, in: W. Grunsky/R. Stürmer/G. Walter/M. Wolf (Hrsg.), Festschrift für Fritz Baur, 1981, S. 105 ff.

Randelzhofer, Albrecht: Staatsgewalt und Souveränität, in: J. Isensee/P. Kirchhof (Hrsg.), Handbuch des Staatsrechts der Bundesrepublik Deutschland, Bd. I, Grundlagen von Staat und Verfassung in der Bundesrepublik Deutschland, 1987, § 15, S. 691 ff.

Rawls, John: Eine Theorie der Gerechtigkeit, 1975.

Rebe, Bernd: Privatrecht und Wirtschaftsordnung. Zur vertraglichen Relevanz der Ordnungsfunktion dezentraler Interessenkoordination in einer Wettbewerbswirtschaft, 1978.

Reinhardt, Rudolf: Wo liegen für den Gesetzgeber die Grenzen, gemäß Art. 14 des Bonner Grundgesetzes über Inhalt und Schranken des Eigentums zu bestimmen, in: ders./U. Scheuner, Verfassungsschutz des Eigentums, 1954, S. 10 ff.

Ress, Georg: Staatszwecke im Verfassungsstaat – nach 40 Jahren Grundgesetz, VVDStRL 48 (1990), S. 56 ff.

Ress, Georg/*Ukrow*, Jörg: Der Begriff des Kapitalverkehrs, in: Grabitz/Hilf (Hrsg.), Kommentar zur Europäischen Union, 1995, Art. 73 b EGV.

Reuter, Norbert: Arbeitslosigkeit bei ausbleibendem Wachstum – das Ende der Arbeitsmarktpolitik, in: Aus Politik und Zeitgeschichte, B 35/1997, S. 3 ff.

Riedel, Manfred: Bürgerliche Gesellschaft und Staat. Grundproblem und Struktur der Hegelschen Rechtsphilosophie, 1970.

– Bürger, Staatsbürger, Bürgertum, in: O. Brunner/W. Conze/R. Koselleck (Hrsg.), Geschichtliche Grundbegriffe. Historisches Lexikon zur politisch-sozialen Sprache in Deutschland, Bd. 1, 1972/1979, S. 672 ff.

– Der Begriff der „bürgerlichen Gesellschaft“ und das Problem seines geschichtlichen Ursprungs, 1962/1969, in: E.-W. Böckenförde (Hrsg.), Staat und Gesellschaft, 1976, S. 77 ff.

Ringler, Jochen C. K.: Die Europäische Sozialunion, 1997.

Rittstieg, Helmut: Eigentum als Verfassungsproblem. Zur Geschichte und Gegenwart des bürgerlichen Verfassungsstaates, 1975.

– Alternativkommentar Grundgesetz, 2. Aufl. 1989, Art. 14/15.

Roth, Wulf-Henning: Der rechtliche Rahmen der Wirtschafts- und Währungsunion, EuR, Beiheft 1, 1994, S. 45.

Rousseau, Jean-Jacques: Vom Gesellschaftsvertrag, ed. Brockard, 1986.

Rupp, Hans Heinrich: Grundgesetz und „Wirtschaftsverfassung“, 1974.

– Vom Wandel der Grundrechte, AöR 101 (1976), S. 161 ff.

– Die Unterscheidung von Staat und Gesellschaft, in: J. Isensee/P. Kirchhof (Hrsg.), Handbuch des Staatsrechts der Bundesrepublik Deutschland, Bd. I, Grundlagen von Staat und Verfassung in der Bundesrepublik Deutschland, 1987, § 28, S. 1187 ff.

– Grundlagen der heutigen Verwaltungsrechtslehre. Verwaltungsnorm und Verwaltungsrechtsverhältnis, 1965, 2. Aufl. 1991.

– Maastricht und Karlsruhe, in: M. Brunner (Hrsg.), Kartenhaus Europa, 1994, S. 101 ff.

– Die Soziale Marktwirtschaft in ihrer Verfassungsbedeutung, in: J. Isensee/P. Kirchhof (Hrsg.), Handbuch des Staatsrechts der Bundesrepublik Deutschland, Bd. IX, Die Einheit Deutschlands – Festigung und Übergang, 1997, § 203, S. 129 ff.

Sachs, Michael: in: K. Stern, Das Staatsrecht der Bundesrepublik Deutschland, Bd. III/2, §§ 78, 79, S. 76 ff., 225 ff.

Schachtschneider, Karl Albrecht: Das Sozialprinzip. Zu seiner Stellung im Verfassungssystem des Grundgesetzes, 1974.

– Imperative Lohnleitlinien unter dem Grundgesetz, Der Staat 16 (1977), S. 493 ff.

– Die Entscheidung des Grundgesetzes für die Demokratie, JA 1979, 512 ff.

– Staatsunternehmen und Privatrecht. Kritik der Fiskustheorie, exemplifiziert an § 1 UWG, 1986.

– Der Rechtsbegriff „Stand von Wissenschaft und Technik“ im Atom- und Immissionsschutzrecht, in: W. Thieme (Hrsg.), Umweltschutz im Recht, 1988, S. 81 ff.

– Frei – sozial – fortschrittlich, in: Die Fortentwicklung des Sozialstaates – Verfassungsauftrag und administrative Implementation, wissenschaftliches Kolloquium zu Ehren von Werner Thieme am 24.6.88, Privatdruck 1989, S. 6 ff.

– Der Verfassungsstaat als Glied einer europäischen Gemeinschaft, VVDStRL 50 (1991), S. 178 (Aussprache).

– Das Sittengesetz und die guten Sitten, FS W. Thieme, 1993, S. 195 ff.

- Die Europäische Union und die Verfassung der Deutschen, Aus Politik und Zeitgeschichte, B 28/93, S. 3 ff.
- Res publica res populi. Grundlegung einer Allgemeinen Republiklehre. Ein Beitrag zur Freiheits-, Rechts- und Staatslehre, 1994.
- Die existentielle Staatlichkeit der Völker Europas und die staatliche Integration der Europäischen Union. Ein Beitrag zur Lehre vom Staat nach dem Urteil des Bundesverfassungsgerichts zum Vertrag über die Europäische Union von Maastricht, in: K. A. Schachtschneider/W. Blomeyer (Hrsg.), Die Europäische Union als Rechtsgemeinschaft, 1995, S. 75 ff.
- Vom liberalistischen zum republikanischen Freiheitsbegriff, in: ders. (Hrsg.), Wirtschaft, Gesellschaft und Staat im Umbruch. Festschrift der Wirtschafts- und Sozialwissenschaftlichen Fakultät der Friedrich-Alexander-Universität Erlangen-Nürnberg 75 Jahre nach Errichtung der Handelshochschule Nürnberg, 1995, S. 418 ff.
- (*Gast*, Olaf): Sozialistische Schulden nach der Revolution. Kritik der Altschuldenpolitik. Ein Beitrag zur Lehre von Recht und Unrecht, 1996.
- Die Republik der Völker Europas, ARSP-Beiheft 71 (1997), S. 153 ff.
- Republikanische Freiheit, in: B. Ziemse u.a. (Hrsg.), Staatsphilosophie und Rechtspolitik, Festschrift für Martin Kriele zum 65. Geburtstag, 1997, S. 829 ff.
- Der Euro-Beschluß des Bundesverfassungsgerichts, IHI-Schriften 9/1998, S. 19 ff.
- Grundgesetzliche Aspekte der freiberuflichen Selbstverwaltung, Die Verwaltung 31 (1998), S. 139 ff.
- Verfassungsbeschwerde gegen die Währungsunionspolitik der Bundesrepublik Deutschland vom 12. Januar 1998.
- Das Recht am und das Recht auf Eigentum. Aspekte freiheitlicher Eigentumsgewährleistung, in: J. Isensee/H. Lecheler (Hrsg.), Freiheit und Eigentum, FS W. Leisner, 1999, S. 743 ff.
- Demokratiedefizite der Europäische Union, in: W. Nölling/K. A. Schachtschneider/J. Starbatty (Hrsg.), Währungsunion und Weltwirtschaft, FS W. Hankel, 1999, S. 119 ff.
- Der Anspruch auf materiale Privatisierung des staatlichen und kommunalen Vermessungswesens in Bayern, Rechtsgutachten 2000, Lehrstuhl.
- Der republikwidrige Parteienstaat, in: D. Murswieck u.a. (Hrsg.), Staat – Souveränität – Verfassung. Festschrift für Helmut Quaritsch zum 70. Geburtstag, 2000, S. 141 ff.
- Eine Charta der Grundrechte der Europäischen Union, in: Aus Politik und Zeitgeschichte B 52-53/2000, S. 13 ff.
- Ein Oktroi, nicht die gemeinsame Erkenntnis freier Menschen von ihrem Recht, FAZ vom 5.9.2000, S. 9 f.
- Freiheit in der Republik, Manuskript 2000.
- Republikanismus versus Globalismus, Z. f. Sozialökonomie, 126. Folge, September 2000, S. 3 ff.
- Recht auf Arbeit – Pflicht zur Arbeit, in: K. A. Schachtschneider/H. Piper/M. Hübsch (Hrsg.), Transport – Wirtschaft – Recht, Gedächtnisschrift für J. G. Helm, 2001, S. 827 ff.
- Prinzipien des Rechtsstaates, 2001, Lehrstuhl.

– Fallstudie Umweltrecht – FCKW-Verbot, in: ders., Fallstudien zum Öffentlichen Wirtschaftsrecht, 2001, Lehrstuhl, S. 192 ff.

– Eine Charta der Grundrechte der Europäischen Union, Recht und Politik 1/2001, S. 16 ff.

Schachtschneider, Karl Albrecht/*Emmerich-Fritsche,* Angelika: Das Recht der Vertragsärzte im Sozialgesetzbuch V, Rechtsgutachten, 1999, Lehrstuhl.

– Das Verhältnis des europäischen Gemeinschaftsrechts zum nationalen Recht Deutschlands, DSWR 1-2/99, S. 17 ff., DSWR 3/99, S. 81 ff.; DSWR 4/99, S. 116 ff.

Schachtschneider, Karl Albrecht/*Emmerich-Fritsche,* Angelika/*Beyer,* Thomas C. W.: Der Vertrag über die Europäische Union und das Grundgesetz, JZ 1993, 751 ff.

Scharpf, Fritz W.: Demokratie in der transnationalen Politik, in: U. Beck (Hrsg.), Politik der Globalisierung, 1998, S. 228 ff.

Scherer, Andreas G.: Die Rolle der Multinationalen Unternehmung im Prozeß der Globalisierung – Vorüberlegungen zu einer Neuorientierung der Theorie der Multinationalen Unternehmung, 2000, i. E.

Scherer, Andreas G./*Löhr,* Albert: Verantwortungsvolle Unternehmensführung im Zeitalter der Globalisierung – Einige kritische Bemerkungen zu den Perspektiven einer liberalen Weltwirtschaft, in: B. N. Kumar u.a. (Hrsg.), Unternehmensethik und die Transformation des Wettbewerbs. Shareholder-Value – Globalisierung – Hyperwettbewerb, FS H. Steinmann, 1999, S. 261 ff.

Scheuner, Ulrich: Die Erhaltung des gesamtwirtschaftlichen Gleichgewichts. Der verfassungsgerichtliche Auftrag zur aktiven Konjunkturpolitik, in: E. Schiffer/H. Karehnke (Hrsg.), Verfassung, Verwaltung, Finanzkontrolle, FS H. Schäfer, 1975, S. 109 ff.

Schmidt, Reiner: Wirtschaftspolitik und Verfassung, 1971.

Schmidt-Preuß, Matthias: Verfassungsrechtliche Zentralfragen staatlicher Lohn- und Preisdirigismen, 1977.

Schmidt-Rimpler, Walter: Grundfragen einer Erneuerung des Vertragsrechts, AcP 147 (1941), S. 130 ff.

– Zum Vertragsproblem, in: F. Baur/J. Esser/F. Kübler/E. Steindorf (Hrsg.), Funktionenwandel der Privatrechtsinstitutionen, FS L. Raiser (70.), 1974, S. 3 ff.

Schmitt, Carl: Die geistesgeschichtliche Lage des heutigen Parlamentarismus, 1926, 4. Aufl. 1969, 6. Aufl. 1985.

– Freiheitsrecht und institutionelle Garantien der Reichsverfassung, 1931, in: ders., Verfassungsrechtliche Aufsätze aus den Jahren 1924-1954, 1958, S. 140 ff.

– Legalität und Legitimität, 1932, 2. Aufl. 1968.

– Verfassungslehre, 1928, 4. Aufl. 1965.

Schmitt Glaeser, Walter: Die grundrechtliche Freiheit des Bürgers zur Mitwirkung an der Willensbildung, in: J. Isensee/P. Kirchhof (Hrsg.), Handbuch des Staatsrechts der Bundesrepublik Deutschland, Bd. II, Demokratische Willensbildung – Die Staatsorgane des Bundes, 1987, § 31, S. 49 ff.

– Schutz der Privatsphäre, in: J. Isensee/P. Kirchhof (Hrsg.), Handbuch des Staatsrechts der Bundesrepublik Deutschland, Bd. VI, Freiheitsrechte, 1989, § 129, S. 41 ff.

Schneider, Hans-Peter: Art. 12 GG – Freiheit des Berufs und Grundrecht der Arbeit, VVDStRL 43 (1985), S. 7 ff.

Schneider, Ludwig: Der Schutz des Wesensgehalts von Grundrechten nach Art. 19 Abs. 2 GG, 1983.

Scholz, Rupert: Kommentierung des Art. 12 GG, in: Maunz/Dürig, Grundgesetz, Kommentar, 1981.

Schüller, Alfred: Ordnungspolitische Dimensionen der Globalisierung, in: R. Biskup (Hrsg.), Globalisierung und Wettbewerb, 2. Aufl. 1996, S. 81 ff.

Schwabe, Jürgen: Probleme der Grundrechtsdogmatik, 1977.

Schweitzer, Michael/*Hummer*, Waldemar: Europarecht, 5. Aufl. 1996.

Schwertner, Peter: Die Garantie des Rechts auf Arbeit – Ein Weg zur Knechtschaft?, ZfA 1977, 47 ff.

Seidel, Martin: Freier Kapitalverkehr und Währungspolitik, in: FS H. Kutscher, 1981, S. 404 f.

Siebold, Dagmar I.: Die Ordnung des internationalen Handels, GATT-WTO-GATS, in: K. A. Schachtschneider (Hrsg.), Rechtsfragen der Weltwirtschaft, 2002, S. 47 ff.

– Die Welthandelsorganisation und die Europäische Gemeinschaft. Ein Beitrag zur globalen wirtschaftlichen Integration, i. E.

Sievert, Olaf: Wirtschaftspolitik im globalen Wettbewerb, in: R. Biskup (Hrsg.), Globalisierung und Wettbewerb, 2. Aufl. 1996, S. 129 ff.

Starck, Christian: Das „Sittengesetz“ als Schranke der freien Entfaltung der Persönlichkeit, in: Menschenwürde und freiheitliche Rechtsordnung, FS W. Geiger, 1974, S. 259 ff.

– Vom Grund des Grundgesetzes, 1979.

– Grundrechtliche und demokratische Freiheitsidee, in: J. Isensee/P. Kirchhof (Hrsg.), Handbuch des Staatsrechts, Bd. II, Demokratische Willensbildung – Die Staatsorgane des Bundes, § 29, 1987, S. 3 ff.

Stein, Ekkehardt: Staatsrecht, 15. Aufl. 1995.

Stein, Torsten: Subsidiarität als Rechtsprinzip, in: D. Merten (Hrsg.), Die Subsidiarität Europas, 1993, 2. Aufl. 1994, S. 23 ff.

Steinmann, Horst/*Löhr*, Albert: Grundlagen der Unternehmensethik, 2. Aufl. 1994.

Steinmann, Horst/*Scherer*, Andreas Georg: Die multinationale Unternehmung als moralischer Aktor – Bemerkungen zu einigen normativen Grundlagenproblemen des interkulturellen Managements, in: J. Engelhard (Hrsg.), Interkulturelles Management, 1997, S. 23 ff.

– Freiheit und Verantwortung in einer globalisierten Wirtschaft – Anmerkungen zur Rolle der Unternehmensethik, in: H. Hungenberg/B. Schwetzler (Hrsg.), Unternehmung, Gesellschaft und Ethik, Erfahrungen und Perspektiven, 2000, S. 93 ff.

Stern, Klaus: Das Staatsrecht der Bundesrepublik Deutschland, Bd. II, Staatsorgane, Staatsfunktionen, Finanz- und Haushaltsverfassung, Notstandsverfassung, 1. Aufl. 1980.

– Das Staatsrecht der Bundesrepublik Deutschland, Bd. I, Grundbegriffe und Grundlagen des Staatsrechts, Strukturprinzipien der Verfassung, 2. Aufl. 1984.

– (*Sachs*, Michael): Das Staatsrecht der Bundesrepublik Deutschland, Bd. III/1, Allgemeine Lehren der Grundrechte, 1988.

– Idee der Menschenrechte und Positivität der Grundrechte, in: J. Isensee/P. Kirchhof (Hrsg.), Handbuch des Staatsrechts der Bundesrepublik Deutschland, Bd. V, Allgemeine Grundrechtslehren, 1992, § 108, S. 8 ff.

– Idee und Elemente eines Systems der Grundrechte, in: J. Isensee/P. Kirchhof (Hrsg.), Handbuch des Staatsrechts der Bundesrepublik Deutschland, Bd. V, Allgemeine Grundrechtslehren, 1992, § 109, S. 45 ff.

– (*Sachs*, Michael): Das Staatsrecht der Bundesrepublik Deutschland, Bd. III/2, Allgemeine Lehren der Grundrechte, 1994.

Stern, Klaus/*Münch*, Paul/*Hansmeyer*, Karl-Heinrich: Gesetz zur Förderung der Stabilität und des Wachstums der Wirtschaft, 2. Aufl. 1972.

Sternberger, Dolf: Herrschaft und Vereinbarung. Über bürgerliche Legitimität, 1964/1967, in: ders., Herrschaft und Vereinbarung, Schriften Bd. III, 1980, S. 113 ff.

– Der alte Streit an den Ursprung der Herrschaft, 1978, in: ders., Herrschaft und Vereinbarung, Schriften Bd. III, 1980, S. 9 ff.

Stober, Rolf: Zur wirtschaftlichen Bedeutung des Demokratie- und Sozialstaatsprinzips, GewArch 1988, 145 ff.

Straubhaar, Thomas: Standortbedingungen im globalen Wettbewerb, in: R. Biskup (Hrsg.), Globalisierung und Wettbewerb, 2. Aufl. 1996, S. 217 ff.

Streeck, Wolfgang: Industrielle Beziehungen in einer internationalisierten Wirtschaft, in: U. Beck (Hrsg.), Politik der Globalisierung, 1998, S. 169 ff.

Streinz, Rudolf: Bundesverfassungsgerichtlicher Grundrechtsschutz und Europäisches Gemeinschaftsrecht, 1989.

Suhr, Dieter: Eigentumsinstitut und Aktieneigentum: eine verfassungsrechtliche Analyse der Grundstruktur des aktienrechtlich organisierten Eigentums, 1966.

– Entfaltung des Menschen durch die Menschen. Zur Grundrechtsdogmatik der Persönlichkeitsentfaltung, der Ausübungsgemeinschaften und des Eigentums, 1976.

Tomuschat, Christian: Kommentierung des Art. 24 GG, Kommentar zum Bonner Grundgesetz (Bonner Kommentar), Zweitbearbeitung, 1981.

– Die staatsrechtliche Entscheidung für die internationale Offenheit, in: J. Isensee/P. Kirchhof (Hrsg.), Handbuch des Staatsrechts der Bundesrepublik Deutschland, Bd. VII, Normativität und Schutz der Verfassung – Internationale Beziehungen, 1992, § 172, S. 483 ff.

– Die Europäische Union unter der Aufsicht des Bundesverfassungsgerichts, EuGRZ 1993, 489 f.

Tönnies, Ferdinand: Das Eigentum, 1926.

Verdross, Alfred: Völkerrecht, 5. Aufl. 1964.

Vollrath, Ernst: Grundlegung einer philosophischen Theorie des Politischen, 1987.

Wahl, Rainer: Die Entwicklung des deutschen Verfassungsstaates bis 1866, in: J. Isensee/P. Kirchhof (Hrsg.), Handbuch des Staatsrechts der Bundesrepublik Deutschland, Bd. I, Grundlagen von Staat und Verfassung in der Bundesrepublik Deutschland, 1987, § 1, S. 3 ff.

Wartha, Udo: Das Multilaterale Abkommen über Investitionen, in: K. A. Schachtschneider (Hrsg.), Rechtsfragen der Weltwirtschaft, 2002, S. 359 ff.

Weber, Stefan: Kapitalverkehr und Kapitalmärkte im Vertrag über die Europäische Union, EuZW 1992, 561 ff.

Weber-Dürler, Beatrice: Der Grundrechtseingriff, VVDStRL 57 (1998), S. 57 ff.

Wehmeier, Axel: Zwischen Harmonisierung und Systemwettbewerb: Schutzregulierungen im Zeichen der Globalisierung, in: J. B. Donges/A. Freytag/J. Eekhoff (Hrsg.), Die Rolle des Staates in einer globalisierten Wirtschaft, 1998, S. 285 ff.

Weinberger, Ota: Moral zwischen Autonomie und Heteronomie, in: W. Krawietz/G. H. v. Wright (Hrsg.), Öffentliche oder praktische Moral? Vom Geltungsanspruch und der Legitimität des Rechts, FS E. Garzón Valdés, 1992, S. 245 ff.

Weizsäcker, Carl Christian von: Logik der Globalisierung, 1999.

Wendt, Rudolf: Eigentum und Gesetzgebung, 1985.

– in: Sachs, M. (Hrsg.), Grundgesetz – Kommentar, 1996, Art. 14, S. 482 ff.

Willgerodt, Hans: Neue Kontrollen für den internationalen Kapitalverkehr?, in: J. B. Donges/M. Freytag/J. Eekhoff (Hrsg.), Die Rolle des Staates in einer globalisierten Wirtschaft, 1998, S. 119 ff.

Wolff, Martin: Das Sachenrecht, 9. Aufl. 1932.

Zacher, Hans F.: Das soziale Staatsziel, in: J. Isensee/P. Kirchhof (Hrsg.), Handbuch des Staatsrechts der Bundesrepublik Deutschland, Bd. I, Grundlagen von Staat und Verfassung in der Bundesrepublik Deutschland, 1987, § 25, S. 1045 ff.

Zippelius, Reinhold: Kommentierung des Art. 1 GG, Kommentar zum Bonner Grundgesetz, (Bonner Kommentar), Drittbearbeitung, 1989.

– Allgemeine Staatslehre, 13. Aufl. 1999.

Zuck, Rüdiger: Gerede vom gerichtlichen Kooperationsverhältnis, NJW 1994, 978 f.

Zuleeg, Manfred: Der rechtliche Zusammenhalt der Europäischen Gemeinschaft, in: W. Blomeyer/K. A. Schachtschneider (Hrsg.), Die Europäische Union als Rechtsgemeinschaft, 1994, S. 9 ff.

– Die Europäische Gemeinschaft als Rechtsgemeinschaft, NJW 1994, 545 ff.

– Die Rolle der rechtsprechenden Gewalt in der europäischen Integration, JZ 1994, S. 779 ff.

Zürn, Michael: Schwarz-Rot-Grün-Braun: Reaktionsweisen auf Denationalisierung, in: U. Beck (Hrsg.), Politik der Globalisierung, 1998, S. 297 ff.

Die Multinationale Unternehmung als Mittler zwischen privater Freiheit und öffentlichem Interesse– Verantwortungsvolles unternehmerisches Handeln im Prozeß der Globalisierung

Andreas Georg Scherer

Albrow, Martin: Abschied vom Nationalstaat, 1998 (Übersetzung aus dem Englischen).

Altvater, Elmar/*Mahnkopf*, Brigitte: Grenzen der Globalisierung. Ökonomie, Ökologie und Politik in der Weltgesellschaft, 1996.

Annan, Kofi: A Compact for the New Century [Rede von UN-Generalsekretär Kofi Annan vor dem World Economic Forum in Davos, 31. Januar 1999], http://www.un.org/partners/business/davos.htm.

Asia Monitor Resource Centre and Hong Kong Christian Industrial Committee: Working Conditions in Sports Shoe Factories in China. Making Shoes for Nike and Reebok, Hong Kong, September 1997, http://www.saigon.com/~nike/NikeChina.html.

Barro, Robert J.: Democracy: A Receipt for Growth?, Wall Street Journal, Dec. 1, 1994.

Beck, Ulrich: Was ist Globalisierung?, 1997.

– (Hrsg.), Politik der Globalisierung, 1998.

– Weltbürger aller Länder, vereinigt euch!, in: Die Zeit, Nr. 30, 1998, S. 43.

Bhagwati, Jagdish: Trade Linkage and Human Rights, in: J. Bhagwati/M. Hirsch (eds.), The Uruguay Round and Beyond. Essays in the Honour of Arthur Dunkel, 1998, S. 241-250.

Bhagwati, Jagdish/*Hudec*, Robert E. (Eds.): Fair Trade and Harmonization. Prerequisites for Free Trade? Vol. 1: Economic Analysis, 1996.

Block, Fred: The Rolls of the State in the Economy, in: N. J. Smelser/R. Swedberg (Eds.), The Handbook of Economic Sociology, 1994, S. 691-170.

Böhm, Franz: Privatrechtgesellschaft und Marktwirtschaft, in: ORDO, Jahrbuch für die Ordnung von Wirtschaft und Gesellschaft 17 (1966), S. 75-151.

Boje, David M.: While Coyote Meets Roadrunner: Nike's Postmodern Encounters with Entrepreneurial Activists, Manuskript, http://cbae.nmsu.edu/mgt/handout/boje/ coyote/index.html (21. Sept. 1998).

Breuer, Rolf-E.: Offene Bürgergesellschaft in der globalisierten Weltwirtschaft. Nicht von der Übermacht des Staates kommt heute Gefahr, sondern von seiner drohenden Ohnmacht, in: Frankfurter Allgemeine Zeitung, 4. Januar 1999, S. 8-9.

Brown, Drusilla K./*Deardorff*, Alan V./*Stern*, Robert M. (1996): International Labor Standards and Trade: A Theoretical Analysis, in: J. Bhagwati/R. E. Hudec (Eds.), Fair Trade and Harmonization. Prerequisites for Free Trade?, Vol. 1: Economic Analysis, S. 227-280.

Brunkhorst, Hauke (Hrsg.): Demokratischer Experimentalismus. Politik in der komplexen Gesellschaft, 1998.

Buchanan, James M.: The Limits of Liberty. Between Anarchy and Leviathan, 1975.

– Freedom in Constitutional Contract. Perspectives of a Political Economist, 1977.

Buchsteiner, Jochen: Abschied von der Kumpanei. Jochen Buchsteiner reiste drei Monate durch Südostasien. Seine Bilanz: Die Krise wurzelt in der Politik, in: Die Zeit, Nr. 14, 1998 (bezogen über Internet).

Chwaszcza, Christine/*Kersting*, Wolfgang (Hrsg.): Politische Philosophie der internationalen Beziehungen, 1998.

Connor, T./*Atkinson*, J. (1996): „Sweating for Nike". A Report on Labour Conditions in the Sport Shoe Industry, Community Aid Abroad Briefing Paper, No. 16, November, 1996, http://www.caa.org.au/campaigns/nike/sweating.html.

Dewey, John: Die Öffentlichkeit und ihre Probleme, Bodenheim, 1996 (Übersetzung aus dem Amerikanischen, Erstveröffentlichung 1927).

Die Gruppe von Lissabon: Grenzen des Wettbewerbs. Die Globalisierung der Wirtschaft und die Zukunft der Menschheit, 1997 (Übersetzung aus dem Englischen).

Donges, Jürgen B.: Deutschland in der Weltwirtschaft. Dynamik sichern, Herausforderungen bewältigen, 1995.

– Was heißt Globalisierung?, in: ders./A. Freytag (Hrsg.), Die Rolle des Staates in einer globalisierten Wirtschaft, 1998, S. 1-8.

Donges, Jürgen B./*Freytag*, Andreas (Hrsg.): Die Rolle des Staates in einer globalisierten Wirtschaft, 1998.

Dunfee, Thomas W.: On the Synergistic, Interdependent Relationship of Business Ethics and Law, in: American Business Law Journal 34 (1996), S. 317-326.

Engelhard, Johann: Verhaltenscodices, in: K. Macharzina/M. K. Welge (Hrsg.), Handwörterbuch Export und Internationale Unternehmung, 1989, Sp. 2155-2168.

Eucken, Walter: Die Grundlagen der Nationalökonomie, 9. Aufl. 1989 (Erstveröffentlichung 1939).

Falk, R.: Predatory Globalization. A Critique, 1999.

Frey, Bruno S.: Internationale Politische Ökonomie, 1985.

Giddens, Anthony: Konsequenzen der Moderne, 1995 (Übersetzung aus dem Englischen).

– Jenseits von Links und Rechts. Die Zukunft radikaler Demokratie, 1997 (Übersetzung aus dem Englischen).

– Der Dritte Weg. Die Erneuerung der sozialen Demokratie, 1998 (Übersetzung aus dem Englischen).

Giersch, Herbert (Ed.): Merits and Limits of Markets, 1998.

Global Exchange: Global Exchange's Public Response to Nike's New Labor Initiatives, http://www.globalexchange.org/corpacct/nike/responseTo Nike.html (6. Okt. 1998).

Goldman, Robert/*Papson*, Stephen: Nike Culture. The Sign of the Swoosh, 1998.

Gosepath, Stefan: Zum Verhältnis von Demokratie und Menschenrecht, in: H. Brunkhorst (Hrsg.), Demokratischer Experimentalismus. Politik in der komplexen Gesellschaft, 1998, S. 201-240.

Gosepath, Stefan/*Lohmann*, Georg (Hrsg.): Philosophie der Menschenrechte, 1998.

Gray, John: Die falsche Verheissung. Der globale Kapitalismus und seine Folgen, 1999 (Übersetzung aus dem Englischen).

Habermas, Jürgen: Strukturwandel der Öffentlichkeit, Neuauflage, 1990.

– Über den internen Zusammenhang von Rechtsstaat und Demokratie, in: ders., Die Einbeziehung des Anderen, 1996, S. 293-304.

– Kants Idee des ewigen Friedens – aus dem historischen Abstand von 200 Jahren, in: ders., Die Einbeziehung des Anderen, 1996, S. 192-236.

– Drei normative Modelle der Demokratie, in: ders., Die Einbeziehung des Anderen, 1996, S. 277-292.

– Die postnationale Konstellation und die Zukunft der Demokratie, in: ders., Die postnationale Konstellation, 1998, S. 91-169.

– Zur Legitimation durch Menschenrechte, in: ders., Die postnationale Konstellation, 1998, S. 170-192.

Hayek, Friedrich A. v.: Arten der Ordnung, in: ders., Freiburger Studien. Gesammelte Aufsätze, 2. Auflage, 1994, S. 32-46 (Erstveröffentlichung 1963).

Held, David/*McGrew*, Anthony/*Goldblatt*, David/*Perraton*, Jonathan: Global Transformations. Politics, Economics and Culture, 1999.

Hewson, Martin/*Sinclair*, Timothy J. (Eds.): Approaches to Global Governance Theory, 1999.

Hoeckmann, Bernard/*Kostecki*, Michel: The Political Economy of the World Trading System. From GATT to WTO, 1995.

Höffe, Otfried: Demokratie im Zeitalter der Globalisierung, 1999.

Homann, Karl: Rationalität und Demokratie, 1988.

– Demokratie, in: G. Enderle/K. Homann/M. Honecker/W. Kerber/H. Steinmann (Hrsg.), Lexikon der Wirtschaftsethik, 1993, S. 186-198.

Homann, Karl/*Blome-Drees*, Franz: Wirtschafts- und Unternehmensethik, 1992.

Homann, Karl/*Gerecke*, Uwe: Ethik der Globalisierung: Zur Rolle der multinationalen Unternehmung bei der Etablierung moralischer Standards, in: M. Kutschker (Hrsg.), Perspektiven der internationalen Wirtschaft, 1999, S. 429-457.

Human Rights Watch: Corporations and Human Rights, http://www.hrw.org/about/ initiatives/corp.html (1997)

Hutchings, Kimberley: International Theory. Politics and Morality in International Relations, 1999.

Kambartel, Friedrich: Wahrheit und Begründung, 1997.

Kant, Immanuel: Zum Ewigen Frieden. Ein philosophischer Entwurf, in: ders.: Werke in sechs Bänden, Band VI, ed. W. Weischedel, 1964 (1795), S. 195-251.

Kersting, Wolfgang: Einleitung: Probleme der politischen Philosophie der internationalen Beziehungen: die Beiträge im Kontext, in: Ch. Chwaszcza/W. Kersting (Hrsg.), Politische Philosophie der internationalen Beziehungen, 1998, S. 9-69.

– Analyse, Konstruktion und Verstehen, in: ders., Politik und Recht, 2000, S. 60-112.

– Demokratie und Globalisierung, in: ders., Politik und Recht, 2000, S. 186-210.

Kläver, Michael: Die Verfassung des Marktes. Friedrich August Hayeks Lehre von Staat und Markt im Spiegel grundgesetzlicher Staats- und Verfassungsrechtslehre, 2000.

Knorr, Andreas: Globalisierung, in: Wirtschaftswissenschaftliches Studium (WiSt) 27, Heft 5, Mai 1998, S. 238-243.

Kopke, Alexander: Der Erklärungsbeitrag der Ökonomik zu internationalen Rechts- und Politikprozessen. Eine neue Synthese mit der Theorie des kommunikativen Handelns von Habermas, 1997.

Kratochwil, Friedrich V.: Vergeßt Kant! Reflexionen zur Debatte über Ethik und internationale Politik, in: Ch. Chwaszcza/W. Kersting (Hrsg.), Politische Philosophie der internationalen Beziehungen, 1998, S. 96-149.

Krauss, Melvyn: How Nations Grow Rich. The Case For Free Trade, 1997.

Krugman, Paul R.: Pop Internationalism, 1996.

– What Should Trade Negotiators Negotiate About?, in: Journal of Economic Literature 35 (1997), S. 113-120.

Lachmann, Werner: Interdependenzen von marktwirtschaftlichem und demokratischen System, in: R. Haupt/W. Lachmann (Hrsg.), Selbstorganisation in Markt und Management?, 1995, S. 37-49.

Lal, Depak: Social Standards and Social Dumping, in: H. Giersch (Ed.), Merits and Limits of Markets, 1998, S. 255-274.

Leisinger, Klaus M.: Unternehmensethik – Globale Verantwortung und Modernes Management, 1997.

– Globalisierung, unternehmensethische Selbstbindung und wohlverstandenes Eigeninteresse, in: P. Ulrich/A. Löhr/J. Wieland (Hrsg.), Unternehmerische Freiheit, Selbstbindung und politische Mitverantwortung. Perspektiven republikanischer Unternehmensethik, 1999, S. 99-118.

Leschke, Martin: Die Beiträge von John Rawls und James M. Buchanan zur liberalen Gestaltung einer demokratischen Grundordnung, in: I. Pies/M. Leschke (Hrsg.), John Rawls' politischer Liberalismus, 1995, S. 63-91.

Lorenzen, Paul: Lehrbuch der konstruktiven Wissenschaftstheorie, 1987.

– Philosophische Fundierungsprobleme einer Wirtschafts- und Unternehmensethik, in: H. Steinmann/A. Löhr (Hrsg.), Unternehmensethik, 2. Aufl. 1991, S. 35-67.

Madison, Gary B.: Self-Interest, Communalism, Welfarism, in: H. Giersch (Ed.), Merits and Limits of Markets, 1998, S. 3-27.

Manley, W. M.: The Handbook of Good Business Practice. Corporate Codes of Conduct, 1992.

Mark-Ungericht, Berhard: Zivilgesellschaftliche Bewegungen als unternehmenspolitischer Einflußfaktor. Strategien, Reaktionen und Lernpotentiale, in: Engelhard/E. J. Sinz (Hrsg.), Kooperation im Wettbewerb. Neue Formen und Gestaltungskonzepte im Zeichen von Globalisierung und Informationstechnologie, 1999, S. 527-551.

Mueller, Dennis C.: Public Choice II. A Revised Edition of Public Choice, 1989.

Müller-Armack, Armin: Genealogie der Sozialen Marktwirtschaft, 1974.

– Soziale Marktwirtschaft, in: ders.: Wirtschaftsordnung und Wirtschaftspolitik, 2. Aufl. 1976, S. 243-249.

Münch, Richard: Globale Dynamik, lokale Lebenswelten. Der schwierige Weg in die Weltgesellschaft, 1998.

Münkler, Herfried: Republikanische Ethik – Bürgerliche Selbstbindung und politische Mitverantwortung, in: P. Ulrich/A. Löhr/J. Wieland (Hrsg.), Unternehmerische Freiheit, Selbstbindung und politische Mitverantwortung. Perspektiven republikanischer Unternehmensethik, 1999, S. 9-25.

Nozick, Robert: Anarchie, Staat und Utopia, 1976.

Ohmae, Kenichi: The End of the Nation State. The Rise of Regional Economics, 1995.

Olson, Mancur: Aufstieg und Niedergang von Nationen. Ökonomisches Wachstum, Stagflation und soziale Starrheit, 1985 (Übersetzung aus dem Amerikanischen).

Orentlicher, Diane F./*Gelatt*, Timothy A.: Public Law, Private Actors: The Impact of Human Rights on Business Investors in China, in: Northwestern Journal of International Law & Business 14 (1993), S. 66-129.

Paine, Lynn Sharp: Law, Ethics, and Managerial Judgement, in: The Journal of Legal Studies Education 12 (1994), S. 153-169.

Perraton, Jonathan/*Goldblatt*, David/*Held*, David/*McGrew*, Anthony: Die Globalisierung der Wirtschaft, in: U. Beck (Hrsg.), Politik der Globalisierung, 1998, S. 134-168 (Übersetzung aus dem Englischen).

Peters, Bernhard: Rationalität, Recht und Gesellschaft, 1991.

Preston, Lee E./*Windsor*, D. (1997): The Rule of the Game in the Global Economy. Policy Regimes for International Business, 2nd ed., 1997.

de Pury, David (1998): Drawing National Democracies Towards Global Governance, in: J. Bhagwati/M. Hirsch (eds.), The Uruguay Round and Beyond. Essays in the Honour of Arthur Dunkel, 1998, S. 171-180.

Putnam, Hilary: Deweys Politikbegriff – eine Neubewertung, 1997, S. 227-252, 275-277.

Rawls, John: Eine Theorie der Gerechtigkeit, 1975 (Übersetzung aus dem Amerikanischen).

– Die Idee des politischen Liberalismus, 1992 (Übersetzung aus dem Amerikanischen).

– Politischer Liberalismus, 1998 (Übersetzung aus dem Amerikanischen).

Reinicke, Wolfgang H./*Witte*, Jean Martin: Globalisierung, Souveränität und internationale Ordnungspolitik, in: A. Busch/T. Plümper (Hrsg.), Nationaler Staat und internationale Wirtschaft. Anmerkungen zum Thema Globalisierung, 1999, S. 339-366.

– Interdependence, Globalization, and Sovereignity: The Role of Non-Binding International Legal Accords, in: D. Shelton (Ed.), Commitment and Compliance. The Role of Non-Binding Norms in the International Legal System, 2000.

Richter, Emmanuel: Der Zerfall der Welteinheit. Vernunft und Globalisierung in der Moderne, 1992.

Rödel, Ulrich/*Frankenberg*, Günter/*Dubiel*, Helmut: Die demokratische Frage, 1989.

Rosenzweig, Philip M.: International Sourcing in Athletic Footwear: Nike and Reebok, in: Ch. A. Bartlett/S. Ghoshal (Eds.), Transnational Management, 2nd ed., S. 170-182.

Rugman, Alan: The End of Globalization, 2000.

Schachtschneider, Karl Albrecht: Res publica res populi. Grundlegung einer Allgemeinen Republiklehre. Ein Beitrag zur Freiheits-, Rechts- und Staatslehre, 1994.

– Vom liberalistischen zum republikanischen Freiheitsbegriff, in: ders. (Hrsg.), Wirtschaft, Gesellschaft und Staat im Umbruch, Festschrift der Wirtschafts- und Sozialwissenschaftlichen Fakultät der Friedrich-Alexander-Universität Erlangen-Nürnberg 75 Jahre nach Errichtung der Handelshochschule Nürnberg, 1995, S. 418-449.

Scherer, Andreas Georg: Spirale nach unten? Zur Verantwortung multinationaler Unternehmen bei der Etablierung weltweiter Sozial- und Umweltstandards, in: Forum Wirtschaftsethik 5 (1997) 3, S. 11-13.

– Die Rolle der Multinationalen Unternehmung im Prozeß der Globalisierung. Vorüberlegungen zu einer Neuorientierung der Theorie der Multinationalen Unternehmung, Habilitationsschrift, Universität Erlangen-Nürnberg, Jan. 2000 (Veröffentlichung in Vorbereitung).

Scherer, Andreas Georg/*Löhr*, Albert: Verantwortungsvolle Unternehmensführung im Zeitalter der Globalisierung. Einige kritische Bemerkungen zu den Perspektiven einer liberalen Weltwirtschaft, in: B. N. Kumar/M. Osterloh/G. Schreyögg (Hrsg.), Unternehmensethik und Transformation des Wettbewerbs: Shareholder Value, Globalisierung, Hyperwettbewerb. Festschrift für Horst Steinmann, 1999, S. 261-289.

Scherer, Andreas Georg/*Smid*, Marc: The Downwards Spiral and the U.S. Model Business Principles. Why MNEs Should Take Responsibility for the Improvement of World-Wide Social and Environmental Conditions, in: Management International Review 40 (2000) 4 S. 351-371.

Scherrer, Christoph: Globalisierung wider Willen? Die Durchsetzung liberaler Außenwirtschaftspolitik in den USA, 1999.

Scherrer, Christoph/*Greven*, Thomas/*Frank*, Volker: Sozialklauseln. Arbeiterrechte im Welthandel, 1998.

Schneider, Volker: Politiknetzwerke der Chemikalienkontrolle. Eine Analyse einer transnationalen Politikentwicklung, 1988.

Schneider, Volker/*Ronit*, Karsten: Global Governance Through Privat Organizations, in: Governance 12 (1999), S. 243-266.

Senghaas, Dieter: Zivilisierung wider Willen. Der Konflikt der Kulturen mit sich selbst, 1998.

Shelton, Dinah (Ed.): Commitment and Compliance. The Role of Non-Binding Norms in the International Legal System, 2000.

Shute, Stephen/*Hurley*, Susan (Eds.): On Human Rights. The Oxford Amnesty Lectures, 1993.

Siebert, Horst: Weltwirtschaft, 1997.

– Disziplinierung der nationalen Wirtschaftspolitik durch die internationale Kapitalmobilität, in: D. Duwendag (Hrsg.), Finanzmärkte im Spannungsfeld von Globalisierung, Regulierung und Geldpolitik, Schriften den Vereins für Socialpolitik 261, Jahrestagung 1997, 1998, S. 41-67.

Smith, Adam: Der Wohlstand der Nationen. Eine Untersuchung seiner Natur und seiner Ursachen, übers. und hrsg. von H. C. Recktenwald, 1978 (Erstveröffentlichung 1776).

Sommer, Theo: Amerikanische Herausforderung, asiatisches Wunder, europäischer Niedergang: Wie Weissagungen an der Wirklichkeit zerschellen. Theo Sommer über den Irrtum der Propheten, in: Die Zeit, Nr. 2/1998 (bezogen über Internet).

Spiegel (1998): Tief verstrickt. Deutsche Textilfirmen lassen zu menschenunwürdigen Bedingungen in China und in der dritten Welt produzieren, in: Der Spiegel 52/1998, S. 98-100.

– (1999): Weltbürger in der Drehtür, in: Der Spiegel 1/1999, S.154-157.

Steinmann, Horst/*Löhr*, Albert: Grundlagen der Unternehmensethik, 2. Aufl. 1994.

– Unternehmensethik – ein republikanisches Programm in der Kritik, in: Forum für Philosophie Bad Homburg (Hrsg.), Markt und Moral. Die Diskussion um die Unternehmensethik, 1994, S. 145-180.

– Unternehmensethik als Ordnungselement in der Marktwirtschaft, in: Zeitschrift für betriebswirtschaftliche Forschung 47 (1995), S. 143-174.

Steinmann, Horst/*Olbrich*, Thomas: Unternehmensethik und internationales Management. Implementationsprobleme einer Unternehmensethik der internationalen Unternehmung, in: B. Schiemenz/H.-J. Wurl (Hrsg.), Internationales Management: Beiträge zur Zusammenarbeit. Festschrift für Eberhard Dülfer, 1994, S. 1-28.

Steinmann, Horst/*Scherer*, Andreas Georg: Die internationale Unternehmung als moralischer Aktor. Bemerkungen zu einigen normativen Grundlagenproblemen des interkulturellen Managements, in: J. Engelhard (Hrsg.), Interkulturelles Management, 1997, S. 23-53.

– Intercultural Management Between Universalism and Relativism. Fundamental Problems in International Business Ethics and the Contribution of Recent German Philosophical Approaches, in: S. Urban (ed.), Europe in the Global Competition, 1997, S. 77-143.

– (Hrsg.), Zwischen Universalismus und Relativismus. Philosophische Grundlagenprobleme des interkulturellen Managements, 1998.

– Interkulturelles Management zwischen Universalismus und Relativismus. Kritische Anfragen der Betriebswirtschaftslehre an die Philosophie, in: dies. (Hrsg.), Zwischen Universalismus und Relativismus. Philosophische Grundlagenprobleme des interkulturellen Managements, 1998, S. 23-87.

– Freiheit und Verantwortung in einer globalisierten Wirtschaft, in: H. Hungenberg/B. Schwetzler (Hrsg.), Unternehmung, Gesellschaft und Ethik. Erfahrungen und Perspektiven, 2000, S. 93-115.

– Corporate Ethics and Management Theory, in: P. Koslowski (ed.), Contemporary Economic Ethics and Business Ethics, 2000, S. 148-192.

Steinmann, Horst/*Zerfaß*, Ansgar: Privates Unternehmertum und öffentliches Interesse, in: G. R. Wagner (Hrsg.), Betriebswirtschaft und Umweltschutz, 1993, S. 3-26.

Stone, Christopher: Where the Law Ends. The Social Control of Corporate Behavior, 1975.

Strange, Susan: The Retreat of the State. The Diffusion of Power in the World Economy, 1996.

Streit, Manfred E.: Theorie der Wirtschaftspolitik, 4. Aufl. 1991.

Thielemann, Ulrich: Das Prinzip Markt. Kritik der ökonomischen Tauschlogik, 1996.

Tiemann, Regine: Ethische Branchenstandards. Ein Lösungsweg für Unternehmen aus moralischer Dilemmata, 1999.

Time (1996): Cause Celeb. Two High-profile Endorsers are Props in a Worldwide Debate Over Sweatshops and the Use of Child Labor, in: Time, June 17, 1986, S. 28-30.

Trebilcock, Michael J./*Howse*, Robert: The Regulation of International Trade, 1995.

Ulrich, Peter: Transformation der ökonomischen Vernunft, 1986.

– Integrative Wirtschaftsethik. Grundlagen einer lebensdienlichen Ökonomie, 1997.

Ulrich, Peter/*Löhr*, Albert/*Wieland*, Josef (Hrsg.): Unternehmerische Freiheit, Selbstbindung und politische Mitverantwortung. Perspektiven republikanischer Unternehmensethik, 1999.

Washington Post: Bot Camp at the Shoe Factory. Where Taiwanese Bosses Drill Chinese Workers to Make Sneakers for American Joggers, by A. Chan, in: Washington Post, Nov. 3, 1996, S. C01.

Wehmeier, Axel: Zwischen Harmonisierung und Systemwettbewerb. Schutzregulierungen im Zeichen der Globalisierung, in: J. B. Donges/A. Freytag (Hrsg.), Die Rolle des Staates in einer globalisierten Wirtschaft, 1998, S. 285-312.

Welsch, Wolfgang: Vernunft, 1995.

Wohlrapp, Harald: Konstruktive Anthropologie als Basis eines Konzepts von Kulturpluralismus?, in: E. Jelden (Hrsg.), Prototheorien – Praxis und Erkenntnis, 1995, S. 149-163.

– Die Suche nach einem transkulturellen Argumentationsbegriff. Resultate und Probleme, in: H. Steinmann/A.G. Scherer (Hrsg.), Zwischen Universalismus und Relativismus. Philosophische Grundlagenprobleme des interkulturellen Managements, S. 240-290.

Zürn, Michael: Regieren jenseits des Nationalstaates, 1998.

Das Multilaterale Abkommen über Investitionen (MAI)

Udo Wartha

Adlerstein, Wolfgang: Globalisierung und Recht, Recht und Politik, 2/97, S. 95 ff.

Ahern, Nuala: Stellungnahme für den Ausschuß für Recht und Bürgerrechte, in: Europäisches Parlament, Bericht mit den Empfehlungen des Europäischen Parlaments an die Kommission zu den Verhandlungen im Rahmen der OECD über ein multilaterales Abkommen über Investitionen (MAI), Berichterstatter: MdEP Wolfgang Kreissl-Dörfler, 26. Februar 1998, A4-0073/98, S. 22 ff.

Ahnlind, Anders: New disciplines, in: OECD (Hrsg.), Proceedings of the Special Session on the Multilateral Agreement on Investment, held in Paris on 17. September 1997, 1997, S. 1 ff.

Albrow, Martin: Abschied vom Nationalstaat, 1998.

Altvater, Elmar/*Mahnkopf*, Birgit: Grenzen der Globalisierung, 1996.

Altvater, Elmar *et al.* (Hrsg.): WEED Informationsbrief Weltwirtschaft & Entwicklung, Sonderdienst Nr. 2-3/1998.

Badura, Peter: Staatsrecht, 2. Aufl. 1996.

Baldi, Marino: Dispute settlement, in: OECD, Symposium on the MAI in Cairo, 20 October 1997, 1997, S. 1 ff.

Bank für Internationalen Zahlungsausgleich: 69. Jahresbericht, 1. April 1998-31. März 1999, 1999.

Banz, Michael: Völkerrechtlicher Eigentumsschutz durch Investitionsschutzabkommen: insbesondere die Praxis der Bundesrepublik Deutschland seit 1959, 1988.

Baum, Harald: Globalisierung der Finanzmärkte und ihre Folgen für den Standortwettbewerb, in: Z. Kitagawa (Hrsg.), Das Recht vor der Herausforderung eines neuen Jahrhunderts: Erwartungen in Japan und Deutschland, 1998, S. 307 ff.

Beck, Ulrich: Wie wird Demokratie im Zeitalter der Globalisierung möglich? – Eine Einleitung, in: ders. (Hrsg.), Politik der Globalisierung, 1998, S. 7 ff.

Beisheim, Marianne et al.: Im Zeitalter der Globalisierung?, 1. Aufl. 1999.

Benda, Ernst: Der soziale Rechtsstaat, in: E. Benda/W. Maihofer/H.-J. Vogel (Hrsg.), Handbuch des Verfassungsrechts, 1983, S. 477 ff.

Beyme, Klaus von: Niedergang der Parlamente, Internationale Politik, 4/1998, S. 21 ff.

Bleckmann, Albert: Grundprobleme und Methoden des Völkerrechts, 1982.

– Europarecht, 6. Aufl. 1997.

Böckenförde, Ernst-Wolfgang: Regierungsfähigkeit zwischen Verfassung und politischer Verantwortung, in: Bertelsmann-Stiftung (Hrsg.), Demokratie neu denken: Verfassungspolitik und Regierungsfähigkeit in Deutschland, 1998, S. 83 ff.

– Interview in der Süddeutschen Zeitung: „Die Ungleichheit darf ein gewisses Maß nicht überschreiten“, in: Süddeutsche Zeitung, Nr. 172, 29.07.1999, S. 11.

Böhmer, Alexander: The Struggle for a Multilateral Agreement on Investment – an Assessment of the Negotiation Process in the OECD, German Yearbook of International Law, Vol. 41, 1998, S. 267 ff.

Brewer, Thomas L./*Young*, Stephen: Towards a multilateral framework for foreign direct investment: issues and scenarios, Transnational Corporations, Vol. 4. No. 1, April 1995, S. 69 ff.

– The Multilateral Agenda for Foreign Direct Investment. Problems, Principles and Priorities for Negotiations at the OECD and WTO, World Competition 18, 4/1995, S. 67 ff.

Brittan, Leon Sir: Investment liberalization: the next great boost to the world economy, Transnational Corporations, Vol. 4, No. 1, April 1995, S. 1 ff.

Buchanan, James M.: Freedom in Constitutional Contract – Perspectives of a Political Economist, 1977.

Bundesministerium für Wirtschaft und Technologie: Aufzeichnungen der Bundesregierung zum aktuellen Stand der Verhandlungen über ein Multilaterales Abkommen für Investitionen (MAI), Februar 1998.

– Schreiben an Prof. Dr. Mies zum Multilateralen Abkommen für Investitionen vom 06.02.1998, in: M. Mies (Hrsg.), MAI: Die geplante Herrschaft der Konzerne, Reader zum Kongreß „MAI – Gipfel der Globalisierung" am 25. April 1998 in Bonn, 1998, S. 103 ff.

– Zu den Verhandlungen bei der OECD über ein Multilaterales Abkommen für Investitionen (MAI), Positionspapier vom 04. Februar 1998, 1998.

– Pressemitteilung „WTO-Abkommen über Finanzdienstleistungen tritt am 1. März 1999 in Kraft, 26. Februar 1999. http://www.bmwi.de/presse/1999/0226prm1.html, 28.02.1999.

Bundesregierung: Bericht der Bundesregierung an den Wirtschaftsausschuß des Deutschen Bundestages zum aktuellen Stand der Verhandlungen über ein Multilaterales Abkommen für Investitionen vom 09.02.1998, in: R. Zugehör (Hrsg.), Zusammenstellung „Das Multilaterale Investitionsabkommen (MAI) der OECD, 1998, S. 1 ff.

– Antwort der Bundesregierung zu den SPD-Fragen zum Multilateralen Abkommen für Investitionen (MAI), 17.08.1998, 1998.

Canadian Parliament: Canada and the Multilateral Agreement on Investment, Third Report of the Standing Committee on Foreign Affairs and International Trade, 1997.

Cerny, Philip G.: Globalisierung und die neue Logik kollektiven Handelns, in: U. Beck (Hrsg.), Politik der Globalisierung, 1998, S. 263 ff.

Clarke, Tony/*Barlow*, Maude: MAI: the Multilateral Agreement on Investment and the threat to Canadian sovereignty, 1997.

Clinton, William J.: Rede zur 50. Jahrestagung WTO/GATT 1998 in Genf, 1998; http://www.wto.org.

Corporate Europe Observatory (CEO): Maigalomania! Citizens and the Environment Sacrificed to Corporate Investment Agenda, 1998; http://www.xs4all.nl/~ceo/mai/mmania01.html, 08.09.1998.

Delbrück, Jost: Wirksameres Völkerrecht oder neues „Weltinnenrecht", in: ders., Die Konstitution des Friedens als Rechtsordnung, 1996, S. 318 ff.

Depenheuer, Otto: Setzt Demokratie Wohlstand voraus?, Der Staat 33 (1994), S. 329 ff.

Derks, Govert/*Halbach*, Axel J.: Direktinvestitionen weltweit auf Rekordhöhe: Sind Arbeitsplätze in Deutschland bedroht, gewinnt die Dritte Welt?, ifo Schnelldienst, 30/1996, S. 24 ff.

Die ZEIT: Das MAI ist nicht gekommen, in: Die ZEIT, Nr. 19, 29.04.1998, S. 19.

Diehl, Markus: Nichtdiskriminierungsprinzip, in: Th. Plümper, Lexikon der Internationalen Wirtschaftsbeziehungen, 1996, S. 258.

Doran, Charles, F.: Sovereignty Political, in: J. Hoebing/S. Weintraub/M. D. Baer (Hrsg.), NAFTA and Sovereignty, 1996, S. 107 ff.

Ellwein, Thomas: Gesetzgebung, Regierung, Verwaltung, in: E. Benda/W. Maihofer/ H.-J. Vogel (Hrsg.), Handbuch des Verfassungsrechts, 1983, S. 1093 ff.

Emmerich-Fritsche, Angelika: Recht und Zwang im Völkerrecht, insbesondere im Welthandelsrecht, in: K. A. Schachtschneider (Hrsg.), Rechtsfragen der Weltwirtschaft, 2002, S. 123 ff.

Engelhard, Johann/*Gerstlauer*, Michael/*Hein*, Silvia: Globalisierende Unternehmen und Nationalstaaten – Überlegungen zur Redistribution von Staats- und Unternehmensmacht, in: B. N. Kumar/M. Osterloh/G. Schreyögg (Hrsg.), Unternehmensethik und Transformation des Wettbewerbs: Shareholder-Value – Globalisierung – Hyperwettbewerb, Festschrift für Horst Steinmann zum 65. Geburtstag, 1999, S. 291 ff.

Engels, Rainer et al.: Alles neu macht das MAI? Das Multilaterale Investitionsabkommen – Informationen, Hintergründe, Kritik, 1998.

Engering, Frans: The Multilateral Investment Agreement, Transnational Corporations, Vol. 5, No. 3, December 1996, S. 147 ff.

Eppler, Erhard: Die Wiederkehr der Politik, 1998.

Esty, Dan: The Green Investor, worldlink (Online-Zeitschrift), January/February 1999; http://www.worldlink.co.uk/articles/19021999195259/6.htm, 16.07.1999.

Europäische Kommission: Trade and Investment, Discussion Paper of Directorate General for External Economic Relations, December 1994.

Europäisches Parlament: Bericht mit den Empfehlungen des Europäischen Parlaments an die Kommission zu den Verhandlungen im Rahmen der OECD über ein multilaterales Abkommen über Investitionen (MAI), Berichterstatter: MdEP Wolfgang Kreissl-Dörfler, 26. Februar 1998, A4-0073/98.

Financial Times: Bye-bye, MAI?, 19.02.1998, zitiert nach: Deutsche Bundesbank/Auszüge aus Presseartikeln, Nr. 15, 02.03.1998, S. 19.

Financial Times Deutschland: Anliegen aller Ländergruppen im Paket von Doha enthalten, 222/46, 15.11.01, S. 19.

Fischermann, Thomas/*Schumacher*, Oliver: Vertreibung aus dem Paradies, in: Die ZEIT, Nr. 22, 27.05.1999, S. 23.

FitzGerald, E.V.K./*Cubero-Brealey*, R./*Lehmann*, A.: The Development Implications of the Multilateral Agreement on Investment, A report commissioned by the UK Department for International Development, 1998.

Frick, Helmut: Bilateraler Investitionsschutz in Entwicklungsländern, 1975.

Friends of the Earth (FoE), License to Loot, The MAI and How to stop It, 1998.

G7-Staats- und Regierungschefs: Economic Communiqué des G7-Gipfels von Lyon 1996; http://www.library.utoronto.ca/g7/96ecopre.htm, 08.07.1999.

– Denver Summit Statement by Seven, „Confronting global economic and financial challanges“, 1997; http://www.library.utoronto.ca/g7/denver/confront.htm, 8.7.1999.

G8-Staats- und Regierungschefs: Kommuniqué des Gipfels von Birmingham, 1998; http://www.library.utoronto.ca/g7/birmingham98_g/gercomm.htm, 08.07.1999.

– Communiqué des Gipfels von Köln, 1999; http://www.G8Koeln.de/07/, 08.07.1999.

Ganesan, A. V.: Development-friendliness criteria for a multilateral investment agreement, Transnational Corporations, Vol. 6, Number 3, December 1997, S. 135 ff.

Geiger, Rudolf: Grundgesetz und Völkerrecht, 1994.

George, Susan: Zum Thema „Schicksal Globalisierung?, in: W. Kreissl-Dörfler (Hrsg.), Schicksal Globalisierung? Wege zu einer sozialen und ökologischen Weltwirtschaft, 1998, S. 50 ff.

Glunk, Fritz R. (Hrsg.): Das MAI und die Herrschaft der Konzerne, 1998.

Goltz, Horst: Förderung privater Kapitalanlagen (Direktinvestitionen) in Entwicklungsländern, 1975.

Graham, Edward M.: Investment and the New Multilateral Trade Context, in: OECD (Hrsg.), Market Access After the Uruguay Round: Investment Competition and Technology Perspectives, 1996, S. 35 ff.

Grewe, Wilhelm G.: Auswärtige Gewalt, in: J. Isensee/P. Kirchhof (Hrsg.), Handbuch des Staatsrechts der Bundesrepublik Deutschland, Bd. III, Das Handeln des Staates, 1988, § 77, S. 921 ff.

Griffiths, Nick: Institutional issues and accession to the MAI, in: OECD, Symposium on the MAI in Cairo, 20 October 1997, 1997.

Grimm, Dieter: Interview in der Süddeutschen Zeitung: „Es besteht Aushöhlungsgefahr", in: Süddeutsche Zeitung, Nr. 125, 04.06.1999, S. 10.

Habermas, Jürgen: Die Einbeziehung des Anderen, 1996.

– Jenseits des Nationalstaats? Bemerkungen zu Folgeproblemen der wirtschaftlichen Globalisierung, in: U. Beck (Hrsg.), Politik der Globalisierung, 1998, S. 67 ff.

Häde, Ulrich: Der völkerrechtliche Schutz von Direktinvestitionen im Ausland, Archiv des Völkerrechts 1997, S. 181 ff.

Hailbronner, Kay: Der Staat und der Einzelne als Völkerrechtssubjekte, in: W. Graf Vitzthum (Hrsg.), Völkerrecht, 3. Abschnitt, 1997, S. 181 ff.

Haltern, Ulrich R.: Europäischer Kulturkampf, Der Staat 37 (1998), S. 591 ff.

Handelsblatt: Auf der Zielgeraden errichten die Franzosen ihre Hürden, Nr. 226, 30.09.1998, S. 14.

Hanke, Thomas: Der Westen will die Rechte der Konzerne stärken – Lasten der Dritten Welt, in: Die ZEIT, Nr. 09, 18.02.1998 (Internet-Archiv).

Hankel, Wilhelm: Europa: Ausweg aus der Globalismusfalle? Wirtschaftspolitik im Globalismus, Jahrbuch Arbeit und Technik, 1997, S. 326 ff.

Hankel, Wilhelm/*Nölling*, Wilhelm/*Schachtschneider*, Karl Albrecht/*Starbatty*, Joachim: Die Euro-Klage, Warum die Währungsunion scheitern muß, 1998.

Hart, Michael: A Multilateral Agreement on Foreign Investment: Why Now?, in: P. Sauvé/D. Schwanen (Hrsg.), Investment rules for the global economy: enhancing access to markets, 1996, S. 36 ff.

Hartwig, Jochen: Ist der OECD-Entwurf zu einem Investitionsabkommen ein geeigneter Ansatzpunkt für ein entsprechendes WTO-Abkommen?, Aussenwirtschaft, Heft I, 1999, S. 75 ff.

Hasse, Rolf H. (Hrsg.): Ordnung in Freiheit: Festgabe für Hans Willgerodt zum 70. Geburtstag, 1994.

Helm, Carsten: Umwelt- und Handelspolitik in einer globalisierten Wirtschaft, in: U. E. Simonis (Hrsg.), Weltumweltpolitik: Grundriss und Bausteine eines neuen Politikfeldes, 1996, S. 202 ff.

Henderson, David: The MAI Affair. A Story and its Lessons, 1999.

Herdegen, Matthias: Internationales Wirtschaftsrecht, 2. Aufl. 1995.

Herzog, Roman: Rede anläßlich der Veranstaltung „150 Jahre Revolution von 1848/49" am 18. Mai 1998 in der Paulskirche zu Frankfurt am Main. http://www.bundespraesident.de, 13.01.1999.

– Vortrag anläßlich des 62. Deutschen Juristentages in Bremen am 25. September 1998. http://www.bundespraesident.de, 13.01.1999.

– Weltwirtschaftsforum in Davos, zitiert nach: World Economic Forum press release, „German President urges eight-point programme for better global relations", 28.1.1999. http://www.weforum.org/publications/press_releases/am9906_990128.asp, 15.07.1999.

– Maximen der Verantwortung, in: Süddeutsche Zeitung, Nr. 121, 29./30.05.1999, S. I.

Hesse, Helmut: Krisen im globalen Finanzsystem und ihre Folgen für Deutschland, zitiert nach: Deutsche Bundesbank/Auszüge aus Presseartikeln, Nr. 71, 02.12.1998, S. 11 ff.

Hilf, Meinhard/*Schorkopf*, Frank: Das Europäische Parlament in den Außenbeziehungen der Europäischen Union, EuR, Heft 2, 1999, S. 185 ff.

Hilpold, Peter: Die Fortentwicklung der WTO-Ordnung, RIW, Heft 2, 1998, S. 90 ff.

Hoebing, Joyce/*Weintraub*, Sidney/*Baer*, M. Delal (Hrsg.): NAFTA and Sovereignty, 1996.

Huber, Peter M.: Die parlamentarische Demokratie unter den Bedingungen der europäischen Integration, in: ders./W. Mößle/M. Stock (Hrsg.), Zur Lage der parlamentarischen Demokratie, 1995, S. 105 ff.

Huber, Peter M./Wilhelm Mößle/Martin Stock (Hrsg.): Zur Lage der parlamentarischen Demokratie, 1995.

Hübner, Kurt: Der Globalisierungskomplex: grenzenlose Ökonomie – grenzenlose Politik?, 1998.

Huemer, Stefan: Das Multilaterale Investitionsabkommen und die Rolle der OECD, in: Berichte und Studien der Oesterreichischen Nationalbank, Heft 2/1995, S. 63 ff.

Industriegewerkschaft Bauen-Agrar-Umwelt (Hrsg.): Multilaterales Investitionsabkommen, Droht die Weltherrschaft der Konzerne?, 1998.

International Centre for the Settlement of Investment Disputes (Hrsg.): Investment Promotion and Protection Treaties, Loseblattsammlung.

International Monetary Fund: Communiqué of the Interim Committee of the Board of Governors of the International Monetary Fund, Press Release No. 99/15, 4/1999. http://www.imf.org/external/np/sec/pr/1999/PR9915.htm, 08.07.1999.

Isensee, Josef: Gemeinwohl und Staatsaufgaben im Verfassungsstaat, in: J. Isensee/P. Kirchhof (Hrsg.), Handbuch des Staatsrechts der Bundesrepublik Deutschland, Bd. III, Das Handeln des Staates, 1988, § 57, S. 3 ff.

– Am Ende der Demokratie – oder am Anfang?, Wirtschaftspolitisches Kolloquien der Adolf-Weber-Stiftung 20, 1995.

Iwd: Regionale Wirtschaftsbündnisse – Treibmittel der Globalisierung, Nr. 27, 08.07.1999, S. 4 f.

Johnston, Donald: The case for MAI, in: Financial Times, 24.02.1998, zitiert nach: Deutsche Bundesbank/Auszüge aus Presseartikeln, Nr. 15, 02.03.1998, S. 20.

– Rede vor der Parlamentarischen Versammlung des Europarats, Straßburg, 23. September 1998, in: OECD (Hrsg.), Rede von Generalsekretär Donald J. Johnston vor der Parlamentarischen Versammlung des Europarats, 1998, SG/COM/NEWS(98)89.

Journal of Commerce and Commercial: Ethyl to sue Canada over MMT ban bill, 12.09.1996 (Internet-Archiv).

Jungnickel, Rolf: Foreign Direct Investment: Recent Trends in a Changing World, (HWWA-Report, Nr.115), 1993.

Kaiser, Karl: Globalisierung als Problem der Demokratie, Internationale Politik, 4/1998, S. 3 ff.

Karl, Joachim: Neue Entwicklungen beim internationalen Investitionsschutz, RIW, Heft 10, 1994, S. 809 ff.

– Protection of investors and investment, in: OECD, Symposium on the MAI in Cairo, 20 October 1997, 1997.

– Das Multilaterale Investitionsabkommen (MAI), RIW, Heft 6, 1998, S. 432 ff.

– Internationaler Investitionsschutz – Quo vadis?, Zeitschrift für vergleichende Rechtswissenschaft, Bd. 99 (2000), S. 143 ff.

Kimminich, Otto: Einführung in das Völkerrecht, 5. Aufl. 1993.

Kirchhof, Paul: Mittel staatlichen Handelns, in: J. Isensee/ders. (Hrsg.), Handbuch des Staatsrechts der Bundesrepublik Deutschland, Bd. III, Das Handeln des Staates, 1988, § 59, S. 121 ff.

– Gefährdung des Rechtsstaates durch den Verlust des Rechtsgedankens, in: ders. et al., Die Akzeptanz des Rechtsstaates, 1998, S. 23 ff.

Kitagawa, Zentaro (Hrsg.): Das Recht vor der Herausforderung eines neuen Jahrhunderts: Erwartungen in Japan und Deutschland, 1998.

Klein, Hans H.: Die Funktion des Parlaments im politischen Prozeß, ZG 3/1997, S. 209 ff.

Koch, Eckart: Internationale Wirtschaftsbeziehungen, Band 1, Internationaler Handel: Chancen und Risiken der Globalisierung, 2. Aufl. 1997.

Kreissl-Dörfler, Wolfgang (Hrsg.): Schicksal Globalisierung? Wege zu einer sozialen und ökologischen Weltwirtschaft, (Hrsg.), 1998.

Krugman, Paul R./*Obstfeld*, Maurice: International economics: theory and policy, 2. Aufl. 1996.

Kühner, Rolf: Vorbehalte zu multilateralen völkerrechtlichen Verträgen, 1986.

Kumar, Brij Nino/*Osterloh*, Margit/*Schreyögg*, Georg (Hrsg.): Unternehmensethik und Transformation des Wettbewerbs: Shareholder-Value – Globalisierung – Hyperwettbewerb, Festschrift für Horst Steinmann zum 65. Geburtstag, 1999.

Kunig, Philip: Völkerrecht und staatliches Recht, in: W. Graf Vitzthum (Hrsg.), Völkerrecht, 2. Abschnitt, 1997, S. 101 ff.

Lachmann, Werner: Volkswirtschaftslehre 1, Grundlagen, 1993.

Lang, Jack: „L'AMI, c'est l'ennemi", in: Le Monde, 10.02.1998 (Internet-Ausgabe).

Larson, Alan: State of Play of MAI Negotiation, in: OECD (Hrsg.), Proceedings of the Special Session on the Multilateral Agreement on Investment, held in Paris on 17. September 1997, 1997, S. 1 ff.

Leisner, Walter: Demokratie: Betrachtungen zur Entwicklung einer gefährdeten Staatsform, 1998.

– Demokratie – Auflösung der Staatseinheit, in: O. Depenheuer (Hrsg.), Die Einheit des Staates: Symposion aus Anlaß des 60. Lebensjahres von Josef Isensee, 1998, S. 29 ff.

Lüders, Rolf J.: Privatisation and the role of foreign investment, in: OECD (Hrsg.), Privatisation in Asia, Europe and Latin America, 1996, S. 185 ff.

Mayer-Tasch, Peter Cornelius: Historische Einführung, in: F. R. Glunk (Hrsg.), Das MAI und die Herrschaft der Konzerne, 1998, S. 7 ff.

Mayrzedt, Hans: Multilaterale Wirtschaftsdiplomatie zwischen westlichen Industriestaaten, 1979.

McGrew, Anthony: Demokratie ohne Grenzen? Globalisierung und die demokratische Theorie und Politik, in: U. Beck (Hrsg.), Politik der Globalisierung, 1998, S. 374 ff.

McLuhan, Marshall: Die magischen Kanäle, Understanding Media, 1968.

Merk, Kurt-Peter: Eine kritische Kommentierung des Multilateralen Abkommens über Investitionen, in: F. R. Glunk (Hrsg.), Das MAI und die Herrschaft der Konzerne, 1998, S. 129 ff.

Merkt, Hanno: Investitionsschutz durch Stabilisierungsklauseln, 1990.

Meyer, Bernhard: Ordnungspolitik als Standortfaktor im Zeitalter der Geo-Ökonomie, in: R. H. Hasse (Hrsg.), Ordnung in Freiheit: Festgabe für Hans Willgerodt zum 70. Geburtstag, 1994, S. 412 ff.

Mies, Maria (Hrsg.): MAI: Die geplante Herrschaft der Konzerne, Reader zum Kongreß „MAI – Gipfel der Globalisierung" am 25. April 1998 in Bonn, 1998.

– Der internationale Widerstand, in: ders./C. Werlhof (Hrsg.): Lizenz zum Plündern – Das Multilaterale Abkommen über Investitionen MAI. Globalisierung der Konzernherrschaft und was wir dagegen tun können, 1998, S. 12 ff.

Mies, Maria/*Werlhof*, Claudia (Hrsg.): Lizenz zum Plündern – Das Multilaterale Abkommen über Investitionen MAI. Globalisierung der Konzernherrschaft und was wir dagegen tun können, 1998.

Mosler, Hermann: Internationale Streitschlichtung, in: J. Isensee/P. Kirchhof (Hrsg.), Handbuch des Staatsrechts der Bundesrepublik Deutschland, Bd. VII, Normativität und Schutz der Verfassung – Internationale Beziehungen, 1992, § 179, S. 711 ff.

Musca, Xavier: Scope of the MAI, in: OECD (Hrsg.), Proceedings of the Special Session on the Multilateral Agreement on Investment, held in Paris on 17. September 1997, 1997, S. 1 ff.

Nestor, Stilpon/*Nigon*, Marie: Privatisations in Europe, Asia and Latin America: What lessons can be drawn?, in: OECD (Hrsg.), Privatisation in Asia, Europe and Latin America, 1996, S. 9 ff.

Neue Züricher Zeitung: Multilaterales Investitionsabkommen liegt auf Eis, 29.04.1998.

Neumann, Manfred: Theoretische Volkswirtschaftslehre II, 3. Aufl. 1991.

Nissen, Harck-Oluf: Der Helms-Burton Act vor der WTO, RIW, Heft 5, 1999, S. 350 ff.

Notter, Markus: Völkerrechtlicher Investitionsschutz, 1989.

OECD: Communiqué zum Jahrestreffen des Ministertreffens am 23./24. Mai 1995, C(95)118.

– Globalisation of Industry, 1996.

– OECD Benchmark Definition of Foreign Direct Investment, 1996.

– Privatisation in Asia, Europe and Latin America, 1996.

– (Hrsg.), Proceedings of the Special Session on the Multilateral Agreement on Investment, held in Paris on 17. September 1997, 1997.

– Policy Brief – MAI: The Multilateral Agreement on Investment, No. 2, 1997.

– Commentary to the MAI Negotiating Text (as of 24 April 1998), 1998.

– Directory of Bodies, April 1998, 1998.

– Erklärung der Minister zum multilateralen Abkommen über Investitionen auf der Tagung des Rats der OECD auf Ministerebene vom 27.-28. April 1998, 1998. http://www.oecd.org/bonn/minis.htm, 11.04.1999 .

– Foreign Direct Investment and the Environment: An Overview of the Literature, 1998. http://www.oecd.org/daf/cmis/mai/fdienv.htm, 11.04.1998.

– High Level Meeting on the Multilateral Agreement on Investment, 1998, SG/COM/NEWS(98)15.

– Kein Wohlstand ohne offene Märkte, Vorteile der Liberalisierung von Handel und Investitionen, 1998.

– Multilateral Agreement on Investment – Report by the Chairman of the Negotiating Group, April 1998, 1998.

– Multilaterales Abkommen über Investitionen, Konsolidierter Text (Stand: 24. April 1998), Arbeitsübersetzung, 1998.

– Pressekommuniqué des OECD-Sekretariats vom 03.12.98 zur Einstellung der MAI-Verhandlungen, 1998.

– Relationships Between the MAI and SELECTED Multilateral Environmental Agreements (MEAs), 1998. http://www.oecd.org/daf/cmis/mai/meaenv.htm, 11.04.1998.

– Annual Report 1999, 1999.

– BIAC Statement to the 1999 OECD Council Meeting at Ministerial Level, 1999, C/MIN(99)19.

– Conference on Foreign Direct Investment and the Environment, Summary of the Discussion, 1999, CCNM/EMEF/EPOC/CIME(98)7.

– International Investment, Draft Report to Ministers by the Secretary-General, 1999, DAFFE/IME(99)6/REV2.

– Meeting of the OECD Council at Ministerial Level, 26-27 May 1999, A Synthesis, 1999.

– Trade Union Statement to the 1999 Council Meeting at Ministerial Level, 1999, C/MIN(99)20.

Oppermann, Thomas: Internationale Wirtschaftsordnung: Regionalisierung versus Globalisierung, in: Z. Kitagawa (Hrsg.), Das Recht vor der Herausforderung eines neuen Jahrhunderts: Erwartungen in Japan und Deutschland, 1998, S. 227 ff.

Oschmann, Friedrich: Investitionsschutzverträge in Lateinamerika, RIW, Heft 6, 1996, S. 494 ff.

Parra, Antonio R.: The scope of new investment laws and international instruments, Transnational Corporations, Vol. 4, No. 3, December 1995, S. 27 ff.

Petschow, Ulrich et al.: Das Multilaterale Investitionsabkommen (MAI) und die Umwelt, Studie für die Friedrich-Ebert-Stiftung, 1998.

Picciotto, Sol/*Mayne*, Ruth (Hrsg.): Regulating International Business, Beyond Liberalization, 1999.

Piper, Nikolaus: Souveränität und Freihandel, in: Süddeutsche Zeitung, Nr. 97, 28.04.1998, S. 25.

Pitschas, Rainer: Zukunft des Rechts: Spontane und organisierte Rechtsentwicklung – Herausbildung einer neuen Architektur des global praktizierten Rechts, in: Rupert Scholz (Hrsg.), Rechtsstaat – Finanzverfassung – Globalisierung, 1998, S. 55 ff.

Plümper, Thomas: GATS, in: ders., Lexikon der Internationalen Wirtschaftsbeziehungen, 1996, S. 120 ff.

– Portfolioinvestitionen, in: ders., Lexikon der Internationalen Wirtschaftsbeziehungen, 1996, S. 268 ff.

Polk, Andreas: Multilaterale Abkommen für Direktinvestitionen (MAI). Eine Kritik aus industrieökonomischer Sicht, Aussenwirtschaft, 55(4), 2000, S. 527 ff.

Prinz, Aloys/*Beck*, Hanno: Politische Ökonomie der Globalisierung, Aus Politik und Zeitgeschichte, B 23/99, S. 11 ff.

Randelzhofer, Albrecht: Staatsgewalt und Souveränität, in: J. Isensee/P. Kirchhof (Hrsg.), Handbuch des Staatsrechts der Bundesrepublik Deutschland, Bd. I, Grundlagen von Staat und Verfassung in der Bundesrepublik Deutschland, 1987, § 15, S. 691 ff.

Reich, Robert: Die neue Weltwirtschaft. Das Ende der nationalen Ökonomie, 1997.

Roller, Arndt: Multinationale Unternehmen in Irland: staatliche Strategien und volkswirtschaftliche Effekte, 1999.

Rübesamen, Dirk: Kapitalverkehr, internationaler, in: Th. Plümper (Hrsg.), Lexikon der Internationalen Wirtschaftsbeziehungen, 1996, S. 181 ff.

Rugman, Alan M.: The Political Economy of the Multilateral Agreement on Investment, Paper for the academic symposium „Prospects for the Birmingham Summit 1998" at the London School of Economics, May 1998. http://www.library.utoronto.ca/g7/annual, 09.07.1999.

Sack, Jörg: Aus für das MAI, EuZW, Heft 23, 1998, S. 706.

Saul, John R.: Das MAI und die Demokratie, in: F. R. Glunk (Hrsg.), Das MAI und die Herrschaft der Konzerne, 1998, S. 191 ff.

Sauvant, Karl/*Dunning*, John H.: Preface, in: S. Lall (Hrsg.), Transnational Corporations and Economic Development, 1993, S. vii ff.

Sauvé, Pierre/*Schwanen*, Daniel (Hrsg.): Investment rules for the global economy: enhancing access to markets, 1996.

Schachtschneider, Karl Albrecht: Die existentielle Staatlichkeit der Völker Europas und die staatliche Integration der Europäischen Union, in: W. Bloymeyer/ders. (Hrsg.), Die Europäische Union als Rechtsgemeinschaft, 1995, S. 75 ff.

– Regieren für statt durch das Volk? Demokratiedefizite in der Europäischen Union?, in: H. H. v. Arnim (Hrsg.), Adäquate Institutionen: Voraussetzungen für „gute" und bürgernahe Politik?, 1999, S.203 ff.

– Der Euro-Beschluß des Bundesverfassungsgerichts, IHI-Schriften 9/1998, S. 19 ff.

– Eigentümer globaler Unternehmen, in: B. N. Kumar/M. Osterloh/G. Schreyögg (Hrsg.), Unternehmensethik und Transformation des Wettbewerbs: Shareholder-Value – Globalisierung – Hyperwettbewerb, Festschrift für Horst Steinmann zum 65. Geburtstag, 1999, S. 409 ff.

– Demokratiedefizite in der Europäischen Union, in: W. Nölling/ders./J. Starbatty (Hrsg.), Währungsunion und Weltwirtschaft, FS für Wilhelm Hankel, 1999, S. 119 ff.

– Prinzipien des Rechtsstaates, 2001, Lehrstuhl.

– Die Grenzen der Kapitalverkehrsfreiheit, in: ders. (Hrsg.), Rechtsfragen der Weltwirtschaft, 2002, S. 253 ff.

Schäfer, Martin: Entschädigungsstandard im allgemeinen Völkerrecht, RIW, Heft 3, 1998, S. 199 ff.

Scharpf, Fritz W.: Demokratie in der Transnationalen Politik, Max-Planck-Institut für Gesellschaftsforschung, Working Paper 96/3, 1996.

– Interdependence and Democratic Legitimation, Max-Planck-Institut für Gesellschaftsforschung, Working Paper 98/2, 1998.

Schmidt, Reiner: Die Internationalisierung des öffentlichen Wirtschaftsrechts, in: Die Wissenschaft vom Verwaltungsrecht, Die Verwaltung: Beiheft 2, 1999, S. 165 ff.

Scholz, Rupert (Hrsg.): Rechtsstaat – Finanzverfassung – Globalisierung, 1998.

Schomerus, Lorenz: MAI-Verhandlungen nicht förmlich ausgesetzt, in: VWD Europa, 28.04.1998.

Schwanen, Daniel: Investment and the Global Economy: Key Issues in Rulemaking, in: P. Sauvé/ders. (Hrsg.), Investment rules for the global economy: enhancing access to markets, 1996, S. 1 ff.

Seidel, Martin: Rechtliche Grundlagen eines einheitlichen Kapitalmarktes der Europäischen Gemeinschaft, in: H. Lessmann (Hrsg.), Festschrift für Lukes: zum 65. Geburtstag, 1989, S. 575 ff.

Seidl-Hohenveldern, Ignaz: Völkerrecht, 8. Aufl. 1994.

Shelton, Joanna, R.: Keynote adress, in: OECD (Hrsg.), Symposium on the MAI in Cairo, 20 October 1997, 1997, S. 1 ff.

Sherman, Heidemarie C.: Das MAI ist tot, es lebe das MAI? Investitionsschutzabkommen der OECD vorerst gescheitert, ifo Schnelldienst 36/1998, S. 33 ff.

Siebold, Dagmar I.: Die Ordnung des internationalen Handels, GATT – WTO – GATS, in: K. A. Schachtschneider (Hrsg.), Rechtsfragen der Weltwirtschaft, 2002, S. 47 ff.

– Der Fall Bananenmarktordnung. Die Europäische Gemeinschaft im Streit mit der Welthandelsorganisation, in: K. A. Schachtschneider (Hrsg.), Rechtsfragen der Weltwirtschaft, 2002, S. 211 ff.

Sikkel, Marinus: Exceptions, derogations and national reservations, in: OECD (Hrsg.), Symposium on the MAI in Cairo, 20 October 1997, 1997, S. 1 ff.

Simonis, Udo Ernst (Hrsg.): Weltumweltpolitik: Grundriss und Bausteine eines neuen Politikfeldes, 1996.

Skarpelis-Sperk, Sigrid: Ein neues Grundgesetz einer einheitlichen globalen Wirtschaft, in: F. R. Glunk (Hrsg.), Das MAI und die Herrschaft der Konzerne, 1998, S. 159 ff.

Smith, Murray G.: Canada and Economic Sovereignty, in: J. Hoebing/S. Weintraub/M. D. Baer (Hrsg.), NAFTA and Sovereignty, 1996, S. 39 ff.

Someshwar, Rao/*Ash*, Ahmad: Formal and Informal Investment Barriers in the G-7 Countries, in: P. Sauvé/D. Schwanen (Hrsg.), Investment rules for the global economy: enhancing access to markets, 1996, S. 176 ff.

Staack, Michael: Großmacht oder Handelsstaat? Deutschlands außenpolitische Grundorientierungen in einem neuen internationalen System, Aus Politik und Zeitgeschichte, B 12/98, S. 14 ff.

Streeck, Wolfgang: Industrielle Beziehungen in einer internationalisierten Wirtschaft, in: Friedrich-Ebert-Stiftung (Hrsg.), Globalisierung der Wirtschaft, Standortbestimmung und Mitbestimmung, 1996, S. 37 ff.

Strube, Jürgen: Globalisierung der Märkte – Auswirkungen auf Wirtschaft und Politik, in: Forschungsinstitut für Wirtschaftsverfassung und Wettbewerb Köln (Hrsg.), Die Bedeutung der WTO für die europäische Wirtschaft, 1997, S. 1 ff.

Süddeutsche Zeitung: Positives Signal der OECD, Nr. 98, 29.04.1998, S. 31.

– MAI-Beerdigung verschoben, Nr. 243 , 22.10.1998, S. 26.

– Das MAI-Abkommen vor dem Ende, Nr. 237, 15.10.1998, S. 26.

– OECD-Generalsekretär: MAI-Abkommen ist möglich, Nr. 242, 21.10.1998, S. 22.

– OECD setzt auf Liberalisierung, Nr. 120, 28.05.1999, S. 26.

– Spitzenmanager sehen keine Alternative zum weltweiten Kapitalismus, Nr. 150, 03./04.07.1999, S. 25.

– „Unternehmen erkaufen sich Kontakte bei WTO“, Nr. 193, 23.08.1999, S. 22.

– „WTO-Chef setzt sich für arme Länder ein“, Nr. 203, 03.09.1999, S. 27.

– Regeln für Auslandsinvestitionen gefordert, Nr. 41, 19./20.02.2000, S. 26.

– Privatisierungsregeln vor dem EuGH, Nr. 101, 03.05.2001, S. 26.

– Hoffen auf Katar, Nr. 253, 03./04.11.2001, S. 19.

Third World Network: A Commentary on the Draft Text of the Multilateral Agreement on Investment (MAI), 1998, http://www.twnside.org.sg/souths/twn/title/maise-cn.htm 08.09.98.

Tietmeyer, Hans: Interview in der Süddeutschen Zeitung, „Die Globalisierung bringt Vorteile für uns alle“, in: Süddeutsche Zeitung, Nr. 189, 18.08.1999, S. 24.

Tomuschat, Christian: Die staatsrechtliche Entscheidung für die internationale Offenheit, in: J. Isensee/P. Kirchhof (Hrsg.), Handbuch des Staatsrechts der Bundesrepublik Deutschland, Bd. VII, Normativität und Schutz der Verfassung – internationale Beziehungen, 1992, § 172, S. 483 ff.

Tumlir, Jan: International Economic Order and Democratic Constitutionalism, ORDO, Vol. 34, S. 71 ff.

Tüselmann, Heinz-Josef: The Multilateral Agreement on Investment: the case for a multi-speed convergence approach to liberalization, Transnational Corporations, Vol. 6, Number 3, December 1997, S. 87 ff.

UNCTAD: World Investment Report 1997, 1997.

– World Investment Report: Trends and Determinants, 1998.

Verdross, Alfred/*Simma*, Bruno: Universelles Völkerrecht, 3. Aufl. 1984.

Vitzthum, Wolfgang Graf: Raum, Umwelt und Wirtschaft im Völkerrecht, in: ders. (Hrsg.), Völkerrecht, 5. Abschnitt, 1997, S. 393 ff.

Vocke, Matthias: Beyond the GATS and the TRIMs Agreement: The Basis for a New Multilateral Agreement on International Direct Investment, Diskussionspapier des Forschungsinstituts für Arbeit und Arbeitsrecht an der Universität St. Gallen, 1997.

– Investment Implications of Selected WTO Agreements and the Proposed Multilateral Agreement on Investment, International Monetary Fund Working Paper WP/97/60, 1997.

Voigt, Rüdiger: Der neue Nationalstaat. Deutschland zwischen Nationalisierung und Globalisierung, in: ders. (Hrsg.), Der neue Nationalstaat, 1998, S. 333 ff.

– Ende der Innenpolitik? Politik und Recht im Zeichen der Globalisierung, Aus Politik und Zeitgeschichte, B 29-30/98, S. 5 ff.

Voigt, Stefan: Die Welthandelsordnung zwischen Konflikt und Stabilität: Konfliktpotentiale und Konfliktlösungsmechanismen, 1992.

VWD Europa: MAI-Abkommen bald am Scheideweg, 08.09.1998, S. 3.

Wahl, Peter/*Windfuhr*, Michael: Volle Freiheit für Investoren?, E+Z Entwicklung und Zusammenarbeit, 1998, Nr. 3, S. 75 ff.

Wall Street Journal: Canada Removes Ist Ban On Ethyl Corp.'s Additive, 21.07.1998 (Internet-Archiv).

– Ethyl acts to avert losses if Canada bans fuel additive, 11.09.1996 (Internet-Archiv).

– Ethyl Co. Files Claim Against Canada Citing Ban on Fuel Additive, 15.04.1997 (Internet-Archiv).

Weber, René: Liberalisierung des Kapitalverkehrs, WiSt, Heft 6, 1999, S. 304 ff.

Weigel, Dale R. et al.: Foreign Direct Investment, International Finance Corporation (Hrsg.), Washington D.C., 1997.

Weintraub, Sidney: NAFTA and U.S. Economic Sovereignty, in: J. Hoebing/S. Weintraub/M. D. Baer (Hrsg.), NAFTA and Sovereignty, 1996, S. 135 ff.

Weizsäcker, Carl Christian: Logik der Globalisierung, 1999.

Welzk, Stefan: Visionen des MAI A Brave New Corporatist World?, Blätter für deutsche und internationale Politik, Heft 1, 1999, S. 40 ff.

Western Governors' Association: Multilateral Agreement on Investment and Implications of Trade Pacts, 24.06.1997, Denver, 1997.

Wilhelm, Markus: Neben dem Außenhandel haben die Direktinvestitionen als Internationalisierungsstrategie an Bedeutung gewonnen, ifo Schnelldienst 7-8/1996, S. 26 ff.

Wimmer, Ansgar M.: The Impact of the General Agreement on Trade in Services on the OECD Multilateral Agreement on Investment, World Competition, Vol. 19, No. 4, June 1996, S. 109 ff.

Witherell, William H.: The OECD Multilateral Agreement on Investment, Transnational Corporations, Vol. 4, No. 2, August 1995, S. 1 ff.

– Developing International Rules for Foreign Investment: OECD's Multilateral Agreement on Investment, in: Business Economics, Januar 1997, Vol. 32, Issue 1, S. 6.

– „Environment and Labour in the MAI", in: OECD (Hrsg.), Speaking Notes from the Press Seminar, 1998. http://www.oecd.org/daf/cmis/mai/wwpress.htm, 29.09.98.

Wolter, Peter: MAI oder letzter Erster Mai? Feudale Weltherrschaft durch das multilaterale Investitionsabkommen, Forum Wissenschaft 4/1998, S. 54 ff.

WTO: The WTO's Financial Services Commitments will enter into Force as scheduled, WTO Press Release, 15.02.1999. http://www.wto.org/wto/new/press120.htm, 27.02.1999.

– Ministerial Conference ends with Agreement on new Programme, WTO Press Release, 14.11.2001.

WWF International: The OECD, Foreign Investment and Sustainable Development: Reorienting OECD Policy Work and the Multilateral Agreement on Investment, 1998.

Zattler, Jürgen: Das MAI aus entwicklungspolitischer Sicht, INEF-Report 35/1999, 1999.

Zugehör, Rainer: Die Globalisierungslüge: Handlungsmöglichkeiten einer verantwortlichen Wirtschaftspolitik, 1998.

Zürn, Michael: Regieren jenseits des Nationalstaats, 1998.

Stichwortverzeichnis*

* Die kursiv gesetzten Seitenzahlen weisen auf fortfolgende Seiten hin.

Autoren

Dr. iur. Angelika Emmerich-Fritsche, geboren 1961 in Bayreuth; Wissenschaftliche Oberassistentin; 1981–1986 Studium der Rechtswissenschaft in Passau, Genf und Erlangen; 1986 Erstes, 1990 Zweites Juristisches Staatsexamen; seit 1990 Assistentin von Karl Albrecht Schachtschneider; 1998 Promotion an der Universität Bayreuth bei Rudolf Streinz; Veröffentlichungen u.a.: Der Grundsatz der Verhältnismäßigkeit als Direktive und Schranke der EG-Rechtsetzung - mit Beiträgen zu einer gemeineuropäischen Grundrechtslehre sowie zum Lebensmittelrecht, 2000; Wie verbindlich sind die Konvergenzkriterien?, EWS 3/1996; Das Verhältnis des Europäischen Gemeinschaftsrechts zum nationalen Recht Deutschlands, Teil I–III, DSWR 1–2/99, 3/99, 4/99, mit K. A. Schachtschneider; Das Privatheitsprinzip des Binnenmarktes, EWS 2001; derzeit Vorbereitung der Habilitationsschrift zum Thema: Vom Völkerrecht zum Weltrecht.

Prof. Dr. rer. pol. Wilhelm Hankel, geboren 1929 in Danzig; Professor für Entwicklungs- und Währungspolitik an der Universität Frankfurt; 1953 Promotion an der Universität Mainz bei Jan Tinbergen; Leiter der Abteilung "Geld und Kredite" im Bundeswirtschaftsministerium unter Karl Schiller; 1972–74 Präsident der Hessischen Landesbank. Zahlreiche wirtschaftspolitische Berateraufgaben, u.a. in der VR China, Jordanien, dem Jemen und in der Russischen Föderation. Bücher u.a: Währungspolitik – Geldwertstabilisierung, Währungsintegration und Sparerschutz, 1971/72; Weltwirtschaft. Vom Wohlstand der Nationen heute, 1977; Caesar: Goldene Zeiten führ' ich ein. Das Wirtschaftsimperium des römischen Weltreichs 1978, 1987, 1992; J. M. Keynes. Die Entschlüsselung des Kapitalismus, 1986; Dollar und Ecu. Leitwährungen im Wettstreit, 1992; Die sieben Todsünden der Vereinigung. Wege aus dem Wirtschaftsdesaster, 1993/94; Das große Geld-Theater. Über DM, Dollar, Rubel und Ecu, 1995; Die Euro-Klage. Warum die Währungsunion scheitern muß, 1998, mit W. Nölling, K. A. Schachtschneider, J. Starbatty; Die Euro-Illusion. Ist Europa noch zu retten?, 2001, mit W. Nölling, K. A. Schachtschneider, J. Starbatty.

Prof. Dr. iur. Karl Albrecht Schachtschneider, geboren 1940 in Hütten/Pommern; o. Professor für Öffentliches Recht; Studium der Rechte in Berlin, Bonn und Tübingen; 1964 Erstes, 1969 Zweites Juristisches Staatsexamen in Berlin; 1969 Promotion an der Freien Universität Berlin bei Karl August Bettermann; 1969–80 Rechtsanwalt in Berlin; 1972–78 Professor für Wirtschaftsrecht an der Fachhochschule für Wirtschaft Berlin (Abendstudium), 1986 Habilitation für das Staats-, Verwaltungs- und das private und öffentliche Wirtschaftsrecht durch den Fachbereich Rechtswissenschaft I, Hamburg; 1978–89 Universitätsprofessor für Wirtschaftsrecht an der Universität Hamburg; seit 1989 Ordinarius für Öffentliches Recht der Universität Erlangen-Nürnberg (Wirtschafts- und Sozialwissenschaftliche Fakultät, Zweitmitglied der Juristischen Fakultät). Wichtige Bücher: Staatsunternehmen und Privatrecht. Kritik der Fiskustheorie, exemplifiziert an § 1 UWG, 1986; Res publica res populi. Grundlegung einer Allgemeinen Republiklehre. Ein Beitrag zur Freiheits-, Rechts- und Staatslehre, 1994; Die existentielle Staatlichkeit der Völker Europas und die staatliche Integration der Europäischen Union, 1995; Sozialistische Schulden nach der Revolution. Kritik der Altschuldenpolitik. Ein Beitrag zur Lehre von Recht und Unrecht, 1996; Die Euro-Klage. Warum die Währungsunion scheitern muß, 1998, mit W. Hankel, W. Nölling, J. Starbatty; Die Euro-Illusion. Ist Europa noch zu retten?, 2001, mit W. Hankel, W. Nölling, J. Starbatty; Prinzipien des

Rechtsstaates, 2001; Freiheit in der Republik, i.E.; Der Anspruch auf materiale Privatisierung, i.E.; weiteres Hompage: www.wiso.uni-erlangen.de/wiso/wirecht/oere

Prof. Dr. rer. pol. Andreas Georg Scherer, geboren 1964 in Fürth/Bay.; o. Professor für Grundlagen der BWL und Theorien der Unternehmung; Studium der Betriebswirtschaftslehre in Nürnberg; 1989 Diplom-Kaufmann; 1994 Promotion, 2000 Habilitation an der Universität Erlangen-Nürnberg bei Horst Steinmann; 1990–2000 Wissenschaftlicher Mitarbeiter und Assistent am Betriebwirtschaftlichen Institut der Universität Erlangen-Nürnberg; 2000–2002 Professor für BWL der Öff. Verwaltung/Managementlehre am Fachbereich Politik- und Verwaltungswissenschaften der Universität Konstanz; seit März 2002 Inhaber des Lehrstuhls „Grundlagen der BWL und Theorien der Unternehmung“ an der Universität Zürich; Sommersemester 1996: Gastprofessor am Department of Management, University of Georgia; Sommersemester 2000: Gastprofessor am CESAG, Université Robert Schuman (Strasbourg); Mitglied im Vorstand des dnwe e.V. (Deutsches Netzwerk Wirtschaftsethik), verantwortlicher Redakteur der Zeitschrift FORUM Wirtschaftsethik. Bücher u.a.: Pluralismus im Strategischen Management, 1995; Zwischen Universalismus und Relativismus, 1998, hrsg. mit H. Steinmann; Globalisierung und Sozialstandards, 2002, hrsg. mit K.-H. Blickle, D. Dietzfelbinger, G. Hütter; Multinationale Unternehmen und Globalisierung, 2002; Balanced Scorecard in Verwaltung und Non-Profit-Organisationen, 2002, hrsg. mit J. Alt; Ethik für den Kapitalmarkt, i.V. hrsg. mit L. Massmann, G. Hütter; Internationales Strategisches Management, i.V., mit M. Dowling, W. Bonsiep. Veröffentlichungen in deutschen und internationalen Sammelbänden und Fachzeitschriften.

Dr. rer. pol. Dagmar I. Siebold, geboren 1964 in Nürnberg; Wissenschaftliche Assistentin; Studium der Betriebswirtschaftslehre in Nürnberg; 1990 Diplom-Kauffrau; 2001 Promotion an der Universität Erlangen-Nürnberg bei Karl Albrecht Schachtschneider; 1991–1993 Projektarbeit bei Microsoft Corporation, USA; 1994–1998 Vorstandsassistentin der Münchner Bank eG, München; seit 1999 Assistentin von Karl Albrecht Schachtschneider. Veröffentlichungen u.a.: Die Welthandelsorganisation und die Europäische Gemeinschaft. Ein Beitrag zur globalen wirtschaftlichen Integration, 2002; Die 'erweiterte Zustimmungslösung' des Transplantationsgesetzes im Konflikt mit dem Grundgesetz, DÖV 4/2000, mit K. A. Schachtschneider.

Udo Wartha, geboren 1974 in Lauf a.d.Peg.; Wissenschaftlicher Mitarbeiter; Studium der Volkswirtschaftslehre in Nürnberg; 2000 Diplom-Volkswirt; Diplomarbeit bei Karl Albrecht Schachtschneider zum Thema: "Das Multilaterale Abkommen über Investitionen (MAI) und seine Auswirkungen auf die Handlungsfähigkeit der Nationalstaaten"; seit 2001 wissenschaftlicher Mitarbeiter am Lehrstuhl für Volkswirtschaftslehre, insbesondere Finanzwissenschaft von Karl-Dieter Grüske.